Novo Dicionário BANTO do Brasil

NEI LOPES

Novo Dicionário
[BANTO]
do Brasil

CONTENDO MAIS DE 250 PROPOSTAS ETIMOLÓGICAS
ACOLHIDAS PELO DICIONÁRIO HOUAISS

2ª edição, revista e ampliada

Rio de Janeiro, 2020
1ª reimpressão

PALLAS

Copyright©2012
Nei Lopes

EDITORAS
Cristina Fernandes Warth
Mariana Warth

COORDENAÇÃO EDITORIAL
Raphael Vidal

PRODUÇÃO EDITORIAL
Aron Balmas

PREPARAÇÃO DOS ORGINAIS
Eneida D. Gaspar

REVISÃO
Rafaella Lemos

CAPA E PROJETO GRÁFICO
Luis Saguar e Rose Araujo

DIAGRAMAÇÃO
Abreu's System

(Este livro segue as novas regras do Acordo Ortográfico da Língua Portuguesa)

Todos os direitos reservados à Pallas Editora e Distribuidora Ltda.
É vetada a reprodução por qualquer meio mecânico, eletrônico, xerográfico etc,
sem a permissão por escrito da editora, de parte ou totalidade do material escrito.

CIP-BRASIL.CATALOGAÇÃO-NA-FONTE
SINDICATO NACIONAL DOS EDITORES DE LIVROS, RJ

L854n	
	Lopes, Nei, 1942-
	Novo Dicionário Banto do Brasil / Nei Lopes. 2ª ed. - Rio de Janeiro : Pallas, 2012.
	312p.
	Inclui Bibliografia
	ISBN 978-85-347-0484-7
	1. Língua banto - Brasil - Dicionários. 2. Língua portuguesa - Brasil - Africanismos. 3. Título
03-0158	CDD 496.39
	CDU 811.43

Pallas Editora e Distribuidora Ltda.
Rua Frederico de Albuquerque, 56 – Higienópolis
CEP 21050-840 – Rio de Janeiro – RJ
Tel./fax: 55 21 2270-0186
www.pallaseditora.com.br
pallas@pallaseditora.com.br

Este livro é de
Beatriz Nascimento,
Rainha Jinga,
quilombola,
estrela ainda em movimento,
que Angana-Zâmbi
chamou antes do tempo.

E agora, também do mestre
José Flávio Pessoa de Barros,
em paz no seio de seus
ancestrais jeje-iorubanos.

AGRADECIMENTOS

A Nelly Rossett, Philip Galinsky, Rita Chaves, Tião Neto (*in memoriam*) e outros amigos, pelo precioso material garimpado nas livrarias e bibliotecas, mundo afora.

A Sonia, pela amorosa revisão.

E a toda a equipe do Programa de Estudos dos Povos Africanos e Afro--Brasileiros, PROAFRO, do Centro de Ciências Sociais da UERJ, 1993-1995

A história das palavras nos proporciona um riquíssimo material de reflexão a respeito da história das nossas sociedades, em geral. Os movimentos da linguagem ocultam, mas ao mesmo tempo revelam, os movimentos dos desejos, dos medos, dos preconceitos e dos conhecimentos dos seres humanos...

Examinadas com atenção, as palavras nos põem diante da crua realidade da violência institucionalizada que tem marcado a história das nossas sociedades: a presença de uma repressão às vezes camuflada, mas permanente e dolorosa, na preservação das hierarquias.

Leandro Konder

Apresentação

Publicada em 1996 pela Prefeitura da Cidade do Rio de Janeiro, a primeira versão do *Dicionário banto do Brasil* provocou reações desencontradas na restrita clientela que, por problemas de distribuição, a ela teve acesso. Parte do mundo universitário reconheceu sua intenção pioneira, parte manteve-se em silêncio, enquanto outra parcela, felizmente bem menor, acusava o trabalho de amadorístico e fantasioso. Até que, meses antes de falecer, o filólogo, lexicógrafo e acadêmico Antônio Houaiss, em contato epistolar com o autor, solicitava, além do exemplar que recebera, mais um outro, para subsidiar a equipe que trabalhava no seu grande *Dicionário da língua portuguesa*. E assim o *Dicionário banto do Brasil* ganhou o seu primeiro grande e decisivo aval.

Nas páginas do "Houaiss", auspiciosamente lançado em 2001, as referências ao trabalho chegaram, talvez, à casa das três centenas, num atestado de importância que veio, também, no texto do professor Mauro de Salles Villar, organizador daquela obra, estampado na quarta capa desta edição.

Tudo isso, mais que as tentativas de descrédito, motivou o lançamento, pela Editora Pallas, em 2003, de uma nova versão da obra, intitulada *Novo dicionário banto do Brasil*. Essa edição corrigiu equívocos, acrescentou novas hipóteses e aumentou consideravelmente a nominata, incorporando centenas de vocábulos dos falares dos quilombos remanescentes, estudados principalmente pelos cientistas Carlos Vogt e Peter Fry, e apontando seus possíveis étimos, bem como incluindo uma importante parte onomástica.

Tratava-se, pois, efetivamente, de uma nova obra. Maior, mais completa, mais precisa e com nova roupagem. Mas que conservava o caráter pioneiro da anterior, no sentido de desbravar novos caminhos na senda dos estudos africanos em nosso país.

Resultado da preocupação do autor e da editora com a qualidade das obras publicadas, a presente edição do *Novo dicionário banto do Brasil* traz outras inovações. Em primeiro lugar, o *corpus* foi cuidadosamente revisto, corrigido e ampliado pelo autor. Além disso, o texto teve a grafia atualizada conforme o Acordo Ortográfico da Língua Portuguesa de 1990, em vigor no Brasil desde 2009, preservando-se assim seu valor como obra de referência em relação às raízes africanas do português falado no Brasil, particularmente no que se refere ao seu uso nas escolas do país.

Os editores

prefácio
(ao Dicionário banto do Brasil, 1996)

A presente obra de Nei Lopes representa um novo esforço para integrar os estudos de línguas africanas que mantiveram contato com a língua portuguesa, no panorama de progresso por que tem passado o nosso conhecimento das línguas faladas no Brasil.

Embora só muito recentemente florescesse entre nós essa investigação das línguas africanas, a verdade é que, depois dos estudos de Nina Rodrigues, Jacques Raymundo e Artur Ramos, dentre outros, e, principalmente, da recente contribuição estrangeira, se vai aprofundando e conhecendo melhor a verdadeira extensão do contributo cultural da África na formação étnica, social e econômica do Brasil.

Esse desvendamento se vai aos poucos fazendo, no domínio das ciências linguísticas, porque os próprios estudos africanos têm passado por constantes revisões devidas às pesquisas de notáveis investigadores, em particular alemães, ingleses, norte-americanos e franceses, reafirmando conclusões antigas ou retificando afirmações clássicas.

No que toca à problemática da contribuição africana na língua portuguesa, tem gozado de maior interesse o léxico, por ser naturalmente o aspecto linguístico que, neste campo, primeiro chama a atenção do investigador ou do curioso. E neste último caso reside o grande mal de que se têm ressentido esses estudos, na medida em que essas aproximações formais têm induzido a lamentáveis enganos muitas pessoas que, sem a devida preparação técnica, histórica e linguística para tais empreendimentos, procuraram e procuram estabelecer o grau de influência de línguas africanas no português do Brasil. Nesse particular, as relações de contribuição lexical de um idioma a outro são mais complexas e enganosas do que as de natureza fonética e gramatical (morfologia e sintaxe), porque estas dizem respeito à estrutura da língua, enquanto aquelas se devem a contatos sociais, históricos e comerciais.

No que diz respeito a tais contribuições lexicais, há vários problemas preliminares que ainda hoje, tanto do lado das línguas africanas quanto do português, estão à espera de pesquisas mais aprofundadas. Apesar da excelência dos trabalhos de Wilhelm Bleck, considerado o pai da linguística banta, que, em 1862, inventou a designação *bâ-ntu*, e de Carl Meinhof, entre outros, tais estudos, depois da Segunda Guerra, se têm beneficiado de novas metodologias que nos permitem, em alguns pontos, avançar nosso conhecimento do banto e das línguas afins conhecidas como bantoides.

Por outro lado, o secular contato do árabe com as línguas bantas nem sempre nos permite concluir a procedência original desse ou daquele termo. Acresce a isto, pelo fato de Portugal ter entrado em contato com línguas da África muito antes do Brasil, nem sempre podermos determinar com certeza o responsável pelo empréstimo, se foi o português europeu ou o americano. Na falta de um dicionário histórico do português, a possível solução fica em suspenso até que apareçam resultados de pesquisas nesse campo que determinem a época de introdução do termo em português.

Apesar dessas incertezas, este *Dicionário banto do Brasil*, de Nei Lopes, representa um notável acervo de propostas etimológicas que estimulam a que outros estudiosos se debrucem sobre a questão e a que se difunda, entre os jovens universitários brasileiros, a necessidade da investigação dessa importante seção do léxico da língua portuguesa.

Receba, pois, Nei Lopes o testemunho de nosso apreço e de nosso reconhecimento por este convite a um estudo desapaixonado – diria científico – dessa importante presença da África na formação e evolução do patrimônio cultural do povo brasileiro.

Evanildo Bechara
(Universidade do Estado do Rio de Janeiro, UERJ;
Universidade Federal Fluminense, UFF)

nota prévia

Este é um vocabulário de palavras comprovada ou supostamente bantas em sua origem. E dizemos *bantas* (e não *bantu*) por esposarmos o seguinte raciocínio, exposto por Mário Antônio Fernandes de Oliveira (1973 c):

Ao grafarem pela primeira vez as línguas *bantas*, os estudiosos europeus viram-se forçados a fazê-lo, naturalmente, através de caracteres românicos, usando, quando necessário, alguns sinais diacríticos. Foi assim que, ao ouvirem dos africanos a pronúncia 'bântu' [bãtu], os cientistas de fala inglesa a grafaram como se fala; os franceses usaram a forma *bantou*; e os portugueses preferiram *banto*, já que, em nosso idioma, o 'o' final átono tem som equivalente a 'u'. Foi também assim que os gauleses, depois de a afrancesarem, flexionaram a palavra: *bantou, bantoue, bantous, bantoues*. E os portugueses, no mesmo caminho, fizeram *banto, banta, bantos, bantas*.

Embora, hoje, uma orientação científica – que é, inclusive, a do *Centre International des Civilisations Bantu*, CICIBA – condene esse recurso, propugnando pela utilização da forma *bantu*, em todas as línguas, sem nacionalizações ou flexões, nós, por uma questão eminentemente prática, e pela finalidade deste trabalho, que não é obra de teoria, preferimos, como já tínhamos feito antes em nosso livro *Bantos, malês e identidade negra* (LOPES, 2006 a), a antiga opção.

Da mesma forma, ao nominarmos as línguas que interessam a este trabalho, aportuguesamos suas denominações, adotando, também, o raciocínio de Fernandes de Oliveira. Se em português nunca se diz, por exemplo, "vou estudar o *deutsche sprachen*, ou o *english*, ou o *français*", por que dizer "a língua *oxi-ronga*, o povo *ba-ronga*" etc.?

Assim, a única exceção deste trabalho é, como em Oliveira (1973 c), feita ao quimbundo e ao quicongo. Escreve ele:

> Pois que, se no aportuguesamento das designações da maior parte das línguas de Angola, achamos dispensável o prefixo – e é essa norma internacional mais recomendada –, somos de opinião de que usos estabelecidos como o Quicongo para a língua que falam os Congueses ou Quimbundo para a língua dos Ambundos, são de manter, pela perplexidade que novas formas criariam ao leitor médio, sobretudo o que tem conhecimento direto do Português de Angola. Por outro lado, o desprezo do prefixo, em relação à segunda língua, levaria a confundi-la com o Umbundo, língua dos Ovimbundu, em nossa opinião não um dialeto do Quimbundo mas língua diferente, não consentindo, por conseguinte, que se considere 'judiciosa' a opinião do P. Miranda Magalhães que em vez de Quimbundo preferia dizer Ambundo do Norte ou de Luanda e em vez de Umbundo, Ambundo do Sul ou de Benguela. (...) No caso, ainda, de suprimindo o prefixo, a designação vernacular da língua começar por consoante nasalada, em vez do processo habitual de aportuguesamento por anteposição de um som vocálico, geralmente o 'a', preferimos desnasalar simplesmente a consoante por, desse modo, nos parecer que o radical fica mais próximo do vernáculo. É assim que *xindonga* dá *donga*.

De nossa parte, na enunciação dos étimos, adotamos critério próprio: quando constatamos ou supomos que o vocábulo tenha entrado no português, inclusive com seu prefixo de classe, nós o consignamos. Caso contrário, o omitimos.

Exs.: *ku-xisa* > cochichar; *koxila* > cochilar.

Nesta edição, com relação aos idiomas bundo e umbundo, apresentamos, nos verbetes respectivos, as definições que os diferenciam. Mesmo porque o *Dicionário etimológico bundo-português*, do padre Albino Alves (1951 b), sobejamente usado nesta obra, acabou por tornar-se fonte de confusão. Observe-se que o missionário lusitano refere o idioma objeto de seu trabalho como "língua bunda" e os falantes dela como "a tribo dos bundos", sem identificar-lhes claramente o âmbito territorial. Mais ainda: no verbete respectivo, o padre Alves consigna: "'Mbundu (pl. otji, ovi, i)'. Invasor: nome das tribos negras do planalto de Benguela". Diante do próprio falante definindo-se como "invasor" a confusão aumenta. Entretanto, na sequência, a localização geográfica (Benguela) finalmente esclarece.

Então, mesmo confirmando que o *Dicionário etimológico bundo-português* do Padre Alves, apesar de apresentar definições muitas vezes diversas (talvez por diferenças regionais) daquelas apresentadas pelo *Dicionário português-umbundo* de Guennec e Valente (1972 b), é, também, um dicionário do umbundo, mesmo assim, optamos, nos verbetes novos e reescritos desta edição, por evidenciar a diferença das fontes: bundo e umbundo. Salvo melhor juízo.

O autor

AS LÍNGUAS BANTAS E O PORTUGUÊS NO BRASIL

Banto é o termo português que designa um grande grupo de línguas e dialetos negro-africanos; segundo Balandier (1968 c, p. 64), foi utilizado pela primeira vez em 1862, por Wilhelm Bleck, filólogo alemão, que o empregou para caracterizar aqueles falares nos quais a palavra que nomeia os seres humanos é sempre – com pouquíssimas variações – *ba--ntu* (singular: *mu-ntu*), sendo *ntu* o radical e *ba* o prefixo plural.

Ainda segundo Balandier (1968 c, p. 64), depois de Bleck, Meinhof e outros demonstraram o parentesco e a homogeneidade existentes entre as cerca de 500 línguas desse grupo faladas na África Negra, as quais teriam se formado a partir de uma hipotética antiga língua comum. Essa língua, reconstruída cientificamente e denominada *protobanto*, se fundamenta em cerca de 3.000 raízes que se encontram em todas as línguas bantas, cujas principais características são:

a) nessas línguas e em seus dialetos, as palavras são agrupadas por classes, em virtude de sua natureza, seu uso etc.;
b) essas classes são expressas por prefixos: salvo o substantivo próprio ou o que se lhe equipare, o nome nunca se enuncia sem o seu prefixo de classe;
c) esses prefixos acompanham o substantivo e todas as palavras subordinadas a ele (ou ao pronome);
d) a conjugação dos verbos também se faz por meio de prefixos; e os sufixos, quando usados, o são principalmente para indicar modalidades de ação do mesmo verbo.

Os numerosos estudos que comprovaram o parentesco existente entre as línguas bantas levaram a uma extensão de sentido que se traduz hoje no emprego do termo "banto" como substantivo e adjetivo. Hoje – lembram Kwenzi-Mikala e Souindoula (1991 b) –, os povos que falam línguas bantas são chamados bantos, e tudo o que diga respeito aos bantos é banto (o mundo banto, as culturas bantas), chegando-se mesmo a conceituações como as de uma arte contemporânea e uma medicina tradicional bantas.

No Brasil, uma das formas do racismo antinegro mais arraigadas na alma brasileira é aquela que procura reduzir todas as línguas africanas à condição de "dialetos". Entretanto, essa formulação racista não tem a menor consistência: um dialeto nada mais é que uma variação que determinada língua apresenta de uma região para outra; ou um falar regional dentro de uma comunidade onde predomina um falar mais amplo de onde aquele se originou. Assim, ao contrário de línguas como o quimbundo e o quicongo, que possuem suas variantes regionais, o português falado no Brasil, sim, é que – como afirma Renato Mendonça (1948 a) – poderia ser um dialeto desdobrado em várias formas subdialetais. E o fator que mais certamente contribuiu para tornar esse português do Brasil uma variante da língua falada em Portugal foi a presença africana na vida brasileira desde o século XVI.

Dentro do quadro da presença afro-negra no Brasil, verifica-se uma predominância das culturas bantas, que colaboraram para a formação da cultura brasileira, principalmente através de suas línguas, entre elas o quicongo, o umbundo e o quimbundo. Contestando uma suposta ascendência de línguas sudanesas, como o nagô (iorubá), no panorama das línguas africanas faladas no Brasil à época da escravidão, e que teriam modificado o falar português em nosso país, Renato Mendonça (1948 a, p. 88) escreve: "O quimbundo, pelo seu uso mais extenso e mais antigo, exerceu no português uma influência maior do que o nagô..."

De fato, no vocabulário do português falado no Brasil, os termos de origem nagô estão mais restritos às práticas e aos utensílios ligados à tradição dos orixás, como a música, a descrição dos trajes e a culinária afro-baiana. E mesmo o vocabulário do culto jeje-nagô sofre influência banta, haja vista a ocorrência de termos como quizila (tabu), dijina (nome de iniciação) etc.

Tanto na fonética, quanto na morfologia e na sintaxe, as línguas bantas influenciaram decisivamente a língua que se fala hoje no Brasil. Mas é no vocabulário que elas se fazem, de fato, mais presentes. Com efeito, no seu livro *Africanos no Brasil*, Nelson de Senna (1938 a, p. 71) chamava a atenção para a insuficiência dos dicionários então existentes em relação à riqueza vocabular do português falado em nossa terra. E atribuía essa carência à ignorância que "até muita gente culta, lá na Europa e cá na América", demonstrava em relação à vultosa contribuição emprestada por índios e africanos ao idioma de Camões.

A ignorância observada por Senna é, em nosso entender, fruto de uma óptica eurocêntrica que, durante muito tempo, norteou os estudos acadêmicos em nosso país. Uma universidade permanentemente debruçada numa imaginária janela, de onde se descortinariam o Mediterrâneo, o Báltico etc., não via e nem podia ver o que tinha atrás de si, ao seu lado e aos seus pés: um estonteante universo de palavras sendo criadas a cada momento na boca daquele negro já não tão banto nem sudanês, porque brasileiro.

Com relação ao índio, os ventos que sopraram, mesmo antes do Romantismo literário, foram benfazejos. Já no século XIX, poetas e linguistas se ocupavam em inventariar e avaliar a influência das línguas ameríndias na formação de topônimos, antropônimos e outras classes de palavras. Mas quanto à contribuição dos falares negros, só com os estudos de Nina Rodrigues a questão começou a ser colocada. E após ele é que vieram, voltados especialmente para o tema, os trabalhos de Jacques Raymundo (1933 a), Renato Mendonça (1948 a), João Dornas Filho (1943 a), Dante de Laytano (1936 c) e outros.

Num permanente e estreito contato, desde a Península Ibérica, com as línguas portuguesa e espanhola (principalmente na Andaluzia), antes da descoberta do Brasil, os diversos falares dos negros de Angola, Benguela, Cabinda, Congo, Moçambique etc. exerceram sobre elas uma influência crucial. E essa influência se faz sentir, hoje, numa infinidade de vocábulos – dicionarizados alguns, enfeixados em glossários de âmbito circunstancial (regionais, de cultos, folclóricos etc.) outros e sem registro escrito outros tantos –, todos de comprovada ou bem provável origem negro-africana. Estranho, porém, é que essa verdade tenha sido sistematicamente escamoteada. Para alguns, os vocábulos de origem negro-africana em nossa língua não chegariam a meia centena. Para outros, a contribuição africana na formação da língua nacional iria pouco além de trezentos vocábulos.

Anos atrás, entretanto, Adelino Brandão (1968 a, p. 119) escrevia: "Sobe à casa dos milhares o número de palavras de origem africana que foram introduzidas no português do Brasil. Nem todas, porém, se encontram dicionarizadas e grande cópia delas faz parte dos vocabulários regionais ou da linguagem popular de alguns estados, só tendo sido registrada por escritores regionalistas, folcloristas, lexicólogos locais ou os que se dedicam aos estudos linguísticos." Tinha razão o mestre! No final dos anos 1920, Aires da Mata Machado Filho (1985 a) tomava contato, em São João da Chapada, município de Diamantina, MG, com a "língua de Benguela" e elaborava um vocabulário de cerca de 150 palavras. No mesmo caminho, João Dornas Filho (1943 a), cerca de dez anos depois, fazia o mesmo com a "undaca de quimbundo", no povoado de Catumba, município de Itaúna, MG, arrolando em torno de 200 palavras e expressões.

No final dos anos 1970, eram listados em Patrocínio, MG, um vocabulário do "calunga" e, nas proximidades da cidade de São Paulo, um outro da "língua do Cafundó", ambos, como os anteriores, denunciando forte presença de étimos do grande grupo linguístico banto. E o resultado desse trabalho era publicado em 1996, no livro *Cafundó: a África no Brasil*, de Carlos Vogt e Peter Fry (1996 a).

Alguns anos depois, Castro (2001 a) publicou *Falares africanos na Bahia*, com novas contribuições ao registro do vocabulário brasileiro de origem banta.

A partir dessas constatações, ouvindo da boca dos velhos; registrando antigas cantigas; consultando léxicos e glossários específicos; revendo os dicionários dos mestres; ficando permanentemente atentos à fala das ruas, dos morros, dos terreiros, dos bares, dos trens suburbanos, dos estádios etc., fomos elaborando este repertório, ainda muito incompleto, dos vocábulos brasileiros de provável ou comprovada origem banta, que esperamos seja útil a tantos quantos se ocupem da importância da presença afro-negra na cultura e na alma brasileiras.

Nei Lopes

Abreviaturas

Abon.; abon. = abonação
Adj.; adj. = adjetivo
Adv.; adv. = advérbio, adverbial
Afr.; afr. = africano, a
AL = Alagoas
Alter.; alter. = alteração
Antrop. = antropônimo
Aport.; aport. = aportuguesado para, aportuguesamento de
Arr. = arroio
Aum.; aum. = aumentativo
Ba. = baía
BA = Bahia
Bibl.; bibl. = bibliografia
Cad.; cad. = caderno
CE = Ceará
Cf.; cf. = conferir em; conforme
Cid. = cidade
Cit.; cit. = citado
Córr. = córrego
Corrupt.; corrupt. = corruptela
Cp.; cp. = comparar com
Deriv.; deriv. = derivado, a
Dim.; dim. = diminutivo
El., el. = elemento
Eng. = engenho
ES = Espírito Santo
Esp.; esp. = espanhol
Est. = estação
Estr. = estrada
Express.; express. = expressão
Fem.; fem. = feminino, a; feminilização
Gên., gên. = gênero

2 gên. = de dois gêneros
Gloss.; gloss. = glossário
GO = Goiás
I. = ilha
i. e. = isto é
Ig. = igarapé
Infl.; infl. = influência
Ingl.; ingl. = inglês, a
Interj.; interj. = interjeição; interjetivo, a
Lat.; lat. = latino, a; latim
Loc.; loc. = locução
Lug. = lugarejo
MA = Maranhão
Masc.; masc. = masculino, masculinização
MG = Minas Gerais
M. q. ; m. q. = o mesmo que
Nrs.; nrs. = números
Or.; or. = origem
Orig.; orig. = originário
P.; p. = página
P. ex.; p. ex. = por exemplo
P. ext.; p. ext. = por extensão
Part.; part. = particípio
PA = Pará
PB = Paraíba
PE = Pernambuco
PI = Piauí
Pl.; pl. = plural
Plat.; plat. = platino
Port.; port. = português, a
Pov. = povoado
PR = Paraná
Pref.; pref. = prefixo

FORMATOS E SINAIS EMPREGADOS NOS VERBETES

Pron.; pron. = pronominal
Pte.; pte. = parte
Q. v.; q. v. = queira ver
R. = rio
Rch. = riacho
Red., red. = redução
Ref. = referido por
Regress.; regress. = regressivo
Rib. = ribeirão
RJ = Rio de Janeiro
RN = Rio Grande do Norte
RS = Rio Grande do Sul
Sa. = serra
SC = Santa Catarina
S. f.; s. f. = substantivo feminino
S. m.; s. m. = substantivo masculino
S. m. pl.; s. m. pl. = substantivo masculino plural
S.; s. = substantivo
Sing.; sing. = singular
T.; t. = termo
Tb.; tb. = também
Top.; top. = topônimo
Us.; us. = usado
V.; v. = verbo
V. intr.; v. intr. = verbo intransitivo
V. p.; v. p. = Verbo pronominal
V. t.; v. t. = verbo transitivo
V. t. d.; v. t. d. = verbo transitivo direto
V. t. i.; v. t. i. = verbo transitivo indireto
V. tb.; v. tb. = ver também
Var.; var. = variante de
Verb.; verb. = verbal

negrito — entrada no dicionário.

itálico — termo ou expressão em destaque no verbete, incluindo classe gramatical da entrada e palavras em língua estrangeira.

VERSALETE — remissão para entrada do dicionário.

* — remissão para pesquisa externa.

[x] — numeração de verbetes homógrafos.

(x) — numeração de significados em um verbete.

// — mudança de classe gramatical em um verbete.

/// — expressões ou locuções em um verbete.

\ó\ — ortoépia (especialmente em palavras que perderam acento ou trema com o Acordo Ortográfico).

FONTES DO CORPUS

(cf. bibliografia)

AA – AMARAL, 1955 a
AB – BRANDÃO, 1968 a
AC – COSTA, 1952 a
AG – AUTUORI; GOMES, 1959 a
AL – PASSOS, 1973 a
ALF – BALBACH, 19-- a
AM – ARAÚJO, 1967 a. ARAÚJO, 1949 a
AMG – MAGNE, 1950 a
AN – NASCENTES, 1988 a
AP – PEIXOTO, 1944 a
AT – TACLA, 1981 a
AV – VASCONCELOS, 1966 a
BH – FERREIRA, 1986 a
BR – BEAUREPAIRE-ROHAN, 1956 a
BS – SOUZA, 1939 a
CBC – COMODORO; CABRAL, 2009 a
CC – CASCUDO, 1977 a. CASCUDO, 1980 a
CF – FIGUEIREDO, 1925 a
CR – ROSSATO, 1986 a
CRS – SUZUKI, 19-- a
CT – TESCHAUER, 1928 a
DH – HOUAISS; VILLAR, 2001 a
DL – ENCICLOPÉDIA, 1970 a
DV – VIEIRA FILHO, 1979 a
EBG – ENCICLOPÉDIA, 1984 c
EC – CARNEIRO, 19-- a
EF – FERREIRA, 1984 a
EMB – ENCICLOPÉDIA, 1977 a
ENC – ENCONTRO, 1984 a
EP – PEREIRA, 2005 a
ES – SANTOS, 1981 a. SANTOS, 1982 a
ET – TRIGUEIROS, 1977 a
FF – FERNANDES, 1983 a

FS – SERAINE, 1991 a
GN – NEVES, 1980 a
GP – PENALVA, 1982 a
GS – SARAIVA, 1988 a
HA – ALMEIDA, 1979 a
HV – VIANNA, 1979 a
JA – ALMEIDA, 1974 a
JC – CALAZANS, 1951 a
JD – DORNAS FILHO, 1943 a
JOR – João Ribeiro, *apud* PINTO, 1978 a
JR – RAYMUNDO, 1933 a. RAYMUNDO, 1936 a
LM – MOTTA, 1976 a. MOTTA, 1978 a. MOTTA, 1982 a
LR – RAPOSO, 1990 a
MA – ANDRADE, 1959 a. ANDRADE, 1989 a. ANDRADE, 1963 a
MC – CORRÊA, 1936 a
MJ – JARDIM, 1976 a
ML – RIBEIRO, 1981 a. RIBEIRO, 1981 a
MM – MACHADO FILHO, 1985 a
MMF – MORAES FILHO, 1946 a
MS – SOARES, 1943 a. SOARES, 1954 a. SOARES, 1955 a.
MSA – ARAGÃO, 1987 a
MV – VIOTTI, 1956 a
NF – FIGUEIREDO, 1983 a
NIV – LARIÚ, 1992 a
NL – LOPES, 2006 a
NS – SENNA, 1938 a
OC – CACCIATORE, 1988 a
OP – PAIVA, 1973 a
OS – SILVA, 19-- a

Principais línguas e dialetos bantos referidos nesta obra e respectivos domínios territoriais

PC – COSTA, 1937 a
RG – GARCIA, 1915 a
RL – LODY, 1979 a
RM – MENDONÇA, 1948 a
RME – MELO, 1953 a
RN – NONATO, 1980 a
RP – PEDERNEIRAS, 1922 a
SAM – MARTINS, 1969 a. MARTINS, 1991 a
SC – CARNEIRO, 1935 a. CARNEIRO, 1937 a
SCH – SCHNEIDER, 1991 a
SF – FERRETTI, 1986 a
SM – MAIOR, 1980_1 a. MAIOR, 1980_2 a. MAIOR, 1988 a
SNES – SERVIÇO, 1958 a
SP – PAULO, 1970 a
SQ – QUEIRÓS, 1998 a
SR – Silvio Romero, *apud* PINTO, 1978 a
SRO – ROMERO, 1977 a
TA – AZEVEDO, 1982 a
TC – CABRAL, 1982 a
VAF – ÂNGELO; LIBI, 2011 a
VF – VOGT; FRY, 1996 a
VS – SILVEIRA, 1928 a. SILVEIRA, 1974 a. SILVEIRA, 1975_1 a. SILVEIRA, 1975_2 a
WI – RODRIGUES, 19-- a
WR – REGO, 1968 a
YP – CASTRO, 1976 a. CASTRO, 2001 a
ZN – NUNES; NUNES, 1982 a

AJAUA (YAO) – Moçambique, Malauí, Zimbábue
BEMBA – Zâmbia
CUANHAMA – Sudoeste africano (Angola, Namíbia)
GANGUELA – Fronteira leste de Angola, oeste de Zâmbia
IACA – Zaire (Cuango – Casai)
LINGALA – Congo, antigo Zaire e outras áreas da África Central
MACUA (MAKUA) – Moçambique (entre o Rovuma e o Lurio)
NHANECA (NHANECA-HUMBE) – Sul de Angola
NHUNGUE – Moçambique
NIANJA – Moçambique, Malauí, Zimbábue
QUICONGO (KONGO) – Congo, Cabinda, Angola
QUIMBUNDO – Angola (acima do rio Cuanza e principalmente ao redor de Luanda)
QUINGUANA – Dialeto do suaíle falado no antigo Zaire
QUIOCO (CHOKWE) – Nordeste de Angola
RONGA – Moçambique, Zimbábue
SUAÍLE (SWAHILI) – Tanzânia, Zanzibar, Moçambique
SUTO (SOTHO) – África do Sul
TONGA – Moçambique, Zimbábue
UMBUNDO (UMBUNDU) – Angola (abaixo do rio Cuanza, principalmente na Região de Benguela)
YANGANA – Moçambique
XONA (SHONA) – Moçambique, Zimbábue, Botsuana
ZULU – África do Sul, Botsuana

PARTE GERAL

abada *s. m.* Rinoceronte (BH). A etimologia consagrada é um vocábulo malaio. Entretanto, veja-se o quicongo **mbada*, *bada*, qualquer animal grande como o búfalo, o elefante etc.
abagunçado *adj.* M. q. BAGUNÇADO.
abagunçar *v. t. d. e intr.* M. q. BAGUNÇAR.
abambalhado *adj.* Trêmulo, gingante, bambo (AMG). De BAMBO (q. v.).
abancar *v. t.* Correr fugindo, ou em perseguição de alguém (BH). Do nhungue *manca* (RAYMUNDO, 1933 a). Cp. o macua **otchimaka* e o nianja **kuthamanga*, ambos significando "correr".
abandar *v. t. i.* Separar, dar como quinhão (AC). De BANDA (q. v.).
Abanto *s. m.* Em alguns terreiros do Maranhão, um dos nomes do INQUICE TEMPO (EF). Provavelmente corruptela de banto, por ser Tempo uma entidade da área dos povos bantos e não jeje-nagô.
abantó *s. m.* Gente, povo; o conjunto de frequentadores, não iniciados, do CANDOMBLÉ (YP). Do quicongo ou quimbundo *abantu*, gente, povo (CASTRO, 2001 a).
abanzeirado *adj.* Turvo, confuso. Abon. "...minhas vistas, abanzeiradas com o enlibrinado do tempo, mal divulgam os vultos" (BERNARDES, 1984 c, p. 149). De BANZEIRO [2] (q. v.).
abecado *adj.* Preso, seguro pela gola; abotoado, agarrado (AMG). De ABECAR (q. v.).
abecar *v. t.* Segurar alguém, prendendo pelo peito da camisa ou pela lapela do paletó (PC). De BECA (q. v.).
abica *s. 2 gên.* Escravo africano (AV). De uma flexão gramatical, talvez plural, do quimbundo e do quicongo *mubika*, escravo. Cp. MUMBICA.
abóbora-cambalenga *s. f.* Q. v. CAMBALENGA.
abóbora-catinga *s. m.* Planta de fruto comestível (SCH). Q. v. em CATINGA.
abóbora-moganga *s. f.* Trepadeira da família das cucurbitáceas; o fruto dessa planta (BH). Q. v. em MOGANGA.
abóbora-moranga *s. f.* Var. de ABÓBORA-MOGANGA.

abóbora-moranguinha *s. f.* Cucurbitácea de fruto bacáceo (BH). Dim. de ABÓBORA-MORANGA.

abombachado *adj.* Semelhante a BOMBACHAS (AMG).

abombado *adj.* Cansado, esfalfado, arquejante (AMG). De ABOMBAR.

abombador *adj.* Que cansa o cavalo (AMG). De ABOMBAR.

abombamento *s. m.* Ato ou efeito de ABOMBAR.

abombar *v. t. d.* Ficar o animal impossibilitado de continuar a marcha, devido ao calor (ZN). Provavelmente do tonga *bomba*, cansar, através do espanhol platino *abombar* (RAYMUNDO, 1933 a). Em abono dessa etimologia, cp. o suaíle *bombo*, gripe, pneumonia.

abrecar *v. t. d.* O mesmo que ABECAR (FS).

abricó-de-macaco *s. m.* Árvore da família das lecitidáceas. (BH). Q. v. em MACACO.

abundo *adj.* Negro de ANGOLA (AV). Corruptela de AMBUNDO.

aburicá *adj.* (1) Mau. // *v. intr.* (2) Feder. (3) Cometer perjúrio (YP, grafado *aburika*). De origem banta (CASTRO, 1976 a).

aça *s. 2 gên.* Pessoa ou animal albino (BH). Do quimbundo *hasa*, albino.

acabanado *adj.* Diz-se do chapéu de abas caídas. Abon. "Com o seu chapelão acabanado, feições de cabra mal-encarado, capitão de campo chegava ao terreiro da casa de engenho à procura do senhor..." (VIDAL, 19-- c, p. 137). De CABANO.

acabanar *v. t. d.* Tornar ACABANADO (AMG).

acaçambado *adj.* Na gíria maruja, preso (GP). De CAÇAMBA.

acachaçado *v. t. d.* Acompanhado ou regado com CACHAÇA (AMG).

acachaçar *v. t. d.* Acompanhar ou regar com CACHAÇA; embebedar com cachaça (AMG).

acachiar Var. de CACHIA (CBC).

acachimbado *adj.* (1) Assemelhado a CACHIMBO. (2) Que fuma cachimbo (AMG).

acachimbar *v. t. d.* (1) Dar forma ou semelhança de CACHIMBO. (2) Prover de cachimbo (AMG).

acafelagem *s. f.* Resultado de acafelamento. Abon: "Parou para olhar as trepadeiras grudadas na acafelagem rugosa dos muros..." (RIBEIRO, 2009 c, p. 269). De ACAFELAR.

acafelar *v.* Murar com pedra e cal; disfarçar, escamotear. A origem etimológica, tida por algumas fontes como do árabe, é incerta. Veja-se o quicongo *kàfalala*, estar de mau humor, derivado de *kàfa*, fechar uma porta com ruído.

acambaiadamente *adv.* À maneira de CAMBAIO (AMG).

acambaiado *adj.* Um tanto CAMBAIO (AMG).

acambaiar *v. t. d.* Tornar CAMBAIO (AMG).

acamboado *adj.* Metido no CAMBÃO (AMG).

acamboar *v. t. d.* Meter no CAMBÃO (AMG).

acanga *s. f.* Pintada, galinha-do-mato (YP). De origem banta (CASTRO, 1976 a).

acangulado *adj.* (1) Diz-se de qualquer um dos dentes estufados, pronunciadamente salientes como os do peixe cangulo (PC). (2) Que tem os dentes como os do cangulo (AMG). De CANGULO.

acanzalê *s. m.* Barracão de CANDOMBLÉ, na NAÇÃO ANGOLA (ENC). Provavelmente híbrido de CANZÓ ou CANZUÁ com o iorubá *ilê*, casa.

acapangado *adj.* Com porte e jeito de CAPANGA (AMG).

acapangar-se *v. p.* Agir como CAPANGA (BH).

acapoeirar-se *v. p.* Adquirir modos acanalhados como os dos antigos capoeiras (AMG). De CAPOEIRA.

acará *s. m.* Naco de algodão em chamas que, em CANDOMBLÉS bantos, é dado a ingerir às pessoas supostamente em transe, para confirmar a presença do INQUICE (DL). Do quicongo *kala*, carvão ardente, brasa.

acatingado *s. m. e adj.* Indivíduo que exala cheiro desagradável; catingoso, catinguento (SP). De CATINGA.

acatitado *adj.* Que tem modos catitas (BH). De CATITA.

acatitar [1] *v. t. d.* El. usado na expressão "acatitar os olhos", arregalar, fixando (JA). De CATITA [1], provavelmente porque o animal, por ser noturno, tem olhos arregalados.

acatitar [2] *v. t. d.* Enfeitar, tornar CATITA (AMG).
aço *adj.* Var. de AÇA.
acoca *s. m.* Velho (JD). Do umbundo *kuka*, velho.
acochichado *adj.* Amarrotado, velho (AMG). De ACOCHICHAR [2].
acochichar [1] *v. t.* COCHICHAR (AC).
acochichar [2] *v. t. d.* Amarrotar, amarfanhar, amolgar o chapéu (AMG). De COCHICHO.
acocurutado *adj.* Que tem elevação à maneira de cocuruto (AMG). De COCURUTO.
acocurutar-se *v. p.* Tornar-se saliente, intumescer (FS). De COCURUTO.
acorcundar *v. t. d.* Tornar (-se) CORCUNDA (BH).
acrepu *s. f.* Mão (MM). De origem banta (CASTRO, 1976 a).
acuendar *v.* Chamar para prestar atenção (VAF). Ver CUENDAR.
acuerar *v.* Esposar, amancebar (YP, grafado "acuerá", em CASTRO, 2001 a, p. 140). Do quicongo ou quimbundo *kwela*, segundo Castro (op. cit.).
acueto *s. m.* Var. de VACUETO (MM).
acufa *adj.* Diz-se de espírito errante. Abon. "O espírito despachado adequadamente não fica akufa" (RIBEIRO, 1978 c, p. 136). Do quimbundo *kufua*, morte.
acunda *s. m.* Personagem de certas CONGADAS paulistas (AM). De origem banta, provavelmente.
adicissa *s. f.* Esteira usada nas casas de culto com diversas finalidades (OC). Do quimbundo *dixisa*, esteira.
afa *s. f.* Denominação da morte, em CANDOMBLÉS de origem ANGOLO-CONGUESA (ENC). Do quimbundo *fua*, morte.
afandangado *adj.* (1) Semelhante ao fandango. (2) Remexido, saracoteado. (3) Acanalhado (AN). De FANDANGO.
afandangar *v. t. d.* (1) Tocar ou cantar à maneira de fandango. // *v. t. i.* (2) Dançar à maneira de fandango. // *v. p.* (3) Dar ao corpo requebros próprios do fandango (AMG). De FANDANGO.
afu *s. m.* Defunto (YP). Do quimbundo *uafu*, defunto.

aganiame *interj.* Invocação de Deus em certas CONGADAS paulistas (AM). Do quimbundo *Ngana ia mi*, "Meu Deus!".
agoma *s. f.* Var. de ANGOMA (DL).
água-maluca *s. f.* CACHAÇA (SM). Q. v. em MALUCO.
aguandu *s. m.* Var. de AGUNDU (SM).
agundu *s. m.* CACHAÇA (SM). Do port. *água* + o quimbundo *uindu*, aguardente.
aiaia *s. f.* (1) Mulher jovem, mulher solteira. (2) Brinquedo de criança (BH). Do quicongo *yaaya*, termo respeitoso geralmente aplicado às mulheres.
aieto *adj.* Grande (VF). Provavelmente relacionado ao macua *nèthi*, pl. *anèthi*, grande; ao quicongo *nyètuka*, ser gordo, próspero; e ao suaíle *nyeta*, fanfarronear, contar vantagem.
aiuá *interj.* Expressão de alegria ou gracejo (AN). Provavelmente do quimbundo *euá*, interjeição de admiração e surpresa.
aiuca *adv.* Muito (MM). Do quimbundo *auoka*, muito.
aiué *interj.* Expressão de alegria, gracejo ou mofa (BH). Do quimbundo *aiué*, "Ai! Ui! Ai de mim!"
alecrim-de-angola *s. m.* Erva usada no preparo de banhos rituais; pimenteiro (BH). Q. v. em ANGOLA.
algodão-macaco *s. m.* Variedade de algodoeiro cuja matéria têxtil é pardacenta (BH). Q. v. em MACACO.
aliamba *s. f.* Var. de LIAMBA (CR).
alibã *s.* Policial (VAF). Ver ALIBAMBAR.
alibambado *adj.* Acorrentado ou preso ao LIBAMBO (AMG).
alibambar *v. t. d.* Acorrentar; prender ao LIBAMBO (BH).
aloá *s. m.* Var. de ALUÁ.
alombe *s. m.* O mesmo que ALUMBE (AV).
alto-guanduense *adj.* Habitante, natural ou relativo a Alto-Guandu (AG). De GUANDU.
aluá *s. m.* Bebida refrescante, à base de farinha de arroz, milho torrado ou cascas de abacaxi (BH). Do quimbundo *uálua*, cerveja. A Enciclopédia Delta Larousse (ENCICLOPÉDIA,

1970 a) consigna uma outra acepção, que é a de "doce de farinha de arroz, manteiga e jagra, feito no Oriente e semelhante ao manjar branco". Nessa acepção o étimo é árabe, e chegou ao hauçá (língua não banta) nas formas *eléwa* e *allewa*. Nesta mesma língua, hauçá, existe o termo *ruwa*, água, no qual alguns autores julgaram estar a origem do vocábulo aqui verbetado. Em abono ao étimo banto que propomos, vamos ver em Obenga (1985 b, p. 34-35) a notícia da existência de uma cerveja de milho fabricada no Reino do Congo no séc. XVIII, e que era conhecida sob os nomes de *vuallo* e *ovallo*.

aluandê *interj*. Expressão que compõe o texto de várias cantigas de CAPOEIRA (WR). De LUANDA, topônimo.

alumbe *s. m.* Negro africano (AV). Corruptela de ALUME.

alume *s. m.* Homem (MM). Do umbundo *alume*, homem, macho, varão.

Aluvá *s. m.* O mesmo que ALUVAIÁ (YP). De origem banta (CASTRO, 1976 a).

Aluvaiá *s. m.* INQUICE dos CANDOMBLÉS bantos correspondente ao Exu nagô (OC). Possivelmente relacionado ao quicongo *lu-vuya*, aliança feita com uma entidade espiritual (LAMAN, 1964 b).

amacacado *adj*. Que tem modos ou feições de MACACO (BH).

amacacar *v. t. d.* (1) Assemelhar-se a macaco. (2) Imitar, copiar. De MACACO.

amaçarocado *adj*. Semelhante a MAÇAROCA (BH).

amaçarocar *v. t. d.* Dar forma de MAÇAROCA a (BH).

amalucado *adj*. Um tanto maluco (BH). Q. v. MALUCO.

amalucar *v. t. d.* Tornar MALUCO ou um tanto maluco (BH).

amandingada *adj*. Enfeitiçada. Abon.: "... porque tudo estava peneirado, sessado pela água amandingada da música" (LIMA, 1969 c, p. 76). De MANDINGA.

amansa-bunda *s. f.* CACHAÇA (CR). Q. v. em BUNDA.

amarimbado *adj*. Diz-se de piano desafinado. Abon. "Dormiriam eternamente, se um amarimbado piano não os acordasse de vez em quando" (COSTA, 1937 a, verbete "marimba"). De MARIMBA.

amaxixado *adj*. Semelhante ao maxixe. Q. v. MAXIXE [2].

amaza *s. f.* Água, na NAÇÃO ANGOLA (ENC). Do quicongo *maza*, água.

amazi *s. f.* Água purificadora, da fonte sagrada do terreiro (OC). Do zulu *amanzi*, água.

ambara *s. f.* No falar do CAFUNDÓ, termo que designa a cidade (NL). Do quimbundo *mbala*, cidade, ou do seu correspondente umbundo *ombala*.

ambara-nani *s. f.* Aldeia, vila (NL). De AMBARA. No falar do CAFUNDÓ, *nani* é um elemento que, posposto a um substantivo, dá a ele um sentido restritivo, i.e., de "não, menor, sem, pouco etc. Vem, provavelmente, do quicongo *nana*, nada.

ambere *s.m.* Pênis (VF). Provavelmente do termo multilinguístico banto *mbele*, faca, facão, punhal (o pênis como instrumento perfurante). Q.v. tb. o quicongo *mbeele, clitóris.

ambonde *s.m.* Velho (VF). Provavelmente do bundo *mbonge*, coisa antiga (ALVES, 1951 b).

ambuaianque *s. m.* Cachorro (VF). Provavelmente do quicongo *mbua*, cão + *yángi*, qualificativo de animal irritante, impertinente.

ambunde *s.m.* Var. de AMBONDE (VF).

ambundo *s. m.* (1) Indivíduo dos ambundos, falantes do quimbundo. // *adj*. (2) O que é ambundo. Q.v. BUNDO.

Amburucema *s*. Um dos nomes do inquice MATAMBA (YP). Segundo Castro (2001 a), do quicongo *ampungu lussema*, o poderoso trovão.

amen *adj*. Alegre, satisfeito (JD). Provavelmente do quimbundo *muémue*, alegre. Cp. AMUE.

amera *s.m.* Rosto (VF). Do umbundo *omela*, boca.

amocambado *adj*. Refugiado, AQUILOMBADO, escondido, oculto. De AMOCAMBAR.

amocambamento *s. m.* Ato de AMOCAMBAR (BH).

amocambar *v. t. d.* Reunir em mocambo, AQUILOMBAR, esconder, ocultar (BH). De MOCAMBO.
amofambar *v. t. d.* Var. de AMUFAMBAR (RN).
amofumbado *s. m. e adj.* Animal ou pessoa que vive escondido em MOFUMBO (RN).
amofumbar *v. t. d.* MOFUMBAR, esconder em MOFUMBO (BH).
amofumbar-se *v. p.* Morrer (SM). De MOFUMBO.
amolecado *adj.* Que tem ar de moleque; em que há ou que denota molecagem (BH). De MOLEQUE.
amolecar *v. t. d.* (1) Tratar indecorosamente, ridicularizar, vexar. (2) Tornar-se MOLEQUE (BH).
amonar-se *v. p.* Embriagar-se (SM). De MONA.
amuá *s.* Cachorro (EP). Q.v. AMBUAIANQUE; IMBUÁ; OMBOÁ.
amuafo *s. m.* Utensílio de cozinha (MV). De MUAFOS.
amucambar *v. t. d.* Var. de AMOCAMBAR (AN).
Amucutucumucariá *s. m.* O mesmo que CARIAPEMBA (DL). Provavelmente dos termos *mukúutu*, pessoa muito velha, e *nkadiá*, diabo, significando "um diabo muito velho". Do quicongo.
amue *adj.* Alegre, satisfeito (YP). Do quimbundo *muémue* alegre.
amufambar *v. t. d.* Var. de AMUFUMBAR (RN).
amufumbar *v. t. d.* Guardar, esconder, ocultar (PC). Var. de AMOFUMBAR.
Amulu *s. m.* Diabo (YP). Provavelmente, do quicongo *Muulu*, nome de um INQUICE.
amuxilar *v. t.* Arruinar, derrotar. Abon. "Exu escangalha ela, amofina ela, amuxila ela..."; "Benedito Calunga pertence ao banzo (...) que o amuxilou, que o alforriou para sempre em Xangô"; "... babatando sem rumo, amuxilado, acuado diante de suas mungangas..." (LIMA, 1997 c, p.78; 84). Relacionado ao quimbundo *tila*, bater, espancar, e ao ronga *sila*, moer.
anacuíta *s. f.* CACHAÇA (SM). Possivelmente, de origem banta.
anangaio *s. f.* Tarde, tardinha (YP). De origem banta (CASTRO, 1976 a).

andaca *s. f.* Planta medicinal da família das comelináceas; trapoeraba (RG). Possivelmente de origem banta. Cp. INDACA, ONDACA.
andame *s. f.* Perna (VF). Certamente ligado ao quimbundo *înama*, pernas. Q. v. QUINHAMA.
andaro *s. m.* Fogo (JD). Do quimbundo *ndalu*, fogo, ou da variante, no umbundo, *ondalu*.
andáru *s. m.* Var. de ANDARO (NL).
andas *s. f. pl.* (1) Liteira; andor; varais sobre os quais se coloca o esquife. // *s. m. pl.* (2) Lacaios carregadores de liteiras e serpentinas. Abon.: "Há grande capricho no vestuário dos andas, que são os lacaios carregadores da condução" (EDMUNDO, 199- c, p. 105). Controverso: Cândido de Figueiredo (1925 a) diz derivar do lat. *amites*, varas de liteira. Nelson de Senna (1938 a) assevera que é "nome indígena africano aqui usado no plural". Conhecemos o quimbundo *uanda* significando "tipoia".
andê *s. m.* Espécie de iguaria (YP). Provavelmente de ANDERÊ.
anderê *s. m.* Espécie de vatapá de feijão-fradinho (OC). Provavelmente do quimbundo *ndele*, branco, em alusão à cor do feijão.
andiche *s. f.* O mesmo que ENDICHE (BH).
andu *s. m.* Fruto do ANDUZEIRO; guando, guandu, feijão-guando (BH). Do quicongo *uandu* ou *wandu*, ervilha, espécie de feijão.
andua *s. f.* Ave africana (AN). Do quimbundo *nduua*.
anduro *s. m.* Fogo (MM). Do umbundo *ondalu* ou do quimbundo *ndalu*. Cp. ANDARO.
anduzada *s. f.* Espécie de tutu feito com andu ou guando, misturado com carne de porco, torresmo, cebola, alho e coentro (HV). De ANDU.
anduzeiro *s. m.* Planta arbustiva da família das leguminosas. Guandeiro (BH). De ANDU.
anga *s. m.* Mau-olhado (BH); enguiço, jetatura (AN). Controverso: do quimbundo *uanga*, feitiço; ou do tupi *anga*, alma, vulto, espírito.
angana [1] *s. 2 gên.* (1) Senhor, senhora (MM). // *s. f.* (2) Mulher do senhor. (3) Filha mais velha da senhora (AN). Do quimbundo *ngana*, senhor, patrão, dono. As acepções femininas

podem ser uma redução do quimbundo *mama-ngana*, senhora.

angana [2] *s. f.* Eira, pátio (AC). Do quicongo *nganda*, praça aberta e limpa numa aldeia; praça pública.

angana-iangue *s. m.* Patrão, dono do serviço (MM). De ANGANA + o umbundo *ange*, meu: "meu patrão". Cp. OTATARIANGUE.

Angana-zâmbi *s. m.* Divindade suprema dos CANDOMBLÉS bantos (OC). Var. de ANGANANZÂMBI.

Angananzâmbi *s. m.* Deus (MM). Do quimbundo *Ngana Nzambi*, Senhor Deus.

Angananzâmbi-opungo *s. m.* Deus Supremo (YP). Da fusão dos nomes ANGANAZÂMBI e ZAMBIAMPUNGO (q. v.).

angapanga *s. f.* Jogo infantil semelhante ao tempo-será (AN). Possivelmente de uma expressão originária do quicongo *mpánga*, barra, linha, círculo de dança.

angico [1] *s. m.* Denominação dada no Brasil aos *ba-teke* ou *anzicos*, integrantes de um grande grupo étnico africano. "De anzique (anzichi), deturpação do quicongo Bansitu = gente do MATO, termo com que os Fiotes designavam o povo desse grupo étnico" (BAUMANN; WESTERMANN, 1948 b, p. 172). *Anzikana* era o nome que designava a região de Tyo ou Teke (PARREIRA, 1990 b, p. 121).

angico [2] *s. m.* Árvore da família das leguminosas (BH). Von Martius intuiu origem africana, segundo Nascentes (1966 b). O nome pode estar ligado ao quicongo *nsiki*, nome da árvore *Morinda citrifolia*, talvez pela aparência. A considerar-se tb. angical, angico-roxo etc.

angoara *s. f.* Aguardente (NL). Do quicongo *nguala*, aguardente.

angoia \ó\ *s. f.* Var. de ANGUAIA (BH).

angoiá *s. f.* Var. de ANGOIA (ML).

Angola *s. 2 gên.* (1) Angolense; negro; banto. // *s. f.* (2) GALINHA-D'ANGOLA. (3) Modalidade mais tradicional do jogo da CAPOEIRA. (4) Uma das nações do CANDOMBLÉ: nação angola. De *Angola*, topônimo que, por sua vez, se origina do quimbundo *Ngola* "nome do primeiro rei dos angolenses, ao qual atribuem estes as doutrinas que fixaram seus usos e costumes" (ALVES, 1951 b, p. 945). O vocábulo ganhou a acepção de título real (soberano, monarca) e passou a preceder o nome de todo rei dos ambundos, como Ngola Kiluanji, Ngola Kanini etc.

Angola-janga *s. f.* Nome simbólico pelo qual a República de Palmares seria mencionada entre seus habitantes. De ANGOLA, topônimo, combinado com o pronome "meu, minha", certamente de uma dessas línguas: ronga (*dja-nga*, meu, minha); nianja (*nga*); umbundo (*ange*). A expressão, talvez de criação literária, teria, então, o significado de "minha terra", "meu rincão", "minha Angola".

angola-munjola *s. f.* Uma das nações do CANDOMBLÉ. Abon.: "Temos quatro tipos de toque: munjola, que é o nome da nação que existe dentro do angola, o angola-munjola" (ENC). V. MONJOLA [2].

angolanismo *s. m.* Palavra, locução ou construção proveniente de uma das línguas angolanas e introduzida na língua portuguesa. Abon. *Angolanismos de Portugal* (MILHEIROS, 1972 b, p. 103). De ANGOLA.

angolano *adj. e s. m.* ANGOLENSE.

angolão *s. m.* O mesmo que CAPIM-DE-ANGOLA (YP).

Angolê *s. m.* Nome de uma divindade de origem banta (YP). De ANGOLA.

Angoleira *s. f.* Um dos nomes do inquice DANDALUNDA (YP). Segundo Castro (2001 a), do quicongo ou quimbundo *ngolela*, manifestação de alegria.

angoleiro *s. m.* (1) Jogador da CAPOEIRA angola (WR). (2) Adepto do CANDOMBLÉ angola (ENC). De ANGOLA.

angolense *adj. e s. 2 gên.* De, natural, relativo ou pertencente a ANGOLA (BH).

angolinha *s. f.* (1) Um dos toques de BERIMBAU no jogo da CAPOEIRA (WR). (2) GALINHA-D'ANGOLA (VS). De ANGOLA.

angolista *s. f.* GALINHA-D'ANGOLA (BH).

angolo-conguês *adj.* Relativo à região africana onde se situam, hoje, as Repúblicas de Angola,

Congo e Congo-Kinshasa. Abon. "... nessa dança de origem angolo-conguesa todos confabulam nos 'pontos' uma conversa ininteligível aos seus patrões" (ARAÚJO, 1967 a, v. I, p. 19). Q. v. em ANGOLA e CONGUÊS.

angoma *s. f.* (1) Nome genérico, no Brasil, dos tambores da área banta. (2) JONGO (ML). Do termo multilinguístico *ngoma*, tambor, através do quimbundo ou do quicongo.

angoma-pita *s. f.* Var. de ANGONA-PUÍTA.

angomba do congo *s. f.* Var. de ANGOMBA.

angomba *s. f.* Var. de ANGOMA.

angona *s. f.* Tambor de JONGO (AM). Var. de ANGOMA (ou outra acepção de ANGANA, pelo fato de o tambor merecer reverência, como se fosse o "senhor"?).

angona-puíta *s. f.* (1) Espécie de grande CUÍCA, tambor-onça. (2) Atabaque grande. Abon. "Quando Veríssimo de Melo, exímio cantador de coco, entrou no bambelô a dançar sob o ritmo quente da angona-puíta (atabaque grande)..." (ARAÚJO, 1967 a, v. II, p. 202). Ver em ANGONA e PUÍTA.

angono-puíta *s. m.* Var. de ANGONA-PUÍTA (MM).

angora *s. m.* Cavalo (VF). Do quimbundo *ngolo*, zebra. Cp. ONGORÓ.

Angorô *s. m.* Nos terreiros de origem banta, entidade correspondente ao Oxumarê nagô (OC). Do quimbundo *hongolo*, arco-íris.

angoroci *s.* Forma ortográfica preferível a ANGOROSSI (q.v.).

Angoromeia \é\ *s. f.* No culto OMOLOCÓ, parte feminina de ANGORÔ (OS, YP). Provavelmente de Angorô + *menha*, água, do quimbundo. Na ANGOLA antiga, *Ngolomen* era o nome de uma lagoa (cf. PARREIRA, 1990 b, p. 168).

angorossi *s. m.* O mesmo que INGOROSSI (OS).

angu *s. m.* Pirão ou papa de farinha de milho, arroz, mandioca ou banana cozida. De origem africana, mas de étimo controverso. Em algumas línguas do grupo banto, um elemento *ngu* entra na composição de vocábulos correspondentes ao português "milho". Ex.: *masangu* (quimbundo), *hungu* (quimbundo, dialeto omumbuim). Entretanto *mangu* e *angu* são formas que em quimbundo significam "erva, pastagem". Raymundo (1933 a, p. 102), então, tenta ver a origem na expressão quimbunda *nfundi-io-angu*, i. e., "funje com ervas". Essa tentativa etimológica vai encontrar guarida neste texto, sobre um jantar no antigo Daomé em 1796: "Nada mais nos mandou senão uma espécie de angu feito de diversas ervas, com uns bolos de milho cozido em água e sal..." (LESSA, 1957 c, p. 63). Uma das línguas do antigo Daomé é o fongbé, falado pelo povo fon (jeje no Brasil). Nessa língua, que não pertence ao grupo banto, e portanto foge ao âmbito do nosso trabalho, o termo que designa a "papa de milho, aipim etc." é *agou*, aportuguesado, *agu*. O termo seria autóctone ou um portuguesismo de origem africana (*nfundi-io- angu*, quimbundo > *angu*, português > *agou*, fon)?

anguada *s. f.* Confusão, embrulhada (AN). De ANGU.

anguaia *s. f.* Espécie de chocalho de palha, utilizado em várias manifestações musicais afro-brasileiras (EMB). Do umbundo *nguaya*, espécie de chocalho (REDINHA, 1984 b). Cp. GUAIÁ.

anguaiá *s. m.* Variante de ANGUAIA.

anguara *s.* Var. ANGOARA (VF).

angu de caroço *s. m.* ANGUADA, confusão (BH). De ANGU.

angu de negro *s. m.* O mesmo que ANGU DE CAROÇO (RM).

anguê \ue\ *s. f.* Onça (MM). Do umbundo *ongwe*, onça.

anguite \ui\ *s. f.* Espécie de angu feito com folhas de negra-mina ou CARURU-da-bahia (BR, MS). De ANGU com um acréscimo controverso.

angunga *s. f.* Chocalho de vime (JD). Do umbundo *ongunga*, cabaça que serve de chocalho nas adivinhações.

angunga-xique *s. m.* Chocalho de vime que se usa atado a uma das pernas (YP, grafado *angunga shiki*). De ANGUNGA + uma onomatopeia talvez relacionada ao quicongo *nxiki* ou ao quimbundo *muxiki*, músico.

Angurucema *s. f.* O mesmo que ANGURUCE-MANVULA (ENC).
Angurucemanvula *s. f.* INQUICE da NAÇÃO ANGOLA correspondente à Iansã nagô (ENC). Provavelmente da fusão dos vocábulos *hongolo*, arco-íris, e *nvula*, chuva, do quimbundo, embora não vejamos a ligação do INQUICE com esses elementos naturais: Iansã é a deusa dos raios, ventos e tempestades.
anguta *s. f.* Mulher (VF); menina, mocinha (NL). Provavelmente, do quicongo *nkuta*, pessoa tímida, chorosa. Q.v. tb o quicongo **wuta*, mocinha.
anguto *s. f.* Var. de ANGUTA.
anguzada *s. f.* Mistura de coisas, confusão; intriga, mexerico (AN). De ANGU.
anguzô *s. m.* Angu com CARURU. Híbrido de ANGU + *z* + o iorubá *ô* (cf. ANGENOT, 1974 a).
anjara *s. f.* Fome (VF). Q.v. INJARA.
anjico *s.* Forma ortográfica preferível a ANGICO (q.v.).
anjujos *s. m. pl.* Conjunto de bolsa escrotal e testículos (AV). Provavelmente, do quicongo *nzuzi*, gêmeo; ou relacionado ao quimbundo *susa*, urinar.
anui *s. f.* Boca (YP). De origem banta (CASTRO, 1976 a). Cp. o quicongo **nua*, pl. *minua*, boca.
Anvula *s. f.* (1) Chuva (YP, grafado *amvula*). Do quimbundo *nvula*, chuva. (2) Um dos nomes da Iansã nagô na NAÇÃO ANGOLA. Abon. "Anvula... é a Iansã ou Oiá" (ENCONTRO, 1984 a, p. 41). Q. v. ANGURUCEMANVULA.
anzá *s. m.* O mesmo que GANZÁ (MA).
anzambei *s. m.* Instrumento de percussão de origem africana referido em texto de Jorge de Lima (ANDRADE, 1989 a). De ZAMBÊ (ou o inverso?).
Anzico da Guiné *s. m.* Personagem de CONGADAS paulistas (AM). De ANGICO [2].
anzolo *s. m.* Bracelete de contas (AC). Provavelmente do quicongo: cp. **nzoolo*, argola de bambu que se põe nas paredes ou nos tetos das casas (LAMAN, 1964 b).
apaparicar *v. t. d.* O mesmo que PAPARICAR.

aperrengado *adj.* Doentio. Abon.: "Dona Dondina sempre foi pessoa fraca de saúde, aperrengada por demais..." (PALMÉRIO, 1966 c, p. 297). De PERRENGUE.
apiá *s. f.* Roça (JD). Do umbundo *epya*, roça.
apilongado *adj.* Decentemente trajado (MV). De uma possível forma banta *pilonga* ou *pilongo*. Foi das relações pessoais do autor um cidadão carioca, de antiga família negro-mestiça, que atendia pelo hipocorístico PILONGA.
apombocado *adj.* Abobalhado (AN). De POMBOCA.
aquendá *interj.* Expressão de despedida ou chamada para partir (EP). Q.v. CUENDAR.
aquenje *s. m.* Menino (MM). Do umbundo *ukwenje*, menino.
aquenje-verome *s. m.* Rapazinho (MM). Do umbundo *ukwenje*, menino, combinado talvez com o plural *ovalume*, também do umbundo, significando "homens". Cp. com o xona **varume*, homens.
Aquilangrilo *s. m.* Mito zoomorfo, grilo da tradição folclórica do Recôncavo baiano (SC). Do quimbundo *kilangidilu*, vigia, guarda (provável alusão ao apito dos vigias noturnos, de ruído semelhante ao que o grilo faz).
Aquilão-grilo *s. m.* AQUILANGRILO (SC).
aquilombado *adj.* Refugiado em QUILOMBO (BH).
aquilombar *v. t. d.* (1) Reunir escravos em QUILOMBO. (2) Refugiar-se em quilombo.
arambuá *s.m.* Cachorro (VF). Do t. multilinguístico banto *mbua*, *ombwa*, cachorro, possivelmente antecedido de um elemento tal como o demonstrativo bundo *olwo*, este, esse (ALVES, 1951 b).
araposse *s. m.* Descanso, repouso (MM). Da locução *liyala p'osi*, estender-se, deitar-se no chão, do umbundo.
arapossi *s. m.* O mesmo que ARAPOSSE (MM).
araticum-catinga *s. m.* Árvore da família das anonáceas, que exala mau cheiro (AN). De CATINGA.
arenga de mulher *s. f.* Garoa (BH). Q. v. ARENGA.

arenga s. f. Discurso prolixo e enfadonho; discussão prolongada; lengalenga (BH). Controverso. Nascentes (1966 b) vê provável origem gótica. A. G. Cunha (1982_1 b) vê origem germânica. Q. v. o quicongo *lenga, permanecer, durar muito tempo; que não acaba mais. Cp. LENGALENGA.
arengá s. f. Tarefa (MM). Do quicongo lenga, dificuldade.
arengação s. f. Discussão, briga (AT). De ARENGA.
arengada s. f. ARENGA, LENGALENGA (BH).
arengador adj. Que ou aquele que faz ARENGA (BH).
arengar v. intr. Fazer ARENGA (BH).
arenguear v. intr. e t. i. ARENGAR (BH).
arengueiro adj. Que faz ARENGA; brigão, que gosta de altercar (BH).
aricongo s. m. Var. de ARICUNGO (2).
aricungo s. m. (1) O mesmo que URUCUNGO. (2) Cavalo sem serventia. A segunda acepção parece decorrer da primeira, em alusão à curvatura da espinha dorsal: cavalo velho fica "selado", como a vara do urucungo, do BERIMBAU.
arimo s. m. Campo para cultivo agrícola (JR). Segundo Raymundo (1936 a, p.113), do quimbundo *arimu*, pl. de *murimu*, agricultor (que não confirmamos). Para nós, o étimo é o nhungue *urime*, várzea cultivada, que se relaciona às vozes *ulimi*, agricultor, e *ochilimo*, terra de cultivo.
arimuta s. f. Abóbora (JD). Do umbundo *chyolomuta*, pl. de *omuta*, abóbora.
aringa s. f. Campo fortificado (BH). De uma língua de Moçambique, talvez do xona. Raymundo (1933 a, p. 54) diz vir do "quicua" (macua?) *eringa*, fortificação. Cp. o umbundo *inga, vedar, cercar, apartar.
aringado adj. Abrigado, resguardado, protegido. Abon.: "Mano ficou hê / todo frangaiado / Malê, ou malê / Nós estamos aringado" (de uma cantiga de MACULELÊ, cf. ALMEIDA, 1966 c). De ARINGA.
ariranha s.m. Fumo (VF). Provavelmente do umbundo: cp. *lya, devorar, absorver; *lila, comida.

arirê s. m. Canto, cantiga (MM). De origem banta (CASTRO, 1976 a). Cp. o umbundo *lila, o cantar dos pássaros (cf. GUENNEC; VALENTE, 1972 b).
arranca-toco s. m. Motim, tumulto (FS). Q. v. em TOCO.
arroz de cacimba s. m. Prato da culinária da região baiana do garimpo. Abon.: "Nas proximidades, outros garimpeiros cozinhavam o seu arroz de cacimba em panelas de barro do Carrapato e do Brejo" (SALLES, 19-- c, p. 67). Q. v. CACIMBA.
aruá s. m. Var. de ALUÁ.
Aruanda s. f. Morada mítica dos orixás e entidades superiores da UMBANDA (OC). De LUANDA, topônimo: "forma toponímica feminina através da qual a memória coletiva do negro brasileiro teria conservado a reminiscência de São Paulo de Luanda, capital de Angola, porto africano do tráfico de escravos (...). Com o tempo, deixou de designar o porto de Angola, para se transformar em lugar utópico, passando, como utopia, a abranger toda a África: pátria distante, paraíso da liberdade perdida, terra da promissão" (ENCICLOPÉDIA, 1970 a, verbete "Aruanda").
aruandê interj. Expressão comumente encontrada em inúmeras cantigas de CAPOEIRA. Ex.: "Iê, aruandê, camará!". De ARUANDA, seguido de um ê exclamativo.
aruenda s. f. Folguedo semelhante ao MARACATU, brincado no carnaval de Goiana, Pernambuco. Abon.: "Aruenda qui tenda, tenda / Aruenda de totororó" (de uma toada de MARACATU, cf. RAMOS, 1954 a, p. 90). De ARUANDA.
arunanga s. f. (1) Roupa ritual do orixá nagô Oxalá (OC). (2) Na linguagem das MACUMBAS cariocas, roupa, calças. Fusão das expressões *uwalo* e *onanga*, ambas significando "roupa", em umbundo. Cp. ORONANGA, URUNANGA.
Assala s. m. Personagem de antigas CONGADAS e de outras danças dramáticas afro-brasileiras. Abon. "R:- Secretário Assala! S:- Pront, s' nhô prèpostado, os péis de mundo chamado!" (cena de congos da Paraíba, em ANDRADE, 1959 a,

v. II, p. 102). Provavelmente, contaminação da expressão portuguesa "secretário de sala" pelo quimbundo *sakala*, indivíduo que, na organização social de certas etnias de Angola, vem imediatamente abaixo do herdeiro presuntivo da coroa (ANDRADE, 1959 a, v. II, p. 128). Cp. o quicongo **sakala*, sentado.

assamangado *adj.* De aparência preguiçosa, indolente ou maltrapilha. Abon. "É ele de estatura regular, corpo reforçado e anda um pouco assamangado." (VERGER, 1987 c, p. 508). De SAMANGO.

assangue *s.* Var. de MISSANGO (CBC).

assaranzar *v. t. d. e p.* AZARANZAR.

assenzalado *adj.* Com aspecto de SENZALA (BH).

assenzalamento *s. m.* Ato ou efeito de ASSENZALAR (AN).

assenzalar *v. t. d.* Dar aspecto de SENZALA a (AN).

assunga-a-roupa *adj.* Reles, vagabundo. Abon. "Mas tinha lá alguma graça aquela história de amor nessas gramas ressequidas, de um velhão no burro baio com uma bruaca assunga-a-roupa?" (ROSA, 1970 c, pág. 144). De ASSUNGAR.

assungar *v. t. d.* SUNGAR. /// **Assungar-se na garupa da morte**, morrer (SM).

atafona *s. f.* Moinho manual ou movido por cavalgaduras (BH). Controverso: Nascentes (1966 b) e A. G. Cunha (1982_1 b) dão origem árabe, mas nós conhecemos no quicongo e no nhungue o verbo *tafuna*, com o sentido de "mastigar, trincar, triturar com os dentes" (MAIA, 1964_1 b, p. 413; COURTOIS, 1900 b, p. 63).

atafoneiro *s. m.* Aquele que tem ou dirige atafona (BH). De ATAFONA.

atalaia *s. f.* Vigia, sentinela (BH). A origem consagrada é árabe. Veja-se, não obstante, o quimbundo **tala*, vigiar e o quicongo **laia*, de igual significado.

atanhara *adj.* Alto (MM). Certamente de origem banta. A terminação *ala* é encontrada em várias palavras do quimbundo que encerram ideia de altura. Ex: *kitala*, altura; *zala*, estender; *ndala*, serpente etc.

atchapo *adj.* Var. de TCHAPO (CBC).

atimbaquice *s. m.* BARQUICE ou BAQUICE (q.v.) localizado ao ar livre (YP). De *barquice* antecedido do fon (língua daomeana) *àtín*, árvore. Historicamente, na Bahia, os terreiros bantos e jejes (daomeanos) intercambiaram importantes elementos ritualísticos, conforme referido no verbete JANÔ.

atubibar *v. t.* Importunar, aperrear (FS). Provavelmente do quicongo *ntubi*, falador.

atufá *interj.* Elemento de antiga fórmula usada pelos rezadores no tratamento da luxação ou "nervo torcido". Abon.: "O que como eu? Carne quebrada, nervos tortos, já desconjuntado, atufá" (VIDAL, 19-- c, p. 118). Provavelmente do quicongo *tufa*, derrotar, vencer, castigar.

atundá *adv.* Alto (MM). Do quicongo *ntunda*, monte, colina. Cp. TUNDÁ.

avere *s. m.* Na CUPÓPIA, leite; homem branco. Abon.: CUPÓPIA (1996 c). Do quimbundo *avele*, leite (q. v. MAVERO).

avero *s. m.* Leite (VF). Do quimbundo *avele*, leite. Q.v. MAVERO.

avura *adj.* Grande (CBC). Cp. AVURO.

avuro *adv.* Muito (MM). Do quimbundo *kiavulu*, muito.

azabumbação *s. f.* Azucrinação (MV). De AZABUMBAR.

azabumbado *adj.* (1) Que tem a forma de ZABUMBA; amassado ou batido como zabumba. (2) Aturdido, embatucado, pasmado (BH). De AZABUMBAR.

azabumbar *v. intr.* Forma protética de ZABUMBAR (AN).

azanga-sabão *s. m.* (1) Pessoa de mau-olhado. (2) Tipo indesejável e perigoso (MV). De AZANGAR (3), por acreditar-se que esse tipo de pessoa, de mau-olhado, lançando os olhos sobre uma tachada de sabão sendo fabricado, este não "ganha ponto".

azangação *s. f.* Ato ou efeito de AZANGAR (MV).

azangamento *s. m.* AZANGAÇÃO.

azangar *v. t.* (1) Irritar, molestar (AP). (2) Adoecer ligeiramente (SP). (3) Deteriorar-se (MV).

// *v. intr.* (4) Fechar, escurecer o tempo. Abon. "E se o tempo azangar, ou surgir outro atrapalho, a gente para na Gruta do Cabaré..." (PALMÉRIO, 1966 c, p. 306). De ZANGAR [2].

azaranzado *adj.* Desorientado, aturdido, atrapalhado (BH). Q. v. AZARANZAR.

azaranzar *v. t. d.* (1) Desorientar, aturdir, atrapalhar, amofinar, amolar. (2) Atrapalhar-se, aturdir-se. (3) Ficar tonto, atrapalhado. (BH). De ZARANZA.

azoeira *s. f.* Barulho, ruído, algazarra, zoeira. Abon.: "Que azoeira farão as cigarras!" (BRAGA, 1990 c). Q. v. em ZOEIRA.

azombado *adj.* Preocupado, inquieto, apreensivo (BH). Possivelmente do quicongo *zomba*, encher até as bordas.

azongado *adj.* Louco (GS). Certamente de origem banta, talvez corruptela de uma possível forma "azengado". Q. v. em ZENGA.

azonzado *adj.* Um tanto ZONZO, meio zonzo (BH).

azonzar *v. t. d. e p.* Tornar AZONZADO.

azuela *s. f.* Nos terreiros de origem banta, ordem para bater palmas e animar a festa (OC). Do quimbundo *zuela*, falar.

azuelar *v.* O mesmo que ZUELAR (YP).

bá *s. f.* Forma reduzida de BABÁ, ama-seca.
babá *s. f.* Ama-seca (BH). Etimologia controversa. Para Nascentes (1966 b), é palavra expressiva da linguagem infantil. Para nós pode ter origem no quimbundo *baba*, bater lentamente para fazer adormecer crianças, i. e., acalentar.
bababi *s. m.* Briga, conflito; surra (YP). Segundo Castro (2001 a), do quicongo *ba (m)badi*, não consignado em Laman (1964 b). Nesta obra, veja-se *baba* (*mbaaba*), batendo, martelando para achatar.
babaca *adj. 2 gên. e s. 2 gên.* Tolo, BOBOCA (BH). Origem incerta, talvez de alguma língua da África Oriental. Cp. o suaíle **babaika*, estar confuso, intimidado; balbuciar, falar com hesitação; delirar, falar coisa sem nexo. Ou redução de *babaquara*, de origem incerta. Ver também o quicongo **mba-mbaka*, uma espécie de banana.
babaça *s. 2 gên.* Irmão gêmeo ou irmã gêmea (BH). Do quimbundo *babasa*, pl. de *kabasa*, gêmeo.
babaço *s. m.* Var. MABAÇA (YP).
babana *adj. 2 gên. e s. 2 gên.* Lorpa, palerma (AC). De provável origem banta. Q. v. o quicongo **mbáana*, plural *bambáana*, personagem, homem, indivíduo, anteriormente nomeado, já mencionado (LAMAN, 1964 b). Também possível eufemização de BABACA, com contaminação por *banana*, moleirão.
babaquice *s. f.* Asneira. De BABACA.
babatar *v. t. d.* Tatear, apalpar (BH). Do quimbundo *babata*, apalpar, tocar.
babau *interj.* Acabou-se, foi-se, era uma vez. Do quimbundo *babau*, foi-se! (cf. MAIA, 1964_1 b, p. 307).
babeco *s. m.* Caipira (BH). Etimologia controversa: Nascentes (1966 b) entende ser palavra expressiva. Para nós, pode vir do quimbundo *mabeku*, espécie de cão do MATO, "quadrúpede carniceiro que vive em grandes manadas nos desertos tropicais" (MAIA, 1964_3 b, p. 87).
bacafuzada *s. f.* Confusão, trapalhada (BH). De BACAFUZAR.

bacafuzar *v. t. d.* Confundir, misturar, atrapalhar, complicar (BH). Etimologia controversa. Nascentes (1966 b) vê origem expressiva, com eco no português "confusão". Raymundo (1933 a) vê origem híbrida, fusão do port. *cafuzo* com o prefixo plural banto *ba*, denotativo de família, agrupamento, povo.

bacala *s. m.* Pênis (YP). Do quicongo *bakala*, pênis.

bacarafuzada *s. f.* BACAFUZADA (JR). Segundo Raymundo (1933 a), trata-se de modificação de *bacafuzada* pela introdução da sílaba *ra* num processo tipicamente negro-africano.

bacatela *s. f.* Jogo de azar (FS). De provável origem banta. Cp. no quicongo: *mbaka*, armadilha; *nteela*, habilidade no tiro.

bachinche *s. m.* Arrasta-pé (AC). Provavelmente de MAXIXE, a dança.

baco [1] *adj.* Diz-se de bovino de pelo vermelho-amarelado (BH). Do quicongo *mbáku*, fogo.

baco [2] *s. m.* Caixão instalado à margem dos rios para lavagem do diamante (BH). Provavelmente do umbundo *mbaka*, fosso, cerca, muralha, trincheira, muro. Cp. o quicongo *mbaka*, armadilha.

bacoco *adj.* Tolo, palerma, moleirão (AC). De provável origem banta.

bacolerê *s. m.* O mesmo que BACULERÊ.

bacongo *s. m. e f.* Indivíduo dos bacongos, grupo etnolinguístico banto; o mesmo que CONGO (AN). Do quicongo *ba-kóngo*.

bacora *s. f.* Chapéu de feltro duro, de copa arredondada e baixa (PC). Provavelmente do quicongo *bankola*, pl. de *nkola*, chapéu de chuva.

bacorinha *s. f.* Chapéu alto, de feltro duro (BH). De BACORA.

bacula *adj.* Adulador. (MV) Deverbal de BACULAR.

bacular *v. t. d.* Prestar tributo, render homenagem, adular, bajular (JR). Do quimbundo *bakula*, tributar.

baculejar *v. t. d.* Adular, lisonjear. Abon.: MATOS, 1990 c, v. I, p. 348. Da mesma raiz de BACULAR.

baculerê *s. m.* Festa folclórica de Minas Gerais, "algum tanto orgíaca" (MA). Possivelmente relacionado a MACULELÊ.

baculo *s. m.* Espécie de raiz (YP). De origem banta (CASTRO, 1976 a).

bacuro *s. m.* Nos antigos cultos bantos, espírito da natureza, que jamais encarnou (OC). Do quicongo *mbakulu*, ancião, antepassado. Entre os BACONGOS, os velhos do começo da criação do mundo são chamados *Ba-kulu Mpangu* (LAMAN, 1964 b).

bafucá *s. m.* Bafafá, confusão, fofoca. Abon.: "... a atriz não se cansa de trocar palavras em português por expressões do idioma africano, deixando a equipe de produção e o resto do elenco perdidos. Ilê, aqué e bafucá são pouca coisa perto do que vem saindo da boca da musa" (MATÉRIA, 1995_2 c). De provável origem banta. Cp. BACAFUZAR; BAFUNTAR.

bafunga *s. f.* Desafio. Abon.: BERNARDINO (1996 c). Do quicongo *funga*, zangar-se, aborrecer-se com alguém.

bafuntar *v. intr.* Morrer (TA). Talvez do quioco *funda*, sepultar, enterrar defunto; ou corruptela de uma possível voz "defuntar" (do port.).

bagunça *s. f.* Desordem, confusão, baderna; pândega ruidosa (BH). A Nascentes (1966 b) parece palavra expressiva. A nós parece vir de étimo banto. Cp. o quicongo *bangunza*, conjunto de profetas (cf. SANTOS, 1972 c) e a expressão quimbunda *nguzu ia jingoma*, balbúrdia. Schneider (1991 a) vê derivar do quicongo *bangula*, relacionado à ideia de insurreição.

bagunçada *s. f.* BAGUNÇA.

bagunçado *adj.* Mal-arrumado, desarranjado, em desordem. De BAGUNÇAR.

bagunçar *v. t. d.* (1) Fazer BAGUNÇA, desarrumar, desarranjar. (2) Desrespeitar.

baguncear *v. t. d.* BAGUNÇAR.

bagunceiro *s. m.* (1) Que faz BAGUNÇA. (2) Turbulento, desordeiro.

bagunhar *v.* Apoderar-se de algo, gadunhar. Abon: "Os ladrões (...) ainda bagunharam os três jegues de Astério da Bica, com cangalha, caçuá e tudo, para carregar para bem longe o que tinham furtado (...)". (RIBEIRO, 2009 c, p. 779). Provavelmente do quicongo *mwànguna*, apartar, separar.

baia *s. f.* Compartimento ou espaço ao qual se recolhe o animal, nas cavalariças e estábulos (BH). Do quimbundo *dibaia* ou *ribaia*, tábua.

baile de congo *s. m.* O mesmo que TICUMBI (GN). Ver em CONGO.

bajerê *s. m.* Informação, denúncia da existência de diamantes (BH). Para Nascentes (1966 b), a origem é obscura. Para nós, é provavelmente banta, talvez ligada ao quicongo *nzele*, grão, pérola.

balacobaco *s. m.* El. us. na loc. adj. *do balacobaco*, excelente, ótimo (BH). De provável origem banta. Cp. o ronga *mbalaku*, interjeição que significa "Meu amigo! Meu velho!" mais a sua forma sincopada *mbaku*.

balandango *s. m.* Ruído metálico, tinido de cencerro (SAM). Voz onomatopaica de base banta. Cp. BALANGANDÁ.

balangandá *s. m.* Ornamento constante de uma penca de enfeites-amuletos, em geral de prata, usado pelas negras baianas em dias festivos. Voz onomatopaica de origem africana. Vejam-se: o quicongo *bolongonza*, objeto que tilinta quando é transportado de um lado para outro (MAIA, 1964_1 b); o quimbundo *mbalanganja*, brigão, conflituoso. Schneider aponta o zulu *bulungana*, porções que formam um todo.

balanguanje *s. m.* Compartimento, quarto para oferendas aos mortos (YP). De origem banta (CASTRO, 1976 a). Provavelmente do quicongo *balanganza*, mesa. Q. v. tb. em CAMBARANGUANJE.

balangue *s. m. pl.* Testículos YP). Do quimbundo *malanga*, testículos (Maia, 1964_1 b), relacionado ao quicongo *mbalanga*, hérnia (LAMAN, 1964 b).

balanje *s. m.* Testículos (YP). De origem banta (CASTRO,1976 a). Cp. CAMBANJE.

balata *s. f.* Nome de diversas árvores da família das sapotáceas, produtoras de madeira e látex; plástico natural proveniente da secagem da seiva dessas árvores (BH). Provavelmente do quicongo *balata* (significando qualquer coisa que agarra, que adere, que deixa mancha na roupa), através do "caribe insular" *balata* (NASCENTES, 1966 b).

balela *s. f.* Notícia ou dito sem fundamento, boato (BH). Provavelmente, de origem banta. Cp. o macua *yorumelela*, boato; o quimbundo *mazelele*, boas notícias; e o umbundo *lela*, leve, de pouco peso, leviano, débil.

balongo *s. m.* Feiticeiro (OC). Do termo banto *balongo* que, numa antiga seita de ANGOLA, designava o iniciado, o que foi purificado (cf. SANTOS, 1972 c, p. 344), e que se relaciona com o quimbundo *a-mu-longo*, instruído.

bamba [1] *adj.* 2 *gên.* Valentão (BH). Do quicongo *ebamba-ngolo*, valentão. Ou redução de BAMBAMBÁ.

bambá [1] *s. m.* Sedimento, borra do azeite de DENDÊ (BH). Do quicongo *mba*, COCO de dendê, através da expressão *mazi mamba*, azeite de dendê.

bamba [2] *adj.* 2 *gên.* Pessoa que é autoridade em determinado assunto (BH). Do quimbundo *mbamba*, mestre, pessoa insigne.

bambá [2] *s. m.* Designação de várias espécies de jogo (BH). Do quicongo *mbamba*, espécie de jogo.

bambá [3] *s. m.* Dança afro-brasileira em que os participantes cantam, em círculo, ao som de palmas cadenciadas, o estribilho "bambá, sinhá querê" (ANDRADE, 1989 a). Talvez redução de BAMBAQUERÊ ou do nome de uma dança da área banta.

bambá de couve *s. m.* Iguaria da cozinha mineira à base de couve, caldo de carne, FUBÁ, ovos e linguiça frita. Q. v. BAMBÁ [1].

bambacuar *v. intr.* Dançar (RP). De BAMBEAR ("bambear o cu?").

bambaê *s. m.* Dança ou BATUQUE de caixa (MA). Provavelmente de BAMBÁ [3].

bambaia *s. f.* Espécie de madeira de baixa qualidade. Abon.: "São enterrados em caixão de bambaia (madeira barata), isso quando seus executores não os enterram no local do crime." (MATÉRIA, 1989 c). Do quimbundo *mabaia*, plural de *dibaia*, tábua.

bambalalão *interj.* Fórmula de acalanto presente em versos de uma cantiga popular: "Bambalalão / senhor capitão / espada na cinta / ginete na mão...". Do quicongo *mbambala-mbambala*, docemente, suavemente; com algo de expressivo.

bambaleadura *s. f.* Q. v. BAMBOLEAMENTO (BH).

bambaleamento *s. m.* Q. v. BAMBOLEAMENTO.

bambaleante *adj. 2 gên.* Q. v. BAMBOLEANTE

bambalear *v. t. d., i. e p.* Q. v. BAMBOLEAR.

bambaleio *s. m.* Q. v. BAMBOLEIO.

bambalhão *adj.* Muito bambo, indolente, preguiçoso, moleirão (BH). Q. v. em BAMBO.

bambambã *s. m.* Valentão. "Forma apocopada e redobrada do quimbundo *mbamba-mbamba*, exímio, mestre" (AN). Cp. o umbundo *mbambamba, coisa proeminente.

bambão *s. m.* Corda bamba (BH). De BAMBO.

bambaquerê *s. m.* Dança popular brasileira; uma das danças dos FANDANGOS gaúchos acompanhada de cantos e toques de viola (MA). De BAMBÁ [3], provavelmente, através do refrão citado por Mário de Andrade (1989 a) referido nesse verbete. Veja-se também CAMBAQUERÊ.

bambar *v. t. d. e intr.* BAMBEAR (BH).

bambaré *s. m.* Confusão de vozes, algazarra, desordem ruidosa (BH). Do quimbundo, cf. Capello e Ivens (citados em NASCENTES,1966 b). Q. v. o quicongo *bambale, pl. de *mbale*, miserável, vagabundo, que não vale nada.

bambazuá *s. m.* Provocação de briga, insulto (MM). De origem banta mas de étimo incerto. Cp. BAMBA e ZOEIRA.

bambe *s. m.* Renque de MATO que forma linha divisória entre duas roças (BH). Do quimbundo *mbambe*, limite.

bambear *v. t. d.* Tornar BAMBO; vacilar, hesitar (BH).

bambelô *s. m.* Variedade de SAMBA norte-riograndense, COCO de praia (BH). De origem banta. Talvez de BAMBÁ [3].

bambeza *s. f.* Moleza, lassidão; qualidade ou estado de BAMBO (BH).

bâmbi [1] *s. m.* Antílope pequeno, veado (AN). Do quimbundo *mbambi*, veado.

bâmbi [2] *s. m.* Frio (JD). Do quimbundo *mbambi* (umbundo *ombambi*), frio.

bambiá *s. m.* Panelada (BH). MOCOTÓ (DV). Do quimbundo *mbia*, panela.

bambo *adj.* Sem firmeza, trêmulo, oscilante, frouxo (BH). Do quimbundo *mbambi*, tremor, ou do umbundo *mbamba*, coisa que oscila, que treme.

bamboante *adj. 2 gên.* Var. de BAMBOLEANTE (BH).

bamboar *v. t. d., intr. e p.* BAMBOLEAR.

bambolê *s. m.* Aro de plástico ou metal usado como brinquedo (BH). Deriv. regress. de BAMBOLEAR.

bamboleadura *s. f.* BAMBOLEAMENTO.

bamboleamento *s. m.* Ato de BAMBOLEAR.

bamboleante *adj. 2 gên.* Que bamboleia. De BAMBOLEAR.

bambolear *v. t. d.* Balancear, menear. De BAMBO.

bamboleio *s. m.* BAMBOLEAMENTO.

bambula *s. f.* Espécie de viola de origem africana (DL). Do quicongo *bambula*, lembrar, fazer lembrar (cp. a relação BANJO < *banza*, pensar; q. v. BANZAR). Ou de *bumbula*, distração, também do quicongo. Q. v., ainda, em BAMBURRAR.

bambulá *s. f.* Var. de BAMBULA (MV).

bamburrado *adj. e s. m.* Diz-se de, ou aquele que bamburrou (BH). De BAMBURRAR.

bamburrar *v. intr.* Fazer fortuna inesperadamente, ao encontrar ouro ou pedras preciosas (BH). Provavelmente do quicongo *bambula*, palavra de encantamento que tem a virtude mágica de transferir bens de outra pessoa para quem a profere.

bamburrice *s. f.* Ato de fazer BAMBÚRRIO (BH).

bambúrrio *s. m.* Fortuna inesperada (BH). De BAMBURRAR.

bamburrista *s. 2 gên.* Pessoa favorecida pela sorte (BH). De BAMBÚRRIO.

bamburro *s. m.* BAMBÚRRIO.

Bamburucema *s. f.* Nos CANDOMBLÉS de origem ANGOLO-CONGUESA, INQUICE correspondente à Iansã dos nagôs (DL). Var. de ANGURUCEMA.

bambuto *s. m. e adj.* Pertencente ou relativo aos bambutos, povo pigmeu da África Central (BH). Do radical *mbutu*, presente em várias palavras bantas com o sentido de baixo, curto. Q. v. o quimbundo **kambuta*, baixo, curto.

banana-congo *s. f.* BANANA-NANICA (DL). Do topônimo CONGO. *Banana* é termo de origem africana, mas da área sudanesa.

banana-nanica *s. f.* Banana-anã (BH). Provavelmente do macua *enika*, banana, contaminado pelo português "nanico".

bancar *v. t. d.* Fazer o papel de; fazer-se de. (BH). Do quicongo *banga*, mentir, contar histórias; ou de *baka*, afetar.

banculutemo, *s. f.* Lésbica (YP). Segundo Castro (2001 a, p. 167), do quicongo *mbangu lutema*, "que possui as qualidades de um homem".

banda [1] *s. f.* Pedaço, parte lateral. Etimologia controversa. Para Nascentes (1966 b), vem do gótico *bandwa*. No bundo, encontramos *vanda*, parte, quinhão, que não é portuguesismo e se origina de *handa*, *wanda* ou *vanda*, verbos que significam partir, dividir (ALVES, 1951 b). Q. v. tb. o quimbundo **mbandu*, parte, pedaço.

banda [2] *s. f.* Lugar de origem de uma entidade de UMBANDA; linhagem: "Saravá sua banda!" Do quimbundo *mbanda*, zona, correspondente ao quicongo *mbanda*, província, distrito, parte de um país.

banda [3] *s. f.* Pernada. Abon.: "... um dos golpes do batuque, o mais comum, a banda, quando o atacante tenta arredar do chão uma das pernas do adversário para fazê-lo cair (CARNEIRO, 1957 c, p. 91). Do quimbundo *dibanda*, pernada.

banda de esteira *s. f.* Concubina (BH). De BANDA [1].

bandamaza *s. f.* Água sacralizada (YP). Da fusão das vozes *banda*, qualquer coisa que é sagrada ou consagrada, e *maza*, água. Do quicongo.

Bandaminicongo *s. m.* Um dos nomes do INQUICE ROXO-MUCUMBE (YP). Segundo Castro (2001a, p. 167), do quicongo ou quimbundo *banda munikongo*, "a coroa do povo conguês".

bandas *s. f. pl.* Lugar, sítio, localidade (BH). Pl. de BANDA [2].

bando *s. m.* Pregão público de ordem ou decreto (AN). Provavelmente ligado ao quimbundo *mbanda*, mandamento.

bandola *s. m.* Preá, rato-do-campo (YP). Segundo Castro (2001a, p. 167), do quicongo *bangala* ou do quimbundo *mbengula*.

banga [1] *s. f.* Casa ou abrigo mal construído (BH). Do quicongo *mbanga*, casa sobre palafitas.

banga [2] *interj.* Designativa de ironia (JA). "Voz que não tem expressão própria mas que é empregada como que para acentuar uma frase negativa ou de desdém, de pouco caso: 'Já lhe disse que não faça isso. Banga!'" (COSTA, 1937 a, p. 69) Provavelmente do quicongo *mbanga* testículo. Cp. o português **"caralho!"*.

bangalafumenga *s. m.* João-ninguém. Homem reles, vadio (BH). Do umbundo *vangala*, levar vida de vadio, acrescido de termo provavelmente relacionado com o umbundo *fumba*, roubar comida dos outros, ou do quicongo *bakala* (homem) + o port. *fumega*.

bangalé *s. m.* Baile de ínfima categoria (MV); em Santa Catarina, designação depreciativa para qualquer tipo de culto africano. Var. BANGUELÊ.

bangana *s. m.* Em cultos de origem banta, iniciado já em alto grau de desenvolvimento (OC). Do quimbundo *ngana*, senhor, patrão.

bango [1] *s. m.* Dinheiro (OC). Do quicongo *mbángu*, ganho, benefício.

bango [2] *s. m.* Cânhamo, um dos nomes da MACONHA. Etimologia controversa: Nascentes (1966 b) vê como variante do port. *bangue*, originário do sânscrito. Para nós, vem do quimbundo *mpangu*, como variante de PANGO.

bangolar *v. intr.* Vagamundear, vaguear, andar à toa (AN). Raymundo (1933 a) dá como variante de "bangololar", desfazer, não trabalhar, provavelmente a partir do quicongo *vangula*, *vangulula*, desfazer (MAIA, 1964_1 b, p. 185). Veja-se, em bundo: "*vangula*, falar, conversar; *vangulo* (*mbangulo*) conversa, paleio" (ALVES, 1951 b, p. 1944). A ideia é a de uma conversa livre, entre duas pessoas que andam à toa.

banguê \ue\ [1] *s. m.* (1) Espécie de liteira sobre dois varais para transporte de enfermos, mulheres e crianças. (2) Padiola para conduzir cadáveres ou cargas diversas. (3) Engenho de açúcar antigo dotado desse tipo de padiola. (4) Canal por onde escorre, nos engenhos de açúcar, a espuma que transborda quando da fervura (BH). (5) Vestimenta de couro para barriga de rês doente (SC). (6) Móvel grande, pesado, antigo (PC), sem gosto. De origem banta mas de étimo ainda não exatamente determinado. Nascentes (1966 b) diz derivar do quimbundo *bangue*, que desconhecemos. Certamente, a palavra se origina de um termo da área banta que designa algo como varal, sarrafo de madeira etc. Cp. o nianja *bangwe*, espécie de guitarra, nome que talvez tome por referência o braço alongado do instrumento. Cp. tb. o quimbundo *mbangala*, BENGALA; o quicongo *mbúngu*, cipó; o quicongo *mbánza*, metade de um bambu; e o quimbundo *mbangu*, pá, referido por Schneider (1991 a). Veja-se também em Ramos (1954 a, p. 229): "Os escravos assim cantavam no eito (...): E bango, bango / Caxinguelê / Come coco no cocá / Tango arirá, Eh! Eh! / Eh! Eh! - É possível que a denominação de banguê para o engenho tenha partido daí." A acepção 4 é um caso de metonímia (a parte é tomada pelo todo); a 5 decorre da semelhança da vestimenta com a padiola; e a 6, do aspecto do móvel, que lembraria a liteira.

banguê \ue\ [2] *interj.* "Hip! Hip! Hurra!" Abon.: "Um brinde! gritou Casusa, levantando-se e suspendendo o copo à altura da cabeça. Ao belo madamismo maranhense, que hoje nos honra! Hup! Hup! Banguê!" (AZEVEDO, 19--a, p. 115). De origem banta, certamente.

bangueiro \ue\ *s. m.* Indivíduo que prepara a garapa no fabrico de rapadura ou que limpa o caldo de cana contido nos tachos (BH). De BANGUÊ [1].

banguela *adj. 2 gên.* Pessoa com falta de dentes incisivos. Relacionado ao topônimo BENGUELA. "É uma referência a São Filipe de Benguela, em ANGOLA, grande porto exportador de escravaria para o Brasil (...) Muitos escravos vindos dali não tinham os dentes da frente, tornando-se estranha a feição apresentada. O costume de arrancar ou limar os incisivos não era peculiar apenas aos grupos ao redor de Benguela (...) Ali era um dos centros de concentração, depósito de pretos arrancados aos sertões, de origens e etnias incontáveis. A passagem por Benguela dava-lhes o sobrenome: preto Benguela (...) A ausência dos dentes (...) transmitiu mais esse nome (...) agora constituindo forma peculiar na conservação da arcada dentária" (CASCUDO, 1965 b, p. 166). Possível, entretanto, é que a circunstância do aspecto dentário já venha com o grupo étnico que deu nome ao lugar. Assim, vejam-se: o etnônimo *ba-ngela*, de *ngela*, chifre (o dente limado adquiriria o aspecto de um chifre?); as vozes, do quicongo, *banga*, dente canino, e *mpangula*, "dente cinzelado segundo um costume BACONGO" (LAMAN, 1964 b). Veja-se, finalmente, que o hábito de limar os dentes incisivos superiores em triângulo é um costume típico dos ganguelas (cf. PINTO, 19-- b, p. 176-177).

banguelê *s. m.* (1) Briga, desordem (BH). (2) Espécie de BATUQUE, provavelmente o mesmo que bangulê (MA). Talvez do quicongo *bangula*, destruir, demolir; do quimbundo *bangula*, desorganizar, ou do umbundo *vangula*, falar. Provavelmente contaminados por BENGUELA. Q. v. também em BANGULÊ.

banguelo *adj. e s. m.* BANGUELA (BH).

banguezeiro \ue\ *s. m.* Proprietário de engenho BANGUÊ (BH).

banguezista \ue\ *s. m. e. f.* BANGUEZEIRO.

bangula [1] *s. f.* Barco de pesca, garoupeira (MS). Provavelmente de BANGULAR.

bangula [2] *s. f.* Denominação de certa ave (AN). Segundo Nascentes (1966 b), o étimo é *mbangula*, nome quimbundo da referida ave.

bangular v. intr. Var. de BANGOLAR.
bangulê s. m. (1) Espécie de JONGO executado ao som de cuícas, palmas e sapateado (MA). (2) Rolo, confusão (BH). De BANGUELÊ, talvez. Q. v. tb. o quimbundo *banga*, brigar; e o ronga *ba-ngole*, plural de *mu-ngole*, ANGOLANO.
banja s. f. (1) Partilha; quota, parte que cabe a cada indivíduo numa divisão de lucros (PC). (2) Trapaça no jogo (BH). Talvez do umbundo, proveniente da associação das vozes *vanda*, parte, quinhão (e também grupo, bando) com *mandji*, irmandade, confraria.
banjista adj. 2 gên. e s. 2 gên. Que ou quem faz BANJA, trapaça.
banjo s. m. Instrumento musical de cordas cuja caixa de ressonância tem o feitio de um tambor (BH, MA). Do quimbundo *mbanza*, viola, através do inglês.
banjoísta s. 2 gên. Tocador de BANJO (BH).
banta adj. Flexão feminina de banto.
banto s. m. (1) Cada um dos membros da grande família etnolinguística à qual pertenciam, entre outros, os escravos no Brasil chamados angolas, congos, cabindas, benguelas, moçambiques etc. e que engloba inúmeros idiomas falados, hoje, na África Central, Centro-Ocidental, Austral e parte da África Oriental. // adj. (2) Pertencente ou relativo aos bantos ou às suas línguas. Do termo multilinguístico *ba-ntu*, plural de *mu-ntu*, pessoa, indivíduo.
banto-ameríndio s. m. Modalidade de culto religioso paraense (NF). De banto.
bantu adj. e s. 2 gên. O mesmo que banto.
bantuísmo s. m. Africanismo originário de uma das línguas do grupo banto ou BANTU. Cp. ANGOLANISMO.
bantuização s. f. Ato ou efeito de BANTUIZAR.
bantuizar v. t. d. Dar (a vocábulo) aspecto de banto.
bantustão s. m. Na África do Sul, durante o regime do *apartheid*, denominação de cada um dos territórios reservados aos negros (DH).
banza [1] s. f. Residência de SOBA africano (BH). Do quimbundo *mbanza*, aldeia, conjunto de residências.

banza [2] s. f. Viola, guitarra (BH). Do quimbundo *mbanza*, viola.
banza [3] s. f. Alteração de BANZO (SP).
banza-banzando loc. adv. Forma frequentativa do gerúndio do verbo BANZAR (VS): "A Jeronyma empurrou as folhas da janela, chegou-se à beira do marido, e aí ficou meio pasmada, banzá-banzando." (SILVEIRA, 1928 a, p. 112).
banzar [1] v. t. (1) Tornar pasmado, espantar, surpreender. // v. intr. (2) Pensar, meditar em coisas difíceis de resolver, MATUTAR (AN, BH). Do quimbundo *banza*, pensar.
banzar [2] v. intr. Copular (VF). De BANZO [3].
banzativo adj. Que está a BANZAR (BH).
banzé [1] s. m. (1) Dança de negros, conhecida em Portugal na metade do século XIX (MA). (2) Festa popular (BH). Talvez do quimbundo, das vozes *mbanza*, viola; ou *mbanze*, "feitiço para atrair mulheres para fins amorosos, amavio" (XITU, 1985_2 b, p. 217).
banzé [2] s. m. Rolo, confusão, gritaria, tumulto. Provavelmente, de BANZÉ [1]. V. tb. o quicongo *benzengele*, ruído. Macedo Soares (1954 a) tenta derivar do bundo *mazue*, pl. de *rizue*, barulho. Cp. BAZÉ.
banzé de cuia s. m. (1) Confusão, rolo, o mesmo que BANZÉ [2] (BH). (2) Uma das figurações coreográficas do MOÇAMBIQUE (MA).
banzê s. m. Variante de BANZÉ [2] (AL).
banzear v. t. d. (1) Agitar, mover, balouçar. (2) Estar BANZEIRO (BH). De BANZO.
banzeira s. f. Tristeza, melancolia. Abon.: "Pois ficava alisando de um lado para o outro, numa banzeira, pensando no bicho lá dentro". (RIBEIRO, 1982 c, p.38). De BANZO.
banzeiro [1] adj. (1) Triste, melancólico, nostálgico. (2) Sem firmeza, cambaleante. (3) Diz-se do mar que se agita vagarosamente e em pequenas ondas. (4) Diz-se do jogo que se prolonga sem solução (BH). De BANZO [1].
banzeiro [2] s. m. (1) Tumulto (LM). (2) Vento forte. (3) Sucessão de ondas provocadas pela passagem da pororoca ou de uma embarcação a vapor no rio, as quais se quebram na praia com violência (BH). De BANZÊ. A característica de

violência dessas acepções se opõe à "tristeza calma" de BANZEIRO [1], por isso buscamos étimos diferentes.

banzo [1] *s. m.* (1) Nostalgia mortal que acometia negros africanos escravizados no Brasil. // *adj.* (2) Triste, abatido, pensativo. (3) Surpreendido, pasmado; sem jeito, sem graça (BH). Do quicongo *mbanzu*, pensamento, lembrança; ou do quimbundo *mbonzo*, saudade, paixão, mágoa.

banzo [2] *s. m.* Cada uma das peças ou vigas laterais das escadas, onde se apoiam os degraus; braço do andor, do esquife, da padiola (BH). Provavelmente do quicongo *mbanza*, metade (meia-cana?) de um bambu.

banzo [3] *s. m.* Conjunção carnal, cópula (VF). Possivelmente, relacionado ao quicongo *banzu*, cabra. Cp. o port. *bode*, indivíduo libidinoso.

bapo *s. m.* Maracá (BH). De possível origem banta.

baquelo *s.* Caixa (YP). Do quimbundo *ki-bakelu*, caixa (Maia, 1964_1 b).

baquice *s. m.* Quarto de santo, na NAÇÃO ANGOLA (ENC). Q. v. em BARQUICE.

barafunda *s. f.* Mistura desordenada, confusão, baderna, balbúrdia (BH). Nascentes (1966 b) dá origem incerta. A. G. Cunha (1982_1 b), origem obscura. Provavelmente do quimbundo *mbala*, aldeia, ligado a Funda, nome de uma região angolana que no século XVII "foi um dos principais aglomerados populacionais do Libolo, região do Ndongo" (PARREIRA, 1990 b, p. 137). Para se ter ideia do que deveria ser a *mbala* Funda em confusão e balbúrdia até o século passado, veja-se este trecho de Uanhenga Xitu (1985_1 b, p. 138): "Velho Mbengu parecia delirar, não parava de recordar, contando o passado áureo da Funda, ponto de passagem de funantes, de comboios, de canoas vindas do Zenza do Golungo à Barra do Bengo e Luanda, vice-versa. Só o velho sabia abrir os olhos, franzir a testa e gesticular com as mãos para dar ideia ao seu interlocutor do que na verdade fora a Funda dos tempos passados."

barambaz *s. m.* Coisa que está pendente, pendurada (BH). Palavra expressiva, segundo Nascentes (1966 b). Talvez com algum eco de BAMBA, BAMBEAR.

baranga *adj. 2 gên.* De má qualidade, de pouco ou nenhum valor (BH). De provável origem banta. Q. v. o quicongo **mbalanga*, hérnia umbilical. Cp. o português chulo **escroto*, ruim, malfeito, grosseiro.

barangandã *s. m.* Var. de BALANGANDÃ.

barango *adj.* Diz-se de pessoa ou coisa de mau gosto, barata, mixuruca, fora de moda (SAM). De BARANGA.

barquice *s. m.* Designação do santuário em cultos afro-brasileiros de origem banta; GONGÁ (OC). De origem banta, provavelmente do iaca *bakixi*, plural de *mukixi*, ídolo, fetiche. Q. v. tb., no ronga, as vozes **baki*, cesto em que os magos guardam suas mezinhas e seus ossos divinatórios; e **bokise*, caixote, mala. Q. v. em INQUICE.

barquiço *s. m.* O mesmo que BARQUICE (DL).

barundo [1] *s. m.* Senhor, patrão (MM). Provavelmente do umbundo *balungu*, aumentativo de *mulungu*, homem branco.

barundo [2] *s. 2 gên.* Indivíduo de um dos grupos étnicos traficados para o Brasil (LR). De *bailundu*, grupo étnico e região de ANGOLA.

bata *s. f.* CUBATA (AC).

bataião do congo *s. m.* Uma das denominações da CONGADA goiana (MJ). Do topônimo CONGO.

batete *s. m.* Comida do orixá nagô Ogum (OC), o mesmo que BATETÊ.

batetê *s. m.* Inhame cru com azeite e sal. (BH). De MATETÊ.

baticum *s. m.* (1) BATUCADA. (2) Sucessão de marteladas. (3) Discussão acalorada, altercação. Controverso: do port. *bater*, segundo Nascentes (1966 b) e outros. Para J. Raymundo (1933 a) a raiz é a mesma de *batuque*, banta portanto. Q. v. em BATUQUE.

batoca *s. f.* Nariz largo e chato, por serem grandes e dilatadas as narinas (JR). Segundo Raymundo (1936, p. 66), "do bangala *batoka*, narina, venta".

batota *s. f.* Trapaça no jogo. Do quimbundo *tota*, apostar.

batucada *s. f.* (1) Ato ou efeito de batucar. (2) Ritmo ou canção de BATUQUE. (3) Reunião onde se batuca (BH). (4) Denominação do jogo da pernada carioca: " Abre a roda, meninada / que o samba virou batucada" (de um refrão tradicional). De BATUCAR.
batucador *s. m.* Mau tocador de piano (BH). De BATUCAR.
batucajé *s. m.* Dança profana ao som de tambores (BH). Provavelmente de origem híbrida, de BATUQUE mais uma das seguintes formas iorubanas (não bantas): *àjé*, feiticeiro, ou *onjé* comida, significando batuque onde se faz feitiço ou onde se come. Talvez, ainda, termo influenciado pelo iorubano *olubajé*, que é o banquete ritual oferecido em honra do orixá nagô Obaluaiê.
batucar *v. intr.* (1) Dançar e cantar o batuque. // *v. t. d.* (2) Dar o ritmo de, percurtindo (BH). De BATUQUE.
batuque *s. m.* (1) Designação comum a certas danças afro-brasileiras. (2) BATUCADA. (3) O ato de batucar (BH). (4) Culto religioso afro-gaúcho. Etimologia controversa. Para Nascentes (1966 b), é deverbal do port. *bater*. Para Ribas (1979 b, p. 214) trata-se de "fusão deturpada da expressão quimbunda *bu-atuka* (onde se salta ou se pinoteia)". Raymundo (1933 a, p. 106) escreveu: "É bailado originário de Angola e do Congo, mas, em que pese a opinião do Cardeal Saraiva, não lhe chamavam os negros batuque, mas os portugueses; a dança é feita com cantos em que entra a expressão *kubat' uku*, nesta casa aqui. Daí, proveio batucu, alterado em batucum e batecu, já por influência do verbo português bater." Cp., no quimbundo, o verbo **tuka*, saltar. Teríamos, então, uma etimologia para a dança e outra para o ato de percutir o tambor?
batuque-boi *s. m.* Pernada (BH). De BATUQUE.
batuque do jarê *s. m.* Dança popular brasileira (WI). De BATUQUE.
batuqueira *s. f.* Divertimento, festa (SC). De BATUQUE.
batuqueiro *s. m.* Frequentador ou dançarino de BATUQUE ou BATUCADA (BH).
batuquejê *s. m.* Var. de BATUCAJÉ.
bazê *s. m.* Briga (TA). Variante de BANZÊ.
bazé *s. m.* Fumo de qualidade inferior (BH). Provavelmente do quimbundo *baza*, explodir. Cp., no quicongo, as vozes **mbazu*, fogo, pólvora; e **mbazala*, gosto forte, amargo.
bazuca *s. f.* Arma de guerra constituída por um tubo de onde sai uma granada-foguete (BH). Do quicongo *basuka*, explodir, ser incendiado (cf. BENTLEY, 1887 b), através do anglo-americano *bazooka*. Cp. **mbazu* em BAZÉ.
beata *s. f.* GUIMBA de cigarro de MACONHA (BH). Possivelmente de BIA.
beca [1] *s. f.* (1) Túnica, veste talar. (2) Saia de fazenda pesada, de cor preta, toda macheada, que certas negras baianas envergavam nos dias festivos (HV). Certamente do quicongo *mbéka*, deriv. de *békama*, tecido de hábito, borda de vestimento; que é suspenso; suspenso do lado (LAMAN, 1964 b). Q. v. tb. o quimbundo **dibeka*, "pano que cobre até os pés indo a arrastar" (MAIA, 1964_1 b, verbete "pano") e o umbundo **mbeko*, xale.
beca [2] *s. f.* Vaquinha, associação de pessoas com fito de reunir dinheiro para fazer face a alguma despesa; p. ext., grupo de amigos, colegas, camaradas. O termo era corrente, nos anos 1950, entre os alunos da Escola Técnica Visconde de Mauá, da rede oficial, na cidade do Rio de Janeiro. Do quicongo *beka*, pequena quantia de dinheiro (cf. FONSECA, 1985 b, p. 60).
becabunga *s. f.* Planta da família das escrofulariáceas (AN). De provável origem banta.
bechuano *adj., s. m.* Forma preferível a "botsuano", relativo a Botsuana, república localizada no centro-sul africano (DH).
bedenga *s. m.* Negociata em que há roubalheira (MV). De possível origem banta.
belafoice *s. m.* Na Bahia, espécie de tocha luminosa da mitologia de antigas populações ribeirinhas (YP). Segundo Castro (2001 a, p. 173), do quicongo *mbela fwesse*, "o clarão que se levanta à margem do rio".
beleléu *s. m.* Morte, desaparecimento, malogro (DH). /// **Ir para o beleléu**, morrer, sucumbir,

fracassar. Segundo Castro (2001 a), do quimbundo *mbalale*, cemitério, consignado em Maia (1964_1 b).
belendengue *s. m.* Miliciano de cavalaria que guarda as fronteiras. Provavelmente de língua banta, através do espanhol platino *blandengue*. Q. v., no quimbundo, **belengenze*, faca; e **ndenge*, pequeno.
bélude *s. m.* Dia (CBC). Quicongo: *luludi*, firmamento.
bemba [1] *s. 2 gên.* Indivíduo dos bembas, povo banto da atual Zâmbia. De *mbemba*.
bemba [2] *adj.* Prolabiado, de lábio caído, beiçudo (MV). Certamente de origem banta. Cp. com o afro-cubano: "*Bembo, N. s. m.* - *De origen africano. El labio grueso y tosco; por antonomasia, el del Negro Bozal. Alguns le usan femenino: Bemba*" (PICHARDO, 1985 b). Q. v. BEMBA [1].
bembeu *s. m.* (1) Pessoa raquítica, mirrada. (2) Bezerro enjeitado (SAM). De origem banta. Certamente relacionado a CAMUMBEMBE, QUIMBEMBE etc.
bendengo *s. m.* Var. de BENDENGUÊ. "Casa de luzinha, no campo, estavam tocando? Estavam dançando o bendengo" (ROSA, 1978 c, p. 65).
bendenguê *s. m.* Dança de negros, CAXAMBU, JONGO (MA). Provavelmente do quicongo *benzengele*, barulho. Cp. MACULELÊ.
benga *s. m. e f.* Indivíduo dos bengas, grupo étnico africano escravizado no Brasil. Abon.: "Encontramos no Arquivo Público da Bahia um documento sobre os bengas que foram introduzidos como escravos no Brasil" (AMARAL, 1941 c, p. 132). Do etnônimo *mbenga*, subgrupo dos *fang* ou *pahuin* do litoral do Gabão e dos Camarões.
bengala *s. f.* Bastão, em geral recurvo na extremidade superior, sobre o qual se apoia a mão quando se anda (AN). Controverso. Para Nascentes (1966 b), é abrev. da expressão "cana de Bengala", estando o étimo no topônimo asiático. Veja-se, entretanto, o quicongo **mbangala*, cacete, pau de bater, derivado de *bangala*, palavra ligada à ideia de sofrimento, tormento etc.

(LAMAN, 1964 b). Veja-se, também, o quimbundo **kiabengala*, torto. O étimo, então, parece ser banto, não só pela associação com a ideia de tormento etc., como também por essa acepção de "coisa torta". Cp. CAPENGA.
bengala-grande *s. f.* Gramínea da família das bambusáceas (CT). Q. v. BENGALA.
bengala-miúda *s. f.* Gramínea da família das bambusáceas (CT). Q. v. BENGALA.
bengalada *s. f.* Bordoada com BENGALA.
bengaleiro *s. m.* (1) Fabricante ou vendedor de bengalas. (2) Empregado de teatro encarregado de guardar as bengalas dos espectadores. (3) Móvel para guardar bengalas (BH). Q. v. BENGALA.
bengo [1] *s. m.* (1) Viela tortuosa, caminho escuso. (2) Lugar pouco ou mal frequentado. (3) Casa comercial de ínfima categoria (BH). Do quicongo *mbéngo-mbengo*, lugar perigoso, passagem perigosa. Ou de *mpèngo*, bairro. Cp. **Bengo*, topônimo ANGOLANO.
bengo [2] *s. m.* Preá (BH). Do quimbundo *dibengu*, rato.
bengola *adj.* Abrev. de BENGOLA-FUMEGA (MV); prosa, que se gaba de tudo (CT).
bengola-fumega *adj.* Falso valentão, proseador (MV). Corruptela de BANGALAFUMENGA (q. v.).
benguê *s. m.* Fundamento, axé. Abon.: "Cumeeira - é o benguê da casa, dedicado ao santo do Tata. Acima suspende-se a panela com os benguês do inkice" (COSTA, 1989 c, p. 33). Provavelmente do quicongo *benge*, muito, em alusão a riqueza, prosperidade.
bengue *s. m.* MACONHA (BH). Talvez relacionado ao quicongo *mbèngi*, vermelhidão, doença dos olhos. Ou red. de *bengue-de-obó*, árvore medicinal de São Tomé, cf. Cândido de Figueiredo (1925 a).
benguela (1) *s. 2 gên.* Indivíduo dos benguelas, escravos embarcados no Golfo de Benguela, na África Austral. // *s. f.* (2) Um dos toques do BERIMBAU na CAPOEIRA (WR). Do topônimo *Benguela*. Para a segunda acepção, q. v. tb. o quicongo **mbengele*, que se vai muito rápido.

benguela-sustenida s. f. Um dos toques do BE-RIMBAU na CAPOEIRA (WR). Q. v. em BENGUELA.

berebedé s. m. Tumulto, confusão, discussão (YP). De origem banta (CASTRO, 1976 a).

berenguendém s. m. Var. de BARANGANDÃ (BH).

berenguendengue s. m. Espécie de chocalho, o mesmo que xeré (do ioruba) (AL). De BEREGUENDÉM.

berenguendens s. m. pl. Forma plural de BERENGUENDÉM (CT).

bereré s. m. O mesmo que BEREBEDÉ (YP). De origem banta (CASTRO, 1976).

berimbau s. m. Instrumento musical de origem africana constante de um arco de madeira retesado por um fio de arame e de uma cabaça presa ao dorso da extremidade inferior. Relacionado a MARIMBA e influenciado pelo nome do instrumento europeu berimbau ou brimbau (do francês *brimbale*), que é tocado na boca. Cp. MARIMBAU.

berimbau de bacia s. m. Arco sonoro em que a caixa de ressonância é improvisada com uma bacia (SCH). De BERIMBAU.

berimbau de barriga s. m. O mesmo que URUCUNGO (BH). O nome enfatiza a diferença em relação ao BERIMBAU europeu.

berimbau de boca s. m. Espécie de URUCUNGO em que os tocadores obtêm, com a boca e uma faca, variados efeitos de som (BH). De BERIMBAU.

berundanga s. f. Feitiço (OC). De BURUNDANGA.

bia s. f. Ponta de cigarro de MACONHA (FS). Provavelmente do quicongo *mbiya*, coquinho de palmeira, noz de palma.

biango s. m. Casinhola (BH). Provavelmente, do quicongo *mbiya*, propriedade, bens em geral.

biatar v. Joeirar, peneirar (YP, grafado "biatá"). Do quimbundo *biata*, joeirar, consignado em Maia (1964_1 b).

bicho-mongongo s. m. Personagem mitológico afro-brasileiro (SC). Seguramente, de origem banta, talvez do quicongo *mugonga*, grande comprimento de qualquer coisa; *mugongo*, ave pernalta; árvore muito alta.

bicho-pongué s. m. Personagem mitológico afro-brasileiro (SC). Certamente de origem banta. Q. v. no quicongo as vozes: **mpongwe*, nome de etnia; **mpòngo*, pássaro negro; **mpongi*, CHIMPANZÉ, MACACO.

bidu s. m. Bicho-papão (YP). De origem banta (CASTRO, 1976 a).

bié s. 2 gên. Indivíduo de um dos grupos étnicos escravizados no Brasil (LR). Do topônimo *Bié*, região de ANGOLA.

bilongue s. f. Casa; minha casa (VF). Do bundo: *mbilo*, cercado + *ange*, meu (cf. ALVES, 1951 b).

biloto s. m. Pequena excrescência; verruga (FS). Nascentes (1966 b) consigna origem obscura. De possível étimo banto.

bilunga s. f. Pênis de criança (BH). Talvez de origem banta.

bima s. f. Cigarro de MACONHA (CR). Talvez relacionado a BIMBA [1].

bimba [1] s. f. (1) Pênis pouco desenvolvido, de criança. (2) Pênis (BH). Provavelmente do quimbundo *mbimba*, *mbima* cacete, cajado.

bimba [2] s. f. Coxa (BH). Talvez do umbundo *mbimba*, cortiça, medula vegetal, madeira leve (em alusão à carnadura dessa parte do corpo, em geral macia). Ou de BIMBA [1], por metonímia. Q. v. tb. o quicongo **mbimbi*, tronco de bananeira ou palmeira.

bimba-n'água s. f. Pesca na qual os participantes arrastam a rede mergulhados até a cintura (BH). De BIMBA [1].

bimbada s. f. (1) Coito (BH). (2) Umbigada (TC). Quicongo: *bimba*, abraçar (MAIA, 1964_1 b). Cp. BIMBA [1].

bimbar v. t. i. Copular (BH). De BIMBA [1].

bimbinha s. f. BIMBA [1].

bimbo s. m. Provinciano, ingênuo (BH). Talvez de origem banta.

binga [1] s. f. (1) Corno, chifre. (2) Tabaqueiro de chifre, cornimboque para tabaco (BH). (3) Chifre de boi com que os pedreiros se servem

de água nos trabalhos do seu ofício (PC). Do quimbundo *mbinga*, chifre.
binga [2] *s. f. e m.* (1) Lampião de querosene. (2) Isqueiro tosco (BH). Do quicongo: *mbinga*, clarão de fogo; *binga*, iluminar com fogo; *bi--inga*, pl. de *ki-inga*, chama.
binga [3] *s. f.* O pênis (BH). De BIMBA [1].
binga [4] *s. f.* (1) Espécie de piçarra ou cascalho. (2) Bosta (BH). Provavelmente do quicongo *mbinnga*, pequena noz de palmeira, coquinho.
binga [5] *s. m.* Beija-flor (AC). De provável origem banta.
binga de fuzil *s. f.* O mesmo que binga, isqueiro tosco. Abon.: "José de Arimateia bateu a binga de fuzil e acendeu, pachorrento, o cigarro (PALMÉRIO, 1966 c, p. 267). Q. v. em BINGA [2].
bingar *v. intr.* Soprar o berrante, i.e., a buzina feita do chifre do boi (SCH). De BINGA [1].
bingo *s. m.* Espécie de víspora com prêmios (AN). Provavelmente do quicongo *mbingu*, caça, através do inglês. Veja-se, em abono, a expressão **mu-bingu avita*, vitória, triunfo. Q. v. tb., no quicongo, **binga*, vencer, triunfar.
bingueiro *s. m.* Estojo de isqueiro. Abon.: "O guizo andou de simpatia, por muito tempo, na corrente de um bingueiro de prata que ele usava" (PALMÉRIO, 1966 c, p. 271).
bingundo *s. m.* Bebida fermentada, muito acre. Abon.: SANTOS (19-- c). Do umbundo *ovingundu*, CACHAÇA.
biquanga *s. m.* Pão (VF). Q. v. QUICUANGA.
bira *s. m.* Buraco cavado pelas crianças para o jogo de pião (BH). Provavelmente do quicongo *lubila* ou de seu sinônimo *mbilu*, fosso, buraco profundo.
biraia *s. f.* (1) Megera. (2) Meretriz (BH). De possível origem banta: em muitas línguas do grupo, palavras correspondentes ao português *prostituta*, apresentam a terminação *aia* ou *aya*. Q. v., p. ex., em quimbundo **kiuaia*, em quicongo **biwaia* e em suaíle **malaya*.
biriba *s. f.* Égua (SAM). De possível origem banta (SAM).

biringa *s. f.* (1) Tabaqueira (SCH). (2) Pênis de criança (YP). De BINGA.
birita *s. f.* CACHAÇA (BH). Provavelmente, de JERIBITA, "possivelmente africano", segundo Nascentes (1988 a).
biritado *adj.* Embriagado (BH). De BIRITA.
biritar *v. intr.* Beber BIRITA (BH).
biriteiro *adj. e s. m.* Bebedor de BIRITA (BH).
bitelo *s. m.* Animal, pessoa ou coisa de proporções avantajadas. Provavelmente relacionado ao quicongo *ntéelo*, exagerar.
bitu *s. m.* O mesmo que BIDU (YP). De origem banta (CASTRO, 1976 a).
bizeque *s. m.* Violenta dedada na orelha, de surpresa, numa brincadeira de mau gosto (SAM). De possível origem banta.
boamba *s. f.* Roubo feito no mar (RP). Var. de MUAMBA.
boare *s. m.* Cachorro. Abon.: "Puruque macumbi subiu na serra e marimbá roncô? / - Culpa mboare". (ANDRADE, 1989 a, p. 273). Do quimbundo *mbua*, cachorro.
Bobinjira *s. f.* Var. de BOMBONJIRA (OC).
bobó *s. m.* Comida de origem africana, espécie de purê de aipim ou inhame. Étimo controverso. A. G. Cunha (1982_1 b), a partir de Macedo Soares, propõe o fongbé *bovô*, não confirmado por nós. Em Figueiredo (1925 a) encontramos: "Bombó (termo de Angola). Tubérculo de mandioca, fermentado e enxuto, que pisado num pilão produz a farinha de que se faz o infúndi." Daí chegamos a Ribas (1985 b, p. 293): "bombó = fubá de mandioca". O étimo então estaria no quimbundo e no quicongo: *mbombo*, mandioca amolecida, com ou sem casca.
boboca *adj. 2 gên.* (1) Desdentado, boca-mole. (2) P. ext., abobado (JR). Do quimbundo *uaboboka*, desdentado. Q. v. tb. o suaíle **boboka*, qualquer pessoa que fale muito, aos borbotões; de *bubujika*, jorrar.
boca de pito *s. f.* (1) Pitada, tragada em cigarro, charuto ou CACHIMBO. (2) Disposição para fumar provocada pela ingestão de café ou bebida alcoólica. Abon.: "E me mande a Alzira coar um café - esse, sim, bem esperto, amargoso;

ando mais é precisando de uma boa boca de pito" (PALMÉRIO, 1981 c, p. 66). Q. v. em PITO.
boda \ó\ *s. f.* Mulata, mestiça (BH). Fem. de BODE.
bodar *v. intr.* Ficar em estado de BODE.
bodaria *s. f.* BODARRADA. Abon.: "Pois se todos têm 'rabicho' / Para que tanto capricho? / Haja paz, haja alegria / Folgue e brinque a bodaria" (GAMA, 19-- c, p. 315).
bodarrada *s. f.* Conjunto de mulatos, mestiços. Abon.: "Se negro sou ou sou bode / Pouco importa. O que isto pode? / (...) Cesse, pois, a matinada, / Porque tudo é bodarrada" (GAMA, 19-- c, p. 315). De BODE.
bode *s. m.* (1) O macho da cabra. (2) Mulato, mestiço. (3) Estado de sonolência, geralmente provocado por droga (BH). De étimo banto, não exatamente determinado. Nascentes (1988 a) dá origem incerta, assim como A. G. Cunha (1982_1 b), e diz ser talvez pré-romana. A *African Encyclopaedia* (1974 c, p. 77), no verbete *"Bantu Languages"*, numa mostra de vocábulos do protobanto, inclui *n-budy*, bode. Veja-se que os termos correspondentes ao português *bode* são, em suaíle, *mbuzi*; em ronga, *imbushi*; em suto, *podi*. Veja-se tb. que chifre. em quicongo, é *mbudi*, o mesmo que *carneiro* em quimbundo. Observe-se, ainda, que, apesar de o étimo consagrado da palavra buzina ser o lat. *bucina*, corneta, trombeta, há um parentesco entre essas raízes. E o que nos chama a atenção para isto é o quimbundo *buzumuva*, divulgar em voz alta (RIBAS, 1979 b, p. 168).
bode-preto *s. m.* (1) Diabo. (2) Maçom (BH). De BODE.
bodeco *s. m.* Pirarucu (BH). Provavelmente de BODE, como diminutivo.
bodeguim *s. m.* BODE bravo (BH).
bodejar *v. intr.* (1) Emitir a voz (o BODE). (2) Dirigir galanteios libidinosos (BH).
bodejo *s. m.* (1) Ato de BODEJAR. (2) A voz do BODE (BH).
bodinho *s. m.* Um dos nomes do peixe sebastião (BH). Dim. de BODE.

bodó *s. m.* Cascudo, espécie de peixe (DH). Provavelmente, relacionado ao quicongo *mbòdo*, molhado, úmido.
bodocoense *adj. e s. 2 gên.* (1) De ou pertencente ou relativo a Bodocó, PE. (BH). Q. v. BODOCÓ na parte onomástica.
bodum *s. m.* (1) Exalação fétida de bode não castrado. (2) CATINGA, inhaca (BH). De BODE.
bofó *s. m.* Inhame-bravo (DL). Incerto. A *Enciclopédia Delta Larousse* (ENCICLOPÉDIA, 1970 a) atribui origem africana.
boi de zabumba *s. m.* Uma das formas mais tradicionais do BUMBA MEU BOI maranhense (BH). Q. v. em ZABUMBA.
boi-bumbá *s. m.* BUMBA MEU BOI (BH).
boi-calemba *s. m.* BUMBA MEU BOI (BH). Do quimbundo *kalemba, kalema*, arrebentação, tempestade, marulhada.
boi-calumba *s. m.* Var. de BOI-CALEMBA.
boíla *s. f.* Colar ritual de contas (OC). Controverso: Cacciatore (1988 a) tenta origem iorubá, a partir de *ila*, linha. Q. v., no ronga, **buyela*, voltar outra vez a um lugar, e **buya*, voltar, regressar (o colar forma um círculo fechado). *Boíla* é o nome de uma localidade do Moçambique colonial (GALVÃO; SELVAGEM, 1953 b, p. 260).
bolar *v. t. i. e intr.* No CANDOMBLÉ e na MACUMBA, entrar em transe (BH). Incerto, talvez de origem banta. Cp. BOLÓI.
bolói *s. m.* Enfeitiçamento, encantamento (OC). Do suto *boloi*, feitiço.
bololô *s. m.* (1) Rolo. (2) Coisa confusa, intrincada, complicada (BH). Provavelmente do quicongo *bololo-bololo*, ruído, tumulto, falatório.
bolor *s. m.* Vegetação que provoca decomposição em matérias orgânicas (AN). Nascentes (1988 a) liga ao latim *pallore*, palidez. Conviria, entretanto, considerar como étimo provável o ronga *bola*, apodrecer?
bomba [1] *s. f.* Certo doce de forma cilíndrica ou esférica, feito de massa cozida e glaçado na parte superior (BH). Controverso: ou da acepção de projétil, pela forma, ou do bundo: *ombomba*, bolo, broa; *mbomba*, farinha molhada mas não cozida (ALVES, 1951 b).

bomba [2] *s. f.* Fôlego (RP). Do xitonga *bomba*, cansar. Cp. ABOMBAR.
bombá *s. m.* Dança popular brasileira (WI). Var. de BAMBÁ [3].
bombachas *s. f. pl.* Calças muito largas que constituem a peça principal de traje típico gaúcho. Provavelmente do suaíle *bombo*, calções largos, através do espanhol.
bombeador *s. m.* Aquele que age ou se comporta como BOMBEIRO (BH). De BOMBEAR.
bombear *v. t. d.* (1) Espionar. (2) Seguir alguém buscando ocasião para lhe falar. (3) Observar com atenção (BH). Do quimbundo *pombo*, espião, através do espanhol.
bombeiro [1] *s. m.* Espião ou explorador de campo inimigo. Do quimbundo *pombo*, espião, através do esp. plat. *bombero*.
bombeiro [2] *s. m.* (1) Vendedor ambulante. (2) O prático em trilhas e encruzilhadas nos campos gerais mineiros e baianos (BH). Do quimbundo *pombo*, mensageiro.
bombo *s. m.* Mandioca seca (YP). Cândido de Figueiredo (1925 a) registra "Bombó, T. de Angola. Tubérculo de mandioca, fermentado e enxuto que, pisado num pilão, produz a farinha de que se faz o infúndi". De *mbombo*, mandioca amolecida e assada com ou sem casca, voz presente no quimbundo e no quicongo.
Bombonjira *s. m.* (1) Denominação do Exu nagô em cultos de origem banta. // *s. f.* (2) Porção feminina de Exu, também denominada Pombagira (OC). Da expressão quimbunda *pambu-a-njila*, encruzilhada (RIBAS, 1979 b, p. 183), uma vez que esse é o domínio preferencial da entidade. Q. v. também o quicongo **mbombo*, porteira, já que Exu é também o guardião dessas entradas.
bondo *s. m.* Baobá (ALF). Q. v. EMBONDEIRO [1].
bonga [1] *s. m.* T. usado na expressão "ver o bonga", i.e., ver-se em apertos (MV). De provável origem banta.
bonga [2] *s. f.* Nome que se dá, na Bahia, aos últimos frutos do cacau (DL). Deverbal de BONGAR.

bongá *s. m.* (1) Lugar sagrado do caboclo. (2) Altar de POMBAGIRA (MSA). Corruptela de GONGÁ.
bongada *s. f.* Ato de BONGAR (DL).
bongar *v. t. d.* (1) Apanhar catando. (2) Buscar, procurar (BH). Do quimbundo *bonga*, apanhar, pegar.
bongô *s. m.* Pequeno tambor duplo de origem afro-cubana. De étimo africano, talvez do bulu *bongo*, crianças (OBENGA, 1985 b, p. 76), através do esp. cubano *bongó*. "*Refiriendose a ciertos tambores del Congo ecuatorial, escribe G. Hulstaert 'Los Bankanda (...) le dicen bongungu (...) El más pequeño, destinado a la danza, se llama bongoé entre los injolo. Parece pues que la palabra bongó es una voz de origen arcaico entre los bantú, que estos han conservado aplicándola a ciertos tambores*' (ORTIZ, 1985, p. 84). Dalgish (...) *deduce que procede de alguna lengua subsahariana occidental, como por ejemplo del lokele bongo e bongungu*" (BERNAL, 1987 b, p. 95).
bongo-sarangue *s. m.* Marinheiro novo, sem prática, sujeito a repreensões constantes do mestre da embarcação (SC). Certamente de origem banta, mas de étimo ainda não determinado.
bonzó *s. m.* Cautela de rifa (BH). Provavelmente de BOZÓ [2], em alusão à quantia envolvida no jogo.
bonzô *s. m.* Variação prosódica de BONZÓ (BH).
borocotó *s. m.* Terreno escabroso, com muitos altos e baixos, escavado ou obstruído de pedras (BH). Controverso: Nascentes (1966 b) dá origem tupi. Contudo, veja-se o quicongo **bolokoto*, onomatopeia para indicar o ranger de sapatos, ou dos dentes na mastigação de algo duro, ou o ruído dos passos numa caminhada sobre pedras (LAMAN, 1964 b).
borocoxô *adj. 2 gên. e s. 2 gên.* Diz-se de, ou pessoa sem coragem, mole, fraca ou envelhecida (BH). Provavelmente do quicongo *bolokoto*, designativo de "um branco que caminha vagarosa e pesadamente" (LAMAN, 1964 b).
botar banca *loc. verb.* Arrogar-se superior, jactar-se. De BANCAR.

boto *s. m.* Designação comum a alguns cetáceos marinhos ou fluviais (BH). Controverso: para Nascentes (1966 b), é de origem ameríndia ou do espanhol. Cp. o quimbundo **ximboto*, sapo.
bozó [1] *s. m.* Oferenda propiciatória (YP); feitiço (OC). Segundo Castro (2001 a), do quicongo *mboozo*, encantamento.
bozó [2] *s. m.* (1) Espécie de jogo de dados. (2) Quantia que, num jogo, os parceiros põem de lado para ser repartida entre eles, no final (DH).
briquitar *v. intr.* (1) Mourejar, pelejar, trabalhar, lidar. (2) Matar o tempo, entreter-se. (3) Brigar, contender (BH). Do quimbundo *mbirikita*, *mbidikita*, faina, trabalho, lida.
broco *adj.* Indivíduo velho, AMALUCADO, abobalhado, que já não exerce o controle de seus atos (BH). Provavelmente, derivado de BOROCOXÔ.
brongo *s. m.* Grota profunda, de encostas com forma de funil (BH). Possivelmente de étimo banto.
bruaca *s. f.* Espécie de saca de couro para ser conduzida em lombo de animal (BH). Controverso: para Nascentes (1966 b), o étimo vem do provençal, pelo espanhol. Para Raymundo (1933 a), vem do umbundo *ombuluaka*, mala ou alforje que se leva ao dorso das alimárias, com objetos de viagem.
bruaqueiro *adj.* (1) Diz-se do animal que transporta bruacas. // *s. m.* (2) Tropeiro. (3) Garimpeiro inábil (BH). De BRUACA.
bruaquinha *s. f.* Bolsinha de couro, contendo carne, farinha e rapadura, que os sertanejos carregam à cinta (SC). Dim. de BRUACA.
brucutu *s. m.* (1) Indivíduo feio, brutamontes. (2) Veículo militar usado para dispersar manifestantes em passeatas e comícios de rua (BH). De provável origem banta. Cp. BOROCOTÓ.
bruguelo *s. m.* Menino muito novo. Provavelmente do quicongo *ngelo*, frágil.
bruzundanga *s. f.* (1) Var. de burundanga (BH). (2) *s. 2 gên.* Pessoa sem valor (RP). Ver em BURUNDANGA.
buá [1] *s. m.* Dança popular brasileira (WI). Provavelmente do quimbundo *mbua*, cachorro. Cp. outras danças com nomes de animais.

buá [2] *s. m.* Médico feiticeiro (AV). De possível origem banta.
bubu *s. m.* Var. de BUMBUM.
bucumbumba *s. m.* BERIMBAU. Do quimbundo *mbulumbumba*, arco sonoro.
bugigança *s. f.* Barriga (VF). Certamente, originado no quicongo *mbudi*, coisa que balança, e influenciado por BUGIGANGA.
bugiganga *s. f.* Objeto de pouco ou nenhum valor ou utilidade (BH). Controverso: A. G. Cunha (1982_1 b) deriva o termo do castelhano *bogiganga*, de *mojiganga*, pequena companhia volante de farsantes. Cândido de Figueiredo (1925 a) remete ao port. *bugio*. Andrade (1989 a, p. 62) registra a *bogiganga*, dança de bugios na Península Ibérica no séc. XVI: "Levavam entremeses e momos para representações ao ar livre. O nome estendeu-se da dança para a companhia ambulante de teatro e dança." Uma das designações do palhaço, do farsante, em quimbundo, está na expressão *mukua-xi-ngangi*. *Ngangi*, no sudeste do CONGO, significa enganador, mentiroso. E *mukua* é elemento de composição significando companheiro, comparsa. O étimo estaria, então, numa forma contracta *mu-xi-ngangi*. A etimologia explicar-se-ia por essa forma, vinda do quimbundo, através do espanhol antigo, passando da designação do elenco teatral para todos os adereços e elementos de cena que eles carregavam, verdadeiras quinquilharias. Ver, também, MANGANGA, na parte onomástica.
bujamé *s. m.* (1) Instrumento de sopro. (2) Gado bovino de pelagem escura. (3) Mulato claro do tipo SARARÁ (BH). Do quicongo *mbudi*, corneta, trompa, chifre, talvez através de uma expressão como *mbudi ia mi*, meu chifre. Cp., para a acepção de mulato claro, as vozes portuguesas *bode* e *cabra*, que designam negros e mestiços. Q. v. também a etimologia da própria palavra BODE.
bumba *s. m.* Instrumento de percussão, tambor (BH, MA). Do quicongo *mbumba*, bater; ou red. de ZABUMBA.
bumba meu boi *s. m.* Auto musical coreográfico de origem nordestina. De BUMBA.

bumbar *v. t. d.* Surrar, espancar, esbordoar (BH). Do quicongo *mbumba*, bater.
bumbo *s. m.* (1) O mesmo que bombo, tambor de grandes dimensões e sonoridade grave (BH). (2) Qualquer tambor. Controverso: ou do italiano *bombo*; ou masculinização de BUMBA. Cp. o quicongo **mbombo*, tamanho.
bumbum *s. m.* BUNDA.
bunda [1] *s. f.* (1) As nádegas e o ânus. // *s. 2 gên.* (2) Indivíduo reles, ordinário (BH). De *mbunda*, nádegas, presente no quimbundo e no quicongo. A segunda acepção resulta de BUNDA-SUJA.
bunda [2] *adj. 2 gên. e s. 2 gên.* Fem. de BUNDO (BH).
bundá *s. m.* Cacaréus (BH). Do quimbundo *dibunda*, embrulho, trouxa. Q. v. na expressão chula **panos de bunda* (Pega teus panos de bunda e vai-te embora!), o que nos parece a recriação completa do termo quimbundo em terra brasileira.
bunda-de-mucama *s. f.* Espécie de bredo ou CARURU, de folha espessa e macia. Abon.: ouvido pelo autor em Itaguaí, RJ, em janeiro de 1994. Q. v. BUNDA e MUCAMA.
bunda-de-mulata *s. f.* Amarelinha, trepadeira ornamental da família das acantáceas (BH). De BUNDA.
bunda-mole *s. 2 gên.* Pessoa moleirona, sem coragem, pusilânime (BH). De BUNDA.
bunda-suja *s. 2 gên.* João-ninguém (BH). Q. v. em BUNDA [1].
bundaça *s. f.* BUNDONA (BH).
bundacanasca *s. f.* Cambalhota (LM). De BUNDA. Ou do quicongo *bunda*, arremessar ao chão.
bundana *s. f.* BUNDONA (BH).
bundão *s. m.* (1) BUNDONA (BH). (2) BUNDA-MOLE.
bundear *v. intr.* Andar ao léu (BH). De BUNDA, com infl. do port. *vagabundear*.
bundo *s. m.* Gentílico aplicado, genericamente, aos indivíduos dos grupos étnicos ambundo e ovimbundo, de ANGOLA. P. ext., o termo é aplicado, também genericamente, às línguas por eles faladas, o quimbundo e o umbundo. Os ovimbundos localizam-se no planalto central e em parte do sul do atual território ANGOLANO; e os ambundos, principalmente no noroeste do país. Essa localização determina outra denominação aplicada ao quimbundo e ao umbundo: este é referido como o "bundo do sul" e aquele, o "bundo de LUANDA".
bundões *s. m. pl.* Alcunha de um grupo de antigos garimpeiros e jagunços do sertão baiano que, filiados a uma determinada facção política, cometiam ações criminosas (BH). De BUNDA, sem razão conhecida.
bundona *s. f.* BUNDA grande.
bundudo *adj.* Que tem BUNDA grande.
bungue *s. m.* Lagoa perene, não alimentada pelo rio nas suas enchentes periódicas (ET). Possivelmente do quicongo *mbungu*, pote, vaso, cálice.
buraca *s. f.* Pequeno saco de couro usado pelos tropeiros (BH). De BRUACA.
búrica *s. f.* No jogo da bola de gude, buraco onde "morrem" as bolas. Possivelmente do quicongo *burika*, quebrar, morrer, influenciado por "buraco".
burindangas *s. f. pl.* BURUNDANGAS.
burro *s. m.* (1) Quadrúpede do mesmo gênero que o cavalo. (2) Indivíduo estúpido, tolo ou teimoso (AN). Nascentes (1966 b) faz derivar do latim *burricu*. Convém, entretanto, considerar o quicongo *bulu*, asno; qualquer animal selvagem; indivíduo grosseiro. O termo se liga a *bulau*, que por sua vez deriva de *lauka*, asneira, loucura, demência (q. v. em LOUCO), não nos parecendo portuguesismo.
burundanga *s. f.* (1) Palavreado confuso; algaravia. (2) Mistura de coisas imprestáveis. (3) Confusão, embrulhada, trapalhada. (4) Cozinhado malfeito, sujo ou repugnante. (5) Mezinhas empregadas na feitiçaria (BH). Provavelmente do quicongo, de uma expressão começada com *mbulu*, abundância (q. v. **ndánga*, agradável ao gosto), através do espanhol. A acepção inicial pode ter se verificado no campo culinário, designando um prato, talvez uma

sopa ou um guisado: *mbulundánga* ? Para Schneider (1991 a), o étimo é o suaíle *buruganya*, confundir, complicar.

burundangas *s. f. pl.* (1) Ninharia (BH). (2) Peripécias (SC). De BURUNDANGA.

burundinês *adj.* (1) De, ou pertencente ou relativo a Burundi, país da África banta. // *s. m.* (2) O natural ou habitante de Burundi. De um idioma local.

burundum *s. m.* Indivíduo que é grande entusiasta da caça (BH). De possível origem banta, pelo aspecto.

Burungunço *s. m.* Nos CANDOMBLÉS de origem ANGOLO-CONGUESA, INQUICE correspondente ao Omolu nagô (DL). Do quicongo, talvez de uma expressão *mbulu-nguzu*, muita força. *Mbulu* é nome de inquice dos BACONGOS.

buta [1] *s. f.* El. us. na express. "comer buta", i.e., padecer dissabores (JR). Do umbundo *okulia ombuta*, comer víbora (RAYMUNDO, 1933 a). Q. v. o quicongo **buta*, serpente venenosa mas comestível. Em 1994, o autor ouviu em Itaguaí, RJ, referência a uma certa "buta", raiz amarga, usada em preparados abortivos. Cp. MUTA.

buta [2] *adj.* (1) Pessoa decidida, resoluta. (2) Grande (MV). Talvez do umbundo *ombuta*, víbora; ou *mbuta*, pessoa gorda e baixinha.

bute [1] *s. m.* Diabo (BH). Do ronga *mbuti*, BODE. Buarque de Holanda (FERREIRA, 1986 a) dá como étimo o ingl. *boot*.

bute [2] *s. m.* (1) Moléstia de pele que acometia os pretos vindos da África. (2) Denominação de troça, com o intuito de ridicularizar quem dela padece (PC). Do quimbundo *dibuti*, *dibute*, lepra.

butes *s. m. pl.* Zangas (ES). Do ronga *mbuti*, BODE (o bode zangado dá chifradas). Ou de BUTE [1]. (Cp. CALUNDU).

butico *s. m.* Ânus (BH). De possível origem banta.

buto *s. m.* Café (SRO). Do quicongo *mbutu*, grão de fruto.

butuá-catinguenta *s. f.* Arbusto da família das menispermáceas (BH). Q. v. em CATINGUENTA.

butucas *s. f. pl.* Olhos saltados. Do quicongo *butuka*, nascer, brotar; ver a luz do dia.

butucum *s. m.* Saco que se conduz a tiracolo (BH). Controverso: Nascentes (1966 b) dá possível origem indígena. Veja-se, porém, no quicongo, **nkutu*, bornal, sacola; e **mbutu*, cintura. Da fusão das duas expressões talvez pudesse ter surgido o vocábulo.

buza *s. f.* Botão da flor da bananeira (SCH). De possível origem banta, pelo aspecto.

buzanfã *s. m.* Ânus (SM). Provavelmente ligado a BUZA. Cp. tb. o quicongo **bu-zomfi*, um cogumelo comestível.

buzar *v. intr.* Botar seios, começar a desenvolvê-los (SCH). De BUZA.

búzio *s. m.* Concha do mar usada outrora, na África, como moeda, e hoje, no Brasil, nas práticas da tradição religiosa afro-brasileira. Controverso: o étimo tradicionalmente aceito é o latim *bucina*, trombeta, que pode se associar à origem do nome das conchas grandes "nas quais sopram os pescadores para anunciar sua chegada ao porto" (BH), mas não ao das pequenas conchas a que este verbete se refere. E mesmo assim, o lat. *bucina* tem parentesco com o protobanto *n-budy* (q. v. em BODE). Para Raymundo (1933 a, p. 135), o étimo é "buzi, concha que os negros africanos usavam como dinheiro".

buzo [1] *s. m.* Jogo popular com rodelas de cascas de laranja, verdes de um lado e brancas do outro. Provavelmente de BÚZIO, em alusão ao "jogo de búzios" da tradição dos orixás.

buzo [2] Violão (BH). Do quicongo *buzu*, peça de madeira, prancha. Cp. a metonímia "pinho" usada para designar o violão.

buzo-fêmea *s. m.* Espécie de búzio da costa brasileira, usado em práticas das religiões de origem africana (BH). Q. v. em BÚZIO.

buzo-macho *s. m.* Espécie de búzio da costa brasileira, usado em práticas religiosas (BH). Q. v. em BÚZIO.

buzugo *s. m.* Coisa malfeita, mal-acabada (BH). Talvez do quicongo *bonzunga*, pessoa velha, caduca.

cabaça *s. m.* (1) Criança gêmea que nasce em segundo lugar (BH). Do quimbundo ou quicongo *kabasa*, gêmeo mais novo.
cabacismo *s. m.* Preocupação exagerada com a virgindade (SCH). De CABAÇO.
cabaço *s. m.* (1) Membrana himenal. (2) Virgindade feminina. (3) Mulher virgem. (4) Homem casto (BH). Do quimbundo *kabasu*, virgindade. Veja-se tb. o bundo *oka vaso*, hímen, palavra derivada do verbo *vasa*, tapar (ALVES, 1951 b).
cabaço-de-marimba *s. m.* Cabaceira, planta da família das cucurbitáceas (MA). Q. v. em MARIMBA. O "cabaço" aqui referido é a cabaça de que se fazem as caixas de ressonância dos xilofones bantos, das marimbas.
cabaçuda *adj. e s. f.* Diz-se de, ou mulher que é virgem, que tem CABAÇO (BH).
cabaçudo *adj. e s. m.* Diz-se de, ou homem simples e ingênuo, que lembra a mulher virgem, inexperiente (BH). De CABAÇUDA.
cabala *s. f.* Multa (JR); punição, castigo (YP). Do quimbundo *mbala*, castigo.
cabana *s. f.* Habitação precária e rústica (BH). Controverso: o étimo classicamente aceito é o latim *capanna*. Veja-se, entretanto, o quimbundo *kapana, tenda (portuguesismo?) e o suaíle *kibanda, choupana, palhoça.
cabango *adj.* Animal cujos chifres nascem muito juntos ou muito caídos (SC). De CABANO.
cabano *s. m.* (1) Cavalo de orelhas caídas ou boi de chifres levemente inclinados para baixo (ZN). // *adj.* (2) Triste, melancólico. Abon.: "Estrada afora, parou em casa de Aninha Balaio. Esta achou que ele andava meio cabano" (PAIVA, 1973 a, p. 200). Provavelmente de CABANA, pela forma usual do telhado.
cabengue *s. f.* Aguardente (YP). Provavelmente do quicongo *mbèngi*, vermelhidão, doença que faz os olhos vermelhos, injetados.
cabera *s. f.* Carne (NL). De provável origem banta. Cp. o cuanhama *ombelela, carne.
cabere *s. m.* Prato em que entram arroz, feijão e carne (NL). De CABERA.

cabinda *s. 2 gên.* (1) Indivíduo dos cabindas, povo banto da região de Cabinda. // *adj. 2 gên.* (2) Pertencente ou relativo aos cabindas. Do quicongo *Ka-binda*, topônimo. Os habitantes da região, no Brasil chamados cabindas ou cambindas, se autodenominavam *ba-vili*. Q. v. CAMBINDA.

Caboclo Malembá *s. m.* Entidade que, em CANDOMBLÉS DE CABOCLO, representa o Oxalá nagô (OC). Do quimbundo *Lemba*, deusa da procriação.

Caboclo Pemba *s. m.* Entidade da linha da Jurema, integrante do sistema de cultos amazônicos (NF). Q. v. em PEMBA.

caboge *s. m.* (1) Valdevinos, pelintra. (2) Peixe de água doce que caminha por terra quando se esgota o poço em que vive; camboatá (PC). // *s. f.* (3) Prostituta (DL). Do quimbundo *kabodi*, malandro, patife.

caboje *s. m.* Parte dos gomos extremos do rebolo da cana-de-açúcar que se inutiliza para apressar a germinação dos brotos (BH). Talvez de CABORJE (2), bentinho, patuá (pela forma?).

cabomba *s. f.* Espécie de planta de aquário, da família das ninfeáceas (DL). De possível origem banta.

cabombo *adj.* Mau, inútil (YP). Do quicongo *bòmbo*, estragado, podre, em decomposição.

caborje *s. m.* (1) Feitiçaria, feitiço, mandinga. (2) Bentinho, patuá, saquinho com oração, o qual se pendura ao pescoço (AN). De CABOGE, talvez por ser a feitiçaria considerada prática de "malandro", de "patife".

caborjeiro *s. m.* Feiticeiro, bruxo (BH). De CABORJE.

caborjudo *adj.* (1) Que tem o corpo fechado por obra de CABORJE (AN). (2) Valentão (BH).

cabu *adj. e s. m.* No ambiente das rinhas de galo, diz-se do galo cinzento (BH). Talvez do quicongo *nkabu*, audácia, violência, coragem, intrepidez.

Cabucetá *s. m.* "Forma conguesa de Oxalá" (BH). Origem obscura.

cabufado *adj.* Em alguns cultos afro-brasileiros, diz-se do indivíduo que foi ou está sendo castigado pelo seu eledá ou anjo da guarda (OC). Do quicongo *ku-bufa*, bater (com um bastão ou com um objeto liso ou polido).

cabula [1] *s. f.* (1) Antiga vertente religiosa afro-brasileira. (2) Toque de atabaques, próprio de CANDOMBLÉS bantos. Do quicongo: de *Kimbula*, entidade espiritual aterrorizante, que mete medo; ou de *kambula*, desfalecimento, síncope, talvez em alusão ao transe experimentado nos rituais (o toque de atabaques como indutor do transe). Considere-se, também, o quicongo *kabula*, animar, encorajar; e o suaíle *kabula*, distribui, partilhar.

cabula [2] *s. f.* Vexação, timidez. Abon.: "Nós dois com a mesma cabula, pensando no mesmo rumo..." (BERNARDES, 1984 c, p. 137). Da mesma raiz de ENCABULAR.

cabular *v. t. d.* Deixar o aluno de frequentar aula, às escondidas; matar aula (BH). Possivelmente, relacionado ao quicongo *buula*, cortar de um todo pequenos pedaços às ocultas.

cabuleté *s. m.* Indivíduo reles, desprezível, vagabundo (BH). Incerto. Segundo Castro (1976 a, p. 221), do quimbundo *mubulete*, vagabundo, que não confirmamos. Maia (1964, p. 221), no verbete "vagabundo" consigna o quimbundo *mululute*. Veja-se, também, o quioco *ka-mbulatete*, pequeno pássaro que faz ninho nas pontas dos ramos. Q. v. tb. o quicongo *kambula*, adquirir capciosamente um negócio destinado a outrem; aliciar mulheres para outrem (cf. RIBAS, 1975 b, p. 619).

cabulista *adj.* Pertencente ou relativo à CABULA.

cabumbo *s. m.* Sujeira, imundície (DV). Corruptela de CABUNGO.

cabumbo-de-azeite *s. m.* Árvore medicinal oleaginosa da família das burseráceas (BH). Talvez de CABUNGO, pela forma dos frutos, ou pela oleosidade que produz.

cabundá *s. m.* Escravo fujão e ladrão (BH). Possivelmente do etnônimo banto *bunda*, denominação de um subgrupo dos ngangela (ganguela). Cp. CAMUNDÁ. Nascentes (1966 b) atribui origem tupi.

cabunga *s. f.* Sujeira (MV). De CABUNGO.
cabungo *s. m.* Recipiente de matérias fecais (BH). Do quimbundo *kibungu*, sentina, retrete. Veja-se também o nhungue **kabunga*, balde.
cabungueiro *s. m.* (1) Indivíduo que limpa ou carrega o cabungo. (2) Aquele que só se presta a ofícios considerados aviltantes (BH). De CABUNGO.
cacaieiro *adj. e s. m.* Que ou aquele que conduz CACAIO (BH).
cacaio *s. m.* Saco de viagem, trazido às costas, atado nas pontas a cordões que se cruzam, amarrados no peito (AP). Talvez do quicongo: *kàkala*, carregar alguma coisa volumosa, trançar, enlaçar; ou *kákala*, que bate contra, que se choca, "como uma hérnia quando se anda" (LAMAN, 1964 b). "Macedo Soares atribui, com dúvida, origem quimbunda" (NASCENTES, 1966 b).
caçamba *s. f.* (1) Balde preso por uma corda enrolada num sarilho para tirar água dos poços. (2) Estribo fechado, em forma de chinela (BH). (3) Carroceria de caminhão basculante. (4) Nos carros de polícia, compartimento onde se alojam os presos a transportar. Do quimbundo *kisambu*, cesta, cesto grande.
caçambada *s. f.* Bordoada, cacetada (BH). De CAÇAMBA, provavelmente contaminado pelo port. *cacetada*.
caçambar *v. t. d.* Delatar, denunciar (BH). De CAÇAMBEIRO, delator.
caçambeiro *s. m.* (1) Camarada tomado para companheiro de viagens. (2) Indivíduo que pega na caçamba (AN). (3) Indivíduo adulador, bajulador, puxa-saco (BH). (4) Por extensão, delator. De CAÇAMBA (2), estribo.
caçanje *s. m.* Português mal falado ou mal escrito (AN). Do etnônimo *kisanji*, denominação de um subgrupo dos ovimbundos. Consta que os antigos membros deste grupo étnico tinham dificuldades ou se recusavam a aprender o português.
caçanjista *s. m.* Designação pejorativa dada pelos boiadeiros mineiros aos seus colegas paulistas que compram gado na região serrana de Mato Grosso (BH). De CAÇANJE, certamente por causa do linguajar.
cação-angolista *s. m.* Um dos nomes do peixe sebastião. Talvez de ANGOLISTA, por alguma semelhança com aquela ave. Ou de ANGOLA, pela origem. Entretanto, Santos (1982, p. 50) diz tratar-se de "peixe dos mares brasileiros".
caçapa *s. f.* Cada um dos buracos da mesa de sinuca, com as bolsas que recolhem as bolas (BH). Provavelmente, do nhungue *kantsapu*, sacola. Nascentes (1966 b) deriva de *caçar*.
caçapo *s. m.* Homem baixo e gordo (BH). Incerto. Nascentes (1966 b) liga a origem a *caçapo*, coelho pequeno, láparo, por sua vez derivado de *caça*. Veja-se, porém, a raiz **sap*, do umbundo, em *esapo*, gula; *ukwesapo*, guloso.
Caçarangongo *s. m.* Forma ortográfica preferível a CASSARANGONGO (q.v.).
cacerenga *s. f.* Faca pequena, CAXERENGUENGUE (BH). Q. v. em SERENGA.
cacete *s. m.* Pênis (BH). Possivelmente do quimbundo *ka-sete*, diminutivo de *mu-sete*, pênis (CASTRO, 1976 a, p. 247).
cachaça *s. f.* Aguardente. Certamente, de origem banta. Vejam-se: **kachasu* (nhungue), aguardente; **katsatsa kothifuka* (nianja), verdasca; **katcáso* (macua), aguardente; **kacasu* (nianja), aguardente; **machacha* (quimbundo), bebida alcoólica de fabrico caseiro (CARVALHO, 1985 c, p. 131). Castro (2001 a) dá como étimo o quicongo *kisasa*, "água ardente", certamente relacionado ao quicongo *sasa*, *kisasa*, fermentar.
cachaçada *s. f.* Farra regada a muita CACHAÇA.
cachaceiro *adj. e s. m.* (1) Que é dado ao uso excessivo de CACHAÇA ou outra bebida alcoólica. // *s. m.* (2) Árvore da família das rutáceas. (BH). De CACHAÇA.
cachambá *adj.* Qualificativo de negro. Abon.: "... dê lembrança a seu Zevedo / nego preto cachambá" (SOUZA, 1980 c, v. II, p. 345). De origem banta. O termo é, muito provavelmente, originário do etnônimo *shamba* (no Brasil, "chambá" e "xambá"), de um povo localizado na atual República de Camarões.

cachangola *adj.* Negro de Angola (EP). Bundo: *ukwa* (*kwa*), pessoa + *tjya*, elemento prefixal (provável) + ANGOLA = pessoa de Angola.

cachapura *s. f.* Doença, doente (NL). Provavelmente de uma expressão banta, com base no quimbundo *uhaxi*, doença.

cachia *v.* Estar, chegar (JD). Provavelmente do umbundo *kasi*, estar.

cachichola *s. f.* COCHICHOLO.

cachico-cupequera *v. intr.* Dormir (JD). Provavelmente do umbundo, das vozes *kasi*, estar + *okupekela*, deitar, com o sentido de "estar deitado".

cachicunhaco *s. m.* (1) Dejeto. // (2) *v.* Dejetar (JD). Provavelmente do umbundo, das vozes *kasi*, estar, e *okunya*, dejeto, mais a voz quimbunda *mafiaka*, dejeto, num processo linguístico não exatamente determinado.

cachimbada *s. f.* Ato de aspirar a fumaça do CACHIMBO.

cachimbador *adj. e s. m.* Que ou aquele que fuma CACHIMBO.

cachimbar [1] *v. intr.* (1) Fumar CACHIMBO. (2) Fumegar. (3) Meditar, refletir, cismar (BH). De CACHIMBO.

cachimbar [2] *v. intr.* Cair cacimbo, neblina. Abon.: "Jangadeiro que vais na jangada / tão longe da costa / pra lá do alto-mar / cuidado com a serra / que está cachimbando..." (PEIXOTO 1964 c, p. 18). De CACIMBO.

cachimbeira *s. f.* (1) Um dos nomes da planta conhecida como "saca-rolha" (DL), de raiz depurativa. (2) Na linguagem popular do Ceará, designação depreciativa da parteira que atendia às "classes plebeias". De CACHIMBO: a parteira pelo hábito de fumante (ou pela acepção de "vulva" consignada no verbete CACHIMBO [3]); a planta, talvez por servir à manufatura de cachimbos.

cachimbeiro *s. m.* Jequitibá, árvore da família das lecitidáceas (DH). De CACHIMBO.

cachimbo [1] *s. m.* Aparelho para fumar composto de um fornilho onde se põe o tabaco (BH). Etimologia controversa. Para Nascentes (1966 b), A. G. Cunha (1982_1 b) e M. Soares (1954 a), o étimo é o quimbundo *kixima*, poço. Sampaio (1986 b, p. 82) afirma ser palavra genuinamente guarani. Raymundo (1933 a, p. 111) formula várias hipóteses, como a seguinte: "Os landinos de Moçambique chamam ao chocalho, feito do quengo de um COCO, *chi-imbo*, cujo diminutivo é *ka-chi-imbo*, que bem pode ser o verdadeiro étimo de cachimbo". Para nós, o étimo está no quimbundo *kuxiba*: chupar, aspirar, sorver (RIBAS, 1989_2 b, p. 161) e veio através da locução *kuxiba ni bexi* = chupar no *bexi*, no cachimbo, ou seja, cachimbar. /// **Bater o cachimbo**, morrer (SP). A ilação vem do fato de que, ao acabar de fumar, o fumante bate o cachimbo em alguma coisa, para limpá-lo. Daí a relação com o fim da vida.

cachimbo [2] *s. m.* Bebida feita com CACHAÇA e mel de abelha (SM), o mesmo que meladinha. Provavelmente, de CACHIMBO [1], talvez em alusão ao fato de todos beberem do mesmo copo. Cp. a expressão **cachimbo da paz* originada de um ritual indígena no qual a paz entre grupos antagonistas era celebrada através do ato de os chefes fumarem no mesmo cachimbo. Cacciatore (1988 a) verbetiza uma bebida ritual dos xangôs nordestinos grafando *caximbo*.

cachimbo [3] *s. m.* Vulva (SP). De CACIMBA.

cachimbo-de-jabuti *s. m.* Árvore da família das voquisiáceas. (AN) De CACHIMBO.

cachimbo-de-turco *s. m.* Serpentária, erva da família das aristoloquiáceas (BH). De CACHIMBO.

cachitende *s. m.* Mau cheiro (VF). Do umbundo *okachipembe*, mau cheiro. Q. v. tb. a forma **okatjipembe* e a acepção de aguardente.

cachoça *s. f.* Rede afunilada, com arco na boca (DL). Possivelmente ligada ao quicongo *tsosa*, desenho simples das esteiras, dos trançados.

cacica *s. f.* Guisado de galinha com semente de abóbora, pimenta e azeite de DENDÊ (AN). Controverso: Nascentes (1966 b) dá étimo tupi. Veja-se porém o quicongo **siika*, estar assado (alimento).

cacimba *s. f.* Buraco que se cava até encontrar lençol d'água (BH). Do quimbundo *kixima*,

poço; "lugar próprio para tirar água em rio ou lago" (MAIA, 1964_1 b, p. 398). Na ANGOLA pré-colonial, *kasimba* era o nome dado às reservas naturais de água potável da localidade de Maianga (cf. PARREIRA, 1990 b, p. 56).
cacimbado *adj.* Diz-se de terreno onde há cacimbas (BH). De CACIMBA.
cacimbão *s. m.* Grande buraco num despenhadeiro (AN). De CACIMBA.
cacimbar *v. intr.* Encher-se (um terreno) de cacimbas (BH, FS). De CACIMBA.
cacimbeiro [1] *s. m.* Aquele que abre ou tira água de cacimbas (BH). De CACIMBA.
cacimbeiro [2] *s. m.* Taifeiro das barcaças do São Francisco (AV). Talvez deturpação de CAÇAMBEIRO.
cacimbo *s. m.* (1) Sereno, nevoeiro. (2) Estação fria (AN). Estação das secas (JD). Do quimbundo *kixibu*, estação calmosa, seca e fresca: neblina, nevoeiro. Segundo Óscar Ribas (1979 b), a origem é o verbo *ku-xiba*, chupar, pelo fato de que, com o frio, a pele sofre retraimento muscular e fica "chupada".
caco *s. m.* (1) Fragmento de louça, vidro etc. (2) Pessoa envelhecida, doente (BH). Possivelmente de CACUMBU.
caçoar *v. t. i.* Debicar. Origem controversa (q. v. NASCENTES, 1966 b). Q. v. o xinhungue *katsuera*, risadinha.
caçoca *s. f.* O mesmo que saguaraji, uma planta (DL). De possível origem banta. Q. v. o quicongo *soka*, *kisoka*, presa de elefante; raiz de mandioca.
cacombro *s. m.* Cabaça-amargosa (ALF). Cp. *cacongo* e *cacomé*, árvores africanas. Ref. Cândido de Figueiredo (1925 a).
caconde *s. m.* Barranco, barroca (YP). De origem banta (CASTRO, 1976 a).
cacondense *adj. e s. 2 gên.* Pertencente, relativo, natural ou habitante de Caconde, SP (BH). Provavelmente de CACONDE.
cacongo *s. m.* Espécie de salmão africano (BH). Provavelmente do etnônimo *Kakongo*: "Cacongo, grupo étnico da margem direita do Zaire" (FIGUEIREDO, 1925 a).

cacoré *interj.* Pedido de licença para falar às iniciandas, em alguns CANDOMBLÉS, durante o período de reclusão na camarinha (DL). Do quimbundo *kakori*, cativo.
cacório *adj.* Esperto, sagaz, astuto (BH); mesquinho (JR). Do quimbundo *kakodia*, avarento.
caçote *s. m.* (1) Designação popular para os sapos e pererecas de pequeno porte. (2) Rã (BH). Do quimbundo *kazote*, diminutivo de *dizote*, rã.
cacu *s.* Redução de CACURUCAIO (VAF).
cacuco *s. m.* Resto de enxada, ferramenta gasta (RM), o mesmo que CACUMBU (MV). Do quicongo *kaakuka*, quebrado, roto.
caçula [1] *s. f.* Ato de socar ou moer o milho ou o café no pilão (BH). Do quimbundo *ku-sula*, malhar, triturar. Ou do quicongo *kasula*, triturar.
caçula [2] *s. 2 gên.* O mais moço dos filhos ou dos irmãos (BH). Do quimbundo *kasule*, último filho.
caçula [3] *s. f.* Bebida tônica (SCH). Do quimbundo *kakula*, uma bebida tônica (SCHNEIDER, 1991 a). É possível que Schneider esteja se referindo à marca comercial "guaraná Caçula", o que anularia o verbete.
caçulê *s. m.* O mesmo que CAÇULA [2] (BH).
caculo [1] *s. m.* Gêmeo que nasce primeiro (MS). Do quimbundo *kakulu*, o primeiro, o mais antigo (ASSIS JR., 1985 b, p. 60).
caculo [2] *s. m.* O que excede, em quantidade, as medidas de grãos e cereais na venda dos mesmos (PC); muito cheio, a derramar (MV). Certamente relacionado ao zulu *kakhula*, muito, demais.
caçulo *s. m.* O mesmo que CAÇULA [2] (BH).
caculucaje *s. m.* QUITOCO, erva ruderal da família das compostas (BH). Possivelmente relacionado ao quicongo *nkàkulu*, borda saliente, moldura, anel de proteção.
cacumbi *s. m.* O mesmo que CUCUMBI (AM).
cacumbu [1] *s. m.* Machado ou enxada já gasta e imprestável (BH). Do quimbundo *kakumbu*, diminutivo de *dikumbu*, pessoa ou coisa velha. Q. v. o umbundo *kumbu*, TOCO, coto.
cacumbu [2] *s. m.* Metade do dia santificado que vai da quinta-feira à sexta-feira da Semana

Santa (BH). Possivelmente do umbundo *ochikumbu*, coto, resto de qualquer coisa.

cacumbu [3] *s. m.* Indivíduo dos cacumbus da costa do CONGO (AN). De um etnônimo banto ainda não determinado.

cacumbu [4] *s. m.* Certa dança de pretos (MA). Provável corruptela de CAXAMBU ou CUCUMBI.

cacunda *s. f.* (1) Dorso, costas (BH). // *adj.* (2) Provocador; que roga praga pelas costas (AL). Do quimbundo *kakunda*, corcova, giba.

cacundeiro *s. m.* (1) Carregador que transporta carga na cacunda. (2) Animal que, na tropa, costuma andar atrás dos outros. (3) Homem de classe social muito baixa. (4) CAPANGA (BH). De CACUNDA.

cacundo *s. m.* (1) Pessoa que tem corcunda, corcova, giba (BH). (2) Peixe do litoral brasileiro (CRS). Q. v. em CACUNDA.

cacuriá *s. m.* Dança popular maranhense (DV). Certamente de CURIÁ por alusão aos "comes e bebes" das festas onde a dança se realiza.

cacurucaio *s. m.* Designação que na UMBANDA se dá aos pretos-velhos. Fem.: cacurucaia (OC). Do quimbundo *kikulakaji*, ancião.

cacuruqué *s. m. e adj.* Velho (MV). De CACURUCAIO.

cacuruto *s. m.* COCURUTO (DH).

Caçuté *s.m.* Divindade de cultos bantos, correspondente ao Oxaguiã iorubano (YP). Forma preferível a *Cassuté*.

cacuto *s. m.* Homem rico do interior, coronel, dono de terras (GS). Do umbundo *kúto*, fartura, saciedade. Q. v. tb. o quicongo *nkúutu, boa sorte, prosperidade.

cacutu *s. m.* Mandachuva (BH). Q. v. em CACUTO.

cafanga [1] *s. f.* (1) Melindre, suscetibilidade. (2) Recusa falsa ou simulada (BH); desdém fingido (MS). Provavelmente do quicongo *kifwanga*, preguiça, indolência. Ou do quimbundo *kufunga*, zangar-se.

cafanga [2] *s. f.* Defeito (BH). Do quicongo *kifwanga*, qualquer coisa que perdeu seu valor, sua força, sua inteligência; pobreza.

cafanga [3] *s. f.* (1) Embuste (SR). (2) Feitiço (JOR). Talvez da mesma origem de CAFANGA [2].

cafangada *s. f.* O mesmo que CAFANGA [2], defeito (BH).

cafangar *v. t. d.* (1) Notar defeito em quem não o tem. (2) Ameaçar, gabando-se de proezas. (3) ZOMBAR, escarnecer de (BH). De CAFANGA.

cafange [1] *s. m.* Arma branca, espada, facão. Abon.: "Se fô gente de fundo rebolo, trás a oreia desses anāes na ponta do seu cafange." (De um texto da dança de congos, cf. BRANDÃO, 1977 a, p. 229). Provavelmente do port. *alfange* acrescido do prefixo multilinguístico banto *ka*.

cafange [2] *s. m.* Homem (VF). Talvez, relacionado ao quicongo *iandi*, ele.

cafangoso *adj.* Cheio de defeitos, de cafangas (BH). V. CAFANGA.

Cafelempango *s. m.* "Divindade Zazi" (YP). Certamente do quicongo, talvez da combinação das vozes *mfele*, opressor, flagelo, e *mpangu*, que designa cada um dos velhos do começo da criação.

Cafiambê *s. m.* Diabo. Abon.: "Cafiambê - diz-se do demônio" (ÂNGELO, 1960 c, p. 145). Certamente do quicongo *nkafi*, cólera, indignação; combinado com *yambi*, mau, malvado.

cafifa *s. 2 gên.* (1) Importunação, impertinência. (2) Pessoa a quem o jogador atribui a sua má sorte. (3) Pessoa de má sorte no jogo. (4) Caiporismo, azar (BH). De CAFINFA, derivando do significado 1 todos os outros.

cafifar *v. t. d.* (1) Importunar a quem joga (AN). (2) Dar má sorte ou CAFIFA a. (3) Fazer infeliz (BH). De CAFINFIM.

cafife *s. m.* (1) Série de contrariedades. (2) Contínua falta de êxito. (3) Falta de ânimo, mal-estar (BH). Deverbal de CAFIFAR.

cafifento *adj.* Que tem má sorte no jogo (AN). De CAFIFE (2).

cafifice *s. f.* Estado de quem tem CAFIFE (AN).

cafifismo *s. m.* CAFIFICE (AN).

cafinfa *s. 2 gên.* O mesmo que CAFIFA (BH). Derivado regressivo de CAFINFIM.

cafinfim *s. m.* (1) Espécie de marimbondo muito pequeno (TC). (2) Piolho de galinha (CF). (3) Sujeito impertinente, ranzinza (ET). Do quimbundo *kafifi*, mosca.

cafiote s. m. (1) Mala ou baú velho (RN). // s. m. pl. (2) Trastes velhos ou de pouco valor (CF). Do etnônimo *mfioti* (aport. *fiote*) designativo do grupo do norte de ANGOLA também conhecido como CABINDA. Segundo Raymundo (1933 a), o termo foi criado pelos ambundos para ridicularizar os cabindas.

cafioto s. m. Adepto ou frequentador da MACUMBA (BH). Provável bantuização do português *filho*.

cafiroto s. m. El. us. na loc. adv. *de cafiroto aceso* (BH). De provável origem banta.

cafobira s. f. Q. v. CAFUBIRA.

cafofa s. f. Prato feito de pedacinhos de carne-seca frita com farinha de mandioca (BH) e que difere da paçoca por não ser socada no pilão (DL). Provavelmente do quioco *fwafwa*, onomatopeia "que exprime o som de fervura lenta ou de algo que se desenvolve ou evola em flatos sucessivos" (BARBOSA, 1989 b, p. 74). Ou do iaca *fufo*, farinha, FUBÁ.

cafofo [1] s. m. Terreno pantanoso, com cheiro de água podre (BH). Corruptela de CAFOTO.

cafofo [2] s. m. (1) Sepultura (BH). (2) Lugar onde se armazenavam escravos (DL). (3) Buraco de alicerce de casa, tanque ou muro (MC). (4) Quarto, recanto privado. Provavelmente do quimbundo *kifofo*, cego, ou *ufofo*, cegueira (por designar lugar ou compartimento sem janela, i. e., "cego", ou por se tratar de orifício para se olhar "com um olho só"). Nascentes (1966 b) esposa hipótese semelhante.

cafombe s. m. Homem branco (NL). Do quicongo *ka-mfumbi*, albino, louro.

cafongo s. m. Homem negro (JD). De origem banta. Provavelmente relacionado ao quicongo *fwongo*, mocho, coruja.

cafonje s. m. Var. de CAMAFONJE (SCH).

cafoto s. m. (1) Latrina. (2) Água apertada entre pedras. (3) Pequena entrada entre pedras. De origem banta mas de étimo controverso. Nascentes (1966 b) dá o quimbundo *kafoto*, que não confirmamos. Encontramos, sim, no umbundo, as vozes *futo*, podridão, e *foto* (ou *soto*), vagina, derivado de *fwata* (ou *swata*), com a ideia de "lançar dentro" (o membro viril). Mas o étimo pode estar também no quimbundo *kifutu*, "suadouro, banho de vapores de água fervente, com ervas, raízes e essências" (XITU, 1985_1 b, glossário). A propósito, Cândido de Figueiredo (1925 a) registra "Cafoto, arbusto africano cujas folhas, esmagadas, os negros lançam na água para envenenar os peixes".

cafua s. f. (1) Antro, cova, caverna, esconderijo. (2) Habitação miserável. (3) Quarto escuro onde se prendiam os alunos castigados (BH). (4) Cela solitária para castigo de escravos. De origem banta mas de étimo controverso. Raymundo (1936 a) aponta o quimbundo *kafua*, "lugar sombrio", que não confirmamos. Veja-se no quimbundo e no quicongo as vozes *kufua e *fua, morte.

cafubá adj. 2 gên. (1) Diz-se de uma espécie de gado bovino (BH). (2) SARARÁ, ruço. Abon.: "... o mais velho e desaforado de toda uma sortida irmandade duns Salvinos, raça ruim, cafubá de cabelo e hosca de feições" (PALMÉRIO, 1966 c, p. 288). Provavelmente rebantuização de FUBÁ (com o uso do prefixo *ka*), em alusão, talvez, à cor amarelada do cabelo "cor de fubá".

cafubira s. f. Prurido, moléstia de pele (SP, BH). De provável origem banta. Cp. o quicongo *fubila, o umbundo *fumbila etc.

cafuca s. f. Cova onde se queima a lenha para fazer carvão (BH). Do quicongo *kafuka*, pegar fogo, inflamar-se.

cafuçu s. m. (1) Diabo. (2) Indivíduo grosseiro, inábil. (3) Roceiro asselvajado. De provável origem banta. Cp. CAFUTE. Ou talvez de CAFUZO, a primeira acepção derivando das seguintes.

cafueiro adj. Que mora em cafua, esconderijo (MV). De CAFUA.

cafuinha [1] s. f. CAFUA (SCH). Forma diminutiva.

cafuinha [2] adj. Avarento, sovina (JR). De provável origem banta. Cp. CAUÍRA.

cafuleta s. f. Vasilha de madeira usada, em barcos de pesca, para medir as rações de farinha (DH). Do quicongo *mfufula*, farinha.

cafuletado *adj.* Malsucedido, INHAMBADO. Abon.: "... se eu não tourear um papagaio vencido até amanhã, estou, como diz o baiano, cafuletado" (RIBEIRO, 1995 c). De CAFULETAR, tomada a função de CAFULETEIRO como desprezível e associado o termo a "fodido" (arruinado).

cafuletar *v.* Exercer a função de CAFULETEIRO ou agir como tal. Abon: "Ele é bom cafuleteiro, ajuda em todo serviço, faz boa comida. E, se não for cafuleteiro, ele não faz mais nada, não tem quem obrigue, ele só faz cafuletar" (RIBEIRO, 2009 c, p. 120). Ver CAFULETA.

cafuleteiro *s. m.* Trabalhador que, no barco de pesca, é o responsável pela CAFULETA (DH).

cafumango *s. m.* (1) "Preto cozinheiro". (2) Sujeito desclassificado (BH). De origem banta, mas de étimo obscuro. Para Raymundo (1933 a, p. 113), parece palavra tomada ao nhungue: "*ka-fumo-(u) angu* > *kafumangu*, a minha vergonhazinha, o meu sem vergonha", o que não confirmamos. No nhungue, encontramos *kamfumu*, irmão de um mulato quando a mãe, depois de seu marido branco morrer, casou com um preto e teve um filho com ele (COURTOIS, 1900 b), ou melhor, branco filho de brancos e, mais tarde, irmão, por parte de mãe, de um mulato filho de pai preto. Daí, *kamfumu* + *(u)angu*, meu, minha. Já no quicongo, encontramos *fuumana*, confuso, embaraçado, em apuros.

cafunar *v. t. d.* Praticar certo jogo que consiste em impelir castanhas de caju por meio de um impulso dado com o dedo médio sobre o polegar, a fim de que elas caiam dentro de um pequeno buraco cavado na terra (PC, BH). Do quicongo *nkafuna*, golpe, pancada (LAMAN, 1964 b).

cafundá *s. m.* Lugar situado entre vertentes; buraco; onde não há horizontes (MC). Do quimbundo *kufunda*, sepultura.

cafundó de judas *s. m.* CAFUNDÓ (BH).

cafundó *s. m.* (1) Cafundá. (2) Lugar ermo e afastado, de acesso difícil, geralmente entre montanhas (BH). De CAFUNDÁ. Vejamos, também, Raymundo (1933 a, p. 113): "Do amb. *ka-nfundo*, com acutização, como em quingombô, ou com o som do demonstrativo, reduzido no Brasil a apenas um *ió* ou *ó*, com o qual se indica a distância, a lonjura: *ka-(n)fundu-ó*". Q. v. tb. o quicongo **ndó*, distância.

cafundoca *s. m.* CAFUNDÓ (BH).

cafundório *s. m.* CAFUNDÓ (BH).

cafuné [1] *s. m.* (1) Estalido que se faz com as unhas na cabeça de outrem, como se se matasse piolhos. (2) Ato de coçar levemente a cabeça de alguém para fazê-lo adormecer (BH). Do quimbundo *kifune*, sing. de *ifune*, estalidos produzidos com os dedos na cabeça (XITU, 1985_1 b, p. 204). Q. v. tb. a explicação de Óscar Ribas, citado por Cascudo (1965 b, p. 193): "Etimologicamente o cafuné - aportuguesamento do quimbundo *kifune*, o verdadeiro termo local de emprego corrente - resulta de *kufunata*: vergar, torcer. Compreende-se: para a produção do ruído, tem que se vergar o polegar, quer estalando sozinho, quer também com o indicador, pelo toque das duas unhas - a do polegar na do indicador".

cafuné [2] *s. m.* Menino; pessoa muito baixa e franzina (PC). Provavelmente de CAFUNGE. Cp. CAFURINGA.

cafunga *adj.* Triste, calado, taciturno (AN). Do quicongo *nkafunga*, pessoa colérica, irritável, aborrecida; suscetível, morosa.

cafungagem *s. f.* Modo de vida de CAFUNGO (SC).

cafungar [1] *v. t. d.* Procurar minuciosamente; esmiuçar, catar (BH). Do quimbundo *kufunga*, fuçar, focinhar, farejar.

cafungar [2] *v. intr.* (1) FUNGAR. (2) Aspirar pelo nariz, cheirar cocaína (BH). Do quicongo *kufuna*, FUNGAR. Ou, mesmo, de CAFUNGAR [1].

cafungar [3] *v. intr.* Viver de CAFUNGAGEM, ao modo de CAFUNGO (SC).

cafunge *s. m.* MOLEQUE travesso e larápio (BH). De origem banta mas de étimo não exatamente determinado. Raymundo (1936 a) aponta o quimbundo "*Ka-nvunji*, pequeno enganador", não confirmado. Souza Carneiro (1935 a) dá o quimbundo "Kanvunji, moleque desavergonhado", que também não confirmamos. Q. v. em VUNJE. O termo cafunge aparece com frequência em cantigas de UMBANDA dedicadas ao orixá nagô Omolu-Obaluaiê, sem que tenhamos a explicação. Cp. CAFUTE.

cafungo s. m. Salteador que se esconde nas matas e aparece de surpresa nas vilas, nas fazendas etc. (SC). Provavelmente alteração de uma voz crioula originada do quimbundo *kifumbe*, salteador.

cafunje s. m. Forma preferível a CAFUNGE.

cafuringa [1] s. m. (1) Coisa miúda, insignificante (BH). (2) Criança dos dois aos dez anos (ET). De origem banta mas de étimo ainda não precisamente determinado. Cp. o ronga *kafula*, cafre, preto.

cafuringa [2] adj. Aquele ou aquela que habitualmente faz intrigas, mexericos (AL). De origem banta.

cafurna s. f. Cafua (BH). Cruzamento de CAFUA com o port. *furna*.

cafute s. m. (1) Diabo (BH). (2) Ácaro que ataca as aves (FS). Possivelmente do quimbundo *fuxi*, criança que nasce depois de gêmeos. O termo é registrado também no quicongo sob a forma *fuúti*. E a explicação para a acepção de diabo está em Ribas (1979 b, p. 217): "Fuxi é o filho imediato aos gêmeos, constituindo-se em escravo espiritual dele." (Nos cultos afro-brasileiros tradicionais, o Exu nagô, frequente e erroneamente sincretizado com o diabo cristão, é considerado um escravo dos orixás.) Outra possibilidade etimológica é o quicongo *kafuti*, enrugado.

cafutinho s. m. CAFUTE (PC).

cafuvira s. Preto, negro, escuro (CBC). Possivelmente relacionado ao quicongo *fubila*, estupidez, ignorância; um animal (exprimindo autodepreciação introjetada pelo racismo). Cp. CAFUBIRA.

cafuz s. m. CAFUZO (BH).

cafuzo s. m. (1) Mestiço de negro e índio. (2) Erva da família das ciperáceas, considerada uma forragem ordinária. Etimologia controversa. Nascentes (1966 b) vê como forma sincopada de *carafuzo* que deriva, sem certeza, de "cara fusca". O quimbundo conhece o termo *kafusu*, mulato. E o escritor ANGOLANO Alfredo Troni (1985 b, glossário) registra o termo *cafuzes*, "pretos civilizados do interior". O primeiro termo poderia ser visto como portuguesismo, mas na acepção de torpe, impuro (qualificativos com que se estigmatizam os mestiços). O quimbundo consigna os vocábulos *kifusu*, *kifusa* e *kiaufusa*, que podem, talvez, encerrar o étimo procurado.

caiaia s. m. Velho (JD). Do quicongo *kayaya*, estar seco. Veja-se também o quicongo *nkaya, avó ou avô materno, da mesma raiz.

Caiala s. f. Nos CANDOMBLÉS ANGOLO-congueses, entidade correspondente à Iemanjá nagô. Certamente do elemento quicongo *ayala*, presente na expressão *mbu-ayala*, oceano, vasto mar (LAMAN, 1964 b). Veja-se também o quimbundo *kaiala, moça.

caialo adj. (1) Descrente (MV). // s. m. (2) Designação que os adeptos da CABULA davam ao profano, não iniciado (OC). Do quimbundo *kaiala*, rapaz, rapazola, rapazote (com o sentido de inexperiente, por não ser iniciado).

caiambola s. m. Escravo fugido (AB). Deturpação de CALHAMBOLA.

caiambura s. f. Pó branco usado nos rituais da CABULA (GN). Relacionado ao quicongo *yàmbula*, lavar, purificar.

Caiango s. f. Um dos nomes da Iansã nagô nos CANDOMBLÉS de NAÇÃO ANGOLA. Abon.: "Caiango, Matamba e Angurucema é um tipo de Iansã, as contas dela são de um vermelho-vivo" (ENCONTRO, 1984 a, p. 36). Do quicongo *Yanngu*, nome de um INQUICE, com aposição do prefixo diminutivo *ka*, ou do substantivo *nkai*, avó.

Caiapembe s. m. Fantasma, espírito (VF). Q.v. CARIAPEMBA.

caimina s. f. Mulher adulta (EP). Bundo: *kãyi*, mulher + *mina*, mulher grávida.

caiongo adj. Envelhecido, fraco, debilitado (BH). Castro (1976 a) atribui origem banta.

cairi *s. m.* O mesmo que CACICA (DH). Provavelmente do quicongo *nkàyi*, alimento mal cozido.
Caiti-quindimbanda *s. m.* INQUICE dos CANDOMBLÉS ANGOLA, o mesmo que TEMPO-DIAMBANGANGA (ENC). De origem banta, provavelmente do quicongo, de uma expressão iniciada pelo termo *nkai*, avô, avó.
caiumba *s. m.* Soldado (VF). Provável alter. de QUIUMBA.
Cajanjá *s. m.* INQUICE dos CANDOMBLÉS ANGOLO-congueses correspondente ao Obaluaiê nagô (OC). De origem banta.
cajila *s. f.* Ser ou coisa que traz boa sorte, felicidade (BH); amuleto (OC). Provavelmente do quicongo *kadila*, defender-se de (alguém, algo).
cajuvira *s.* Café (CBC). Bundo: *uvila*, qualquer bebida quente (ALVES, 1951 b).
calafanje *s. m.* Homem ordinário, reles, desprezível (BH). De provável origem banta. Cp. *cafajeste.
calambica *s. f.* Caldo de carne, leite de gado ou leite de COCO, misturado com jerimum (RME). Talvez relacionado ao quicongo *mbika*, pote, recipiente.
calanda *s. m.* O fator causador da tristeza, da melancolia (SCH). Provavelmente do quimbundo *lamba*, má sorte, desgraça. Ou, como quer Schneider (1991 a), de CALUNDU.
calango [1] *s. m.* (1) Designação comum a vários répteis lacertílios da família dos teiídeos (BH). (2) Cantoria em forma de desafio praticada na região sudeste do Brasil. (3) Dança de origem africana com rodopios, requebros e desengonços (MA). Do quimbundo *kalanga*, lagarto. Quanto às acepções de cantoria e dança, fica dúvida: seriam elas assim chamadas em alusão ao movimento do réptil, ou o nome viria do hauçá (não banto, portanto) *kalango*, tambor feito de madeira ou de cabaça?
calango [2] *s. m.* Bezerro novo, pequeno (AC). Talvez de origem banta.
calango-verde *s. m.* Soldado do Exército (NIV). Q. v. CALANGO.
calangro, *s. m.* Var. de CALANGO [1] (BH).
calanguear *v. intr.* Cantar CALANGO (BH).

calangueiro *s. m.* Cantador de CALANGO (BH).
calenga *adj.* CAPENGA, trôpego (MV). Do quicongo *lenga*, lento; dificuldade; difícil, penoso.
calhambola *s. m.* O mesmo que QUILOMBOLA (BH). Com contaminação de *canhembora*, de origem ameríndia.
caliquaqua *s. m.* Nos antigos rituais da CABULA, palmas. Abon.: "Por conta de quem camaná F. não bate caliquaqua?" (RODRIGUES, 1977 a, p. 258). Do quimbundo *lukuaku*, mão.
caloji *s. m.* Cortiço (BH). Do quicongo *nlogi* ou do quimbundo *muloji*, feiticeiro, através de uma expressão como *ka-nzo-kaloji*, casebre do feiticeiro, como sugere Raymundo (1933 a).
calojiense *adj.* Habitante de Caloji, cidade do interior brasileiro (AG). Q. v. em CALOJI.
calombeiro *adj.* Transportador de escravos da África para o Brasil (AL). Relacionado ao quicongo *nlombe*, negro.
calombento *adj.* Em que há calombo; cheio de calombos. De CALOMBO.
calombo *s. m.* (1) Tumefação cutânea. (2) Qualquer montículo. (3) Raça de gado que tem uma protuberância no pescoço. (4) Ondulação das águas. De origem banta mas de étimo não exatamente determinado. Vejam-se: o quimbundo *mulumbu, corcova ou excrescência que se forma no umbigo; o quicongo *lombu, fruto da seringueira; o umbundo *lombolo, broto; o quioco *lombi, pequenos bagos negros (quando maduros) da árvore *lombo*, que se esmagam para fazer tinta. Q. v. tb. o quioco *kalombo, figura do culto *hamba* em forma de chifre.
caluba *s. f.* Cachaço e espádua de porco (DL). Do quimbundo *mulumbu*, corcova.
caluete *s. m.* Antigo instrumento de suplício de ponta fina onde sentavam os condenados, para serem varados do ânus às costas ou ao ventre (AV). Houaiss (HOUAISS; VILLAR, 2001 a) dá origem malaia. Veja-se, entretanto o quioco *lwé, termo que exprime a ideia de "penetrar levemente, como espinho que se espeta no corpo" (BARBOSA, 1989 b). Veja-se, também o quicongo *lweti, *kilweti*, almofada vermelha (usado por ironia?).

caluga *s. f.* O mesmo que CALUBA (AC).
caluge *s. m.* Cabana, palhoça (BH). Var. de CALOJI.
calugi *s. m.* Espelunca, casa ordinária, lúgubre, imunda (PC). Var. de CALOJI.
calumba *s. f.* Subarbusto da família das menispermáceas. Do nhungue *kalumba*, raiz medicinal que é poderoso antídoto contra febre.
calumbá *s. m.* (1) Nos engenhos, cocho para onde escorre o caldo de cana. (2) Por extensão, o caldo de cana (BH). Houaiss (HOUAISS; VILLAR, 2001 a) vê origem no quimbundo *kalumba*, corcovado, giboso. Ou do umbundo *ku--lumba*, guardar, reservar?
caluminho *s. m.* Dente pelo qual se diferencia a besta da mula (TA). Do quioco *ka-lumingu*, pequeno alho, dente de alho. Q. v. tb. o quicongo **luminu*, ação de devorar; voracidade, grande apetite.
calunda *s. f.* Capricho (MV). De CALUNDU (1).
Calundo *s. m.* Espírito protetor dos partos (MV). Do quimbundo *kilundu*, ancestral.
calundu *s. m.* (1) Amuo (BH). (2) Denominação de antigos cultos afro-baianos. (3) Local onde se realizavam esses cultos. Abon.: "Que de quilombos que tenho / com mestres superlativos / nos quais se ensinam de noite / os calundus e feitiços (MATOS, 1990 c, v. I,, p. 42). Do quimbundo *kilundu*, ancestral, alma de alguém que viveu em época remota, e que, no caso da primeira acepção, entrando no corpo de uma pessoa, a torna irritadiça, mal-humorada, tristonha.
calunduzeiro *s. m.* Chefe de CALUNDU. Abon.: "Dentre estas, destacou-se o preto Francisco Dossu, reconhecido como 'insigne calunduzeiro', ou seja, chefe de calundu, como também se conhecia o candomblé colonial" (SOARES, 1992 c, p. 134).
calunga [1] *s. m.* (1) Na UMBANDA, cada um dos integrantes da falange de seres espirituais que vibram na linha de Iemanjá (OC). (2) Boneco pequeno. (3) Figuras humanas nos desenhos infantis. (4) Camundongo. (5) Pessoa de pouca estatura, principalmente por ser aleijado da coluna vertebral. (6) Esboço da figura humana que os arquitetos fazem para dar ideia das dimensões da obra que projetam. (7) Pargo (peixe). (8) Indivíduo preto. (9) Ajudante de caminhão de carga. (10) Falar banto da Região do Triângulo Mineiro e Alto Paranaíba. // *s. f.* (11) Cada uma das duas bonecas que fazem parte do cortejo de MARACATU (BH). // *s. 2 gên.* (12) Mar (MM). (13) Céu, morte (JD). // *adj.* (14) Cada um dos habitantes da comunidade dos Calungas, em Goiás. Do termo multilinguístico banto *Kalunga*, que encerra ideia de grandeza, imensidão, designando Deus, o mar, a morte. "O vocábulo Kalunga (Deus), do verbo *oku-lunga* (ser esperto, inteligente), encontra-se no dialeto dos ambós e em outros grupos vizinhos. O prefixo *ka* aparece aqui sem a função diminutiva usual, sua característica. Antes, pelo contrário, impõe--se como uma afirmação de coisa importante, grande, valiosa" (LIMA, 1977 b, p. 152). Para os umbundos, "Céu é céu, kalunga é kalunga (...) Céu é a morada de Nzambi, kalunga o lugar para onde Kalung'a Ngombe leva as pessoas que vem buscar" (PACAVIRA, 1985 c, p. 56). No Brasil, o ícone antropomorfo (o *iteque*, a estatueta, representativo de qualquer entidade divinizada) passou a se chamar *calunga*. E daí o termo se estendeu às demais acepções.
calunga [2] *s. f.* Árvore cuja raiz é indicada no tratamento de males do estômago (SAM). Provavelmente o mesmo que CALUMBA.
calunga-ê *s. m.* Personagem mitológico afro--brasileiro (SC). De CALUNGA.
calunga-grande *s. f.* Na UMBANDA, mar, oceano (OC). Q. v. em CALUNGA.
calunga-pequeno *s. m.* Na UMBANDA, cemitério (OC). Do termo multilinguístico banto *kalunga*, morte. Q. v. tb. o quimbundo **kalundu*, cemitério.
calungagem *s. f.* (1) MACAQUICE, trejeito, requebros, graçola. (2) Coisa ridícula, desprezível, sem importância (PC). De CALUNGA [1], acepção 8.
calungamba *s. f.* Feiticeira (YP). Possivelmente da fusão de CALUNGA, morte, e GANGA.

Calungangombe *s. m.* (1) Personagem mitológico afro-brasileiro (SC). (2) Divindade das profundezas da terra (YP). Do quimbundo *Kalungangombe*, um dos nomes do Deus Supremo.

Calunganzambe *s. m.* Divindade da morte (YP). Fusão das expressões CALUNGA e ZÂMBI (q. v.).

Calunganzimbe *s. m.* O mesmo que CALUNGANZAMBE (YP).

calungar *v. intr.* Falar [a língua da comunidade goiana dos Calungas] (VF). Q. v. CALUNGA [1], acepção 14.

calungo *s. m.* Camundongo (BH). De CALUNGA [1], acepção 4.

calungueira *s. f.* Embarcação de pesca (BH). De CALUNGA [1], acepção 7.

calungueiro *s. m.* Pescador de pargo (BH). De CALUNGA [1], acepção 7.

Calungui *s. f.* Entidade dos antigos cultos afro-brasileiros. Abon.: "Não é por vontade! / Calungui o mandou / Tome desta banda / Tome da outra banda" (MACEDO, 1989 c, p. 29). De CALUNGUINHA.

Calunguinha *s. f.* Entidade chefe da legião dos calunguinhas da linha de Iemanjá, na UMBANDA amazônica (NF). De CALUNGA [1].

calunguista *s. 2 gên.* Falante ou estudioso do calunga. V. CALUNGA [1], acepção 10.

camafonje *s. m.* (1) MOLEQUE travesso. (2) Ladrão, gatuno. (3) Indivíduo desprezível (BH). De étimo banto. Castro (2001 a) fornece o quicongo *kamavundi*, não consignado em Laman (1964 b).

camaná *s. m.* Adepto, iniciado na CABULA (OC). De CAMONÁ.

camanaco *s. m.* Menino (VF). Var. de CAMONÁ.

camanante *s. m.* Menino; pessoa (VF). Relacionado a CAMANACO.

camanga *s. f.* Negócio escuso; amor clandestino (ZN). De possível origem banta.

camanje *pron.* O outro (VF). Relacionado ao quicongo *iandi*, ele.

camano *s. m.* Homem (NL). Do umbundo *omanu*, homem.

camanofu *s. m.* Preto (VF). Do umbundo *omanu*, homem + *ofu*, negro.

camate *s. m.* Gorro circular achatado, usado pelos CABULISTAS (OC). Certamente de raiz banta, pela origem da seita, apesar de Cacciatore (1988 a) tentar o étimo na língua hauçá. Possivelmente relacionado ao quicongo *kàmata*, prender, segurar firme.

camba [1] *s. f.* MUCAMA (BH). Forma aferética de MUCAMBA.

camba [2] *s. m.* Nome genérico dado aos iniciados na CABULA (OC). Do quimbundo *kamba*, companheiro.

camba [3] *s.* Ônibus (CBC). Bundo: *kamba*, explosão, detonação; algazarra (ALVES, 1951 b).

cambá [1] *s. m.* Designação comum aos negros brasileiros durante a Guerra do Paraguai (BH). Possivelmente do quimbundo *kamba*, companheiro, através do guarani *kambá*, negro, por contato interétnico.

cambá [2] *s. m.* Amuleto que se coloca atrás da porta (OC). Corruptela de CAMBIÁ.

cambada *s. f.* Súcia, corja (BH). Controverso: Nascentes (1966 b) deriva do céltico. Nós vemos o étimo no quicongo *kamba*, tropa, bando, grupo, tribo. Cp. CAMBÁ [1].

cambaiar *v. t. d.* Tornar CAMBAIO (BH).

cambaio *adj.* (1) De pernas tortas. (2) De pernas fracas, trôpego. (3) Torto de um lado (BH). Controverso: Nascentes (1966 b) deriva de raiz céltica. Q. v. CAMBAR.

cambalacheiro *adj. e s. m.* Que ou aquele que faz CAMBALACHO.

cambalacho *s. m.* (1) Transação ardilosa e com intenção de dolo; barganha. (2) Tramoia, conluio (BH). Controverso: Nascentes (1966 b) vê origem no port. *cambar*, trocar. Corominas (1983 b) registra, no espanhol, *cambalacho*, fixando a data de entrada em 1537. Para nós, vem, possivelmente, do nhungue *kambaracha*, mandrião, enganador, ardiloso, esperto, através do espanhol platino.

cambalenga *s. f.* Abóbora (YP). Provavelmente do quicongo, da fusão das vozes *kambala*, grande, e *elenge*, abóbora (MAIA, 1964_1 b).

cambambe [1] *s. m.* Veado (MM). Do quimbundo *mbambi*, veado: *kambambi*, veadinho.
cambambe [2] *s. m.* Choça (MV). Do qumbundo *kimbembe*, cabana.
cambambe [3] *adj.* Ordinário, reles, à toa (MV). De CAMBEMBE.
cambango *s. m.* Cambão, peça de madeira com que se unem as juntas de bois (BH). Possivelmente de CAMBÃO, pelo acréscimo da terminação *ango*.
cambanje *s. m.* Pênis (BH). Provavelmente de CAMBONJE.
cambão *s. m.* Pedaço de pau furado nas duas extremidades, utilizado para unir, uma às outras, duas ou mais juntas de bois (ZN). Possivelmente do quicongo *kamba*, par, dupla, dois a dois.
cambaquerê *s. m.* Dança praticada durante as festas das SENZALAS (MA). Provavelmente do quicongo *mbèkele*, galinha de pernas curtas, com aposição do prefixo diminutivo *ka*. Compare-se às diversas outras danças afro-brasileiras que se referem ao passo da galinha.
cambar *v.* Andar sem firmeza ou equilíbrio (DH). Provavelmente do quimbundo *kamba*, falhar (MAIA, 1964_1 b).
Cambarambanje *s. m.* CAMBARANGUANJE (OC).
Cambaranguanje *s. m.* Divindade dos CANDOMBLÉS ANGOLO-congueses, correspondente ao Xangô dos iorubás (OC); LEMBA (YP). De origem banta, mas de étimo não exatamente determinado. Possivelmente fusão dos termos *kambala*, grandeza, e *ngangi*, pessoa irascível, do quicongo *zalanganzi*, espírito duro, pouco benevolente. Q. v. tb. o quimbundo *nguanji, antropófago, canibal. *Cambaranguanjê genti de Cacurucaia* é o nome de Xangô no CANDOMBLÉ DE CABOCLO (CASCUDO, 1977 a, p. 106); *Cambaranganja* era o nome de um SOBA do conselho de Bié, na ANGOLA colonial (cf. GALVÃO; SELVAGEM, 1952 b, p. 394).
cambau *s. m.* Peça triangular de madeira que se põe no pescoço das cabras para impedi-las de atravessar cercas (BH). Certamente de CAMBÃO.

cambeiro *s. m.* Engenho para elevar a água, nas marinhas de sal (DL). De CAMBAR, provavelmente.
cambembe [1] *adj.* CAMBAIO, desajeitado, desastrado (BH). Do quimbundo *uakambe*, desajeitado, com reduplicação.
cambembe [2] *adj.* (1) Sem importância. // *s. m.* (2) Trabalhador que não era escravo e se contratava para trabalhar assalariado nos engenhos (RG). Redução de CAMUMBEMBE.
cambembé *s. m.* Lugar escuso (PC). Possivelmente de CAMBAMBE.
camberela *s.* Carne (CBC). O mesmo que CAMBERERA (q.v.).
camberera *s. m.* Carne (JD). Do cuanhama *ombelela*, carne. Em umbundo, *ombelela* é qualquer conduto, i. e., tudo o que se costuma comer com o pirão, inclusive a carne.
cambiá *s. m.* (1) Panela de feitiço usada nos rituais da CABULA (GN). (2) Amuleto, CAMBÁ. Do quimbundo *imbia*, panela, pote, caldeirão, com a adição do prefixo diminutivo *ka*. /// **Plantar o cambiá**, enterrar, junto à porteira de uma casa ou de um terreiro, objetos rituais para defesa contra maus espíritos ou maus fluidos (OC).
cambia *s. m.* Fumo, tabaco (JD, YP). Provavelmente do umbundo *ombya* (em quimbundo *ombia*), pote, panela, em referência ao CACHIMBO, que contém o tabaco.
cambinda *adj. 2 gên.* (1) Cabinda (BH). (2) Diz-se da tradição de cultos afro-maranhenses difundida principalmente na região de Codó, também chamada caxias ou cachéu, na qual os cânticos são entoados em português (SF). // *s. f.* (3) Antiga denominação de MARACATUS pernambucanos. Abon.: "Imaginamos que os cambindas poderiam ter sido também alguma modalidade de Maracatu, não registrada, pois é significativo o emprego outrora do termo 'cambinda' nos designativos de alguns grupos recifenses: 'Cambinda Estrela', 'Cambinda Velha', 'Cambinda Nova', 'Cambinda Leão Coroado'" (PEIXE, 1981 a). De CABINDA, por nasalização.

cambindas *s. f. pl.* Dança de cunho popular que se executa de cócoras (DL, BH). Plural de CAMBINDA.

cambirimba *s. f.* CACHAÇA (SM). De provável origem banta. Cp. CAMBRINDA, prostituta.

cambiroto, *s. m.* Monte de argila (BH). De possível origem banta.

camboa *s. f.* Lago artificial à beira-mar (BH). De étimo incerto. A. G. Cunha (1982_2 b) tenta, sem certeza, origem tupi. Ribas (1989_1 b) refere o quimbundo *mboa*, resultante de *kuboba*, alagar. Lembramos o quicongo *mbu*, grande lago, mar, oceano.

camboeiro *s. m.* Garoa, chuva fina (ET). Var. de CAMBUEIRO.

cambona *s. f.* (1) Ajudante de pai de santo (BH). (2) Chaleira rústica (ZN). Do quimbundo *kamona*, rapariga. Q. v. tb. CAMONÁ e CAMBA [1].

cambonde *s. m.* CAMBONE (BH).

cambondo *s. m.* (1) Tocador de ENGOMA ou INGONO (MA). (2) Amásio, amante, amigo (BH). De CAMBONO. A segunda acepção vem, talvez, por ironia, do sentido de "auxiliar, acompanhante".

cambone *s. m.* CAMBONO (BH). Considere-se o bemba **kambone*, testemunha.

cambonge *s. m.* Pássaro (JA). Variação de CAMBONJE.

cambonja *s. f.* Ave pernalta africana da família dos ralídeos (BH). De origem banta.

cambonje *s. f.* Frango-d'água (BH). Var. de CAMBONJA.

cambono *s. m.* Auxiliar de pai de santo, na UMBANDA (OC). Q. v. em CAMONÁ.

cambraia *s. f.* CACHAÇA (SM). Talvez de CAMULAIA.

cambranganza *s. f.* Mulher feia e malfeita de corpo (SM). De possível origem banta. Q. v. em CAMBARANGUANJE, os elementos *kambala* + *ngangi*, do quicongo.

cambrinda *s. f.* Prostituta (SP). De provável origem banta. Cp. CAMBIRIMBA.

cambrocotó *adj.* Termo injurioso (MM). De origem banta, pelo contexto onde foi recolhido, na região de Diamantina, MG. Cp. BOROCOTÓ.

cambuá *s.* Cachorro, cão (CBC). O mesmo que IMBUÁ (q. v.).

cambuba *s. m.* Espécie de peixe marinho (FS). Var. CAMBUMBA.

cambueiras *s. f. pl.* Chuvas grossas do mês de setembro (BH). De CAMBOA.

cambueiro *s. m.* (1) Vento que sopra do sul. (2) Aguaceiro que cai antes das primeiras trovoadas do ano (BH). De CAMBOA.

cambula *s. f.* Nome de um peixe brasileiro (CF). De possível origem banta.

cambumba *s. f.* (1) CACHAÇA (SM). (2) Peixe dos mares de Fernando de Noronha (PC). Certamente de origem banta.

cambumbeiro *adj.* Operário que muito mal sabe seu ofício; albardeiro, porcalhão (PC). De CAMBUMBA (1), ou de CABUMBO.

cambundá *s. m.* Linguagem incorreta, falada ou escrita (PC). Q. v. em CABUNDÁ, CAMUNDÁ.

cambungo *s. m.* Carbúnculo (MM). Bantuização do português *carbúnculo*, "motivada pela repugnância do povo em face do proparoxítono e acusando, na terminação ungo, influxo africano" (MACHADO FILHO, 1985 a, p. 137). Cp. tb. CABUNGO.

camburão *s. m.* (1) Vaso onde se transportavam dejetos (BH). (2) Carro de polícia para transporte de presos. De provável origem banta. Cp. CANJIRÃO.

cambuta *adj. 2 gên. e s. 2 gên.* (1) Diz-se de, ou pessoa raquítica. (2) CAMBAIO (BH). Do quimbundo *kambuta*, pequeno; pessoa baixa e gorda. Q. v. tb. o quicongo **mbuta*, pigmeu.

caméria *s. f.* Cara, boca (VF). Var. de CASMERE.

camindongagem *s. f.* Mentira, lisonja, cavilação, fingimento (PC, grifada *camindongage*). Provavelmente de CAMUNDONGO. Cp. o quimbundo **kamundongo*, civilizado, assimilado. Ou de CANDONGAGEM.

camisu *s. m.* (1) Camisa sem fralda e sem colarinho (BH). (2) Bata do traje de baiana. Segundo Nascentes (1966 b), trata-se de africanização do português *camisa*. É mais provável que o fenômeno tenha surgido na fala de negros ban-

tos, já que os nagôs e seus aparentados tinham o termo *abada*, até hoje corrente na Bahia.
camoa *s. f.* Latrina (ET). Possivelmente de CAMBOA.
camoeca *s. f.* Var. de CAMUECA (BH).
camolele *s. m.* Gorro usado pelos CABULISTAS. Abon.: "Aparece então o embanda, descalço, com um lenço amarrado na cabeça, ou com o camolele (espécie de gorro), tendo um cinto de rendas alvas e delicadas" (RODRIGUES, 1977 a, p. 257). Do quimbundo *mulele*, lençol, através da forma diminutiva *ka-mulele*. Cacciatore (1988 a) grafa *camolete*, o que pode ser resultado de erro tipográfico.
camoná *s. m.* Filho, menino (JD). Do quibundo *kamona*, menino. Cp. CAMBONA.
camonha *s. f.* Embriaguez (SM). Q. v. em CAMUNHA.
camoninho *s. 2 gên.* Criança, menino, menina (CBC). Forma diminutiva para CAMONÁ (q. v.).
campar *v. intr.* (1) Fugir. (2) Sair à noite à cata de aventuras amorosas (BH); sair (o escravo) a passeio noturno; ir ter com amante, de noite, fora de hora. (3) Copular, especialmente ao ar livre (SP). Possivelmente, do quicongo *kàmpa*, trepar, escalar, estender-se através de, atirar-se sobre qualquer coisa para prendê-la.
camua *s. f.* Latrina, sentina, privada, casinha (RN). Q. v. CAMOA.
camuca *s. f.* Mãe (VF). Relacionado ao quibundo *mukaji*, mulher.
camucando *s. m.* Ritual fúnebre, nas nações ANGOLA e CONGO (ENC). Do quicongo *kamuka*, morte súbita, repentina (LAMAN, 1964 b); morrer (MAIA, 1964_1 b).
camucite *s. m.* (1) Templo, pegi ou altar na seita CABULISTA (OC). (2) Conjunto de petrechos (MV). Do quicongo *mu-situ*, floresta (as cerimônias eram realizadas no MATO).
camueca *s. f.* (1) Porre, PILEQUE. (2) Doença ligeira, achaque. (3) Entorpecimento (DV). Do quimbundo *kamueka*, bebedeira (XITU, 1985_1 b, glossário). Q. v. tb. o umbundo *mweka*, bebedeira.

camuengo *s. m.* Abelha da família das melipônidas (BH). Do quimbundo *kamue*, mosca.
camugo *s. m.* Rato (JD). Do umbundo *mpuku*, rato, através da forma diminutiva *oka-mpuku*.
camuí *adj.* Feio (YP). Do quicongo *amuii*, feio (MAIA, 1964_1 b).
camulaia *s. f.* (1) CACHAÇA (SM). (2) Embriaguez (YP). De provável origem banta. Veja-se o ronga *muhlayi*, aquele que fala, orador. Seria uma referência ao poder que tem a cachaça de desinibir, "abrir a fala"?
camulele *s. m.* Var. de CAMOLELE.
camumbembagem *s. f.* Grupo, bando de camumbembes. Abon.: "Sem dúvida que a usina mandaria qualquer um estranho dormir naqueles quartos por onde viveu o velho Zé Paulino. Um administrador qualquer encheria de camumbembagem as salas do Santa Rosa" (REGO, 1947 c, p. 207). De CAMUMBEMBE.
camumbembe *s. m. e adj.* (1) Mendigo, vadio, vagabundo. (2) Pobretão. Provavelmente originado no quioco (*tchokwe*) *mbembèmbe*, termo expressivo que transmite a ideia de fraqueza, frouxidão, ausência de forças (BARBOSA, 1989 b, p. 313). Ver MAMBEMBE.
camundá [1] *s. m.* Morro, monte (MM). Do umbundo *munda*, montanha, colina, com aposição do prefixo diminutivo *oka*.
camundá [2] *adj.* Designativo, no Brasil, de um dos grupos étnicos africanos aqui escravizados. Var. de cabundá. Abon.: "Bento, de nação Camundá, alto, cheio de corpo, sem barbas, pés grandes, anda um tanto banzeiro" (FREYRE, 1975 c, p. 394). Ver em CABUNDÁ.
camunda *s. m.* CAMUNDÁ (MM). /// **Ir para o buraco de camunda**, morrer (SM).
camundongo [1] *s. m.* Rato pequeno. Do umbundo *okamundongo*, rato. Interessante observar que, em quimbundo, *kamundongo* é o indivíduo civilizado, citadino; e o camundongo brasileiro é tido como animal urbano e cosmopolita (cf. ENCICLOPÉDIA, 1984 c).
camundongo [2] *s. m.* Madeira usada em construção civil (PC). De origem banta mas de étimo ainda não determinado.

camundongo [3] *adj.* Designativo de uma nação africana no Brasil (PC). Provavelmente do quicongo *mundongo*, escravo.

camundongo-do-mato *s. m.* Rato-do-bambu (BH). Q. v. em CAMUNDONGO.

camunga *s. f.* Na linguagem dos JONGUEIROS, tambor. Abon.: "Cotovelo de pai veio eu mufina ele debaixo de minha camunga" Andrade (1989 a, p. 274) consigna com o significado literal de "panela", o que achamos incorreto: trata-se de palavra usada em linguagem cifrada. Nossas hipóteses etimológicas são as seguintes: do nhungue *kabungu*, balde; do iaca *nungo*, panela; do umbundo *ochimuma*, panela de barro nova e crua; do quimbundo *kibunga*, chapéu.

camunha *s. f.* Bebedeira (JR). Redução de CAMUNHECA.

camunheca *s. f.* Q. v. CAMUECA.

camunhengue *adj.* 2 *gên.* e *s.* 2 *gên.* Leproso. Do quicongo *mu-nyenge-nyenge*, que se funde, dissolve, desmancha; com aposição do prefixo diminutivo (e depreciativo) *ka*.

camunzé *s. m.* Árvore da família das leguminosas (FS). Provavelmente do quicongo. Cp. *nkamu nsengo*, nome de uma erva.

camuquengue *s. m.* MOLEQUE (MM). Do quicongo *mukenge*, mensageiro.

camuringa *s. f.* CACHAÇA. Abon.: "Jongo tá bonito / o que falta é camuringa / Camuringa já chegou / jongo endireitou" (RIBEIRO, 1984 a, p.39). De MORINGA.

camussungo *s. m.* Porco (VF). Do quicongo *nsúngwa*, um pequeno porco.

camutuê *s. m.* Cabeça (OC). Do quimbundo *kamutue*, cabecinha (MATTA, 1893 b).

cana *s. f.* CACHAÇA (BH). Certamente de cana-de-açúcar. Mas talvez influenciado por *ukana*, designação com que o povo *yao* (*ajawa*) de Moçambique nomeia sua única bebida alcoólica tradicional, obtida pela fermentação do milho (AMARAL, 1990 b, p. 254-255).

cana-de-macaco *s. f.* Erva cultivada, ornamental, da família das zingiberáceas; cana-do-brejo (BH). Q. v. em MACACO.

canamboia *s.2 gên* (CBC). Var. de CARAMBOIA (q. v.).

cananenecô *interj.* Fórmula de xingamento, termo injurioso (MM). De origem banta.

canca *s. f.* Onda, vaga (SAM). Possivelmente relacionado ao quicongo *nkanka*, um peixe muito bravo, de dentes muito aguçados.

candâmbi *s. m.* Domingo; dia santo (JD). Do quimbundo *kisua-kia-ndambi*, domingo.

candambora *s.2 gên.* O mesmo que CARAMBOIA (CBC).

candamburo *s. m.* Galo (MM). Do umbundo *ekondombolo*, galo.

candango [1] *s. m.* (1). Designação que os africanos davam aos portugueses. (2) Indivíduo ruim, ordinário. (3) Pessoa que tem mau gosto. (4) Designação dada aos operários que construíram Brasília, DF (BH). (5) Personagem mitológico afro-brasileiro (SC). Etimologia controversa, embora certamente de origem banta. Nascentes (1966 b) aponta o quimbundo *kan-gundu*, diminutivo de *kingundu*, ruim, ordinário, vilão, com metátese e assimilação. Em Cuba, o termo *candanga* significa bobalhão, mentecapto, doentio, enfraquecido; e Ortiz (1985 b, p. 306) o vê talvez como originário do quicongo *kunda*, encurvar-se, dobrar a espinha, render homenagem, adorar. Para a primeira acepção do verbete, poderíamos tentar tb. o quicongo (dialeto vili) *ndangi*, espião.

candango [2] *s.m.* Feijão (VF). Do quimbundo *kandanda*.

candangue *s. m.* Imigrante pobre que vai para o sul do país (ET). Var. de CANDANGO ou vice-versa.

candaru *s. m.* (1) Espécie de turíbulo onde se colocam ervas aromáticas sobre brasas (OC). (2) Braseiro (MV). Do quicongo *ndalu*, fogo.

candembe [1] *s. m.* Certo aparelho de pesca (BH). De CANDOMBE [1].

candembe [2] *adj.* Estragado, gasto (JD); velho, alquebrado, fraco. Var. de CAMBEMBE [1].

candemble *s. m.* Aparelho de pesca (AN). Var. de CANDEMBE [1].

candengo *s. m.* Var. de CANDENGUE. Abon.: "Vovô perdeu a alforria / por namorar / candengo mais novo de Sinhá" (de uma canção inédita do repertório de Aniceto Menezes e Silva Jr., o Aniceto do Império, 1913-1993).

candengue *s. 2 gên.* Criança (OC). Do quimbundo *kandenge*, diminutivo de *ndenge*, criança, significando "menorzinho" (MATTA, 1893 b).

Candiambi *s. m.* Deus (JD). Do umbundo *Njambi*. Como em *Kalunga*, Deus, o prefixo (umbundo *oka*, ou quimbundo *ka*) aparece sem a função diminutiva, que usualmente o caracteriza. "Antes, pelo contrário, impõe-se como uma afirmação de coisa importante, grande, valiosa" (LIMA, 1977 b, p. 152).

candimba [1] *s. f.* Espécie de lebre (AA); coelho (JD, MM). Do quimbundo *kandimba*, lebre.

candimba [2] *s. m.* (1) Dificuldades, apuros (BH). (2) Cacaréus (BH). Provavelmente do quimbundo *dimba, ndimbe* desordem, confusão.

candimba [3] *s. f.* Gruta (MC). Provavelmente do nhungue *dima*, escuridão.

candoblé *s. m.* Dança, bailado (PC). De CANDOMBLÉ ou de CANDOMBE.

candombá *s. f.* Espécie de planta. Abon.: "Nesse momento, um garimpeiro acendeu um pedaço de candombá, a resina pegou fogo e foi aquela claridade grande contra a qual o vento não podia" (SALLES, 19-- c, p. 20). De provável origem banta; ou bantuização de *candiubá*, o mesmo que *ubá* (do tupi).

candombe [1] *s. m.* Rede de pescar camarões (BH). Possivelmente do umbundo. Cp. **ohombe*, rede pequena para transportar panelas.

candombe [2] *s.m.* (1) BATUQUE, dança de negros (BH). (2) Var. CANDOMBLÉ. (3) Devoção sincrética praticada no ambiente das CONGADAS (EP). (4) Uma das guardas da fraternidade de N. S. do Rosário e dos Santos Pretos (SAM). Do quimbundo *kiandombe*, negro.

Candombe Serê *s. m.* Personagem mitológico afro-brasileiro. Abon.: "Num minuto, estava dentro de um saco enorme, todo fechado, escuro como breu. Era o saco de Candombe Serê..." (STARLING, 1946 c, p. 120). Do quimbundo *kiandombe*, negro, mais um elemento ainda não exatamente identificado, talvez o quicongo *nsele*, inhame.

candombeiro *s. m.* Dançarino ou frequentador de CANDOMBE (BH).

candomblé *s. m.* Religião brasileira de culto aos orixás iorubanos, voduns daomeanos ou INQUICES bantos. P. ext., local de culto dessa religião; festa dessa tradição religiosa. A raiz do termo está certamente no elemento banto *ndombe*, negro (quimbundo: *kiandombe*; quicongo e umbundo: *ndombe*). Mas a etimologia ainda não foi exatamente estabelecida. Q.v. CANDOMBE [2].

candomblecista *s. 2 gên.* Adepto do CANDOMBLÉ.

candomblé de angola *s. m.* CANDOMBLÉ em que, na linguagem ritual, predominam termos bantos.

candomblé de caboclo *s. m.* CANDOMBLÉ com predomínio de influências indígenas e mestiças (BH).

candomblé de congo *s. m.* CANDOMBLÉ em que supostamente ocorrem traços culturais da tradição conga (OC). De CONGO.

candomblezeiro *s. m.* (1) CANDOMBLECISTA. (2) Babalorixá. Abon.: "Candomblezeiro - é um sacerdote do rito fetichista: sua missão é preparar os atos da cerimônia litúrgica" (QUERINO, 1955 c, p. 57).

candombô *s. m.* O mesmo que CANDOMBORO (JD).

candomboro *s. m.* Galo (YP). Do umbundo *ekondombolo*, galo.

candonga [1] *s. f.* (1) Lisonja, afagos, mimos. (2) Carinho fingido, adulação (BH). (3) Maroteira, arteirice (AA). (4) "Rapariguinha gorda e embiocada" (FS). De étimo banto, mas de origem controversa. Raymundo (1933 a, p. 117-118) faz a seguinte tentativa: "O étimo, se for o exato, denuncia uma curiosa evolução semântica; temos que seja de *ka-ndonga*, diminutivo de *ndonga*, o natural de Angola, propriamente o pretinho, o negrinho, que era instintivamente lisonjeiro." De nossa parte, achamos que o étimo pode estar no quicongo *nkua-ndunge*, esperto, astucioso (que encontra correspondência no quimbundo *múkua-ndunge*) ou ainda no quicongo *ki-ndonga*, iniciante, noviço, aluno, aprendiz; pessoa que não conhece bem seu mister.

candonga [2] *s. f.* (1) Intriga, mexerico (BH). (2) Arenga (MM). De étimo banto mas ainda não exatamente determinado. Veja-se o umbundo *ndonga, ancião (a intriga seria "coisa de velho"?). Veja-se ainda o quimbundo *ndonga, que no dialeto omumbuim significa "multidão de pessoas".

candonga [3] *s. f.* Contrabando (BH). De étimo banto. Possivelmente do quimbundo *ndunge*, astúcia.

candongagem, *s. f.* Q. v. CANDONGA [1], [2] (BH).

candongar *v. t. d.* (1) Fazer CANDONGA [1], [2] (BH). (2) Importunar (MV).

candongas *s. f. pl.* (1) Feitiços, sortes, pretextos, amores (RP). (2) Bem-querer, amor (MV). Q. v. CANDONGA [1].

candonguear *v. intr.* Negar-se o animal quando se lhe quer pôr o freio ou buçal, ou ainda quando deve ser tosquiado (MV). Provavelmente do quicongo *kandungwa*, enfurecer-se, ou de CANDONGA [1], maroteira, arteirice.

candongueira *s. m.* Var. de CANDONGUEIRO [2], tambor de JONGO (MA).

candongueiro [1] *s. m.* (1) Aquele que faz candonga, intriga ou contrabando (BH) // *adj.* (2) Diz-se do indivíduo mesquinho, manhoso, arteiro, esquivo, impaciente, que questiona por coisas sem importância. (3) Por extensão, aplica-se ao animal manhoso que foge com a cabeça quando se lhe quer pôr o freio, o buçal, ou tosá-lo (ZN). De CANDONGA (ver as várias acepções).

candongueiro [2] *s. m.* Pequeno tambor de JONGO (BH). De CANDONGA, intriga, mexerico: o tambor, porque tem som agudo e muito alto, denunciava o local secreto onde o JONGO se realizava; então, *fazia candonga*.

candongueiro [3] *s. m.* Relógio (VF). Possivelmente relacionado a CANDONGUEIRO [2]: o despertador emite, também, som agudo e alto.

candonguice *s. f.* CANDONGAGEM (BH).

candunga [1] *s. f.* Amboré, peixe teleósteo da família dos gobídeos (BH). De provável origem banta.

candunga [2] *s. m.* Sol (VF). Possivelmente do umbundo *ndunga*, gema de ovo (cf. VOGT; FRY, 1996 a). Q. v. tb. DUNGA, maioral.

canduru *s. m.* Var. de CANDARU (SCH).

canengue *s. m.* Filho (VF). Var. de CANDENGUE.

caneto *adj.* Curto, estreito (JD). De origem banta.

canfinfa *s. f.* Azar, falta de sorte (EP). De CAFINFA.

canga [1] *s. f.* (1) Peça de madeira que prende os bois pelo pescoço e os liga ao carro ou ao arado; jugo. (2) Antigo instrumento de suplício, formado por uma tábua com furos onde se prendia a cabeça e as mãos dos condenados (BH). Étimo controverso. Nascentes (1966 b), separando as acepções em duas entradas, atribui, respectivamente, origem céltica e chinesa. Para nós, a origem pode estar no quicongo *kanga*, amarrar, prender, capturar, apertar, de *nkanga*, ação de ligar; que é amarrado (LAMAN, 1964 b). Entre os congos cubanos, *kanga* é o amarre, a ligadura mágica (cf. CABRERA, 1984 b).

cangá [2] *s. m.* Instrumento musical de origem africana, feito de cana ou bambu, com orifícios, e de extremidades fechadas pelos gomos da própria cana (AA). Provavelmente de CANZÁ.

canga [2] *s. m.* Valentão (GS). Corruptela de GANGA.

canga [3] *s. f.* Retângulo de tecido de algodão, usado como saída-de-praia (BH). Segundo Castro (2001 a), do quicongo *kanga*, tecido com que as mulheres amarram as crianças ao corpo. Cp. CANGA [1].

cangá [l] *s. m.* Alforje (BH). Do quicongo *kangala*, pequena cesta triangular usada pelos viajantes; saco para provisões.

cangalha *s. f.* Peça de três paus, unidos em triângulo, que se enfia no pescoço dos porcos para que não destruam hortas cultivadas (BH). Étimo controverso: Nascentes (1966 b) prende à mesma origem pretendida para CANGA [1]. Schneider (1991 a) remete ao quicongo *kangala*, obstruir, impedir.

cangalhada *s. f.* Agrupamento ou montão de cangalhos (BH). De CANGALHO.

cangalhão *s. m.* (1) Cangalho. (2) Homem envelhecido antes do tempo (BH). De CANGALHO.

cangalhas *s. f. pl.* (1) Armação de madeira ou ferro que sustenta e equilibra a carga das bestas; CANGALHA (BH).

cangalhé *s. m.* Objeto velho, ferramenta imprestável (JOR). De CANGALHO.

cangalheiro *s. m.* (1) Indivíduo que conduz bestas com cangalhas. (2) Aquele que prepara ou aluga objetos usados em cerimônias fúnebres (BH). De CANGALHA.

cangalheta *s. f.* Espécie de sela rústica (BH). Diminutivo de CANGALHA.

cangalho *s. m.* Pessoa ou coisa inútil ou velha (BH). Schneider (1991 a) vê o étimo no quicongo *kanga*, endurecer, esclerosar, coagular.

cangambá [1] *s. m.* Jaritataca (BH). Étimo controverso. Galvão e Selvagem (1952 b, p. 188), listando a fauna ANGOLENSE, incluem *ikan-gamba*, zorrilho, e Barbosa (1989 b) consigna o quioco *kangamba*, espécie de furão ou doninha. Serão portuguesismos?

cangambá [2] *s. m.* Maracá (SC). Provável origem banta.

cangar *v. t. d.* (1) Prender à canga. (2) Sujeitar, dominar (BH). De CANGA [1].

cangica *s. m.* Filho varão (MV). De provável origem banta. Buarque de Holanda (FERREIRA, 1986 a) consigna *canjira*. Seria o registro de Viotti (1956 a) fruto de erro de grafia?

cangoma *s. m.* Pequeno tambor. Abon.: "Tava durumindo / Cangoma me chamou / disse levanta povo / cativeiro já acabou" (De um JONGO do repertório da cantora Clementina de Jesus, 1900-1987). Do quimbundo *ngoma*, tambor, na forma diminutiva *kangoma*.

cangongo [1] *s. m.* Designação dada pelo sertanejo baiano ao habitante do litoral (BH). Provavelmente do quicongo *kingongo*, peixe. Q. v. tb. em CANGONGO [2].

cangongo [2] *adj.* Medroso (YP). Do quicongo *kingongo*, medo.

cangonha [1] *s.* Bananas geminadas (YP). De origem banta (CASTRO, 1976 a).

cangonha [2] *s. f.* BANGO, cânhamo (CF). Do umbundo *oka-ngoña*, cânhamo.

cangoro *s. m.* Pólvora (JD). De origem banta. Talvez do quicongo *kangula*, desfazer, dissolver; ou do umbundo *kangolo*, bôer (a imagem dos bôeres, holandeses chegados à África Austral no século XVII, pode estar associada à difusão das armas de fogo e dos explosivos).

cangote *s. m.* COGOTE (BH).

cangotilho *s. m.* COGOTILHO (BH).

cangotinho *s. m.* Parte do corpo da baleia onde a arpoadela é fatal (BH). Diminutivo de CANGOTE.

cangotudo *adj.* COGOTUDO (BH).

canguara *s. f.* CACHAÇA (BH). Do quicongo *nguala*, aguardente, com aposição da partícula diminutiva *ka*.

cangueiro *adj.* (1) Que traz canga, que está habituado a ela. (2) Que pode ser posto à canga. (3) Preguiçoso, vagaroso, negligente. (4) De qualidade inferior (AN). // *s. m.* (5) Carregador. Abon.: "Aqui já tivemos um presidente tão negro como qualquer daqueles cangueiros que ali vão com a pipa de aguardente" (AZEVEDO, 19-- a, p. 177). De CANGA.

canguia *s.* Vocábulo injurioso ou cabalístico (MM). De origem banta.

canguiço *s. m.* (1) Lenha miúda, acendelhas (AN). (2) Indivíduo muito magro (BH). Provavelmente do quicongo *nginzu*, CACHIMBO (os cachimbos da área banta têm o conduto geralmente comprido e fino).

canguinha *s. m.* Var. de CANGUINHAS. Abon.: "... farto, generoso em promessas, o capitão Justiniano Duarte da Rosa. No mais, canguinha." (AMADO, 1972 c, p. 59).

canguinhagem *s. f.* Pão-durismo (NIV). De CANGUINHA.

canguinhar *v. intr.* Ser CANGUINHAS (BH).
canguinhas *s. m.* CANGUINHO (BH).
canguinhez *s. f.* Qualidade de CANGUINHO (BH).
canguinho *adj. e s. m.* Avarento. Provavelmente de CANHENGUE, através de uma forma diminutiva "canhenguinho".
canguixa *s. f.* Prostituta (SM). Possivelmente de CANGUIÇO, por depreciação.
canguleiro *s. m.* Natural ou habitante de Ribeira (região de mangues) em Natal, Rio Grande do Norte. De CANGULO. O nome se deve ao fato de os habitantes dos mangues de Natal se alimentarem basicamente desse peixe.
cangulheiro *s. m.* Var. de CANGULEIRO.
cangulo *s. m.* Peixe teleósteo do Atlântico tropical e mediterrâneo (BH). Do quimbundo *kangulu*, leitão, porquinho. O peixe também tem o nome de "peixe-porco".
cangulo-do-alto *s. m.* Peixe do litoral brasileiro (CRS). Q. v. CANGULO.
cangulo-rei *s. m.* Peixe da família dos balistídeos, comum no litoral norte do Brasil (AN). Q. v. CANGULO.
cangura *s. 2 gên.* Porco, leitoa, cachaço (CBC). Q.v. CANGURO.
canguro *s. m.* Porco (JD). Do quimbundo *kangulu*, porquinho, leitão.
cangúru *s. m.* Var. de CANGURO (MM).
canhambola *s. m.* Var. de CALHAMBOLA (BH).
canhenga *adj.* CANHENGUE (VF, PC).
canhengue *adj.* Avarento. Do quimbundo *njenji*, avarento (BH). Q. v. tb. o quimbundo **kanhenge*, delicado, embora não estabeleçamos a relação. Q. v., ainda, o quicongo **ninga*, avareza.
canhenguice *s. f.* Qualidade de CANHENGUE (VF).
canhenha *s. f.* Peixe marítimo do Brasil (CF). Provavelmente ligado ao quicongo *nnyenya*, pequeno, frágil.
canho *s. m.* Lucro desonesto (BH). Provavelmente ligado a CANHENGUE.
canicimba *s. f.* Gato (EP). Cp. OROSSIMBA.
caninga *s. f.* Azar, má sorte (FS). Provavelmente do quicongo *Kininga*, nome de um INQUICE que faz emagrecer.

caningar *v. t.* Fazer raiva, aperrear (RME). Provavelmente, do quicongo *ninga*, morder a cauda; ciúme.
caninguento *adj. e s. m.* Rabugento (JA). De CANINGAR.
canjá *s. m.* Instrumento musical do terno de MOÇAMBIQUE da festa do Rosário de Patos de Minas, MG. Abon.: "A sua dança tem mais ritmo de samba. O acompanhamento instrumental é feito por canjá, caixa, pantagão, sanfona e viola" (RIBEIRO, 1981 a, p. 62). Corruptela de CANZÁ.
canjanja [1] *s. f.* Coisa boa, apetitosa, saborosa (PC). De origem banta; ou do port. *canja*.
canjanja [2] Menino ladrão (MV). Do bundo *kandjondjo*, curiosidade, indiscrição, costume de meter o bico ou nariz em tudo (ALVES, 1951 b), palavra que se liga a *onjonjo*, beija-flor. Q. v. CANJONJO.
canjerê *s. m.* (1) Reunião de pessoas para práticas fetichistas. (2) Feitiço, mandinga. (3) Dança profana de negros (BH). (4) Alimento preparado com camarão seco, castanha e amendoim (RL). Etimologia controversa. Jacques Raymundo (1936 a) vê origem banta; Jerusa Pires Ferreira (1989 c) afirma vir do latim medieval; Macedo Soares (1954 a) deriva do tupi; Schneider (1991 a) traz a origem do bambara, língua sudanesa. Para nós, pode vir de *njele*, cabaça cheia de pequenos objetos, usada nas longas sessões de exorcismo do povo ndau, de Moçambique (cf. DIAS, 1986 c, p. 128). Q. v. tb. o quicongo **nkengele*, rodopiar, girar; e o ronga **khongele*, adorar, orar, rezar. Cp. CANJIRA [1]: "Canjira ê"?
canjica de leite *s. f.* Quartzo diamantífero, leitoso, meio rolado e fragmentado (MV). Q. v. em CANJICA.
canjica *s. f.* (1) Espécie de mingau feito de milho branco com leite, açúcar etc. (2) Milho branco (p. ext.). (3) Papa de milho verde (AN). Etimologia controversa. Para A. G. Cunha (1982_1 b), vem do português *canja*. Para Gilberto Freyre (1975 c, p. 124) vem do "ameríndio" *acanijic*. Para Antenor Nascentes (1966 b),

o étimo é o quimbundo *kandjika*, papa. Nós anotamos, também, o quicongo *kanjika*, papa de milho grosso cozido derivado de *kanzika*, amassar.

canjica-lustrosa *s. f.* Limonita em forma de seixos pardacentos (BH). Q. v. em CANJICA.

canjica-piruruca *s. f.* Espécie de saibro (SCH). Q. v. em CANJICA e PURURUCA.

canjicada *s. f.* Festejo junino acompanhado de ceia onde o prato principal é a CANJICA (BH).

canjiqueira *s. f.* Máquina de fabrico de milho para CANJICA (BH).

canjiquinha *s. f.* (1) Larva de tênia encontrada na carne de porco: cisticerco (BH). (2) Pequena tumefação. (3) Canjica. (4) Milho em quirera miúda (MV). De CANJICA.

canjira [1] *s. f.* (1) Conjunto de danças rituais, girando em círculo, na UMBANDA e em terreiros de origem banta (OC). (2) Local de dança (MV). (3) Dança (MM). Do umbundo *tjiila* ou *chila*, dançar, bailar. Ou do quicongo *nkengila*, vigília. Q. v. GIRA.

canjira [2] *s. m.* Filho varão (BH). Do quicongo *kangila*, salvador, protetor.

Canjira-Mungongo *s. m.* Divindade das antigas MACUMBAS (OC). De étimo banto, talvez trecho de um cântico para a própria divindade. Q. v. o quicongo *kangila*, protetor. Assis Jr. (1985 b, p. 79) escreve: "*kuvala ku a rile o kangila mu ngongo* (...)", mas em nota de pé de página traduz a expressão pela seguinte frase em português, aparentemente sem sentido: "Sucumbiu pelo mundo fora o passarinho por amor de seus filhos, progenitura."

canjirão *s. m.* Vaso grande (AN). Nascentes (1966 b) vê origem no latim *congu*, medida para líquidos. Q. v., entretanto, o quicongo *kangilu*, tacho.

canjongo *s. m.* (1) Osso, junto do vergalho, também chamado pai-joão. (2) Coisa difícil de ser resolvida, "osso duro de roer" (MM). De origem banta. Cp. MUONGONGO.

canjonjo *s. m.* Beija-flor (MM). Do umbundo *ndjonjo*, beija-flor, com aposição do prefixo diminutivo *oka*.

cantador de ganzá *s. m.* Cantador de cocos e emboladas (DL). Q. v. em GANZÁ.

cantofa *s. m.* Agulha de bordar (PC). De provável origem banta. Q. v., no umbundo, as vozes **tokofa*, sair de repente do lugar onde estava encaixado; e **tofwila*, escapar-se de um lugar, saindo por outro buraco.

canuá *s. f.* Cabeça (VF). Relacionado ao quicongo *nuá*, boca.

canuca *s. f.* Var. de CAMUCA (VF).

canzá [1] *s. m.* (1) Reco-reco de bambu (BH). (2) Indivíduo muito magro (YP). Do quimbundo *dikanza*, designação dos ambundos para o reco-reco (REDINHA, 1984 b, p. 134).

canzá [2] *s. m.* Chocalho usado nos antigos CUCUMBIS (MMF). Corruptela de GANZÁ.

canzaca *s. f.* Var. de CANZÁ [1] (GN).

canzambê *s. m.* Instrumento de origem africana que acompanhava danças de antigas festas de São João (MA). De ZAMBÊ.

Canzanza *s. m.* Nos CANDOMBLÉS bantos, um dos nomes da divindade LEMBA ou LEMBÁ (YP). Do quicongo *kizanza*, grandioso, segundo Castro (2001 a, p. 199).

canzô *s. m.* Casa (MV). Do quimbundo *kanzo*, casa.

canzuá de quimbe *s. m.* Cemitério, casa dos mortos (BH). De CANZUÁ mais o quimbundo *kimbi*, morto, cadáver.

canzuá *s. m.* (1) CANDOMBLÉ (BH). (2) Local, terreiro ou salão onde se realizam as cerimônias, nos rituais de origem banta (OC). (3) Casa, na linguagem desses terreiros. Do quimbundo *nzua*, cabana.

canzuim *s. m.* (1) Forma de pesca praticada no rio São Francisco. (2) A rede do aparelho com que se pratica essa pesca (DL). De provável origem banta. Q. v. o quicongo **nsua*, peixe.

caolho *adj.* Zarolho, cego de um olho (BH). Híbrido do port. *olho* com a aposição do pref. dim. *ka*.

capa *s. m.* MATO (VF). Provavelmente, relacionado ao quicongo *mpa*, pleno, coberto.

capa-bode *s. m.* Árvore da família das leguminosas (FS). Q. v. em BODE.

capanga [1] *s. f.* (1) Bolsa pequena, usada a tiracolo. (2) P. ext., moderna bolsa de mão usada principalmente por homens (BH). Do quimbundo *kapanga*, axila.

capanga [2] *s. m.* Guarda-costas, CACUNDEIRO (BH). De origem banta mas de étimo controverso. Schneider (1991 a) lembra a possibilidade de o étimo estar no quimbundo *kapanga*, axila, pela forma de os cacundeiros transportarem suas armas, sob o braço. Raymundo (1936 a) tenta o quimbundo *kapange*, irmãozinho (anotamos *pange*, camarada). Nascentes (1966 b, p. 143) fornece a seguinte etimologia: "Do quimbundo *kappanga* 'entre sovaco'. Bolsa em que os viajantes carregam pequenos objetos e, entre estes, partidas de diamantes nos garimpos. O comerciante que comprava dos garimpeiros o produto de suas faiscarias, naturalmente os protegia, mandando-lhes avisos quando as tropas de dragões-del-rei saíam em batidas aos garimpos. Dessa proteção viria a chamar-se capanga o guarda-costas". Luandino Vieira (1989 c) define *capanga* como "o golpe de luta, e simultaneamente o arco descrito pelo braço dobrado que se passa à volta do pescoço", o que no Brasil se conhece popularmente como "gravata".

capanga de Oxóssi *s. f.* Insígnia do orixá nagô Oxóssi, constituída pela reunião de apetrechos usados por um caçador (DL). De CAPANGA [1].

capangada *s. f.* Grupo, reunião, conjunto de capangas (BH). De CAPANGA [2].

capangagem *s. f.* (1) Ação de capanga. (2) Capangada (BH). De CAPANGA [2].

capangar *v. intr.* Comprar diamantes a garimpeiros (BH). De CAPANGA [1], em alusão à bolsa onde os garimpeiros guardam suas pedras.

capangueiro [1] *s. m.* Indivíduo que vive da compra de diamantes diretamente a garimpeiros (BH). De CAPANGAR.

capangueiro [2] *s. m.* Na UMBANDA, companheiro (OC). Abon.: "Oxalá mandou / já mandou buscar / os capangueiros da Jurema / lá no Juremá" (de um ponto de umbanda). Do quimbundo *kapiange*, irmãozinho, provavelmente.

capemba *s. f.* Floco de folhas da carnaubeira (RN), invólucro do cacho da palmeira quando nova (PC), bucha de COCO (RME). De CATEMBA.

capenga *adj. e s. 2 gên.* Coxo, manco, que manqueja (BH). Provavelmente do quimbundo (ou do umbundo) *kiapenga* (*chyapenga*), torto. Machado (1987 b) dá origem tupi. Em várias línguas bantas, palavras contendo o núcleo *eng* estão associadas à ideia de manquejar, coxear. Q. v. p. ex.: *pengenga, *vengenga (umbundo), oscilar, cambalear; *kiavenga (quicongo), *kiabengala (quimbundo), torto; *kibengalale (quimbundo), inclinado.

capiangagem *s. f.* Ação de CAPIANGAR (BH).

capiangar *v. t. d.* Furtar com destreza, surripiar (BH). De CAPIANGO.

capiango *s. m.* Ladrão hábil e astuto (BH). Do quicongo *kapiangu*, pessoa desonesta (BENTLEY, 1887 b); *kapyangu*, pessoa com tendência para o roubo (LAMAN, 1964 b).

capiba *adj.* Grande, volumoso, alentado; chefe, mandão (PC). Provavelmente do quicongo *mpibu*, ou *kiavimba*, grosso, espesso.

capicongo *s. m.* Caipira, roceiro (BH). De origem banta (CASTRO, 1976 a).

capim-bengo *s. m.* Espécie de capim. Abon.: "Não mudava de ponto, meio escondido na moita de capim-bengo, pés atolados no barro preto" (PALMÉRIO, 1981 c, p. 70). Q. v. BENGO [1], [2]. Talvez se trate de capim que dá em BENGOS (lugares ermos); ou, mais provavelmente, que serve como alimento de BENGOS (preás).

capim-de-angola *s. m.* Planta da família das gramíneas (BH). Q. v. em ANGOLA.

capim-maçambará *s. m.* Planta da família das gramíneas (DL). Q. v. em MAÇAMBARÁ.

capim-pangola *s. m.* Pangola (DL), planta da família das gramíneas. De provável origem banta.

capim-quicuio *s. m.* Planta da família das gramíneas (DL). Q. v. em QUICUIO.

capiongo *adj.* (1) Tristonho, MACAMBÚZIO. (2) Diz-se da pessoa que tem defeito numa das vis-

tas (BH). De origem banta mas de étimo não exatamente determinado. Q. v. o suaíle *kibiongo*, pessoa curvada pela idade ou por causa de uma doença.
capoeira s. f. (1) Jogo atlético afro-brasileiro (BH). (2) s. m. Capoeirista. Etimologia controversa: Nascentes (1966 b) vê a origem em capoeira, "cesto com a boca para baixo onde se metem capões". Para ele, os negros que transportavam as capoeiras no antigo mercado de aves do Rio de Janeiro, em seus momentos de folga, entretinham-se com o jogo, daí o nome que ele recebeu no Brasil. Para nós, que aqui seguimos uma linha de raciocínio estabelecida por Schneider (1991 a), o étimo está no umbundo *kapwila*, espancar; bofetada, tabefe.
capoeirada s. f. Grupo de jogadores de CAPOEIRA (BH).
capoeiragem s. f. (1) Sistema de luta dos capoeiras. (2) Vida de CAPOEIRA (BH).
capoeirar v. intr. Praticar a CAPOEIRA (BH).
capoeirista s. 2 gên. Jogador de CAPOEIRA (BH).
capoeiroso adj. Relativo a CAPOEIRA (CT).
caponga s. f. (1) Linha sem anzol e com uma bola, com a qual o pescador atrai o peixe para pescá-lo com a mão. (2) Pequeno lago de água doce formado em areais litorâneos (BH). Provavelmente do quicongo (dialeto vili) *ponga*, laço, armadilha, tendo a primeira acepção derivado da segunda, talvez por ser esse tipo de pesca em geral praticado em pequenos lagos. /// **Bater caponga**, pescar à mão.
capuco s. m. (1) Sabugo de milho. (2) Duelo infantil com sabugo de milho (DL). Provavelmente do quimbundo *kipupu*, sabugo de milho.
capungo s. m. Pessoa ruim (MM). Talvez do umbundo *pungu*, rejeição, desprezo. Q. v., no quicongo, *mpungu*, cadáver; e, no quicongo do oeste, *mpúngu*, gorila.
caqueado s. m. (1) Gesto de quem, numa briga, apalpa as roupas, simulando procurar uma arma (RME). (2) Cópula (BH). De CAQUEAR.
caquear v. intr. Procurar às cegas, tatear (BH). Provavelmente do quicongo *kàka*, esfregar, friccionar.

caqui s. m. (1) Valentão. (2) Feiticeiro mestre (MM). Provavelmente do quicongo *káki*, voracidade, glutonaria, desejo imoderado de qualquer coisa. Ou do quicongo do oeste *kháaka*, bárbaro, que já matou várias pessoas.
caquicar v. t. d. Pretextar, usar como pretexto (JR, NS). Raymundo (1936 a) faz derivar de um quimbundo *kakiko*, foguinho de lareira, que não confirmamos, mas que Souza Carneiro (1937 a) também aponta (q. v. CAQUICO). E, além disso, não conseguimos estabelecer a relação. Viotti (1956 a) registra *caquiçar*.
caquico s. m. Foguinho de borralho (SC). Do quicongo. Q. v. *kikuku*, cozinha; *makuku*, borralho.
cara s. m. Indivíduo indeterminado, pessoa que não se conhece (BH). O fato de o vocábulo ser usado principalmente no masculino, ao contrário de "cara", semblante, rosto, faz supor uma ligação com o quicongo *ekala*, homem.
caracaxá [1] s. m. Reco-reco (BH). De uma voz onomatopaica de origem africana, possivelmente banta. Cp. o quimbundo *katyakati*, reco-reco (REDINHA, 1984 b).
caracaxá [2] s. m. Chocalho (BH). De origem banta. "A origem desta palavra foi cuidadosamente documentada em Moçambique, entre o povo Chirima, um subgrupo dos Macuas" (SCHNEIDER, 1991 a). Segundo A. Valente de Matos, citado por Schneider (op. cit.), esse povo chama, a um de seus chocalhos, *karakasha* ou *kashaka*.
Caracoci s. m. Um dos nomes do Exu nagô na NAÇÃO ANGOLA (ENC). De origem banta.
carafuz s. 2 gên. e adj. CARAFUZO (BH).
carafuzo s. m. e adj. CAFUZO (BH).
caramba interj. Designativa de admiração, espanto ou ironia (BH). Possivelmente do termo multilinguístico banto *kalamba* ou *n'karamba*, patriarca, chefe de família, velho (ver no quioco e no nhungue), através do espanhol *caramba*. Em abono a esta hipótese, cp. as formas interjetivas, do português: "Papai!", "Mamãe!", "Meu Deus!".
caramboia \ó\ s. 2 gên. Galinha, frango (CBC). Bundo: *ekondombolo* (ALVES, 1951 b). Cp. CANDAMBURO.

caramboro *s. m.* CANDOMBORO (YP).
Caramocê *s. f.* INQUICE da NAÇÃO ANGOLA correspondente à Euá dos nagôs (ENC). De origem banta.
caramoro *s. m.* CARAMBORO (YP).
caramujo *s. m.* Molusco gastrópode (AN). A origem, para Nascentes (1966 b), é incerta. Q. v. o quimbundo *nkala*, caranguejo, escorpião.
caramundango *s. m. ou adj.* Termo sem significação ainda determinada, registrado numa cantiga da dança de facões, do auto da CONGADA. Abon.: "Olelê caramundango / Quebra no brando" (ANDRADE, 1959 a, v. II, p. 78). De origem banta.
caramunjola *adj.* Denominação de uma das nações do CANDOMBLÉ baiano (YP). Provavelmente de *monjolo*, grupo étnico de fala banta. Q. v. MONJOLO [1].
caramuntengo *s. m.* (1) Dinheiro. (2) Jogo de dados (GP). Provavelmente vocábulo expressivo de base banta. Ou relacionado ao quicongo *munte ngunga*, espécie de milho (LAMAN, 1964 b, p. 618).
caramutanje *s. m.* (1) Negro novo, recém-chegado da África. // *adj.* (2) Grosseirão, estúpido, ignorante, selvagem (PC), boçal (BH). De origem banta. Q. v. o quioco *kala*, ser ou tornar-se teimoso; e o quicongo *ntangi*, aluno, aprendiz.
caranga *s. f.* Carro, automóvel (SCH). Var. de CARANGO.
carangá *s. m.* Cada um dos negros libertos, integrantes da guarda do famigerado Vidigal, chefe da polícia do Rio de Janeiro à época de D. João VI. Abon.: TEIXEIRA (1927 c, p. 111). Provavelmente ligado ao nhungue *karanga*, devassidão, má vida, de onde *nyakaranga*, pessoa devassa.
carango [1] *s. m.* Qualquer automóvel (BH). De possível origem banta, talvez do quicongo *kalanga*, gaiola. Ou do port. *caranguejo*?
carango [2] *s. f.* Mulher velha (VF). Provavelmente, do quicongo *nkai*, avó, + *yángi*, qualificativo de animal irritante, impertinente.
carangolense *adj. e s. 2 gên.* De, pertencente, relativo ou natural das cidades de Santa Luzia do Carangola, MG, ou Natividade do Carangola, RJ (BH). De provável origem banta. Q. v. parte onomástica.
carangonço *s. m.* Escorpião (BH). Provavelmente do quicongo: fusão de *nkala*, escorpião, e *ngonzi*, curvatura, enroscamento (de serpente etc.).
carangonço *s. m.* Escorpião (YP). Provavelmente do quicongo *nkala*, escorpião, caranguejo, aranha. Veja-se, na mesma língua, *ngónzi*, articulação; parte da cana compreendida entre dois nós (LAMAN, 1964 b).
carangoro *s. m.* CANDOMBORO (YP).
caranguejo *s. m.* Espécie de crustáceo. A etimologia é controversa, sendo muitas vezes apontada origem no espanhol *cangrejo*, do latim *cancer*. Entretanto, a partir do quicongo *nkala*, escorpião, caranguejo, aranha , podemos aventar a hipótese de origem banta, como em caramuji, caranguji (centopeia) e CARANGONÇO (escorpião), verbetizados em Castro (2001 a).
caranguela *s.* Aparelho sexual feminino; vulva; vagina (CBC). Q.v. no bundo: *kala*, cova, toca + *ngeya*, intestino reto, ânus (ALVES, 1951 b).
cararu-bravo *s. m.* O mesmo que CARURU-BRAVO (CT), por corruptela.
cararu-guaçu *s. m.* O mesmo que CARARU-BRAVO (CT).
carcunda *s. f.* (1) CORCUNDA; protuberância deforme nas costas ou no peito; corcova, giba. // *s. 2 gên.* (2) Pessoa que tem essa protuberância. // *adj.* (3) Que tem corcunda (BH). Do quimbundo *karikunda*, dim. de *rikunda* ou *dikunda*, lombo, costas (MATTA, 1893 b).
careca *s. f.* (1) Calva. (2) Calvície. // *s. 2 gên.* (3) Indivíduo calvo. // *adj. 2 gên.* (4) Diz-se do indivíduo calvo (BH). Etimologia controversa. A. G. Cunha (1982_1 b) tenta uma possível ligação com o verbo port. *carecer*; Macedo Soares (1954 a) fala de uma possível origem hebraica; Renato Mendonça (1948 a) busca o quimbundo *makorika*, calvície. Nascentes (1966 b) assevera que Gonçalves Vianna "viu no vocábulo um aspecto cafreal". De nossa parte consignamos o

quimbundo *kaleka*, calvo, que, entretanto, pode ser portuguesismo.

carenga *s. f.* Mulher (VF). Provavelmente ligado ao quicongo *nengwa*, mulher geradora, mãe: *ka-nengwa*, mãezinha (?).

Cargamela. *s. m.* Entidade correspondente ao Omolu nagô em MACUMBAS do Rio antigo. Abon.: "Olhe por exemplo os santos. Orixalá é Ganga-Zumba; Obaluaci, Cangira-Mugongo; Exu, Cubango; Orixá-oco, Pombagyra; Oxum, a mãe-d'água, Sinhá Renga; Sapanam, Cargamela (BARRETO, 1951 a, p. 26). (Sapanam é um dos nomes iorubas de Omolu-Obaluaiê). Provavelmente do ronga *karjamela*, abaixar-se, curvar-se, inclinar-se, já que Omolu normalmente se apresenta e dança curvado, trôpego.

Cariá *s. m.* Demônio doméstico que perturba as pessoas, sendo necessário que se benza a casa para que vá embora (SAM). De CARIAPEMBA.

Cariambe s. O mesmo que CARIAPEMBA (YP). Do quimbundo *Nkadiambi*, segundo Castro (2001 a, p. 202).

Cariâmbi *s. m.* Demônio (YP). Ligado a CARIÁ.

Cariapemba *s. m.* Entidade maléfica dos negros angolas, correspondente ao diabo dos cristãos (OC). Do quimbundo *kádia-pemba* ou do quicongo *nkadi-a-mpemba*, demônio.

cariaponga *s. f.* Espécie de ave. (CT, RG). De possível origem banta; mas também com possibilidade de provir de étimo ameríndio, a exemplo de *araponga*.

cariengue *s. m.* Gato (JD, grafado *carienge*). Do quimbundo e/ou umbundo *kalenge*, gato.

carimbada *s. f.* CARIMBAGEM (AN).

carimbador *adj. e s. m.* Que ou aquele que carimba (BH). Ver CARIMBO.

carimbagem *s. f.* Ato ou efeito de carimbar. Ver CARIMBO.

carimbamba [1] *s. m. e adj.* (1) Curandeiro (CF). (2) "Indivíduo charlatão que não sabe o que diz nem o que sabe" (MV). De origem banta, certamente do quicongo *nkadi*, feiticeiro, possivelmente em fusão com *embanda*.

carimbamba [2] *s. m.* Coruja (MM). Certamente do umbundo. Talvez da fusão de *kandi*, passarinho gritador, mais *mbamba*, noitibó (bacurau).

carimbamba [3] *s. m.* Nome dado ao xaréu branco, quando, depois da desova, emagrece (BH). Do quicongo *kadintamba*, caçonete, segundo Castro (2001 a, p. 203).

carimbó *s. m.* (1) Dança de roda do litoral paraense. (2) Tambor usado nessa dança (BH). (3) Gênero musical resultante da urbanização da dança do carimbó. Nascentes (1966 b) atribui origem africana. Para nós, que não descartamos a origem banta (cp. CORIMBA, CURIMBA), o nome pode também provir do port. *curimbó*, que primeiro designa a madeira de uma árvore amazônica e depois o tambor feito dessa madeira (FERREIRA, 1986 a).

carimbo *s. m.* (1) Marca ou sinal que se põe num documento. (2) Aparelho próprio para fazer tal marca ou sinal. (3) Marca, sinete (AN). Do quimbundo *kidimbu, kirimbu*, marca, sinete.

carimboto *s. m.* Alcunha com que, no Rio Grande do Sul, à época da Guerra dos Farrapos, os rebeldes farroupilhas depreciavam os legalistas (ZN, BH). De provável origem banta. Cp. QUIMBOTO.

carionga *s. f.* Prostituta, mulher dissoluta (SM). Do quicongo *kidianga*, com provável influência de CARIONGO [2].

Cariongo [1] *s. m.* Rei mítico afro-brasileiro personificado nas CONGADAS. Abon.: "Soldado do Rei Cariongo / tem a vida considerada..." (ANDRADE, 1959 a, v. II, p. 54). De origem banta. Cariongo era o nome de dois SOBADOS na ANGOLA colonial (GALVÃO; SELVAGEM, 1952 b).

cariongo [2] *s. m.* Malfeitor, bandido. Abon.: "Havia de repelir os cariongos a poder de bala de cravinote!" (PAIVA, 1973 a, p. 140) Do quimbundo *kadiangu*, malandro.

carofimba *s. m.* Gato (VF). Do umbundo *oka-olusimba*, gatinho. Cp. OROSSIMBA.

caruma *s. f.* Pele que reveste a castanha ainda verde (DH). Provavelmente relacionado ao quicongo *luma*, unir-se, acoplar-se.

carumba *s. f.* Torresmo prensado. Abon.: à venda em um açougue de Juiz de Fora, MG, em fevereiro de 1993, e dado, por alguns juiz-foranos consultados, como iguaria muito antiga. Provavelmente de ESCARUMBA, negro, talvez por ser considerada comida de escravo. Ou de CARUMA.

carumbamba *s. f.* CURIANGO (CF). De CARIMBAMBA.

carumbi *s. m.* Sertanejo (MM). Provavelmente do quicongo (dialeto vili) *lumbi*, mensageiro.

carunga *s. m.* Mar bravio (GS). Do termo multilinguístico banto *kalunga*, mar.

carungar *v. t.* Casar (VF). Provavelmente relacionado ao quimbundo *kudilunga*, aliança, e ao quicongo *lunga akoko*, anel. Ou ao multilinguístico *Kalunga*, Deus Supremo, por influência cristã.

caruru [1] *s. m.* Designação comum a várias plantas alimentares da família das amarantáceas (BH). Etimologia controversa. A língua guarani conhece uma erva alimentar chamada *ka'ararú* e classificada botanicamente como *Celosia sp. cristata* (SAMPAIO, 1986 b, p. 81). Já Nunes Pereira (1967 c, p. 122-123) escreve: "(Caruru) é uma planta (podostomácea), também conhecida pelos nomes de caruru-de-cachoeira, caruru ou caruré, segundo Paul Le Cointe (...) Essa espécie de caruru, ainda segundo Le Cointe, é a *Mourera fluviatilis* (...) Outras espécies de caruru, porém, existentes em toda a Amazônia, nas roças dos índios e dos civilizados, também são comidas, quando associadas a qualquer prato regional, como geralmente o fazemos com os bredos". O quicongo, entretanto, também conhece *nlulu*, uma folha comestível amarga (LAMAN, 1964 b) que parece ser a mesma *lulu* do bundo (ALVES, 1951 b).

caruru [2] *s. m.* Prato da culinária afro-baiana. Etimologia controversa. No início do século XX, Manuel Querino (19-- c, p. 359) descrevia: "Caruru - Em seu preparo observa-se o mesmo processo do efó, podendo ser feito de quiabos, mostarda ou de taioba, ou de oió, ou de outras gramíneas que a isto se prestem, como sejam as folhas dos arbustos conhecidos nesta capital (Bahia), por unha-de-gato, bertália (sic), bredo de Santo Antônio, capeba etc., às quais se adicionam a garoupa, o peixe assado ou a carne de charque e um pouco d'água que se não deixa secar ao fogo. O caruru é ingerido com acaçá ou farinha de mandioca". Nos dias de hoje, este nome *caruru* designa uma iguaria, ou melhor, um guisado feito basicamente com QUIABOS e camarões secos. Em ANGOLA, *calulu* é guisado de peixe fresco e seco, com quiabos, abóbora, berinjelas, tomates etc., temperados com azeite de DENDÊ e acompanhado de FUNJE. Em Cuba, tido como comida de origem nagô, não banta portanto, *kalulú* ou *calalú* é um guisado de ervas que pode incluir quiabos (QUIBOMBÓ) ou não (CABRERA, 1986 c). Mas a controvérsia não se resolve aí. Ainda em Cuba, Miguel Barnet (1986 c, p. 74) distingue o *calalu*, guisado, do *quimbombó*, quiabo, quando rememora antigos costumes afro-cubanos: "Faziam *calalú*, que se comia do mesmo jeito que o *yonyó*. O *yonyó* (erva comestível) era como um *quimbombó*". Nas definições ao pé da página 74 do livro de Barnet, a tradutora aponta o *calalú* e o *quimbombó*, respectivamente, como "prato favorito de Xangô" e "comida iorubá feita à base de quiabos". Para Pichardo (1985 b, p. 511), entretanto, em Cuba, *quimbombó* ou *bombó* é o próprio *Hibiscus esculentus*, nosso conhecido quiabo, que aliás também recebe aquele nome no Brasil, como se pode ver adiante. E sabendo que, na tradição nagô-brasileira, o caruru de Xangô também é chamado *amalá*, em referência à papa que lhe serve de conduto, a controvérsia fica ainda maior quando vemos em Samuel Feijóo (1987 c, p. 238) esta cantiga nagô-cubana dedicada a Xangô: "*Amalá mala cararú / Amalá Oni Sangó / Mala mala cararú*". Procurando, então, resolver a controvérsia, optamos pela ideia de que o vocábulo que no Brasil tomou a forma *caruru*, e que designa o prato da culinária afro-baiana, é termo multilinguístico africano, ocorrente tanto em línguas sudanesas quanto bantas.

caruru-amargo *s. m.* Designação comum a duas plantas da família das compostas (BH). Q. v. em CARURU [1].
caruru-azedo *s. m.* Arbusto da família das malváceas (BH). Q. v. em CARURU [1].
caruru-branco *s. m.* O mesmo que ajabó, comida feita de QUIABO batido com mel (BH). De CARURU [2].
caruru-bravo *s. m.* Planta herbácea da família das fitolacáceas (BH). Q. v. em CARURU [1].
caruru-da-guiné *s. m.* CARURU-AZEDO (DL).
caruru de Cosme *s. m.* O mesmo que CARURU DE SÃO COSME. Abon.: "Daí a festa dos Ibeji ser chamada também caruru de cosme ou simplesmente caruru..." (CASTRO, 1967 c, p. 119).
caruru de Cosme e Damião *s. m.* Q. v. CARURU DE SÃO COSME (BH).
caruru-de-espinho *s. m.* Erva da família das solanáceas (BH). Q. v. em CARURU [1].
caruru de São Cosme *s. m.* Festa da tradição nagô, dedicada aos Ibejis (BH). De CARURU [2].
caruru-de-sapo *s. m.* Nome comum a duas plantas da família das oxalidáceas (BH). Q. v. em CARURU [1].
caruru-do-mato *s. m.* Designação de várias plantas da família das amarantáceas (BH). Q. v. em CARURU [1].
casaca *s. m.* O mesmo que CANZACA (GN).
casaco *s. m.* O mesmo que CASACA (GN).
casatende *s. f.* BUNDA, nádegas (VF). De CACHITENDE.
casinga-cheirosa *s. f.* Arbusto regular, da família das flacurtiáceas, de flores alvas, de suave aroma (BH). Provavelmente do quicongo *ka-sinda*, pequena planta cujas raízes servem para preparar um unguento de toalete. Q. v. tb. o quicongo **nsinga*, vocábulo de muitas acepções, várias delas no campo semântico dos vegetais.
casmere *s. f.* Boca (NL). Possivelmente do umbundo *omela*, boca. Q. v. AMERA.
cassaca *s. f.* O mesmo que CANZACA (GN).
cassaco [1] *s. m.* (1) GAMBÁ. (2) Trabalhador em engenhos, usinas de açúcar ou construção de estradas. (3) Servente de padaria (BH). De

possível origem banta. Q. v. o quicongo **kasakana*, trabalhar, fazer qualquer coisa sob o império da fome ou de outras necessidades (LAMAN, 1964 b). A primeira acepção pode ter decorrido daquela de trabalhador de engenho, pela folclórica predileção do gambá pela aguardente de cana.
cassaco [2] *s. m.* Var. de CASSACA (GN).
Cassanje *s. m.* Divindade (YP). Provável variante de CANZANZA.
Cassarangongo *s. m.* Personagem mitológico afro-brasileiro (SC). Certamente do quicongo, possivelmente de *nsala nganga*, penas de ave usadas pelos chefes religiosos bacongos. Castro (2001 a, p. 185) dá como étimo o quicongo *Kasala nangombe*, "temeroso inquice". Var. Caçarangongo.
cassucarar *v.* Casar-se; contrair matrimônio (CBC). Do quimbundo *ku-sakana*, casar (MAIA, 1964_1 b).
Cassueté *s. m.* INQUICE do ANGOLA correspondente ao nagô Oxalá (ENC). De origem banta. Cp. CASSULEMBÁ.
cassueto *s. m.* Filho de santo, no culto OMOLOCÔ (OC). Do quicongo *sweta*, ser miúdo, franzino.
Cassulembá *s. m.* Um dos nomes ANGOLO-congueses do orixá nagô Oxalá (OC). Do nome da divindade LEMBA, entidade da procriação tanto entre os bacongos quanto entre os ambundos, talvez precedido do quicongo *nkasu*, qualidade de quem é grande, gordo, forte, vigoroso.
Cassumbecá *s. m.* Um dos nomes do orixá nagô Oxalá nos CANDOMBLÉS de origem banta. Abon.: "Senhor do Bonfim em nagô é Oxalá (...) em angola Cassumbecá" (QUERINO, 1955 c, p. 49). Do quicongo. Cp. CASSULEMBÁ.
Cassuté *s. m.* Q.v. CAÇUTÉ.
castanha-de-macaco *s. f.* O mesmo que CUIA-DE-MACACO. Q. v. em MACACO.
Catalambô-Gunza *s. m.* Entidade correspondente a Oxóssi nos terreiros de NAÇÃO ANGOLA (OC). Do quimbundo *Mutakalombo* - em Angola, entidade protetora dos animais aquáticos

(RIBAS, 1985 b, p. 35) -, acrescido de *ngunza*, deus, herói, também do quimbundo.
catambá *s. m.* Espécie de bailado popular (BH). De possível origem banta, talvez do quicongo *tamba*, fazer um passo; ou *ntama*, passo; com aposição do prefixo diminutivo.
catanda *s. f.* Pancada (RME). Do bundo *tanda*, golpear com ponta de faca, cortar, separar, dividir. Segundo Alves (1951 b), este é também o étimo de *okatana*, em português *catana*, palavra unanimemente aceita como de origem japonesa.
catanga *s. f.* Em tipografia, parte de composição que o distribuidor vai deixando de lado, por pertencer a caixas diversas (BH). O termo, do jargão das oficinas gráficas, pode ter tido origem em 1960, com o amplo noticiário jornalístico sobre as intenções separatistas da província de *Katanga*, na atual Republica Democrática do Congo. Q. v. CATANGUÊS.
catanguês *adj.* De, ou pertencente ou relativo a Catanga, antiga província do Zaire (BH). Do topônimo *Katanga*.
catanguesa *adj.* Fem. de CATANGUÊS (BH).
cataraca *s. f.* Meleca (FS). Provavelmente do quicongo *katalala*, secar, endurecer.
catarinaconga *s. f.* Árvore silvestre do Brasil (CF). Do antropônimo port. *Catarina + conga*, fem. de CONGO.
catatau *s. m.* Pessoa de baixa estatura. Possivelmente relacionado ao macua *nikhatatau*, espécie de camaleão.
catemba de coco *s. f.* (1) Palma ou bainha que nasce como envoltório do cacho de COCO. (2) P. ext., o próprio cacho de coco depois de colhidos os frutos (HA). Q. v. em CATEMBA.
catemba *s. f.* Casulo seco de algodão (RME). Provavelmente do quicongo *temba*, pedaço de pano, de papel; com adição do prefixo diminutivo.
Catende *s. m.* INQUICE banto correspondente às vezes ao nagô Iroco, às vezes a Ossaim (OC). Do quicongo *katendi*, título de nobreza (LAMAN, 1964 b; BENTLEY, 1887 b).
Catendê *s. m.* O mesmo que TEMPO (DL). De CATENDE, com oxitonização.

Catendenganga *s. m.* O mesmo que Catende (YP). De CATENDE, reforçado pelo termo multilinguístico banto *nganga* que transmite ideia de força e poder sobrenatural.
catendense *adj. e s. 2 gên.* De, pertencente, relativo a, natural ou habitante de Catende, PE (BH). Q. v. CATENDE, parte onomástica.
catenga *s. f.* (1) Lagartixa (BH). (2) Prostituta de última classe (SM). Do quimbundo *kaditende*, lagartixa. A segunda acepção foi certamente contaminada por QUENGA [2]. Q. v. tb. o quimbundo **katenga*, espécie de rato formigueiro de pelo grosso e fosforescente (RIBAS, 1979 b, p. 215).
cateretê *s. m.* Dança rural cantada, executada em fileiras opostas (BH). Etimologia controversa: Nascentes, em duas de suas obras, ora atribui provável origem africana (1966 b), ora origem tupi (1988 a). Schneider (1991 a) chama a atenção para a presença provável de elementos do umbundo na formação da palavra. Para nós, a origem pode estar em CATETE, afro-brasileirismo que, segundo Cândido de Figueiredo (1925 a), qualifica uma espécie de galinha. Em abono a essa ideia trazemos outros nomes de danças afro-brasileiras que evocam animais, como BUÁ, CALANGO, QUIMBETE etc.
catete *adj.* Diz-se de galinha pequena, de penugem lisa e pernas nuas (CF). Do quimbundo *katete*, pássaro africano (RIBAS, 1979 b, p. 215).
catetê *s. m.* Restos comestíveis da borra de azeite de DENDÊ. Abon.: "E quando o azeite está chegando ao ponto, os últimos restos de borra se aglutinam em forma de torresmos, catetê, de sabor muito apreciado pelos baianos" (CARNEIRO, 1964 c, p. 74). "Levado ao fogo para refinar, logo se forma à superfície o catete, espuma que se separa para concentração, pé do azeite que sobe logo e dará, na sua relativa impureza, para acepipe, preparado com sal e pimenta" (PEIXOTO, 1980 c, p. 81). Provavelmente do quimbundo *matete*, papa, na forma diminutiva. Cp. MATETÊ.
catiça *v. intr.* Ajudar (MM). Provavelmente do quicongo *sadisa*, ajudar.

catiçar *v.* Oferecer em sacrifício; encantar (YP, grafado "catiçá"). Do quicongo *tiisa*, encantar, fascinar; oferecer, correspondente ao quimbundo *kikisa*. Ver também o quimbundo **kuatisa*, ajudar (Maia, 1964_1 b).
caticoco *s. m.* CAXINGUELÊ (BH). De possível origem banta.
catimba *s. f.* Manha, astúcia (BH). Provavelmente do quimbundo *kandimba*, lebre (*ndimba*, pessoa astuciosa, esperta).
catimbar *v. intr.* Usar de astúcia ou CATIMBA (BH).
catimbau [1] *s. m.* (1) Feitiçaria, baixo espiritismo. (2) Cadinho usado nesse tipo de prática (BH). De CACHIMBO.
catimbau [2] *s. m.* Homem ridículo (BH). De provável origem banta, através do hispano-americano *catimbao*. Q. v. o quimbundo **timba*, corpo (dialeto omumbuim).
catimbaua *s. m.* CATIMBAU [1] (BH).
catimbauzeiro *s. m.* Praticante do CATIMBAU (BH).
catimbeiro *s. m.* Aquele que usa de CATIMBA (BH).
catimbento *s. m.* CATIMBEIRO (BH).
catimbó [1] *s. m.* Var. de CATIMBAU (BH).
catimbó [2] *s. m.* Caipira (BH). De CATIMBAU [2].
catimbozeiro *s. m.* Var. de CATIMBAUZEIRO.
catinga [1] *s. f.* Cheiro forte e desagradável que exalam alguns animais, plantas e objetos (BH); transpiração malcheirosa (CF). Etimologia controversa: alguns autores vão buscar como origem o guarani *kati*, olor pesado (COROMINAS, 1983 b). Para nós, o étimo é banto. Q. v. o quicongo **katinga*, cheiro repugnante da louça mal lavada ou reveladora de falta de asseio (MAIA, 1964_1 b, p. 114, verbete "cheiro"); e o bundo **okatinga*, "mau cheiro do corpo de alguns negros" (no texto racista de GUENNEC; VALENTE, 1972 b), que não pode ser considerado brasileirismo já que deriva de *tingu*, repulsa, rejeição, repúdio (ALVES, 1951 b).
catinga [2] *adj.* (1) Avarento, mesquinho. // *s. f.* (2) Avareza (BH). Do quimbundo *kaxingi*, diminutivo, certamente depreciativo, de *muxingi*, avarento.
catinga-de-boca *s. f.* Presunção, jactância (PC). De CATINGA [1].
catinga-de-bode *s. f.* Erva da família das compostas (BH). Q. v. em CATINGA [1] e BODE.
catinga-de-formiga *s. f.* Erva da família das compostas (BH). De CATINGA [1].
catinga-de-mulata *s. f.* Designação de várias plantas ornamentais da família das compostas (BH). De CATINGA [1]. Q. v. MACAÇÁ.
catinga-de-negro *s. f.* Arbusto ornamental da família das caparidáceas (BH). De CATINGA [1].
catinga-de-porco *s. f.* Planta da família das euforbiáceas (BH). De CATINGA [1].
catinga-de-tamanduá *s. f.* Arbusto da família das leguminosas (BH). De CATINGA [1].
catinga-de-tatu *s. f.* CATINGA-DE-NEGRO.
catingante *adj.* CATINGOSO (BH).
catingar [1] *v. intr.* Feder (BH). De CATINGA [1].
catingar [2] *v. intr.* Mostrar-se avarento, pechinchar (BH). De CATINGA [2].
catingoso *adj.* Que fede, que exala CATINGA (BH).
catingudo *adj.* CATINGOSO.
catinguenta *s. f.* CACHAÇA (SM). De CATINGA [1].
catinguento *adj.* CATINGOSO.
catira *s. m. e f.* Certa dança caipira (AN); o mesmo que CATERETÊ (MA). Etimologia incerta. Possivelmente relacionado ao umbundo *tila*, bater, lutar, espancar. Ou talvez a *katidila*, manter firme, seguro, do quicongo. Buarque de Holanda (FERREIRA, 1986 a) aventa a hipótese de ser derivado regressivo de *cateretê* (pronunciado catiretê).
catiripapo *s. m.* Bofetada. De provável origem banta (talvez do ronga *xipapa*, palma da mão), como SOPAPO.
catita [1] *s. f.* Designação comum a certos mamíferos marsupiais muito delicados, de hábitos noturnos (BH). De CATITO [1].
catita [2] *adj. 2 gên.* (1) Pequeno (MM). (2) Enfeitado, garrido, elegante (BH). // *s. f.* (3) Pe-

quena vela triangular usada em certas embarcações. (4) CACHAÇA (SM). (5) Prostituta (GP). (6) Cadeia (BH). Do quimbundo *katita*, pequeno.

catitice *s. f.* Elegância no trajar (BH). De CATITA [2].

catitismo *s. m.* CATITICE (BH).

catito [1] *s. m.* CAMUNDONGO (BH). Do quimbundo *kaxitu*, pequeno animal, bichinho.

catito [2] *adj.* (1) Pequeno, baixo. // *adv.* (2) Pouco (JD). // *s. m.* (3) Boneco de celuloide ou de plástico (BH). Do quimbundo (dialeto omumbuim) *katito*, pequeno; ou do umbundo *okatito*, com o mesmo significado.

catoco *s. m.* (1) Pequeno pedaço de alguma coisa (BH). (2) Pênis pequeno, de menino (SM). Do quimbundo *mutoko*, metade, pedaço, através da forma diminutiva *katoko*.

catolé *s. m.* (1) Palmeira da família das palmáceas. (2) O fruto dessa palmeira (BH). Etimologia controversa. Buarque de Holanda (FERREIRA, 1986 a) remete a *catulé*, "do tupi katu'le". A Teodoro Sampaio (1987 b) "não parece tupi e só ocorre no sertão". Maia (1964_1 b) consigna o quimbundo *katole*, palmeira.

catombo *s. m.* Tumor, inchaço, CALOMBO (BH). De provável origem banta.

catonga *s. f.* Lagartixa (BH). Corruptela de CATENGA.

catopê *s. m.* (1) Dança mineira em cortejo, espécie de CONGADA. (2) Cada um dos participantes do catopê (BH). De provável origem banta. Cp. o termo multilinguístico **matope*, lama, lamaçal, que ocorre em vários idiomas da África Oriental como o macua, o iao (ajaua) e o suaíle. Cp. tb. **cutupeis*, suposto nome de um grupo étnico africano traficado para o Brasil (cf. RAPOSO, 1990 a).

catota [1] *s. f.* Meleca, secreção nasal dessecada (BH). De provável origem banta. Q. v. o nhungue **katoto*, gotinha.

catota [2] *s. f.* El. usado na expressão "pernas de catota", significando pernas tortas (PC). Provavelmente bantuização do adj. port. *torta*, pela adição do prefixo diminutivo *ka*.

catropoça *s. f.* Amásia, concubina (PC). De provável origem banta.

catucar *v. t. d.* Var. de CUTUCAR (BH). Q. v. o quimbundo **katuka*, abalar.

catulado *adj.* Iniciado, "feito no santo". Q. v. CATULAR.

catular *v.* Raspar a cabeça para fazer o santo, iniciar-se (OC). De *katula*, privar, tirar, remover, do quimbundo e do quicongo.

catumbi [1] *s. m.* Espécie de dança (BH). De etimologia controversa. Machado (1987 b) dá origem tupi mas diverge de Nascentes (1966 b). Para nós, nesta acepção, pode ser corruptela de CUCUMBI.

catumbi [2] *s. m.* Certo jogo de azar (BH). De provável origem banta.

catupé *s. m.* Var. de CATOPÊ (BH).

catupé-cacunda *s. m.* Uma das modalidades de terno na CONGADA da cidade de Catalão, em Goiás. Abon.: "A congada de Catalão constitui-se de vários ternos de: Congo (...) Moçambiques (...); Vilão e Catupé (Catupé-cacunda)" (BRANDÃO, 1985 a, p. 29). De CATUPÉ mais CACUNDA. Não nos foi possível, entretanto, entender a relação com este último vocábulo.

catuta *s. f.* CACHAÇA (BH). Provavelmente de CATUTO, o conteúdo tomado pelo continente. Cp. PORONGO.

catuto *s. m.* Cabaço pequeno, de pescoço, usado nos aparelhos de pesca (DL). Do quicongo *tútu*, cabaça velha, usada para guardar pimenta, sal etc.

catuzado *adj.* Estragado, inutilizado (BH). Raymundo (1936 a) atribui origem banta, do quimbundo. Q. v. o quimbundo **kuzanga*, estragar.

cauíla *adj. e s. 2 gên.* Avarento (BH). De origem banta. Provavelmente do quimbundo *kamuelu*, avarento, sovina.

cauira *adj. e s. 2 gên.* Var. de CAUÍLA (BH).

cauiza *s.* Palavra de significado não esclarecido, que aparece com frequência em cânticos da UMBANDA e de CANDOMBLÉS bantos; talvez um dos nomes do orixá nagô Oxóssi. Abon.: "Xangô já biribô na aldeia / Ô munhanha, ô munhanha / ô cauiza" (CANTIGAS, 19--_4 a, p. 46); "A folha de Oxóssi / Cauiza dendê" (op. cit., p. 80). Provavelmente do quicongo *ka-wèeza*, espécie de raiz de mandioca adocicada, variedade de mandioca doce (LAMAN, 1964 b). Q. v. tb. o quioco *kawisa, seguir, ir, vir atrás de. Lembre-se, ainda, que Cauiza, na ANGOLA colonial, era o nome de um SOBADO na antiga circunscrição de Alto Zambeze (GALVÃO; SELVAGEM, 1952 b); e que os sobados recebiam os nomes ou alcunhas de seus SOBAS.

cavalo de santo *s. m.* Nos CANDOMBLÉS de origem banta, filha de terreiro já feita, cujo orixá não pode dela prescindir, em suas manifestações (BH). Q. v. em CAVALO.

cavalo *s. m.* Médium que recebe um guia nas manifestações da UMBANDA (BH). Etimologia controversa. Possivelmente do português *cavalo*, porque o médium é supostamente "montado" pelo guia. Mas veja-se o quimbundo *mukuavalu, kavalu*, cônjuge, e estabeleça-se uma comparação com a palavra *iaô que, na tradição nagô, significa aquele ou aquela que incorpora um orixá. Essa palavra vem do iorubá *iyawó* que significa exatamente esposa. Entendemos que a relação é a mesma.

Cavango *s. m.* O mesmo que CAVIUNGO (YP).

caveia *interj.* Fórmula de pergunta correspondente a "quem vem lá?" (MM). De origem banta.

cavingueiro *s. m.* Termo referido por Comodoro e Benício Cabral (2009 a) com a possível acepção de "fazendeiro". Q.v., no bundo: *vinga*, enxotar, correr com; *kavenga*, chamar, convidar (ALVES, 1951 b). Observem-se, nas duas possibilidades, duas das distintas facetas do mister de um fazendeiro: vigilância e hospitalidade.

Caviungo *s. m.* Nos CANDOMBLÉS de origem banta, divindade correspondente ao Omolu nagô (OC). Do quicongo *ka-vungu*, "uma espécie de ídolo" (LAMAN, 1964 b).

cavucador *s. m.* Trabalhador pertinaz, cavador (BH). De CAVUCAR.

cavucar *v. intr.* Trabalhar com pertinácia; cavar (BH). De *cavoucar*, com provável contaminação do nhungue *ku-fuka*, "mexer a terra a modo de toupeira" (COURTOIS, 1900 b). Cp. CAFUCA.

Cavungo *s. m.* CAVIUNGO (YP).

caxambu *s.m.* Grande tambor, de procedência africana, usado na dança de mesmo nome (BH). Provavelmente relacionado ao bundo *oka*, um pouco de + *sambu*, alegria, regozijo, animação (cf. ALVES, 1951 b): "uma alegriazinha".

caxanga *s. f.* Achaque, macacoa (BH). Provavelmente do quimbundo, da fusão das vozes *uaxi*, doença, e *uanga*, feitiço.

caxango *s. m.* Boi de corte (BH). De provável origem banta.

caxaramba *s. f.* CACHAÇA (MM, SM, DL). De origem banta.

caxarenga *s. f.* Q. v. CAXERENGUENGUE (BH).

caxerenguenga *s. f.* Q. v. CAXERENGUENGUE (BH).

caxerenguengue *s. m.* (1) Faca velha, imprestável e/ou sem cabo (BH). (2) Piano velho, desafinado (RP). Do quimbundo *ka-selengenye*, pequena faca. Maia (1964_1 b) consigna: faca - *muselengenhe*; sucata - *muselengenha*). Castro (2001 a, p. 208) registra as seguintes variantes: cacirenga, caxerenga, caxerenguenga, caxirenguengue, caxiringuengue, caxirengue, caxiri, caxirim, xerengue.

caxeringuengue *s. m.*, CAXERENGUENGUE (BH).

caxexa *adj.* 2 gên. Diz-se de pessoa ou animal pequeno, mirrado, raquítico (BH). De origem banta. Segundo Mário Milheiros (1972 b, p. 105) é "angolismo" do Brasil. Cp. CAXIXI.

caxianguelê *s. m.* CAXINGUELÊ (JR).

caxicovera *s. f.* Doença, moléstia (MM). Do umbundo: da fusão das vozes *uaxi* e *okuvela*, ambas significando doença; ou da expressão *kasi okuvela*, estar doente.

caximbeque *s. m.* Calhambeque, pequena embarcação (CF). De provável origem banta.

caxinga *s. f.* CATINGA [1] (BH).

caxinganga *s.* CAXINGUELÊ (JR).

caxingar [1] *v.* Coxear (DH). Provavelmente do quicongo *singa*, balançar-se, pender, oscilar, vacilar.

caxingar [2] *v.* Retardar, agir lentamente (YP). Provavelmente do quicongo *zinga*, retardo, lentidão, hesitação.

caxinguelê *s. m.* (1) Designação vulgar de roedores da família dos ciurídeos (AN, BH). // *adj* (2) Feio; velhaco; astuto (RP). Do quimbundo *kaxinjangele*, ratinho. Vale transcrever a interessante explanação de Raymundo (1933 a, p. 21): "Entre os ambundos, o nome do animal é *xinjiangêle* e, se é menor, *kaxinjiangêle*, mas por certo o segundo desses nomes foi truncado, sendo-o por influência ou lembrança de uma dança em que a mulher que deu à luz uma criança, por se crer possuída de algum calundu, como que alucinada, corre, pula e salta vertiginosamente; a isto chama-se *cuxinguilé* ou apenas *xinguilé*. O animal é justamente notável pela irrequietude nos saltos e nos pulos; do cruzamento de *kaxinjiangêle* e *xinguilé* resultou o seu nome mais corrente, *caxinguelê*, como o outro *caxianguelê*."

caxinguengue *s. m.* CAXINGUELÊ (JR).
caxinguento *adj.* CATINGUENTO (BH).
caxingui *s. m.* Ratão-do-banhado (BH). De CAXINGUELÊ, por derivação regressiva.
caxinje *s. 2 gên.* Pessoa pequena, de pouca estatura (JR). Do quimbundo *kixinji*, TOCO.
caxinxa *s. 2 gên.* Pessoa BANGUELA. (BH). Do quimbundo *ka-kixinji*, pequeno TOCO (em alusão ao caco de dente).
caxinxe *s. m.* CAXINGUELÊ (BH). Com influência de CAXINJE.
Caxinxi *s. 2 gên.* Filho do orixá nagô Omolu, no culto OMOLOCÔ (OS). De CAXINJE.
caxirengue *s. m. e f.* CAXERENGUENGUE (BH).
caxirenguengue *s. m.* CAXERENGUENGUE (BH).
caxiri *s. m.* CAXIRENGUENGUE (BH).
caxirim *s. m.* Variação nasalada de CAXIRI (BH).
caxito *s. m.* Cavalo (MV). Do quimbundo *xitu*, animal, com adição do prefixo diminutivo *ka*.
caxixe [1] *s. m.* CAXINGUELÊ (BH). De CAXINXE.
caxixe [2] *s. m.* (1) Negociata feita em torno de terras produtoras de cacau. (2) P. ext., logro (BH). Possivelmente do quimbundo *kaxixi*, metade, talvez em alusão a uma proposta de negócio, na base do "meio a meio".
caxixe [3] *s. m.* Chuchu (BH). Provavelmente, do quimbundo *muxixi*, muxixeiro, *Sterculia tomentosa*, na forma diminutiva. Cp. MAXIXE.
caxixeiro *s. m.* Praticante de CAXIXE [2] (BH).
caxixi [1] *adj. e s. 2 gên.* Diz-se da, ou aguardente ordinária (BH). Do umbundo *okasisi*, malafaia, aguardente ordinária.
caxixi [2] *s. m.* Barganha (AP). De CAXIXE [2].
caxixi [3] *s. m.* (1) Pequeno chocalho de palha usado pelos tocadores de BERIMBAU DE BARRIGA (BH). De provável origem banta, com evocação do som do instrumento. O mesmo que MUCAXIXI.
caxixi [4] *s. m.* Louça de barro em miniatura, caprichosamente trabalhada (AP, BH). Do quimbundo, provavelmente de *katito*, pequeno, com influência de *kaxixi*, metade.
caxumba [1] *s. f.* Parotidite, papeira (BH). Do quimbundo: ou da fusão de *uhaxi*, papeira, com *humba*, coisa redonda, com forma circular; ou de *kiatumba*, part. passado de *kutumba*, inchar.
caxumba [2] *s. f.* CACHAÇA (SM). De CACHAÇA, talvez com a aposição de um sufixo expressivo.
caxundé *s. f.* Espécie de bala de chupar, medicinal e aromatizante. Abon.: "Ciscar no murundu / chupar caxundé" (LIMA, 1969 c, p. 76). De provável origem banta.
cazumba [1] *s. f.* Espécie de berço no qual se deitavam as crianças durante a noite ou durante as horas de trabalho da mãe escrava (JR). Do suaíle *kijumba*, pequeno compartimento, cela (PERROT, 1984 b).
cazumba [2] *s. f.* Rês morta em atoleiro, mordida de cobra, por doença ou acidente (SAM). Provavelmente de CAZUMBI, ou relacionado a ele.
cazumbá *s. m.* Máscara de procedência africana encontrada em alguns autos populares. Abon.: "O cazumbá vem a ser um dos últimos casos de máscaras africanas no Brasil" (LODY, 1988 c, p. 16). De origem banta.

cazumbi *s. m.* Fantasma (SCH). Do quimbundo *nzumbi*, através da forma diminutiva *ka--nzumbi*.

cazuza *s. m.* Inseto himenóptero da família dos vespídeos. (AN). De origem banta. Em ANGOLA, *Kazuza* é diminutivo de *Zuzé*, bantuização do português *José*. E é também a onomatopeia do zumbido do marimbondo, como se vê na canção de mesmo nome do cantor-compositor Waldemar Bastos (1983 c): "Vi surgir um marimbondo / Vinha zunindo cazuza, cazuza." Veja-se, também, o quicongo *zuuza, soar (um tambor).

cazuzinha *s. m.* Inseto da família dos vespídeos (AN). De CAZUZA.

celé *s. m.* Estonteado (JA). De possível origem banta. Cp. o quicongo *nsele mooyo, formiga voadora.

chã de bundinha *s. m.* Passo do frevo em que dois passistas se entrechocam as nádegas (DL). De BUNDA.

chabola *s. f.* Golpe de mão fechada entre as nádegas (PC). De possível origem banta.

chacoco *adj.* Diz-se de homem caseiro (MV). Q. v. em XACOCO.

chacuru *s. m.* João-bobo (BH). Possivelmente relacionado ao quicongo *sakula*, diminuir, reduzir, humilhar. *Nsakulu* é um INQUICE pequeno, de pouca força.

chafarica *s. f.* Casa de negócios insignificante, bodega tosca (PC). De possível origem banta. Cp. o quicongo *fifidika, entreabrir.

chama de puíta *s. m.* Atabaque pequeno da dança do BAMBELÔ. Abon.: "Quando Veríssimo de Melo, exímio cantador de coco, entrou no bambelô a dançar sob o ritmo quente da angona-puíta (...) do chama de puíta (biritador, atabaque pequeno) ..."(ARAÚJO, 1967 a, v. II, p. 202). De PUÍTA.

chambica *s. f.* BUNDA (VF). De possível origem banta.

chambirra *s. f.* CACHAÇA (SM). De possível origem banta.

chambote *adj.* Agradável (VF). Do quimbundo *kiambote*, bom.

chana *s. f.* Planura (AC). Do quimbundo *xana*, planície.

chanana *s. f.* (1) Albina (BH). (2) CACHAÇA (SM). De possível origem banta.

chandanga *s. f.* BUNDA volumosa (VF). De possível origem banta. Cp. XANDANGAS.

changa [1] *s. f.* Carreto, transporte de carga (BH). Provavelmente do suaíle *kichanga*, transportar, *mchanga*, areia, através do espanhol platino.

changa [2] *s. f.* (1) Gorjeta. (2) Dinheiro BH). Provavelmente do suaíle *changa*, cotizar (*changia*, fazer uma coleta para os pobres; *changiwa*, dinheiro colocado em comunidade para uma finalidade especial), através do espanhol platino.

changador *s. m.* Aquele que faz changas ou carretos (BH). De CHANGA [1].

changuear *v. intr.* Fazer CHANGA (BH).

changueiro [1] *s. m.* Cavalo de corridas de pouca importância; parelheiro medíocre (BH). De changa [2].

changueiro [2] *s. m.* CHANGADOR (BH).

chave de vangulô *s. f.* No CATIMBÓ, objeto mítico e mágico capaz de abrir todos os portões encantados do espaço (cf. ANDRADE, 1963 a, p. 117). De possível origem banta: cp. BANGULAR, BANGULÊ. Q. v. tb. o umbundo *vangulo, conversa, derivado de *vangula*, falar, conversar: o funcionamento da chave deve estar ligado a alguma fala de encantamento, como um "abre--te, sésamo".

chebê *s. m.* Toucinho baixo, ruim; orelha e beiço de porco salgado ou moqueado (JOR). De origem africana, segundo João Ribeiro (19-- a). De provável origem banta.

chendengue *adj. 2 gên.* (1) Magricelo, enfezado (PC). // *s. m.* (2) Evasiva, pretensiosa, galizia (FS). Do quimbundo *ndenge*, criança, através de uma forma *jindenge* (cp. *nguba, jinguba*, amendoim).

cheringa *s. f.* Lugar onde se prendiam os touros antes de lidados nas touradas (MV). Q. v. em XIRINGA.

chia [1] *adj.* Sujeito mofino, fraco, pusilânime (PC). Q. v. CHIA [2].

chia [2] *s. f.* Manteiga (VF). Provavelmente relacionado ao quicongo *kya*, ovo. V. tb. o umbundo *ochitapi*, manteiga.

chiaba *s. f.* Ponta de cigarro de MACONHA (FS). De possível origem banta.

chibá *s. m.* Um dos cantos da CONGADA de Caraguatatuba, SP. Abon.: "Todos cantam o chibá: Estribilho: O chibá / o chibá / o chibá seu bangulê" (LIMA, 1981 a, p. 94). Provavelmente o mesmo que XIBA.

chibação *s. f.* Prática lasciva entre homossexuais (SM). De CHIMBA.

Chibamba *s. m.* Ente fantástico da tradição popular mineira (BH). Do nhungue *chi-bamba*, velho.

chibanca *s. f.* Ferramenta agrícola, com um lado para cavar a terra e o outro para cortar raízes e troncos de árvores (BH). De possível origem banta.

chibarro *s. m.* Mestiço (BH). Sobre esta palavra que, segundo António Geraldo da Cunha (1982_1 b), vem de *chibo*, cabrito, que, por sua vez tem origem espanhola, paira, a nosso entender, uma controvérsia. Em ronga, *xibalu* é a palavra que designa o trabalho obrigatório. Em outras línguas da mesma área geográfica (Zimbábue, Moçambique etc.), *isibalo*, *cibalo*, *shibaru* e *chibaro* são nomes que servem para designar a escravidão, o trabalho forçado. Em *Chibaro*, livro que analisa condições de trabalho nas minas da atual República do Zimbábue, Charles Van Onselen (1976 c, p. 99) escreve: "Em 1910 dizia-se que os trabalhadores negros independentes usavam o termo *chibaro* de forma pejorativa, ridicularizante (provavelmente com o sentido de escravo) para se referir aos trabalhadores do *Rhodesia Native Labour Bureau*". Teria o vocábulo *chibarro* chegado à África Austral através dos portugueses? Ou teria chegado ao Brasil vindo da África banta?

chibata *s. f.* (1) Vara delgada para fustigar. (2) P. ext., chicote (BH). Etimologia controversa: Nascentes (1966 b) faz derivar de *chibo, a* (a chibata seria a vara usada pelo pastor para fustigar o *chibo*, cabrito). Raymundo (1933 a) vê como bantuização do português *espada*. E o *Dicionário complementar português-kimbundu-kikongo* de Maia (1964_1 b), parece confirmar essa hipótese quando consigna: "Espada, *s. f.* Kimb: *xipata, xibata, sipata, songolulu, njangu, kimpumpu, mbanji*".

chibatada *s. f.* Pancada de CHIBATA (BH).

chibatar *v. t. d.* Fustigar com CHIBATA (BH).

chibatear *v. t. d.* CHIBATAR (BH).

chibiu *s. m.* Órgão sexual feminino (SM). De possível origem banta. V. em XIBIU.

chiboca *s. f.* Qualquer bebida alcoólica; batida (SM). De possível origem banta.

chibungo *s. m.* Ver XIBUNGO.

chica *s. f.* Dança negra voluptuosa acompanhada de instrumentos ruidosos (AN). Certa dança de origem africana, marcada por sapateados fortes e requebros dos quadris (BH). Provavelmente do quicongo *sika*, produzir um ruído, um som, tocar um instrumento. Cp. XICARANGOMO.

chicaca *s. f.* (1) Bodega, CHAFARICA, tasca (PC). (2) Navio imprestável (GP). Q. v. em XICACA.

chicanar *v. intr.* ZOMBAR, achincalhar (GP). Provavelmente de SACANEAR com influência eufemizante do port. *chicana*. A palavra é gíria de marinheiros e a eufemização pode-se dever a exigências da moral militar.

chichuta *s. f.* O mesmo que CHICUTA.

chico *s. m.* Marca do FANDANGO dançado em roda de quatro (BH). Possivelmente do quicongo *sika*, espécie de tambor mais estreito numa das extremidades, exatamente aquela que é revestida de pele.

chico da ronda *s. m.* CHICO-PUXADO (BH).

chico de roda *s. m.* CHICO-PUXADO (BH).

chico-puxado *s. m.* Variedade de FANDANGO.

chicombo *s. f.* Sombra (VF). Provavelmente, do ronga *xi-kombo*, indicação, ato de mostrar: a sombra revela onde a pessoa vai ou está.

chicongo *s. m.* Chapéu (VF). Possivelmente do umbundo *otji-kongo*, asas (provavelmente em alusão à aba, já que o gorro africano em geral não a ostenta).

chicula *s. f.* Soluço (SC). Do quicongo *sikula*, soluçar.

chicuta *s. m.* Criança recém-nascida ou de poucos meses (BH). De provável origem banta. Cp., no nhungue, **mu-chikuta*, "casa de partejada", e **chi-kuta*, "almadia nova, não acabada" (COURTOIS, 1900 b).

chila *s. f.* Fazenda de algodão que, em tempos antigos, o Brasil importava da Inglaterra e exportava para a África (BH). Do quimbundo *xila*, fazenda ordinária, muito transparente, própria para mosquiteiro.

chilique *s. m.* Desmaio, lipotimia, síncope; ataque de nervos (SP). A Nascentes (1966 b) parece palavra expressiva. Para nós, é certamente de origem banta, haja vista os seguintes exemplos: **sulika* (nhungue), ter vertigens; **etuliko* (umbundo), derreamento, prostração; **hihlika* (ronga), desmoronar-se, derreter-se. Cp. TURICA.

chimba *s. m.* Invertido sexual (SM). Possivelmente do quicongo. Q. v. **nsimba*, indócil; **nsimba*, gato; **ntimba*, lascívia, disposição sexual.

Chimbamba *s. m.* O mesmo que CHIBAMBA. Abon.: "Das almas. Do lobisomem. Do Lobo Afonso (...) Mal, um ente, Seo Dos-Matos, Chimbamba, ele Miguilim algum dia tinha conhecido desqual, relembrava metades dessa pessoa?" (ROSA, 1970 c, p. 56).

chimbear *v. intr.* Vadiar, vagabundear (BH). Viotti (1956 a) grafa *chimbiar*. De CHIMBO.

chimbica [1] *s. f.* CACHAÇA (SM). De possível origem banta. O quicongo conhece *simbika*, com várias acepções.

chimbica [2] *adj.* (1) Mentiroso, fiteiro, contador de lorotas. (2) João-ninguém (PC). De possível origem banta. Possivelmente ligado a XIMBICA, vulva (o órgão é, na linguagem popular, comumente associado a coisa reles).

chimbimba *adj.* Pelintra, valdevinos (PC). De possível origem banta. Cp. CHIMBO.

chimbinha *s. f.* (1) Mulher à toa (GS). (2) Mulher pequena (MV). De CHIMBO, talvez.

chimbo *s. m.* (1) Cavalo cujo dono é desconhecido. (2) Vagabundo, vadio, desocupado (ZN). Q. v. em XIMBO.

chimpanzé *s. m.* Grande MACACO antropóide (BH). Do quicongo *ki-phènze* (LAMAN, 1964 b), através do francês, ou do quimbundo *kipenze*. "Corominas supõe que o vocábulo tenha sido tomado de alguma obra de história natural em latim, onde o *chi* tivesse sido lido como *xi*" (NASCENTES, 1966 b).

chincha *s. f.* O mesmo que CINCHA. /// **Chamar na chincha**: apertar; repreender, chamar à responsabilidade.

chingongo *s. m.* O mesmo que GONGUÊ (MA). De *xigongo*, duplo sino, agogô, em uma nas línguas de ANGOLA: "A designação nativa mais frequente para esta peça é a de *gongue* ou *gongo*, embora existam outras como *xigongo*, *lubembe* etc." (REDINHA, 1984 b, p. 63).

chipana *s. m.* Instrumento de sopro de origem africana. Abon.: "A tocar mirimbas (marimbas), urucungos (...) ou chipana (instrumento de sopro)" (LEMOINE, 1965 c, p. 231). De *xipanana*, trompas de chifre de antílope ou de pequenas pontas de marfim usadas pelos lundas (REDINHA, 1984 b, p. 89).

chipango *s. m.* Chapéu (VF). De origem banta.

chipanzé *s. m.* Q. v. CHIMPANZÉ (BH).

chiruba *s. f.* Órgão sexual feminino (SM). Provavelmente ligado ao quicongo *syùba*, *sùba*, urinar.

chitongo *s. f.* Cadeia (VF). Possivelmente relacionado, por ironia, ao quicongo *tongo*, casamento.

chocaina *s. f.* Certa dança colonial brasileira. Abon.: "Dança-se a chocaina, a chula, o sarambeque e o lundu" (EDMUNDO, 199- c, p. 66). Provavelmente do quimbundo *kukina*, dança, talvez transcrito equivocadamente de algum texto português antigo. Cp. CHIMPANZÉ.

chonga *s. f.* Pênis (SM). Provavelmente do quicongo *songa*, ponta, coisa pontuda.

choro *s. m.* (1) Conjunto instrumental à base de flauta, cavaquinho e violão. (2) A música executada por esse tipo de conjunto. (3) Composição instrumental erudita que imita o caráter lírico dessa música (BH). Etimologia controversa. A grande maioria dos lexicógrafos faz derivar de *chorar*. Raymundo (1936 a, p. 62), entretanto, discorda, quando escreve: "Entre os escravos, quando se lhe permitiam folguedos, por São João ou acontecimento notável na fazenda (...) apreciava-se o gruparem-se em cantorias ao som de instrumentos de corda, ultimamente os herdados ao branco, o violão e o cavaquinho. A isto chamava-se *xôlo*, a palavra que, por confusão com uma parônima portuguesa, passou a dizer-se xôro, quando chegou à cidade, onde quem sabia escrever preferia grafar chôro, com ch". Não encontramos nenhuma informação que reforçasse esta hipótese, mas a registramos por ver traços bantos na palavra: cp. o quicongo **tola*, cantar (MAIA, 1964_1 b).

chorongo *s. m.* Corruptela de SORONGO (RP).

chucha *s. f.* (1) Ação de chuchar. (2) Seio que amamenta. (3) O leite do peito. (4) Boneca de pano que, na falta de mama, as crianças chucham (BH). Deverbal de CHUCHAR.

chuchadeira *s. f.* (1) CHUCHA. (2) Negócio rendoso (BH). De CHUCHAR.

chuchado *adj.* Chupado, mirrado, magro (BH). De CHUCHAR.

chuchar *v. t. d.* (1) Chupar, sugar. (2) Mamar (BH). De origem controversa. Nascentes (1966 b) dá o latim *suctiare*, sem certeza. Para nós, vem do quimbundo *xuxa*, mama.

chué *adj. 2 gên.* Ordinário, reles (BH). De origem controversa. Para Nascentes (1966 b) é do árabe hispânico *xui*, pouco. Para nós, pode vir do quimbundo *xoué*, seco.

chuetar *v. t. i.* Não dar importância a; desdenhar de (BH). De possível origem banta, talvez de CHUÉ. Q. v. o bundo **swata*, copular (num contexto machista).

chula *s. f.* (1) Espécie de dança e música popular de origem portuguesa (BH). (2) A parte cantada de diversas músicas folclóricas. Ex.: chula de palhaço, da folia de Reis. (3) Cantiga de CAPOEIRA. De origem controversa. Buarque de Holanda (FERREIRA, 1986 a) vê como feminino substantivado do adj. português *chulo*. De nossa parte, encontramos no quinguana, dialeto do suaíle falado em parte do Zaire, o termo *chula*, significando "víbora chifruda". Estabelecemos de imediato a relação com vários gêneros de músicas dançadas afro-brasileiras que levam nomes de animais, como CALANGO. Q. v. tb. o quicongo **sula*, fazer qualquer coisa muito rapidamente; suar.

chula-raiada *s. f.* Espécie de SAMBA, à base de solo e coro, no qual se entremeiam versos da tradição popular. Q. v. em CHULA.

chulado *adj.* Diz-se do SAMBA feito à moda da CHULA. Abon.: "O samba foi primeiro raiado (...) e finalmente chulado" (LOPES, 1992 c, p. 50).

chumbungo *adj.* Variedade de galinha (VS). Do umbundo *ochimunungo*, galinha que não tem penas.

chuncho *s. f.* Galinha (VF). Do quicongo *nsusu*, galinha. Cp. SUÇU.

cincha *s. f.* Faixa de couro ou de qualquer tecido forte que passa por baixo da barriga da cavalgadura para segurar a sela (CT). De provável origem banta, através do esp. plat. Cp. no suaíle: **chinja*, abater um animal por enforcamento; **mchinjiko*, corda de fibras de baobá que as mulheres que amamentam amarram ao redor do peito (LENSEALER, 1983 b).

Cinda *s. f.* Entidade do culto OMOLOCÔ correspondente à Oxum nagô (OC). Do quicongo *Nsinda*, INQUICE das mulheres.

cipo-bengala *s. m.* Espécie de cipó. Abon.: "Ele teve de reconhecer, as mãos lanhadas pelo corte ardido das flechas de dois gumes do capim-navalha, unhadas pelos espinhos do maldito cipó--BENGALA" (PALMÉRIO, 1966 c, p. 45). Q. v. BENGALA.

cipó-catinga *s. m.* Guaco (DL). Q. v. em CATINGA.

cipó-de-mofumbo *s. m.* Buji (DL). V. em MOFUMBO.

cissa *s. f.* Nos terreiros bantos, nome com que se designa a esteira (OC). De ADICISSA.

Cita *s. f.* O mesmo que CINDA (OC).

coandu *s. m.* GUANDO (ALF).

cobu *s. m.* Biscoito de FUBÁ, assado sobre folhas de bananeira (BH). Nascentes (1966 b) vê origem africana. Possivelmente do suaíle *kombo*, pedaço, resto de comida.

Coca \ô\ *s. f.* Personagem mítico, semelhante ao papão, que amedronta crianças (BH). De CUCA [1].

cocada *s. f.* (1) Doce seco de coco ralado. (2) Golpe dado com a cabeça (BH). De COCO.

cocada-puxa *s. f.* COCADA de consistência um tanto pastosa e grudenta (BH).

cocar *v. intr.* Fitar, olhar (MV), espreitar. Abon.: "Tocaiou, cocou, e às dez horas, bem escuro, se achou a sós com a designada vítima..." (PAIVA, 1973 a, p. 219); "Ficou lá, todavia, cocando, uma escolta disfarçada" (id, ib, p. 233). De possível origem banta.

cochichada [1] *s. f.* COCHICHO.

cochichada [2] *s. f.* Gebada, pancada que se dá num chapéu para amassá-lo, machucá-lo (BH). Provavelmente do quimbundo *ku-xisa*, esfregar.

cochichador *adj. e s. m.* Que ou aquele que cochicha (BH). De COCHICHAR.

cochichar *v. t. d. e intr.* Falar em voz baixa, mussitar, murmurar (BH). Do quimbundo mas de étimo não exatamente determinado. Raymundo (1936 a) traz o verbo *ku-xisa*, esfregar ("alusão ao falar-se com a boca junto à orelha de quem ouve"). Q. v. **ku-xisa*, assobiar; **kaxíaxía*, rouquidão; e **kutxi*, *kuxi*, orelha, ouvido, onde nos parece estar a raiz do étimo procurado.

cochicheio *s. m.* Ato ou efeito de COCHICHAR (BH).

cochicho [1] *s. m.* Ato de COCHICHAR.

cochicho [2] *s. m.* Chapéu amarrotado e velho (BH). De COCHICHADA [2].

cochichó *s. m.* COCHICHOLO (BH).

cochicholo *s. m.* Casa ou aposento pequeno (BH). Etimologia controversa. Segundo Nascentes (1966 b), liga-se a COCHICHO. Para nós, vem do quimbundo *katitolo*, pequeníssimo, mínimo (MAIA, 1964_1 b); q. v. a forma CACHICHOLA que nos parece ser a original.

cochilar *v. intr.* (1) Dormitar, toscanejar. 2) Descuidar-se (BH). Do quimbundo *koxila*, dormitar, toscanejar.

cochilo *s. m.* Ato de COCHILAR.

coco [1] *s. m.* (1) Designação comum aos frutos de numerosas espécies de palmeiras, em especial o do COQUEIRO-DA-BAÍA. (2) Vasilha feita do endocarpo do COCO-DA-BAÍA. (3) Espécie de vasilha de folha de flandres. (4) Cabeça (BH). De origem controversa. Segundo A. G. Cunha (1982_1 b), "o fruto do coqueiro foi assim denominado pelos portugueses em razão de sua semelhança com as figuras de cabeças com que se assustavam as crianças (os papões)". "Os marinheiros de Vasco da Gama", escreve Nascentes (1966 b), "compararam o fruto, com os três buracos, com a cabeça da côca." Cabe-nos, entretanto, perguntar: qual o nome nativo do fruto que os "marinheiros de Vasco da Gama" (na África ou na Índia) conheceram? Em ronga, ele se chama *khokho*, *likhokho*; em nhungue, *koko*; em macua, *ekokhó*. Observe-se que o domínio territorial dessas três línguas é a África Oriental. Então, acreditamos estar aí o étimo. E mesmo admitindo-se a origem no português *coca* (com "o" fechado), veja-se que mesmo esse termo pode ter origem no umbundo (q. v. COCA).

coco [2] *s. m.* Dança e canção de origem nordestina. De provável origem banta. Para Nascentes (1966 b), "o nome da dança virá do fruto, por metáfora".

cocô *s. m.* Excremento, fezes (BH). De possível origem banta, embora Nascentes (1966 b) veja como "voz infantil". Em abono à nossa hipótese, buscamos o quioco *khoko*, intestino grosso; e o quimbundo *kukua*, evacuar.

coco-babão *s. m.* COCO-DA-QUARESMA (BH).

coco-baboso *s. m.* COCO-DE-CATARRO (BH).

coco-cabeçudo *s. m.* Aricuri. V. em COCO [1].

coco-catulé *s. m.* COCO-DA-QUARESMA (BH).

coco-da-baía *s. m.* COQUEIRO-DA-BAÍA (BH).

coco da praia *s. m.* Variedade de COCO [2] (BH).

coco-da-quaresma *s. m.* Espécie de vegetal cuja denominação científica é *Syagrus picrophyla* (BH). Q. v. em COCO [1].

coco-da-serra *s. m.* Acumã (BH). Q. v. em COCO [1].

coco-de-catarro *s. m.* Espécie de vegetal cujo nome científico é *Acrocomia sclerocarpa* (BH). Q. v. em COCO [1].
coco-de-colher *s. m.* COCO-DA-BAÍA ainda verde, de polpa muito tenra, a qual se retira com colher (BH).
coco-de-espinho *s. m.* COCO-DE-CATARRO (BH).
coco-de-indaiá *s. m.* Anajá (BH). Q. v. em COCO [1].
coco-de-iri *s. m.* Airi (BH). Q. v. em COCO [1].
coco-de-macaco *s. m.* Babaçu (BH). Q. v. COCO [1] e MACACO.
coco-de-palmeira *s. m.* COCO-DE-MACACO (BH).
coco de praia *s. m.* BAMBELÔ. Q. v. em COCO [2].
coco-de-purga *s. m.* Andá-açu (BH). Q. v. em COCO [1].
cocô de rola *s. m.* Denominação dada na Bahia ao cabelo crespo, curto e enrolado, comum em certos mestiços afro-brasileiros (BH). Q. v. em COCÔ.
coco-de-vassoura *s. m.* Espécie de palmeira (BH). Q. v. em COCO [1].
coco de zambê *s. m.* Dança folclórica norte-rio-grandense (BH). Q. v. em COCO [2] e em ZAMBÊ.
coco-indaiá *s. m.* COCO-DE-INDAIÁ (BH).
coco-macaúba *s. m.* COCO-DE-CATARRO (BH).
coco-naiá *s. m.* COCO-DE-MACACO (BH).
coco-peneruê *s. m.* Dança de terreiro do litoral piauiense (BH). De COCO [2] e talvez de PEMBEIRAR.
coco-pindoba *s. m.* COCO-DE-MACACO (BH).
cocora *adj.* Casado (VF). De CUCUERAR.
cocorote *s. m.* Cascudo, pancada na cabeça com o nó dos dedos (BH). De COCURUTO.
coçumbar [1] *v. t.* Ouvir (VF). Provavelmente do umbundo *oku-suma*, pensar, refletir.
coçumbar [2] *v. t.* Passar (VF). Do quimbundo *ku-sunda*, passar.
coçumbar [3] *v. t.* Escolher (VF). Provavelmente do quicongo *ku-sumba*, comprar, negociar.
cocumbi *s. m.* CUCUMBI (BH).

cocuruta *s. f.* COCURUTO.
cocurutado *s. m.* Maria-é-dia, ave da família dos passariformes (BH). De COCURUTO.
cocuruto *s. m.* (1) O ponto mais elevado de alguma coisa. (2) O alto da cabeça. (BH). De possível origem banta. Q. v. o quicongo **kulukutu*, tamanho, largura; rugosidade.
cofo *s. m.* Espécie de paneiro feito de folhas de pindoba trançadas (DV), samburá, cesto de palha (BH). Do quimbundo *kofu*, saquinho tecido de palha (PARREIRA, 1990 b, p. 83). Houaiss (HOUAISS; VILLAR, 2001 a) vê origem latina.
cogote *s. m.* Nuca, cachaço (BH). Étimo controverso: Nascentes (1966 b) aponta o espanhol *cogote*, no que é seguido por A. G. Cunha (1982_1 b). Schneider (1991 a) afirma origem banta: "cf. *en-goti* e outras palavras significando pescoço". Segundo ele (op. cit, referências), M. Guthrie, em *Comparative bantu*, lista o vocábulo *en-goti*, pescoço, do cuanhama, língua do sudoeste de ANGOLA. Preferimos, então, a seguinte enunciação da etimologia: de étimo banto, através do espanhol *cogote*.
cogotilho *s. m.* Tosa da crina do cavalo à volta do pescoço (BH). De COGOTE.
cogotudo *adj.* Cachaçudo, pescoçudo (BH). De COGOTE.
coida *interj.* Na fala dos negros do CAFUNDÓ, São Paulo, fórmula de despedida: "até logo!" (NL). Do quimbundo *kuenda*, ir.
colimar *v. t.* Cultivar, lavrar (JR). Do suaíle *ku-lima*, cultivar, que corresponde ao quimbundo *ku-dima*, *ku-ríma*, lavrar, cultivar.
colombo *s. m.* Pescoço (VF). De origem banta. Cp. o quimbundo **okolombolo*, galo.
columim *s. m.* Dente que nasce nos equinos pela altura dos cinco anos (DH). Étimo controverso. Nascentes (1966 b) vê a mesma origem indígena de *colomi*, *columim*, *curumi*. Para nós, trata-se de uma variante de CALUMINHO.
coma-pita *loc. interj.* O mesmo que: "Como vai?" (JD). Dos vocábulos *kuma*, como, e *pita*, chegar. Do quimbundo.
combaro *s. m.* Lugar habitado (MM). Do umbundo *ombala*, cidade.

combo s. f. Cabra (SRD). Do quicongo *nkombo*.
comboero s. m. Grota (MM). Provavelmente relacionado ao umbundo *omela*, boca.
comboia \ó\ s. f. Cesto grande, com varais, no qual se transporta o bagaço verde nos engenhos de BANGUÊ (BH). Nascentes (1966 b) prende a origem a *comboio*, o que não nos parece satisfatório. Fomos, então, buscar, no quicongo as vozes *mbòyo*, pote de porcelana, e *mbòya*, planta semelhante ao bambu. Entendemos que, no contexto de engenho, banguê etc., é bem mais provável que o étimo seja banto.
conema s. Cocô, fezes, esterco (CBC). Var. de CONENA.
conena s. f. Matéria excrementícia, bosta (SAM); ânus (VF). Do quimbundo *kunena*, defecar.
conenar v. intr. Defecar (VF). Q.v. CONENA.
confundas s. f. pl. Profundezas (FS). Provável bantuização de *profundas*, com um eco de CAFUNDÓ.
conga [1] s. f. Dança de salão, originária da América Central (BH). Do quicongo (talvez de *nkunga*, canto, canção; ou de CONGO) através do espanhol cubano.
conga [2] s. f. Elemento usado na expressão "deixar de conga", i. e., deixar de boatos, palpites, suspeitas (SC). Do quicongo *konga*, invenção, descoberta.
congá [1] s. m. Corruptela de GONGÁ (OC).
congá [2] s. f. Garrafa (MM). Do quicongo *nkonga*, vaso de barro de boca larga.
congada s. f. Dança dramática afro-brasileira (BH). De CONGO (reunião de congos).
congadeiro s. m. Participante de CONGADA. Abon.: "Eu sou moçambiqueiro e congadeiro, num mistura nem cum umbanda, nem cum candomblé..." (OLIVEIRA, 1993 c, p. 48).
congado s. m. CONGADA.
congar v. intr. Participar da dança dramática do MOÇAMBIQUE; dançar o moçambique. Abon.: "Pareiá, paiá, irmão / Pra nóis congá..." (Toada de moçambique, in RIBEIRO, 1981 a, p. 422). De CONGO, CONGADA (o moçambique às vezes é parte dela).

congembo v. intr. (1) Morrer. // s. m. (2) Morte (MM). Do umbundo *onjembo*, sepultura. Veja-se tb. o quicongo *ki-ngembo, armação com quatro pés sobre a qual se põem para secar os cadáveres (LAMAN, 1964 b).
congo adj. e s. m. (1) CONGOLÊS. (2) Banto. (3) CONGADA (BH). (4) Espécie de chá preto (DL). Do topônimo *Kongo*, que deriva do nome do rio africano, o qual, por sua vez, se origina do quicongo *kongo*, *dikongo*, dívida, tributo: nesse rio, os súditos dos antigos reis locais pagavam seus impostos. Observe-se que o nome LUANDA, que designa hoje a capital da República Popular de ANGOLA, tem origem semelhante: em quimbundo, *luanda* significa tributo. Q. v. NAÇÃO CONGO.
congô s. m. Alcunha do peixe caboz (ET). De provável origem banta.
congo de ouro s. m. Denominação de uma das nações do CANDOMBLÉ baiano. Abon.: "O Congo de Ouro é conhecido em Salvador da Bahia por Candomblé de Caboclo" (CAMPOS, 1989 c, p. 35). Possível referência a *Likongo de Oiro*, local onde, em 1680, no antigo Reino do CONGO, estava situado o presídio (guarnição militar) de Mbaka (PARREIRA, 1990 b, p. 155).
Congobila s. m. Divindade caçadora dos terreiros ANGOLO-congueses correspondente ao Oxóssi nagô ou, mais especificamente, ao Logun-Edé ijexá. Do quicongo *Ngòbila*, nome de um INQUICE, precedido do nome *nkongo*, caçador, i.e., "o caçador Ngòbila". Observe-se também que Gobila (ou Ngòbila) era o nome de um chefe, no Congo do século XIX (cf. STANLEY, 1886 c, v. l, p. 405).
Congobira s. m. Var. de CONGOBILA (DL).
congolense adj. 2 gên. e s. 2 gên. CONGOLÊS (BH), CONGOLESA
congolês adj. (1) De ou pertencente ou relativo ao Congo. // (2) s. m. O natural ou habitante do Congo (BH). Q. v. em CONGO.
congolesa adj. e s. f. Flexão fem. de CONGOLÊS.
congolô s. m. Chocalho grande (ET). Do quicongo *nkongolo*, jarro, cântaro, deriv. do adj. *nkóngolò*, grande.

congo-munjola *adj.* Diz-se de uma das nações do CANDOMBLÉ da Bahia (YP). Q. v. CONGO e MUNJOLO.

congonha-cachimbo *s. f.* Planta da família das voquisiáceas (BH). Q. v. em CACHIMBO.

Congorô *s. m.* Correspondente CONGO do nagô Oxumarê, orixá do arco-íris (OC). Do quicongo *nkóngolò*, arco-íris. Cp. ANGORÔ.

congote *s. m.* COGOTE (BH).

congueiro *s. m.* Participante de congada ou de MOÇAMBIQUE. Abon.: "São Benedito / já foi marinheiro / Deixo congada / prós nosso conguero" (Ribeiro, 1981 a, p. 30) "E ê á / irmão conguero / fazê vigia / Beijá o artá" (id, p. 31). De CONGO, CONGADA.

conguense *adj.* 2 gên. e s. 2 gên. CONGOLENSE (BH).

conguês *adj.* e s. m. CONGOLÊS (BH).

conguesa *adj.* e s. f. Flexão fem. de CONGUÊS.

conguice *s. f.* Impertinência própria das pessoas idosas (JR, MV). Do umbundo *ekongo*, homem de idade avançada, homem velho mas bem conservado.

conguinho *s. m.* Pequeno chocalho de lata que os dançarinos de MOÇAMBIQUE prendem na barra da calça (DL). Do quimbundo *ngonge*, sino, certamente contaminado por CONGO.

conguista *s. 2 gên.* (1) Tocador de reco-reco nas bandas de congos (GN). (2) Folgador (BH). De CONGO.

conguruti *s.* CACHAÇA (SM). De possível origem banta.

conha *s. f.* Saliência escabrosa no tronco das árvores, desde a base até certa altura (BH). De provável origem banta. Veja-se, no quicongo: **konya*, desfolhar um galho de bambu; **kònyo* (passado de *kònya*), arranhado, esfolado magoado.

conjenga *s. f.* Morte (VF). Q. v. CONGEMBO.

conjó-joviti *s. m.* Cemitério (JD). Q. v. INJÓ, casa, e VITI, madeira. Provavelmente, dessas vozes, originárias do umbundo, formou-se, no Brasil, o correspondente a "pequena casa de madeira", para designar o caixão mortuário.

conjolo *s.* Casa, residência; edificação, prédio (CBC). Bundo: *ndjo*, casa: *oka-ndjo*, pequena casa; umbundo: *onjo*, casa. Cp. CONJÓ--JOVITI.

conoá *v. t. d.* Beber (NL). Do quimbundo *kunua* ou do umbundo *okunhwa*, beber.

conquém *s. f.* GALINHA-D'ANGOLA (OC). Possível origem banta.

copequerar *v. intr.* Dormir (VF). Do umbundo *okupekela*, deitar.

copiar *v. t.* Falar (VF). Q.v. COPOPIÁ.

copopiá *v. intr.* Conversar, falar em "língua de preto" (NL). Do umbundo *okupopya*, falar.

coqueiral *s. m.* Plantação de coqueiros (BH). De COQUEIRO [1].

coqueirinho-do-campo *s. m.* Acumã (BH). De COQUEIRO [1].

coqueiro [1], *s. m.* Palmeira que dá COCO [1].

coqueiro [2], *s. m.* Cantador de COCO [2]; COQUISTA (BH).

coqueiro-açaí *s. m.* Açaí (BH). De COQUEIRO [1].

coqueiro-amargoso *s. m.* Quariroba (BH). De COQUEIRO [1].

coqueiro-anão *s. m.* Buri-da-praia (BH). De COQUEIRO [1].

coqueiro-azedo *s. m.* Butiá-de-vinagre (BH). De COQUEIRO [1].

coqueiro-babunha *s. m.* Babunha (BH). De COQUEIRO [1].

coqueiro-bacaba *s. m.* Bacaba (BH). De COQUEIRO [1].

coqueiro-buriti *s. m.* Buriti (BH). De COQUEIRO [1].

coqueiro-cabeçudo *s. m.* Aricuri (BH). De COQUEIRO [1].

coqueiro-caiaué *s. m.* Caiaué (BH). De COQUEIRO [1].

coqueiro-catulé *s. m.* Certa palmeira cujo nome científico é *Syagrus comoa* (BH). De COQUEIRO [1].

coqueiro-da-baía *s. m.* Árvore de caule alto das família das palmáceas; *Cocos nucifera* (BH). De COQUEIRO [1].

coqueiro-da-praia *s. m.* COQUEIRO-ANÃO (BH).

coqueiro-de-dendê *s. m.* Dendezeiro (BH). Q. v. em DENDÊ e COQUEIRO [1].

[95]

coqueiro-de-vênus s. m. Dracena (BH). De COQUEIRO [1].
coqueiro-do-campo s. m.COQUEIRINHO-DO--CAMPO (BH).
coqueiro-guriri s. m. COQUEIRO-ANÃO (BH).
coqueiro-jataí s. m. Butiá (BH). De COQUEIRO [1].
coqueiro-macho s. m. Feto arbóreo da família das ciateáceas (BH). De COQUEIRO [1].
coqueiro-pissandó s. m. Ariri (BH). De COQUEIRO [1].
coqueiro-tarampaba s. m. Bacaba (BH). De COQUEIRO [1].
coqueiro-tucum s. m. Cumari. De COQUEIRO [1].
coquilho s. m. Planta da família das canáceas (BH). Parte do coco constituída pela amêndoa (AN). De COCO [1].
coquinho s. m. Jeribazeiro (BH). Dim. de COCO [1].
coquinho-babá s. m. Palmeira da família das palmáceas, *Desmoncus setosus* (BH). De COCO [1].
coquista s. m. Cantador de COCO [2] (BH).
corcunda s. f. (1) Corcova, corcovadura, bossa, giba. // s. 2 gên. (2) Pessoa que tem corcunda (BH). Cruzamento de CARCUNDA com o port. *corcova*.
corê-corê adj. e s. m. Loquaz, palrador (DH). Nascentes (1966 b) dá como palavra de origem expressiva. Veja-se porém o quioco *kolekole, ave pernalta da planície. Seria o vocábulo uma alusão ao som acaso produzido por essa ave?
coreã s. Chapéu; cobertura (CBC). Provavelmente relacionado ao quicongo *nkola*, chapéu de chuva (MAIA, 1964_1 b).
corica adj. Calvo, careca (SC). Do quimbundo *makorika*, calvo, careca.
corimá s. m. Dança semelhante ao JONGO; CAXAMBU (BH). Do quimbundo: ou de *kuimba*, cantar; ou de *kurimba*, confusão; ou ainda de *kudima*, cultivar, arar.
corimba s. f. Cântico religioso afro-brasileiro (OC). P. ext., sessão de MACUMBA. Q. v. em CURIMBA.
corimbó s. m. (1) O mesmo que carimbó. (2) Tambor de dança do carimbó. Abon.: "É proibido (...) tocar tambor, corimbó ou qualquer instrumento que perturbe o sossego durante a noite" (SALLES; SALLES, 1969 a, p. 260). Q. v. em CARIMBÓ. Possível cruzamento com CORIMBA.
coringa s. f. (1) Pequena vela de canoas e barcaças. // (2) s. m. Moço de barcaça. (3) Pessoa feia e raquítica (BH). (4) Pessoa ou coisa à toa. // adj. (5) Fraco, franzino, enfezadinho (MS). Provavelmente de CAFURINGA [1].
corixó s. m. Mandinga, talismã (MV). De possível origem banta.
corofeca adj. Ruim, imprestável (MM). De origem banta. Talvez do umbundo *olofeca*, terra (ruim para plantar?).
corongo s. m. (1) Peixe dos mares do Brasil (ES). (2) Erva da família das amarantáceas (FS). Provavelmente, do quinguana *kolongo*, MACACO ruço.
cororô s. m. Camada de arroz quase queimado que adere à panela (BH). Provavelmente do quicongo *kololo*, fartura de comida ou bebida.
coruja-batuqueira s. f. Espécie de coruja. Abon.: "Era uma coruja pequena, coruja batuqueira, que não faz ninhos..." (ROSA, 1970 c, p. 70). De BATUQUEIRO.
corumba s. 2 gên. (1) Curumba (DL). (2) Finório, espertalhão (PC). Q. v. em CURUMBA.
corumbamba s. f. Acontecimento complicado; trapalhada (BH). De TURUMBAMBA.
corumbeia \é\ s. f. Mulher (VF). Q. v. CURUMBA [2].
coruta s. f. Var. de CORUTO (BH).
coruto s. m. (1) Cume. (2) Penacho do milho e outras plantas (BH). De COCURUTO, por haplologia.
cota s. f. Cargo auxiliar feminino nos CANDOMBLÉS bantos (OC), correspondente à equéde dos candomblés nagôs (ENC). Do quimbundo *kota*, pessoa respeitável.
cota-sororó s. f. Mãe-pequena ou mãe-criadeira nos CANDOMBLÉS de NAÇÃO ANGOLA ou CONGO (ENC). De COTA. O segundo elemento parece vir do quicongo *soololo*, medíocre, ordinário, tomado aqui com o sentido de inferior hierarquicamente, de menor importância.

coteque *s. f.* Morte (VF). Relacionado ao umbundo *uteke*, noite. Q.v. OTEQUE.

cotoco *s. m.* Parte que resta do membro amputado (AN). Segundo Nascentes (1966 b) é cruzamento de *coto*, de or. lat., com TOCO, que pode ter origem banta. (Veja-se o umbundo *kototo, falange digital e o quimbundo *katoko*, menor.) Para nós é corruptela de CATOCO.

covidanda *v. intr.* Escrever; conversar (MM). De origem banta, provavelmente, do umbundo *okuvinda*, entrançar, fazer trança.

coxicoco *s. m.* CAXINGUELÊ (BH). Var. de CATICOCO.

coxito *adj.* (1) Pequeno. // *s. m.* (2) Raça de porcos pequenos (MM). Do quimbundo *kaxitu*, animalzinho.

creca *s. 2 gên.* O mesmo que careca (BH). De CARECA, com síncope.

crila *s. m.* Menino (BH). Vocábulo expressivo com base no port. *criança*? Ou de origem banta?

crilada *s. f.* Grupo de crilas (BH). De CRILA.

croca *s. f.* (1) Porca que trata mal os filhos. (2) Mulher pouco amorosa com os filhos (BH). De origem banta? Ou do port. *coroca*, decrépita, caduca, rabugenta, que parece ter origem tupi?

cruaca *s. f.* Mulher que a prostituição envelheceu muito rapidamente (SC, MV). Provavelmente do quicongo *nkulu*, pessoa idosa, + *aka*, sempre, sem cessar.

cruzambê *s. m.* No culto OMOLOCÔ, casa dos mortos, ilê-egun (OS). Provavelmente do quicongo: *kulu*, pastagem, campo + *Nzambi*, Deus. Cp. *campo-santo.

cuamicuriá *loc. verb.* Expressão presente em um cântico de CANDOMBE transcrito em Pereira (2005 a, p. 337), sem significado estabelecido. Possivelmente trata-se de aglutinação dos termos *kwambi*, aviso, e *kulya*, comida, do bundo, como um chamado para comer ou para alimentar uma entidade espiritual, no caso, talvez, CANJIRA-MUNGONGO (q.v.), por força da expressão "congira muguango", que aparece na sequência. Numa espécie de inversão, segue-se, no cântico, a expressão "cuarimucuá", na qual, dentro da mesma ideia, poderiam estar contidos elementos relacionados aos verbos *kwalu*, raspar, e *mbukula*, mastigar, do BUNDO. Veja-se, porém, que estas são meras hipóteses, dada a dificuldade de identificar, em cânticos dessa natureza, o que não constitui simples vozes expressivas.

cuandu *s. m.* GUANDO (ALF).

cuanha *s. 2 gên.* O mesmo que CUNHEMA (LR).

cuarimucuá *loc. verb.* Q. v. CUAMICURIÁ.

cuata *v. t. d.* Pegar (MM). Do umbundo *kwata*, correspondente ao quimbundo *kuata*, regar.

cuba *s. m.* (1) Indivíduo entendido em práticas de feitiçaria. (2) Indivíduo poderoso, influente. (3) Indivíduo matreiro (BH). Etimologia controversa. Nascentes (1966 b) vê a origem em *cuebas*. Para nós, vem de CUMBA.

Cubango *s. m.* O equivalente ao Exu nagô entre os negros CABINDAS do Brasil (OC). Do quimbundo *kubanga*, briga, luta. Q. v. tb. *kubanga, *kuaíba, diabrura.

cubata *s. f.* Choupana, casebre, choça (BH). Do quimbundo *kubata*, casa. Segundo Ribas (1979 b, p. 215) o vocábulo é "fusão da expressão *ku bata* (em casa)".

cubatão *s. m.* Pequena elevação no sopé de cordilheiras (BH). Provavelmente relacionado a CUBATA.

cubatense *adj. 2 gên.* (1) De, ou pertencente ou relativo a Cubatão (SP). // *s. 2 gên.* (2) Natural ou habitante de Cubatão (BH) De CUBATÃO.

cuca [1] *s. f.* (1) Bruxa. (2) Mulher feia e velha (MM). (3) Papão (BH). Etimologia controversa. Nascentes (1966 b) vê como alteração de COCA. Para nós, o étimo é o umbundo *kuka*, velha, velho, correspondente ao quimbundo *iakuka*.

cuca [2] *s. f.* Rolo que se faz com o MATO depois da roçagem (BH). De QUICUCA, com aférese.

cucata *s. f.* Doença (JD). Do quimbundo *kukata*, doença.

cuchipa *s. m.* Cigarro (JD). Do quimbundo *ku--xipa*, fumar, correspondente ao umbundo *oku--sipa*.

cucuana *s. m.* Refeição comunal; banquete semelhante ao olubajé nagô, realizado nos CANDOMBLÉS da tradição ANGOLO-CONGUESA (RL). Do ronga *kokwana*, avô, avó (alusão ao "velho", Omolu ou CAVIUNGO, o "dono" do olubajé). Ou fusão das expressões *kúuku*, cozinha, e *wáana*, família, do quicongo, dando origem a algo como "banquete familiar".

cucuerar *v. t.* Casar (VF). Do quimbundo *ku-kuela* (ou do umbundo *oku-kwela*), casar.

Cucuete *s. m.* INQUICE ANGOLO-CONGUÊS correspondente ao nagô Omolu (DL). Do quicongo *nkwete*, feiticeiro. Cp. CUQUETE e CUQUETO.

cucuia *s. f.* El. us. na expressão "ir pra cucuia", morrer, malograr-se (BH). Nascentes (1966 b) liga ao topônimo *Cacuia*, localidade carioca da Ilha do Governador (RJ), onde existe um cemitério. A origem provável está no quicongo *ku-kuya*, sentir-se extenuado, não poder mais (LAMAN, 1964 b).

cucumbe *s. m.* Banquete ou prato da tradição afro-brasileira. Abon.: "Depois da refeição lauta do cucumbe, comida que usavam os congos e munhambanas nos dias da circuncisão dos seus filhos..."(MORAES FILHO, 1946 a, p. 169). De CUCUMBI.

cucumbi *s. m.* Antigo folguedo popular afro-brasileiro (BH). Do quimbundo *kikumbi*, puberdade, festa da puberdade. O folguedo era recriação de ritos de passagem para a adolescência, na África banta.

cudiar *v. t.* Comer (VF). Var. de CURIÁ [2].

cuem! *interj.* Chamado de atenção: "Anda, foge!". Redução de "acuenda". Ver ACUENDAR.

cuendar *v. intr.* Andar (VF). Do quimbundo *kuenda*, andar.

cuende *v. t.* Entrar (MM). Do quimbundo *kuenda*, andar.

cuerar *v. t.* Casar (VF). Q. v. CUCUERAR.

cueto *s. m.* Companheiro (VF). Do umbundo *ukwetu*, camarada, companheiro. Q. v. OCUETO.

cufado *s. m.* Morto (AT). De CUFAR.

cufar *v. intr.* Morrer (OC, ZN). Do quimbundo *ku-fa*, morrer.

cuia *s. m.* Espírito de morto (YP). Do quicongo *nkúya*, a alma de um defunto.

cuia-de-macaco *s. f.* O mesmo que castanha-de-macaco (DL), ABRICÓ-DE-MACACO. Q. v. em MACACO.

cuiavo *s. f.* Rio (VF). Certamente, ligado ao quimbundo *kiavulu-kiavulu*, imenso. Cp. VAVÚRU.

cuiba *s.* Jogo infantil que sagra como vencedor o que primeiro quebra um sabugo de milho seguro pelo contendor, batendo nele com o outro sabugo (CC). Do quicongo *kuriba*, roubar, tomar, subtrair.

cuíca *s. f.* Instrumento musical da tradição afro-brasileira. De étimo banto, mas de localização controversa. Na África banta, o tambor de fricção que deu origem ao instrumento brasileiro chama-se em quimbundo *mpwita* e em quioco, *khwíta*. É possível que, no Brasil, esses nomes tenham sido contaminados pelo brasileirismo *cuíca*, do tupi, designação de várias espécies de mamíferos marsupiais, talvez numa referência ao couro utilizado no instrumento. Mas é bom que se veja também: a) no quimbundo, o verbo *kuika, amarrar, atar, prender (a vareta que é friccionada para produzir o som do tambor é amarrada ao couro), que corresponde ao quioco *kwika*; b) no quicongo: o verbo *kwika, que tem o sentido de "insistência que incomoda, irrita, aborrece" (BENTLEY, 1887 b), que pode ter algo a ver com o som tirado do instrumento; *knintu, espécie de tambor de fricção; *kwika, espécie de pinça de ferreiro; c) ainda no quimbundo, o verbo *ku-nhika, balouçar (MATTA, 1893 b), que poderia ter algo a ver com o movimento feito pelo braço do tocador para friccionar a vareta; d) no ganguela, *kwita, esfregar. Mas o étimo tradicionalmente aceito é o quimbundo *mpwita*. Q. v. PUÍTA.

Cuiganga *s. f.* O mesmo que CARAMOCÊ (ENC). De origem banta, com interferência do termo multilinguístico *nganga*, que encerra a ideia de poder sobrenatural, e provavelmente do quicongo *'nkúyu*, espírito, alma de um defunto.

cuipa *s. f.* Morte (VF). De CUIPAR.

cuipado *adj.* Doente, morto, assassinado (VF). De CUIPAR.

cuipar *v. t.* Matar (VF). Do quimbundo *kuipa*, matar.

cuiticar v. t. CUTICAR.
culape s. m. Naco, pedaço (BH). Provavelmente do bundo. Q. v. o elemento *lap*, que dá ideia de tamanho, presente em *lape*, folha longa e larga do tabaco, e *lapi*, pele a servir de pano (ALVES, 1951 b).
cumalaia s. f. CACHAÇA (SM). De CAMULAIA.
cumba [1] adj. (1) Valentão (BH). // s. m. (2) Feiticeiro (OC). (3) Homem forte, ágil (CF). Do quicongo: *kumba*, rugir; *kúmba*, fato miraculoso, prodígio.
cumba [2] s. m. Hora, dia, sol (VF). Q. v. CUMBE [1].
cumba [3] s. Luz; lâmpada (CBC). Q.v. CUMBA [2].
cumbá s.m. Saco improvisado com a saia, usado pelas mulheres na colheita do café (BH). Provavelmente relacionado ao quicongo *nkubi*, saco, bolsa.
cumbaca s. f. Cidade (VF). Do umbundo *ochimbaka*, cidade, fortaleza, capital.
cumbambá adj. JONGUEIRO experiente. Abon.: "Jongueiro cumba / jongueiro cumbambá / balança que pesa oro / não pode pesá metá" (RIBEIRO, 1984 a, p. 48). Reduplicação de CUMBA [1]. Cp. BAMBAMBÃ.
cumbara s. f. Cidade (JD). Do umbundo *ombala*, correspondente ao quimbundo *mbala*, aldeia, vila, cidade, povoado.
cumbaraieto s. f. Cidade grande (VF). De CUMBARA + AIETO.
cumbariojambi s. Diamante (EP). Provavelmente relacionado a CUMBÁ, saco, e JAMBA, diamante (q.v), numa expressão tal como "um saco de diamantes". Cp. CUMBARIOPUNGU.
cumbariopungu s. Milho verde (EP). Provavelmente relacionado a CUMBÁ, saco, e PUNGO, milho, dentro da mesma ideia proposta em CUMBARIOJAMBI (q. v.).
cumbaro s. Cidade (CBC). Var. CUMBARA.
cumbata v. t. Comer (JD). Do umbundo *kumba*, pastar.
cumbe [1] s. m. (1) Sol (VF). (2) Lume, fogo (JD). Do quimbundo *kumbi*, corespondente ao umbundo *ekumbi*, sol.

cumbe [2] s. f. (1) CACHAÇA (BH). (2) Aguardente de muita fama do Engenho do Baixo, Jaguaribe, Ceará (RN). Certamente ligado ao espanhol caribenho *cumbe*, comunidade de *cimarrons*, QUILOMBO, provavelmente originado do umbundo *kumbi*, pastagem. O nome da cachaça teria vindo da denominação de um famoso quilombo da Paraíba, em cujo sítio floresceu, depois, a Usina Santa Rita, onde a cachaça era fabricada (RAMOS, 1956 a, p. 43). Q. v. CUMBE [3].
cumbe [3] s. f. Cidade, povoado (VF). Provavelmente do quicongo *nkumbi*, enxame de formigas aladas. Q.v. CUMBE [2]
cumbé, s. m. (1) Lesma (BH). Antiga dança da tradição afro-brasileira e portuguesa (MA). Provavelmente do quicongo *mbete*, lesma.
cúmbi s. m. O sol, na linguagem cifrada dos JONGUEIROS (ML). Var. de CUMBE. [1].
cumbo s. m. Tempo, medida de tempo (NL). Do quimbundo *kumbi*, tempo.
cumbuca-de-macaco s. m. Sapucaia (BH). Q. v. em MACACO.
cumbundo s. m. O mesmo que QUIMBUNDO (LR).
cumicove s. Guloseima, petisco, tira-gosto (CBC). Provavelmente relacionado ao bundo *kowe*, concha, envólucro vazio (ALVES, 1951 b, p. 370), em alusão ao estômago do faminto.
cumulaia s. f. O mesmo que CUMALAIA (BH).
Cumunjarim s. m. O mesmo que CUMUNJARIM-GOMBÊ (SC).
Cumunjarim-gombê s. m. Personagem mitológico afro-brasileiro (SC). Do termo multilinguístico banto *ngombe*, boi.
cundanga s. f. Espingarda (VF). Provavelmente, do quicongo *fundanga*, pólvora. Cp. o quicongo *ndánga*, caçar.
cundim s. m. Na UMBANDA, farofa feita com cebola, vinagre e azeite, para oferenda à entidade de nagô Exu (OC, MV). Provavelmente do quicongo *nkúndi*, amigo, companheiro: Exu é quase sempre referido como "compadre".
cundunda s. m. Um dos nomes do peixe amboré (BH). Possivelmente do quicongo *kindunda*,

parte anterior do maxilar ou da boca, talvez pelo aspecto da cabeça do peixe. Q. v. QUINDUNDE.

cundunga *s. m.* Um dos nomes do peixe também conhecido como barrigudinho (DH). Provavelmente relacionado ao quicongo *kundunga*, bater, sacudir. Q.v. CUNDUNDA.

cunga *s. f.* Entre os antigos negros, canção, dança (MA). Do quicongo *nkúnga*, canto, canção, hino, poema, salmo (LAMAN, 1964 b).

cungu *s. m.* Antiga dança baiana (MA). De origem banta, provavelmente do quicongo.

cunhema *s. 2 gên.* Indivíduo de um dos grupos étnicos africanos traficados para o Brasil (LR). De *cuanhama* (*kwanyama*), subdivisão dos *ovambo*, grupo étnico do sudoeste africano.

cunuar *v. t.* (1) Beber (VF). // *s. f.* (2) Bebida (OC). Do quimbundo *kúnua*, bebida.

cupapara *s. f.* Festa (JD). Do quimbundo *kudipapa*, comer.

cupia *s. f.* Cabeça (VF). Provavelmente do umbundo *oku-popya*, falar: da "cabeça" é que sai a fala.

cupiara *s. f.* Mulher alheia (VF). Possivelmente do quicongo *nkepi*, mulher + o quimbundo *iala*, homem: "mulher de homem".

cupiaro *s. m.* Alto da cabeça, COCURUTO (VF). De CUPIA + um elemento relacionado, talvez, ao quimbundo *ditala*, cimo.

cupincha *s. 2 gên.* Camarada, companheiro, comparsa, amigo (BH). Buarque de Holanda (FERREIRA, 1986 a) faz derivar do port. *companheiro*. Chamamos a atenção para o nhungue *kupindza*, contrabandear. Cupincha seria originariamente um comparsa no contrabando?

cupópia *s. f.* (1) Voz, fala. (2) verdade (VF). De COPOPIÁ.

Cuquete *s. m.* O mesmo que CUCUETE (cf. FREITAS, 19-- c, p. 36).

Cuqueto *s. m.* INQUICE da NAÇÃO ANGOLA, o mesmo que *Tempo-dia-mbaganga* (ENC). Provavelmente da expressão *kukui'etu*, "nosso velho", do quimbundo. Ou corruptela de CUCUETE.

cura *s. f.* Cada um dos pequenos cortes rituais feitos na cabeça e em outras partes do iniciando, nos CANDOMBLÉS (OC). Provavelmente de *nkula*, entre os *ndembu* de LUANDA, culto de fecundidade associado ao sangue (AREIA, 1985 b, p. 535).

curau *s. m.* (1) Comida feita de carne pilada com farinha. (2) Papa de milho verde (BH). Etimologia controversa. Schneider (1991 a) vê, entre outras possibilidades de étimo, o quimbundo *kudia*, comida.

curema *s. m.* (1) Valentão. (2) Indivíduo importante, figurão (BH). De possível origem banta. Cp. VATEMA.

curiá [1] *v. t.* Sorver bebida alcoólica, beber (OC). Do quimbundo *kujia*, beber.

curiá [2] *v. t.* Comer (JD). Do umbundo *kulya*, correspondente ao quimbundo *kudia*, comer.

curiacuca *s. m.* Cozinheiro (MM). Do umbundo *okulya*, correspondente ao quimbundo *kudia*, alimento, mais, talvez, *iakuka*, correspondente umbundo do quimbundo *kuka*, velho. Q. v. tb. o quimbundo *kulekuka, fogo, chama.

curiador *s. m.* Em alguns terreiros de UMBANDA, bebida alcoólica preferida de certas entidades. Abon.: "Possui porte ereto e elegante; prefere sempre os mais finos charutos e, como bebida, usa os melhores vinhos ou bebidas finas. O seu verdadeiro curiador, porém, é o absinto" (ORTIZ, 1978 a, p. 144). De CURIÁ [1].

curiandamba *s. m.* Homem velho, respeitável (MM). Do umbundo *ukulu wendamba*, homem de idade avançada.

curiangada *s. f.* Bando de curiangos (BH). De CURIANGO.

curiango *s. m.* Um dos nomes da ave também conhecida como bacurau (BH). De origem banta mas de étimo controverso. Nascentes (1966 b) faz derivar do quimbundo *kudianga*, preceder, porque o pássaro, segundo ele, "costuma voar na frente dos caminheiros noturnos". Veja-se, porém, o quioco *tulyangu, feiticeiro, e o quimbundo *kadiangu, malandro, vadio, que podem ter alguma relação com o vocábulo.

curiango-tesoura *s. m.* Ave caprimulgiforme (BH). De CURIANGO.

curiangu *s. m.* Var. de CURIANGO (BH).

curiau *s. m.* Despacho para a entidade nagô Exu (OC). De CURIÁ [1], [2].

curiá viputa *loc. verb.* *(loc. interj.).* Chamada para comer (JD). Do umbundo: *kulya*, comer + *oviputa*, angu (pl.) = "venha comer o angu!"

curicaca *s. f.* CACHAÇA (SM). Provavelmente, vocábulo de formação expressiva com base em CURIÁ [1].

curimá *s. m.* Serviço, trabalho (JD). Q. v. em CURIMA.

curima *s. m.* Trabalho, serviço (MM). Do umbundo *okulima*, correspondente ao quimbundo *kudima*, cultivar, trabalhar na lavoura.

curimar [1] *v. intr.* (1) Cantar corimbas. (2) Participar de rituais onde se cantam corimbas. Abon.: "Andei, andei / Andei para curimá..." (De um SAMBA do repertório da cantora-compositora carioca Dona Ivone Lara). De CORIMBA.

curimar [2] *v. intr.* Trabalhar; rezar; dançar; brincar (VF). Q.v. CURIMÁ.

curimba [1] *s. f.* (1) Música (NL). (2) CORIMBA. Do quimbundo *kuimba*, correspondente ao umbundo *okuimba*, cantar.

curimba [2] *s.* Trabalho; ocupação; ofício (CBC). Q.v. CURIMÁ.

curimbamba *s. 2 gên.* Curandeiro (VS). Provavelmente, de CARIMBAMBA com contaminação do port. *curandeiro*, ou de CURIMBA.

curimbar [1] *v. t.* Cantar (VF). De CURIMBA [1].

curimbar [2] *v.* Trabalhar (CBC). Q.v. CURIMBA [2].

curimbeiro *s. m.* Em alguns terreiros de UMBANDA, designação do ogã responsável pelos cânticos rituais. Abon.: ORTIZ, 1978 a, p. 169. De CURIMBA [1].

curimbó *s. m.* Instrumento de percussão, atabaque (AM). De CARIMBÓ, provavelmente com influência de CURIMBA.

curinga *s. m.* (1) Ator que interpreta vários papéis numa mesma peça. (2) Jogador que joga em várias posições. (3) Pessoa esperta, que tira partido de muitas situações. (4) Carta de baralho que muda de valor segundo a combinação que o parceiro tem na mão (BH). Do quimbundo *ku-ringa*, fingir. Q. v. o protobanto *ku-linga, "ser ou tornar-se igual ou semelhante", que sobrevive no suaíle, na acepção de "conformar, ajustar, combinar, harmonizar" (BARBOSA, 1989 b).

curingão *s. m.* Carta com desenho especial, em geral um bobo da corte, que se inclui no baralho comum, em certos jogos, para funcionar como curinga (BH). Aum. de CURINGA.

curipapá *s. m.* Comida, alimento. Abon.: Termo corrente entre sambistas cariocas, parece que oriundo das MACUMBAS. Do quimbundo *kudipapa*, comer. Cp. PAPAR.

curirar *v. intr.* Chorar (VF). Do quimbundo *ku-dila*, chorar.

currumbá *s. m.* SAMBONGO, doce de COCO ou mamão verde, ralado, e mel de furo (BH). De provável origem banta.

curu *s. m.* Prato da culinária afro-baiana, à base de carne-seca cortada em pedacinhos (HV). Provalvelmente do quicongo *kulu*, fome.

curuca [1] *s. f.* Coroca, velha feia (BH). Etimologia controversa. Nascentes (1966 b) liga ao port. *coroca*, do tupi. Q. v. o umbundo *kuluka, ser diminuído, estar curvado, abater-se; pessoa que tem giba, corcova.

curuca [2] *s. f.* Agitação de peixes que vêm à tona da água na época da desova (BH). Provavelmente do quicongo *kuluka*, borbulhar, correr em torrente.

curumba [1] *s. 2 gên.* (1) Homem de baixa condição que transita pelas estradas do interior. (2) Retirante (BH). Do quicongo *kulumba*, homem violento, rude.

curumba [2] *s. f.* Mulher velha (BH). Do quicongo *kuluba*, envelhecer, caminhar pesadamente; picareta velha, enxada velha.

curungo *adj. e s. m.* Caduco, decrépito (BH). Provavelmente ligado ao quicongo *kulumuka*, descer, entrar em queda, pôr-se (o sol), ir ao fundo. Ou de CURUMBA [2].

curupiro *s. m.* CAMBONO (OC). De possível origem banta.

curuzu *s. m.* (1) Bolo fecal. (2) Monte de cascalho de mineração (BH). De possível origem banta.

Cusame s. m. Personagem de CONGADAS paulistas (AM). Possivelmente do quicongo *kusama*, sujo, emporcalhado.

cuseca v. intr. Dormir (JD). Do quimbundo *kuseka*, dormir.

cusita s. f. Urina (VF). Certamente relacionado ao umbundo *oku-susila*, urinar.

cusucanar v. t. Casar (VF). Do quimbundo *ku-sakana*, casar.

cutá s. f. Orelha (VF). Do quicongo *kutu*, orelha.

cutar v. intr. Rezar (VF). Provavelmente do umbundo *ta*, palavra, através de um possível *oku-ta*, falar.

cutaro s. f. Reza (VF). De CUTAR.

cuticar [1] v. t. e intr. Amolar, bulir com quem está quieto (CT). Do nhungue *kuitika*, aguilhoar.

cuticar [2] v. t. Retalhar em diagonal o peixe miúdo para fritá-lo inteiramente (AN). De provável origem banta. Cp. o umbundo *okutika, friccionar pau ou pedra para fazer fogo; e *kutika, em quicongo, com várias acepções.

cutruca s. 2 gên. Pessoa inculta, ignorante (BH). Provavelmente do quicongo *kutuluka, ser relaxado, displicente, dissoluto.

cutuba adj. 2 gên. (1) Muito inteligente. (2) Muito bom ou bonito. (3) Importante, poderoso, forte, temido, respeitado (BH). Etimologia controversa. Nascentes (1966 b) vê origem tupi. Arthur Ramos (1954 a, p. 89) remete a um quimbundo *kutumba*, ostentar-se, vangloriar-se. Raymundo (1933 a, p. 124-125) discorre: "kutuba é uma espécie de cinto usado pelos negros de uma tribo do rio Cunene em Huíla (...) os quais lhe devem o nome (...); andam armados de longos punhais que trazem dependurados ao peito e são temidos pela bravura". A dissertação de Raymundo encontra eco em Capello e Ivens (1886 b, v. l, p. 321) que definem *cutuba* (já aportuguesado) como uma "pele cortada em triângulo que as mulheres evale e ovambo usavam, formando uma espécie de cauda". Ficamos com Raymundo. Para nós, o étimo é o etnônimo *kutuba*, designativo dos fortes, temidos e respeitados homens e mulheres daquele subgrupo étnico da África Austral, da grande nação ovambo.

cutucação s. f. CUTUCADA (BH).

cutucada s. f. Ato ou efeito de CUTUCAR (BH).

cutucão s. m. (1) CUTUCADA grande. (2) Cutilada, facada (BH).

cutucar v. t. d. Tocar ligeiramente alguém com o dedo, o cotovelo ou algum objeto (BH). Etimologia controversa. A origem tupi é tradicionalmente aceita. Nós vemos como alteração de CUTICAR [1]. Veja-se tb. o maiaca *kutuca, ofender, abusar, ultrajar (observe-se que, no Brasil pelo menos, tocar o corpo de alguém sem seu consentimento é uma ofensa, um abuso, passível de um pedido de desculpas); e o quimbundo *ku-tukuta, esfregar. Veja-se, ainda, CATUCAR.

cuvera s. f. Dor (JD). Do umbundo *okuvela*, doença.

cuvu s. m. Aparelho de pescaria usado nos lugares rasos e lodosos dos rios e lagoas (BH). De possível origem banta. Q. v. o quicongo *kuvu*, gosto ruim da água do peixe; mau cheiro.

cuxipa s. Pênis; órgão sexual masculino (CBC). Bundo: *sipa*, chupar, beijar, fumar. Q.v. CUCHIPA.

cuxipar v. Copular, fornicar (CBC). De CUXIPA.

cuzeca s. m. Sono (VF). Do quimbundo *kuzeka*, sono, dormir. Q.v. CUSECA.

cuzicado adj. Remendado (NIV). Do quicongo *ku-suika*, costurar.

cuzumbu s. m. BUNDA (DV). Do port. *cu*. Mas possivelmente influenciado por alguma voz de origem banta, talvez o quicongo *zúmbu*, quantidade.

damatá *s. m.* Ofá; símbolo do orixá nagô Oxóssi, constante de uma miniatura, em ferro ou metal branco, de um conjunto de arco e flecha unidos (OC). Palavra de possível formação híbrida, do iorubá *ode*, caçador, mais o quimbundo *mata*, plural de *ta*, arco. Segundo Cabrera (1986 c, p. 234), *Odé Matá* é um dos nomes de Oxóssi em Cuba.

dandá *s. m.* (1) Capim odorífero empregado em trabalhos de UMBANDA e CANDOMBLÉ (OC). (2) Batata de junco, pripioca (EF). Provavelmente do quimbundo *ndanda*, junça (Cascudo, 1980 a, p. 281). Junça é erva "estolonífera da família das ciperáceas (...) de rizoma tuberoso e comestível", ensina Buarque de Holanda (FERREIRA, 1986 a). E o dandá é mais conhecido exatamente por sua raiz tuberosa que, colocada na boca - segundo a tradição afro-brasileira -, abranda a vontade da pessoa com quem se trata negócio.

Dandalunda *s. f.* (1) INQUICE correspondente à Iemanjá nagô em terreiros bantos (BH). (2) Sobrenome dado aos orixás que vêm do fundo do mar (OC). Provavelmente do quicongo *ndanda*, título que designa os mais velhos, que vêm depois do chefe em dignidade, acrescido do etnônimo *Lunda*. Veja-se tb. no quimbundo: **kianda*, sereia; **nda*, mulher nobre (com reduplicação: *ndanda*?).

Dandalunga *s. f.* Divindade das águas (YP). Possivelmente de uma locução banta como *ndanda-kalunga*, "princesa do mar". Cp. DANDALUNDA e DANDAZUMBA.

dandará *s. m.* Filho, menino (VF). Q. v. NANARÁ. Cp. tb. o quicongo **ndandala*, que dura muito tempo ("velho", por ironia carinhosa?).

dandarau *s. m.* Criança (VF). Q.v. DANDARÁ.

Dandazumba *s. f.* Divindade das águas (YP). Do quicongo *nzumba*, moça, posposto ao título *ndanda*, talvez para significar "princesa". Cp. DANDALUNDA.

danguá *s. f.* CACHAÇA (SM). Provavelmente de ANGUARA.

decisa *s. f.* O mesmo que ADICISSA, esteira (MSA).

dendê *s. m.* (1) Dendezeiro. (2) O fruto do dendezeiro. (3) Óleo extraído desse fruto (BH). (4) Coisa gostosa, apreciável, excelente (SM). Do quimbundo *ndende*, tâmara, fruto da palmeira *Elaeis guineensis*. Segundo RIBAS (1979 b, p. 216) o vocábulo é resultante do verbo *ku-lenda*, ser maleável, em alusão à natureza do fruto.

dendê de cheiro *s. m.* O mesmo que azeite de DENDÊ ou azeite de cheiro. Abon.: "Há certas locuções que foram introduzidas e vulgarizadas no português graças ao negro: angu de caroço (...), azeite de dendê, dendê de cheiro" (MENDONÇA, 1948 a, p. 127).

dendezal *s. m.* Lugar onde crescem dendês (AN). De DENDÊ.

dendezeiro *s. m.* Árvore do dendê, COQUEIRO-DE-DENDÊ (BH). De DENDÊ.

dengo [1] *s. m.* Var. de DENGUE [1], [2].

dengo [2] *s. m.* (1) Carinho. Abon.: "Vem logo me fazer um dengo..." (do SAMBA *Disritmia*, de Martinho da Vila). (2) Faceirice. Abon.: "É dengo, é dengo, é dengo / é dengo que a nega tem" (de um samba de Dorival Caymmi). Do quicongo: *ndengo*, de *lenga*, lubricidade; *ndéngo*, doçura, que é sedoso, macio.

dengo [3] *s. m.* Demônio, diabo (RN). Etimologia obscura: de origem banta; ou eufemização do português *demo* (cp. diacho, dianho)?

dengosa *s. f.* CACHAÇA (SM). De DENGO [2].

dengoso *adj.* (1) Afetado, enfeitado, delambido, requebrado. (2) Faceiro, jovial. (3) Manhoso, astuto. (4) Efeminado. (5) Diz-se de criança birrenta, choramingas (BH). De DENGO [1].

dengue [1] *adj.* 2 g. (1) DENGOSO. // *s. m.* (2) Melindre feminino. (3) Faceirice (BH). (4) Prostíbulo, cabaré (ZN). De DENGO [2].

dengue [2] *s. m.* (1) Birra ou choradeira de criança // *s. f.* (2) Doença infecciosa produzida pelo vírus do mosquito *Aedes aegypti* (BH). Do quimbundo *ndenge*, criança, correspondente ao quicongo *ndenge*, recém-nascido, provavelmente através do espanhol *dengue*. Sobre a doença, cabe aqui transmitir uma informação de Bernal (1987 b, p. 98): "La palabra parece proceder de alguna lengua bantú, pues se documenta en quisuajili *(ki)-dinga-(popo)*, 'dengue', y en girijama *(ki)-dhungui-(dyo)*, 'fiebre' (Dalgish, 1982: 43)."

dengue-de-mané *s. m.* Espécie de flor silvestre do Brasil (CF). De DENGUE [1].

dengue hemorrágica *s. f.* Forma grave da doença dengue (BH). Q. v. DENGUE [2].

dengueiro *adj.* DENGOSO (AN).

denguenta *adj.* Importante (SC). De DENGUE [1].

denguice *s. f.* Faceirice ou melindre feminino; qualidade de quem é DENGOSO (BH, AN). De DENGUE [1].

desacuendar *v.* Abandonar, deixar de lado, esquecer (VAF). Ver ACUENDAR.

desassungar *v. t. d.* O contrário de ASSUNGAR (NS).

desbambado *adj.* Mal-arranjado no trajar; sem moda ou compostura no andar (PC). De provável origem banta.

desbambar *v. t.* Retesar (AN). De BAMBO, frouxo.

desbrongo *s. m.* Desastre, sucesso imprevisto e de mau resultado (MV). De possível origem banta.

desbundado *adj.* Diz-se daquele que desbundou (BH). Part. de DESBUNDAR.

desbundar *v. intr.* (1) Perder o autodomínio. (2) Mostrar a verdadeira face de sua personalidade depois de ter tentado dissimulá-la. (3) Causar espanto, impacto (BH). De BUNDA, talvez da ideia de "tirar a bunda da cadeira", levantar-se, sair andando.

desbunde *s. m.* (1) Ato ou efeito de desbundar. (2) Loucura, desvario (BH). Deverbal de DESBUNDAR.

descabaçada *adj.* Diz-se da moça desvirginada, deflorada (SM). De DESCABAÇAR.

descabaçar *v. t. d.* Desvirginar, tirar o CABAÇO (BH).

descachaçar *v. t.* Limpar o caldo de cana da cachaça ou das escumas grossas (AN). De CACHAÇA.

descambação *s. f.* Ato ou efeito de DESCAMBAR (BH).

descambada s. f. (1) Lapso, erro. (2) Encosta meio íngreme (BH). De DESCAMBAR.
descambadela s. f. Pequena DESCAMBADA (AN).
descambado adj. (1) Que descambou. // s. m. (2) Terreno em declive, DESCAMBADA.
descambar v. intr. (1) Cair para o lado, descair. (2) Terminar de modo contrário ao esperado. // v. t. i. (3) Dizer inconveniência. (4) Descair, degenerar (AN). De CAMBAR.
descangar v. t. d. Tirar a CANGA de (BH).
descangotado adj. (1) Que tem a cabeça caída para trás. (2) Prostrado, combalido, abatido (BH). Part. de DESCANGOTAR.
descangotar v. intr. (1) Ficar com a cabeça caída para trás. (2) Ficar prostrado, combalido, abater-se (BH). De CANGOTE.
descanjicar v. t. d. (1) Bater com violência em alguma coisa, espatifá-la ou feri-la (VS). (2) Esclarecer, desfazer uma intriga ou mal-entendido; pôr em pratos limpos. /// **Descanjicar o verbo**, deitar falação, discursar (MV). De CANJICA.
desencabular v. intr. Desinibir-se. Ex.: No jogo de ontem, F. desencabulou, marcando muitos gols. De ENCABULAR.
desimbambado adj. Diz-se do indivíduo valente, destemido, arruaceiro (RN). De provável origem banta. Talvez ligado ao quicongo *imbamba*, carga: o indivíduo desimbambado seria alguém sem "compromisso" (*kiambamba*, em quimbundo). Q. v. EMBAMBA.
desmancha-samba s. f. (1) CACHAÇA. // s. m. (2) Valentão (BH). Na segunda acepção, também *desmancha-sambas*. De SAMBA.
desmangolado adj. Malfeito de corpo; desajeitado (BH). De MANGOLAR.
desmunhecado adj. e s. m. Homem efeminado, maricas (BH). Part. de DESMUNHECAR.
desmunhecar v. t. d. (1) Decepar ou quebrar a mão ou a munheca a pessoa ou animal (BH). (2) Arrancar a parte de um todo, como: a munheca, o braço, o galho da árvore, o cano da espingarda (VS). (2) Demonstrar jeito efeminado (SM). De MUNHECA.

despongar v. Descer do bonde em movimento (MV). De PONGAR.
dessamoucar v. t. d. Tirar o SAMOUCO a (BH).
diamba s. f. MACONHA (BH). Do quimbundo *diamba* (quicongo *dy-amba*), cânhamo-da-índia.
diambanizado s. m. e adj. Intoxicado pelo uso da DIAMBA (SNES).
diambarana s. f. Planta da família das gencianáceas (BH). De DIAMBA + *rana* (do tupi), semelhante. (NASCENTES, 1966 b).
diambismo s. m. Vício da MACONHA (SNES). De DIAMBA.
diambista s. m. MACONHEIRO (SNES). De DIAMBA.
diambomania s. m. Toxicomania que consiste no uso imoderado da DIAMBA (SNES).
diambonizado s. m. e adj. O mesmo que DIAMBANIZADO (SNES).
diassanje s. m. Ovo (YP). Do quimbundo *dia sanji*, "da galinha".
dibungo s. m. Copo, recipiente para beber (YP). Do quicongo *mbungo*, copo.
dijina s. f. Nos CANDOMBLÉS bantos e na UMBANDA, nome iniciático pelo qual o filho ou filha de santo será conhecido após a feitura. (OC). Do quimbundo *dijina*, nome.
dilonga s. f. Designação, em alguns terreiros, de cada um dos pratos de louça ou de barro usados para compor os assentamentos dos orixás ou para o uso convencional (OC). Do quibundo *dilonga*, prato.
dimbó adj. Duvidoso, incerto (MV). De possível origem banta.
dinga s. m. Diabo (GS). De possível origem banta (ou mera eufemização do nome maldito, como "diacho", "dianho" etc.). Q. v. o umbundo *ndinga-tjivi*, malfeitor, mau.
dirígio s. m. MACONHA (BH). De possível origem banta.
dirijo s. m. Var. de DIRÍGIO.
doca adj. 2 gên. Cego de um olho (BH). De possível origem banta. Cp. o nhungue *doca*, anoitecer, escurecer.
Docó s. m. Em batuques gaúchos, designação de um Oxóssi velho. Abon.: LAYTANO, 1967 c,

p. 49. Possivelmente do quicongo *Ndookolo*, um nome de chefe.

dom-cariongo *s. m.* Indivíduo reles, ridículo, desprezível (PC). Q. v. em CARIONGO.

dorminhoca *s. f.* Cobra da família dos dipsadídeos (AN). Provavelmente relacionado ao quimbundo *nhoka*, cobra, e associado ao v. *nhoka*, dormir, na mesma língua, e não simples feminização do adj. port. "dorminhoco". Observe-se que, para a origem etimológica deste adjetivo, A G. Cunha (1982_1 b) vê "sufixação anormal" e Nascentes (1966 b), origem expressiva.

dota *s. f.* Em cultos paraenses, ponto cantado (OC). Provavelmente do quicongo *ndota*, meditação, devaneio.

Dudu-calunga *s. m.* Mito afro-baiano do folclore do Recôncavo, BA (SC). Provavelmente do quicongo *ndudu*, olhos grandes, esbugalhados, ou ventre grande, saliente, mais CALUNGA.

dumba [1] *s. f.* Na terminologia do culto OMOLOCÔ, mulher (OS). Do quicongo *ndúmba*, moça, mulher jovem.

dumba [2] *s. f.* Mulher velha (GS). Provavelmente do quimbundo *mumba*, mulher que teve filhos. Ou de DUMBA [1].

dundu *s. m.* Peixe da família dos silurídeos, *Rhambia gracilis* (AN). Provavelmente do quicongo *ndundu*, nome do peixe *seese*. Apesar de Laman (1964 b) classificar cientificamente o *seese* como *Mormyrus ovis*, acreditamos ter sido o nome, aqui, atribuído a peixe de outra família, por semelhança. Veja-se também que a classificação dicionarizada por Nascentes (1966 b) não é a mesma de Buarque de Holanda (FERREIRA, 1986 a), que nos dá *Pimelodella gracilis*.

dunga [1] *s. m.* (1) Homem bravo, valente. (2) Curinga, carta de baralho. (3) Homem importante, chefe, mairal (BH). Do quicongo *ndunga*, pessoa de grande porte. Entre os BACONGOS de ANGOLA, o termo *ndunga* designa cada um dos *zindunga*, homens pertencentes a uma importante sociedade secreta (cf. SERRANO, 1983 c, p. 54).

dunga [2] *s. m.* Umbigada forte (MA). De origem banta. Cp. PUNGA.

dungada *s. f.* Aguilhoada, ferroada (SAM). De DUNGA [2].

dungo *s. m.* Pimenta (SRO). Do quicongo *ndungu*.

dunguinha *s. m.* (1) Amigo útil, carinhoso. (2) O dois de paus, num baralho. (3) Criançola, homem insignificante (CF). De DUNGA [1].

dungunar *v. intr.* Falar (VF). Provavelmente do quimbundo *bungula*, falar; ou de GUNGUNAR.

duque [1] *s. m.* Tambor (VF). Do quicongo *duku*, tambor.

duque [2] *s. m.* Inseto (VF). Possivelmente ligado ao quicongo *nduki*, menino, menina.

Durimbamba *s. m.* Entidade de UMBANDA, da linha das almas; preto velho. Abon.: "Durimbamba é de Katutu / Durimbamba é de Katuê..." (CANTIGAS, 19--_5 a, p. 41). De origem banta, talvez influenciado pelas vozes portuguesas *duro* e *durindana*.

elepongue s. m. Mistura alcoólica (JC). De provável origem banta. Q. v. a raiz *ele*, presente em vários vocábulos bantos correspondentes ao português *leite*; q. v. tb. o umbundo *ongwe*, onça; e cp. ao nome de uma popular bebida: *leite de onça*. Veja-se, ainda, o nome étnico *pongwe*.

emba [1] s. f. Pó mágico usado outrora nos rituais CABULISTAS (OC). Do umbundo *uemba*, feitiço, sortilégio, veneno, remédio.

emba [2] s. f. Mel (YP). Do quimbundo *uemba*, melaço.

embala s. f. (1) SENZALA. (2) CUBATA de SOBA (BH). Do quimbundo *mbala*, aldeia.

embalar v. t. d. Acalentar, balouçar para fazer adormecer (AN). Certamente ligado ao quimbundo *lambala*, adormecer; ou ao quicongo *mbambala-mbambala*, docemente, suavemente.

embamba s. f. Carga (YP). Do quimbundo *imbamba*, carga.

embanda s. m. Sacerdote da CABULA (OC). Do quimbundo *imbanda*, pl. de *kimbanda*, curandeiro, sacerdote, líder espiritual.

embaucador adj. e s. m. Que ou aquele que embaúca, ilude (BH). De EMBAUCAR.

embaucar v. t. d. e intr. Enganar com artifício, atrair (BH); aliciar, seduzir (AN). Provavelmente do quicongo *bauka*, que é conquistado, ganho.

embé s. m. Em terreiros de origem banta, sacrifício ritual de animais (OC). Provavelmente do quicongo *mbe*, onomatopeia do ruído de alguma coisa dura batendo sobre outra.

embecado adj. Vestido com apuro, com roupa nova (BH). De BECA.

embelecador adj. e s. m. Que ou aquele que embeleca (BH). De EMBELECAR.

embelecar v. t. (1) Iludir, enganar com boas aparências. (2) Deixar-se iludir (BH). De EMBELECO [1].

embeleco [1] s. m. (1) Engodo, impostura (BH). (2) Artifício, sedução (AC). (3) Namoro, caso (BH). Etimologia controversa: Nascentes (1966 b) vê uma possível origem árabe. Corominas (1983 b), no espanhol, atribui origem

incerta. Para nós pode vir do quicongo: q. v. *mbelekela, porção de comida que as mulheres, ao fim da feitura da refeição, reservam para o marido.
embeleco [2] *s. m.* Estorvo, obstáculo, empecilho (BH). Origem controversa. Q. v. em IMBELECO.
embelecos *s. m. pl.* BUGIGANGAS, objetos de adorno de pouco valor, só agradáveis à vista (ZN). Pl. de EMBELECO [1].
embelengar *v. t.* Mimar, paparicar. Abon.: "O criminoso é José de Arimateia, aquele que o cunhado Valico mais Siá Domingas embelengavam tanto..." (PALMÉRIO, 1966 c, p. 100). De origem banta. Q. v. o radical do umbundo *pelenge, ligado à noção de enfraquecimento, delicadeza. Q. v.tb. o quicongo *lenga o malengu, acariciar. Cp. DENGO.
embengado *adj.* Subordinado, pendurado. Abon.: "Estou certo de que a paçoca é a farinha de guerra com que se munem para resistir briga com a jagunçada dos grileiros, onde Henricão, Vitalino Cara-Torta e um tanto a eles embengados são uns" (BERNARDES, 1984 c, p. 194). Provavelmente do quicongo *bennga* (de *bengalala*), pender; estar inclinado como quem está morto.
emboá *s. m.* Var. de IMBUÁ (SRO).
embonar *v. t. d.* Colocar EMBONO (BH).
embondeiro [1] *s. m.* Baobá, árvore das savanas africanas (AN). Aportuguesamento do quimbundo *mbondo*, baobá. "Resultante de *bonda*, matar em alusão à preferência dada pelos feiticeiros a essa árvore, para seus exercícios macabros." (RIBAS, 1989_2 b, p. 162).
embondeiro [2] *adj.* Difícil. Abon.: "Vou aprendendo, com vagar, o serviço embondeiro de quebrar COCO" (BERNARDES, 1984 c, p.165). De EMBONDO.
embondo *s. m.* Dificuldade, embaraço (BH). De origem banta. Raymundo (1936 a) vê o étimo no quimbundo *mbondu*, insucesso. Q. v. o quicongo *mbondo, "mau êxito de um marido" (LAMAN, 1964 b) e o umbundo *mbondo-ngolo, tropeço, calço, obstáculo.

embono *s. m.* (1) Linha de paus, longitudinalmente colocados ao lado das embarcações para as equilibrar (PC). (2) Revestimento de madeira aplicado ao casco das embarcações para aumentar-lhes a estabilidade. (3) Grande viga de pau colocada em algumas embarcações para equilibrá-las e amortecer-lhes o balanço lateral. Controverso: Nascentes (1966 b) vê o étimo no espanhol; Corominas (1983 b) não consigna. Para nós, vem do quicongo *mbóno*, tronco, cacete, bastão, através do espanhol.
embruacado *adj.* Metido em BRUACA (BH).
embruacar *v. t. d.* Arrecadar coisas em BRUACA (AN, BH).
embude *s. m.* Substância que se lança na água para entontecer o peixe e apanhá-lo com a mão (BH). Provavelmente do quicongo *mbudi*, armadilha.
embuete *s. m.* Pau, porrete (VF). Do umbundo *mbweti*, cajado, BENGALA, pau, cacete.
embuziar *v. t. d. e p.* Aborrecer(-se), enfurecer(-se), embezerrar(-se) (BH). Do nhungue *imbuzi* (suaíle *mbuzi*), bode. Cp. MACAMBÚZIO.
emonar-se *v. p.* Arrufar-se, amuar-se, embezerrar-se (BH). De MONO.
empacaça *s. f.* Búfalo. Abon.: "... os bosques são vil morada / de empacassas / Animais de estranhas raças / de leões, tigres e abadas..." (MATOS, 1990 c, v. II, p. 1185). Do quimbundo *mpakasa*, búfalo.
empacador *adj.* Diz-se do animal dado a EMPACAR (BH).
empacar *v. intr.* (1) Não continuar, não prosseguir. (2) Parar (o animal), firmando teimosamente as patas, para não prosseguir viagem (BH). Possivelmente do quicongo *mpaka*, teima, teimosia, birra, através do espanhol americano. Nascentes (1966 b) vê o étimo no espanhol americano mas em *paco*, alpaca.
empalamado *adj.* Pálido, anêmico, ou de uma gordura frouxa e descorada (BH). Provavelmente do umbundo *palama*, ser indesejável, odiado, condenado, amaldiçoado, excomungado. Q. v. tb. o umbundo *palamba, grande maldição, grande desgraça.

empalamar-se *v. p.* Tornar-se EMPALAMADO (BH).
empalemado *adj.* EMPALAMADO (BH).
empambado *adj.* EMPALAMADO (BH). Provavelmente do umbundo *pamba*, curvar. Milheiros (1972 b, p.105) atribui "origem angolana".
empangar *v. intr.* Ficar inerte, friorento, sem ânimo (BH). Possivelmente do umbundo: q. v. **panga*, cova, toca; **pangu*, buraco, fenda (com a ideia de que quem está sem ânimo, está "na toca", na *panga* ou no *pangu*).
empanzinador *s. m.* Aquele que empanzina (BH). De EMPANZINAR.
empanzinamento *s. m.* Ação de EMPANZINAR (BH).
empanzinar *v. t.* (1) Empanturrar, enfartar (CF, BA). // *v. intr.* (2) Mentir, enganar, iludir (PC). De PANZINA.
empelo *s. m.* (1) Conjunto de ervas cozidas que se adicionam aos guisados (MV). (2) Porção de massa antes de se converter em pão (BH). Provavelmente do quicongo: q. v. **mpèlo*, força vigor; **mpélo*, frutos em geral.
empombação *s. f.* Zanga (BH). De EMPOMBAR.
empombar *v. t. i.* Zangar-se, irritar-se (BH). Provavelmente do nhaneca *pomba*, ser malcriado; de onde *epomba*, malcriadez (SILVA, 1989 b, p. 272).
encabulação *s. f.* Ato ou efeito de ENCABULAR (AN).
encabulador *adj.* Que consegue ENCABULAR (AN).
encabulante *adj.* ENCABULADOR (AN).
encabular *v. intr.* (1) Ficar vexado por algum motivo. // *v. t. d.* (2) Vexar, envergonhar. // *v. p.* (3) Agastar-se, irritar-se (AN). Certamente relacionado ao quimbundo *kulebula*, vexar, envergonhar.
encaçapar *v. t. d.* Meter na CAÇAPA (BH).
encachaçado *adj.* Embriagado com CACHAÇA (BH).
encachaçar-se *v. p.* Embriagar-se com CACHAÇA (BH).
encachar *v.* O mesmo que ACACHIAR (CBC).
encafifado *adj.* Sem jeito, sem graça (SCH). De ENCAFIFAR.

encafifar *v. t. d.* (1) Envergonhar, ENCABULAR. (2) Desgostar, desagradar (BH). De CAFIFE.
encafuar *v. t. d.* Esconder, ocultar; meter em CAFUA (BH).
encafurnar *v. t. d.* ENCAFUAR (BH). De CAFURNA.
encalamoucar *v. t. d.* (1) Calotear, fintar. (2) Meter em dificuldade, encalacrar (BH). De possível origem banta, relacionado à raiz *nkala*, escorpião, do quicongo.
encalombado *adj.* Que encalombou (BH). De ENCALOMBAR.
encalombamento *s. m.* Ato ou efeito de ENCALOMBAR (AN).
encalombar *v. intr.* Criar CALOMBO (BH).
encamboar *v. t. d.* Amarrar ao CAMBÃO (BH).
encambonado *adj.* Aparceirado. Abon.: "A eleição de hoje não tem graça: os partidos andam encambonados uns com os outros" (MOTTA, 1982 a, p. 234). De CAMBONO.
encambonar-se *v. p.* Unir-se, juntar-se, andar sempre junto com alguém (PC). De CAMBONO.
encame *s. m.* (1) Manada de javalis. (2) Covil de feras (BH). Provavelmente do quicongo *nkami*, pessoa violenta, cruel; bárbara. Houaiss (HOUAISS; VILLAR, 2001 a) liga ao port. *encamar*, organizar em camadas.
encanfinfar *v. t. d.* ENCAFIFAR (BH).
encangado *adj.* Unido, junto, pegado (PC). De ENCANGAR.
encangalhar *v. t. d.* Arrear com CANGALHA (BH).
encangar *v. t. d.* (1) Pôr a CANGA em (BH). (2) Unir, juntar (PC).
encangotar *v. t. d.* Encapotar (BH). De CANGOTE.
encanjicada *adj.* Diz-se da carne de porco parasitada por cisticercos (MV). De CANJICA (pela aparência dos vermes).
encaramonar *v. t. d.* Tornar triste, amuado, embezerrado (BH). De MONO (ficar "com cara de mono").
encarangado *adj.* (1) Entrevado, engelhado. (2) Raquítico, franzino (BH). De ENCARANGAR.
encarangar *v. t. d.* (1) Perder o movimento, ficar entrevado (BH). (2) Tiritar de frio, congelar

(JR). De origem controversa. Raymundo (1936 a) tenta o nhungue *karanga*, doença adquirida na vida de devassidão, de *karanga*, prostituição, vida devassa.

encaxumbado *adj.* Atacado de CAXUMBA (MV).

encocurutar *v. t. d.* Pôr no alto, no COCURUTO (BH).

encofar *v. t. d.* Guardar em COFO.

encorcundar *v. t. d. int. e p.* ACORCUNDAR (BH).

endá *s. m.* Na UMBANDA, termo de significado obscuro, tanto podendo significar a coroa, a proteção do médium, quanto o próprio terreiro ou abaçá. Cacciatore (1988 a) dá também: "Denominação dada a iniciado de alta posição, conhecimentos e envergadura moral dentro do terreiro." Abon.: "Mamãe Sinda, olha umbanda / Vem saravar o endá / Mamãe Sinda, olha umbanda / Saravar este abaçá (CANTIGAS, 19--_4 a, p. 59). Certamente do quicongo *ndaa*, ancestral.

endiche *s. f.* Rede vertical que guarnece a boca de uma armação de pesca (BH). Possivelmente do quicongo. Veja-se *ndinzi, nervura principal de uma folha.

endoque *s. m.* (1) Feiticeiro, macumbeiro (OC). (2) Personagem que representava o feiticeiro nos folguedos de coroação dos "reis" negros no Rio de Janeiro do século XVIII. Do quicongo *ndoki*, feiticeiro ou "ancestral mau que se transformou num vampiro" (cf. GROMIKO, 1987 c, pág. 175).

enfonar *v. intr.* Não cumprir um compromisso (NIV). De provável origem banta. Cp. FONA [2].

engabelação *s. f.* Ato de ENGABELAR (BH). Var. de ENGAMBELAÇÃO.

engabelador *adj. e s. m.* Que ou aquele que engabela (BH). Var. de ENGAMBELADOR.

engabelar *v. t. d.* (1) Enganar, iludir jeitosamente (BH). Var. de ENGAMBELAR.

engabelo *s. m.* Var. de ENGAMBELO (BH).

engala *s. f.* Costura das peças da rede de pesca (BH). De possível étimo banto. Q. v. o quicongo *ngala* (*mangala-ngala*), racimo incompleto, com grãos espacejados, que não frutificou bem. Veja-se tb. o quioco *ngala, gaiola.

engambelação *s. f.* ENGABELAÇÃO (BH).

engambelador *adj. e s. m.* ENGAMBELADOR (BH).

engambelar *v. t. d.* ENGABELAR (BH). De origem banta. Raymundo (1933 a, p. 129) escreve: "João Ribeiro dá-lhe para étimo o afrolusismo *nguimbular*, adivinhar, mas como o fazem os curandeiros simuladores. Também fora possível enxergar-lhe um étimo no ambundo *ngimbiri*, cantor ou cantador, que enganaria com suas modas: 'nguimbirar-enguimbilar.'" Em obra posterior, Raymundo (1936 a, p. 131) avança na tentativa: "Note-se o quimbundo *ngamela*, do português *gamela*. A vasilha feita de madeira e com o feitio de um barco, apenas menor e mais rasa, entre angolanos tem emprego especial na umbanda (...) Talvez nisso se possa ver outra fonte: do quimbundo *ngamela* os verbos gam(b)elar e engam(b)elar." Q. v. ENGAMBELO.

engambelo *s. m.* (1) Engodo, embuste (BH). (2) Oferenda de menor valor que se faz ao orixá, até que se possa fazer outra de maior valor ou força; paliativo (OC). De origem banta. Q. v. o umbundo *uyambelo, presente que dá ao curandeiro; o soto *kabelo, oferta, contribuição; o ganguela *ndambelo, porção que se dá além da medida.

engana *s. m.* Var. de ANGANA, na CONGADA da Caraguatatuba, São Paulo. Abon.: "Engana, eu não queria assim / Eu queria que esse rei / Fosse esbandalhado" (LIMA, 1981 a, p. 94).

enganjento *adj.* (1) Vaidoso, presumido, orgulhoso (BH). (2) Rabugento (SC). De GANJA.

engira *s. f.* Conjunto, reunião dos adeptos da CABULA. Abon.: "A reunião dos camanás forma a engira". (RODRIGUES, 1977 a, p. 257). De origem banta: ou do quimbundo *njila*, giro; ou do umbundo *ochila*, lugar de dança, deriv. de *tjíla* (var. *chila*), dançar, bailar. Q.v. INGIRAR.

engoiado *adj.* Magro, raquítico (BH). De ENGOIO.

engoiaia *s. m.* ANGUAIA, GUAIÁ (MA).

engoiaiama *s.* Termo ocorrente numa invocação da reza de embaixada, na CONGADA de Caraguatatuba, SP. Abon.: "Oi engoiaiama! Oi intertié!" (LIMA, 1981 a, p. 95). Do quimbundo *ngola-ia-mi*, meu soberano, meu rei poderoso.

engoiar-se *v. p.* (1) Tornar-se triste. (2) Emagrecer, definhar (BH). De ENGOIO.

engoio *s. m.* Tristeza, emagrecimento, raquitismo (JR). Raymundo (1936 a) dá como étimo o quimbundo *ngoê*, lástima.

engoma *s. m.* Atabaque dos CANDOMBLÉS bantos (BH). Do termo multilinguístico *ngoma*, tambor. Q. v. em ANGOMA.

engrambelação *s. f.* ENGAMBELAÇÃO (BH).

engrambelador *adj. e s. m.* ENGAMBELADOR (BH).

engrambelar *v. t. d.* ENGAMBELAR.

engrambelo *s. m.* ENGAMBELO (BH).

engrimanço *s. m.* (1) Discurso obscuro, modo ininteligível de falar. (2) Enredo, artimanha, logro. (3) Figuras sem a justa grandeza na pintura (AN). (4) Imagem tosca: "Ao centro do altar, dois engrimanços de par..." (FRIEIRO, 1962 c, p. 83). De possível origem banta. Q. v. o quimbundo **ngiri*, amigo: estar junto, "ingrinhado".

engronga *s. f.* Bebedeira; surto psicótico. Abon.: "Durante tais sapitucas, engrongas que costumam durar até quinze dias, passa as noites em claro, derretendo ouro virgem..." (BERNARDES, 1984 c, p. 139). Provavelmente ligado a GRONGA.

engrujado *adj.* INGURUJADO (RME).

engundado *adj.* Suspenso a meia altura por um atilho; arregaçado, arrepanhado (AP). Q. v. em ENGUNLADA.

engunhar *v. t. d.* Secar, passar (a fruta) (BH). Provavelmente do quicongo *ngungunya*, mastigar, ruminar.

engunlada *adj.* Diz-se da saia arregaçada até metade da perna e presa na cintura por outro pano (BH). Provavelmente do quicongo. Q. v. **ngungula*, firmeza, fixidez; **zanguna*, arregaçar.

enjica *s. f.* (1) Birra, implicância, QUIZILA. (2) Aborrecimento, amolação (BH, MV). Deverbal de ENJICAR.

enjicar *v. t. i.* (1) Embirrar, implicar com alguém ou alguma coisa (BH). // *v. t. d.* (2) Aborrecer, importunar (MV). Do quimbundo *jijica*, importunar.

enjo *s. f.* Casa (VF). Q.v. INJÓ.

enquitar *v. t. d.* Obstar, impedir (BH). Provavelmente do quicongo *nkita*, paralisia.

enquizilado *adj.* Que tem aversão, QUIZILA.

enquizilar *v. t. d., intr. e p.* O mesmo que QUIZILAR.

entame *s. m.* Velório, funeral, axexê (DL). Do quicongo *ntambi*, funeral.

entangado *adj.* Diz do tecido grosso, encorpado, de fios cerrados (SAM). De *tanga*, talvez pela circunstância desse tipo de tecido ser semelhante àqueles com que se fabricavam as vestes africanas. Q. v. TANGA.

entanguecer *v. int. e p.* Encolher-se de frio, entanguir-se (BH). Q. v. em ENTANGUIR.

entanguido *adj.* (1) Hirto, duro de frio. (2) Raquítico, insignificante (BH). Part. de ENTANGUIR.

entanguir *v. t. d. e p.* Tornar-se hirto de frio, encolhido ou raquítico (BH). Nascentes (1966 b) escreve: "Entanguir-se. Para Adolfo Coelho a base é tango 'pau que se fixa no chão em certo jogo de rapazes'. Entanguir-se é, com o frio, 'ficar hirto como um tango'". De possível origem banta.

entanguitado *adj.* ENTANGUIDO (BH).

entica *s. f.* Provocação, debique (BH). Deverbal de ENTICAR.

enticador *adj.* ENTICANTE (BH).

enticagem *s. f.* ENTICA (RN, grafado *inticage*).

enticante *adj. 2 gên.* Que faz ENTICA (BH).

enticar *v. t. i.* Provocar, debicar, implicar (BH, CF). Étimo controverso: Nascentes (1966 b), sem certeza, julga vir "de um latim *intaedicare*, causar tédio". Para nós, é banto, do quicongo *tatika*, implicar, de onde *ntiki-ntiki*, qualidade de quem é perseverante, opiniático.

entifar *v. int.* Encher-se de ENTIFAS (FS).

entifas *s. f. pl.* Caprichos, fantasias (FS). Provavelmente relacionado ao quicongo *ndifee*, aquele que não quer tomar parte na conversa.

enxacoco *adj. e s. m.* Que ou aquele que fala mal uma língua estrangeira (BH). Do bundo *sakoka*, hesitar falando, tartamudear (ALVES,1951 b). Nascentes (1966 b), citando "o Cardeal Saraiva", certamente inspirado em Cannecatim (1853 b, p. 100), busca o étimo num "conguês" ou bundo "*xacoco*, linguareiro".
enzamboado *adj.* (1) De pernas arqueadas. (2) Trôpego, cansado (SP). De ZAMBRO.
enzampa *s. 2 gên.* Maçante (BH). De ENZAMPAR.
enzampar *v. t. d.* Comer muito, com pressa e voracidade: encher muito o estômago; ZAMPAR (BH). Do quicongo *sampa*, estar muito cheio, estar cheio até o bordo, transbordar. Possivelmente através do espanhol, como deseja Nascentes (1966 b).
enzaricar *v. t.* Irritar (MV). Provavelmente do quicongo *sadika*, jogar de um lado para o outro; salgar, apimentar.
enzenza *s. f.* Raiz do timbó, usada na confecção de vassouras, chapéus, balaios etc. (RG). Do quicongo *nsensa*, balaio de pescador feito de nervuras de folha de palmeira.
enzo *s. f.* Casa (SRO). Do quicongo *nzo*.
equice *s. m.* Var. de INQUICE (MSA).
ervilha-de-angola *s. f.* GUANDO (ALF). De ANGOLA.
ervilha-do-congo *s. f.* GUANDO (ALF). De CONGO.
ervilha-mangalô *s. f.* Ver MANGALÔ.
esbambeado *adj.* Tornado BAMBO (BH).
esbambear *v. t. d., intr. e p.* BAMBOLEAR (BH).
escangalhado *adj.* Estragado (BH). Part. de ESCANGALHAR.
escangalhar *v. t. d.* (1) Estragar. (2) Pôr em desordem (BH). De CANGALHÉ ou CANGALHO.
escangalho *s. m.* Desordem, confusão, desmantelo (BH). De ESCANGALHAR.
escangotar *v. t. d.* Segurar ou sacudir pelo CANGOTE (BH).
escarambada *s. f.* Ato de ESCARAMBAR-SE (BH).
escarambar-se *v. p.* Secar-se muito e enrugar-se a terra (BH). Possivelmente do nhungue *nkaramba*, velho. Veja-se tb. o nianja *wokalamba, velho.

escarumba *s. m.* Homem negro (JR). Do umbundo *okalumba*, diminutivo de *lumba*, escravo, aprendiz de curandeiro, moço de feiticeiro.
escola de samba *s. f.* Sociedade musical e recreativa que participa de desfiles carnavalescos cantando e dançando o SAMBA.
escravo de inquice *s. m.* Uma das denominações da entidade nagô Exu nos CANDOMBLÉS bantos (ENC). Q. v. em INQUICE.
esfandangar *v. t.* Pôr em desordem, estragar (AN). Viotti (1956 a) registra "esfandangadamente, mal-soante, muito estridente". De FANDANGO [2].
esgandaiado *adj.* Diz-se de quem está com o cabelo desarrumado, despenteado, desgrenhado (SAM). Provavelmente de GANDAIA.
esmolambado *adj.* Feito em MOLAMBOS, vestido de molambos (BH). De ESMOLAMBAR.
esmolambador *adj.* Que ou aquele que esmolamba ou achincalha (BH). De ESMOLAMBAR.
esmolambar *v. int.* (1) Transformar em molambos. (2) Achincalhar, acanalhar (BH). De MOLAMBO.
espandongado *adj.* (1) Desajeitado, defeituoso, arruinado (MV). (2) Desarrumado, relaxado (BH). (3) Arreliado, descomedido, exaltado (PC). De ESPANDONGAR.
espandongamento *s. m.* Desordem, desleixo, relaxação (BH). De ESPANDONGAR.
espandongar *v. t. d.* Pôr em desordem (BH). Provavelmente de ESFANDANGAR.
espanta-moleque *s.* CACHAÇA (SM). Q. v. em MOLEQUE.
esperagana *s. f.* Certo tecido antigo (BH). De possível origem banta. Cp. ANGANA. Veja-se no quicongo: *palanganga, em desordem; *mpalakana, cara a cara, vizinho.
esquiça *s. f.* Batoque que se faz para tapar o suspiro nos tonéis de vinho (BH). Nascentes (1966 b) escreve: "Figueiredo prendeu ao espanhol esquício, que não convém quanto ao sentido". Para nós, pode vir do quicongo *sikisa*, meter um suporte, um contraforte; tornar sólido, firmar, sustentar.

etá s. m. Pênis (VF). Provavelmente do quicongo. Q.v.: *tá*, qualquer coisa preciosa, de valor; *tá*, galho, ramo; *tá*, fuzil.

eu, hein!? loc. interj. Denota, ao mesmo tempo, surpresa e desdém. Possivelmente do quimbundo *euê*, interj. designativa de surpresa ridícula: "Ih! Ora vejam lá! que coisa esquisita" (RIBAS, 1989_2 b, p. 162).

exoa adj. Bobo (VF). Provavelmente relacionado ao quicongo *swa*, condição de recém-nascido.

Exu Calunga s. m. Um dos exus da UMBANDA. Abon.: ORTIZ, 1978 a, p. 81-83. Q. v. em CALUNGA. O primeiro elemento é de origem nagô.

Exu Carangola s. m. Entidade da UMBANDA. Abon.: ORTIZ, 1978 a, p. 81-83. O elemento *carangola* é de provável origem banta.

Exu Corcunda s. m. Exu que baixa em cultos paraenses (NF). Q. v. em CORCUNDA.

Exu Ganga s. m. Um dos exus da UMBANDA. Abon.: ORTIZ, 1978 a. Q. v. em GANGA.

Exu Gererê s. m. Exu que baixa em terreiros de UMBANDA. Abon.: ORTIZ, 1978 a. O elemento *gererê* é de provável origem banta. Q. v. o quicongo *nzelele*, larva.

Exu Macanjira s. m. Entidade da UMBANDA. Abon.: ORTIZ, 1978 a. O segundo elemento é de base banta.

Exu Molambo s. m. Entidade que desce em cultos paraenses (NF). Q. v. em MOLAMBO.

Exu Nanguê s. m. Um dos exus da UMBANDA. Abon.: ORTIZ, 1978 a. De possível origem banta o segundo elemento. Cp. TATANGUÊ.

Exu Pemba s. m. Exu da UMBANDA. Abon.: ORTIZ, 1978 a. De CARIAPEMBA.

Exu Tranca-Gira s. m. Exu que baixa em cultos paraenses (NF). Q. v. em GIRA.

faim s. f. Faca (VF). De provável origem banta.
fandangaçu s. m. Baile popular animado e barulhento (BH). De FANDANGO.
fandangar v. intr. Dançar o FANDANGO (BH).
fandango [1] s. m. (1) Designação genérica de antigos bailes campestres com danças sapateadas e canções ao som de viola (ZN). (2) Qualquer baile ou divertimento. (3) Briga, desordem, conflito, rolo (BH). Nascentes (1966 b) e A. G. Cunha (1982_1 b) dão como étimo o espanhol *fandango*. Corominas (1983 b) data a entrada do termo, no espanhol, em 1705, mas afirma que a origem é incerta e não ameríndia. Para nós, o étimo remoto é banto. Q. v. o quimbundo **fundanga*, pólvora (possível alusão ao "fogo", à explosão de alegria na festa) e cp. ao português **polvorosa*. Veja-se tb. o quicongo **tuba ndángwa*, fazer movimento de dança.
fandango [2] s. m. Espada velha, não inteira, reduzida a facão (JR); facão tipo rabo de galo usado pelos soldados de polícia (RN). De origem banta, provavelmente de outro étimo que não o de FANDANGO [1].
fandanguear v. intr. FANDANGAR (BH).
fandangueiro adj. Que gosta de FANDANGO e outras danças populares (BH). De FANDANGO.
fandanguista adj. 2 gên. FANDANGUEIRO (BH).
fangangá s. m. Pagodeira, festança, rega-bofe (PC). De FUNGANGÁ.
fanguista adj. Divertido, dado a festas e funções (VS). Provavelmente de FANDANGUISTA.
fanico s. m. Síncope (BH). Provavelmente red. de FANIQUITO.
faniquiteiro adj. e s. m. Que ou aquele que está sujeito a FANIQUITO (BH).
faniquito s. m. Ataque de nervos sem gravidade (BH). Provavelmente do quicongo *fidikita*, passar mal do coração.
farofa s. f. (1) Mistura de farinha com gordura e às vezes com outros alimentos. (2) Jactância, bazófia (BH). Raymundo (1933 a, p. 130) escreve, citando Capello e Ivens: "Estamos certos de que é palavra africana; entre os negros de Angola há a palavra falofa ou farofia, para designar a mistura de farinha, azeite ou água, a que se

junta jindungo." E Óscar Ribas arremata: "O vernáculo em quimbundo é *falofa*. Resultou ele de *kuvala ofa*, expressão que significa: parir morto (...) Da mecânica linguística (...) originou-se o termo *valofa*, depois modificado para farofa (...) Agora interpretemos o sentido (...): 'parir' corresponde a preparar, e 'morto', frio..." (in: CASCUDO, 1965 b, p. 100).
farofada *s. f.* Fanfarrice, FAROFA (BH).
farofeiro *s. m.* (1) Fanfarrão. (2) Indivíduo que frequenta praia levando farnel (BH). De FAROFA.
farofento *adj.* Fanfarrão, FAROFEIRO (BH).
farófia *s. f.* FAROFA (BH).
farrabamba *s. f.* FARRAMBAMBA (BH).
farrambamba *s. f.* Gabolice, pabulagem, fanfarrice, entusiasmo infundado (SR). "Silvio Romero (...) atribui origem africana. Parece palavra expressiva" (NASCENTES, 1966 b). "Palavra híbrida (...) de fa(r)ra, afrinigerização do português *fala* + adj. *mbamba*, exímio, excelente" (RAYMUNDO, 1933 a, p. 130). De base banta.
farrambambear *v. int.* Farrear, fazer FARRAMBAMBA. Abon.: "Chupar caxundé! / Farrambambear por esse mundo" (LIMA, 1969 c, p. 76).
farricoco *s. m.* (1) Cada um dos condutores da tumba ou esquife, nos enterros (BH). (2) Pregoeiro encapuzado que encabeça as procissões, simbolizando a morte (MA). Segundo Raymundo (1933 a, p. 12) é de origem africana e se relaciona com o quimbundo *kuku*, avô, avó. Q. v. COCA.
farroma *s. f.* (1) Fanfarrice. // *s. m.* (2) Fanfarrão (BH). De FARROMBA.
farromba *s. f.* Fanfarrice (BH). De FARRAMBAMBA.
farrombeiro *adj. e s. m.* Fanfarrão, que comete FARROMBA (BH).
fava-de-angola *s. f.* Arbusto da família das bignoniáceas (AN). Do topônimo ANGOLA.
feijão-andu *s. m.* Fruto do anduzeiro, GUANDO. "... e ele, de um pulo, alcançou a moita de feijão--andu, amassadinha de pouco" (PALMÉRIO, 1966 c, p. 44). Q. v. ANDU.
feijão-guandu *s. m.* FEIJÃO-ANDU (BH).
feijão-macaça *s. m.* Feijão-de-corda (HV). Q. v. MACAÇAR.
feofó *s. m.* FIOFÓ (BH).
fiaca *s. f.* Moleza, preguiça (MV). Provavelmente relacionado ao quimbundo *mafiaka*, sujeira.
fiango *s. m.* Rede pequena, de viagem (BH), rede pequena e ordinária (LM). Provavelmente do quicongo. Q. v. *mfyangu*, feixe dos músculos das costas, de alto a baixo; *fwanga*, qualquer coisa sem valor.
figa *s. f.* Amuleto em forma de mão fechada (BH). Étimo controverso. Nascentes (1966 b) aponta o lat. tardio *fica*, vulva. Encontramos, no suaíle, *fingo*, amuleto, gris-gris; e *finga*, proteger com um amuleto. Serão portuguesismos?
fimbo *s. m.* Lança de madeira (AN, CF). Do suaíle *fimbo*, bastão leve. Veja-se tb. o quicongo *mfimbu*, símbolo da caça.
fiofó *s. m.* Ânus (BH). De provável origem banta. Cp. FIOTO.
fiote [1] *adj. 2 gên.* (1) Elegante, janota, casquilho (BH). (2) Dengoso, namorador (RN). De *mfioti* (fiote), grupo étnico banto, também denominado cabinda ou CAMBINDA. A explicação está com Cascudo (1965 b, p. 131): "Diz-se no Brasil, notadamente no nordeste e na linguagem popular, fióta ou fióte, valendo casquilho, elegante, janota. Está todo fiote! Será do peralvilho cabinda, o negro fiote, pisa-flores, airoso e peralta, o vocábulo, na ironia dos velhos escravos nos eitos pernambucanos?" Acreditamos que sim. Q. v. CAFIOTE.
fiote [2] *s. m.* Ânus (BH). De FIOTO.
fioto *s. m.* Ânus. Abon.: "Disse nas minhas ventas que limpava o fioto - com licença da palavra - com diploma de juiz de Direito" (PAIVA, 1973 a, p. 130). Provavelmente do quimbundo *fiokoto*, muito sujo (MATTA, 1893 b). Cp. o afro-cubanismo *fotingo*, ânus (CABRERA, 1984 b).
flomenga *adj.* Diz-se da faca de ponta muito estreita e flexível (SAM). Trata-se de regionalismo de Minas Gerais. De provável origem banta,

talvez relacionado ao quicongo *menga*, sangue. Mas pode ser também uma corruptela do port. *flamenga*, de Flandres. Cp. FRAMENGO (faca "raquítica"?).

foba *adj. 2 gên. e s. 2 gên.* (1) Diz-se de, ou pessoa medrosa. (2) Palerma. (3) Preguiçoso, moleirão. (4) Diz-se de, ou pessoa jactanciosa, arrogante (BH). // *s. f.* (5) Arrogância, blasonice, jactância (RN). Provavelmente do quicongo *fwoba*, ser ou estar oprimido, esmagado; estar agachado. Quanto às acepções (4) e (5), não conseguimos explicar o processo de inversão do significado.
fobado *adj.* Reles, FOBÓ (BH).
fobar *v. t. d.* Perder ou ganhar dinheiro (BH). De FOBA (por "ser oprimido" e "oprimir").
fobitar *v. t. d.* FOBAR (BH).
fobó [1] *adj, 2 gên.* (1) Reles, ordinário. // *s. m.* Indivíduo sem importância, que nada possui (BH). Provavelmente do quicongo *fobolo*, ruína, objeto quebrado (em pedaços).
fobó [2] *s. m.* Atrativo, sedução (RP). De provável origem banta.
fobó [3] *s. m.* Baile de gente pobre, arrasta-pé (BH). Provavelmente de FORROBODÓ.
foboca *s. f.* Veado-roxo (BH). Provavelmente do quicongo *foboka*, estar ou ser abatido, derrotado, caçado violentamente.
fofoca *s. f.* Intriga, mexerico (BH). O étimo é discutível. Em Castro (1976 a) está consignado como de origem banta; mas Castro (2001 a) já não verbetiza o termo. Vejam-se: o quimbundo **fuka*, revolver, remexer; o bundo **fafoka* (*fwafoka*), envólucro vazio.
fofocada *s. f.* Grande ou muita FOFOCA (BH).
fofocagem *s. f.* FOFOCADA (BH).
fofocar *v. int.* Fazer FOFOCA (BH).
fofoqueiro *adj. e s. m.* Que ou aquele que faz FOFOCA (BH).
fola *s. f.* Marulho de ondas (BH). Provavelmente relacionado ao quicongo *fwolo*, espuma; búzio, cauri.
fomo *s. m.* Bacia chata na qual se seca e torra a mandioca (BH). Provavelmente do quicongo *fwomo*, tabaco, talvez em referência à forma chata da bacia e a um possível hábito africano (vivo no Brasil) de se cozinhar, no vapor, alimentos colocados em folhas largas, como a folha do tabaco. Veja-se tb. **fuamba*, madurar; **na fwombo*, maduro.
fona [1] *s.m.* Indivíduo afeminado, fraco (BH). Provavelmente do umbundo *funa*, estar doente, fraco; encolhido. Veja-se tb. o quioco **funa*, minguar, diminuir, encolher-se, decrescer de tamanho.
fona [2] *s. 2 gên.* Avarento (BH). Do quimbundo *funa*, comerciar.
fona [3] *s. f.* Azáfama, roda-viva (BH). Provavelmente do quicongo. Q. v. a loc. **fwona ngozi*, roncar; q. v. tb. **fwonga*, quantidade, multidão.
fonice *s. f.* Avareza, sovinice (BH). De FONA [2].
formiga-de-bode *s. f.* Espécie de inseto himenóptero (BH). Q. v. em BODE.
formiga-quenquém *s. f.* QUENQUÉM.
forno de quitanda *loc. s. m.* Forno de lenha das casas da roça, especial para feitura de bolos, doces, e pastéis. Abon.: "Chiqueiro, forno de quitanda, a tralha de sabão e farinha de mandioca, isso tinha que ficar mesmo pela chácara..." (PALMÉRIO, 1966 c, p. 34). De QUITANDA, confeito caseiro.
forró *s. m.* Red. de FORROBODÓ (BH).
forrobodó *s. m.* (1) Farra, festa, baile. (2) Confusão, desordem (BH). Possível hibridismo banto-português. Cp. FARRAMBAMBA e veja-se, p. ex., o quioco **mbondo*, palavra que exprime "rebentamento ou perfuração" de um corpo (BARBOSA, 1989 b); e, no quicongo, **bondo*, tambor de grande porte, e **bodoko*, prisão, xadrez.
frajola *adj. 2 gên.* De elegância faceira, SERELEPE (BH). A. G. Cunha (1982_1 b) diz ser de origem controversa; Nascentes (1966 b) vê como "palavra expressiva, com um eco de pachola". Vislumbramos uma possível origem banta quando encontramos, no quicongo, os verbos *fwala*, falar uma língua estrangeira, e *dyola*, ser claro, puro. Teria o termo chegado ao português através de um quicongo *fwala dyola*, em referência a alguém que, por falar bem uma

língua estrangeira, fora visto como elegante e faceiro?
framengo *adj.* Raquítico (ET). Provavelmente do quicongo, de uma expressão *fula menga*, "não ter sangue". De *fula* (*fulwa*), não receber, ser carente de, e *menga*, sangue.
frei-bode *s. m.* Protestante (BH). De BODE.
fritangada *s. f.* Fritada malfeita mas abundante (BH). "Substantivação de part. fem. de um verbo fritangar da fala dos africanos" (NASCENTES, 1966 b). "É um caso de mulatismo: port. fritada + amb. *kukanga* = frigir, torrar, esturrar" (RAYMUNDO, 1933 a). Cruzamento do port. *fritar* com seu correspondente quimbundo *kanga*.
frize *s. m.* Machado (VF). Provavelmente ligado ao quimbundo *-ta fidila*, ferir.
fruta-de-macaco *s. f.* (1) Fruta-de-cuia (AN). (2) Qualquer fruto comestível (MV). De MACACO.
fruzuê *s. m.* FUZUÊ (BH).
fuá [1] *s. m.* (1) Pó finíssimo que a pele solta, quando arranhada. (2) Caspa (BH). Provavelmente do quimbundo *fufu*, pó, poeira.
fuá [2] *s. m.* Intriga, fuxico (BH). Briga, rolo (ET). Provavelmente de FUFIÁ.
fuá [3] *s. m.* Catinga, cheiro desagradável (RN). Possivelmente do quicongo *fwa*, morto, cadáver.
fuá [4] *adj. 2 gên.* Diz-se do equino arisco, espantadiço (ZN). Possivelmente do quicongo *fwa*, ruído, estremecimento, tremelique (q. v. **fwa munsansi*, ser epiléptico).
fuado *adj.* (1) Desconfiado. (2) Curioso (MV). De FUÁ [3].
fuampa *s. f.* Meretriz (BH, DV). De provável origem banta.
fuazado *adj.* Espantadiço, assustado (MV). De FUÁ [3].
fubá [1] *s. m.* Farinha de milho ou de arroz (BH). Do quimbundo *fuba* (quicongo *mfuba*), fécula, farinha.
fubá [2] *s. m.* Barulho, desordem (BH). Possivelmente do quicongo *fuba*, transbordar.
fubá [3] *adj. 2 gên.* Diz-se do bovino de pelo branco meio azulado (BH). Provavelmente do

quicongo *fufuba*, confuso, obscuro (em relação à cor).
fubá de munho *s. m.* Espécie de ração para o gado. Abon.: "Farelinho de arroz, de monjolo fubá de munho e sal..." (PALMÉRIO, 1966 c, p. 90). Q. v. FUBÁ [1].
fubá mimoso *s. m.* FUBÁ [1] fino (BH).
fuba *s. m.* FUBÁ (BH).
fubaca *s. f.* Caiporismo (MV). De provável origem banta.
fubamba *s. f.* Resíduo de cana-de-açúcar, bagaço (YP). Castro (2001 a, p. 237) fornece como étimo o quicongo *fwa mbamba*, possivelmente buscado em Laman (1964 b): *fwa*, morto, cadáver + *mbámba*, cana.
fubana *s. f.* Meretriz (BH). Provavelmente do quicongo *fumbana*, ter relações sexuais. Veja-se tb. o quicongo **fubana*, objeto gasto.
fubazento *adj.* FUBENTO (NIV).
fubeca *s. f.* (1) Surra. (2) Descompostura (BH). Provavelmente de FULECAR. Veja-se tb. a raiz **fub*, presente outros vocábulos como em FUBÁ [3], FUBENTO, quase sempre com o sentido de deteriorar, gastar.
fubecar *v. t. d.* Surrar (B). De FUBECA.
fubento *adj.* Opaco, fosco, sem brilho (BH). Provavelmente do quicongo *fufuba*, confuso, obscuro (em relação à cor). Cp. FUBÁ [3].
fubica *s. m.* (1) João-ninguém. // *s. f.* (2) Automóvel velho (BH). Do quicongo *fubika*, gastar, enfraquecer. Cp. FUBUCA, da mesma raiz.
fubuca *adj.* (1) Ordinário, reles, sem importância. (2) Gasto, estragado. Abon.: "Que nada! Aquilo é uma negra aguada, fubuca. Não vale um centenário" (SALLES, 19-- c, p. 154). Do quicongo *fubuca*, enfraquecido, gasto, part. de *fubika*.
fubuia *s. f.* CACHAÇA (NIV). Provavelmente da mesma raiz de FUBUCA. Cp., no quicongo, **fubu dyamwinsi*, cana-de-açúcar que não maduru.
fuco *s. f.* Noite (SRO). Do quicongo *fuku*, noite.
fueiro *s. m.* (1) A parte da barriga do cavalo entre o umbigo e os testículos. (2) Ânus (BH). De possível origem banta. Cp. FIOTE, FIOFÓ.

fuete \é\ *s. m.* El. us. na expressão "dar o fuete", irritar-se (PC). Do quicongo *fwete*, sopro; loucura, asneira.
fúfia *s. f.* (1) Empáfia. (2) Mulher pretensiosa e ridícula. // *s. 2 gên.* (3) Pessoa engrandecida pelo acaso, sem méritos (BH). De provável origem banta. Q. v. o quimbundo **fufu*, pó, poeira, e cp. o port. **fumaças*, presunção, jactância, prosápia, vaidade.
fufiá *s. m.* Baile, festejo (MA). Provavelmente do quimbundo *fufu*, pó, poeira.
fúfio *adj.* Ordinário, reles, desprezível (BH). De FÚFIA.
fuganga *s. f.* Pólvora (MV). De FUNDANGA.
fúgi *s. m.* FUNJE (RL).
fujicar *v. t. d.* (1) Remediar. (2) Fuxicar (BH). Q. v. FUXICAR.
fula *s. f.* Pressa, diligência (BH). Do quimbundo *fula*, vento.
fula-fula *s. f.* Muita pressa (JR). De FULA.
fulecar *v. intr.* Perder no jogo todo o dinheiro que se levar (AN). Provavelmente do quicongo *mfulu*, pessoa que perdeu tudo, que não tem mais nada.
fuleiragem *s. f.* Atitude ou modos de FULEIRO (BH).
fuleiro *adj.* (1) Reles, ordinário, sem valor (BH). (2) Farrista (ZN). Etimologia controversa. A origem tradicionalmente aceita é o espanhol *fulero*, do cigano *ful*, segundo Corominas (1983 b). Chama a nossa atenção, entretanto, a raiz *ful*, presente em FULECAR; e a existência, na antiga República do Zaire, de uma etnia *bafulera* (cf. DIALLO, 1984 c, p. 132). Cp. outras designações étnicas negro-africanas que originaram qualificações pejorativas em português, como BANGUELA, FIOTE, MOCORONGO etc.
fulejo *s. m.* Irrequietude (FS). De FULA.
fulengo *adj.* Pessoa miúda e raquítica (ET). Provavelmente do quicongo *fwenge*, sentir fome, estar desnutrido.
fulo *adj.* Enfurecido, irritado (BH). Provavelmente relacionado ao quimbundo *kifulu*, cólera, furor.

fumar numa quenga *loc. verb.* Expressão usada para dizer que alguém está extremamente irado, exasperado (RN). Q. v. em QUENGA [1].
fumbaba *s. m.* FUMBAMBA (SM).
fumbamba *s. m.* Guaiamu (BH). Provavelmente do termo multilinguístico banto *fumbama*, presente no quicongo e no quioco, com significado de "curvado, arqueado".
fumbambento *adj.* (1) Anemiado, descorado, pálido. // *s. m.* (2) Homem reles, fraco, covarde (MV). De FUBAMBA, bagaço.
fumbanda [1] *s. f.* Aguardente (YP). Provavelmente de FUBAMBA, bagaço. Cp. tb. FUBANA, meretriz e veja-se a extensa sinonímia que liga os nomes da CACHAÇA às várias designações pejorativas com que se rotulam as prostitutas. Q. v. tb. FUMBANDA [2] (a cachaça "explode"!).
fumbanda [2] *s. f.* Pólvora. Abon.: "... a CACHAÇA e a pólvora denominadas (...) fumbanda e pemba..." (RIBEIRO, 1968 a, p. 159). Corruptela de FUNDANGA.
fumega *s. m.* Pessoa sem importância (BH). De BANGALAFUMENGA.
fumo *s. m.* Faixa de crepe para luto (BH). O étimo consagrado é o mesmo do port. *fumo*, vapor pardacento. Mas não podemos desprezar o quicongo *fumu*, marca ou sinal de nascença sobre a pele.
fumo-de-angola *s. m.* MACONHA (BH). Do top. ANGOLA.
funambuca *interj.* Na CONGADA, assentimento contrariado do rei, concedendo licença ao embaixador inimigo para entrar (AM). Do quicongo *fumbuka*, curvado, dobrado, submisso ("Entre, mas curvando-se ante o Rei!"). Cp. FUBUCA.
funca *s. 2 gên.* (1) Pessoa ou coisa de pouco préstimo ou sem valor moral. // *adj.* (2) Mau, ruim (BH, BR, MV). Provavelmente do quicongo *funka*, usar uma coisa até a exaustão.
funcas *s. 2 gên.* FUNCA.
funda *s. f.* Dispositivo empregado para deter o progresso de certas hérnias (BH). O étimo consignado por Buarque de Holanda (FERREIRA,

1986 a) é o mesmo étimo latino de *funda*, dispositivo para atirar pedras à distância. Entretanto, a origem nos parece diferente: do quicongo *funda-funda*, espécie de almofada de minúsculas dimensões que os feiticeiros trazem à cintura e os avisa, dizem, de qualquer acontecimento funesto (MAIA, 1964_1 b). Q. v. tb. o quioco *funda, embrulho, pacote atado, trouxa.
fundanga [1] *s. f.* Pólvora (OC). Do quimbundo *fundanga*, pólvora em cartucho.
fundanga [2] *s. f.* Porcaria (MV). De origem banta. Cp. o nhungue *uyanga, sujidade.
fundangão *s. m.* Fundo escuro e pouco acessível (VS). Do português *fundo* mas contaminado, talvez, por alguma voz banta. Q. v. FUNDANGA [2].
fundango *s. m.* TUIA (BH). De FUNDANGA [1].
fundengo *adj.* Pouco ágil, sem presteza ou habilidade, lerdo (MV). De provável origem banta.
fundumuca *interj.* Na CONGADA, ordem dada pelo rei ao secretário para que vá correndo levar uma mensagem (AM). Do congo *fundumuka*, pular, subir, voar, se evolar, saltar ("voa!"), ou do quioco *fundumuka*, retirar-se, afastar-se ou partir de rompante, irado, indignado.
funfungagá *s. m.* Orquestra, charanga ou música desafinada (BH). Provavelmente do quicongo *fufunga*, bater forte, com eco de FUNGAR. Ou de origem onomatopaica, como vê Cândido de Figueiredo (1925 a).
funga *s. f.* Doença dos cães (BH). Deverbal de FUNGAR.
fungação *s. f.* FUNGADA (BH).
fungada *s. f.* Ato de FUNGAR (BH).
fungadeira *s. f.* (1) Ato de FUNGAR com frequência. (2) Caixa de rapé (BH).
fungadela *s. f.* Ato ou efeito de FUNGAR ligeiramente (BH).
fungadinho *s. m.* Espécie de ruído-senha através do qual os amantes se comunicavam no Rio de Janeiro colonial. Abon.: "Além do pigarro, como senha amorosa da época, houve ainda o fungadinho. Tanto um como o outro, faziam um ruído algo prosaico, o ruído que fazem os endefluxados quando se aliviam" (EDMUNDO, 199- c, p. 312-313). De FUNGAR.

fungador *adj.* (1) Que funga constantemente (AN). // *s. m.* (2) Um dos nomes da CUÍCA (DL, MA). De FUNGAR.
fungador-onça *s. m.* CUÍCA (BH). De FUNGAR.
fungagá *s. m.* Haplologia da FUNFUNGAGÁ (DH).
fungangá *s. m.* FUNGAGÁ (BH).
fungante *adj.* Que funga (AN). De FUNGAR.
fungão *adj.* Que ou aquele que funga ou cheira muito rapé (BH). De FUNGAR.
fungar [1] *v. intr.* (1) Fazer ruído com o nariz ao inspirar o ar. (2) Resmungar (BH). (3) Absorver ou inspirar pelo nariz. Do quicongo: *kufuna*, fungar (LAMAN, 1964 b); *kefuna*, choramingar (BENTLEY, 1887 b). Q. v. a forma paralela CAFUNGAR [2].
fungar [2] *v. t. d.* Farejar (BH). Do quimbundo *kufunga*, fuçar, focinhar. Q. v. a forma paralela CAFUNGAR[1].
fungo *s. m.* FUNGADA (BH).
fungu *s. m.* Bruxaria, feitiço (ZN, BH). Provavelmente de *Fungu*, nome de um INQUICE dos BACONGOS.
fungueiro *adj.* Bisbilhoteiro (MV). De FUNGAR [2].
funje de angola *s. m.* FUNJE (RL, grafado *fungi*).
funje *s. m.* (1) Refeição farta (CC). (2) Pagodeira de danças, comes e bebes (PC). "Reunião dançante de gente de baixa condição" (BH). (3) Pirão da culinária afro-brasileira ritual e profana (RL). Do quimbundo *funji*, pirão ou massa cozida de farinha que serve de conduto a vários alimentos.
furdunçagem *s. f.* Reunião de muitas vozes (MV). De FURDUNÇO.
furdunçar *v. intr.* (1) Divertir-se com alarido. (2) Promover FURDUNÇO (BH).
furdunceiro *adj. e s. m.* Diz-se de, ou indivíduo dado a furdunços (BH). De FURDUNÇO.
furdunço *s. m.* (1) Festança popular. (2) Barulho, desordem (BH). De provável origem banta, talvez de uma forma como "*ma-fulu + nguzu*" (cólera + força), do quicongo. Cp. BURUNGUNÇO. Ou de FURRUNDUM.

furreca *adj. 2 gên.* Reles, ordinário (BH). Possivelmente de FULECAR.
furrubá *s. m.* Arenga, prosa enfadonha (MV). De possível origem banta. Ou de *iorubá*, língua falada pelos negros nagôs.
furrundu *s. m.* (1) Música de origem africana (MA). (2) FURRUNDUM.
furrundum *s. m.* (1) Espécie de dança roceira (BH). (2) Confusão, barulho (AA). (3) Doce de cidra ralada (VS). De provável origem banta. Veja-se, no quicongo, **mfulu*, reunião, e **ndungu*, panela.
Furundango *s. m.* Um dos nomes do diabo (RN). De origem banta, certamente.
furundungo *adj. e s. m.* Andarilho (SC). De provável origem banta.
furungar *v. t. i. e intr.* (1) Mexer, remexer (BH). (2) Insistir enfadonhamente a respeito de um assunto (ZN). De FUNGAR [2].
furupa *s. f.* Alegria (DV). Possivelmente do quicongo *fuluka*, levantar-se, reanimar-se, ressuscitar, voltar à vida.
fusa *s. f.* Meretriz (BH). Possivelmente do quicongo *funza*, um ser disforme, monstruoso. Ou de *funzi*, perdiz, GALINHA-D'ANGOLA.
Fute [1] *s. m.* Um dos nomes do diabo (AN). Provavelmente do quimbundo *fuxi*. Q. v. CAFUTE.
fute [2] *s.m.* Céu, firmamento, ar (CBC). Do umbundo *futa*, cobrir a cabeça.
futicar *v. t. d.* (1) Furar, espetar. (2) Importunar, amolar (BH). De FUTUCAR.
futucar *v. t. d.* (1) FUTICAR. (2) Esgaravatar. (3) Cutucar (BH). De CUTUCAR, com influência de *furar*.

futum *s. m.* Mau cheiro, fartum (BH). De origem banta. Provavelmente do quicongo *fúutu*, peixe morto na superfície da água.
fuxicação *s. f.* Bolinagem (BH). De FUXICAR.
fuxicada *s. f.* Série de fuxicos (BH). De FUXICO.
fuxicar [1] *v. t. d.* (1) Coser ligeiramente, alinhavar. (2) Fazer uma coisa desajeitadamente e às pressas (BH). Do quicongo *futika*, fazer bainha.
fuxicar [2] *v. t. d.* (1) Amarrotar, amarfanhar. (2) Remexer, revolver. (3) Intrigar, mexericar (BH). Provavelmente do quicongo *fuxikija*, amarrotar. Observe-se que a conjugação deste étimo com o de FUXICAR [1] faz com que ambos se ajustem à ideia de "costurar" uma intriga, remexendo, revolvendo os fatos.
fuxicaria *s. f.* FUXICADA (BH).
fuxico *s. m.* (1) Intriga, mexerico. (2) Remendo malfeito. (3) Namoro descarado (BH). Deverbal de FUXICAR.
fuxiqueiro *adj. e s. m.* Diz-se de, ou indivíduo que faz FUXICO (BH).
fuxiquento *adj. e s. m.* FUXIQUEIRO (BH).
fuzarca *s. f.* (1) Farra. (2) Desordem (BH). De FUZO.
fuzarquear *v. intr.* Fazer FUZARCA (BH).
fuzarqueiro *adj. e s. m.* Que, ou aquele que gosta de FUZARCA (BH).
fuzo *s. m.* Arrasta-pé (BH). Do quicongo *mvunzu*, confusão.
fuzuê *s. m.* (1) Festa. (2) Confusão (BH). De FUZO. Ou do quicongo *fusu*, turbilhão nas águas de um rio.

gabão s. m. (1) Indivíduo dos gabões, antiga designação brasileira dos escravos vindos do território da atual República do Gabão e adjacências. Abon.: "O gabão é alto e forte, pele negra e luzidia e o rosto em muitos deles é menos achatado e grosseiro que nos seus compatriotas em geral" (KOSTER, 1942 c, p. 507). // *adj.* (2) Falso, ilegítimo, não-verdadeiro (PC). Do top. *Gabão*, de provável origem banta. Cp. o quicongo *ngabu*, negros que se empregam como estivadores, soldados ou *boys*. A segunda acepção deve-se ao fato de os escravos gabões terem sido considerados falsos e traiçoeiros (cf. COSTA, 1937 a, p. 354).

gabonense *adj.* GABONÊS (AN).

gabonês *adj.* De, ou pertencente ou relativo à República do Gabão (BH). Q. v. GABÃO.

gafa s. f. Vaso com que nas salinas se transporta o sal (AN). De possível origem banta.

gafonha s. m. Soldado (MV). De possível origem banta. Ou do port. *gafanhoto*.

galalau s. m. Homem de estatura elevada (BH). A etimologia estabelecida busca a origem no antropônimo francês *Ganelon*. Veja-se, não obstante, o quicongo *ngalala*, pássaro grande.

galangundo s. m. Garça-real (DH). Certamente do quicongo: q. v. *ngalala*, pássaro grande + *ngundu*, rouxinol.

galinha-d'angola s. f. Ave originária da África, da família dos galiformes (BH). Do top. ANGOLA.

Gama-zumbiganaime s. m. Nome africano do Rei do Congo ou REI CONGO, personagem das CONGADAS (AM). Da fusão de vários termos do quimbundo e do quicongo ligados à ideia de realeza, talvez formando uma expressão como ""*nana Nzumbi, ngana ia mi*", "Rei ZUMBI, meu senhor".

gamba [1] s. m. Adepto do culto OMOLOCÔ. Abon.: PERNAMBUCO, 1989 c, p. 64. De CAMBA [2].

gamba [2] s. f. Troça, brincadeira (GP). De possível origem banta. Cp. o quicongo *ngamba*, presente.

gambá [1] s. m. e f. Designação comum aos mamíferos marsupiais, da família dos didelfídeos

(BH). O étimo universalmente aceito é tupi. Mas algumas línguas bantas registram, como o quioco, *ngamba*, "espécie de doninha ou toirão de dorso e cauda listrados" (BARBOSA, 1989 b). Q. v. tb. CANGAMBÁ [1]. O étimo passa, então, a ser controverso.

gambá [2] *s. m.* (1) Dança aparentada com o LUNDU. (2) Tambor rústico que conduz a dança do gambá. Abon.: "A parte dançante do gambá consiste numa espécie de lundum..." (SALLES; SALLES, 1969 a, p. 275). Étimo controverso: do nome do marsupial GAMBÁ; ou de ANGOMBA, tambor. Em reforço a esta última hipótese, q. v. Salles e Salles (op. cit., p. 261): "O gambá tira o nome do instrumento que nele serve: um cilindro de 1 metro de comprimento, feito de madeira oca (...) com uma pele de boi esticada em uma das extremidades". Guimarães Rosa (1970 c, p. 175) grafa *gamba*, sem acento tônico, o que reforça a hipótese. Veja-se tb. BAMBÁ e BOMBÁ, variantes de nomes de danças brasileiras.

gambé *s. m.* (1) Órgão sexual masculino (SM). (2) Designação do policial, o mesmo que ALIBÃ (VAF). Provavelmente, de um vocábulo banto, de raiz *ngamb*, significando "inhame". Q. v. o quicongo **nsoko ngamba*, inhame selvagem. Para a segunda acepção, q. v. tb. o umbundo **ngambe* ou *ngwambe*, cavalo.

gambelar *v. t. d.* ENGAMBELAR (BH).

gambelo *s. m.* (1) Coisa boa, agradável, doce (BH). (2) Festa, carícia, carinho (ZN). De ENGAMBELO.

gamboa *s. f.* CAMBOA (BH).

gananzambe *s. m.* Padre (VF). V. GANANZAMBI.

Gananzambi *s. m.* Designação do Deus supremo em algumas antigas MACUMBAS cariocas (CC). Do quimbundo *Ngana Nzambi*, Senhor Deus.

Ganaturiza *s. m.* Personagem de algumas CONGADAS paulistas (AM). De algum antropônimo, talvez, precedido do termo multilinguístico banto *ngana*, senhor.

ganço *s. m.* Bebedeira (PC). De possível origem banta. Cp. o quicongo **nganzi*, mal-estar, irritação, cólera, da mesma raiz de *nganzu*, vermelho como fogo. Ou do port. *ganso*, ave anseriforme?

ganda *s. 2 gên.* Indivíduo de um dos grupos étnicos africanos traficados para o Brasil (LR). De *ganda*, *nganda*, subgrupo dos ovimbundos.

gandaia *s. f.* (1) Vadiagem. (2) Ofício de trapeiro (MV). Etimologia controversa (cf. NASCENTES, 1966 b e CUNHA, 1982_1 b). De possível origem banta. Cp. o umbundo **nganda*, pessoa inerte, sem préstimo.

gandaiar *v. intr.* Andar na GANDAIA (BH).

gandaieiro *adj. e s. m.* Vadio (BH). De GANDAIA.

gandaiice *s. f.* Modos ou atos de GANDAIEIRO (BH).

gande *s. 2 gên.* O mesmo que GANDA (LR).

gandé *s. f.* Criancice, tolice (GP). Possivelmente de GANDAIA.

gandola *s. m.* Testículo (PC). Possivelmente do quioco *ngondola*, um peixe "salpicado de preto, cabeça grande, muita espinha" (BARBOSA, 1989 b), talvez um termo criado, de início, para designar o pênis.

gandu [1] *s. m.* Jacaré (ET). Do termo multilinguístico banto *ngandu*, crocodilo, jacaré.

gandu [2] *s. m.* Toada sertaneja antiga, executada na viola (MA). Provavelmente do quicongo *ngandu*, corneta feita de presa de elefante e que emite a nota sol ou o acorde que lhe corresponde, i. e., a quinta (LAMAN, 1964 b). O termo é referido por Gregório de Matos (1990 c, v. II, p. 882) e a acepção parece ser a de instrumento musical: "... se vos não hão de emendar / estas lições de Gandu...".

gandu [3] *s. m.* GUANDO. Abon.: "Também se colhem na terra muitas ervilhas, das quais se aproveitam do modo que o fazem em Portugal e da mesma maneira há outros feijões de diferente feição, que se chamam gandús, os quais vieram aqui de Angola..." (BRANDÃO, 1944 c, p. 197).

ganga [1] *s. m.* (1) Chefe supremo de uma união de terreiros. (2) Chefe dos antigos terreiros de culto CAMBINDA. (3) Exu "muito pesado, forte, trevoso" (CC). Do termo multilinguístico banto *nganga*, feiticeiro. Entre os mbochi da bacia do Congo, entretanto, *nganga* é o mestre, o técnico, alguém competente numa atividade, e a qualificação expressa uma função social (OBENGA, 1988 b, p. 153).

ganga [2] *s. f.* Bebida alcoólica, especialmente a aguardente de vinho (BH). De possível origem banta.

ganga [3] *s. f.* Resíduo de uma jazida filoniana (BH). A. G. Cunha (1982_1 b) diz originar-se do alemão *gang*, caminho, veio metálico. Mas o quioco registra *nganga*, escória ou escumalha de metal fundido, de *kánga*, torrar, assar, frigir; estar ou colocar-se longamente ao calor do fogo (BARBOSA, 1989 b), que encontra correspondência no quicongo *kanga*, derreter, e cuja raiz parece ser a mesma do termo multilinguístico banto *ngangula*, ferreiro. Então, o étimo pode ser considerado controverso, mesmo porque o registro da entrada do termo no português é de 1878.

gangana *s. f.* Mulher idosa (BH). Do quimbundo *ngana*, senhora, com reduplicação.

ganganzá *s. 2 gên. e adj.* GRANGANZÁ (RN).

Ganganzâmbi *s. m.* Var. de GANGAZÂMBI (YP).

gangão [1] *s. m.* Espiga atrofiada (AN). De possível origem banta.

gangão [2] *s. m.* El. usado na locução adverbial "de gangão", de enfiada, de corrida, sem parar (BH). Provavelmente do quioco *ngango*, ala, fila, fileira, ordem.

gangarina *s. f.* Igreja (DH). Provavelmente relacionado ao quimbundo *nganga*, padre.

Gangarumbanda *s. m.* INQUICE da NAÇÃO ANGOLA correspondente ao Oxalufã nagô (ENC). De origem banta. Q. v. GANGA [1]. Talvez de uma expressão "Ganga de UMBANDA".

Gangazâmbi *s. m.* O Deus supremo (YP). De GANGA [1], chefe supremo + ZÂMBI.

gango *s. m.* El. usado na expressão "um gango de gente", significando uma multidão. O termo foi exaustivamente ouvido e usado pelo autor, no Rio de Janeiro, nos anos 1950 e 1960. Do umbundo, *ngango*, pilha, montão, série. Cp. GANGÃO.

gangona *s. f.* Dama respeitável (MV). De GANGANA.

gangorra *s. f.* Aparelho para diversão infantil, arreburrinho (BH). De origem banta mas de étimo não determinado. Macedo Soares (1954 a) vê o étimo no suaíle. Cp. o quimbundo **buxanganga*, arreburrinho.

gangorrado *s. m.* Efeito de balanço como o de gangorra. Abon.: "... e a faixa se estreitava, e se alargava, e se estreitava de novo - gangorrado de porta aberta balançada pelo vento" (PALMÉRIO, 1966 c, p. 42). De GANGORRA.

gangorrear *v. intr.* (1) Brincar em gangorra. (2) Vacilar, hesitar (VS). De GANGORRA.

ganguê *s. m.* Enfermidade ligeira, indisposição física, achaque (BH). De provável origem banta.

ganguela *s. 2 gên.* Indivíduo de um dos grupos étnicos bantos atingidos pelo tráfico escravista (LR). De *ngangela*, povo do leste de ANGOLA.

ganja [1] *s. f.* (1) Vaidade, presunção (BH). (2) Ensejo, oportunidade (DV). Do quimbundo *nganji*, atrevimento, soberba. Quanto à segunda acepção, vem da expressão "dar ganja a", dar importância, dar liberdades.

ganja [2] *s. f.* Resina (BH). Do nome de uma árvore ANGOLENSE da região de Caconda, dicionarizado por Cândido de Figueiredo (1925 a).

ganja [3] *s. m.* Pedaço de bambu (VF). Cp. GANZÁ [2].

ganjá *s. m.* Var. de GANZÁ [2] (VF).

ganjão *adj.* Engraçado, peralvilho (SR). De GANJA [1].

ganjento *adj.* Vaidoso, presumido, enganjento (BH). De GANJA [1].

gantuá *s. m.* Terreiro de UMBANDA. Abon.: 1) "O balanço do coqueiro é oriê / o balanço do coqueiro é oriá / é oriê, é oriá / Bereta-verde é o patrão deste gantuá." 2) "Caboclo quando é batizado / arreia em qualquer lugar / primeiro cumprimenta Zambi / e faz morada neste gantuá." (ORTIZ, 1978 a, p. 97). Corruptela de CANZUÁ, provavelmente contaminada pelo nome do terreiro do *Gantois*, famosa comunidade baiana.

ganza *s. m.* O mesmo que GANZÁ [2] (VF).

ganzá [1] *s. m.* (1) Espécie de chocalho. (2) Dança cujo nome provém desse instrumento (BH). Do quimbundo *nganza*, cabaça; ou do umbundo *rikanza*, nome de um chocalho (REDINHA, 1984 b, p. 129).
ganzá [2] *s. m.* Reco-reco (BH). De *dikanza*, nome pelo qual o autor ouviu chamar, em LUANDA, a um reco-reco comprido de bambu, que é tocado apoiado no chão.
ganzagueiro *adj.* Briguento (GS). De origem banta. Provavelmente relacionado ao quimbundo *nzangidi*, brigão, e ao quicongo *nganzi*, cólera, irritação.
ganzepe *s. m.* Entalhe em madeira (BH). De possível origem banta. Cp. o umbundo **ngase*, ferimento, marca de tiro.
ganzipar *v. t.* Copular (VF). De GANZIPE.
ganzipe *s. m.* Pênis (VF). Provavelmente relacionado a GANZEPE.
ganzo *s. m.* (1) Rapagão bonito (GS). // *adj.* (2) Simpático (MV). Provavelmente banto. Q. v. no quicongo: **nganza*, vermelho como o fogo; **ngangu*, engenhoso, astucioso, perspicaz, bem-dotado.
garafunhas *s. f. pl.* Garatuja (BH). De possível origem banta. Q. v., no quicongo, o substantivo **ngala*, dejeção, e o verbo **funya*, espumar.
garafunhos *s. m. pl.* GARAFUNHAS (BH).
garanga *s.* 2 *gên.* O mesmo que GARANGUE (LR).
garangue *s.* 2 *gên.* Nos livros do tráfico, designação de um grupo étnico banto (LR). De *galangue*, subgrupo dos OVIMBUNDOS.
garapa *s. f.* (1) Bebida formada pela mistura de mel e açúcar com água. (2) Caldo de cana (BH). Etimologia controversa. "Vocábulo indígena, nhengatu, tupi, de guarab, o revolvido, remexido" (CASCUDO, 1971 c, p. 451). "É de se crer que seja um afronegrismo (...) por designar produto exclusivo dos engenhos de açúcar, nos quais a influência era de escravo negro" (RAYMUNDO, 1933 a, p. 132). "Segundo Capello e Ivens, o nome é de uma espécie de cerveja de milho dos negros benguelas" (TINHORÃO, 1988 c, p. 353). Alves (1951 b, p. 920) consigna o bundo *ngalapa*, mas atribui origem portuguesa. Ortiz (1901 b) confirma, aduzindo, porém que se trata de corrupção do port. *xarope*. Y. Castro (2001 a) fornece como étimo um quicongo *ngwalawa*, "caldo espumante, refresco".
garapada *s. f.* Abundância de GARAPA (BH).
garapeira *s. f.* Rancho de beira de estrada onde os tropeiros levam os animais para beber GARAPA (BH).
garapeiro *s. m.* Vendedor de café e refresco, na Amazônia (BH). De GARAPA.
gararube *s. m.* Pente (YP). Castro (2001 a) dá como étimo o quicongo *ngalakumbi*, não consignado em Laman (1964 b). Considerar provável relação com o quicongo *kàla*, espinha de peixe, em alusão a um material possivelmente utilizado na feitura do artefato.
garingongá *s. m.* Prato (YP). Provavelmente relacionado ao quicongo *ngònda*, qualquer coisa em forma de lua (LAMAN, 1964 b, p. 690). Castro (2001 a) dá como étimo *(ka) dilonga*, prato, ocorrente no quicongo e no quimbundo.
garoa *adj.* Forte, valente, zangado, irado (VS). Provavelmente de *geroa* (*ngeloa*), o boi sagrado do povo nyaneka, citado por Cascudo (1980 a, p. 150).
gatuvira *s. m.* Café (VF). Provavelmente do umbundo *katwila*, levantar, pôr de pé (o café é estimulante, reanimador).
gazo *adj. e s. m.* Albino (BH). Nascentes (1966 b) vê como alteração de *gázeo*, "de origem incerta". Para nós o étimo provável é o quicongo *nkasa*, albino.
gerumba *s. f.* Coisa má, funesta, difícil; enrascada (PC). Usada na expressão "comer gerumba", i. e., receber a pior porção de alguma coisa, passar por dificuldade. De possível origem banta.
Gibongos *s. m. pl.* Designação de um bando de malfeitores que agia no Recife do séc. XIX (PC). Provavelmente de JIMBONGO. O nome se deve ao chefe do bando, Chico Gibongo (COSTA, 1937 a).
gila *s. f.* Abóbora (MS). Buarque de Holanda (FERREIRA, 1986 a), secundando outros auto-

res, remete a *chilacaiota*, que tem origem no nauatle, antiga língua mexicana. Apesar disso, achamos interessante registrar o umbundo *etila*, abóbora pequena; e o ronga *xilutana*, abóbora. E aí damos o étimo como controverso.
gimbar *v. intr.* Lidar, carregar peso (MI). De origem banta. Q. v. o quicongo **ngimba*, que carrega (ou produz) grandes frutos. Q. v. também o quioco **njimba*, pequena esfera de aço, chumbo ou ferro. Ambas as palavras encerram a ideia do vocábulo aqui dicionarizado.
gimbra *s. f.* Dinheiro (MV). De JIMBO.
gimbro *s. m.* O mesmo que GIMBRA (MV).
ginga [1] *s. f.* BAMBOLEIO, GINGAÇÃO (AN). Deverbal de GINGAR.
ginga [2] *s. f.* Remo que se usa para fazer a embarcação GINGAR (BH). (2) Caneco de folha de flandres que, preso a uma vara longa, é usado, nos engenhos, para mudar a GARAPA de uma tacha para outra (RN). Buarque de Holanda (FERREIRA, 1986 a) reúne as três acepções de ginga numa mesma entrada. Entretanto, acreditamos que as duas aqui reunidas possam ter origem no quicongo *ngenga*, vareta que é usada para sustentar uma armadilha.
ginga [3] *s. f.* Sacerdotisa do culto OMOLOCÔ. Abon.: "GINGA - Termo usado por Tancredo (...) talvez por influência da lendária Princesa JINJA (sic) que reinou por longos anos naquela região após haver destronado seu irmão" (PERNAMBUCO, 1989 c, pág. 70). Q. v. em GINGA MBANGI.
Ginga Mbangi *s. f.* Denominação regional do personagem RAINHA GINGA nos CONGOS da Paraíba. Abon.: "Os personagens solistas são: Henrique, Rei Cariongo, que é o rei Congo; (...) o embaixador da Rainha Ginga (chamada Ginga Nbangi no Estado da Paraíba); e finalmente o General dos Exércitos da rainha Ginga" (ANDRADE, 19-- c, p. 238). Do antropônimo *Nzinga Mbandi*, nome da legendária rainha do Ndongo MATAMBA, que viveu na atual ANGOLA, entre 1582 e 1663.
gingação *s. f.* Ato de GINGAR (AN).
gingado *s. m.* GINGAÇÃO (AN).

gingador *s. m.* Barqueiro que usa a GINGA [2], o remo (AN).
gingão *s. m.* Indivíduo que ginga; desordeiro, brigão (AN). De GINGAR.
gingar *v. intr.* Bambolear o corpo para a direita e para a esquerda (AN). Provavelmente do quimbundo *junga*, girar de um lado para o outro. Ou do quimbundo *jingala*, bambolear, da mesma raiz de *jinga*, rodear, remexer, remoinhar. Cp. o umbundo **yenga*, oscilar.
ginge *s. m.* Sensação nervosa provocada por ruídos como o do arranhar do garfo na panela ou do giz no quadro-negro (NIV). Do quicongo *ngingi*, inquietude, ansiedade, agitação.
gingo *s. m.* GINGAÇÃO (BH).
gingona *s. f.* Fem. de GINGÃO (BH).
ginja [1] *s. 2 gên.* Pessoa velha aferrada a costumes antigos (BH). Provavelmente do quimbundo *muxingi* ou *njenji*, avarento.
ginja [2] *s. f.* Sacerdotisa do culto OMOLOCÔ. Abon.: "Segundo Tancredo, a hierarquia sacerdotal no OMOLOCÔ seria a seguinte: tata - sacerdote-chefe do terreiro (...) ginja - sacerdotisa" (PERNAMBUCO, 1989 c, pág.64). De GINGA [3].
gira *s. m.* Sessão UMBANDISTA; reunião ritual para culto das entidades (OC). Umbundo: *chila* (*tjila*), dançar, bailar; *ochila*, lugar da dança. Bundo: *ndjila*, método, processo, meio. Cp. ENGIRA; INGIRAR.
girumba *s. f.* CACHAÇA (SM). De provável origem banta. Cp. GERUMBA.
goba *s. f.* Chuvisco (MV). Provavelmente do nhungue *goga*, pingar, gotejar.
gobira *s. m.* Pederasta, homossexual masculino (DV). De possível origem banta. *Gobila* era o nome de um chefe no CONGO do século XIX (cf. STANLEY, 1886 c, v. I, p. 405). Cp. GUNGUNHANA.
gobo *s. m.* BERIMBAU DE BARRIGA (BH). Do ronga *gobo*, certa cabaça em forma de bacia, em alusão à caixa acústica do instrumento.
godema *s. f.* Mão; parte do corpo do umbigo para cima (VF). De origem banta.
goga *s. f.* (1) Vaidade, jactância. (2) Bravata, fanfarronada (BH, PC). De provável origem

banta. Q. v. o quicongo *ngonga, postar-se de pé um contendor diante do outro, em atitude ameaçadora como a dos galos de briga. Q. v. tb. o nhungue *goga, pingar, gotejar. Cp. GOBA.
gogo \ô\ *s. m.* Gosma (BH). Provavelmente do nhungue. Q. v. *gogo, ave do MATO (o gogo é basicamente uma doença das galinhas). Q. v. tb. *goga, pingar, gotejar.
gogó *s. m.* Pomo de adão (BH). De etimologia controversa. Nascentes (1966 b) deriva do português *goela*. Q. v. o umbundo *ngongo, pomo de adão, garganta, laringe. O iorubá também possui uma forma semelhante: *gògóngó*.
gogó-de-sola *s. m.* Animal amazônico, ao mesmo tempo ser vivente e bicho fabuloso (CC). Q. v. GOGÓ.
gogoso *adj.* GOGUENTO (BH). De GOGO (BH).
goguento *adj.* Atacado de GOGO (BH).
gogunhar *v. intr.* GUNGUNAR (MSA).
gola *s. m.* Ave fringilídea (FS). Possivelmente de ANGOLA, galinha.
golinha *s. m.* GOLA (FS).
golo *s. m.* CACHAÇA, pinga (SMA). Provavelmente do quicongo *ngolo*, força. Ou do port. *golo*, forma arc. de *gole*? Cp. GONLO.
goma *s. f.* Usado na expressão "cagar goma", i. e., "botar banca", jactar-se, passar por superior (BH). Possivelmente do luganda *ngoma*, realeza, poder, cargo, autoridade (OBENGA, 1985 b, p. 84).
gomba *adj.* Casado (VF). Provavelmente do quicongo *nkómba*, o pai da mulher casada.
gombê *s.* Gado, vaca, boi (CBC). Do termo multilinguístico banto *ngombe*, boi (no umbundo, *ongombe*). Cp. INGOMBE.
gombô *s. m.* QUIABO (BH). Aférese de QUINGOMBÔ.
gombô-grande *s. m.* Bucha-dos-paulistas, planta glabra da família das cucurbitáceas (BH). Q. v. em GOMBÔ.
gonar *v. intr.* Dormir (VF). Do quicongo *ngona*, roncar.
gonda [1] *s. f.* Planta da família das resedáceas (AN). De possível origem banta.
gonda [2] *s. f.* Lua (SRO). Do quicongo *ngonde*, lua.

gonga *s. f.* (1) Personagem mitológico afro-brasileiro (SC). (2) Roupa muito velha (BH). De provável origem banta. Talvez do quicongo *ngonga*, comprimento, altura. A segunda acepção é, possivelmente, decorrente da primeira.
gongá [1] *s. m.* (1) Altar de UMBANDA. (2) Recinto onde fica esse altar. (3) Pequeno cesto com tampa (BH). Do quimbundo *ngonga*, cesto; cofre. No antigo reino de Ndongo, a palavra *ngonga* designava uma espécie de sacrário onde se guardavam as relíquias da pátria (cf. PACAVIRA, 1985 c, p. 48).
gongá [2] *s. m.* Pássaro do Brasil, espécie de sabiá (BH). Do quioco *ngonga*, águia.
Gonganhumbanda *s. m.* Var. de GANGARUMBANDA (YP).
Gongapemba *s. m.* INQUICE dos CANDOMBLÉS bantos (YP). De GANGA [1] + uma provável redução de CARIAPEMBA.
gongar *s. m.* Espelho. Viotti (1956 a), e depois Saraiva (SARAIVA, 1988 a), consignam o vocábulo exatamente como está aqui verbetizado. Não sabemos, entretanto, se se trata de um verbo, significando a ação de alguém se mirar diante de um espelho. Nesse caso, remetemos para GOGA, tentando como étimo o quicongo *ngonga*, lá referido.
gongo [1] *s. m.* Bicho do COCO babaçu (DV). Provavelmente de GONGOLO.
gongo [2] *s. m.* Espécie de croque, vara usada para atracação de pequenos barcos (BH). De provável origem banta. Q. v. o quicongo *ngongo*, tempo em que as águas de um rio estão baixas.
gongó *s. m.* (1) Espécie de TANGA. Abon.: "Uns tilangues muito mal ajambrados e encardidos. Cada qual tinha um gongó, com que andavam vestidos, nus da cintura pra cima." (BERNARDES, 1991 c, p. 32); (2) Cascudo, pequeno peixe de águas fluviais (SAM). Provavelmente do quicongo *ngongo*, casca de fruto; envelope de carta. A segunda acepção decorreria da primeira, talvez pela aparência do peixe.
Gongobira *s. m.* O mesmo que CONGOBILA (ENC, MSA).

gongolo [1] *s. m.* Designação comum a vários pequenos animais miriápodes; embuá (BH). Do quicongo *ngongolo*, centopeia, miriápode. Cp. o quimbundo **ngongolo*, multidão (o embuá tem uma "multidão" de pequenas patas).

gongolo [2] *s. m.* Chocalho, guizo (ET). Do quicongo *ngongolo-ngongolo*, onomatopeia do ruído de um chocalho ou guizo.

gongolô *s. m.* Var. de GONGOLO, embuá (BH).

gongonhar *v. intr.* Conversar com os santos (MSA). De GUNGUNAR.

gongorar *v. intr.* Ficar vendo os outros comerem à espera de receber um pouco do alimento; goderar (BH). De possível origem banta, ou corruptela do port. gauderiar, goderar.

gongué *s. m.* Var. prosódica de GONGUÊ (BH). Abon.: "Em Pernambuco - não apenas no Recife - somente ouvimos a pronúncia gongué (com e aberto); jamais gonguê, como se lê habitualmente" (PEIXE, 1981 a, p. 57).

gonguê [1] *s. m.* Espécie de agogô de uma só campânula (BH). Do quimbundo *ngonge*, sino.

gonguê [2] *s. m.* Pequeno tambor que faz parte do conjunto instrumental do BAMBELÔ (BH). Provavelmente do termo multilinguístico banto *ngoma*, tambor.

gonguinha *s. f.* Jacuba; GARAPA de açúcar com farinha de mandioca (RG, BH). Do quimbundo *ngongoenha*, bebida tradicional ANGOLANA feita de farinha de mandioca, açúcar e água (cf. CASCUDO, 1965 b, p. 103).

gonguito *s. m.* Pequeno bagre do mar (BH). De possível origem banta.

gonlo *s. m.* MACONHA (CS). De provável origem banta. Q. v. o quicongo **ngolo*, violência, força, energia, poder, vigor, resistência: boa parte dos usuários supõe que a maconha confira essas propriedades.

gonzemo *s. m.* Denominação antiga do santuário nos CANDOMBLÉS bantos (BH, OC). Provavelmente do quimbundo, de uma expressão como *nguzu uami*, minha força. Q. v. as formas paralelas **ngonzo*, força, e **eme*, eu.

gorar *v. intr.* (1) Frustrar-se na incubação (o ovo). (2) Não ter efeito; abortar (AN, BH). De origem obscura para A. G. Cunha (1982_1 b). Para nós, tem aspecto banto.

goro *adj.* Que gorou (BH). Q. v. em GORAR.

gorobita *s. f.* CACHAÇA (SM). De *goró*, que tem provável origem iorubana + JERIBITA.

gorogoro *s. f.* Negra velha (SF). Este termo foi coletado em terreiros de tambor de mina, em São Luís do Maranhão, tradicionais redutos da cultura mina-jeje. Entretanto, não tem ele o mesmo aspecto das palavras originárias da língua fon ou fongbé lá identificados. Por isso aqui o registramos, como de possível origem banta.

gororoba *s. m.* Indivíduo lento, molengão ou covarde (BH). Provavelmente do quicongo *ngolobo*, caramujo.

grandumba *adj.* Diz-se de pessoa grandalhona, porém molenga, de pouca vivacidade (BH). Palavra de formação híbrida: possivelmente do port. *grande* + o quicongo *ndumbalala*, grandeza.

granganzá *s. 2 gên.* (1) Pessoa de grande estatura e desengonçada (BH). // *s. m.* (2) Cangaceiro (SC). De possível origem banta: "Garanganja ou garaganza parece ser o nome de uma tribo do Vaniamuezi donde Musiri, o chefe supremo, descende" (CAPELLO; IVENS, 19-- b, v. II, p. 49).

grangazá *s. 2 gên.* Var. de GRANGANZÁ (BH).

Granjão *s. m.* Deus; o Todo-Poderoso (CBC). Provável origem do umbundo *Ngala Njambi*, o Ser Supremo.

grilo *s. m.* Nome dado pelos escravos aos guardas que os vigiavam (JR). Raymundo (1933 a) vê a origem no quimbundo *g'irilu*, abreviação ou mutilação do ambundo *mulang'irilu*, guarda.

grivo *s. m.* Machado (VF). De provável origem banta. Cp. FRIZE.

groga *s. f.* (1) Bebida para caboclos, oferecida em certos terreiros paraibanos (MSA). Certamente de GRONGA, com contaminação de *grogue*, palavra de origem inglesa.

gronga *s. f.* (1) Feitiçaria por meio de beberagem (BH). (2) Bebida ordinária (VS). (3) Coisa malfeita. Raymundo (1933 a) vai buscar a origem no quimbundo *ku-longa*, fazer feitiço. As outras acepções, então, seriam decorrência da primeira. Para a acepção de "bebida ordinária", cp. MANGONGA.

grugunhado *s. m.* (1) Vozerio, ruído de muitas vozes juntas. (2) Refeição feita às pressas (GS). De GRUGUNHAR.

grugunhar *v. intr.* Resmungar. Registrado pelo autor no Rio de Janeiro, nos anos 1950 e 1960. Do quicongo *ngungunya*, resmungar.

grugunzado *s. m.* Ato de GRUGUNZAR (FS).

grugunzar *v. intr.* (1) Meditar, refletir, MATUTAR. (2) Empregar muito esforço para decifrar alguma coisa (BH). (3) Remexer, FUTICAR (MV). De provável origem banta. Talvez de GRUGUNHAR.

gruna *s. f.* (1) Depressão formada pelas águas nos rios. (2) Escavação feita pelos garimpeiros nos terreiros diamantíferos (BH). De GRUNGA, com possível influência do port. *gruta*. Cp. GURUNGA.

grunado *s. m.* Rio subterrâneo, nas lavras diamantíferas (BH). De GRUNA.

gruneiro *s. m.* Trabalhador das grunas (BH). De GRUNA.

grunga *s. f.* No sertão do Piauí, cânion, vala profunda. Do quioco *ngulunga*, baixa ou depressão do terreno, "frequente nas nascentes dos rios ou ao longo do seu percurso, dando origem a pequenos regatos nos tempos das chuvas" (BARBOSA, 1989 b).

grunguzar *v. intr.* O mesmo que GRUGUNZAR (LM).

grunha *s. f.* Concavidade nas serras (BH). De GRUNA.

grusma *s. f.* Casa (VF). De provável origem banta.

guacari-cachimbo *s. m.* Peixe de água doce (PC). Q. v. em CACHIMBO.

guaiá *s. m.* Espécie de chocalho de palha usado em várias danças afro-brasileiras (BH). Do umbundo *nguaia* (*ngwaya*), cabaça de pedúnculo comprido, para servir de empunhadura, e com seixos ou sementes duras introduzidas no interior, como estriduladores (REDINHA, 1984 b, p. 132).

guaiar *v. intr.* Chocalhar (VS). De GUAIÁ.

guaiú *s. m.* Barulho, rumor (VS). Provavelmente do quicongo *ngwa*, onomatopeia do ruído de qualquer coisa que se quebra ou cai em pedaços.

Guanaiame *s. m.* Deus (AM). Do quimbundo *Ngana ia mi*, meu Senhor.

Guanazamba *s. m.* (1) Uma das invocações afro-brasileiras do Deus Supremo (AM). (2) Designação do tambor principal do JONGO. Var. de ANGANAZÂMBI.

guandeiro *s. m.* Árvore do GUANDO (ALF).

guando *s. m.* ANDU, GUANDU (BH).

guandu *s. m.* GUANDO, ANDU (BH). Do quicongo *uandu*, ervilha.

guanduense *adj.* Relativo a Alto Guandu, ES (BH). De GUANDU.

guanguera *s.* Café (EP). Possivelmente relacionado ao quicongo *ngwela*, denominação da semente de uma das plantas euforbiáceas conhecidas no Brasil como cróton (LAMAN, 1964 b).

guba *s. m.* Amendoim (SRO). Do quimbundo *nguba*.

gudunho *s. m.* Peixe-porco (AN, BH). Provavelmente de origem banta. Q. v. o termo multilinguístico *ngulu, porco. O nome em quicongo parece ser *ngulu-anzadi*, literalmente "porco do rio".

guenza *s. f.* Jacundá, espécie de peixe teleósteo, de aspecto semelhante ao da traíra (BH). Possivelmente do quicongo *ngenza*, vagina, talvez pela forma.

guenza-branca *s. f.* Jacundá-branco (BH). Q. v. em GUENZA.

guenza-verde *s. f.* Jacundá-verde (BH). Q. v. em GUENZA.

guenzo *adj.* Magro, adoentado, fraco (BH). Macedo Soares (1954 a) dá como étimo o "bundo" *nghenzi*. A origem é certamente banta.

guiando *s. f.* Esteira (SRO). Do quimbundo *ngandu*.

guimba [1] *s. f.* A parte que resta do charuto ou do cigarro depois de fumados (BH). Possivelmente do quimbundo *kima*, coisa, através da expressão *kambandu ia kima*, pedaço. Em Cuba, *guimba* é o *piño*, conífera "cujo fruto não

excede uma polegada" (PICHARDO, 1985 b).
O hauçá, língua sudanesa, entretanto, registra o termo *kimba*, pimenta cujas vagens pequenas e cilíndricas são vendidas como purgativo e tempero.
guimba [2] *s. m.* Homem à toa, desajeitado, meio AMALUCADO (PC). Possivelmente do quicongo *ngimba*, cantor, músico, ou de GUIMBA [1].
guindongue *s. f.* Feitiçaria (ENC). Provavelmente de ENDOQUE.
guingombô *s. m.* QUIABO (BH). Alteração de QUINGOMBÔ.
Guinzunganaime *s. m.* O mesmo que GAMA-ZUMBIGANAIME (AM).
guita [1] *s. m.* Tambor de negros (MS). Provavelmente relacionado a PUÍTA.
guita [2] *s. m.* Soldado de polícia (DH). Provavelmente do quicongo *ngita*, batalha, guerra.
guitute *s. m.* O mesmo que QUITUTE (forma usada na Amazônia).
guiupá *s. f.* CACHAÇA (VF). De provável origem banta.
gulo *s. m.* Porco (SRO). Do quimbundo *ngulu*, porco.
gumba *s. m.* Tambor (MS). Provavelmente de ANGOMBA, tambor, através de possível cruzamento com BUMBA.
gumbo *s. m.* Dia; hoje (VF). Certamente, relacionado ao quimbundo *kuma*, dia.
gundu *s. m.* Doença tropical caracterizada por excrescências que se desenvolvem sobre os ossos do nariz e do rosto (BH). Provavelmente do quimbundo *ngundu*, galinhola, talvez pelo aspecto que o nariz afetado adquire, semelhante ao bico da ave.
gunga [1] *s. m.* BERIMBAU DE BARRIGA (BH). Do quimbundo *ngonga*, arco musical (REDINHA, 1984 b, p. 105).
gunga [2] *s. m.* (1) Sino (JR). (2) Pênis de criança (SM). Do quimbundo *ngunga*, sineta.
gunga [3] *s. m.* Personagem mitológico afro-brasileiro (SC). (2) Ladrão pederasta (SM). Provavelmente do umbundo *gunga*, ou *ongunga*, grande bovídeo das savanas do sul de ANGOLA (ABRANCHES, 1985 b).

gunga [4] *s. m.* Maioral, mandachuva (BH). Redução de GUNGA-MUQUIXE.
gunga-muquixe *s. m.* Maioral, chefe, magnata (VS, CF). Do quicongo *nganga-mukixe*, feiticeiro.
gunga-muxique *s. m.* Var. de GUNGA-MUQUIXE (AN, BH). Esta forma parece redundar de um erro de grafia. Vem consignada em Nascentes (1966 b) e Buarque de Holanda (FERREIRA, 1986 a), mas não em Cândido de Figueiredo (1925 a), que consigna *gunga-muquixe*. Vale registrar, entretanto, a existência, no quimbundo, das vozes *ngunga*, sineta, e *muxiki*, músico. Seria então correta a forma, para designar "aquele que toca o sino", ou seja, que comanda?
gungas *s. m. pl.* Guizos usados aos pares, amarrados nas pernas dos dançarinos do MOÇAMBIQUE (AM). Q. v. em GUNGA [2].
gungum *s. m.* Conjunto de objetos usados em práticas de feitiçaria (MV). Do quicongo *ngungu*, tabu, proibição.
gungunar *v. t. d. e intr.* (1) Resmungar, rosnar, rezingar (BH). (2) Zumbir (o pião, brinquedo infantil). Do quimbundo *ngunguma*, produzir som cavo e profundo; roncar. Q. v. tb. o quicongo *kunguna*, intriga.
gungunhana *s. m.* Negro (BH). Do antropônimo *Gungunhana*, nome de um chefe MOÇAMBICANO que, por volta de 1894, resistiu à dominação portuguesa, sendo hoje considerado herói nacional (cf. KI-ZERBO,19-- c, v. II, p. 98).
guru *s. m.* Marinheiro arregimentado no sertão (GP). De possível origem banta. Cp. o quicongo *ngulu*, porco.
gurubumba *s. f.* Var. de GURUNGUMBA (MV).
gurufim *s. m.* Brincadeira para distrair o velório, em redutos negros cariocas e paulistas (CC). De possível origem banta, talvez ligado ao xona *rufu* ou ao haya *olufu*, ambos significando "morte" (OBENGA, 1985 b, p. 35) e relacionados ao afro-cubano *gurunfinda*, fetiche congo ligado à morte e aos cemitérios (cf. CABRERA, 1984 b).
gurugumba *s. m.* GURUNGUMBA (BH).
gurujanga *s. f.* Disputa (YP). Ver, no quicongo: *ngulu*, porco; *nzanga*, multidão. Possível alu-

são a uma disputa de porcos por alimento. Castro (1976 a) menciona como de origem banta, mas em Castro (2001 a) o vocábulo não é consignado.

gurumba *s. f.* Pênis. Abon.: Registrado pelo autor em Petrópolis, RJ, nos anos 1970. Red. de GURUNGUMBA.

gurunga *s. f.* Var. de INGURUNGA, terreno acidentado.

gurungujado *s. m. e adj.* Malfeito, enrugado, malcosido (ET). De GURUNGA.

gurungumba [1] *s. f.* Espécie de cacete (BH). Do quimbundo: ou de *mbulumbumba*, arco sonoro, em alusão à vara; ou de *kingulungumba*, malfeitor, possivelmente em referência à sua arma de ataque.

gurungumba [2] *s. f.* GURUNGA.

guzo *s. m.* Força (MS, MV). Do quimbundo *nguzu*, força.

guzunga *s. m.* Tambor de JONGO que o tocador sustém debaixo da axila, seguro ao ombro por uma correia (BH). De origem banta.

Hemacalunga *s. m.* Divindade dos cultos ANGO-LO-congueses, correspondente ao Oxalá nagô (YP). Provavelmente de LEMBA + CALUNGA.

humbo *s. m.* BERIMBAU DE BARRIGA (WR). Do quimbundo *hungu*, arco musical (REDINHA, 1984 b, p. 105).   H

hungu *s. m.* Tambor usado no acompanhamento do JONGO (MA). De origem banta. Provavelmente trata-se da denominação de um arco musical cujo nome Mário de Andrade (ou algum colaborador) confundiu. Cp. HUMBO.

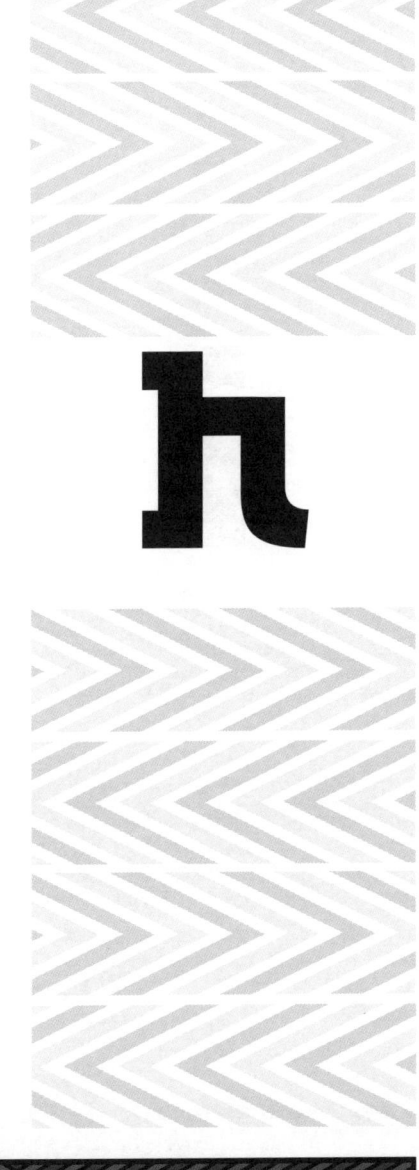

iacala s. m. Homem (SRO, grafado "yacala"). Do quicongo *eiakala yakala*.

iadinquice s. f. Grau feminino mais elevado na hierarquia da Casa de Fanti-Axanti, no Maranhão (OC). Palavra de formação híbrida: do iorubá *iyá*, mãe, + INQUICE = mãe de inquice, mãe de santo.

iaiá s. f. Tratamento dado às moças e meninas na época da escravidão (BH). De origem controversa: Nascentes (1966 b) faz derivar de SI-NHÁ. O iorubá e o hauçá conhecem o termo *iyá*, mãe; e o fongbé, a voz *ya*, velha. No quicongo, encontramos *yaya*, mãe, e aí vemos a origem. Veja-se também que, segundo Ribas (1985 b, p. 238), *iaiá* era, na LUANDA antiga, o tratamento respeitoso que as filhas e netas dos escravos davam às patroas destes.

iaiá de ouro s. f. Espécie de tecido vermelho enfeitado com rodelas douradas (CC). O nome vem da alcunha de uma "famosa feiticeira do Recife" (Cascudo, 1980 a) na virada do século XX. Q. v. IAIÁ.

iaiá me sacode s. m. CACHAÇA (SM). Q. v. em IAIÁ.

iapa s. f. Extremidade larga e chata do chicote (SAM). De possível origem banta.

imba s. m. No jogo do gude, buraco que se faz no chão para a bola entrar (BH). De provável origem banta. Q. v. no quicongo: *mba, vaso, pote; coquinho, noz de palmeira (a bola?); *eiumbu, buraco.

Imbalangânzi s. m. Divindade da varíola (YP). Provavelmente do quicongo, da fusão das vozes *mbala*, espécie de erupção, e *nganzi*, repugnância, sofrimento, dor.

Imbalanguânji s. m. IMBALANGÂNZI (YP).

imbambe s. m. Frio (MM). Do quimbundo *mbambi*, frio.

Imbâmbi s. m. Divindade banta do Brasil (YP). Do quicongo *Mbambi*, nome de um INQUICE.

imbanda s. m. Feitor (MM). Do quimbundo *mbanda*, lei.

imbanga s. m. Pênis (MM). Do quicongo *mbanga*, testículos.

imbeleco s. m. Embaraço, dificuldade, oposição (RN). De possível origem banta, talvez do umbundo *veleko*, *iveleko*, pano que cobre e segura a criança às costas, indo atar à frente. O pano e a carga poderiam ser considerados um estorvo. Q. v. tb. o ronga **mbeleko*, útero, e cp. **embaraço*, gravidez, menstruação.

imbembo s. m. Feitor (MM). Provavelmente do umbundo *mbembwa*, sossego, paz (por ironia).

imbera s. Chuva (CBC). Bundo: *mbela*, trovão, chuva (ALVES, 1951 b); umbundo: *ombela*, chuva.

imberela s. f. Vaca; carne de vaca (NL). Do cuanhama *ombelela*, carne, que corresponde ao umbundo *mbelela*, conduto, acompanhamento de comida, molhado e saboroso.

Imberiquiti s. m. Um dos nomes do Exu nagô em terreiros bantos (ENC). Possivelmente do umbundo *velekete*, pessoa baixa, ou que está sentada.

imbondar v. t. d. e intr. (1) Enganar. (2) Mentir astuciosamente (MV). Do umbundo *mbonde*, boato, intriga.

imbondo s. m. Var. de EMBONDO (BR).

imbuá s. m. Cachorro (JD). Do quimbundo e quicongo *mbua*, cão.

imbuança s. f. Encrenca, lambança (RN). Complicação por abuso (JR). Do quimbundo *mbuanza*, abuso.

imbuele s. m. Pau, madeira, árvore (VF). Q. v. IMBUETE.

imbuete s. m. Pedaço de pau; cacete; porro; taco. P. ext.: pênis (CBC). Q. v. EMBUETE.

imbungurúru s. f. Estrela (MM). Do umbundo *olumbungululu*, estrela.

imbuno s. m. Negro (NL). Do etnônimo banto *mbundu*, BUNDO.

imbuta s. f. Cobra (JD). Do quimbundo *mbuta*, víbora, provavelmente.

imene s. m. Arbusto da família das menispermáceas, próprio das regiões tropicais (BH). De possível origem banta. Cp. o quimbundo **inene*, grande.

impala s. m. Espécie de antílope africano (DH). De um termo multilinguístico banto (quimbundo *m'pala*; umbundo *mpala*) significando "antílope". Durante alguns anos, no Brasil, o nome batizou uma marca comercial de automóveis.

impamento s. m. Sensação de plenitude no estômago (FS). De IMPAR.

Impango s. m. O mesmo que IMPANZO (YP).

Impanzo s. m. INQUICE dos CANDOMBLÉS bantos (YP). Do quicongo *Mpanzu*, inquice que causa úlceras grandes, corrosivas.

impar v. t. e intr. Encher-se; envaidecer-se; fartar-se (FS). Nascentes (1966 b) vê a origem no espanhol *hipar*, soluçar. Veja-se, porém, o quicongo **mpa*, *na-mpa*, cheio, coberto, regado de. Cp. MAMPAR.

implicação s. f. IMPLICÂNCIA (BH).

implicância s. f. Provocação: "F. está de implicância comigo". De IMPLICAR.

implicar v. t. i. (1) Provocar, amolar, ENTICAR. (2) Intrometer-se, contender (BH). O étimo tradicionalmente aceito é o lat. *implicare*, "enlaçar". Entretanto, a acepção do termo, para nós, é bem diferente da erudita ("embaraçar, enredar"), e até mesmo a regência: um é verbo transitivo direto, o outro é indireto. Permitimo-nos, então, tentar buscar o étimo no bundo *pilika*, constranger, pedir insistentemente, obrigar, forçar, exigir, reclamar; forcejar por, querer a toda força. Este vocábulo é, por sua vez, derivado de *pili*, incitamento, insistência, perseverança (ALVES, 1951 b).

impuco s. m. Rato (MM). Do umbundo *mpuku*, rato.

Inaê s. f. Um dos nomes da Iemanjá nagô (OC). De origem controversa: possivelmente banta, do bundo *ina*, mãe, através da forma *inahe*, mãe dele ou dela (ALVES, 1951 b); ou do fongbê (não banto) *Naé*, vodum feminino, mãe de todos os voduns.

incaca s. m. Tatu (VF). Do quicongo *nkaka*, pangolim, tamanduá.

inchusso s. m. Frango, galinha (VF). Q.v. CHUNCHO.

Incoce s. m. Red. de INCÔSSI-MUCUMBE (ENC).

Incoiamambo s. m. Divindade do raio e do fogo (YP). De origem banta.

Incojamambo s. m. INCOIAMAMBO (YP).
incombe s. m. Boi (NL). De um termo multilinguístico banto (quimbundo *ngombe*; umbundo *ongombe*) significando "boi".
Incôssi-mucumbe s. m. INQUICE dos CANDOMBLÉS bantos correspondente ao Ogum nagô. Do quicongo *Nkosi*, nome de um inquice, anteposto a um qualificativo como o quicongo *mukumbi*, velho, o quimbundo *mukumbi*, cantor, ou o ronga *mu-kombi*, guia.
incuio s. m. Carvão (YP). De origem banta, segundo Castro (1976 a). Ver INCULO.
inculo s. Carvão. De um quicongo *kikulu*, segundo Castro (2001 a).
indaca [1] s. f. (1) Discussão, litígio. (2) Confusão, barulho, tumulto (BH). Do quicongo *ndaka*, língua, garganta, voz, linguagem; maldição.
indaca [2] s. Rosto, cara, face (VAF). Ver INDACA [1].
Indacom de Jegum s. m. Um dos nomes de Jesus Cristo entre os antigos negros baianos. Abon.: VALENTE, 1977 a, p. 101. Provavelmente do iorubá *Ajagunã*, que é um dos títulos do Oxaguiã nagô, precedido de uma voz banta, não identificada, representada no elemento *indacom*.
indam s. f. Var. de INDAMBE (VF).
indambe s. f. Mulher (VF). Do umbundo *ndambi*, pessoa bela, elegante, formosa.
indaro s. m. Fogo, luz (VF). Var. de ANDARO.
inderé interj. Elemento presente em textos de alguns cânticos do folclore afro-brasileiro, como neste das taieiras nordestinas: "Meu São Benedito é santo de preto / Ele bebe garapa / Ele ronca no peito! / Inderé, ré, ré, / Ai! Jesus de Nazaré!" Provavelmente do radical *ndele* (*mu-ndele*), ocorrente no quimbundo e no quicongo para referir o homem branco.
indez adj. e s. m. Diz-se de, ou pessoa muito suscetível e delicada; diz-se de, ou criança manhosa, chorona (BH). Provavelmente do quicongo *ndèzi*, criança.
Indiâmbi s. m. Deus (JD). Do umbundo *Njambi*, Deus Supremo.

indieque s. m. Saco pequeno; CAPANGA (JD). Do quimbundo *nzeke*, ou do umbundo *onjeke*, saco.
indimba s. m. Cantador (MM). Do quimbundo *ndjimba*, cantor.
indocó s. m. Comida votiva feita com feijão-mulatinho, ovos e DENDÊ (MSA). De provável origem banta. Q. v. o umbundo **ndoka*, *ondoka*, extrato da mistura de cera, mel de abelhas e água que se transforma em hidromel.
indumba s. f. Mulher; moça (ENC). Do quicongo *ndumba*, moça, jovem senhora.
indumba-sendenque s. m. Homossexual masculino (ENC). De INDUMBA + XENDENGUE.
indumbeane s. f. Mulher de vida livre (ENC). De INDUMBA, provavelmente na expressão *ndumba ia mi*, minha mulher.
Indundo s. m. Divindade de cultos ANGOLO-congueses correspondente ao Omolu nagô (YP). Do quicongo *Ndundu tadi*, nome de um INQUICE e de uma doença.
indunga s. f. Rabicho, namoro, grande simpatia. As acepções aqui registradas são de João Felício dos Santos, no duvidoso glossário do romance *Ganga Zumba* (SANTOS, 19-- c). Mendonça (1948 a, p. 229) consigna o termo sem lhe determinar o significado. O étimo seria, possivelmente, o quicongo *ndunga biyengo*, nome que se dá às moças num jogo dos BACONGOS. Ou seria uma corruptela de INDUMBA?
inene adj. Grande (JD). Do quimbundo *inene*, grande.
infuca s. f. (1) Enredo, FUXICO, intriga. (2) Questão complicada (BH). Provavelmente do quicongo *mfuka*, espécie de cipó. Nascentes (1966 b) diz ser palavra expressiva. Cp. FOFOCA.
infuco s. m. e adj. Confuso (AL). De INFUCA.
infundi s. m. (1) Papas de milho verde ralado (MV). (2) Pão de mandioca (AV). Do quimbundo *funji*, pirão. Q. v. em FUNJE.
infunicar v. t. d. Desfigurar; mascarar (BH); desfigurar cobrindo o rosto; mudar as feições (JR). De origem banta. Q. v. o suaíle **kifuniko* e o nhungue **kufunika*, cobrir; e o quimbundo

*fundika, ocultar, sonegar, guardar (Matta, 1893 b). Nascentes (1966 b) viu origem expressiva.

infusação s. f. Estado de quem empobreceu ou se endividou muito (BH). De INFUSAR.

infusado adj. (1) Empobrecido ou endividado. // s. m. (2) Diz de, ou garimpeiro que há muito tempo não encontra pedras preciosas (BH). De INFUSAR.

infusar v. intr. (1) Tornar-se pobre; empobrecer. (2) Endividar-se (BH). Possivelmente de origem banta. Q. v., no quicongo, *fùusa, armadilha; *fùsi, turbilhão.

ingambeiro s. m. Um dos nomes do Exu nagô em alguns CANDOMBLÉS de origem ANGOLO--CONGUESA (ENC). Possivelmente de ENGAMBELO. Ou de Ingombela, antigo nome da cidade de Kinshasa, no antigo Congo (PARREIRA, 1990 b, p. 142).

Ingananzambe s. m. Deus; santo (VF). Var. de ANGANANZÂMBI.

inganga s. m. Padre (MM). Do quimbundo nganga, padre. Cp. GANGA.

ingareia s. f. Coisa complicada (BH). Provavelmente ligado ao quimbundo nhinga, emaranhar.

ingicar v. t. i. ENJICAR (HA).

ingira s. Carona; transporte (CBC). De INGIRAR.

ingirar v. Andar; fugir; correr; voar; sair; sumir; escafeder-se; jogar (pedra ou objeto); atirar etc. (CBC). Quimbundo: njila; quicongo: nzila; umbundo onjila = caminho.

ingom s. m. Boi (VF). Var. de INGOMBE.

ingoma s. m. Tambor (YP). Do termo multilinguístico banto ngoma, tambor.

ingomba s. m. O mesmo que INGOMA (BH).

ingombe s. m. Boi (MM). Do termo multilinguístico banto ngombe, boi.

ingome s. m. Var. de INGOMA (BH).

ingomo s. m. O mesmo que INGOM (VF).

ingondo s. m. Dificuldade, embaraço (YP). De IMBONDO.

ingongo [1] s. m. Tambor (YP). De INGOMBA.

ingongo [2] s. m. Var. de GONGOLO (YP).

ingono s. m. Nos xangôs, tambor grande, encourado de um só lado e batido com as duas mãos (BH). De INGOMA.

ingora s. m. O mesmo que INGORO (VF).

ingoro s. m. Cavalo (VF). Var. de ONGORÓ.

ingoroci s. m. Forma ortográfica preferível a INGOROSSI (q.v.).

ingorossi s. m. Reza coletiva, espécie de ladainha dos CANDOMBLÉS bantos (BH, OC). Do bundo ongolosi, reunir-se (ALVES, 1951 b).

ingrime [1] adj. Bêbado (VF). De provável origem banta. Cp. ENGRIMANÇO. Q.v., no quimbundo, *ngirinhá, rede; *kiadinhingi, emaranhado.

ingrime [2] s. m. Dente, dentadura (VF). De provável origem banta.

inguaiá s. m. O mesmo que GUAIÁ.

ingualhar s. m. Chocalho que integra a orquestra do JONGO. Abon.: "Então ele foi e arrequereu puíta, ingualhar e tambor" (RIBEIRO, 1984 a, p. 14). De INGUAIÁ.

inguenda \ue\ s. f. Pressa, pequena fuga (MM). Provavelmente ligado ao quimbundo kuenda, andar.

inguiçar v. t. d. Animar, atiçar (VS). Provavelmente do quicongo ngiizi, chegar, avançar, talvez através de uma expressão interjetiva.

ingunga s. m. Sineta, GUNGA [2] (YP).

ingura s. Dinheiro; riqueza (CBC).

ingura-catita adj. Pobre; pobretão; sem dinheiro (CBC). De INGURA (q.v.) + o umbundo okatito, pequeno: "dinheiro pequeno", pouco dinheiro.

ingurujado adj. Encolhido, triste (RME). Provavelmente de GURUNGUJADO, com modificação do sentido.

ingurunga s. f. Terreno muito acidentado, com subidas e descidas acentuadas (BH). Do quioco ngulunga, baixa ou depressão de terreno frequente nas nascentes dos rios ou ao longo de seu percurso, dando origem a pequenos regatos nos tempos das chuvas. Nascentes (1966 b) viu possível origem indígena.

inhaca s. m. Senhor supremo; rei (BH). De yaka (JAGA), título de soberano em uma das línguas de Angola. A história do antigo Reino do CONGO registra um jaga *Zimbro* e um jaga *Kaza a Ngola*, entre outros. Q. v. tb. em JACA.

inhambado *adj.* Malsucedido, lascado, "fodido e mal pago". Abon.: "Tomasse essa antipatia toda que estou tomando da gente dela e tendo de engoli-los à força - aí é que a porca torceria o rabo, e eu estaria deveras inhambado" (BERNARDES, 1984 c, p. 50). Do umbundo *yamba*, infortúnio, má sorte. Cp. LAMBA.

inhame *s. m.* (1) Designação comum a ervas da família das aráceas que se caracterizam por produzir tubérculos nutritivos (BH). (2) Homem de corpo defeituoso, disforme (RN). (3) Pênis (SM). De origem controversa. Em línguas não-bantas, como o uolofe, o peul e o serere, *nyam* é a raiz dos termos correspondentes ao português "comer". Bernal (1987 b, p. 105) advoga, para o cubano *ñame*, origem banta, quando escreve: "*Las evidencias parecen señalar que es palavra de origen bantú, pues, segun Mendonza (...), proviene de la raiz nyame, comer, existente en todas las lenguas bantú, al decir de Meinhof. Ortiz recuerda que se utiliza en el Congo, por tanto se referirá al* quicongo *o al lingala.*" Mas é o próprio Bernal quem escreve que Fernando Ortiz também assinala a ocorrência do termo no uolofe, língua sudanesa.

inharra *s. f.* Cobra (VF). Do umbundo *onhoha*, cobra.

inhaúca *s. f.* Trago de CACHAÇA (SM). De possível origem banta. Q. v. o quicongo **nyauka*, miar como gato.

inhengo *adj. e s. m.* (1) Diz-se de, ou indivíduo muito acanhado, palerma, imbecil, pateta. (2) Decrépito (BH). De origem controversa. Buarque de Holanda (FERREIRA, 1986 a) faz derivar do port. *inhenho* que, por sua vez, viria do latim *ingenuus*, segundo Nascentes (1966 b). O quicongo registra o verbo *nyénga*, choramingar como as crianças, da mesma raiz de *nyénga*, derreter-se, fundir-se.

inhenho *adj. e s. m.* INHENGO (BH).

inhofa *s. f.* Cobra (JD). Do umbundo *onhoha*, cobra.

inhonjó do pacá *s. m.* Calçado (JD). Do quimbundo *njo*, casa, correspondente ao umbundo *onjo*, acrescido de um termo não identificado, talvez para significar algo como "casa do pé". Cp. INJÓ-DANGOARA.

inhoto *s. m.* Osso (VF). Certamente relacionado ao suaíle *nyotoa*, emagrecer.

injara *s. f.* Fome (MM). Do quimbundo *nzala*, fome, ou de sua variante, no umbundo, *onjala*.

injeque *s. m.* Milho, pipoca (VF). Q. v. ONJEQUÊ.

injequé *s. m.* Saco (MM). Do quimbundo *nzeke*, saco.

injequê *s. m.* Saco, receptáculo, copo, vasilha (VF). Var. de INJEQUÉ.

injimbe *s. m.* Dinheiro (VF). Do quicongo *njimbu*, dinheiro.

injó do cutuá do Mumbo *s. f.* Igreja (NL). De INJÓ + uma possível corruptela do português *cultuar* + um termo como o suaíle *Mungu*, Deus, significando, talvez, "casa do culto de Deus".

injó *s. f.* Casa (JD, VF). Do quimbundo *njo* (umbundo *onjo*), casa.

injó-dangoara *s. f.* Bar, botequim (NL). De INJÓ + ANGOARA = "casa da CACHAÇA".

inquenta-naborodo *s. m.* Homossexual masculino (YP). Do quicongo *nkento*, mulher, + *na bololo*, forte, corpulento.

inquento *s. f.* Mulher, esposa, na linguagem dos CANDOMBLÉS ANGOLO-congueses (ENC). Do quicongo *nkento*, mulher, esposa.

inquete *s. m.* Escultura antropomórfica que representa o INQUICE (RL). Corruptela de ITEQUE.

inquice *s. m.* Divindade dos cultos de origem banta correspondente ao orixá nagô (BH). Do quicongo *nkisi*, *nkixi*, entidade sobrenatural, ídolo, fetiche, amuleto.

inquijilar *v. t. d.* O mesmo que ENQUIZILAR (VS).

inquiricar *v.* Fazer raiva, irritar (RME). De possível origem banta. Cp. IMPLICAR.

inquita *s. f.* Castigo que o orixá inflige ao filho, incorporando e se internando com ele no

MATO, provocando-lhe ferimentos dolorosos. Abon.: MOURA, 1981 c, p. 149. Do quicongo *nkita*, qualquer coisa que provoque dores nos membros, dentes e pernas.

insaba *s. f.* Folha, erva; conjunto de folhas de utilização ritual (ENC). De étimo banto. No quicongo, *nsaba* significa pequeno jardim, plantação de tabaco. O termo quimbundo que corresponde ao português "folha" é *kisaba* que talvez faça o plural em *insaba* ou *isaba*.

insila *s. m.* Carga fluídica negativa (OC). Provavelmente do quicongo *nsila*, chicote: a pessoa que está com esse tipo de carga estaria levando "uma surra" das entidades sobrenaturais.

Insumbo *s. m.* INQUICE correspondente ao Obaluaiê nagô (ENC). De *Nsumbu*, nome de um inquice CONGO.

inticância *s. f.* Desafio, provocação (ZN). De ENTICAR.

intimar *v. intr.* Querer dar na vista; alardear merecimento ou riqueza (VS). Provavelmente do quicongo *ntima*, elemento que se liga a verbos de significados variados para exprimir sentimentos, emoções, estados do corpo e da alma. Ex.: *ntima bwa*, ser ou estar calmo, resignado; *ntima tungama*, vangloriar-se, envaidecer-se. Talvez a origem esteja nessa última expressão.

Intoto *s. m.* (1) INQUICE correspondente ao Omolu nagô. (2) Terra, solo (YP). Do quicongo: *ntooto*, terra; *Ntoto*, antropônimo.

intropicar *v. intr.* Tropeçar; cair ou por no chão; dar topada (JR). Do umbundo *tumbika*, segundo Raymundo (1936 a, p. 63). Cp. no port. *trombicar, *tropicar, *trumbicar.

invoco *s. m.* Feitiço, MUAMBA, coisa-feita (YP). Provavelmente do quicongo *mvoki*, falta, delito, crime. Ou de *ndoki*, feiticeiro. Veja-se, em reforço à primeira hipótese, o fato de que, entre os povos bantos, o feiticeiro é sempre visto como um marginal da sociedade.

invúmbi *s. m.* ZUMBI, morto-vivo (YP). Do quicongo *mvumbi*, cadáver, pessoa morta.

inzona [1] *s. f.* (1) Embuste, mentira, velhacaria. (2) Intriga, mexerico (VS); mistério, complicação (AP). De possível origem banta. "Macedo Soares deriva do quimbundo *ku-mzona* cuja significação não dá (...). Tem a aparência de palavra de criação expressiva" (Nascentes, 1966 b, p. 418). Cp. INZONA [2]. Q. v. tb. o quicongo *zona, estar silencioso, tranquilo.

inzona [2] *adj.* (1) Maníaco, AMALUCADO, atordoado. (2) Supersticioso, medroso (SP). Provavelmente do quicongo *nzona*, que remexe (a poeira, a terra) e joga em todas as direções. Q. v. tb. o quicoco *zonda, covarde, tímido.

inzonar [1] *v. t. d.* Intrigar, enredar, mexericar (BH). De INZONA [1].

inzonar [2] *v. intr.* Demorar, tardar (VS). Provavelmente do quimbundo *sonda*, preguiçar.

inzoneiro *adj.* (1) Mexeriqueiro, mentiroso. (2) SONSO, manhoso (BH). De INZONA [1].

inzonze *s. m.* Peixe (YP). Do quicongo *nzonzi*, pequeno peixe, da família dos *Spilotaenia*.

ioimbina *s. f.* Alcalóide encontrado em certas plantas africanas e usado em medicina (BH). "De *yohimbe*, palavra bantu, nome específico da planta *Corynanthes yohimbe*..." (NASCENTES, 1966 b).

ioiô *s. m.* Tratamento que os escravos davam aos senhores (BH). "Alteração de sinhô [senhor] na boca dos negros" (NASCENTES, 1966 b). "Criação afro-negra de acordo com o tipo sinhô [r] por influência de iaiá" (RAYMUNDO, 1933 a, p. 134). Cp. IAIÁ.

Ioiô Mandu *s. m.* Antiga fantasia carnavalesca improvisada com objetos caseiros para tornar o folião irreconhecível. Abon.: "...culminando na caricatura que chamavam Ioiô Mandu. O Mandu (...) era uma engenhosa improvisação em que, com uma anágua, uma peneira, um cabo de vassoura e um paletó velho, qualquer pessoa poderia se tornar irreconhecível" (VIANNA, 1965 c, p. 284). Q. v. em IOIÔ e MANDU.

iomba *s.* Vocábulo de significado não determinado, registrado por Nina Rodrigues, citado por Arthur Ramos. Abon.: "Nina Rodrigues já o deixara assinalado quando registrou as expressões Zambi, Gana, Iomba, Gana Zona etc. como sendo de procedência bantu" (RAMOS, 1956 a, p. 117). De origem banta.

iove *pron.* Eu (VF). Certamente relacionado ao umbundo *ove*, teu.

ipê-mamono *s. m.* Árvore da família das bignoniáceas (BH). De MAMONA.

iputa *s. m.* ANGU (JD). Do umbundo *iputa*, angu.

iputo de mavero *s. m.* Queijo (JD). Do umbundo: *iputa*, ANGU + *avele*, leite = "angu de leite".

isguengado *adj.* Perrengue, fraco, adoentado (SAM). De possível origem banta. Cp., em PERRENGUE, o núcleo *eng*.

isonero *adj.* Desassossegado, sem descanso (ZN). Provável alteração de INZONEIRO.

itaco *s. m.* Nádega, ânus (MM). Do umbundo *etako*, nádega.

itâmbi *s. m.* Rito funerário (OC). Do quicongo *ntambi* ou de seu correspondente, no quimbundo, *tambi*, funeral.

ité *adj.* 2 *gên.* Sem gosto, insípido (BH). Nascentes (1966 b) dá como originário do tupi *i'té*, diverso, diferente, feio, repulsivo. Entretanto, A. G. Cunha, emérito tupinólogo, não consigna o vocábulo em nenhuma de suas obras relacionadas na bibliografia deste trabalho (CUNHA, 1982_1 b; CUNHA, 1982_2 b). Por outro lado, encontramos, no quicongo, as vozes *eté* e *uete* significando "gosto" (MAIA, 1964_1 b), o que nos leva a considerar a palavra de possível origem banta.

iteque *s. m.* Escultura antropomórfica representando um INQUICE ou um antepassado. Abon.: "Também os negros de Angola, do Congo, de Moçambique, introduziram no Brasil esculturas de madeira, como os iteques. ..." (RAMOS, 1956 a, p. 140-141). Do quimbundo *iteque*, plural de *kiteke*, boneco, ídolo, fetiche.

ixe *interj.* Exclamação irônica ou de desprezo (BH). Do quimbundo *êxi*, interjeição designativa de enfado, desconsolo ou incapacidade: "Que maçada! Que aborrecimento! É demais! Em vão! Impossível!" (RIBAS, 1989_2 b, p. 162).

izope *s. m.* Espécie de pincel usado ou para azeitar eixos de carros de boi ou como esponja para chupar o mel de abelhas silvestres (SAM). De possível origem banta.

ja-mutum *s. m.* Nome de uma dança pura dos bailados de CONGO. Abon.: ANDRADE, 1959 a, vol. II, p. 62. De provável origem banta; talvez ligado a *muntu*, pessoa.

jabá *s. m.* Suborno oferecido a programador de emissora de rádio para que inclua na programação determinada obra musical. Abon.: RABAÇA; BARBOSA, 1978 c. De JABACULÊ.

jabaculê *s. m.* (1) Gorjeta. (2) Dinheiro (BH). De possível origem banta. Q. v. o radical **baku*, presente no quimbundo *bakula*, pagar, tributar. V. tb. o quicongo **nza-báaku*, sabão, e cp. a expressão "molhar a mão", subornar. Teria havido uma convergência das duas ideias?

jaburu-moleque *s. m.* Ave ciconiforme da família dos ciconídeos (BH). Q. v. MOLEQUE.

jaca *s. m.* Chefe africano (BH). De *yaka* (jaga), título real em uma das línguas do antigo CONGO, derivado, talvez, do quicongo *yaka*, um grande homem. Veja-se tb. em INHACA e JAGA.

jaça *s. f.* (1) Substância heterogênea em pedra preciosa. (2) Mancha, falha (BH). Nascentes (1966 b) e A. G. Cunha (1982_1 b) têm o étimo como obscuro. De possível origem banta por se tratar de vocábulo ligado à atividade de mineração. Q. v. o quicongo **yasa*, estar enraivecido, encolerizado.

jacu-molambo *s. m.* Ave cuculiforme (BH). Q. v. MOLAMBO.

jacundê *s. m.* Figuração coreográfica do MOÇAMBIQUE (MA). De possível étimo banto, pela procedência da dança.

jaga *s. m.* (1) Designação dada pelos portugueses aos *mbangala*. (2) Cada um dos guerreiros de várias etnias que desestabilizaram o poder central na ANGOLA seiscentista (cf. PARREIRA, 1990 b). (3) Soberano dos "bangalas" de MATAMBA (CF); o mesmo que INHACA e JACA.

jagunçada *s. f.* Grupo ou conjunto de jagunços (BH). De JAGUNÇO.

jagunçaria *s. f.* JAGUNÇADA.

jaguncismo *s. m.* Atividade, mister de JAGUNÇO. Abon.: "Quanto à jogatina, nada - que era passar recibo à oposição. Tampouco ao jaguncismo" (PALMÉRIO, 1966 c, p. 221).

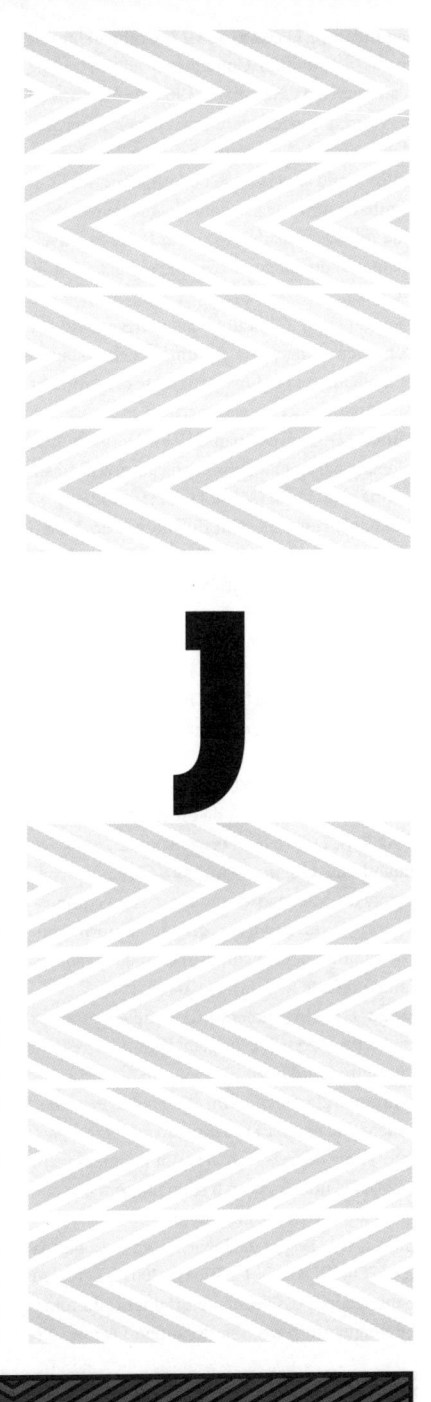

jagunço s. m. (1) CAPANGA. (2) Combatente das forças de Antônio Conselheiro na Guerra de Canudos (BH). Nascentes (1966 b) vê derivar de *zarguncho*, espécie de arma, "talvez de procedência malaia". Preferimos, como hipótese, o quimbundo *junguzu*, soldado. Quando não, o iorubano *jagun-jagun*, soldado guerreiro.
jajá adj. Desatinado, fora de si (VS). Provavelmente do quicongo *nzaza*, que esguicha, espirra, jorra.
jamba [1] s. f. Cada uma das partes iguais que compõem uma porta ou uma janela, quando aparelhadas em colunas (BH). De origem banta? Ou do francês *jambe*, perna?
jamba [2] s. m. Diamante (VF). Do umbundo *djambo*, pagamento, remuneração, gratificação.
jambá s. m. Ouro (MM). Q. v. JAMBA [2].
Jambanjurim s. m. Um dos nomes do Xangô iorubá no culto OMOLOCÔ. Abon.: PERNAMBUCO, 1989 c, p. 60, grafado *janbanjurim*, com n. De provável origem banta.
jambé s. m. O mesmo que JEMBÊ (BH).
jambi [1] s. m. Capim (MM). De origem banta. Talvez do quicongo *ba aya nzambi*, dracena; ou do quimbundo *iangu kia nzambi*, erva-de-santa-maria.
jambi [2] s. m. Santo (VF). De ZÂMBI.
janda s. f. Ave africana da ordem dos palmípedes (AN). De provável origem banta.
jangalamarte s. m. GANGORRA (BH). Possivelmente do quicongo, de uma expressão composta com a voz *nzangala*, grande comprimento (tb. gafanhoto, pelo comprimento das pernas).
jangalamaste s. m. JANGALAMARTE.
jango s. m. Instrumento da família dos arcos musicais (MA). De origem banta. Talvez do quimbundo *juhungu*.
janinquenda interj. Em algumas CONGADAS, ordem dada pelo REI CONGO ao secretário para que ande depressa ao levar uma mensagem (AM). De uma locução terminada com o verbo *ku-enda*, andar, do quimbundo.
janô s. Na "língua da Tabaca", ânus, cu, bunda (cf. COMODORO; CABRAL, 2009 a). Termo bantuizado, possivelmente originário do fongbé, língua do povo fon, do antigo Daomé. No livro *A formação do candomblé: história e ritual da nação jeje na Bahia*, Luís Nicolau Parés (2006 c) chama atenção para o intercâmbio de tradições ocorrido entre os africanos de ANGOLA e os do Daomé, na Bahia do século XIX. O mesmo, certamente, ocorreu em Minas Gerais, com a presença de trabalhadores mina-jejes no ambiente da mineração. Veja-se, então, como provável étimo o fon *yonu*, ânus.
jarera s. f. A comida que fica grudada no fundo da panela (VS). De provável origem banta. Cp. o quimbundo **nzala*, fome.
jebimba s. f. Casa de jogo reles, ordinária (BH). De possível origem banta. Para Nascentes (1966 b), é palavra expressiva.
jembê s. m. Guisado de QUIABOS e outras ervas com lombo de porco e ANGU (BH). Provavelmente do quicongo *lembe*, esparregado. Nascentes (1966 b) vê derivar de um quimbundo "*ji-bêmbé*, beldroega" que não confirmamos.
jembezeiro s. m. Indivíduo perito no preparo do JEMBÊ (AN).
jequê s. Barriga; ventre; útero (CBC). Bundo: *ndjéke*, saco. Cp. ONJEQUÊ.
jerebita s. f. CACHAÇA. Abon.: "Jerebita é o nome que dão os matambas de Angola à aguardente." (A. Sarmento, citado em RAYMUNDO, 1933 a, p. 135). De origem banta.
jererê s. m. Cigarro de MACONHA (BH). Possivelmente do umbundo *ngelele*, faísca, fagulha, centelha.
jeribita s. f. JEREBITA (BH).
jeribiteiro adj. e s. m. CACHACEIRO. Abon.: MATOS, 1990 c, vol. II, p. 1181. De JERIBITA.
jerico [1] s. m. Jumento (BH). "Cortesão dá um étimo inadmissível, repetido por Figueiredo: um lat. *gericus*, de *gerere*, coisa que traz" (NASCENTES, 1966 b). De possível origem banta. Cp., no umbundo, **ndjiliko*, direção, caminho.
jerico [2] s. m. Indivíduo safado, sem-vergonha; bandido (VF). Possivelmente do umbundo *ndjiliko*, dedo indicador, relacionado a atos de delação, traição.
jerimbamba s. f. Conflito, briga (AN). Nascentes (1966 b) vê origem expressiva. Convém en-

tretanto, analisar, no quicongo: *nzele*, que envolve, que se enrola ao redor (cp. o português "rolo"); *bamba*, pl. *bibamba*, reunião, grupo. Var. XIRIMBAMBA. Cp. TURUMBAMBA.
jerumba *s. f.* El. usado na locução "comer jerumba", passar por privação (BH). De JURUMBA, talvez.
jibungo *s. m.* Dinheiro (BH). Do quimbundo *mbundu*, *jimbundu*.
jiló *s. m.* Fruto do JILOEIRO (BH); jiloeiro (AN). Relacionado ao quioco *jilo*, berinjela de fruto oval (BARBOSA, 1989 b). Cp. o quimbundo **luó*, muito amargo (MAIA, 1964_1 b, verb. *muito*).
jiloeiro *s. m.* Planta da família das Solanáceas (AN). De JILÓ.
jimbanda *s. m.* Pederasta passivo, sodomita. Abon.: "Somítigos, jimbandas e até timbiras povoavam a Bahia, vício soteropolitano e não de Veneza devia se chamar..." (SANTOS, 1991 c, p. 125). De origem banta.
jimbelê *s. m.*CANJICA (BH). Provavelmente do quimbundo *mundele* branco, através de um possível *jindele*.
jimbo *s. m.* Dinheiro (BH). Do quicongo *njimbu*, dinheiro.
jimbombo *s. m.* Dinheiro (MS). De JIMBONGO.
jimbongo *s. m.* Dinheiro (BH). Do quimbundo *mbongo*, dinheiro, através da forma *jimbongo*, Cp. JINGUBA.
jimbra *s. f.* Dinheiro (BH). De JIMBO.
jindama *s. f.* Medo (RP). Possivelmente do quimbundo *ndumu*, medo.
jindiba *s. f.* Certa árvore africana (BH). De provável origem banta. Cp. o quicongo **ngindiba*, *nzindiba*, pesado, gordo.
jinga *s. 2 gên.* (1) Indivíduo dos jingas. (2) Pertencente ou relativo a essa etnia (BH). Do etnônimo banto *jinga* ou *nzinga*.
jingo *s. m.* CACHIMBO (BH). De origem banta. Q. v. o quicongo **nginzu*, cachimbo. Q. v. tb. **zingu*, qualquer coisa enrolada, rolo (charuto?).
jingoto *s. m.* Açoite (BH). Provavelmente de MUXINGA, açoite, talvez acrescido de um sufixo diminutivo português *oto*.

jinguba *s. f.* Amendoim (MS). Do quimbundo *nguba*, *jinguba*, amendoim.
jique *s. m.* Imbuzeiro (BH). Provavelmente do quicongo *nsiki*, árvore cujas raízes servem de remédio para males do ventre, talvez por semelhança dela com o imbuzeiro.
jiquipanga *s. f.* Divertimento, pagodeira (BH). De origem banta. Q. v. no quicongo, **nziki*, músico, instrumento musical, e **mpanga*, círculo de dança. Veja-se tb. o umbundo **ochilyapanga*, espécie de dança.
jiribanda *s. f.* Admoestação violenta; descompostura (BH). Certamente ligado ao quicongo *banda*, bater, açoitar; fazer barulho. Cp. SARABANDA.
jito *adj.* Pequeno, miúdo (BH). Provavelmente do quimbundo *xitu*, animal, bicho, através da flexão diminutiva *kaxitu*, bichinho. Ou de CATITO [2].
joana-guenza *s. f.* Jacundá-branco (BH). De GUENZA.
joaninha-guenza *s. f.* Joaninha, peixe teleósteo (BH). De GUENZA.
joão-cachaça *s. m.* Jaguaruçá, peixe teleósteo (BH). De CACHAÇA.
joão-congo *s. m.* Ave passeriforme (BH). "Sua plumagem é de um negro brilhante. Talvez por isso tenha sido comparado a um negro do Congo." (NASCENTES, 1996 b). Q. v. CONGO.
joão-conguinho *s. m.* Japim, ave passeriforme de coloração negra (BH). Diminutivo de JOÃO-CONGO.
joão-cotoco *s. m.* Gesto obsceno (FS). De COTOCO.
joão-galafoice *s. m.* Fogo-fátuo (BH). De JOÃO-GALAFUZ.
joão-galafuz *s. m.* O mesmo que JOÃO-GALAFOICE (AN). Talvez de uma forma "janga-lafuz", o que induziria a uma origem banta. Cp. JANGALAMARTE, JOÃO-GALAMARTE.
joão-galamarte *s. m.* GANGORRA (BH). De JANGALAMARTE.
joão-gomes *s. m.* Erva da fam. das portulacáceas, maria-gomes (BH). "De maria-gomes, com substituição do nome próprio, por afetivi-

dade" (AN). Q. v. MARIA-GOMES e MARIAN-GOMBE.
jocó *s. m.* CHIMPANZÉ (AN). De possível origem banta. Q. v. o macua **kotco*, MACACO pequeno. E o quioco **soko*, parente.
jocongo *s. m.* JOÃO-CONGO (BH).
jocoroacote *s. f.* Velha (NL). Q. v. JOCOROCOTO.
jocorocoto *s. m.* Velho (VF). Do quimbundo: *okulo* + *kota*, ambos os termos significando "velho".
jocotó *s. m.* Passo do CAPOEIRA na exibição; GINGAÇÃO (AN). De possível origem banta. Q. v. o quicongo **nzoko*, espécie de dança.
jongar *v. intr.* Dançar o JONGO (BH).
jongo *s. m.* Dança tradicional afro-brasileira; CAXAMBU (BH). Do umbundo *onjongo*, nome de uma dança dos ovimbundos (GUENNEC; VALENTE, 1972 b, p. 147). A origem mais remota parece estar no bundo *ndjongo*, criação, descendência: o jongo visto como reunião de família, talvez.
jongoló *s. m.* Indivíduo mal-arrumado, malvestido (DV). De provável origem banta. Veja-se o quicongo **nzolo*, ruído de coisa que se quebra, se despedaça.
jongongo *s. m.* Var. JOÃO-CONGO (AN).

jongorô *s. m.* Muro, parede ; janela (VF). Provavelmente relacionado ao quicongo *nzongolo*, ruído, despedaçamento; que estala (em alusão às paredes das casas de SOPAPO).
jongueiro *s. m.* Dançador ou cantador de JONGO (BH).
jonjo *adj.* Enfraquecido, desestimulado. Abon.: "A nossa dama de ferro, ao decidir-se pela paixão, incendiou os corações românticos deste país, que estavam a meia-bomba, jonjos, frapês..." (MATÉRIA, 1991_1 c). De provável origem banta. Talvez do quioco *njonja*, coxear, manquejar.
juga *s. f.* Cabeço; picoto; lugar alto (AN). Provavelmente do quioco *njunga*, uma árvore muito alta. "Por vezes dá-se esse nome ao eucalipto" (BARBOSA, 1989 b).
junta-de-calangro *s. f.* Arbusto da família das acantáceas (AN). De CALANGRO.
jura *s. f.* CACHAÇA (BH). De JURUBITA.
jurubita *s. f.* CACHAÇA (BH). Var. de JEREBITA.
jurumba [1] *s. f.* CACHAÇA (SM). Deriv. regress. de JURUBITA.
jurumba [2] *s. f.* Órgão sexual masculino (SM). De GURUMBA.

laba-laba s. f. Árvore da família das voquisiáceas, cuja madeira é própria para construção e tabuado (BH). De possível origem banta. Cp. o quicongo *nlaba*, folha de mandioca, couve. Veja-se tb. **laba-laba*, pestanejar, piscar de olhos.

labaça s. f. Suplemento de madeira que se prega nos barcos e navios em construção para receber o tabuado (BH). De possível origem banta. Cp. o quicongo *lu-basa lwanima*, espinha dorsal.

labancear v. intr. Fazer LAMBANÇA (BH).

laco-paco s. m. Bebida feita com aguardente, maracujá e açúcar (BH). Talvez de origem banta, pelo aspecto; talvez de origem expressiva. Q. v. o quicongo *nlaku*, gosto.

lacuteio s. m. Grande agitação, barulho, BARAFUNDA (BH). Provavelmente do quioco *laku*, palpitação, latejo. Q. v. o quicongo *lakuta*, *lakata*, incendiar-se, ser queimado.

lamba s. f. El. usado na locução "passar lamba", viver mal, passar vida difícil (BH). Do quimbundo e/ou umbundo *lamba*, desgraça, desventura, infelicidade, miséria.

lambada s. f. (1) Golpe de chicote, tabica ou rebenque (BH). (2) Copo, ou gole de bebida alcoólica (SM). (3) Dança de salão de origem amazônica, muito popular na virada dos anos 1980 para 1990. Etimologia controversa. Ou do iorubá *lagbá*, chicote, rebenque, de origem não banta, portanto; ou do quioco *lamba*, bater, castigar; ferir, atingir com um golpe ou pancada. Com relação à terceira acepção, é interessante consignar o quicongo *lamba dyakina* que significa o tempo, o compasso na dança (LAMAN, 1964 b).

lambaia s. f. Denominação da calça masculina na gíria dos antigos ladrões cariocas (RP). De provável origem banta. Veja-se o umbundo *lambo*, tira de pano que se passa entre as pernas; e o quicongo *lamba*, toalha para enxugar as mãos. Cp. MOLAMBO.

lambaio s. m. Designação de várias espécies de vassouras, principalmente aquela feita de panos velhos ou estopa (BH, AN). Provavelmente da mesma raiz de LAMBAIA.

lambamba *s. m. e adj.* Beberrão, bêbado (BH, SM). De origem controversa: talvez do port. *lamber*, segundo Nascentes (1966 b); quem sabe, com um eco de BAMBO, BAMBEAR? Castro (1976) atribui origem banta. Veja-se o quicongo *lammba, deitar para dormir.
lambança *s. f.* (1) Desordem, sujeira. (2) Serviço malfeito. (3) Enredo, embuste. (4) Trapaça no jogo (BH). Segundo Nascentes (1966 b), a origem é duvidosa. Segundo Raymundo (1936 a, p. 135-136), o étimo pode estar num antigo costume CONGUÊS que consistia em um escravo, não satisfeito com seu proprietário, ir entregar-se espetacularmente a outro. Quando isso acontecia, os presentes à cena gritavam "*N'ambanza!*" o que, segundo o filólogo, significaria "está em casa" ou melhor, "ficou em casa". Na hipótese desse *n'ambanza* se afigurar uma trapaça, um logro, principalmente ante olhos europeus, aí estaria a origem etimológica, para Raymundo. De nossa parte, preferimos remeter o leitor para o iaca *lamba*, guisar, cozinhar, para talvez daí (do sentido de desordem, sujeira que a atividade culinária parece provocar) procurar derivar as outras acepções. Cp. LAMBÃO.
lambanceador *adj. e s. m.* LAMBANCEIRO (BH).
lambanceiro *adj. e s. m.* Diz-se de, ou aquele que faz LAMBANÇA (BH).
lambão *s. m.* Indivíduo que não sabe lidar com as coisas sem sujar-se (AN). Nascentes (1966 b) prende ao port. *lamber*. Q. v. entretanto o umbundo *ovihalambe, porcaria.
lambar *v. t. d.* Dar lambadas (BH). De LAMBADA.
lambas *s. f. pl.* Infelicidades, misérias, privações (MS). De LAMBA.
lambaz *s. f.* Molho de fios de carreta, formando uma espécie de vassoura, que se usa para enxugar o convés dos navios (BH). De LAMBAIO.
lambazar *v. t. d.* Enxugar ou varrer com o LAMBAZ (BH).
lambudo *adj.* Sujo, imundo (DV). Provavelmente do quicongo *lambudi*, magro, fatigado, indisposto. Q. v., ainda, o quicongo *malombo,

carvão com que se unta a cara em sinal de luto (MAIA, 1964_1 b).
lampana *s. f.* Mentira (RP, BH). Possivelmente do quicongo *mampunu*, mentira. Cp. JINDAMA < *ndumu*.
landim *adj.* (1) Relativo aos landins, grupo étnico de Moçambique. // *s. m. e f.* (2) Indivíduo desse grupo. // *s. m.* (3) A língua falada pelos landins: o ronga (AN).
landuá *s. f.* Espécie de puçá sem cabo, jereré (BH). Araújo (1967 a, v. II, p. 327) dá como do gênero masculino. Para Nascentes (1966 b), a origem é desconhecida. Para nós, vem do quicongo *langwa*, vegetal que serve para envenenar peixes nos lagos. Q. v. tb. *landwa*, nós encontradiços na raiz da árvore *nkumbi*.
landum *s. m.* O mesmo que LUNDU (MA).
langa *s. f.* Conjunto de doze rodas de dançarinos que, na dança de São Gonçalo, trocam de lugar ao ritmo da música de acompanhamento (CC). Provavelmente do quioco *langa*, rebolar ou rodar sobre si mesmo.
langanho *s. m.* Coisa pegajosa, monco (RP). De LANGONHA.
langonha *s. f.* (1) Esperma. (2) Gosma (BH). Do quimbundo *mangonha*, gosma.
langua *s. f.* Planície constituída por sedimentos e aluviões, periodicamente inundada pelas águas do mar (BH). Segundo Nascentes (1966 b), a origem é africana. O étimo, provavelmente, vem do suaíle *mlango*, estreito, canal, desfiladeiro entre montanhas, passagem entre dois bancos de areia ou para atravessar a barra do mar. Ou de uma possível forma *langwa*, de outra língua banta, originária do português *lagoa*.
languarim *s. m.* Braço (VF). Provavelmente relacionado ao umbundo *langula*, espancar, e a *langulo*, BENGALADA, da mesma raiz.
languenzo *adj.* Enfermiço, debilitado (SP). Do port. *languento*, certamente contaminado por GUENZO.
lapada *s. f.* (1) LAMBADA. (2) Bofetada (BH). Do port. *lapo*, termo onomatopeico, ou de *lapo*, termo presente no umbundo e no quioco significando remo ou espécie de pá de madeira se-

melhante ao remo. Houaiss (HOUAISS; VILLAR, 2001 a) relaciona a *lapa*, pedra.

lapear *v. t. d.* Chicotear, vergastar (BH), dar uma LAPADA (q.v.).

lapiga *s. m.* Garrote magro (BH). Possivelmente ligado ao quicongo *lambika*, dobrar, curvar.

laquera *s. f.* Agitação, inquietação infantil (SAM). Provavelmente do quioco *laku*, palpitação, latejo. Cp. LACUTEIO.

larica *s. f.* Na gíria dos usuários de drogas, apetite desenfreado após o efeito da ingestão da MACONHA. Possivelmente, ligado ao quioco *lika*, dificuldade, aperto, apuro. Cp. tb. MARICA.

laué *s. m.* Cação do litoral baiano (BH). Provavelmente do quicongo *lu-he-luhé*, pequena serpente.

lava-bunda *s. m.* Libélula (BH). De BUNDA.

leco *s. m.* (1) Criado, lacaio. // *adj.* (2) Fraco, desamparado (BH). Provavelmente do quicongo *nleke*, criado, menino. Q. v., tb. no quicongo, *nleka, pessoa doce, terna, humilde; *nleeko, clemência, misericórdia, doçura. Q. v., no umbundo, *leka, ser magro. Cp. MOLEQUE.

leguelhé *s. m.* Homem sem importância (BH). Nascentes (1966 b) vê origem controvertida. Castro (1976 a) lista como de origem banta.

lei de pemba *loc. s. f.* Na UMBANDA, conjunto de pontos riscados com PEMBA (OC).

lelê *s. m.* Confusão, intriga (BH). Redução de QUELELÊ.

Lemba *s. m.* Var. de LEMBÁ (YP).

Lembá *s. m.* Representação do Oxalá nagô nos CANDOMBLÉS bantos (BH). De *Lemba*, divindade ambunda da procriação (RIBAS, 1985 b, p. 78); INQUICE CONGO ligado à paz, à tranquilidade.

Lemba-dilê *s. m.* O mesmo que Lembá (OC). De LEMBÁ, talvez numa expressão onde entrassem as seguintes formas pronominais: do quimbundo, *l'eme*, comigo; *l'eie*, contigo ou *l'enhe*, convosco. Ou de um cruzamento com o iorubá *ilê*, casa: "lemba de ilê", o senhor da casa ou na casa.

Lembarenganga *s. m.* Lembá (BH). De LEMBÁ + GANGA.

lempa *s. f.* Pérola que se pesca na costa brasileira (BH). De possível origem banta.

lengalenga *s. f.* Conversa, narrativa ou discurso enfadonho (BH). Do bundo *lenga-lenga*, gemer repetidamente (ALVES, 1951 b). Q. v. tb.: 1) no quicongo, *ndenga-ndenga, lentidão, derivado de *lènga*, permanecer, durar muito tempo; que não acaba mais; 2) no suaíle, *lengalenga, estar prestes a chorar; 3) no quimbundo, **kuia ni kulenga-lenga*, estar a esquivar-se. Nascentes (1966 b) vê origem expressiva.

lengalengar *v. intr.* Fazer LENGALENGA (BH).

lengar *v. intr.* Evadir-se (MV). Do umbundo *lenga*, safar-se.

lepo *s. m.* Ferro, faca (VF). Relacionado ao umbundo *lepula*, cortar de um golpe.

lero-lero *s. m.* Conversa fiada, palavreado vazio (AN). Do quicongo do oeste *lelu*, boca.

leseira *s. f.* (1) Tolice, idiotice. // *s. 2 gên.* (2) Pessoa lesa, tola (BH). De LESO.

leso *adj.* Idiota, tolo (BH). O étimo tradicionalmente aceito é o latim *laesu*, ferido (NASCENTES, 1966 b). Vale, entretanto, registrar o quimbundo *leza*, idiota, e o quicongo *lezo, kilezo*, inação, negligência, indolência etc.

lesoto *adj.* (1) Do, pertencente ou relativo a Lesoto, na África Austral. // *s. m.* (2) O natural ou habitante desse país (BH). Do suto, língua de Lesoto, antiga Basutolândia.

liamba *s. f.* DIAMBA, MACONHA (BH). Do quicongo *ly-amba*, cânhamo-indiano.

liambismo *s. m.* O mesmo que DIAMBISMO (SNES).

libambo *s. m.* (1) Cadeia de ferro à qual se atava, pelo pescoço, um grupo de escravos. (2) Grupo de pessoas (BH). Do quimbundo *libambu*, cadeia, corrente de ferro (MATTA, 1893 b). Var. *lubambu* (MAIA, 1964_1 b).

libango *s. m.* O mal; o que é mal (YP). De origem banta.

libata *s. f.* Aldeia pequena (MV). Do quimbundo *kubata*, casa, através da var. *dibata* ou talvez de uma flexão plural.

libombo *s. m.* Leva de retirantes (BH). De LIBAMBO, grupo de pessoas.

Licongo s. m. Nas antigas MACUMBAS cariocas, entidade sincretizada com São Benedito. Abon.: BARRETO, 1951 a, p. 26. De origem banta. Castro (1976 a) afirma ser divindade originária de Cabinda. Likongo de Oiro era uma localidade do reino do CONGO.
licute s. m. Bate-boca, discussão (BH). Provavelmente relacionado ao umbundo *likutilo*, oração, súplica. Cp. LACUTEIO.
liquaqua s. m. Designação, na CABULA, do ato de bater palmas (MA). Do quimbundo *lukuaku*, mão.
loando s. m. Surubim (BH). Var. de LOANGO.
loango s. m. (1) Surubim. (2) Designação de uma raça bovina da Bahia (BH). (3) Indivíduo dos loangos. De étimo banto, mas ainda não exatamente determinado. Luango é o nome de um grupo étnico e de um rio de ANGOLA. *Lwangu*, em quicongo, significa, entre outras coisas, "grande abertura da boca". Pode estar aí a origem.
loba \ó\ s. f. Antecor, tumor no peito do cavalo (BH). Do quicongo *loba*, "encher de gordura, endurecer, apodrecer por dentro" (LAMAN, 1964 b).
lobão s. m. Antecor (BH). Aumentativo de LOBA.
lobolobo s. m. Arbusto da família das violáceas (BH). De possível origem banta.
lomba s. f. Preguiça, indolência, indisposição (RG). Nascentes (1966 b) prende ao port. *lombeira* e consequentemente a *lombo*, de origem latina. Convém, entretanto, consignar a existência do quicongo *lomba*, repugnância ou proibição de beber ou comer algo.
lombinho s. m. Quisto subcutâneo. Abon.: "Lindoca estava cada vez mais redonda, mais boleada; a casa estremecia cada vez mais com o seu peso (...) o seu nariz parecia um lombinho; as suas costas uma almofada" (AZEVEDO, 19-- a, p. 58). Da mesma origem de CALOMBO.
lombra s. f. LOMBA (RG); efeito ou resultado do uso da MACONHA (BH).
lona s. f. Léria, palavrório (BH). Provavelmente, do quicongo *londa*, dizer, falar, contar.

lonca s. f. Tira de couro que se extrai do pescoço dos animais (VS). Provavelmente do quicongo *nloka*, nuca, parte posterior do pescoço, através do espanhol.
londum s. m. Var. de LUNDU (MA).
lorri s. m. Peixe (VF). Provavelmente do umbundo *loyi*, bagre.
louco adj. e s. m. O mesmo que maluco. De origem incerta. Possivelmente de uma língua banta (q. v. o nianja *yaluku* e o quicongo *alauka*), talvez através do espanhol *loco*. Cp. MALUCO.
louro s. m. Papagaio. Nascentes (1966 b) vê provável origem malaia: *nori*. Veja-se o quicongo *lolo*, pequeno pássaro.
luanda [1] s. m. Um dos toques da orquestra do MARACATU. Abon.: "Nos maracatus antigos apenas dois toques são executados: o virado ou dobrado e o Lunda ou LUANDA" (PEIXE, 1981 a, p. 65). Do topônimo LUANDA. Obs.: A palavra *luanda* significa "tributo", em quimbundo, e a capital da atual República Popular de ANGOLA tem esse nome porque numa de suas praias (na ilha de Luanda) é que se colhia o *nzimbu*, a concha-moeda dos ambundos. Uma das falanges da UMBANDA (da Linha Africana, cujo chefe é PAI CABINDA) tem o nome de Povo de Luanda.
luanda [2] s. m. Festa (VF). Provavelmente relacionado ao quicongo *luiangalalu*, alegria.
luandense adj. 2 gên. (1) De, relativo ou pertencente a LUANDA, em ANGOLA, ou à cidade paranaense de mesmo nome. // s. 2 gên. (2) Natural ou habitante de Luanda (BH).
Luango s. m. Divindade dos cultos bantos do Brasil (YP). Do quicongo *Lw-àngu*, nome de um INQUICE.
lubambeiro adj. e s. m. (1) Desordeiro, arruaceiro. (2) Mexeriqueiro, intrigante (BH). De LUBAMBO.
lubambo [1] s. m. (1) Engodo, trapaça (ET). (2) Enredo, mexerico, intriga (BH). Provavelmente do quicongo *lu-bambu*, defeito que consiste em não falar correntemente, mas gaguejando. Ou da mesma origem de LUBAMBO [2].
lubambo [2] s. m. (1) Barulho, algazarra, desordem. (2) Luta corporal prolongada (BH).

Do quimbundo *lubambu*, cadeia, corrente de ferro, com a qual se levava, preso pelo pescoço, um grupo de condenados. A acepção é em alusão ao suposto comportamento dos grupos de escravos que assim eram levados, aqui no Brasil. Q. v. LIBAMBO.
Lubondo *s. m.* Divindade banta correspondente ao iorubá Xangô (YP). De origem banta. Q. v. o quicongo *Lu-bondo*, antropônimo feminino, embora Xangô seja um arquétipo da virilidade.
lubrá *s. m.* Peito (VF). Provavelmente do quicongo *lubula*, fazer avançar (cp. a expressão *meter os peitos*); e ligado a *oluvulu*, inchaço, inflamação.
lubri *s. m.* Var. de LUBRÁ (VF).
lueque *s. m.* Chapéu de cabeça (MV). Provavelmente do quicongo: *lwéki*, bom gosto; *lwika*, pelo. Veja-se tb. o quioco *eweka*, mostrar, indicar (chamar atenção?).
luilo *s. m.* Céu (YP). Do quicongo *ilu*, céu.
Luindimbanda *s. m.* Um dos nomes do orixá TEMPO (ENC). Provavelmente do quicongo, talvez com base em *lwimba*, grandeza, tamanho.
lumbabo *s. m.* Luta corporal disputada (MV). O mesmo que LUBAMBO [2], talvez por erro de grafia; ou do quicongo *lumba*, bater, jogar no chão, lançar pesadamente. Q. v. tb. *lumbabazi*, pessoa insociável.
lumbim *s. m.* O mesmo que LOMBINHO (SAM).
lumbo *s. 2 gên.* Indivíduo de um dos grupos étnicos bantos escravizados no Brasil (LR, grafado "lunbo"). De *lumbo*, subgrupo dos ovimbundos.
Lumbondo *s. m.* O mesmo que LUBONDO (ENC).
lunda *adj. e s. m. e f.* LUNDÊS (AN).
lundês *adj. 2 gên.* (1) Da, ou relativo à região da Lunda em ANGOLA. // *s. 2 gên.* (2) Natural dessa região (BH).
lundu [1] *s. m.* Dança brasileira de origem africana. (2) Música que acompanha essa dança (BH). Provavelmente do quicongo *Lundu*, "nome de um país perto de Kingoyi" (LAMAN, 1964 b), i. e., o país de origem dos QUIOCOS. Lundu é também um topônimo em MOÇAMBIQUE. Veja-se tb. CALUNDU, antigo culto afro-brasileiro.
lundu [2] *s. m.* Mau humor, amuo (BH). De CALUNDU, por aférese.
lundu das crioulas *s. m.* Repique de sinos, bonito, alegre e saltitante, usado em algumas igrejas da Bahia (MA). De LUNDU [1].
lundum *s. m.* Var. de LUNDU [1] (BH).
lunduzeiro *adj.* Pessoa, especialmente criança, que facilmente se amua (BH). De LUNDU [2].
lupa *s. f.* Tumor no joelho de alguns animais (BH). Provavelmente de LOBA, antecor.
lupanga *s. f.* Espada pequena (BH). De origem banta, segundo Castro (1976 a). Provavelmente ligado ao quicongo *lubanga*, espinho, ferrão.

mabaça s. 2 gên. Gêmeo (BH). De origem banta. Como corrupção de BABAÇA ou através de uma possível flexão plural *mabasa*.

mabala s. f. Fazenda inglesa de algodão que se exportava para a costa africana (MS). Segundo Macedo Soares (1955 a, p. 1) é "bundo formado do português bala, pacote de fazenda, com o prefixo *ma*, pl. da 4a classe, cujo sing. é ribala". Hibridismo, portanto.

mabeco s. m. Cão selvagem africano (DH). Do quimbundo *dibéku*, pl. *mabeku*.

mabelemade s. m. Variedade de milho africano (DH). Relacionado ao zulu *amabele*, sorgo.

maboia \ó\ s. f. Arvoreta da família das caparidáceas (BH). Nascentes (1966 b) dá provável origem tupi. A. G. Cunha (1982_2 b) não menciona. Q. v. o quicongo **mboya*, planta semelhante ao bambu.

mabolo s. m. Planta da família das ebenáceas (BH). De provável origem banta. Cp. o quicongo **bolo*, bosque, selva.

maca [1] s. f. Turma de agentes policiais em diligência (MV). Provavelmente do quimbundo *maka*, confusão.

maca [2] s. f. Saco de couro (LM). Possível feminização de MACO [2]. Ou do port. *maca*, padiola, que, segundo Nascentes (1966 b), vem do taino.

macaacacã s. f. Cacaurana (BH). Híbrido de MACACA [1] com termo indígena.

macaca [1] s. f. A fêmea do MACACO (BH).

macaca [2] s. f. Chicote de cabo curto e grosso (BH). Do quicongo *mu-kaka*, marca de golpe de chicote, contusão, machucadura. Q. v. tb. **ma-káaka*, crueldade, coragem de matar: "De quem traz a marca sangrenta ou o vergão túmido da vergastada, o negro costuma empregar a expressão *kala ie mukaka*, estar ou ficar com o sinal da pancada" (RAYMUNDO, 1936 a, p. 48).

macaca [3] s. f. El. usado na expressão "estar com a macaca", i. e., histérico, superexcitado. Do quicongo *ma-káaka* ou *maka'aka*, ataque de riso. Veja-se tb. **sa makaka*, gargalhar: "Procede, ao que se afigura, do conguês *omakaka*, crise ou explosão de riso, que nas cerimônias de

bruxedo ou feitiçaria, muita vez, a quem tinha o infortúnio de a ter, era de consequências funestas" (RAYMUNDO, 1936 a, p. 48).
macaçá *s. f.* Planta odorífera, o mesmo que catinga-de-mulata. Abon.: "E por falar em cheiro, as negras que serviam a mesa da casa grande utilizavam esterco de boi, cozinhado com folhas de hortelã, ou macaçá, ou manjericão, sabem para quê?, para evitar o excessivo bodum dos sovacos" (texto racista de VIDAL, 19-- c, p. 119). Do quicongo *mbakasa*, cheiro forte de qualquer coisa; rapé. Esta palavra parece ter influenciado na oxitonização do port. *macáçar*, óleo aromático para cabelo, do topônimo asiático *Makasar*.
macacacacau *s. f.* Alteração de MACAACACÃ (BH).
macacada *s. f.* (1) MACACARIA. (2) MACAQUICE. (3) Os amigos, a família (BH). De MACACO.
macaca de auditório *s. f.* Mulher frequentadora de auditórios de emissoras de rádio ou televisão (BH). De MACACA [1].
macacaiandu *s. f.* Espécie de aranha de grande porte (BH). Híbrido de MACACA [1] com termo indígena.
macacal *adj. 2 gên.* Relativo, pertencente ou semelhante ao MACACO (BH).
macacão *s. m.* (1) Indivíduo finório. (2) Sujeito grotesco. (3) Espécie de roupa de trabalho (BH). De MACACO.
macacapuranga *s. f.* Espécie de árvore amazônica (BH). Híbrido de MACACA [1] com termo indígena.
macacar *v. t. d.* MACAQUEAR (BH).
macaçar *s. m.* Variedade de feijão (AN). Do quicongo *nkasa*, feijão-fradinho. Cp. MACAÇÁ.
macacarecuia *s. f.* Castanha-de-macaco (BH). Híbrido de MACACO com termo indígena.
macacaria *s. f.* Porção ou bando de macacos (BH). De MACACO.
macacaúba *s. f.* Árvore da família das leguminosas (BH). Híbrido de MACACO com termo indígena.
macaco *s. m.* (1) Primata, símio. (2) Maquinismo para levantar grandes pesos. (3) Designa-

ção de vários peixes da fam. dos blenídeos. (4) Grilo-toupeira. (5) Soldado de polícia ou ajudante de vaqueiro (BH). Do quinguana *makako*, pequeno símio. Raymundo (1936 a) e Bernal (1987 b, p. 107) dão o lingala *makako*. Q. v. tb. o quicongo do oeste (vili ou cabinda) *makaku*, pl. de *kaku, kaaku*.
macaco-adufeiro *s. m.* MACACO-DA-NOITE (BH).
macaco-aranha *s. m.* Cuatá (BH). Q. v. MACACO.
macaco-cabeludo *s. m.* Paranaçu (BH). Q. v. MACACO.
macaco-da-meia-noite *s. m.* Jupará (BH). Q. v. MACACO.
macaco-da-noite *s. m.* Designação comum aos primatas cebídeos de vida noturna (BH). Q. v. MACACO.
macaco-de-bando *s. m.* MACACO da família dos cebídeos (BH).
macaco-de-cheiro *s. m.* Espécie de símio (BH). Q. v. MACACO.
macaco-inglês *s. m.* Uacari vermelho (BH). Q. v. em MACACO.
macaco-patrona *s. m.* Árvore da família das rubiáceas (BH). Provavelmente de MACACO (1).
macaco-prego *s. m.* Espécie de MACACO cujo pênis, no momento da ereção, adquire a aparência de um prego (BH).
macacos *s. m. pl.* Antiga dança do FANDANGO (EBM). De MACACO.
macacu *s. m.* Certa árvore tintória (BH). De possível origem banta. Veja-se o quicongo *mukaku* (*nkawa*), espécie de palmeira da qual se fazem BENGALAS.
macacuano *adj.* De ou pertencente a Cachoeiras de Macacu, RJ (BH). Q. v. MACACU.
macaia *s. f.* (1) Tabaco (JD). (2) Nos terreiros de origem banta, folhas sagradas, usadas ritualisticamente (OC). (3) Mata, bosque, floresta, local de oferendas rituais. Abon.: "E ali, dentro daquela macaia, não podia ter, por mais subchefes que tivesse, não podia nunca ter assim vigilância" (ORTIZ, 1978 a, p. 147). /// **Pitar macaia**, morrer (BH). Do quicongo *makaya*, pl.

de *kaya*, folha, mais especificamente, folha de tabaco (LAMAN, 1964 b). Maia (1964_1 b) consigna, também, o quicongo *dikaia, ekaia* (pl. *makaia*), folha, tabaco. Cp. MACONHA.
macaibo *s. m.* Erva; cigarro (VF). De MACAIA.
macaio *s. m.* (1) Tabaco de má qualidade (BH). (2) Antigo tecido de seda e lã. // *adj.* (3) Ruim, gasto, imprestável (BH). A segunda acepção, registrada por Francisco Fernandes (1983 a), parece decorrer da terceira. De MACAIA.
macama *s. f.* Em alguns terreiros de UMBANDA, mãe-pequena (OC). De MACAMBA; ou de MUCAMA?
macamã *s. m.* Escravo fugido, QUILOMBOLA (BH). Provavelmente de MOCAMAU, contaminado por MACAMBA.
macamba *s. 2 gên.* (1) Termo com que os escravos bantos denominavam seus pares. (2) Designação que, no Rio antigo, as QUITANDEIRAS davam a seus fregueses. (3) A mulher, na seita da CABULA (BH). Do quimbundo *makamba*, plural (aumentativo?) de *kamba*, amigo, camarada. A terceira acepção pode, também, vir de MUCAMA (q. v. MACAMA).
Macambá *s. m.* Divindade da caça, em terreiros baianos (YP). De origem banta.
maçambará *s. m.* Grande capim da família das gramíneas, *Sorghum halepense* (BH). Do quimbundo *masa-a-mbala*, sorgo.
maçambique *s. m.* Cernambi, molusco que vive enterrado na areia (BH). Provavelmente de MOÇAMBIQUE, sem que vejamos a relação.
maçambiques *s. m. pl.* Dança cultivada em Osório, RS, durante os festejos de Reis (EMB). De MOÇAMBIQUE.
Macambira *s. m.* Divindade de terreiros baianos (YP). Do quicongo *Nkambila*, nome próprio.
macambo *s. m.* Arvoreta da família das esterculiáceas, cacau-do-peru (BH). De possível origem banta. Q. v. o quicongo **ma-hamvu*, espécie de palmeira. Ou de étimo banto, através do espanhol platino.
macambuziar *v. intr.* Tornar-se MACAMBÚZIO (BH).
macambuzice *s. f.* MACAMBUZISMO (BH).

macambúzio *adj.* Taciturno, triste, acabrunhado (BH). Do nhungue *makambuzi*, pastor de cabras (*imbuzi*, BODE), derivado de *mukumbuso*, memória, lembrança, recordação. "Para o cafre da Zambézia, o símbolo da tristeza é o pastor no isolamento da campina distante, vigiando o rebanho: daí o termo *makambúzio*, o nome do guardador de cabras" (RAYMUNDO, 1936 a, p. 63). Veja-se tb., no nianja, **m'busa*, pastor; **kukum-butsa*, recordar; e, no suaíle, **kukumbuka*, recordar, lembrar.
macambuzismo *s. m.* Melancolia, amuo; estado de MACAMBÚZIO (BH).
macanga *s. m.* Pato que carrega os filhotes às costas (CT). De provável origem banta. Q. v. o quicongo **mukanga*, amigo, relacionado a *kanga*, ligar, unir.
maçangana *s. f.* CACHAÇA (BH). Provavelmente de Maçangana, nome de um engenho pernambucano, que parece derivar de *Masan-gano*, topônimo (do quimbundo *masan-ganu*, lugar onde dois rios se juntam num só). Pode ter havido, também, para o termo *cachaça*, contaminação do quimbundo *besan-gana*, mulher idosa, senhora venerável.
macangê *s. m.* Pepino (JD). De provável origem banta. Cp. o quicongo **khangi*, batata vermelha.
macanje *s. m.* Homem inutilizado por velhice ou doença (MS). De origem banta. Q. v. o quicongo **khangi*, necessidade.
macanjice *s. f.* Qualidade de MACANJO (BH).
macanjo *adj.* (1) Velhaco, falso. (2) Reles, vulgar (BH). De origem banta. Q. v. o quicongo **kiakanjijina*, falso, e observe-se o elemento **kanjinele* presente. Cp. MACANJE.
maçaquaia *s. f.* Chocalho de palha, que se toca brandindo ou amarrado ao tornozelo (EMB). De MACHACÁ, contaminado pelo port. *chocalho* ou *chacoalhar*.
macaqueação *s. f.* MACAQUICE (BH).
macaqueador *adj. e s. m.* Que ou aquele que macaqueia (BH). De MACAQUEAR.
macaquear *v. t. d.* (1) Arremedar, como os macacos. (2) Imitar ridiculamente (BH). De MACACO.

macaqueiro *adj.* (1) Simiesco (BH). // *s. m.* (2) Árvore da fam. das mahoganias (SCH). De MACACO.

macaquice *s. f.* (1) Ato ou efeito de MACAQUEAR. (2) Momice (BH).

macaquinho [1] *s. m.* El. usado na expressão "ter macaquinhos no sótão", ser AMALUCADO (BH). Dim. de MACACO [1].

macaquinho [2] *s. m.* Macacão de calças curtas (BH). De MACACÃO (3).

macaquinho-de-bambá *s. m.* Libélula (BH). Do dim. de MACACO + BAMBÁ. Não atinamos com a correlação.

maçaroca *s. f.* Espiga de milho (BH). Provavelmente de uma voz *masaroka*, corrente em uma das línguas de MOÇAMBIQUE, talvez no xona, segundo informação obtida pelo autor. Cp. o quimbundo **masa*, pl. de *disa*, milho, espiga.

macasado *s. m.* Espécie de beiju (PC). De MALCASSÁ.

macassa *s. f.* Peixe do litoral brasileiro (CRS). Provavelmente do quicongo: q. v. **makaza*, amarelo; **mbakasa*, nome de um pequeno curso d'água.

macaxixi *s. m.* O mesmo que CAXIXI ou MUCAXIXI (EMB).

macazada *s. f.* MACASADO. Abon.: ARAÚJO, 1967 a, v. II, p. 231.

macazamba *adj.* (1) Torto, coxo. (2) Homem seco, de pouco riso (MS). De origem banta. Cp. MACAMBÚZIO, MAZOMBO, ZAMBO.

machaca *s. m.* Boi mal capado (YP). De origem banta.

machacá *s. m.* Pequeno chocalho de palha que se amarra no tornozelo; MAÇAQUAIA (BH). Provavelmente, de *kashaka*, chocalho dos chimiras de MOÇAMBIQUE (cf. DIAS, 1986 c, p. 30). Cp: **mucatxacatxa*, chocalho comum a várias etnias de ANGOLA; **chakacha*, em suaíle, onomatopeia de um ruído, um frufru como o das folhas; e o xangana **màchakàla*, franjas. Andrade (1989 a) consigna um *masa-calha*, chocalho de origem africana conhecido no Uruguai.

machamba *s. f.* Roça (AV). Do macua *maxamba*, horta, plantação.

machi *s. m.* Fósforo (VF). Relacionado ao quimbundo *maxita*, fogueira; e ao quicongo *nxi*, pau.

maco [1] *s. m.* Braço, os braços (JD). Do quimbundo *maku*.

maco [2] *s. m.* (1) Dinheiro. (2) Embrulho, alforge (DH). Do quicongo *mbaku*, pagamento, salário, a segunda acepção por metonímia.

maco [3] *s. m.* Peixe do litoral brasileiro (CRS, grafado com *k*). Provavelmente do quicongo *mbaku*, pequeno animal carnívoro, fuinha.

macombé *adj.* Enredeiro. Intrigante (MV). Possivelmente de MACUMBEIRO.

maconha *s. f.* Variedade de cânhamo usada como narcótico (BH). Do quimbundo *makanha*, pl. de *dikanha*, tabaco.

maconhado *adj. e s. m.* Que ou aquele que está sob o efeito da MACONHA (BH).

maconheiro *s. m.* Indivíduo viciado em MACONHA (BH).

maconhismo *s. m.* Vício da MACONHA (SNES).

maconhista *s. m.* MACONHEIRO (SNES).

macorombo *adj.* Enfezado, irritado (MV). De origem banta, talvez de *kolombolo*, galo.

macorongo *s. m.* Amante explorador da amásia (BH). De origem banta. Cp. MOCORONGO.

macota *s. m.* (1) Homem de prestígio e influência. (2) O maior ou mais importante de todos. (3) Chefe de um grupo de MACULELÊ. (4) Ajudante do GANGA, sacerdote do culto OMOLOCÔ. // *s. f.* (5) Nos CANDOMBLÉS bantos, sacerdotisa com muitos anos de iniciação, profunda conhecedora da liturgia e dos fundamentos. (6) Eufemismo pelo qual se designa a lepra ou hanseníase. // *adj. 2 gên.* (7) Grande, enorme (BH). Do quimbundo *makota*, pl. de *dikota*, mais velho, maioral; "conselheiro de soba. Indivíduo de respeitabilidade, pela idade, saber ou riqueza" (RIBAS, 1979 b).

macotar *v. t. i.* Bater (MV). De MACOTEAR.

macotear *v. intr.* Ter influência, prestígio [como um MACOTA] (BH).

macoteiro *adj. e s. m.* MACOTA (BH).

macotena *adj. 2 gên. e s. 2 gên.* Leproso (BH). De MACOTA, lepra. Com interferência do quimbundo: *kutena*, poder; *utena*, poderoso. Segundo Nascentes (1966 b), a lepra era considerada a "maioral", a mais poderosa das doenças.

macozeiro *s. m.* JAGUNÇO, sicário (AP). Provavelmente de MOCÓ, faca.

macua *s. m.* (1) Indivíduo dos macuas, grupo étnico da África Oriental que deu escravos ao Brasil. (2) A língua falada pelos macuas. // *adj.* (3) Pertencente ou relativo a eles (CF). Cp. **mmakhuwa*, o indivíduo do grupo; e **emakhuwa*, o idioma.

macubá *s. f.* Variedade de fumo da Martinica, que cheira a rosa (AN, BH). Aportuguesamento de *macouba*, forma registrada por Buarque de Holanda (FERREIRA, 1986 a). Provavelmente do quicongo (q. v. **kuba*, uma planta; **nkuba*, espécie de milho; **nkubi*, odor forte na floresta, produzido por várias árvores em flor) através de *Macouba*, topônimo na Martinica.

macuca [1] *s. f.* Certa moeda que corria entre os negros de ANGOLA (BH). Do quimbundo *mukuta*, moeda. Cp. MACUTA.

macuca [2] *s. f.* Variedade de pera silvestre (DH). Provavelmente relacionado ao quicongo *kúuka*, fruto caído do pé.

macucar *v. intr.* (1) Falar sozinho e zangado. (2) Irritar-se, enraivecer-se (BH). Possivelmente de MACUCO [2], velha, a propósito da irritabilidade de certos dementes senis. Ou de MACUCO [1], fogareiro, considerando-se que quem se irrita "queima", "arde"?

macuco [1] *s. m.* Fogareiro rústico (SC). Do quimbundo *makuku*, borralho.

macuco [2] *s. f.* Mulher velha e feia (MM). Do umbundo *kuka* (quimbundo *iakuka*), velho.

maculelê *s. m.* Folguedo popular de origem baiana, misto de jogo e dança de bastões (BH). Provavelmente do quicongo *makélelè*, barulho, algazarra, vozearia, tumulto. Cp. QUELELÊ.

maculo *s. m.* Diarreia com relaxamento do esfíncter anal que acometia os escravos recém-chegados à América (BH). Do quimbundo *makulu*, disenteria, proctite; correspondente ao umbundo *omakulu*, "doença perigosa do ânus" (GUENNEC; VALENTE, 1972 b) e derivado de

kulula, *kululula*, minar (o que afasta uma pretendida origem espanhola para o vocábulo).

macuma *s. f.* Escrava que acompanhava a senhora quando esta saía à rua (BH). Controverso: Nascentes (1966 b) diz ser variante de MUCAMA, por metátese. Raymundo (1936 a) tenta um quimbundo "*mukama*, lado, ilharga". Para nós tem a mesma origem de MACUMBA [3], i.e., o umbundo *kumba*, doméstico, serviçal.

macumba [1] *s. f.* (1) Designação genérica dos cultos afro-brasileiros e seus rituais. (2) Audácia, ousadia (SC). O vocábulo é de origem banta mas de étimo controverso. Algumas hipóteses o relacionam ao quimbundo *makumba*, pl. de *dikumba*, cadeado, fechadura, em função das "cerimônias de fechamento de corpos" presentes nesses rituais. Mas a origem parece estar no quicongo *makumba*, pl. de *kumba*, prodígios, fatos miraculosos, ligado a CUMBA, feiticeiro. Slenes (2007 b) liga a origem do vocábulo ao que chama "constelação kumba", i.e., ao grande número de significados do termo quimbundo *kumba*, alguns integrando o universo do JONGO, aí sugerindo *makumba* ("grupo de poderosos"), como uma das possibilidades etimológicas.

macumba [2] *s. f.* Espécie de reco-reco (BH). Do quimbundo *mukumbu*, som, provavelmente.

macumba [3] *s. f.* (1) Cada uma das filhas de santo em terreiros de origem banta (OC). (2) O mesmo que MACUMA (JR). Do bundo *kumba*, conjunto de domésticos, serviçais, escravos; família, morando dentro do mesmo cercado (ALVES, 1951 b).

macumba [4] *s. f.* Espécie de antigo jogo de azar. Abon.: "A imprensa chama a atenção da polícia para o vício do jogo. E as autoridades perseguem os praticantes do gabizo e da MACUMBA efetuando várias prisões na Rua da Lampadoza" (RENAULT, 1982 c, p. 51). De origem banta.

macumba [5] *s. f.* MACONHA. Abon.: "Entre outros, a erva conhecida no Rio de Janeiro - segundo Manuel Querino - por pungo e por macumba na Bahia; e em Alagoas por maconha" (FREYRE, 1975 c, nota 73, p. 393). Erro de transcrição?

macumbeiro *s. m. e adj.* Praticante da MACUMBA [1] (BH).

macumbi *s. m.* Termo ocorrente numa adivinha de JONGO e registrado por Mário de Andrade com o significado de "veado". Abon.: "Puruque macumbi subiu na serra e marimba ronco?" (ANDRADE, 1989 a, p. 273-274). O termo significará mesmo "veado"?. A adivinha não estará se referindo ao sol (no quimbundo, *kumbi, dikumbi*)? Veja-se tb., no quioco, **makumbi*, pl. de *kumbi*, gafanhoto.

macumbique *s. m.* Dança popular brasileira (WI). Do quioco *makumbi*, gafanhotos (boa parte das danças afro-brasileiras levam nomes de animais); ou corruptela de MOÇAMBIQUE.

macumbiques *s. m.* Var. de MACUMBIQUE (WI).

macuna *s. f.* Planta ornamental (AG). Provavelmente do quicongo *makuuna, makunda*, sementes de amendoim que brotam espontaneamente.

macundê *s. m.* Comida votiva do orixá nagô Oxumarê (OC). Do quimbundo *makunde*, pl. de *dikunde*, feijão-fradinho.

macungo *s. m.* BERIMBAU (BH). Provavelmente de *makungu*, pl. de *lukungu*, arco sonoro dos bangalas, lundas e QUIOCOS. Cp. URUCUNGO. Q. v. tb. **mahungu*, espécie de lira dos *mahungu* de Angola (REDINHA, 1984 b, p. 123).

macunha *s. f.* MACONHA. Abon.: MONTEIRO, 1966 a, p. 298.

macura *s. f.* Gordura; carne (VF). Do quicongo *makudia*, comida; ou relacionado ao umbundo *kula*, crescer, desenvolver-se.

macurandamba *s. m.* Indivíduo idoso, sábio. Abon: "Tem que tê um outro entendido pra desmanchá. Só um macurandamba" (cf. PEREIRA, 2005 a, p. 371). Var. CURIANDAMBA (q.v.).

macuro *s. m.* Homem (VF). Da raiz *kulu*, origem do quicongo *mukulu*, velho, e do umbundo *ova-kulu*, irmão mais velho. Cp BACURO.

macuta e meia *s. f.* MACUTA (SCH).

macuta *s. f.* Coisa sem valor (BH). Do quimbundo *mukuta*, moeda. Cp. MACUCA.

macutena *s. f.* (1) Lepra. (2) Pessoa azarenta (BH). De MACOTENA.

macuteno *adj. e s. m.* Leproso (BH). De MACOTENA, certamente. Afonso Arinos, segundo Buarque de Holanda (FERREIRA, 1986 a), faz derivar da expressão "mal cutâneo".

macuto *s. m.* Mentira; peta sem maldade e apenas por gracejo (MS). Do quimbundo *makutu*, mentira.

Madé *s. m.* O mesmo que MADÊ.

Madê *s. m.* No culto OMOLOCÔ, BACURO corresponde ao orixá iorubá Oxóssi, cujo domínio abrange a fauna e a flora. Abon.: PERNAMBUCO, 1989 c, p. 59. Étimo não exatamente determinado. Analisando este vocábulo, de imediato julgamos tratar-se de corruptela de Odé, um dos nomes nagôs de Oxóssi, principalmente por causa da variante Madé, que nos remete também a Badé, nome de um vodum jeje. Entretanto, em Laman (1964 b) nos deparamos com o quicongo *ma-dè*, abreviação de *ma-Dezo* (do português), "Deus velho". A partir daí, consideramos a hipótese de o vocábulo ter origem banta e não jeje ou nagô. Q. v. tb. o quicongo **Mbaadi*, nome de um INQUICE.

maduro *s. m.* Bebida fermentada, feita de cabaú com água (BH). Possivelmente do quicongo *ndului*, amargo. Cabaú é mel fermentado. Terá a bebida gosto amargo?. Houaiss (HOUAISS; VILLAR, 2001 a) remete a MALUVO.

Mãe Dandá *s. f.* Um dos nomes da Iemanjá nagô (OC). De DANDALUNDA. Cp. MAIE DANDÁ.

mãe de angola *s. f.* Fundadora de CANDOMBLÉ angola, na Bahia (ENC). Q. v. em ANGOLA.

maenga *s. m.* (1) Soldado de polícia. (2) João--ninguém (BH). Possivelmente, do quicongo. Q. v. **ma-hengo*, ao lado de; **ma-hinga*, ir ao lado de, ir ao lado daquele que segue. Para a segunda acepção, cp. BANGALAFUMENGA.

mafagafo *s. m.* (1) Suposto pássaro que aparece num trava-línguas (AN). (2) Indivíduo dorminhoco (GP). De possível origem banta. Q. v. no quicongo: *mbaafu*, grande, enorme; *nggafi*, que agita com vigor.

mafambura *s. f.* Doença vinda de fora (VF). Do umbundo *sambula*, espalhar doença, originado em *sambu*, epidemia.

mafingue *adj.* Vermelho (VF). Provavelmente relacionado ao maiaca *uafinga*, forte.

mafona *s. f.* Var. de MAFONE (VF).

mafone *s. f.* Banana (VF). Do quimbundo: *makonde, mahonjo,* bananas.

mafuá [1] *s. m.* Feira ou parque de diversões (BH). Nascentes (1966 b) diz ser vocábulo expressivo. A. G. Cunha (1982_1 b) tem a etimologia como obscura. Raymundo (1936 a) vê o étimo em *mafua*, forno, fogão, braseiro (que diz ser quicongo mas que confirmamos no nhungue, cf. MAFUA). Arthur Ramos (1956 a, p. 126) menciona um baile no antigo CONGO, chamado *maquina mafuate*. Para nós, entretanto, o étimo está, provavelmente, no quicongo *mfwá*, que está muito cheio.

mafuá [2] *s. m.* Pau-de-arara, espécie vegetal (DL). De origem banta. Galvão e Selvagem (1952 b, p. 174) registraram em ANGOLA uma vegetação de arbustos, *Chrisobalanus ellipticus*, com o nome nativo de *mafua*.

mafua *s. m.* Fogão em palhota (AG). Do nhungue *mafua*, fogão.

mafuca *s. 2 gên.* Camareiro ou camareira do casal real nas antigas CONGADAS. Abon.: "Pela votação geral, foram nomeados o Rei Congo e a Rainha Jinga, diversos príncipes e princesas, com seis mafucas (camareiros e camareiras) e dirigiram-se em procissão à igreja dos pretos" (Spix e Martius, citados em ANDRADE, 1967 c, p. 186). Do quicongo *mafuka*, pl. de *fuka*, forte, vigoroso, robusto (certamente, no Brasil, com o sentido de protetor, guarda-costas).

mafufo *s. m.* Nádegas (VF). Provavelmente do umbundo: q.v. as formas **fo*, *olufo*, *olofo*, *ovalufo*, *alufo*, garrafa, vaso; e *pupu*, cabaça, recipiente.

mafuim *s. f.* Farinha (VF). Provavelmente ligado ao quicongo *nfunfu*, farinha; ou ao umbundo *fwika*, comer. Q.v. MAPOIM e MAPUIO.

mafura *s. m.* (1) Óleo. (2) Gordo (VF). Provavelmente do ronga *mafurja*, óleo, azeite, gordura.

magala *s. m.* Soldado raso (DH). Provavelmente do quicongo *ngala*, dejetos, excrementos.

magana *s. f.* (1) Mulher desenvolta e/ou lasciva. // *adj. f.* (2) Namoradeira (BH). De MAGANO.

maganagem *s. f.* (1) Grupo de pessoas maganas (2). MAGANICE (BH).

maganão *adj. e s. m.* Pândego (BH). Aum. de MANGANO.

maganeira *s. f.* MAGANICE (BH).

maganice *s. f.* Ato ou dito de MAGANO (BH).

magano *adj.* (1) Engraçado, travesso, malicioso. // *s. m.* (2) Indivíduo magano. (3) Indivíduo de baixa extração (BH). Para A. G. Cunha (1982_1 b) e Nascentes (1966 b), a origem é desconhecida ou obscura. Para Nelson de Senna (1938 a), o étimo é africano. Para nós, é possivelmente banto, talvez o quicongo *ngandu*, polígamo. Curiosamente, *nganda*, também em quicongo, designa cada uma das mulheres de um polígamo (LAMAN, 1964 b). Houaiss (HOUAISS; VILLAR, 2001 a) vê a origem em *magana*, provavelmente de étimo árabe.

magé *s. m.* Toucinho (JD). Do quimbundo *maji*, toucinho.

magonga *s. f.* MANGONGA, peixe (BH).

magonguê *s. m.* MANGONGUÊ (BH).

Magonguinho *s. m.* Capitão das matas, entidade de culto afro-indígena nordestino (MSA). De origem banta.

maiaca *s. f.* Farinha (YP); mandioca (SRO, grafado "mayacá"). Do quicongo *mayaca*, mandioca.

Maie Danda *s. f.* Nome da Iemanjá nagô em CANDOMBLÉS CONGOS. Abon.: Reginaldo Guimarães, citado por Roger Bastide (1973 c, p. 216). Provável afrancesamento de MÃE DANDÁ. Ou do fongbé (não banto, portanto) *Naié Dadá*, rainha, primeira mulher do rei.

maiembe *s. m.* Remédio (VF). Do quimbundo *ihemba*, remédio.

maiombe *s. 2 gên.* Indivíduo de um dos grupos étnicos africanos traficados para o Brasil (LR, grafado "mayombe"). De *maiombe*, pl. de *iombe*, subgrupo dos BACONGOS.

maionga s. f. Banho ritual de folhas (OC, BH). Do quimbundo *maiunga*, pl. de *iunga*, banho, correspondente ao quicongo *ma-yungu*.

maiongá s. f. MAIONGA (BH).

maji s. m. Peixe (VF). Provavelmente do quicongo *maza*, água, através da expressão *mbizi a maza*, peixe.

majira v. intr. Andar, girar (VF). Do quimbundo *ijila*, caminhar.

mal de luanda s. m. Escorbuto (BH). Do topônimo LUANDA, capital da República Popular de Angola.

mala s. f. O mesmo que estômago (CF, BH). Provavelmente do quimbundo *mala*, pl. de *dimala*, barriga. A possibilidade de ser este termo portuguesismo parece que cai diante do omumbuim (dialeto do quimbundo) *liala*, intestino.

malafa s. m. Bebida alcoólica distribuída aos assistentes nos CANDOMBLÉS DE CABOCLO (BH). De MALAFO.

malafo s. m. Aguardente, CACHAÇA (SM, MSA). Do quicongo *malafu*, *malavu*, vinho de palma, álcool, vinho em geral. Cp. MARAFO.

malaio adj. Bêbado, que gosta de pinga (SM). Provavelmente do quicongo *na laya*, caído de costas.

malala s. f. Laranja (YP). Do quicongo *láala* (pl. *ma-láala*), laranja (cf. LAMAN, 1964 b).

malamba s. f. (1) Desgraça, infelicidade. (2) Lamúria, choradeira (BH). Do quimbundo *malamba*, desgraças, desventuras. Cp. LAMBA.

Malambá s. f. Localidade folclórica mencionada em certos textos de CONGOS (MA). De *Malemba*, nome de uma montanha e uma aldeia africanas. Q. v. MANAMBÁ.

malambeiro adj. Que ou aquele que se compraz em chorar mágoas, falar de suas infelicidades, malambas (BH). De MALAMBA.

malampança s. f. MANAMPANÇA (BH).

malange adj. Português (RP). Provavelmente do topônimo *Malange*, província de ANGOLA, ex-colônia portuguesa. Talvez influenciado por *malandro*; ou do nome de um navio que, no século XIX, trazia imigrantes para o Brasil.

malara s. f. Laranja (VF). Do quicongo *nlala*, laranjeira.

malauiano adj. (1) De, ou pertencente ou relativo à República do Malauí, no leste africano. // s. m. (2) O natural ou habitante dessa República (BH). De provável origem banta.

malaviano adj. MALAUIANO (BH).

malavo s. m. CACHAÇA (JD). Do quicongo *malavu*, vinho.

malavra s. m. MALAVO (JD).

malcassá s. m. Espécie de beiju de tapioca ou mandioca, assado, envolto em folha de bananeira (BH). De origem controversa: ou do quicongo *ma-kasa*, feijões ou bananas muito pequenos e ainda não maduros; ou alteração de *acaçá*, não banto, portanto. Cp. MACACA.

Malemba s. m. Correspondente ANGOLO-CONGUÊS do Oxalá nagô (BH, OC). De LEMBA, divindade angolana da procriação, talvez cruzado com o quimbundo *malembe*, suave. Em quicongo, *Malemba* é o nome de uma montanha.

Malembá s. m. Entidade do CANDOMBLÉ DE CABOCLO e derivados (OC). De MALEMBA, com oxitonização. Provavelmente trata-se de um caboclo da falange de Oxalá.

malembe s. m. Cântico de misericórdia, pedido de perdão aos orixás, nos CANDOMBLÉS bantos (BH). Do quicongo *ma-lembe*, saudação desejando paz, saúde etc. Relacionado ao quimbundo *malembe*, suave.

malembo s. m. Amigo dos primeiros momentos de cativeiro. Abon.: MATTOSO, 1992 c. De origem banta. Provavelmente resultado de confusão com MALUNGO.

maleme s. m. (1) Perdão. // (2) Interj. Pedido de compaixão, piedade, misericórdia. De MALEMBE.

malombada s. f. Pedaços de cabos velhos, sem préstimo (AN). Provavelmente do quicongo: q. v. *nlomba*, ossuário; espécie de árvore que não dá frutos e é boa para lenha.

malombe adj. Negro africano (AV). Possivelmente do quicongo *nlombe* (quimbundo *kilombe*), negro.

malombo s. f. Fruta (VF). Relacionado ao quicongo *lombu*, fruto da seringueira.

maluata *s. f.* Argola de ferro com que os escravos eram presos pelo tornozelo (AV). Possivelmente do quicongo *lwata*, espécie de vestimenta, por ironia.

malucagem *s. f.* MALUQUEIRA.

malucar *v. intr.* Dizer ou fazer MALUQUICES (BH).

maluco *adj.* (1) Alienado mental. // *s. m.* (2) Indivíduo maluco (BH). Nascentes (1966 b) faz derivar do port. *mal*. Outros, do topônimo *Molucas*. Para nós, o étimo é provavelmente banto. Vejam-se: no bundo, *ndjaluka, endoidecido, de *yaluka*, erguer-se, exaltar-se (ALVES, 1951 b); no quimbundo, *mbaluka, tontura, *zaluka, febre (MAIA, 1964_1 b), *ku-baluka, embravecer, fazer-se fugidiço, andar errante (MATTA, 1893 b); no nianja, *yaluku, louco; no quicongo, *alauka, louco.

maludo *adj. e s. m.* Valentão (BH). Ou de *mala*, colhões (cp. *colhudo), ou provavelmente do quicongo *malundu*, var. *madungi*, pessoa taciturna, da mesma raiz de *madunga*, aquele que se enraivece de repente.

Malulu *s. m.* O mesmo que o Exu nagô (MV). De provável origem banta. Cp. *mu-lulu, disforme, feio.

malumbado *adj.* Mal-dormido, tresnoitado. Abon.: "Depois chegou o Moçambique. Chegou lá tudo malumbado, um lenço na cabeça, de pés descalços, e aí ela acompanhou" (BRANDÃO, 1985 a, p. 115). Do quicongo *lúmmbu*, dia, jornada, tempo.

malunga [1] *s. f.* CACHAÇA (BH). De MALUNGO, companheiro.

malunga [2] *s. f.* Manilha usada como distintivo de nobreza (RM). Do quimbundo *mulunga*, manilha, argola. Q. v. tb. *malunga, brinco pendente da orelha.

malungo *s. m.* (1) Companheiro, camarada. (2) Nome com que os escravos africanos tratavam seus companheiros de infortúnio no navio negreiro. (3) Irmão de criação (BH). A etimologia tradicionalmente aceita prende-se a vocábulos bantos correspondentes ao português "barco": o quicongo *lungu*, o quimbundo *ulungu* etc. Nascentes (1966 b) faz derivar de um quimbundo "ma'luga", camaradas, companheiros, que não confirmamos: conhecemos, sim, no quioco, *malunga*, pl. de *lunga*, homem, marido, macho. Interessante analisar, também, no quicongo: *ma-lúngu*, pl. de *lungu*, sofrimento, pena, morte, dificuldade; *na-lungu*, aquele que sofre; e *madungu*, estrangeiro, pessoa desconhecida. A origem da palavra, então, na segunda acepção, poderia estar num cruzamento de todas essas ideias, expresso em algo como "aqueles homens que não se conheciam e que sofreram no mesmo barco (o navio negreiro)".

Malunguinho *s. m.* (1) Nome dado a cada um dos escravos AQUILOMBADOS nas matas pernambucanas do Catucá, entre 1828 e 1836 (PC). (2) Entidade sobrenatural do toré, culto brasileiro de origem ameríndia (AM). De MALUNGO.

maluquear *v. intr.* MALUCAR (BH).

maluquecer *v. intr.* Endoidecer (MV). De MALUCO.

maluqueira *s. f.* (1) Doença ou estado de MALUQUICE. (2) Idiotice, bobagem (BH). De MALUCO.

maluquice *s. f.* MALUQUEIRA (BH).

maluvo *s. m.* Bebida fermentada (BH); vinho de palmeira. Do quimbundo *maluvu*, pl. de *diluvu*, vinho.

mamãe de aluana *s. f.* MAMÃE DE LUANDA (BH).

mamãe de aruana *s. f.* MAMÃE DE LUANDA (BH).

mamãe de luana *s. f.* MAMÃE DE LUANDA (BH).

mamãe de luanda *s. f.* CACHAÇA (BH). Do topônimo LUANDA.

mamaiove *s. f.* Mãe (VF). Do umbundo: *mama* + *ove*, tua mãe. Cp. TATAIOVE.

mamavero *s. m.* Coisa de comer, de tirar proveito, de mamar (PC). Possivelmente do quimbundo *avele*, leite, cruzado com "mamar".

mamba *s. f.* Certa cobra venenosa da África do Sul (AN). Do xangana *màmbà*. O quicongo também consigna *mamba*, uma serpente.

mambembar *v. intr.* Excursionar, um grupo de teatro, por cidades interioranas (BH). De MAMBEMBE, grupo teatral.

mambembe *s. m.* (1) Lugar ermo, afastado. (2) Grupo teatral volante ou de má qualidade. (3) Casa de espetáculos, grupo teatral, ator ou atriz de má qualidade. // *adj. 2 gên.* (4) Medíocre, ordinário, inferior (BH). Muito provavelmente originado no quioco (tchokwe) *mbembèmbe*, termo expressivo que transmite a ideia de fraqueza, frouxidão, ausência de forças (BARBOSA, 1989 b, p. 313). Considere-se, também, o bundo **mumbe*, abndono, desamparo; desprotegido, pobre, seguido do sufixo iterativo *mbe*: *mumbe + mbe* (ALVES, 1951 b, p. 749). Ver CAMUMBEMBE; CAMBEMBE.
mambembear *v. intr.* MAMBEMBAR.
mambembeiro *adj.* Relativo a MAMBEMBE (BH).
mambembo *s. m.* Atobá, ave pelicaniforme dos mares do Brasil (BH). Do quicongo *mbémba*, águia marinha, abutre-pescador.
mambi *s. f.* Agulha; faca; fio (VF). Provavelmente relacionado ao umbundo *mbili*, faca velha, cega ou sem cabo. Cp. o quicongo **mbambi*, canudo de latão; apito de madeira ou chifre.
mambira *s. 2 gên.* (1) Caipira. // *adj. 2 gên.* (2) Rude, rústico (BH). Para Nascentes (1966 b), a origem é duvidosa. *Mambila* é antropônimo entre os BACONGOS. Será o étimo banto?
mambirada *s. f.* Reunião de mambiras (BH). De MAMBIRA.
mambo *s. m.* Música e dança de origem afro-cubana (BH). Para Nascentes vem "do zulu *im-mamba*, cobra". Para Dalgish (cf. BERNAL, 1987 b, p. 103) *"el vocablo es de origen yoruba, de mambo, literalmente hablar"*, o que não confirmamos. Para nós, o étimo é o quicongo *màmbu*, palavras, discurso, discussão, correspondente ao quimbundo *milonga*, que deu origem ao nome de uma música-dança platina. Cp. MILONGA.
mamentos *s. m. pl.* Seios (VF). Provavelmente ligado aos vocábulos quimbundos *âmue*, mamar, e *ahetu*, pl. de *muhetu*, mulher; ou ao quicongo *nkentu*, mulher. Cp. MAMETO.
mameto *s. m.* (1) Personagem dos antigos CUCUMBIS do Rio de Janeiro que representava uma criança, o filho do rei (MMF). Do quimbundo *mam'etu*. // (2) *interj.*: "Ai, mamãe!", talvez com influência do port. mamar.
mameto de inquice *s. f.* Mãe de santo nos CANDOMBLÉS bantos (BH). Do quimbundo *mama etu*, *mam'etu*, nossa mãe, + INQUICE.
mameto-inquiciane *s. f.* MAMETO DE INQUICE (BH). Da expressão "minha mãe de santo". Certamente de formação erudita, criada por intelectuais ligados às comunidades-terreiro, o termo é redundante: a locução *ia mi* quer dizer "minha"; entretanto, *mam'etu* já significa "nossa mãe".
mamona *s. f.* Planta da família das euforbiáceas, rícino (BH). Do quioco *mamono*, pl. de *limono*, rícino. Q. v. tb. o quimbundo **mumono*, rícino.
mamonal *s. m.* Plantação de pés de mamona. Abon.: "Caminhando pelo trilho costumado, aberto por entre o crescido mamonal, chegou ao portãozinho" (PALMÉRIO, 1966 c, p. 222). De MAMONA.
mamoneira *s. f.* MAMONA (BH).
mamoneiro *s. m.* Carrapateira (BH). De MAMONA.
mamoninho-bravo *s. m.* Estramônio (BH). De MAMONO.
mamono *s. m.* MAMONA (AN).
mampar *v. t. d.* (1) Comer. (2) Tirar proveito ou vantagem (MV). (3) Roubar (AN). Provavelmente do quicongo *ma-mpa*, pães, pl. de *edimpa*. Cp. IMPAR.
mamulengo *s. m.* (1) Fantoche. (2) Teatro de fantoches (BH). Nascentes (1966 b) desconhece a etimologia. Provavelmente do quicongo *mi-lengo*, maravilha, milagre, e não de "mão molenga" como supôs A. G. Cunha (1982_1 b). Mas, a aceitar-se essa última hipótese, veja-se MOLENGA, MOLENGUE.
mamulengos *s. m. pl.* MAMULENGO (BH).
mamulengueiro *s. m.* O titereiro do MAMULENGO (BH).
mamulo *s. m.* Giba, corcunda (DV). Do umbundo *mumulo*, mumu, volume, montão.
Manafundo *s. m.* Nos folguedos de coroação dos reis negros, no Rio antigo, personagem que

representava o príncipe (MMF). Do quicongo *mwana-a-mfumu*, filho do rei.

Manambá *s. f.* O mesmo que Malambá. Abon.: "S'nho, aquele brinquedinho que brinquemo no caminho de Manambá, ponta-de-pé, fugi, carcanhá?" (ANDRADE, 1959 a, v. II, p. 103). Q. v. MALAMBÁ.

manampança *s. f.* Espécie de beiju espesso, feito de mandioca e tostado no forno (BH). Certamente do quicongo, da raiz *mpa*, pão, provavelmente associado a *mpanza*, disco, talvez pela forma.

mananduba *s. f.* Rapariga (SRO). Do quicongo *muana ndumba*, rapariga.

manangana *s. m.* Um dos títulos do rei, na CONGADA de Caraguatatuba, SP. Abon.: "Manangana, Rei Senhor!" (LIMA, 1981 a, p. 89). Do quimbundo: *muene*, rei, senhor, + *ngana*, senhor, rei.

manata *s. m.* (1) Velhaco, patife. (2) Ladrão, larápio (BH). Nascentes (1966 b) vê como alteração popular do port. *magnata*. Convém, entretanto, analisar, no quicongo: *nata*, pl. *manata*, espécie de larva que cresce entre alguns tipos de ratos; *nata*, ser culpado, ser criminoso; *Ma-nata* (de *nata*), nome próprio; nome de um INQUICE.

manauê *s. m.* Espécie de bolo de FUBÁ (BH). Nascentes (1966 b) vê possível origem africana. Raymundo (1936 a) vê alteração de a*mala-we*, do iorubá, não banto, portanto. Para nós, é possível a ligação com o quicongo *mu-nwá*, boca. Cp. tb. MANAMPANÇA.

Mancuce *s. m.* Um dos nomes do Exu nagô em CANDOMBLÉS bantos (ENC). Do quicongo. Talvez de *nkusi*, pl. *bakusi*, pescador. Ou de *munkusi*, "vento que vem do estômago: peido". Ou ainda do antropônimo *Mankusa* ("aquele que esfrega, que unta").

mandembe *s. m.* Lugar cheio de MATO cerrado e, pois, de acesso difícil (BH). De MAMBEMBE, lugar ermo, com possível influência do quicongo *ndémbe*, folhas de milho, de ervas etc.

mandengo *s. m.* Var. de MANDEMBE (BH).

mandinga *s. f.* (1) Bruxaria; feitiço, talismã (BH). (2) Qualidade de jogo de CAPOEIRA (SC). A etimologia tradicionalmente aceita é a que vê a origem no etnônimo *mandinga* ou *mandingo*. Mas a nossa opinião é a de Raymundo (1936 a, p 57): "O termo (...) é mais certo que se prenda à prática do fetichismo entre os congueses. Estes não só se utilizavam, como amuleto, de uns pacotilhetes, que tinham pendentes do pescoço: *masalu ma--(e)dinga*, embrulhinhos ou breves do colo; mas, igualmente, enraivecidos, quando contrariados, praguejavam aos brados: era a gritaria das injúrias, eram os convícios do clamor, *mayanga ma--ndinga*. As duas expressões conjugaram-se certamente, restando apenas os determinantes que se plasmaram: *ma-(e)dinga* + *ma-dinga* > *mandinga*". Em abono a Raymundo, encontramos em Laman (1964 b): *dinga* (pl. *ma-*), pescoço, garganta, laringe; dardo, lança, azagaia. E em Silva Maia (1964_1 b): *ndinga* (quicongo), língua, linguagem. Cp. o quicongo *ndaka*, língua, garganta, linguagem, voz; maldição (MAIA, op. cit.) e *ndaka*, língua, idioma, voz; punhal, estilete (LAMAN, op. cit.). A partir dessa comparação, e conhecendo o poder que os negro-africanos atribuem à palavra (que pode funcionar como um punhal), vamos ver que *ndinga* e *dinga* podem também significar praga, maldição. Por fim, vejamos em Maia (op. cit.) o quimbundo *mandinga*, superstição, ao lado de UANGA e UMBANDA.

mandingado *adj.* Enfeitiçado, embruxado (BH). De MANDINGA.

mandingar *v. t. d.* Fazer MANDINGA a (BH).

mandingaria *s. f.* Prática da MANDINGA (BH).

mandingueirê *s. m.* Curandeiro (SP). De MANDINGUEIRO.

mandingueiro *adj.* (1) Que faz MANDINGA. // *s. m.* (2) Indivíduo mandingueiro (BH).

mandingueirote *s. m.* MOLEQUE desordeiro, capadócio (HV). De MANDINGUEIRO.

mandinguento *adj.* e *s. m.* MANDINGUEIRO (BH).

mandiola *s. f.* (1) Revolução, sedição. (2) Barulho, desordem (BH). De possível origem banta. Cp. MANJOLA.

mandraca *s. f.* (1) Bruxaria. (2) Beberagem de feitiçaría (BH). Etimologia controversa: Nascentes (1966 b) vê provável origem africana. A.

G. Cunha (1982_1 b) faz derivar do port. *mandrágora*. Para nós, pode vir do quimbundo *ndaka*, maldição.

mandraco *s. m.* Amuleto usado pelos jogadores (BH). De MANDRACA.

mandraqueiro *adj. e s. m.* MANDINGUEIRO (BH). De MANDRACA.

mandraquice *s. f.* Bruxaria (BH). De MANDRACA.

mandu *s. m.* (1) Problema, confusão (NIV). (2) Logro, velhacaria (ET). Provavelmente do quicongo *mwangu*, pl. *myangu*, confusão, provocação, escândalo, algazarra, balbúrdia.

Mandu-Zambê *s. m.* Personagem mitológico afro-brasileiro (SC). De origem banta. Q. v. em ZAMBÊ.

mandumba *s. f.* Mulher (JD). Do quicongo *ndumba*, mulher jovem, mocinha.

manga *s. f.* (1) Parede de cerca nos currais de peixe. (2) Corredor com paredes para guiar os bois que vão ser embarcados. (3) Pastagem cercada. (4) Cercas de curral para facilitar a entrada do gado. (5) Linha formada por pessoas para obrigar o animal a passar por determinado ponto (BH). Provavelmente do quimbundo *dibanga, kibanga*, curral, da mesma raiz do quicongo *mbangu*, linha, raia, alinhamento, lugar traçado, através do espanhol platino.

manga-larga *adj. e s. m.* Diz-se de, ou cavalo de certa raça (BH). Provavelmente de MANGA.

mangação *s. f.* Zombaria, ato de MANGAR (BH).

mangaço *s. m.* Relhada, pancada com o MANGO (BH).

mangador *adj. e s. m.* Que ou aquele que manga ou gosta de MANGAR (BH).

mangagá *adj.* Muito grande, enorme (BH). De MUNGANGÁ.

mangalaça *s. f.* Vadiagem, vagabundagem (BH). De MANGOLAR, ou de MANGALAÇO.

mangalaço *adj.* Vagabundo, vadio (BH). Provavelmente de MANGOLAR, através de MANGALAÇA. Raymundo (1933 a, p. 140) faz derivar "de uma expressão como (*mala*) *mangala*, homens levianos", o que não confirmamos inteiramente. A rejeitar a origem em *mangolar*, preferimos ver o étimo no quicongo *ma-ngala*, mal venéreo. E aí o processo de derivação de *mangalaça* se inverteria: mangalaça > mangalaço.

mangalho *s. m.* (1) O pênis (RP). (2) Pênis grande (BH). De MANGO.

mangalô [1] *s. m.* Dança popular brasileira (WI). Provavelmente de BAMBELÔ.

mangalô [2] *s. m.* (1) Feijão-de-porco (BH). (2) Árvore das leguminosas papilionáceas (AN). Também referida como ervilha-mangalô. Possivelmente do quicongo *ma-ngolo-ngolo*, planta trepadeira. Macedo Soares (1955 a) informa que o étimo é bundo.

mangalô-amargo *s. m.* Feijão-de-lima (SCH). Q. v. MANGALÔ [2].

mangangão *s. m.* Autoridade, manda-chuva (NIV). Provavelmente de GANGA. Cp. MUNGANGÁ.

manganguera *adj.* Sem gordura (MM). Provavelmente do umbundo *ngongoñela*, magro.

mangão *adj. e s. m.* MANGADOR (BH).

mangar [1] *v. t. i.* ZOMBAR, caçoar (BH). De MANGO, pênis. O verbo se aplicava originariamente à ação dos cavalos e jumentos ao endurecerem e brandirem o genital (NASCENTES, 1966 b, p. 466).

mangar [2] *v. intr.* Na gíria dos ladrões do Rio antigo, pedir, mendigar (RP). De origem banta: q. v. o quicongo **bánga*, andar à cata de; e o quimbundo **banga ombote*, esmolar.

mango *s. m.* (1) Vara do mangual. (2) O pênis. (3) Chicote de cabo tosco. Nascentes (1966 b) faz proceder do latim vulgar. Para nós, pode vir do quicongo *mbangu*, qualquer coisa que sustém, que suporta; varas colocadas sob um fardo para o sustentar, através do espanhol platino.

mango-mango *s. m.* Camisa curta, decotada e sem manga (MV). De possível origem banta.

mangoça *s. f.* MANGOFA (BH).

mangofa *s. f.* Zombaria (BH). De MANGO.

mangola *s. f.* MANGONA (CF).

mangolar *v. intr.* MANGONAR.

mangona [1] *s. f.* (1) Preguiça. Indolência. // *s. m.* (2) Homem preguiçoso (BH). Do quimbundo *mangonha*, preguiça.

mangona [2] *s. f.* O mesmo que MANGONGA [1], peixe do litoral brasileiro (BH).
mangonar *v. intr.* Vadiar, preguiçar, de MANGONA [1] (BH).
mangonear *v. intr.* MANGONAR (BH).
mangonga [1] *s. f.* Peixe elasmobrânquio (BH). Possivelmente de MANGONA [1]. Será o peixe tido como "preguiçoso"?
mangonga [2] *s. f.* Restos de comida que se dão aos porcos (BH). De origem banta mas de étimo duvidoso. Cp. GONGUINHA, jacuba. Q. v. o quimbundo *mungonga, questão, caso, MILONGA (confusão?). Q. v. no quicongo, *ma-ngongo, variedade de feijão rasteiro; *mangongo, chuva prolongada (a mangonga torna-se, em geral, um caldo).
mangonga [3] *adj.* Diz-se de homem grandalhão mas pesado, MOLENGA (MS). Possível cruzamento do quicongo *mu-ngonga*, grande comprimento de qualquer coisa, com MANGONA, homem preguiçoso. Cp. MONDONGO, MONDRONGO.
mangongu *s. m.* Tambor médio de origem africana, usado na dança da PUNGA; PERERENGA (BH). Provavelmente da mesma raiz de MANGONGUÊ, MUNGANGUÊ.
mangonguê *s. m.* Tambor cilíndrico, coberto com pele em uma das extremidades (BH). De MUNGANGUÊ. Andrade (1989 a) diz ser o "mesmo que gonguê", o que não nos parece correto. Cp. GONGUÊ.
mangonha *s. f.* Mentira (YP). Do quimbundo *mangonha*.
manguá *s. m.* Bastão grosseiro usado à guisa de BENGALA (ZN). De MANGUARA.
manguara *s. f.* Cacete, bengalão (VS). Étimo controverso. Nascentes (1966 b) vê origem no latim: *manuale* > mangual > manguá > manguara. Para nós o étimo pode ser o mesmo de BENGALA, talvez influenciado pelo quicongo *ngwala*, amigo, camarada. Veja-se tb. o nhungue *mank'uara*, remédio (a surra como "terapia").
manguara-guialê *s. m.* Bastão usado como amuleto no culto guiné (OC). De MANGUARA + um elemento talvez proveniente do quicongo *ngyalu*, ruga, enrugado.

manguarão *s. m.* Homem alto e magro BH). Aum. de MANGUARA.
manguço *s. m.* (1) Coisa grande ou tosca (RP). (2) Homem desajeitado, grandalhão (MV). Nascentes (1966 b) faz derivar do concani-marata *mungus*. A. G. Cunha (1982_1 b) não menciona. Figueiredo (1925 a), no verbete *manguço*, remete ao port. *mangusto*. Para nós, possível étimo é também o quimbundo *nguzu*, força.
mangue *s. m.* (1) Comunidade fitogeográfica localizada em áreas onde o solo é formado por uma lama escura e mole (BH). (2) Terreno lamacento. De étimo controverso. A possibilidade de origem banta estaria no quicongo *mbángi*, aquele que recolhe raízes e ervas medicinais (cp. a raiz *ang no quimbundo *angu*, ervas). O termo já circulava em ANGOLA nos séculos XV a XVII, cf. Parreira (1990 b, p. 69), para designar a espécie vegetal aquática que hoje se conhece como *Rizophora mangle*.
mangueação *s. f.* Ato de MANGUEAR (BH).
mangue-branco *s. m.* Árvore da família das combretáceas (BH). Q. v. MANGUE.
mangue-bravo *s. m.* Abaneiro (BH). Q. V. MANGUE.
mangue-da-praia *s. m.* MANGUE-BRAVO (BH).
mangueador *adj.* Que ou aquele que mangueia (BH). De MANGUEAR.
manguear *v. t. d.* Guiar o gado para o curral (BH). De MANGA.
mangueira *s. f.* Grande curral de gado (BH). De MANGA.
mangueirão *s. m.* Curral muito grande (BH). Aum. de MANGUEIRA.
mangueiro [1] *s. m.* Pequeno curral (BH). De MANGA.
mangueiro [2] *s. m.* Mangue-vermelho (BH). Q. v. MANGUE.
mangueiro [3] *adj.* Renitente, teimoso (BH). Provavelmente do quicongo *mànnga*, ser desobediente.
mangueiro de porco *s. m.* Chiqueiro, pocilga. Abon.: "O quintal, que nem havia aprendido de uma conversa de seu Valico Ribeiro com o Custodinho Dentista: pomar e mangueiro de por-

co, ao mesmo tempo" (PALMÉRIO, 1966 c, pág. 26). Q. v. MANGUEIRO [1].
manguerana *s. f.* Arbusto da família das gutíferas (BH). De MANGUE + *rana*.
manguezal *s. m.* MANGUE (BH).
manguzá *s. m.* MUNGUZÁ (BH).
manha [1] *s. f.* Choro infantil sem causa; birra (BH). Nascentes (1966 b) dá o latim *mania*, habilidade manual, que se ajusta às outras acepções do termo mas não à aqui verbetizada. Então, propomos o bundo *maña*, insolência, arrogância, desobediência, derivado de *oku-maña*, ser arrogante (cf. ALVES, 1951 b, p. 637). Guennec e Valente (1972 b) consignam a forma *omanha*, desobediência.
manha [2] *s. f.* (1) Malícia. (2) Ardil, artimanha (BH). Nascentes (1966 b) faz derivar do latim *mania*, habilidade manual. Veja-se porém o quimbundo **muanhu*, calma, e principalmente seu derivado **mukua-manha*, matreiro.
Manhangombe *s. m.* Personagem mitológico afro-brasileiro (SC). De origem banta. Q. v. o elemento multilinguístico **ngombe*, boi.
manhanguá *s. f.* Abóbora (JD). Do quimbundo *manhângua*, pl. de *dinhângua*, abóbora.
manheira *s. f.* Manha prolongada (BH). De MANHA [1].
manheirar *v. intr.* (1) Fazer MANHA [1]. (2) Usar de MANHA [2] (BH).
manheirento *adj.* Muito MANHEIRO (BH).
manheiro *adj.* MANHOSO (BH).
manhento *adj.* MANHEIRO (BH).
manhosar *v. intr.* Ficar na cama dormindo preguiçosamente (BH). De MANHOSO.
manhosidade *s. f.* Qualidade, modos ou artes de MANHOSO (BH).
manhoso [1] *adj.* Que faz MANHA [1], birrento (BH).
manhoso [2] *adj.* Matreiro, ardiloso (BH). De MANHA [2].
manicaca *s. m.* (1) Palerma. (2) Indivíduo tratante, covarde (BH). Cândido de Figueiredo (1925 a) diz vir, talvez, do quimbundo. Provavelmente do nome de algum rei banto, ridicularizado pelos portugueses. Veja-se, no quincongo,* *kháaka*, bárbaro, que outrora matou vários homens; **nkáku*, nome de um INQUICE. Mwene *kháaka*? Mwene *nkáku*? Cp. MANIPANSO.
manichupa *s. m.* Soldado da guarda municipal (PC). Provavelmente formado com a mesma intenção de MANICACA e MANIPANSO.
Manicongo *s. m.* (1) Denominação dada pelos portugueses a cada um dos reis do CONGO. Abon.: "A partir daí, estabeleceram-se relações epistolares e missionárias, sem interrupção, entre o papado, o rei de Portugal e o Manicongo, que usou, durante mais de um século, um nome cristão" (COQUERY-VIDROVITCH, 1981 c, p. 93). (2) O reino do Congo. Abon.: "... o vosso mui humilde filho Dom Afonso, pela graça de Deus, Rei do Manicongo e senhor dos Ambudas manda beijar os vossos sagrados pés com grande humildade" (COQUERY-VIDROVITCH, 1981 c, p. 93). Do quimbundo *muene*, rei (aportuguesado para *mani* ou *mono* desde o séc. XV) + *Kongo* = Rei do Congo. "O vocábulo *mani* tem sido vulgarmente sinônimo de senhor, autoridade, no contexto conguês. Porém, o vocábulo não parece ser de origem kikongo ou kimbundo, sendo muito provavelmente um termo distorcido da palavra *mwene*. Mani foi, no entanto, um título que as mais diversas autoridades na região reivindicavam ainda até o princípio do século XX" (PARREIRA, 1990 b, p. 69).
manipanso *s. m.* (1) Ídolo africano. (2) Indivíduo obeso (BH). Do quicongo *mani*, senhor + *Mpanzu*, nome de um clã que reinou muitos anos no antigo CONGO (cf. LOPES, 2006 a, p. 104-106).
manipulos *s. m. pl.* Testículos (PC). Possivelmente, do quicongo *mpulu*, pênis circunciso ou pênis de animal. Talvez com a adição irônica do elemento *mani*, rei, senhor (cp. MANICONGO, MANIPANSO). E possivelmente com influência do port. *manípulo*, mancheia.
manja *s. f.* Folguedo de crianças; pique-esconde (PC). Possivelmente do quicongo *mánza*, ser ou estar feliz, vangloriar-se; jogar, jogar longe.
manjangome *s. m.* MANJONGOME (BH).

manjangue s. m. Irmão (JD). Do umbundo: *manje*, irmão + *ange*, meu.

manjericão s. m. Erva da família das labiadas (BH). Nascentes (1966 b) e A. G. Cunha (1982_1 b) não têm certeza quanto à origem. Vejamos, então, este trecho de *Mestre Tamoda e outros contos*, do escritor ANGOLANO Uanhenga Xitu (1985_2 b, p. 60): "As flores exalavam um cheiro agradável, além do cheiro de *müelele*, de *manjidika* e de *kibuma* cujos ramalhetes faziam parte do embelezamento." Em nota de pé de página, o autor esclarece que *manjidika* é "uma planta aromatizante". O termo teria então origem no quimbundo.

manjerico s. m. MANJERICÃO.

manjira s. f. Estrada, caminho (VF). Do quimbundo *njila*, caminho; ou de seus correspondentes *onjila*, no umbundo, e *nzila*, no quicongo. Cp. ONGIRA.

manjirar v. intr. Andar, ir embora (VF). De MANJIRA.

manjo s. m. Jogo do tempo-será. Abon.: Pacheco da Silva Jr. e Lameira de Andrade, citados por Pinto (1978 a, p. 283). De MANJA.

manjola s. f. Mangual, instrumento para malhar cereais, composto de dois paus ligados por uma correia (BH). Provavelmente de MONJOLO, engenho agrícola.

manjolão s. m. GALALAU (BH). De MANJOLA.

manjolinho s. m. Rancho de paredes feitas de troncos (BH). De MONJOLO, madeira, provavelmente.

manjongome s. m. Bredo (PC). Q. v. MARIANGOME.

mano s. m. Tratamento respeitoso, entre os antigos sambistas cariocas: "Mano Elói", "Mano Décio" etc. Possivelmente do umbundo *omanu*, homem, com influência do esp. *hermano*.

manquiçapá s. m. O mesmo que MAQUIÇAPA (BH).

Manso-Bandunquenque s. m. Nome africano da comunidade-terreiro de NAÇÃO CONGO, popularmente conhecida como "Bate-Folha", em Salvador, Bahia. Abon.: ARAÚJO, 1988 c, p. 388. Do quicongo.

mantambu s. Mandioca (CBC). Q.v. MUTAMBO [2], MATOMBÔ e MATUMBO [2].

mantena adj. 2 gên. (1) Bom, ótimo. // s. m. (2) Personagem que desempenha um dos papéis de rei nas cavalhadas de Franca, SP (BH). Provavelmente do quimbundo *utena*, poderoso.

mantuca s. f. Feitiço preparado com excremento de animais (BH; OC grafa *mantucá*). Possivelmente do quicongo *mantuka*, amendoins cozidos no azeite de DENDÊ. Buarque de Holanda (FERREIRA, 1986 a) atribui origem iorubá.

manuê s. m. Var. de MANAUÊ (BH).

manzá s. m. Sanguessuga (SP). Do quimbundo *manzaia*, pl. de *dizaia*, sanguessuga.

manzanzá adj. 2 gên. e s. 2 gên. MANZANZA. Abon.: Silvio Romero, citado por Pinto (1978 a, p. 294).

manzanza adj. 2 gên. e s. 2 gên. MAZANZA (BH).

manzanzar v. intr. MAZANZAR.

manzega s. f. Barulho, frege (MV). De possível origem banta.

manzuá s. m. Var. de munzuá (BH). Cesto afunilado feito de lascas de taquara, para apanhar pitu e camarão (FF). Q. v. MUNZUÁ.

mão de monjolo s. f. Peça constitutiva do monjolo. Abon.: "O coração batia-lhe compassado - surda mão de monjolo socando pilão na arca do peito." (PALMÉRIO, 1966 c, p. 42). Q. v. MONJOLO, engenho agrícola.

mapemba s. f. Farinha (JC). Da raiz *pemb*, presente em várias línguas bantas para designar coisas ou pessoas relacionadas com a cor branca. Veja-se o quimbundo **pemba* e o quicongo **mpemba*, cal, giz. Cp. PEMBA.

mapiação s. f. Conversação inútil, conversa fiada; tagarelice (BH). De MAPIAR.

mapiador adj. e s. m. Que ou aquele que é dado à MAPIAÇÃO (BH).

mapiagem s. f. MAPIAÇÃO (BH).

mapiar v. intr. (1) Tagarelar. (2) Conversar futilidades (BH). Nascentes (1966 b) dá como alteração de *papear* ("da base expressiva papp"). A nós, entretanto, o étimo parece ser o umbundo *popya*, falar, que inclusive consta ter originado o nome *papiamento*, que designa um dialeto crioulo das Antilhas. Contudo, mesmo se aceitarmos a etimologia proposta por Nascentes, podemos também reivindicar o étimo no umbundo. Q. v. PAPEAR.

mapoim *s. f.* Farinha (VF). Var. de MAPUIO.

maporé *s. f.* Fruta (JD). Do umbundo *pole*, laranja brava, com a adição de um prefixo pluralizante ou aumentativo *ma*, e com oxitonização.

mapuana *s. f.* Farinha (JD). De origem banta. Cp. o ronga **mapa*, farinha.

mapucá *s. m.* (1) Mosquito. (2) Animal pequeno (JD). Da raiz banta *puka*, presente no umbundo *epuka*, mosquito, e no quimbundo *mapuka*, pl. de *puka*, bicho. Com oxitonização.

mapuim *s. f.* Var. de MAFUIM (VF).

mapuio *s. f.* Farinha (VF). Certamente ligado ao umbundo *puya*, arrancar [cará, mandioca etc.]; e relacionado a *punhula*, descascar, tb. do umbundo.

mapuíte *s. m.* Tambor de origem africana encontrado no Brasil (MA). Provavelmente de PUÍTA.

maquiçapa *s. m.* Espécie de símio (AN). Nascentes (1966 b) desconhece a origem. De provável étimo banto. Talvez ligado ao umbundo *sapa*, comilão.

maquidum *s. m.* Pequena cadeira; assento, banco (BH). Nascentes (1966 b) desconhece a etimologia. Provavelmente do quimbundo *kibuma*, cadeira.

maracatu *s. m.* (1) Dança dramática afro-brasileira. (2) Música popular inspirada nessa dança (BH). Beaurepaire-Rohan (1956 a) viu origem talvez ameríndia; Macedo Soares (1955 a) afirmou ser tupi-guarani; Nascentes (1966 b) atribuiu possível origem africana; e A. G. Cunha (1982_1 b) afirmou essa origem. "Segundo o Museu do Dundo, Angola, o nome maracatu designa até hoje uma dança praticada pelos Bondos, grupo étnico localizado entre os rios Cuango, Lui e Camba" (PEIXE, 1981 a, p. 28). Para nós, parece tratar-se de onomatopeia de base banta, imitativa do ritmo das caixas e taróis usados no folguedo. Veja-se, em abono a esta ideia, este trecho de COCO nordestino citado em Ramos (1954 a, p. 89): "No tempo de meu marido, Mariquita, / Era um saco de farinha assim. / Agora que não tenho ele, Mariquita, / É um saco de farinha assim. /Atum, maracatumba, tumba, tumba..." E nesta "maracatumba", assinala Ramos, "a origem banta é quase comprovada".

marafa *s. f.* (1) Vida desregrada, licenciosa (BH). (2) Var. de MARAFO. Nascentes (1966 b) vê, na primeira acepção, como derivado regressivo do port. *marafona*. Para nós, essa acepção pode decorrer da segunda: "Viver na marafa", viver entregue ao vício da bebida, entre outros.

marafo *s. m.* CACHAÇA (BH). Do quicongo *malavu*, vinho.

marafonar *v. t.* Beber, embriagar-se (VF). De MARAFO.

marafunda *s. f.* Alter. de BARAFUNDA (BH).

marangó *s. m.* Burro (VF). De MARANGOLO.

marangolo *s. m.* Cavalo (VF). Relacionado a ORANGOLO.

maratimba *s. 2 gên.* MATUTO, roceiro (ZN, BH). Nascentes (1966 b) desconhece a origem, que pode ser banta.

marauangue *s. f.* Criança (VF). Do quimbundo *mwana iangi*, meu filho.

maravir *s. f.* Terra (MM). De provável origem banta, pelo contexto em que foi registrado.

marcanjo *s. m.* Cigarro; PITO; fumo (CBC). Possivelmente relacionado ao bundo *kondjolola*, desfolhar uma flor; tirar as folhas de um livro, em alusão ao processo de feitura de um charuto (ALVES, 1951 b).

marcela *s. f.* O mesmo que CARANGUELA (CBC). Certamente relacionado ao bundo *sela*, praticar a cópula carnal (ALVES, 1951 b).

marcha de angola *s. f.* Caminhada que os participantes do MACULELÊ, cantando, empreendem, pelas ruas e praças, em suas exibições. Abon.: "É sob o encantamento deste 'plac-plac' que o grupo percorre as ruas e as praças em marcha gingada, a 'Marcha de Angola'" (ALMEIDA, 1966 c, p. 260). De ANGOLA.

maria-angu [1] *s. f.* Erva de ANGU (MS). Do quimbundo *mba-ria-angu*, "erva de angu", segundo Macedo Soares (1955 a). Confirmamos, no quimbundo: *madianga*, feno; *iangu*, capinzal.

Maria Angu [2] *s. f.* Boneca gigantesca que, ao lado do boneco João Paulino, integra os folguedos da Festa do Divino em São Luís do Paraitinga, SP (AM). De MARIA-ANGU [1]. Ou de ANGU.

maria-bacombê *s. f.* MARIA- MACOMBÊ (ZN).

Maria Cabundá *s. f.* MARIA CAMUNDÁ (MA).

Maria Camundá *s. f.* Personagem mencionado em certas cantigas de CONGADA. Abon.: " Crioulinhas e criôla / Quando sai a passiá / Bota banha no cabelo / Mais Maria Camundá" (ANDRADE, 1959 a, v. l, p. 78). De CABUNDÁ ou CAMUNDÁ.

maria-condé *s. f.* MARIA-CONDÊ (BH).

maria-condê *s. f.* MARIA-CONGUEIRA (AN).

maria-congueira *s. f.* Certo brinquedo infantil (AN). Do port. *esconder*, com contaminação de voz banta, assim como MARIA-MACOMBÊ, MARIA-MUCANGUÊ etc.

mariagombe *s. f.* Pequena erva da família das portulacáceas, cuja folhagem é usada no preparo de saladas (BH). Do quimbundo *dimi dia ngombe*, língua-de-vaca.

maria-gomes *s. f.* Var. de MARIAGOMBE.

maria-guenza *s. f.* Joaninha, inseto coleóptero da família dos coccinelídeos (BH). De GUENZA.

maria-macombê *s. f.* Pique, brinquedo infantil (ZN). Q. v. MARIA-CONGUEIRA.

maria-macumbé *s. f.* MARIA-MACOMBÊ (BH).

maria-mucanguê *s. f.* MARIA-MACUMBÉ (BH).

mariangombe *s. f.* MARIAGOMBE (BH).

mariangu *s. m.* CURIANGO (BH). Certamente da mesma etimologia de *curiango*, talvez de uma forma plural, pela presença do prefixo *ma*.

marianjica *s. f.* Larva de certo coleóptero que ataca a cana-de-açúcar (BH). Provavelmente do quicongo: *madia*, comestível + *nsika*, pequena palmeira ainda jovem; pequena pessoa magra (LAMAN, 1964 b). A larva come a cana.

maribondo *s. m.* Var. de MARIMBONDO (BH).

maribondo-caboclo *s. m.* MARIMBONDO-CABOCLO (BH).

maribondo-caçador *s. m.* MARIMBONDO-CAÇADOR (BH).

maribondo-cavalo *s. m.* MARIMBONDO-CHAPÉU (BH).

maribondo-mangangá *s. m.* MARIMBONDO--MANGANGÁ (BH).

maribondo-tatu *s. m.* MARIMBONDO-TATU (BH).

marica *s. f.* Um dos nomes da MACONHA (SNES). Possivelmente do "bundo" *marichi*, fumos, ou *maricás*, cálices (cf. CANNECATIM, 1853 b, p. 102).

marigonga *s. f.* MACONHA (AT). De provável origem banta.

marimba [1] *s. f.* (1) Espécie de xilofone rústico (BH). (2) Um dos passos do QUICUMBI (EMB). Do quimbundo *madimba*, *marimba*, música, xilofone, pl. de *dimba*, *rímba*, da mesma raiz de *imba*, cantar, *ngimbi*, cantor etc.

marimba [2] *s. f.* Cabaça de carregar mel de engenho (SAM). Talvez de MARIMBA [1], em alusão às cabaças de ressonância. Ou de MORINGA.

marimba [3] *s. f.* No subúrbio carioca, projétil preso a um fio, que se lança ao alto de árvores ou de fiações aéreas, para retirar pipas presas. De origem banta.

marimba de guerra *s. f.* Cabaça recortada, que se toca raspando uma vareta. Abon.: JARDIM, 1976 a, p. 7. Q. v. MARIMBA.

marimbá *s. m.* Peixe da família dos esparídeos (BH). Nascentes (1966 b) vê origem incerta. Para nós, pode ser banta.

marimbada *s. f.* Toque de MARIMBA (MA).

marimbador *s. m.* Aquele que fabrica ou toca MARIMBA (MA).

marimbar [1] *v. intr.* Tocar MARIMBA (BH).

marimbar [2] *v. intr.* (1) Ganhar o jogo do marimbo. // *v. t. d.* (2) Lograr, burlar (BH). De MARIMBO.

marimbar [3] *v. intr.* Vagabundear, andar à toa (BH). Possivelmente do quicongo *dimba*, pl. *madimba*, MACACO que anda sozinho.

marimbau *s. m.* Instrumento musical usado antigamente pelos pretos africanos (ZN); o mesmo que MARIMBA (EMB). Do quimbundo *madimba*, música, instrumento musical, parece que através do espanhol platino. Cp. CATIMBAU [2].

marimbeiro [1] *s. m.* Tocador de MARIMBA (BH).

marimbeiro [2] *adj.* Sabido, sagaz, espertalhão (PC). De MARIMBAR [2], lograr.

marimbo *s. m.* Espécie de jogo de cartas em que o parceiro que perde é chamado "pai de marimbo" (MM). Provavelmente do nhungue *marimu*, arrais, mestre de almadia, piloto de uma embarcação. Ou de MARIMBU.

marimbombá *s. m.* Céu (JD). Provavelmente do quicongo. Q. v. **Mbumba*, nome de um INQUICE.

marimbondo *s. m.* (1) Designação comum aos insetos himenópteros da família dos vespídeos. (2) Alcunha que os portugueses outrora davam aos brasileiros. (3) Alcunha dos revolucionários pernambucanos de 1852. (4) Dança popular brasileira (BH). (5) Nome que tem, nos pampas, o frio cortante, em alusão às ferroadas que parece dar no corpo (ZN). Do quimbundo *madimbondo*, pl. de *dimbondo*, *libondo*, vespa.

marimbondo-amoroso *s. m.* Q. v. MARIMBONDO.

marimbondo-caboclo *s. m.* Inseto himenóptero, *Polistes canadensis* (BH). Q. v. MARIMBONDO.

marimbondo-caçador *s. m. Pepsis fabricius* (BH). Q. v. MARIMBONDO.

marimbondo-cavalo *s. m.* MARIMBONDO-CAÇADOR (BH).

marimbondo-chapéu *s. m. Apoica pallida*, Oliv. (BH). Q. v. MARIMBONDO.

marimbondo-mangangá *s. m.* Mamangaba (BH). Q. v. MARIMBONDO.

marimbondo-tatu *s. m. Synoeca cyanea* (BH). Q. v. MARIMBONDO.

marimbu *s. m.* Terra embrejada, à margem dos rios (BH). Do quimbundo *marimbu*, terra de lavoura longe das povoações.

marimbudo *adj.* Pançudo (MV). De possível origem banta.

marimonda *s. m.* Certo MACACO da família dos cebídeos, do gênero *Ateles* (BH). Nascentes (1966 b) desconhece a origem, que, para nós, é possivelmente banta. Talvez de MARIMBONDO.

mariongo *s. m.* Peixe do litoral brasileiro (CRS). Provavelmente do quicongo *ma-dyongo*, homem jovem; hábito de virar os olhos. Ou corrupção de MURIONGO.

marolinho *s. m.* Cabeça-de-negro, arbusto da família das anonáceas (BH). De MAROLO.

marolinho-do-campo *s. m.* Pequena árvore da família das anonáceas (DH). Q. v. MAROLINHO.

marolo *s. m.* Araticum grande (VS), árvore da família das anonáceas (AN). Provavelmente do quicongo *lolo, nlolo, Anona senegalensis*. Este vocábulo faz o plural em *bi-lolo*. Mas o fruto *lolo*, da mesma árvore, tem seu plural em *ma-lolo*.

Maromba [1] *s. m.* Entidade do CANDOMBLÉ DE CABOCLO (MA). Provavelmente, do nhungue *marombo*, espírito inoportuno que possui as mulheres e as faz dançar como loucas (COURTOIS, 1900 b).

maromba [2] *s. f.* (1) Aparelho amassador de barro, nas olarias, cuja viga lhe dá o nome (MC). (2) Jirau onde se aloja o gado por ocasião das cheias (AN). Provavelmente do quicongo *lomba*, uma árvore de grande porte.

maromba [3] *s. f.* Manada de bois (BS). Provavelmente ligado ao multilinguístico *ngombe*, boi, talvez através de um plural *mangombe*.

Maronga *s. m.* Nome de um caboclo em seita nordestina (OC). De MAROMBA [1].

marongo *s. m.* Palhaço de folia de reis (AM). Provavelmente, var. de MACORONGO. Cp. tb. MAROMBA [1].

marrá-paiá *s. m.* Designação dos grupos de MOÇAMBIQUE em Parati, RJ (EMB). De PAIÁ + o port. *amarrar*.

marru *s. f.* Terra (VF). Var. de MAVU.

marrupa *s. m.* Sono (VF). De MARRUPAR.

marrupar *v. intr.* Dormir (VF). Possivelmente ligado a MARRU, com a ideia de deitar na terra, no chão.

martilica *s. f.* Língua (NL). Certamente, relacionado ao umbundo *tila*, proferir, pronunciar, dirigir a palavra.

Martim-bangolá *s. m.* Martim-pescador (BH). Provavelmente de BANGOLAR. Q. v. MARTIM--QUIMBANDA.

Martim-quimbanda *s. m.* Martim-pescador, divindade das águas, mensageiro entre os mortais e as entidades do mar (EC). De QUIMBANDA.

maruamba *s. f.* MACONHA (GS). De provável origem banta.

marumbé *s. m.* Espécie de feijão (BH). Possivelmente da mesma raiz de MARUMBI.

marumbi *s. m.* Lagoa cheia de TABOAS, plantas de cujas folhas se fazem esteiras (BH). Possivelmente do quicongo *lúmbi*, pl. *malumbi*, semente da planta *Canna*, semente de banana. Ou alteração de MARIMBU.

marumbis *s. m. pl.* CACHAÇA (SM). De possível origem banta.

marungo *s. m.* Var. de MALUNGO (EBG).

masa *s. f.* Sanguessuga. Ver MAZÁ.

massa de maiate *s. f.* Comida, almoço (VF). Relacionado ao quimbundo *masa*, arroz, milho.

massambará *s. m.* MAÇAMBARÁ (CF).

massambê *s. m.* Espeto de peixe assado típico das regiões ribeirinhas do interior baiano (HV). Do quicongo *ma-sambu*, peixe salgado da Europa, provavelmente.

Massambula *s.* Termo de significado ainda não determinado, presente num diálogo de CONGADA. Abon.: "Perpara tamburins e maracá p'a festa do Rusáro, nóis vamo festejá Massambula!" (ANDRADE, 1959 a, v. II, p. 103). Provavelmente do quicongo *sambula*, receber com muito respeito; abençoar.

massangana *s. f.* MAÇANGANA (PC).

massango *s. m.* (1) Sorgo, MAÇAMBARÁ (MS). (2) Arroz (JD, NL). (3) Milho (SRO). Do quimbundo *masangu*, milho, ou do quicongo *nsangu*, pequenos grãos.

massaranga *s. f.* Feitiço (YP). De origem banta, provavelmente ligado ao quimbundo *uanga*, feitiço. Cp. SACAANGA.

massau *s. m.* Sagui (BH). Provavelmente do quicongo *nsau*, pl. *ma-nsau*, brinquedo, brincadeira.

massongo *s. m.* Arroz (VF). Var. de MASSANGO.

massuango *s. m.* Var. de MASSONGO (VF).

massurungo *s. m.* MATO (VF). De origem banta.

mata-macaco *s. m.* Cangaceiro (GS). De MACACO, soldado de polícia.

mata-zombando *s. m.* Erva de folhas amarelas e róseas (FS). Q. v. ZOMBAR.

mataca *s. m.* Solo plantado de sorgo (SCH). Do quimbundo *mataka*, pl. de *ritaka*, terra amontoada com a mão, com enxada etc.

matacão *s. m.* Grande bloco de rocha maciça (BS). Possivelmente relacionado ao quicongo *Mataku mambulu*, nome de uma montanha.

matacas *s. f. pl.* (1) Nádegas (BH). (2) Órgão sexual feminino (NL). Do quimbundo *mataka*, nádegas, pl. de *taku*, *ditaku*.

mataco *s. m.* Vagina (VF). Q.v. MATACAS.

mataio *s. m.* Pedra pequena (VF). Relacionado ao quimbundo *matari*, pedras, correspondente ao quicongo *matari*.

Matalumbô *s. m.* MUTALOMBO (OC).

Matamba *s. f.* Nos CANDOMBLÉS bantos e de caboclo, entidade correspondente à Iansã nagô (OC). Do quicongo *Ma-támba*, nome de um INQUICE.

matame [1] *s. m.* Barragem nos garimpos, feita de paus e ramos, para diminuir a correnteza fluvial e facilitar os mergulhos a fôlego (MV). Do quicongo *ntambu*, barragem.

matame [2] *s. m.* Enfeite para barras de saias (JR). João Ribeiro (19-- a) vê possível origem banta. Talvez ligado a MATAME [1].

matanga *s. f.* Velório (DH). Do quicongo *matanga*, funeral, festa de luto; *tanga*, pl. *matanga*, festa para alguém que voltou para casa.

matango *s. f.* Melancia (JD). Do quimbundo *matanga*, pl. de *ditanga*, melancia.

mataro *s. m.* Soldado (VF). Possivelmente do quimbundo *mutala*, vigia.

matetê *s. m.* Caldo grosso, muito temperado (BH). Do quimbundo *matete*, papa.

maticar [1] *v. intr.* Dar sinal, latindo (o cão à caça) (BH). Figueiredo, *apud* Nascentes (1966 b), prende ao port. MATO. A nós parece provir de étimo banto. Cp. o quicongo *tika, provocar; botar para fora, expulsar. Yeda Castro (2001 a) atribui origem banta.

maticar [2] *v. t. d.* Cobrir com lama (SCH); rebocar (DH). Provavelmente relacionado ao quicongo *ntika*, tanque onde se põe a mandioca para umedecer.

matimbimbe *s. m.* Cópula (SM). Provavelmente de BIMBA, pênis. Q. v. o quicongo *mati, saliva, em MATIRIMBIMBE: "saliva" no pênis?

matirimbimbe *s. m.* Morte por feitiçaria. Abon.:"... sendo que tudo isso era para livrar os pequenos de algum mau olhado ou de qualquer quicaça, matirimbimbe ou quicuanga (feitiçaria)". Cf. Antônio E. Martins (cit. em AMARAL, 1991 c). Talvez relacionado ao quicongo *mati*, saliva + *mbimbi*, cadáver. Q. v. tb. o xangana *mati mahalakile, forma discreta de dizer que alguém morreu.

mato *s. m.* (1) Terreno inculto, onde vicejam plantas agrestes. (2) O conjunto dessas plantas. (3) O campo, em oposição à cidade (BH). Etimologia controversa. Nascentes (1966 b) prende ao latim tardio *matta*. Alves (1951 b, p. 648) registra o bundo *mato*, lugar inacessível, como proveniente de *pata*, ser vedado, fornecendo, inclusive, o seguinte exemplo de uso: "*Okasi k'omato, wanda k'omato* = está no interior, foi para o interior". A aceitar-se esta etimologia, pelo menos a última acepção é de origem banta. Cp. MATUTO.

matombo [1] *s. m.* (1) Var. de matumbo (BH). (2) Pedra (NL). Q. v. MATUMBO.

matombo [2] *s. m.* Cabeça (VF). Possivelmente relacionado ao quicongo *tumbu*, busto, estátua, imagem, fotografia.

matombô *s. f.* Mandioca (MM). Do umbundo *utombo* (ou do quimbundo *mutombo*), mandioca, através do plural *omatombo* (ou *matombo*).

matroco *adj.* (1) Espertalhão. (2) Indivíduo gordo e desajeitado (DH). Q. v. MATRUCO.

matruco *s. m.* (1) Cada um dos quartos das reses abatidas. (2) Trem para transporte de carne. (3) Tratamento depreciativo dado aos portugueses (BH). Provavelmente do quicongo *tuluka*, ser gordo, volumoso, grande, derivado de *tuulu*, pedaço de carne de porco entre o peito e a pá.

matuaba *s.* Bebida alcoólica; CACHAÇA. (CBC). Cp. MATUARA.

matuara *s. m.* Feitiço (VF). Provavelmente do quicongo *ntwala*, agulha de costura; espécie de cipó (em alusão a elementos talvez usados em bruxedos).

matula [1] *s. f.* Súcia, corja, multidão de vadios (BH). Possivelmente relacionado ao quicongo *tula*, crescer, subir; agigantarem-se (as ondas do mar). Q. v. MATULO.

matula [2] *s. f.* Torcida de candeia, pavio rústico de algodão (ET). Possivelmente do quicongo *ma-tulu*, sono, em alusão à utilização noturna, no horário de dormir.

matulagem *s. f.* Vida de vadios, vadiagem (BH). De MATULA [1].

matulo *s. m.* Homem grosseiro, vadio. Abon.: MATOS, 1990 c, vol. l, p. 337. Certamente ligado a MATULA.

matumbo [1] *s. m.* (1) Terreno preparado para plantio de tubérculos. (2) Elevação de terra entre sulcos (BH). Do quimbundo *matumbu*, pl. de *ditumbu*, montículo.

matumbo [2] *s. m.* Mandioca (NL). De MATOMBÔ.

matungada *s. f.* (1) Porção de matungos. (2) Cavalhada (ZN). De MATUNGO.

matungama *s. f.* MATUNGADA (MV).

matungão *s. m.* Cavalo corpulento e sem vivacidade (BH). De MATUNGO.

matungar *v. t.* Comer (VF). Provavelmente do umbundo *tunga*, pedaço de carne.

matungo [1] *s. m.* Cavalo velho, sem préstimo, cansado (ZN). Etimologia controversa. Nascentes (1966 b) vê origem no espanhol platino; Coromínas (1983 b), no espanhol, liga a *matar*. Em Cuba, Ortiz (1985 b, p. 351) remete a *matalón* (mancarrão, sendeiro, cavalo ruim) e diz que matungo é o animal que, por seu estado, é preciso matar. Mas diz também que, em Cuba, o termo se refere a pessoas doentias, debilitadas. A partir daí, e estimulados por A. G. Cunha (1982_1 b), que vê no termo origem africana, chegamos ao quicongo *Ma-tunga*, INQUICE que criou as crianças disformes, as árvores retorcidas, as mãos de seis dedos etc. Da mesma raiz, ao que parece, encontramos *matungu*, desobediência; olhar fixo, duro; estupefação. E acreditamos estar aí o étimo remoto do vocábulo, que nos chegou através do espanhol platino. Cp. tb. PILUNGO.

matungo [2] *s. m.* URUCUNGO, BERIMBAU (BH). De MACUNGO.

maturrangada *s. f.* (1) Grande número de maturrangos. (2) Ação de MATURRANGO (BH).

maturrangar *v. intr.* MATURRANGUEAR (BH).

maturrango *s. m.* Indivíduo que monta mal a cavalo ou que realiza mal os trabalhos do campo (BH). Etimologia controversa. Possivelmente do quicongo, através do espanhol platino: Q. v. **matyannga*, espécie de almofada. Talvez tenha relação com a sela, de onde cai o mau cavaleiro. Q. v. tb. **mutu u langa*, ser ou estar aturdido, atordoado, tonto.

maturranguear *v. intr.* Agir como MATURRANGO (BH).

maturrão *s. m.* Besta inútil para o serviço (BH). De MATURRANGO, certamente.

maturrengo *s. m.* Var. de MATURRANGO (BH).

maturrenguear *v. intr.* MATURRANGUEAR (BH).

matutação *s. f.* Ato de MATUTAR (BH).

matutada *s. f.* Grupo de matutos (BH). De MATUTO.

matutagem *s. f.* MATUTICE (BH).

matutar *v. t. i.* Pensar insistentemente (BH). De MATUTO.

matutice *s. f.* Aparência ou ação de MATUTO (BH).

matuto *adj.* (1) Que vive no MATO, na roça. // *s. m.* (2) Indivíduo ignorante e ingênuo (BH). Nascentes (1966 b) faz derivar de *mato* que, como já vimos, parece se originar de étimo banto. No quimbundo, encontramos *matutu*, lugar deserto, solitário, desabitado; indivíduo imbecil. E acreditamos estar aí a origem.

mauçu *s. m.* Cabelo (VF). Provavelmente relacionado ao quicongo *nsuki*, cabelo.

Mavambo *s.* (1) Um dos nomes de BOMBONJIRA (YP). (2) Delinquente, ladrão (VAF). Segundo Castro (2001 a), do quicongo *mavambu*, encruzilhada.

mavero *s.m.* Leite (JD); mama, seio (CBC). Do umbundo *omavele* ou do quimbundo *mavele*, formas do plural de *avele*, leite.

mavu *s. f.* Terra (VF). Do quimbundo *mavu*, terra.

maxaca *s. m.* Var. de MACHACA (YP).

maxambeta *s. f.* Mentira (BH). Yeda P. de Castro atribui origem banta.

maxambomba *s. f.* (1) Veículo ferroviário; primitivo vagão de trem. (2) Calhambeque (BH). Nascentes (1966 b) deriva do inglês *machine-pump*, bomba mecânica. Para José Pedro Machado (1987 b) é, sem dúvida, palavra de origem africana. Cândido de Figueiredo (1925 a), que grafa *machambomba*, diz vir do nome "de uma estação de caminho de ferro, no Brasil". Com efeito, em 1692, a atual cidade de Nova Iguaçu, RJ, já tinha esse nome (cf. COARACY, 1965 c, p. 225). Por outro lado, a Revolução Industrial ocorre na segunda metade do séc. XVIII. Então, não se justifica, a nosso ver, a etimologia proposta por Nascentes, já que o nome da localidade, que pode ter relação com *machamba*, é que parece ter dado origem à denominação do veículo. O étimo é certamente banto. Cp. MACHAMBA.

maxambula *s. f.* Carroça puxada a burros, usada para transporte de escravos nas plantações de café. Abon.: MATTOSO, 1988 c. Possivelmente do quicongo *tambula*, andar, avançar, continuar. Ou ligado ao quimbundo *kabulu*, burro. Cp. MAXAMBOMBA.

maxixada *s. f.* Exibição coreográfica de dançarinos de MAXIXE. Abon.: "... feérica e deslumbrante maxixada, honrada com a presença do Clube das Virgens, composto de lindas donzelas conhecidas do rapazio" (EFEGÊ, 1974 c, p. 37).

maxixar *v. intr.* Dançar o MAXIXE (BH).

maxixe [1] *s. m.* O fruto do MAXIXEIRO (BH). Do quimbundo *maxixi*, planta dotada de gavinhas, cujo fruto, com sabor de pepino, é usado na alimentação, (cf. RIBAS, 1989_1 b).
maxixe [2] *s. m.* Dança brasileira de salão. Segundo Nascentes (1966 b), o nome da dança vem da alcunha de um antigo dançarino. Entretanto, Jota Efegê (1974 c) contesta essa origem e informa que, por volta de 1886, o vocábulo servia para designar qualquer coisa ruim, de má qualidade. Nessa informação pode- se achar a origem do termo no mesmo étimo de MAXIXE [1]; ou, desprezando-a, buscar-se o quimbundo *muxixi*, friccionador (alusão à "esfregação" característica da dança?), como a possível fonte etimológica.
maxixeiro [1] *s. m.* Planta da família das cucurbitáceas (BH). De MAXIXE [1].
maxixeiro [2] *adj. e s. m.* Que ou aquele que dança ou gosta de dançar o MAXIXE (BH). De MAXIXE [2].
maxumba *s. f.* Parotidite (YP). Da mesma origem de CAXUMBA [1], com a presença de um prefixo aumentativo.
maza *s. f.* Nos CANDOMBLÉS bantos, água potável ou de uso ritual (OC). Do quicongo *maza*, água.
mazá *s.* Sanguessuga; lesma (YP). Do quimbundo *mazaia*, pl. de *dizaia*, sanguessuga.
mazanga *s. m.* MONDRONGO, monstrengo; pessoa atoleimada, desajeitada. Indolente (MV, RP). Provavelmente de *Ma-nzannga*, INQUICE dos BACONGOS. Cp. MANIPANSO.
mazanza *adj.* Diz-se de ou indivíduo indolente, preguiçoso, apalermado, desajeitado (BH). Provavelmente do quimbundo *zonza*, andar devagar, ser moleirão (MATTA, 1893 b).
mazanzar *v. intr.* (1) Demorar na feitura de um trabalho. (2) Agir como MAZANZA (BH).
mazi [1] *s. m.* (1) Azeite (YP). (2) Azeite de DENDÊ (ENC). Do quicongo *mazi*, azeite.
mazi [2] *s. m.* Árvore que produz boa madeira, de aplicações diversas (PC). De possível origem banta.
mazia *s. f.* O mesmo que MAZA (BH, MV).

mazombice *s. f.* Qualidade ou ação de MAZOMBO.
mazombismo *s. f.* MAZOMBICE. Abon.: "E em que consistia esse mazombismo brasileiro?" (MOOG, 1961 c, p. 150). De MAZOMBO.
mazombo *s. m.* (1) Filho de português nascido no Brasil. // *adj.* (2) Sorumbático, macambúzio, mal-humorado (BH). Do quimbundo *mazombo*, iletrado, grosseiro, bruto, atrasado.
mazunga *s. f.* Desarranjo, desordem, principalmente com relação a roupas guardadas em malas ou gavetas (ZN). Do quicongo *ma-zunga*, pl. de *zúnga*, qualquer coisa empilhada, amontoada.
meco [1] *s. m.* (1) Sujeito, tipo. Indivíduo. (2) Indivíduo libertino, devasso. (3) Espertalhão, malandro (BH). Nascentes (1966 b) registra como de etimologia controversa. Provavelmente do quicongo *mbèko*, pessoa pequena, anão. Veja-se tb. o umbundo **meki*, vaidoso, presunçoso, fanfarrão.
meco [2] *s. m.* Poncho curto, de lã grosseira (BH). Do umbundo *mbeko*, xale. Cp. BECA.
meganga Tratamento outrora usado por escravos ao se dirigirem aos seus senhores (MV). Do termo multilinguístico banto *nganga*, referente a pessoas ou entidades sobrenaturais de grande poder. Q. v. GANGA.
meganha *s. m.* Soldado de polícia (BH). Nascentes (1966 b) desconhece a origem. De possível étimo banto. Q. v. o quicongo **mèngana*, odiar, revoltar-se contra alguém.
meiá *s. f.* Denominação da água em CANDOMBLÉS bantos (ENC). Do quimbundo *menha*, água.
meiá *s. f.* Rio, córrego (JD). Do quimbundo *menha*, água, rio.
melambo *s. m.* Árvore da família das magnoliáceas (BH). De possível origem banta. Q. v., no quicongo, **mu-lomba* e **mu-lembo*, nomes de plantas.
melanguê *s. m.* Mistura de mel com velame, usada como bebida em alguns terreiros bantos (OC). Possivelmente do port. *mel*, com adição do sufixo *ange*, meu, do umbundo. Ou de MELUNGUÊ.

[NOVO DICIONÁRIO BANTO DO BRASIL]

[169]

meleca *s. f.* Secreção nasal ressequida (BH). Nascentes vê o étimo em *mel*. Yeda P. Castro (1976 a) relaciona como vocábulo de origem banta. Q. v. o umbundo *melekete, pedra miúda e áspera, coisa miúda; e o quimbundo *mele adikeleka, leite coagulado.

melengueiro *adj*. Lerdo, manhoso (SC). Provavelmente de MILONGUEIRO [1], com influência do quicongo *lenga*, fraqueza, lassidão. Cp. LENGALENGA.

melete \ê\ *s. m.* Tamanduá-colete (BH). Possivelmente ligado ao umbundo *mbele*, zorrilho, mamífero carnívoro da família dos mustelídeos.

melombe *s. m.* MILOMBE (OC).

melunguê *s. m.* O mesmo que MELANGUÊ (SC). Alteração de *melanguê*, ou ligado ao quicongo *lunge*, falta de apetite, sensação de repugnância diante do alimento. Observe-se que se trata de bebida medicinal.

menga *s. m.* Nos terreiros bantos, o sangue dos sacrifícios (CC). Do quicongo *menga*, sangue.

meprá *s. f.* Roça (MM). Provavelmente do umbundo *epya*, roça.

mesa [1] *s. f.* Reunião ritual dos adeptos da CABULA. Do quicongo *meéza*, folhas em geral (em alusão ao MATO, local dessas reuniões).

mesa [2] *s. f.* El. us. na expressão "abrir (uma) mesa", i. e., olhar nos búzios ou através de outro processo divinatório (EC). Do quimbundo *mesu*, olhar. Cp. TARAMESSO.

miaca *s. 2 gên.* O mesmo que MUIACA (LR).

Miangana *s. f.* Nossa Senhora, Virgem Maria. Abon.: "Miangana me disse que oia lá / Lá vai, lá vai, Simão Guie." (DUARTE, 1967 c, p. 189). Do termo multilinguístico banto *ngana*, senhor, senhora. Cp. ANGANA, ANGANIAME.

miango *s. m.* Pequena porção, pedacinho (MV). Provavelmente do quicongo *mwangu*, pedaço de noz-de-cola.

Micaia *s. f.* Entre os antigos negros CONGOS, divindade correspondente à Oxum nagô (CC). Do quicongo *nkaya*, avó.

Micaiarê *s. f.* Divindade dos cultos ANGOLO--congueses correspondente à Iemanjá nagô (YP). Do quicongo *nkaya*, avó, provavelmente acrescido do pronome *riê*, seu, sua, do quimbundo: "sua avó".

miçambique *s. m.* O mesmo que MOÇAMBIQUE, folguedo popular (ML).

miçambiqueiro *s. m.* MOÇAMBIQUEIRO (ML).

miçanga *s. f.* (1) Conta de vidro miúda. (2) Ornato feito com esse tipo de conta (BH). Do quimbundo *misanga*, fio de contas de vidro, rosário, colar, pl. de *musanga*, conta.

miçangueiro *s. m.* Aquele que leva ao mercado consumidor produto de sua própria lavoura (SAM). De MIÇANGA, provavelmente com o sentido de miuçalha, miudeza.

michanga *s. m.* MATUTO (MV). Alteração de MUXUANGO.

miconga *s. m.* Pão (NL). Provavelmente do quicongo *kikuanga*, pl. *ikuanga*, pão de mandioca.

micota *s. f.* Boca (VF). Var. de MUCOTA.

micula *s. f.* Apêndice sobre a última vértebra das aves, uropígio, sobrecu (BH). Do quimbundo *mukila*, cauda; ou do quicongo *nkula*, crescimento, que cresce em comprimento.

mifongo *s. m.* Arbusto originário da África cujo fruto é parecido com a ameixa (AN). De origem banta.

mijolo [1] *s. m.* Coisa pequena, pequena porção de qualquer coisa (DV). Possivelmente relacionado ao quicongo *nzolo*, pequenas batatas comestíveis do tamanho de um dedo.

mijolo [2] *s. m.* MINGOLO (BH).

mijolo [3] *s. m.* Novilho jovem. De MONJOLO [3].

mil-homens *s. m.* Cipó mil-homens (BH). Segundo Nascentes (1966 b, p. 490), o nome vem da fala de um curandeiro que dizia que com esta planta já havia curado de picada de jararaca mais de mil-homens. Para nós, é provavelmente uma corruptela de MILOMBE.

milindó *s. m.* Dança de roda, espécie de COCO dançado só para mulheres (FS). De provável origem banta. Talvez ligado ao umbundo *lundo*, incitação, instigação.

milola *s. f.* Guaxima-do-mangue (ALF). Natural de MOÇAMBIQUE, seg. Cândido de Figueiredo (1925 a).

miloló *s. m.* Coração-de-boi, árvore da família dos anonáceas (BH). Do quicongo *lolo, nlolo*, pl. *bilolo*, nome da árvore *Anona senegalensis*.

milombe *s. m.* Planta usada em banhos e defumações, mil-homens (OC). Provavelmente do quicongo *mi-lombe*, nome de um curso d'água e de uma erva que cresce às suas margens; ou de *mu-lombo*, variedade de planta trepadeira. Ou corruptela de MIL-HOMENS.

milome *s. m.* Espécie vegetal da família dos aristoloquiáceas, angelicó (FS). Provavelmente de MILOMBE.

milondade *s. f.* Falas enroladas, incompreensivas (MV). De MILONGAGEM.

milonga [1] *s. m.* Música e dança de origem platina (BH). Do quimbundo *milonga*, exposição, queixa, calúnia, injúria, demanda, através do espanhol platino.

milonga [2] *s. m.* Feitiço, sortilégio, bruxedo (BH). De MILONGO.

milongagem *s. f.* DENGUE, manha, pieguice (2N). De MILONGA [1].

milongas *s. f. pl.* (1) Mexericos. Intrigas. (2) Manhas, DENGUES. (3) Desculpas descabidas (BH). Q. v. MILONGA [1].

milongo *s. m.* MILONGA [2] (BH). Do quimbundo *milongo*, remédio.

milongos *s. m. pl.* Coisa-feita, despacho (MV). Q. v. MILONGO.

milongueiro [1] *adj. e s. m.* Que ou aquele que canta milonga. (2) Manhoso, dengoso, que tem lábia (BH). De MILONGA [1].

milongueiro [2] *s. m.* Milagreiro (MV). De MILONGO.

mimbura *s. f.* Cada um dos paus roliços presos nas laterais que garantem a flutuação das jangadas (BH, FS). Nascentes (1966 b) atribui origem ameríndia, sem especificar. Para nós o étimo é provavelmente banto. Veja-se, no quicongo, **bula*, nadadeira de peixe; **mbula*, árvore alta da floresta; e, no quimbundo, **nguri*, tronco de árvore.

minduba *s. f.* CACHAÇA (BH). Nascentes (1966 b) atribui origem tupi. Observe-se, entretanto, entre os nomes populares da aguardente, os vários que o comparam à mulher. E veja-se o quicongo **ndumba*, mocinha, virgem, senhorita, como uma possibilidade etimológica.

mingola [1] *adj.* Vaidoso (YP). De origem banta.

mingola [2] *s. f.* Arrebenta-cavalos, erva da família das solanáceas (ALF). De provável origem banta.

mingolo *s. m.* Bicho do COCO babaçu (DV). Provavelmente da mesma raiz de GONGOLO.

mingongo *s. m.* O mesmo que MINGOLO (AN).

mingu *s. m.* Árvore usada em obras de marchetaria (BH). De provável origem banta.

mingué \ue\ *s. 2 gên.* Gato, gata; felino (CBC). Bundo: *ngwe*, leopardo (ALVES, 1951 b). Cp. ANGUÊ.

minguengue *s. m.* Cajazeira (DH). Do quimbundo *mungenge*, cajazeiro.

mingula *s. f.* Órgão sexual masculino (SM). De provável origem banta. Q. v. o quicongo **mungula*, gafanhoto, lagosta, camarão.

minguta *adj.* Pequeno, mirrado (AN). Do quicongo *nguta, wuta*, filho pequeno.

minhoca *s. f.* Designação geral dos animais anelídeos, oligoquetos, sobretudo das formas terrestres (BH). Do nhungue *mu-nyoka*, verme, bichinho para isca, da mesma raiz do quimbundo *nhoka*, suaíle *nyoka*, umbundo *nhoha* = cobra (de *nhoha*, enrolar-se). Veja-se a curiosa etimologia proposta por Silveira Bueno (1965 c, pág. 288): "Minhoca - verme que faz buracos, que abre galerias ou vive em galerias <Mina = galeria subterrânea para surgir no campo inimigo. Palavra de origem ibérica."

minhoca-brava *s. f.* MINHOCA-LOUCA (BH).

minhoca-louca *s. m.* Espécie de MINHOCA que reage com contorsões violentas quando tocada (BH).

minhocaçu *s. m.* MINHOCÃO (BH).

minhocal *s. m.* Terreno que, na época das chuvas, se transforma em atoleiro (BH). De MINHOCA (o hábitat delas fica nos terrenos úmidos).

minhocão *s. m.* Ente fantástico da tradição popular (BH). Aum. de MINHOCA.

minhocar *v. intr.* Procurar coisas para fazer, preocupar-se com pequenos trabalhos domésticos (MV). De MINHOCA.

minhocas *s. f. pl.* Ideias tolas (BH). A imagem parece expressar o sentido de que as ideias tolas são "insignificantes" como minhocas e se movimentam na mente como elas o fazem no interior da terra. De MINHOCA.

minjoada *s. f.* (1) Pescaria a anzol fixo, sem a presença do pescador. (2) Grande rede de pesca (BH). Provavelmente de MUNZUÁ, a partir da segunda acepção.

minjola *s. m.* Bezerro novo (ET). Q. v. MONJOLO [3].

minjolinho *s. m.* Narceja, ave de dorso escuro com manchas e estrias amarelas (BH). De MINJOLO, possivelmente pela aparência que talvez lembre um bezerro novo.

minjolo *s. m.* MINJOLA (MV).

miombe *s. 2 gên.* O mesmo que MAIOMBE (LR, grafado "mionbe").

miqueado *adj.* Pronto, sem dinheiro (BH). De MIQUEAR.

miquear *v. t. d.* Empobrecer, arruinar (BH). Do quicongo *mika*, pegar dinheiro emprestado; destruir, corromper.

miquia *s. f.* Miséria, pobreza, pindaíba, prontidão. Abon.: "Pelo menos não gasto os 200 réis no bolso. Que miquia brava, riu da pindaíba" (MATÉRIA, 1993 c). De MIQUEAR.

miquimba *s. m.* Tratamento depreciativo e zombeteiro dirigido a meninos negros. Provavelmente do quimbundo *nkima*, pequeno símio; ou do umbundo *nikimbwa*, pedacinho, bocadinho. Q. v. tb. o quimbundo **kima*, coisa.

mirabanda *s. f.* Espécie de moscardo que vive em sociedade (BH). Provavelmente do quicongo *mbila mbinda*, vespa. Cp. MARIMBONDO.

miraia *s. f.* Meretriz (BH). De BIRAIA.

miriatu *s. m.* Ente fantástico da tradição afro-brasileira. Abon.: "Tinham também os negros africanos iguais crenças originárias do seu país natal, e falavam nos seus gigantes com o nome particular de 'miriatu' ou 'miriátu'." (CASCUDO, 1976_3 c, p. 9). Do quicongo *mbidi*, abundância, grandeza, que ocorre na expressão *mbidi amwana*, criança robusta.

mirimba *s. f.* MARIMBA. Abon.: "A tocar mirimbas (marimbas), urucungos, ritumba (tambor cilíndrico), ou chipana (instrumento de sopro)" (LEMOINE, 1965 c, p. 231).

mironga [1] *s. f.* Desinteligência, altercação, briga (BH). Do quimbundo *milonga*, pl. de *mulonga*, demanda, queixa, calúnia, injúria.

mironga [2] *s. f.* Mistério, segredo (DO). Do quimbundo *milonga*, pl. de *mulonga*, mistério.

mirongagem *s. f.* Diabrura, traquinagem. Abon.: "Um coitadinho, iludido com elogios e falsetas, destinado - como o Tonho Inácio e a mulher queriam - ao papelão de encobridor das mirongagens do filho seduzidor das mocinhas-donzelas da fazenda" (PALMÉRIO, 1966 c, p. 303). Alteração de MILONGAGEM.

mirongueiro *s. m.* Feiticeiro (MSA). De MIRONGA [2] ou alteração de MILONGUEIRO [2].

mirueira *s. f.* Grande árvore da família das anacardiáceas (BH). De possível origem banta. Q. v. o quicongo **mu-lula*, uma variedade de árvores.

mirunga *s. f.* Var. de MIRONGA, mistério (MSA).

mirungueiro *s. m.* MIRONGUEIRO (MSA).

missango *s.* Arroz (CBC). Q.v. MASSANGO.

missangue *s.* Var. MISSANGO (CBC).

missongo *s. m.* Assecla, CAPANGA. Provavelmente relacionado ao quicongo *songo*, mostrar, apontar.

miteque *s. 2 gên.* O mesmo que MUTEQUE.

mitinza *s. f.* Espécie de praga das plantas. Abon.: "E desde então nesse desgraçado lugar nunca mais vingara fruto que não tivesse ressaibo de veneno, nem medrara planta sem mitinza" (AZEVEDO, 19-- a, p. 140). Possivelmente ligado ao quicongo *bi-sinza*, pl. de *sinza*, ponta ou broto de uma raiz.

mixanga *s. 2 gên.* Caipira (BH). De MUXUANGO.

mixila *s. f.* Tamanduá-colete (BH). De possível origem banta. Cp. MUQUILA.

mixilanga *s. f.* Beberagem (BH). Provavelmente do quimbundo, das vozes *xila*, imundície, e *uanga*, feitiço.

mixuango *s. m.* MUXUANGO (BH).
mixunga *s. f.* CACHAÇA (SM). De possível origem banta.
moa *s. f.* Grupo suspeito de pessoas (SAM). De possível origem banta. Talvez do quimbundo *mboa*, nome de uma erva, talvez daninha (cf. RIBAS, 1975 b). Ou ligado a CAMOA, latrina.
moafa *s. f.* Bebedeira (BH, SM). Q. v. MUAFA.
moafos *s. m. pl.* MUAFOS (ZN).
mobembe *s. 2 gên.* Indivíduo de uma nação africana referida nos apontamentos do tráfico de escravos (LR). De *bembe*, subgrupo dos *teke* ou anzicos.
mobica *s. 2 gên.* Escravo já alforriado (BH). Do quimbundo *mubika*, escravo. Cp. MUMBICA.
mobola *s. f.* Árvore nativa da África (DH). Do quicongo *mboola*, espécie de árvore cuja madeira é usada em construção.
mobula *s. f.* Var. de MOBOLA (DH).
moca [1] *s. f.* Cacete (BH). Aulete ligou a um latim *mulcare*, do qual Nascentes (1966 b), que o cita, duvida. Provavelmente do quicongo *móka mbaabu*, bater com uma estaca, com um fueiro.
moca [2] *s. f.* (1) Asneira, bobagem, tolice. (2) Mentira. (3) Zombaria (BH). Do quicongo *moka*, falar, conversar, contar casos, tagarelar, mexericar.
mocada *s. f.* Pancada com MOCA (BH).
mocamau *s. m.* Escravo fugido, que vivia em mocambos (BH). Provavelmente de MOCAMBO. Q. v. tb. o quicongo **mu-kamba*, inimigo.
mocambeiro *s. m.* (1) MOCAMAU. (2) Malfeitor que se refugia em mocambo. (3) Rês que se esconde no MATO (BH). (4) Esconderijo de escravos. Abon.: "Não é tão infundado aquele terror: o sertão da província está cheio de mocambeiros, onde vivem os escravos fugidos com suas mulheres e filhos, formando uma grande família de malfeitores" (AZEVEDO, 19-- a, p. 395). De MOCAMBO.
moçambicano *adj.* (1) De, pertencente ou relativo a Moçambique. // *s. m.* (2) O natural ou habitante desse país (BH). Do topônimo Moçambique. Q. v. em MOÇAMBIQUE.

mocambinho *s. m.* CABANA (BH, MV). De MOCAMBO.
moçambique [1] *s. m.* (1) Dança dramática de origem negra. // *adj.* (2) Denominação dada a alguns negros da África Oriental vindos para o Brasil como escravos (BH). Do topônimo *Musambiki*, do macua. /// **Povo de Moçambique**: na UMBANDA, falange da linha africana cujo guia-chefe é a entidade Pai José (OC).
moçambique [2] *s. m.* Cernambi, espécie de molusco (BH). De possível origem no topônimo *Moçambique*.
moçambiqueiro *s. m.* Dançarino ou músico do MOÇAMBIQUE (ML).
moçambiques *s. f. pl.* Contas de vidro, MIÇANGAS (MM). Do topônimo *Moçambique*, certamente pela procedência. Q. v. MOÇAMBIQUE.
mocambo [1] *s. m.* (1) CABANA, palhoça, habitação miserável. (2) Couto de escravos fugidos, na floresta. (3) Cerrado de MATO, ou moita, onde o gado costuma às vezes se esconder (BH). Do quicongo *mukambu*, cumeeira, telheiro, em alusão à principal característica do tipo de habitação: o telhado de palha. A palhoça original deveria ser apenas uma cobertura, um teto, uma cumeeira com palhas e sem paredes. A acepção (1) parece ter dado origem à (2): o esconderijo era a cabana; e essa acepção talvez tenha dado origem à (3): fuga, esconderijo etc. O quimbundo *mukambu*, esconderijo, referido por A. G. Cunha (1982_1 b), não foi por nós confirmado.
mocambo [2] *adj.* Pífio, sem valor (JOR). Do quicongo *mu-kambu*, carente, necessitado, correspondente ao quimbundo *kambo*, falta, carência, privação.
mocambo [3] *s. m.* Festa de pagamento dos músicos rituais realizada em terreiros de várias tradições e na qual se distribuem moedas aos presentes (SF). Do quicongo *mu-kambu*, carente, necessitado? Ou de *mu-kambu*, cavalete sob um instrumento (alusão ao apoio dos tambores rituais)? Ou, ainda, de MACAMBA, companheiro?
mocanquice *s. f.* MOGANGUICE (BH).

mocar *v. t. i.* Namorar; ter relações sexuais. Abon.: "Mulatear pelas senzalas brancas / Mocar com a ocaia dos outros" (LIMA, 1969 c, 1969). De provável origem banta. Talvez de MOCA [2].

mochila *s. f.* Alforje, bornal, que se leva às costas (BH). A origem tradicionalmente aceita é espanhola. Corominas (1983 b) deriva de *mochil*, moço de recados. Cândido de Figueiredo (1925 a) consigna *mochio*, rapazote, provincianismo, do Algarve. E o quimbundo registra *muxila*, alforje, saca de peregrino, o qual, sendo portuguesismo, talvez devesse aparecer no quicongo também, principalmente no que se fala em Cabinda, bastante permeável a essa influência. Teria, então, esse *muxila*, alguma relação com o umbundo *tjiía*, cauda (a mochila seria vista como uma espécie de rabo, por se levar às costas)? Ou o étimo estaria no quimbundo *xila*, fazenda ordinária (correspondente ao nhungue *ch'ira*, lona indígena), que deu *maxila, machila, machira* e *manchila*, mantas de algodão de fabricação indígena, obra de "cafres", segundo Câmara Cascudo (1965 b, p. 72). Cp. o pano com que as mães africanas levam o filho às costas.

mocho *s. m.* Banco sem encosto, tamborete (BH). Possivelmente do quimbundo *muxingo*, banco, cadeira.

moco *s. m.* Punhal (YP). Do umbundo *omoko*, faca. Ver POCO.

mocó [1] *s. 2 gên.* Braço, mão (VF). Do quicongo *moko*, mãos.

mocó [2] *s. f.* Faca (JD). Do MOCO, com oxitonização.

mocô *s. m.* (1) Bruxaria, feitiço. (2) Amuleto, talismã (BH). Provavelmente ligado ao quicongo *bindisa móoko*, consultar o GANGA, o curandeiro. *Moko* é também o nome de um INQUICE dos BACONGOS.

mocoange *s. f.* Faca (VF). Do umbundo *omoko ange*, minha faca.

mocofage *s. f.* Utensílio doméstico, geralmente de cozinha (MV). De MUCUFO, como corruptela de uma possível forma "*mucufagem*", i. e., conjunto de mucufos.

mocofaia *s. f.* Lugar BAGUNÇADO, cheio de tralhas (NIV). De MUCUFO.

mocofoiado *adj.* Escondido (NIV). Provavelmente, de MOCOFAIA, i. e., escondido em meio e por causa da BAGUNÇA do lugar.

mocoiú *interj.* Pedido de bênção nos terreiros de origem banta (ENC). Do quicongo *mu-kuyu*, espírito (cf. LAMAN, 1964 b). Através do quicongo *mokulu mosi Nzambi*, que ZÂMBI lhe abençoe, segundo Castro (2001 a).

moçorondongo *s. m.* Larva que ataca as palmeiras (BH). De provável origem banta.

mocorongo *s. m.* (1) Mulato quase escuro. (2) Caipira. (3) Indivíduo natural de Santarém, PA (BH). (4) Palhaço da folia de reis (AM). Provavelmente do quicongo *mu-sorongo*, subgrupo étnico dos BACONGOS; ou do quínguana *kolongo*, MACACO ruço menor que o cinocéfalo.

moçorongo *s. m.* Mosquito transmissor do impaludismo (SAM). Provavelmente ligado a MOÇORONDONGO.

mocotó *s. m.* (1) Pata de bovino usada como alimento. (2) Tornozelo (BH). Nascentes (1966 b) aponta como étimo um tupi *mboko tog* que A. G. Cunha (1982_2 b) não consigna. Para nós, a origem é o quimbundo *mukoto*, pata de animal, mão de vaca, correspondente ao bundo *omu-koto, amu-koto*, pata de boi, cabra, suíno etc., derivado de "*kotoveka*, ser circular" (ALVES, 1951 b).

mocotona *s. f.* No jargão de antigos terreiros de CANDOMBLÉ, designação da filha veterana, com muitos anos de iniciada. Provavelmente de "macotona", aumentativo de MACOTA (q.v.).

mocotó sem sal *s. m.* Um dos repiques de sinos usados nas igrejas da Bahia (MA). Da palavra MOCOTÓ, supostamente reproduzida pelo som dos sinos.

mocureiro *s. m.* Indivíduo inábil em seu ofício (BH). Provavelmente relacionado ao quicongo *kùla*, fazer qualquer coisa muito rapidamente; morder, triturar, esmagar.

moenza *s. f.* Árvore silvestre cuja madeira se emprega no fabrico de canoas, tamancos etc (BH). Nascentes (1966 b) desconhece a origem.

Provavelmente do quicongo *mw-enze*, erva que se usa para cobrir tetos (talvez por alguma semelhança).

mofofô *s. m.* Bicho de pau podre (BH). Provavelmente do quicongo *mu-fófo*, nome da árvore *nsafu*, ameixeira indígena.

mofumbal *s. m.* (1) Mata de mofumbos. (2) Lugar escuro, esconderijo (BH). De MOFUMBO.

mofumbar *v. t. d.* (1) Esconder em mofumbo. (2) Esconder, ocultar (BH). De MOFUMBO.

mofumbo *s. m.* Espécie de cipó (BH). Do quicongo *mfumbu* planta trepadeira. Q. v. tb. *mu-fumba eelembo.

mofumbo-da-beira-do-rio *s. m.* Espécie de MOFUMBO (AG).

mofumo *s. m.* MOFUMBO (BH).

mofungo *s. m.* Erva da família das amarantáceas (BH). Possivelmente do quicongo *mfungwa*, nome de uma planta.

moganga [1] *s. f.* (1) Caretas, esgares, momices. (2) Carícias, lábias (BH). Provavelmente do quicongo *moganga*, escultura-fetiche antropomórfica, estatueta que representa uma força sobrenatural, usada nos rituais de cura (SORET, 1959 c, p. 109), por causa da expressão facial. Ou do quimbundo *mukange*, máscara, mascarado (MAIA, 1964_1 b, p. 412).

moganga [2] *s. f.* Certa variedade de abóbora (BH). De provável origem banta. Q. v. o quimbundo *manhángua, pl. de *dinhángua*, abóbora, aboboreira. Cp. MOGONGO.

mogangar *v. intr.* Caretear, fazer MOGANGA (BH).

mogango *s. m.* Fruto do MOGANGUEIRO [2] (ZN). De MOGANGA [2].

mogangueiro [1] *adj. e s. m.* Que ou aquele que faz mogangas (BH). De MOGANGA [1].

mogangueiro [2] *s. m.* Árvore que dá o MOGANGO (ZN).

moganguento *adj. e s. m.* MOGANGUEIRO [1] (BH).

moganguice *s. f.* MOGANGA [1] (BH).

moganguista *adj. e s. m. 2 gên.* MOGANGUEIRO [1] (BH).

mogiganga [1] *s. f.* Bugiganga, ninharia (BH). Q. v. em BUGIGANGA.

mogiganga [2] *s. f.* O mesmo que MOGANGA [1] (BH).

mogongo *s. m.* O mesmo que MOGANGA, certa variedade de abóbora (BH). Provavelmente do quicongo *mu-ngongo*, certa espécie de fruto.

mojau *s. 2 gên.* Nome dado aos indivíduos do povo ajaua ou yao, de Moçambique, nos registros do tráfico brasileiro de escravos (LR).

molambada *s. f.* Coisa sem importância (GP). De MOLAMBO.

molambento *adj. e s. m.* Diz-se de, ou indivíduo roto esfarrapado (BH). De MOLAMBO.

molambo *s. m.* (1) Trapo, pano velho, rasgado ou sujo. (2) Roupa esfarrapada. (3) Indivíduo fraco, sem caráter (BH). (4) Corpo velho, cansado, moído (SM). Do quimbundo *mulambu*, pano atado entre as pernas. Curiosamente, o vocábulo correspondente, em quimbundo, ao português "tecido, fazenda, pano qualquer", é *tanga*. /// **Esticar o molambo**, morrer (SM).

molambudo *adj. e s. m.* MOLAMBENTO (BH).

molancas *s. 2 gên. e 2 ns.* MOLANGUEIRÃO (BH).

molangueirão *s. m.* Aum. de MOLANGUEIRO (BH).

molangueiro *adj. e s. m.* Diz de, ou indivíduo falto de energia. Indolente (MV). Nascentes (1966 b) liga ao port. *mole*, a partir de molancas > molangueiro, molangueiro. Preferimos buscar a origem no quicongo: *mulangi*, hora do sono, o fechar do olho; *mulangirirí*, coisa de grande porte (a sugestão de indolência, falta de energia, nos remete a um indivíduo grandalhão). Do cruzamento dessas duas vozes e ideias pode ter nascido o vocábulo. Veja-se tb. *mutu u langa, ser ou estar atordoado, tonto.

molangueirona *s. f.* Fem. de MOLANGUEIRÃO.

molanqueirão *s. m.* MOLANGUEIRÃO (BH).

molanqueiro *s. m.* MOLANGUEIRÃO (BH).

molanqueirona *s. f.* Fem. de MOLANQUEIRÃO (BH).

moleca *s. f. e adj.* Feminino de MOLEQUE (BH). Nascentes (1966 b) dá como origem um quimbundo *mu'leka*, que não confirmamos. O quimbundo correspondente ao port. *menina* é

mona ua muhatu, literalmente, "criança do sexo feminino". E o correspondente ao port. *criada é muleke ua muhatu*, na mesma ideia. A feminização da palavra certamente ocorreu já no português.
molecada *s. f.* (1) Grupo de moleques. (2) MOLECAGEM (BH). De MOLEQUE.
molecagem *s. f.* Ação de MOLEQUE (BH).
molecão *s. m.* MOLECOTE (BH).
molecar *v. intr.* Proceder como MOLEQUE (BH).
molecoreba *s. f.* MOLECADA (BH).
molecório *s. m.* MOLECADA (BH).
molecota *s. f.* Fem. de MOLECOTE (BH).
molecote *s. m.* (1) Pequeno MOLEQUE. (2) Moleque encorpado, taludo (BH).
molenga *adj. 2 gên.* Mole. Indolente, preguiçoso, medroso, covarde (BH). Do port. *mole*, mas talvez contaminado pelo quimbundo *ualenga*, fraco, da mesma raiz de LENGALENGA (q. v.). Veja-se tb. a var. MOLENGUE.
molengue *adj. 2 gên.* e *s. 2 gên.* MOLENGA BH). Provavelmente do quicongo *lenge*, pouco espesso, mole, referindo-se principalmente a alimentos próprios das crianças. Talvez dessa forma tenha-se originado *molenga*.
moleque [1] *s. m.* (1) Negrinho. (2) Indivíduo irresponsável. (3) Canalha, patife. (4) Menino de pouca idade. // *adj.* (5) Engraçado, pilhérico, trocista [fem. MOLECA, nas acepções (1), (4) e (5)] (BH). Do quimbundo *luleke*, garoto, filho, correspondente ao quicongo *mu-léeke*, criança e da mesma raiz de *nléeke* (pl. *mileke*), jovem, irmão mais novo.
moleque [2] *s. m.* (1) Escora que sustenta o forro avariado de uma casa. (2) Barra de ímã usada para separar do pó de ouro partículas de ferro que ele contém. (3) Red. de MOLEQUE DE ASSENTAR (BH). Do quicongo *lèke*, pl. *ma-lèke*, pequena viga ou trave de teto, barra de ferro.
moleque d'água *s. m.* Ente fantástico da tradição popular, caboclo d'água (H). De MOLEQUE [1].
moleque de assentar *s. m.* Pau grosso usado nos engenhos para igualar o açúcar dentro das caixas (BH). De MOLEQUE [2].

Moleque do surrão *s. m.* Diabo (BH).De MOLEQUE [1].
moleque-duro *s. m.* Certo arbusto (BH). De MOLEQUE [2].
moleque-seco *s. m.* Afrodisíaco popular vendido nas ruas de São Luís do Maranhão. Abon.: PEREIRA, 1979 c, p. 167. Provavelmente de MOLEQUE [2], pau, barra, trave, como eufemismo para designar, talvez, o pênis impotente, supostamente "seco".
molequear *v. intr.* MOLECAR (BH).
molequeira *s. f.* MOLECAGEM.
moloca *s. f.* Trecho de MATO (BS). De provável origem banta. Cp. **loca*.
molongó *s. m.* Arbusto leitoso, da fam. das apocináceas. (BH). Nascentes (1966 b) desconhece a origem. Possivelmente de origem banta. Q. v. o quicongo *mulongwa*, uma árvore.
molongó-branco *s. m.* Flor-de-coral (BH). V. em MOLONGÓ.
molulo *s. m.* Árvore da fam. das compostas (BH). Do quicongo *mu-lulu*, planta africana.
molumbo *s. 2 gên.* Indivíduo dos *lumbu*, pertencentes ao grande grupo étnico dos *baluba*, conforme registros brasileiros de tráfico (LR, grafado "molunbo").
mombaca *s. f.* Fruto acre e vermelho que se usa como condimento (BH). A. G. Cunha (1982_1 b) não registra e Nascentes (1966 b) remete a *mumbaca* que, entretanto, é nome de origem tupi, sim, mas que designa duas espécies de palmeiras. Para nós, o étimo está no quicongo *mbaka*, grão do fruto da cabaceira.
mombacense *adj. 2 gên.* (1) De, ou pertencente ou relativo a Mombaça, CE. // *s. 2 gên.* (2) Natural ou habitante dessa cidade (BH). Do topônimo *Mombasa* (cidade do Quênia, país da África Oriental), de provável origem banta.
momo *s. m.* Pequena farsa popular, pantomima (BH). Nascentes (1966 b) diz ser vocábulo de criação expressiva. Cândido de Figueiredo (1925 a) acentua o caráter de mímica desse antigo tipo de farsa, que seria um espetáculo sem falas. E isto nos remete para o quicongo *mómo*, imóvel e olhando sem nada dizer, mudo.

mona [1] *s. f.* A fêmea do MONO (BH).
mona [2] *s. f.* Pileque, bebedeira (AN). Nascentes (1966 b, p. 497) teoriza: "No sentido de bebedeira, vem dos trejeitos e esgares semelhantes aos da mona feitos pelos bêbados". Para nós esta etimologia não parece correta, principalmente a partir da seguinte trova popular citada por Raymundo (1936 a, p. 46): "Suçu, sossega / vai dormir teu sono / cozinhar tua mona / lá no quartel do nono". "Cozinhar a mona" (var. "cozer" e "curtir a mona") é locução que significa dormir embriagado (cf. MAIOR, 1980_2 a). A mona, então, não seria a simples bebedeira e sim a consequência dela, ou seja, a embriaguez sonolenta. Aí, vamos buscar o étimo no umbundo *moña*, moleza, frouxidão, preguiça. Entretanto, mesmo que aceitássemos a origem proposta por Nascentes, justificar-se-ia a inclusão do termo neste dicionário, pela derivação de MONO (q. v.).
mona [3] *s. f.* Termo usado em terreiros de culto banto para designar meninas e mocinhas (OC). (2) Mulher. (3) "Forma de tratamento entre homossexuais" (DH). Do quimbundo *mona*, criança.
mona de equê *s. f.* Autodenominação do travesti, no vocabulário do seu grupo. Abon.: MORTOS, 1990 c. Hibridismo de MONA [3], mulher + o iorubá *èké*, mentira: "mulher de mentira".
mona-inquice *s. 2 gên.* Filho ou filha de santo, nos CANDOMBLÉS bantos (ENC). Do quimbundo *mona*, filho + INQUICE (q. v.).
mona-inquiciane *s. f.* Filha de santo na NAÇÃO ANGOLA (ENC). Do quimbundo *mona nkisi ia mi*, expressão de formação erudita significando literalmente "minha filha de santo". Cp. TATA-INQUICIANE.
mona-ocó *s. f.* Mulher homossexual, lésbica (VAF). Abon.: MORTOS, 1990 c. Hibridismo de MONA [3], mulher + o iorubá *oko*, macho: "mulher-macho".
mondiá *s. m.* (1) Azar, jetatura. (2) Rixa, desavença (RM). Renato Mendonça (1948 a) atribui origem africana. Provavelmente de étimo banto.

mondonga *s. f.* Mulher suja e desmazelada (BH). Fem. de MONDONGO [1].
mondongo [1] *s. m.* (1) Indivíduo sujo e desmazelado. (2) Intestinos miúdos de alguns animais, tripa. (3) Terreno baixo, cheio de atoleiros e coberto de plantas palustres (BH, AN). (4) Boneco de pano, sem governo (SC). (5) Inchaço, deformidade, monstruosidade (SP). De origem banta mas de étimo incerto. Possivelmente, o étimo inicial é o quicongo *mu-ndongo*, escravo (*mundongo* era o antigo designativo dos naturais de ANGOLA, cf. PARREIRA, 1990 b). Esse vocábulo pode ter determinado as três primeiras acepções, na seguinte ordem de raciocínio: escravo > pessoa suja > intestino > terreno pantanoso. As duas últimas acepções podem também decorrer da ideia inicial: escravo > boneco de pano sem governo; inchaço, deformidade < indivíduo sujo e desmazelado < escravo. Uma outra hipótese: para intestinos, o quicongo *mungongo*, buraco, caverna, ou *mungonga*, tubo. Vale, ainda, considerar: para intestinos, a raiz do quicongo *mu-ndya*, entranhas, que pode ter originado uma forma *mundyongo*; para pessoa suja, o umbundo *mbondo*, sujeira, que, igualmente, pode ter dado causa a uma forma *mbondongo*; e, para inchaço, o iaca *mundungo*, barril grande, pipa. /// **Mondongo duro de pelar**, coisa difícil de fazer (ZN). Cp. MANGONGA.
mondongo [2] *s. m.* Pequena intumescência no corpo, galo (SAM). Provavelmente do quicongo *ngongo*, espécie de feijão.
mondongos *s. m. pl.* Intestinos, vísceras (MV). Q. v. MONDONGO [1].
mondongudo *adj.* Cavalo imprestável (ZN, MV). De MONDRONGO.
mondongueira *s. f.* MONDONGA; criada de servir (CF).
mondongueiro *s. m.* Tripeiro, vendedor de miúdos (BH). De MONDONGO.
mondrongado *adj.* Com jeito de MONDRONGO (PC).
mondrongo [1] *s. m.* (1) Alcunha de português. (2) Indivíduo disforme, monstrengo. (3)

Pessoa mal-arrumada, malvestida. (4) Pessoa mole, preguiçosa, sem iniciativa (ZN). (5) Inchaço (BH). De MONDONGO [1].

mondrongo [2] *s. m.* Pé (PC). Possivelmente de MONDRONGO [1], inchaço, talvez em alusão ao "pé inchado".

mongo [1] *s. m.* Nos terreiros bantos, denominação do sal, usado em várias situações rituais (OC). Do quimbundo *mongua*, correspondente ao umbundo *omongwa*, sal.

mongo [2] *adj.* Bobo, moleirão, débil mental. Abon.: "Esse cabra é mongo, diz Maria, apontando para Cícero" (FOME, 1990 c). Souza Carneiro (1937 a, p. 143) já registra como de origem africana. Veja-se: no ronga, **monga*, miolo, medula (de consistência mole); no quicongo, **mbongo*, anão.

mongo [3] *s. 2 gên.* Indivíduo dos mongo, grupo étnico banto atingido pelo tráfico brasileiro de escravos (LR).

mongonga *s. f.* Restos de comida deixados por hotéis e casas de pasto (MV). Var. de MANGONGA.

mongonguê *s. m.* Pequeno tambor com couro nas duas faces, usado nos terreiros (RN). Var. de MUNGANGUÊ.

monguba *s. f.* O mesmo que MUNGUBA (AN). Ver parte onomástica.

monjola *adj.* Forma fem. de MONJOLO [2]. Abon.: "Os lanhos nas faces indicavam a casta monjola do africano, em cujo rosto se desenhava a astúcia do gambá, e alguma coisa do focinho desse animal" (José de Alencar, cf. CUNHA, 1982_2 b, p. 133).

monjoleiro *s. m.* (1) Certa árvore espinhosa. (2) Indivíduo que constrói monjolo ou trabalha nele (BH). De MONJOLO [1].

monjolinho *s. m.* Ave palustre (VS). Provavelmente de MONJOLO [1], engenho.

monjolo [1] *s.m.* (1) Árvore utilizada na feitura de moirões (MC). (2) Engenho agrícola usado para pilar milho ou descascar o café (BH). De origem provavelmente banta mas de origem incerta. A madeira teria dado nome ao engenho, que se caracteriza principalmente por um grande "braço", feito de tronco de árvore. Q. v. o quimbundo **munsulu*, almofariz, pilão; o quicongo **nzolo*, anzol, armadilha; e o ronga **ma-tjolo*, joelho.Q.v. tb. MONJOLO [2].

monjolo [2] *s. m.* (1) Denominação de um certo contingente de negros escravizados no Brasil (BH). // *adj.* (2) Relativo aos monjolos. *Monjolo* era um dos nomes por que eram conhecidos os *bateke* ou *tyo*, grupo étnico da atual República do CONGO, localizado próximo a *Stanley Pool*. No Brasil colonial, o termo empregado para designá-los era preferencialmente *anjico* ou *anjicos*, mas no século XIX eles passaram a ser conhecidos como monjolos (cf. KARASCH, 1987 c, p. 17-18). *Monjolo* parece ser um nome criado no Brasil. Segundo o *Dictionnaire des civilisations africaines* (1968 c), os *teke* ou *bateke* se autodenominam *fyo*; e em todo o verbete que deles trata a publicação, em nenhum momento refere a palavra *monjolo* ou outra pelo menos semelhante. Além disso, vale notar que, assim como *anjico* é nome que designa uma espécie de madeira e o contingente de escravos de que ora nos ocupamos, o mesmo ocorre com o vocábulo *monjolo*, o que de pronto nos remete para MONJOLO [1]. Q. v. tb. MONJOLO [3].

monjolo [3] *s. m.* Bezerro novo. Provavelmente do quicongo *zolwa*, favorito, querido.

monjopina *s. f.* CACHAÇA (BH). De *Monjope*, nome de um engenho pernambucano. O nome tem aspecto banto, da África Oriental. Cp. o termo multilinguístico **matope*, lama, presente em várias línguas de MOÇAMBIQUE. E veja-se o umbundo **tjyopi*, interjeição expressiva do ruído de sorver.

mono [1] *s. m.* (1) MACACO. (2) Homem muito feio (BH). Segundo Frei Francisco de São Luiz (TINHORÃO, 1988 c, p. 355) é vocábulo africano "que designa uma espécie de bugio, de longa cauda originário do país dos negros". Q. v. o suto **monna* e o nhungue **muna*, vozes correspondentes ao português "homem".

mono [2] *s. m.* Filho (ENC). Masculinização de MONA.

monomotapa *s. m.* Denominação dada pelos portugueses ao soberano de um antigo império da África Oriental, no atual Zimbábue. Abon.: "Esse primeiro monomotapa é sucedido por seu filho Mutope ou Matope que, de 1450 a 1580 [...] empreende novas conquistas [...]" (LOPES, 2006 a, p. 98). De uma língua da África Oriental, talvez do xona, através da locução *muene mutapa*, significando "senhor das minas" ou "senhor das terras sagradas" (cf. LOPES, op. cit.).

monzape *s. f.* Mão (VF). De provável origem banta.

moqueca *s. f.* Guisado da culinária afro-brasileira (BH). Do quimbundo *mukeka*, guisado de carne ou peixe; caldeirada de peixe. A "moqueca" ameríndia é o peixe cozido no moquém, transformado numa pasta homogênea e envolto em folha de bananeira; deriva do nheengatu *poké*, "embrulhado, abafado, coberto" (cf. PEREIRA, 1975 c, p. 504).

moquenca *s. f.* Guisado de carne de vaca (BH). De MOQUECA, provavelmente influenciado por *moquém*, de origem indígena. *Moquenco, moquenqueiro* e *moquenquice*, dicionarizados por Buarque de Holanda (FERREIRA, 1986 a), nos parecem derivados do mesmo *moquém*, da mesma forma que o cubanismo *moquenque*, verbetizado por Fernando Ortiz (1985 b, p. 359).

moquenco *s. m.* Pancada leve, SOPAPO (DH). Possivelmente do quicongo *nkenka*, grampo.

moquiço *s. m.* Casebre, choupana (BH). Provavelmente, do quicongo *mu-kiizu*, árvore das estepes (talvez em alusão à madeira de que eram feitas as choupanas), ou do quimbundo *mukixi*, feiticeiro (em referência aos supostos moradores desses casebres; cp. CALOJI).

moranga *adj. e s. f.* Diz-se de, ou certa variedade de abóbora (BH). Q. v. em ABÓBORA-MORANGA.

morerenga *s. f.* Certa árvore silvestre (BH). Nascentes (1966 b) desconhece a origem, possivelmente banta. Q. v. o quicongo *ma-lelemba, pl. de le-lemba,* a planta *lemba-lemba*.

moringa *s. f.* Garrafão ou bilha de barro para conter e refrescar água potável (BH). Do nhungue *muringa*, cântaro, bilha, correspondente ao quimbundo *muringi, mudinge*.

moringácea *s. f.* Espécime das MORINGÁCEAS (BH).

moringáceas *s. f. pl.* Família de vegetais superiores (BH). De MORINGA, provavelmente pela forma de algum de seus elementos.

moringáceo *adj.* Pertencente ou relativo às MORINGÁCEAS (BH).

moringue *s. m.* O mesmo que MORINGA (BH). Do quimbundo *muringi*.

morondangas *s. f. pl.* Desculpas, escusas, pretextos (MV). Provavelmente, de BURUNDANGA.

morongo *s. m.* Espécie de peixe, moreia pintada (DH). Provavelmente relacionado a MURIONGO.

morumbo *s. m.* (1) Montículo. (2) Testículos do homem (MM). Provavelmente do quimbundo *mulundu*, montículo. Cp. MURUNDU. Q. v. tb., no quicongo, *mulumbu, um peixe; *mulumi, homem, macho.

mossambo *s. m.* Bebida à base de milho (CASTRO, 1976 a, grafada *mosambu*). De origem banta. Possivelmente ligado ao quimbundo *kisangua*, espécie de cerveja.

mossanga *s. f.* Cada uma das contas de vidro de que se faz um colar (MV). Do quimbundo *musanga*, conta de vidro. Q. v. MIÇANGA.

mossangue s.*2 gên.* Nome dado aos indivíduos do povo *songwê*, subgrupo dos *luba*, nos registros brasileiros do tráfico escravista (LR).

mossunde *s. 2 gên.* Forma de registro do povo *sundi*, da grande nação dos BACONGOS, nos livros do tráfico brasileiro de escravos (LR).

motombar *v. intr.* Pescar fazendo um movimento com a vara, abaixando e suspendendo verticalmente a linha para que o peixe veja a isca. Abon.: NEVES, 1978 c, p. 13. Provavelmente do quimbundo *lamba*, pescar. Q. v. tb. o quicongo *mu-tombo*, que provoca náuseas.

motungo *s. m.* Antigo instrumento da tradição musical afro-brasileira. Abon.: "Cessam de tanger, de repente, o motungo, a viola, a marimba

e o ganzá" (EDMUNDO, 199- c, p. 67). Q. v. em MUTUNGO.
movongo *s. m.* Baixão fundo, entre elevações íngremes (BH). Do quicongo *mvwónngo*, côncavo, arqueado.
mozumbudo *adj.* Emburrado, de cara feia. Abon.: "Se reclamo, põe-se logo toda mozumbuda, e pega a se queixar 'que é uma infeliz, que era melhor morrer', e mais isso e mais aquilo" (FONTES, 1979 c, p. 114). Do quimbundo *muzumbu*, beiço.
muafa [1] *s. f.* Tapa, safanão (MM). Do quicongo *wafa*, bater.
muafa [2] *s. f.* Bebedeira, embriaguez (SM). Provavelmente, do suaíle *mwafa*, desastre, estrago, prejuízo.
muafo *s. m.* MUAFOS (BH).
muafos *s. m. pl.* (1) Panos velhos. (2) Roupa(s) velha(s). (3) Cacaréus (BH). Do suaíle *mwafa*, desastre, estrago, prejuízo (as roupas velhas, cacaréus etc. são resultados de estrago).
muamba [1] *s. f.* (1) Cesto ou canastra para transporte de mercadorias. (2) Furto de mercadorias nos portos. (3) Contrabando. (4) Negócio escuso (BH). (5) Feitiço numa cesta que se põe no lugar onde vai estar ou passar a pessoa que se quer atingir (JR). Do quimbundo *muhamba*, cesto comprido para condução de cargas em viagem; carreto, carga. Q. v. tb. MUANGA.
muamba [2] *s. f.* CACHAÇA (SM). De origem banta.
muambeiro *s. m.* (1) Contrabandista (BH). (2) Receptador. De MUAMBA.
muana *s. m.* (1) Criança de cor negra. (2) Nos folguedos de coroação dos "reis" negros no Rio de Janeiro, no séc. XVIII, cada um dos negrinhos que participavam dos cortejos (MMF). Do quicongo *muana*, criança.
muanga *s. f.* Em terreiros maranhenses, expressão que significa feitiço, coisa feita (SF). Do quimbundo *mauanga* (pl. *wanga*), feitiço.
mubundo *adj.* Negro africano (AV). Do quimbundo *mumbundu*, negro.
mucafo *adj.* Velho (VF). Possivelmente relacionado, no quicongo, a *mu-nkavu*, pela metade; e *nkawu*, bastão (apoio do indivíduo decrépito). Cp. MUAFOS e MUCUFOS.
mucai *s. f.* Mulher (VF). Do quimbundo *mukaji*, mulher.
mucama *s. f.* Escrava doméstica (BH). Do quimbundo *mukama*, concubina, escrava que era amante do seu senhor.
mucamba [1] *s. f.* (1) Mulher auxiliar em certos terreiros bantos. (2) Iniciada, na seita da CABULA (OC). (3) Mucama (BH). De MACAMBA contaminado por MUCAMA, certamente.
mucamba [2] *s. f.* Petrechos de guerra (MV). Possivelmente do quicongo *mukamba*, mola de fuzil.
mucambos *s. m. pl.* Termo usado na CABULA para designar os homens em geral (OC). De MACAMBA.
mucanda [1] *s. f.* Carta, papel (JD). Do quimbundo *mukanda*, papel, carta.
mucanda [2] *s. f.* Escrita (VF). Do quimbundo *mukanda*, carta.
mucangala *s. f.* Grupo de pessoas, associação (YP). De origem banta, como o quimbundo *kisangela*, associação, assembleia.
mucassauê *v. t.* Escrever (VF). De MUCASSO. Q.v. o quimbundo **sala*, escrever.
mucasso *s. f.* Mão (VF). Provavelmente do quicongo *moko*, mãos; com interferência do quimbundo *kosa*, mexer.
mucaxixi *s. m.* O mesmo que CAXIXI, pequeno chocalho de palha (BH).
muchinga *s. m.* Nariz (VF). De origem banta.
muchoco *s. m.* Árvore de mata virgem, sapato-do-diabo (VS). De provável origem banta. Q. v. **mu-soki*, **nsoki*, folha principal da palmeira.
Mucombo *s. m.* Na NAÇÃO ANGOLA, divindade correspondente ao Ogum nagô (OC). Provavelmente do quicongo *Mukómo*, nome de um INQUICE; ou de *mukongo*, CONGUÊS, do CONGO.
Mucongo *s. m.* Em certos terreiros baianos, divindade da caça (YP). Do quimbundo *mukongo*, caçador.
mucota *s. f.* Boca (VF). De provável origem banta.

mucuá [1] *s. m.* Natural da mesma terra, compatriota; companheiro (JR). Do quimbundo *mukua*, natural de, oriundo, originário. Cp. MUQUÁ.

mucuá [2] *s. f.* Cobra (VF). De provável origem banta.

Mucua-quíria *s. m.* Bicho-homem, personagem mitológico afro-brasileiro (SC, grafado *mukua-kiria*). Do quimbundo *mukua*, el. de composição em várias expressões, significando "pessoa", + o quicongo *kidie*, comilão: "bicho-papão".

mucubu *s. m.* Anca do boi (BH). De MUCUMBU, cóccix, provavelmente.

mucudo *adj.* Que tem muque; musculoso, forte (BH). De MUQUE.

mucufa *adj. 2 gên.* (1) Diz-se de indivíduo reles, tratante, covarde, fracalhão, sem importância. // *s. m.* (2) Indivíduo mucufa. // *s. f.* (3) Casa ordinária ou muito suja (BH). De MUCUFO.

mucufo *adj.* (1) MUCUFA. // *s. m.* (2) Caipira. (3) Indivíduo tratante ou covarde (BH). Possivelmente do iaca *mukufu*, as costas da faca, a parte sem gume da lâmina (dando a ideia de coisa sem préstimo). Q. v. tb. o quicongo **mu-kúfu*, alimento do qual, pela repetição, se enjoou; falta de apetite (dando a ideia de repugnância).

mucufos *s. m. pl.* Trastes velhos, cacaréus (BH). De MUCUFO.

mucuiú *interj.* O mesmo que MOCOIÚ (MSA).

mucujê *s. m.* Árvore da fam. das apocináceas (BH). Possivelmente do quicongo *mu-kùdi*, uma árvore alta.

mucujeense *adj. 2 gên.* (1) De, ou pertencente ou relativo a Mucujê, na Bahia. // *s. 2 gên.* Natural ou habitante dessa cidade (BH). De MUCUJÊ.

muçumba *s. f.* Forma melhor que MUSSUMBA (q. v).

mucumbagem *s. f.* (1) Cacaréus. (2) Coisa sem valor (BH). De MUCUMBU, utensílios.

mucumbu [1] *s. m.* (1) Conjunto de utensílios, trens (BH). (2) Arranjo, preparo (PC). Do quimbundo *kumbu*, pessoa ou coisa velha. Cp. CACUMBU.

mucumbu [2] *s. m.* (1) Cóccix (BH). (2) A parte da cauda do boi que não é coberta pelas sedas (CF). (3) Nádegas (DV). Do quicongo *mu-kumbu-kumbu*, espinha dorsal.

mucunga *s. f.* Mistura de feijão e arroz, também chamada "maria-isabel" (MV). De provável origem banta.

muçunga [1] *s. m.* Beliscão (BH). Do quimbundo *sunga*, puxar, provavelmente. Cp. MUÇUNGO.

muçunga [2] *adj.* Indolente, moleirão (FF). Provavelmente do quicongo *mu-zungani*, vagabundo, da mesma raiz de *mu-zungu*, falta, carente; mutilado.

muçungão *s. m.* Beliscão (BH). De MUÇUNGA.

mucungo *s. m.* MUTAMBA (BH). Provavelmente do nhungue *mukungu*, espécie de árvore.

muçungo *s. m.* Vegetação espinhenta. Abon.: "O vento furiava: era como se a mula tivesse desembestado por um capoeirão proibido, muçungo de unha-de-gato e tatajuba" (PALMÉRIO, 1966 c, p. 250). Do quicongo *nsungu*, estaca pontuda, espeto, espeque de madeira para proteger cercas.

mucunzá *s. m.* MUNGUNZÁ (BH).

mucura *s. f.* Cadeia pública (GS, DL). De possível origem banta. Cp. o quimbundo **mukolo*, prisão. Q. v. tb. o quicongo **kula*, exilar, banir, excomungar.

muçurango *s. m.* Pequeno peixe de rio, da família dos gobídeos (BH). De possível origem banta. Cp., no quicongo: **mu-sungu*, peixe; **nsulu*, braço de rio ao lado do rio principal. Q. v. MUÇURUNGO.

muçuruca *s. m.* Var. de MUÇURUCO.

muçuruco *s. m.* Cabelo (VF) Relacionado ao quimbundo *kisuku*, cabelo; ou do quicongo *suluku*, agitado, turbulento, inquieto, consoante um antigo hábito dos negros de referirem o seu cabelo crespo como "teimoso", "rebelde" etc. Cp. MAÇAROCA.

muçurucu *s. m.* Cabelo (NL). De provável origem banta. Cp. MUÇURUCO.

muçurunga *s. f.* Pavio, mecha para candeia (ET). Provavelmente relacionado ao quimbundo *mutuluxila*, pavio; ou, pelo aspecto, da mesma origem etimológica que MUSSURUNGA (q.v.), vocábulo cuja melhor forma, em termos gramaticais, é a consignada neste verbete, grafada com "ç".

muçurungo *s. m.* (1) Mocorongo (ML). (2) Peixe do litoral brasileiro (CRS). De MOCORONGO.

muçurungue *v.* Forma melhor que MUSSURUNGUE (q. v.).

mucuta [1] *s. f.* Embornal, bolsa para levar a tiracolo (BH). Do quicongo *mukuta*, cesta que se carrega nas costas.

mucuta [2] *s. f.* Punhado de feijão ou milho no fundo do saco (RME). Provavelmente de MUCUTA, embornal, o continente tomado pelo conteúdo.

mufar *v. intr.* Mastigar farinha ou qualquer substância seca (DV, MV). Do quicongo *múfa*, comer, encher a boca.

mufé *s. m.* Árvore de grande porte, originária da África, cujos elementos são usados em diversos rituais (OC). Cândido de Figueiredo (1925 a) registra como "grande árvore angolense". Q. v. o quicongo **muphadi*, espécie de árvore muito alta.

mufinar *v. t. d.* Prender. Abon.: "Cotovelo de pai veio eu mufina ele debaixo de minha camunga" (ANDRADE, 1989 a, p. 273. Traduzido, da linguagem cifrada de um JONGUEIRO, como "cozinhar"). Do quicongo *fina*, prender, enfeitiçar o inimigo durante o sono.

mufulambê *s. m.* Pessoa decaída fisicamente (DV). Provavelmente do quicongo: q. v. **mufú*, morto, fantasma, espírito de morto; e **lambála*, deitar.

mufumba *s. f.* Cipoaba (BH). De MOFUMBO.

mufunfa *s. f.* Dinheiro (BH). Possivelmente ligado ao quicongo *fúmfa*, bater; ou *fúmfu*, bater as mãos.

muganga [1] *s. f.* MOGANGA, careta (BH).

muganga [2] *s. f.* MOGANGA, abóbora (BH).

mugango *s. m.* Deboche, chacota (DV). De MUGANGA [1].

muguango *s. m.* Tatu (EP). Provavelmente relacionado ao quicongo *mu-ngwangwa*, uma pessoa inteligente (cf. LAMAN, 1964 b). Robert W. Slenes (2007 b, p. 152), atribui ao tatu "papel de grande importância no pensamento simbólico" da África Central, sendo associado aos "grandes homens".

mugunzá *s. m.* MUNGUZÁ (BH).

muiaca *s. 2 gên.* Indivíduo dos maiacas, da nação dos BACONGOS, segundo os registros brasileiros do tráfico de escravos (LR).

muiombar *v. t.* Morrer (VF). Do quicongo *yomba*, partir, ir sem despedida.

muiombo *s. m.* Defunto (VF). De MUIOMBAR.

mujinga *s. f.* Na UMBANDA, ritual de limpeza espiritual que consiste em passar ou bater no corpo do paciente alimentos e aves que, depois, serão convenientemente despachados (OC). De MUXINGA, surra.

mujolo *s. m.* O mesmo que MONJOLO [3], bezerro novo (BH).

mula *s. f.* Nas salinas, monte de sal com a forma de prisma de seção triangular, terminando em dois meios cones (BH). Possivelmente relacionado com o quicongo *mu-la*, dedo do meio, talvez pela forma.

mulema *s. f.* MULEMBA (EMB).

mulemba *s. f.* Denominação dada ao QUINJENGUE em certas regiões paulistas (EMB). Do quimbundo *mulemba*, figueira-brava, certamente em alusão à madeira de que é feito o tambor.

mulembá *s. m.* A figueira-branca, enquanto se apresenta vivendo apoiada em outra planta mas sem parasitá-la (BH). Do quimbundo *mulemba*, figueira-brava.

mulolo *s. m.* Araticum-do-brejo (ALF). É arvore africana, seg. Cândido de Figueiredo (1925 a). Cp. MILOLÓ.

mulundu *s. m.* Certa dança de negros (BH). Certamente, var. de LUNDU.

mulungu *s. m.* Espécie de INGOME, tambor de origem africana (BH). O étimo pode estar no nome da árvore *mulungu*, que é de origem ameríndia. Nesse caso, como em outros, o tambor teria recebido a mesma denominação da madeira de que é feito. Entretanto, vale lembrar que o vocábulo *Mulungu* designa, em várias línguas da África Oriental, o Ser Supremo, correspondente ao *Nzambi* dos ambundos e BACONGOS; e o caráter sagrado que os africanos emprestam a muitos de seus tambores pode ter determinado essa relação. A segunda hipótese está no ronga *mulungu*, patrão: o tambor aqui referido "produz sons retumbantes", segundo Buarque de Holanda (FERREIRA, 1986 a); e essa característica talvez o colocasse na condição de "principal", "maioral", "patrão".

mumbanda *s. f.* MUCAMA (BH); "escrava moça, de estimação, que, decentemente vestida mas descalça, acompanhava seus senhores em passeios e visitas, caminhando atrás do grupo" (COSTA, 1937 a, p. 502). Do quicongo *mumbanda*, mulher ligada a um INQUICE; assistente de feiticeiro.

mumbebo *s. m.* Atobá, ave do arquipélago de Fernando de Noronha (PC, BH). Possivelmente do quicongo, da mesma raiz de *mbèebi* < *bèeba*, pessoa que se cansa facilmente; preguiçoso. Q. v. tb. *mumbele, uma ave, *Prinia leucopogon*.

mumbica *adj. 2 gên.* (1) Magro, raquítico (FF). (2) Sem graça, à toa, ruim. (3) Mal-vestido, mal-amanhado. (4) Diz-se do cavalo de má andadura ou mal-arreado. // *s. m.* (5) Bezerro pequeno, magro ou raquítico (BH). Do quicongo *mbika*, de *biika*, abandono, abandonar. Cp. MOBICA.

mumbundo *s. m.* Homem preto (VF). Do quimbundo *mumbundu*, preto.

mumbune *s. m.* Var. de MUMBUNDO (VF).

mumbungo *adj.* Reles, vil. Abon.: "Morrerás todos fidalgo mumbundo" (De um texto de CONGADA. In: BRANDÃO, 1977 a, p. 84) "... não permita que a mim e a meu rei percam neste ato mumbungo o que ganhamos nas funções passadas" (id. ib., p. 86). Do quicongo *mumbungo*, fossa de esgoto.

mumbura *s. f.* Var. de MIMBURA.

mumuca *s. m. e f.* Bicho-papão (BH). Provavelmente ligado ao quicongo *mumuka*, estar mais forte, levantar-se, da mesma raiz do umbundo *mumuha*, avolumar-se.

mumum *s. m.* Iguaria feita com milho branco, feijão-fradinho e temperos (CC). Provavelmente do umbundo *mumunha*, mastigar de boca fechada.

mumunha *s. f.* Ardil, artimanha (BH). Provavelmente do quimbundo: *mumunya, mumunha*, mastigar com a boca fechada; *mumonya, mumonha*, preguiçoso.

munã *s. f.* Égua nova (ET). Provavelmente do quimbundo *mona*, criança, corresp. ao quicongo *muana*.

munanga *s. f.* Na UMBANDA, túnica masculina usada durante as cerimônias rituais (OC). Do umbundo *onanga*, roupa, talvez com influência do quicongo *munanga*, apóstolo.

munanzenza *s. m.* Masculino de muzenza (ENC). De MUZENZA, talvez influenciado por *muana* ou *mona*, filho, do quicongo e do quimbundo respectivamente.

munda *s. f.* Gente, pessoa (VF). Var. de MUNDU.

mundero *s. m.* Homem branco. Abon.: "Depois... depois esses em branco, esses mundero pega fala que nós faz feitiço da casca de nhô coco" (BRANDÃO, 1977 a, p. 85). Do quimbundo e quicongo *mundele*, homem branco, europeu.

mundonga *s. f.* MONDONGA (BH).

mundongo *s. m.* MONDONGO (BH).

mundongudo *adj.* MONDONGUDO (BH).

mundongueiro *s. m.* MONDONGUEIRO (BH).

mundrunga *s. f.* Feiticaria (BH). Segundo Schneider (1991 a), do lingala *mondonga*, planta medicinal. Q. v. o quicongo *ndunga, denominação de uma sociedade secreta.

mundrungo *s. m.* Cavalo (BH). Provavelmente de MONDONGUDO.

mundrungueiro *s. m.* Feiticeiro (BH). De MUNDRUNGA.

mundu *s. f.* Gente, pessoa (VF). Do termo multilinguístico *muntu*, pessoa.

mundubi *adj.* Indivíduo pertencente ao grupo étnico dos mundubis, escravizados no Brasil. Abon.: "No conjunto dos acusados distinguimos que: 196 eram nagôs (...) 1 era mundubi (VERGER, 1987 c, p. 355, nota 34). Provavelmente do njabi (língua banta do Gabão) *minombi*, negro.

munduru *s. m.* Montículo (BH). De MURUNDU, por metátese, segundo Nascentes (1966 b).

munga [1] *s. m.* Var. de MUNGO (YP).

munga [2] *s. f.* Vagina (VF). Provavelmente do quicongo *mbungwa, mbungu*, vaso, pote.

munganga [1] *s. f.* MOGANGA, abóbora (BH).

munganga [2] *s. f.* Conjunto dos instrumentos representativos das divindades, na NAÇÃO ANGOLA (OC). Do termo multilinguistico *nganga*. Q. v. GANGA [1]. Corresponde ao afro-cubano *ganga*.

mungangá *adj.* Principal, grande (SR). De MANGANGÃO.

mungango *s. m.* (1) MOGANGA, careta (BH). (2) CACHAÇA (SM). A segunda acepção provavelmente decorre da careta que muitos bebedores fazem ao ingerir a cachaça.

munganguê *s. m.* Espécie de tambor, PERERENGA (BH). Provavelmente de *ngoma wa munganga*, nome que se dá na região da Lunda, ANGOLA, a um tipo de tambor privativo do SOBA e que termina por um pé torneado (REDINHA, 1984 b, p. 165). Q. v. tb. o quimbundo **mungenge*, cajazeiro.

mungangueiro *adj. e s. m.* MOGANGUEIRO (BH).

munganguento *adj. e s. m.* MOGANGUEIRO (BH).

mungo *s. m.* Sal (VF). De MONGO [1].

munguê *interj.* Contida na expressão "Eh, munguê", de significado não determinado, com que o secretário, em certas CONGADAS, inicia as cantigas. Abon.: ANDRADE, 1959 a, v. II, p. 52-53. De origem banta.

munguelendô *s. m.* El. usado em certas cantigas de CONGOS, mas de significado não determinado, Abon.: "Zão, zão, zão / Calunga / Olha o munguelendô" (cf. Silva Campos. In: BRANDÃO, 1968 a, p. 127). De origem banta.

munguli *s. m.* Pirão doce e ralo, feito de rapadura e farinha, tudo amolecido com gordura de porco (SAM). Provavelmente de MUNGUNZÁ, com interferência de palavra ligada ao quimbundo *ngulu*, porco.

mungunjê *s. m.* El. ocorrente em uma cantiga de CAPOEIRA, mas de sentido não determinado. Abon.: "Tim, tim, tim, aluandê / Aluandê, caboco é mungunjê" (REGO, 1968 a, p. 93). De provável origem banta.

mungunzá *s. m.* Mingau de milho da tradição afro-brasileira; CANJICA (BH). Do quimbundo *mukunza*, milho cozido, "cozido de feijão macunde, milho e jinguba" (RIBAS, 1985 b, p. 292). Comida ritual angolana: "No quintal volteava a mesma gente, que entrava e saía da cozinha com pratos contendo milho e jinguba cozida em uma enorme panela de barro, que fumegava. Era o mukunza que, no próprio dia do enterro, se dá aos que vêm ao óbito. Não se nega a ninguém" (ASSIS JR., 1985 b, p. 60).

munguzá *s. m.* MUNGUNZÁ (BH).

munha *s. m.* Trigo (VF). Provavelmente ligado ao quimbundo *munya*, munha, espigão.

munha de mutombo *s. f.* Farinha de mandioca (VF). Q.v. MUNHA e MUTOMBO.

munhambana *adj.* Denominação que recebiam no Brasil certos negros provenientes da contracosta africana. Abon.: HOUAISS; VILLAR, 2001 a. Do topônimo *Inhambane*, região de MOÇAMBIQUE.

munheca *s. f.* Pulso (AN). Nascentes (1966 b) deriva do espanhol *muñeca*, boneca. A nós, parece mais próximo, como étimo, o quimbundo *nheka*, vergar. Na expressão "quebrar a munheca", embriagar (BH), há interferência de CAMUECA.

munjolo *s. m.* Jacaré (AC). De origem banta.

munzuá *s. m.* Nassa, covo feito de fasquias de taquara ou de bambu (BH). Do quimbundo *muzúa*, nassa, cesto de pescar afunilado feito de vime. Q. v. MANZUÁ.

muongongo *s. m.* Espinhaço, coluna vertebral (CT). Do quimbundo *muongongo, mungongo*, espinhaço.

muponga *s. f.* Modo de pescar (DL). Relacionado a CAPONGA.

mupunga *s. f.* MUPONGA (DL).

muquá *s. m.* Companheiro (MV). Do quimbundo *mukua*, companheiro. Cp. MUCUÁ.

muque *s. m.* Bíceps (BH). Geralmente o vocábulo é visto como corrupção de *músculo*. Entretanto, q. v. o quimbundo **muku-muku*, braço, o qual, a nosso ver, abala um pouco a etimologia classicamente aceita.

muquiço *s. m.* (1) Lugar sujo e em desordem. (2) MOQUIÇO (ZN).

muquifo *s. m.* O mesmo que MUQUIÇO. Possivelmente ligado ao quicongo *kivu*, latrina.

muquila *s. f.* (1) Um dos passos de dança do reisado de Viçosa, Alagoas, que consta de um pequeno salto, seguido de um entrecruzamento de pernas e um balanceamento do corpo (EMB). (2) Cauda, rabo (RM). Do quimbundo *mukila*, cauda, rabo (a primeira acepção deve ser referência ao movimento da cauda de algum animal, principalmente pelo "balanceamento do corpo").

Muquino-riá-Congo *s. m.* O mesmo que REI DO CONGO. Abon.: PEIXE, 1981 a, p. 16. Da expressão *Ntinu-dia-Nkongo*, imperador, Rei do Congo. Do quicongo.

muquira *s. m.* (1) Mendigo. // *s. f.* (2) Miserabilidade (GS). Provavelmente de MIQUEAR, através de uma possível forma "miqueira". Q. v. MIQUIA.

muquixe *s. m.* (1) Feiticeiro do MATO. (2) Feitiçaria; arte de prever o futuro (MS). Do iaca *mukixe*, feitiço. Ou red. de GUNGA-MUQUIXE.

muracutaca *s. f.* Pitaica (DL). De possível origem banta.

muriongo *s. m.* Corongo, peixe dos mares do Brasil (ES). Provavelmente do quimbundo *mbodiongo*, *mboriongo*, cão selvagem, MABECO.

muroji *s. m.* Feiticeiro, QUIMBANDEIRO (OC). Do quimbundo *muloji*, feiticeiro.

murrudo *adj.* Grande, forte, poderoso (VF). Provavelmente do quimbundo *mundundu*, grande.

murucaia *s. f.* Peixe do litoral brasileiro (CRS). De possível origem banta.

murumbi *s. m.* Certo BATUQUE de negros (MA). Do nhungue *murumbi*, batuque.

murumbu *s. m.* Capim-guiné (BH); CAPIM-DE-ANGOLA (DH). Provavelmente do quimbundo *lumbu*, cerca, cercado, quintal, em alusão à possível utilização desse capim na delimitação de terrenos. Castro (2001 a) informa o quicongo/quimbundo *mundumbu*.

murumbudo *adj.* Triste (ET). Alter. de MOZUMBUDO.

murundu *s. m.* Montículo (BH). Do quimbundo *mulundu*, monte, montanha.

murundum *s. m.* O mesmo que MURUNDU (AN).

murungumbe *s. m.* Casa de cupim (JD). Provavelmente de MURUNDU, com influência do umbundo *mbumba*, morro de SALALÉ.

murupuca *s. f.* Problema, confusão. Abon: "Nega, não há murupuca / tá ficando maluca / tá querendo apanhar". (De um SAMBA paulistano da década de 1930, de autoria de Benedito Tristão). Provavelmente ligado ao quicongo *mpuka*, epilepsia, correspondente ao umbundo *puka*, sacudir a cabeça, antecedido de um elemento como *mulú*, árvore de folhas picantes: as folhas provocando convulsões?

mussimbo *s. m.* Taberna reles, baiúca (MS). Certamente de étimo banto. Ver no quicongo: **mu-zimbwa*, ignorante, rude, grosseiro; **mu-símbu*, planta trepadeira.

mussumba *s. f.* Palácio real. Abon.: POMBO, 1958 c, p. 241. Provavelmente do quioco *mu-sumba*, acampamento de campanha.

mussurunga *s. f.* (1) Chicote (YP). Relacionado ao quimbundo *sula*, bater, açoitar; e ao bundo *sula*, pisar, moer. Q.v. MUÇURUNGA.

mussurungue *v. t.* Copular (VF). Certamente ligado ao umbundo *sulungwa*, nudez.

musueto *pron.* Outrem, o outro (JD). Do quimbundo *mukuetu*, outrem (*mukua + etu* = nosso companheiro).

muta *s. f.* Espécie de árvore (AG). Possivelmente do quicongo *muti*, árvore.

mutaca *s. f.* Machado (YP). De origem banta, relacionado a TACA.

Mutacalombo *s. m.* Nos antigos CANDOMBLÉS bantos, entidade correspondente ao Oxóssi nagô (OC). Do quimbundo *Mutakalombu*, entidade dos ambundos, ligada aos animais aquáticos (RIBAS, 1985 b).

mutacar *v. t. i.* Bater, fazer mossa (DV). De MU-TACA.
Mutacuzambê *s. m.* Divindade dos cultos AN-GOLO-congueses correspondente ao Oxóssi nagô (YP). De origem banta. Segundo Redinha (1984 b, p. 371) o elemento *muta* é usado pelos QUIOCOS para designar um amuleto de caça. Cp. MUTACALOMBO.
Mutalombo *s. m.* MUTACALOMBO.
mutamba [1] *s. f.* Árvore da fam. das tiliáceas, *Guazuma ulmifolia* (BH). Provavelmente do quimbundo *mutamba*, tamarineira (por semelhança, talvez).
mutamba [2] *s. f.* MACONHA. Abon.: MONTEIRO, 1966 a, p. 298. De origem banta.
mutamba-preta *s. f.* Designação comum às árvores do gênero *Luehea*, da fam. das tiliáceas, cuja madeira é boa para o fabrico de móveis etc. (BH) De MUTAMBA.
mutambo [1] *s. m.* MUTAMBA (DL).
mutambo [2] *s. f.* Mandioca (JD). Do quimbundo *mutombo*, mandioca. Q. v. MUTOMBO [2].
mutanje *adj. e s. m.* Diz-se de, ou indivíduo tratante, covarde, fracalhão (BH). Provavelmente do quicongo *mu-sánzi*, larápio, espoliador. Ou de MACANJO (q. v.); ou da mesma raiz: *kanji > tanje*.
muteca *s. 2 gên.* O mesmo que MUTEQUE (LR).
muteque *s. 2 gên.* Indivíduo de um grupo étnico africano mencionado nos registros do tráfico escravo (LR). De *teke* (pl. *bateke*; sing. *muteke*), grande grupo étnico banto. Q. v. ANGICO [1].
muteto *s. m.* Na UMBANDA, balanceio de cabeça do médium em transe (OC). Do quimbundo *mútue*, cabeça, provavelmente através da loc. *mútue'etu*, nossa cabeça. Cp. CAMUTUÊ.
mutila *s. m.* Gênero de insetos himenópteros (DL). De provável origem banta.
mutombo [1] *s. m.* O mesmo que MUTAMBA (ALF). Cp. MUTONDO na parte onomástica.
mutombo [2] *s. f.* Mandioca (VF). Do quimbundo *mutombo*, mandioca amolecida, tirada da água.

mutongo *s. f.* Var. de MUTOMBO (VF).
mutoto *s. m.* Chão (VF). Do quimbundo *mutoto*, argila.
mutreta *s. f.* Trapaça (BH). Possivelmente do quimbundo *muteta*, carga, dentro da mesma ideia de MUAMBA, contrabando, negócio escuso. Note-se que o quimbundo *muhamba* também significa "carreto".
mutuca *adj.* (1) Galo de briga medroso. (2) Indivíduo covarde (BH). Provavelmente do quicongo *tuka*, pl. *matuka*, contracorrente, ligado a *vutuka*, andar para trás.
mutucar *v. intr.* Acovardar-se; dar para trás. Abon.: MATÉRIA, 1995_1 c. De MUTUCA.
mutungo *s. m.* BERIMBAU, URUCUNGO (BH). Provavelmente de *lukungu*, arco sonoro dos bangalas e lunda-quiocos (cf. REDINHA, 1984 b, p. 105). Ou de MUCUNGO, MUTAMBA, a árvore de cuja madeira seria feito o arco do instrumento. Ou finalmente de MULUNGU, nome de dois arbustos de ANGOLA (ENCICLOPÉDIA, 1970 a, verb. *mutungo*).
muvuca *s. f.* Agitação, confusão (YP). Provavelmente do quicongo: de *mvúka*, febre intermitente; ou de *mfuka*, espécie de cipó. Cp. INFUCA.
muxacá *s. m.* Uma das três partes ou subdivisões do INGOROSSI. Abon.: CARNEIRO, 1944 c. Provavelmente de *mucatxcatxa*, chocalho dos QUIOCOS (REDINHA, 1984 b), talvez usado durante a reza.
muxaxa *s. f.* Árvore originária de ANGOLA, da qual alguns elementos são usados em rituais de cultos afro-brasileiros (OC). De origem banta.
muxiba *s. f.* (1) Pelancas; pedaços de carne magra; retalho de carne que se dá aos cães (ZN). (2) Seios flácidos de mulher. (3) Mulher feia, bruxa (BH). Do quimbundo *muxiba*, músculo, nervo, artéria, veia.
muxibento *adj.* Cheio de MUXIBA (BH).
muxicar *v. t. d.* Beliscar (DH). De provável origem banta. Q. v. o quicongo *sika*, espancar, bater.
muxicongo *s. m.* Indivíduo dos muxicongos, grupo étnico banto (DH). Do quicongo *muixi*, habitante + *Kongo*, toponímico.
muximba *s. f.* Enguiço (MV). De origem banta.

muxinga *s. f.* (1) Chicote. (2) Surra (BH). Do quimbundo *muxinga*, açoite.

muxingueira *s. f.* Empregada sem remuneração (HV). Possivelmente de MUXINGA (a empregada talvez fosse espancada, já que era quase escrava). Ou de MUXIBA, talvez pela sua alimentação.

muxingueiro *adj.* Homem que era encarregado de açoitar escravos. Abon.: RIBEIRO, 1920 c, p. 46. De MUXINGA.

muxoxar *v. t.* Dar beijos (BH). De MUXOXO.

muxoxear *v. intr.* Dar muxoxos (BH). De MUXOXO.

muxoxo [1] *s. m.* Som brando, espécie de estalido que se produz com a língua para demonstrar enfado ou desdém (BH). Do quimbundo *muxoxo*, som de escárnio; de *ku-xoxa*, escarnecer. Q. v. XOXAR.

muxoxo [2] *s. m.* Muchoco, árvore da mata virgem, sapato-do-diabo (VS). Q. v. em MUCHOCO. Cp. MUXAXA.

muxuando *s. m.* MUXUANGO (DL).

muxuango [1] *s. m.* Caipira do litoral norte do Estado do Rio de Janeiro (BH). Do quimbundo *moxi-uângu*, habitante do MATO, segundo Jacques Raymundo (1936 a). Q. v. o quicongo *mwixi, habitante, e o quimbundo *iangu, ervas.

muxuango [2] *s. m.* Doce preparado com ovos, polvilho, manteiga, banha de porco, leite e açúcar (DL). Provavelmente de MUXUANGO [1], por ser esse doce talvez típico do norte fluminense.

muxurundar *v. t. d.* Surrar (BH). Possivelmente de MUXINGA, através de uma voz *muxingar*.

muzambê [1] *interj.* Em terreiros paraibanos, resposta do pai de santo à bênção que lhe foi pedida pelo filho (MSA). Provavelmente do quimbundo *kuzamba*, abençoar; ou de ZÂMBI, através de uma fórmula tal como "Deus te abençoe!".

muzambê [2] *s. m.* Fantasma (YP). De origem banta. Cp. ZUMBI.

muzambinhense *adj. 2 gên.* (1) De, ou pertencente ou relativo a Muzambinho, Minas Gerais. // *s. 2 gên.* (2) Natural ou habitante dessa cidade (BH). De origem banta. Q. v. o quicongo *muzambu, trilha de formigas.

muzansa *s. f.* Instrumento de pesca, nassa. Abon.: NEVES, 1980 a, p. 13. Do quicongo *nsánsa*, antecâmara de uma nassa.

muzanzeiro *adj. e s. m.* Epíteto dado aos jovens negros de Salvador, Bahia, no final dos anos 1980. Abon.: "Mas não pensem que é só jovem negro / muzanzeiro que se esmera no visual" (VIEIRA, 1987 c). De MUZENZA, pelo nome de uma das principais agremiações do carnaval afro-baiano, certamente através de uma forma "muzenzeiro".

muzenga [1] *s. f.* Termo usado nas expressões "dar (ou virar) a muzenga", zangar-se; "eita, muzenga!", interjeição de entusiasmo ou alegria; e "estar com a muzenga", estar raivoso, muito indignado (TC). Do quicongo *zénga*, louco.

muzenga [2] *s. f.* Superstição (YP). De origem banta.

muzenza *s. f.* (1) Filha de santo, em CANDOMBLÉS de NAÇÃO ANGOLA. (2) Primeira dança pública dos recém-iniciados (OC). Buarque de Holanda (FERREIRA, 1986 a) registra *muzenga*. Do quimbundo *munzenza*, ignorante; ou do quicongo *muzenze*, pronto, preparado.

muzundu *s. m.* Peixe marítimo do Brasil, cavalinha, *Pneumatophous colias* (ES). Provavelmente do quimbundo *nzundu*, martelo. Mas o peixe-martelo é outro: *Sphyrna zygaena* L.

muzungu *s. m. e adj.* Diz-se de, ou o branco, o europeu, o estrangeiro (MS). Do suaíle *mzunzu*, europeu, branco.

muzunguê *s. m.* Caldo, CANJICA (MS). Do quicongo *muzóngi*, sopa, caldo.

nabombo *s. m.* O mesmo que MUTAMBA (ALF). De possível origem banta. Cp. o quicongo **Na-mbombo*, antropônimo masculino.

nabuco *adj.* Diz-se do animal sem cauda, suru (BH). Do quicongo *mbúku*, animal sem cauda.

nação angola *s. f.* Uma das nações do CANDOMBLÉ (ENC). De ANGOLA.

nação congo *s. f.* Uma das nações do CANDOMBLÉ de raízes bantas (ENC). De CONGO.

nacuro *s. m.* Homem (VF). Do quimbundo *diakulu*, homem velho.

nacuruacucua *s. m.* Homem (VF). Q.v. NACURO e CURIACUCA.

nadiamba *s. f.* MACONHA. Abon.: MONTEIRO, 1966 a, p. 298. De DIAMBA.

naguete *s. m.* Homem (VF). Possivelmente relacionado a OCUETO.

namba *s. f.* MACONHA (AT). Provavelmente de NADIAMBA.

namibiano *adj.* (1) Da, ou pertencente ou relativo à Namíbia, país da África Austral. // *s. m.* (2) Natural ou habitante da Namíbia (BH). De *Namibe*, nome nativo do deserto do Kalahari (ABRANCHES, 1985 b), provavelmente no idioma cuanhama.

namíbio *adj. e s. m.* NAMIBIANO.

nana *s. f.* Boneca (AG). Provavelmente do termo multilinguístico banto *muana*, criança. Ou do iaca *nana*, pequeno.

nanã *s. f.* Var. de NHANHÃ (BH).

nanar *v. intr.* Dormir (AN). Nascentes (1966 b) vê como expressivo. Veja-se, no entanto, o xangana **nana*, ser vagaroso, proceder vagarosamente.

nanará *s. m.* Filho, menino (VF). Provavelmente ligado, no quimbundo, aos vocábulos *ana*, filhos + *diala*, homem. Cp. o quimbundo **nganhala*, homem casado. Q.v. DANDARÁ.

nanga *s. f.* Folha, pele; tecido, roupa (VF). Do quimbundo *nanga*, tecido, correspondente ao umbundo *onanga*, roupa.

nangá *s. f.* Var. de NANGA (NL).

nangá do godema *s. f.* Camisa (NL). De NANGÁ + GODEMA, formando uma expressão tal como "roupa do peito, do tórax".

nangá do palulé *s. f.* Sapato (NL). De NANGÁ + PALULÉ, formando uma expressão tal como "roupa do pé".

nangá do quinambo *s. f.* Calça (NL). De NANGÁ + QUINAMBO (do quimbundo *kinama*, perna), formando uma expressão tal como "roupa da perna".

nâni *adv.* Palavra que, ao lado de outra, dá a essa um sentido restritivo: não, menor, sem, pouco etc. (NL). Relacionado ao quicongo *nana*, nada; ou ao iaca *nana*, pequeno.

nariganga *s. f.* Narigão (BH). Do port. *nariz* com um radical arbitrário, segundo Nascentes (1966 b), mas que a nós parece eco de uma voz banta. Q. v. GANGA [1], e apreenda-se a noção de grandeza que o termo encerra.

narina *v. intr.* Cantar (JD). Do quimbundo *marimba*, música.

nasseje *v. intr.* Ir embora (VF). Provavelmente ligado ao quicongo *nasila*, ir-se, passar direto.

navalha-de-macaco *s. f.* Capim da família das ciperáceas (BH). Q. v. MACACO.

Navizala *s. m.* Uma das formas com que se autodenomina a entidade Caboclo Boiadeiro. Abon.: "Pra quem quiser o meu nome / sou Boiadeiro Navizala" (CANTIGAS, 19--_1 a, p. 31). Possivelmente do quicongo *ndavi*, mensageiro, mais um elemento não identificado (*nzala*, fome?).

negro-aça *s. m.* PRETO-AÇA, albino (BH). Q. v. AÇA.

negro-angola *adj.* Diz-se de indivíduo de pele muito preta (TC). Q. v. em ANGOLA.

nembanda *s. f.* Nos folguedos de coroação dos "reis" negros, no Brasil Colonial, a rainha (MMF). Do quicongo *nembanda*, a mulher principal, a mulher do casamento civil.

nembo *s. m.* Maciço, entre vãos, em obra de pedreiro (BH). Nascentes (1966 b) desconhece a origem. Provavelmente do quicongo *nengo*, encosta, declive de uma montanha.

nena [1] *s. f.* Boneca (BH). Possivelmente de NANA.

nena [2] *s. f.* Estado de embriaguez (SM). Possivelmente do quimbundo *nena*, defecar (a embriaguez profunda pode levar a um descontrole dos esfíncteres).

nena [3] *s. f. pl.* Fezes (VF). Do quimbundo *nena*, defecar.

nenar *v. intr.* Defecar (VF). De NENA [3].

nenê *s. m.* Criança recém-nascida ou de poucos meses (BH). Provavelmente do bundo *nene*, pedacinho, cisco, detrito: "*Kanene* é o nome que dão à criança miudinha" (ALVES, 1951 b).

neném *s. m.* NENÊ (BH).

nenén *s. m.* NENÊ (BH).

nêngua *s. f.* Cargo hierárquico dos CANDOMBLÉS bantos, correspondente ao da ialorixá nagô (YP). Do quicongo *némgwa*, mãe, mamãe.

nêngua de inquice *s. f.* Mãe de santo em terreiros de tradição banta (ENC). De NÊNGUA + INQUICE. Termo de formação erudita, talvez construído por modernos estudiosos de línguas bantas, em cursos como os do Centro de Estudos Afro-Orientais da Universidade Federal da Bahia.

Neuvangue *s. m.* Personagem das festas de coroação dos "reis" negros, no Rio antigo (MMF). Provavelmente de *Neuanje*, título do príncipe herdeiro do antigo Zimbábue, Reino do MONOMOTAPA (cf. CAPELLO; IVENS, 19-- b, v. II, p. 319). Q. v. tb. *Nevanji, chefe tribal no CONGO do século XIX (cf. STANLEY, 1886 c, v. l, p. 165).

nhá *s. m.* "Forma aferética de SINHÁ" (BH). Ou redução de NHANHÃ. Ou da forma *nga*, red. do quimbundo *ngana*, senhora, corrente em ANGOLA.

nhamanhara *s. m.* Homem (VF). Provavelmente do quimbundo: *nyama*, *nhama*, caçador; *iala*, homem.

nhambuê *s. f.* Pedra (JD). Do umbundo *olumbwe*, pedrinha.

nhanhã *s. f.* Tratamento que os escravos davam às suas senhoras, principalmente às meninas e moças (ZN). Forma nasalada e redobrada de NHÁ, provavelmente do quimbundo *nga*, senhora.

nhapango *adj. e s. m.* Mestiço (BH). De possível origem banta.

nhapecava *s. m.* Café (VF). Do umbundo *tekava*, preto, de cor preta.

nhaquinho *s. m.* Menino (VF). Provavelmente relacionado ao quimbundo *muadiakimi*, ancião.

nhenhenhém *s. m.* Lamentação. Provavelmente do quioco *nyenye*, queixume, lamentação, lamúria.

nhepar *v. t.* Copular (VF). Provavelmente do quicongo *nyèta*, esmagar por pressão. Q.v. tb. **nyèta*, doçura, ternura.

nhingomo *s. m.* Boi (VF). Q.v. INGOMBE.

nhô *s. m.* Senhor (BH). Forma aferética de *sinhô*, bantuização do português *senhor*.

nhô-chico *s. m.* Modalidade do FANDANGO (BH). De NHÔ + *Chico*, hipocorístico resultante da bantuização do antropônimo *Francisco*.

nhonhô *s. m.* Tratamento familiar dado pelos escravos aos meninos filhos dos senhores (ZN). Forma reduplicada de NHÔ.

nhorrã *s. f.* Cobra (MM). Do umbundo *onho-ha*, cobra. Cp. INHARRA.

nhorra *s. f.* Var. de NHORRÃ (VF).

nhoto *adj.* Magro, duro (VF). Q. v. INHOTO.

niama *s. f.* Carne (YP). Provavelmente do ronga *nyama*, carne. O vocábulo ocorre também no omumbuim, dialeto do quimbundo.

nica *s. f.* (1) Impertinência, rabugice (BH). (2) Disfarce, fingimento (AP). Possivelmente de origem banta. Q. v. o quicongo **nika*, perseverar (teimar?).

nilo *adj.* Diz-se da rês que tem a cabeça branca e o resto do pelo de outra cor (BH). Possivelmente ligado ao quicongo *ndilu*, rego, vala entre dois campos; sinal de demarcação.

nimbi *adj.* Preto (VF). Possivelmente do quicongo *mbi*, correspondente ao quimbundo *muíbi*, feio.

nímbu *s. m.* Cântico ritual da CABULA (OC). Do quimbundo *muímbu*, cântico.

nimbune *s. m.* Chefe [na expressão cordial "meu chefe"] (VF). Provavelmente do quicongo *mbúndi*, companheiro, irmão, pessoa que está junto.

ningrimanço *s. m.* Instrumento com que se lavram as marinhas (BH). Provavelmente ligado a ENGRIMANÇO.

nique *s. m.* Fruto (VF). Provavelmente do quicongo *ndiiki*, que alimenta, derivado de *diika*, nutrir, alimentar.

niquento *adj.* Impertinente (BH). De NICA.

niquice *s. f.* Qualidade de NIQUENTO.

Nironga *s. m.* Personagem mitológico afro-brasileiro (SC). De origem banta. Talvez deformação de MIRONGA.

noma *s. f.* Tambor de origem africana. Abon.: "O uivo monótono era interrompido de tempos em tempos pelo não menos dissonante bater de uma noma." (Johann Emmanuel Pohl, citado em RIBEIRO, 1984 a, p. 16). Do quimbundo *ngoma*, tambor, talvez num erro de transcrição.

nonô *s. m.* NHONHÔ (AN).

numangas *s. f. pl.* Vestes cerimoniais (MV). De MUNANGA.

numera *s. m.* Olho doente (VF). Provavelmente relacionado a OMERA, boca.

oa *adj.* Deficiente, pior (VF). Provavelmente ligado ao umbundo *wa*, cair.
obingá *s. m.* Chifre (MM). Do umbundo *ombinga*.
obiquanga *s. m.* Var. de BIQUANGA (VF).
ocai *s. f.* Mulher (VF). Do umbundo *ukãyi*, esposa.
ocaia [1] s.f. Var. de OCAI (JD), mulher, garota, fêmea (CBC). (2) Esposa, companheira.
ocaia [2] *s. m.* Fumo (MM). Do umbundo *ekaya, akaya*, fumo.
ocapi *s. m.* Mamífero ungulado, de tipo intermediário entre a girafa e o antílope (BH). De *okapi*, nome do antílope em uma das línguas do sul de ANGOLA (ABRANCHES, 1985 b, p. 278).
ocará *s. m.* Café (MM). Possivelmente do quicongo *nkàala*, uma árvore cujos frutos parecem com os da árvore *nsafu*, da qual se extrai a resina *nkuki*; cor em geral, tintura. Ou do umbundo *kala*, carvão (pela cor).
ocema *s. m.* FUBÁ (JD). Do umbundo *osema*, fubá.
ochito *s. f.* Carne (EP). Q.v. OSITO.
ocuá *adj.* Embriagado (SM). Manuel Viotti, citado por Souto Maior (1980_2 a), dá o étimo como nagô, o que nos parece incorreto. A origem está no quicongo *nkwa-nkolwa*, embriagado (cf. LAMAN, 1964 b); o Pe. Silva Maia (1964_1 b, p. 219) grafa *nkua-nkolua*.
ocucópia *s. m.* Falar banto dos remanescentes de QUILOMBOLAS em CAFUNDÓ, povoado paulista. Do umbundo *okupopya*, falar.
ocueto *s. m.* (1) Homem. (2) MACACO (JD). Do umbundo *ukwetu*, camarada, companheiro.
ocumbe *s. m.* Var. de CUMBE [1].
oenda *v. t. i.* Entrar (MM). Do umbundo *uenda*, ir, andar.
ofeca *s. f.* Terra (JD). Do umbundo *peka*, plantar, através da variante *veka*.
ofu *s. m.* No vocabulário da comunidade de Patrocínio, MG, termo sinônimo de "negro" (VF). Provavelmente relacionado ao bundo *fufu*, pobre, pessoa que anda esfarrapada (ALVES, 1951 a). .
oíque *s. f.* Rapadura (MM). Do umbundo *owiki*, mel.
olela *s.* Toucinho (EP). Q.v. ORELA.

óleo de liamba *s. m.* Óleo misturado com MACONHA usado em rituais do CATIMBÓ (OC). Q. v. em LIAMBA.
olho de cambona *s. m.* Estrabismo divergente (GP). Possivelmente de CAMBONA, chaleira.
omano *s. m.* Irmão (CBC). Possivelmente, relacionado ao bundo *manu*, tio materno, vocábulo com origem no português *mãe*. Fem: *omana*. Q. v. MANO.
ombera *s. f.* Chuva (MM). Do umbundo *ombela*, chuva.
ombiá *s. m.* Cigarro (MM). De UMBIÁ, CACHIMBO.
ombingá *adj.* Magro (MM). Certamente do umbundo *ombinga*, chifre, em relação à consistência da matéria orgânica de que chifre e osso são feitos. E o magro é literalmente "um feixe de ossos". Cp. OBINGÁ.
omboá *s. m.* Cachorro (MM). Do umbundo *ombwa*.
omenha de cuxipa *s. f.* Urina (CBC). Ver OMENHA + CUXIPA: "água do pênis".
omenha *s. f.* (1) Água. (2) Lagoa. (3) Brejo (JD). Do quimbundo *menha*, água.
omenhá *s. f.* Var. de OMENHA (MM).
omera *s. f.* (1) Boca. // *v. t.* (2) Falar (JD). Do umbundo *omela*, falar.
omerá *v. t. d.* (1) Comprar, obter, retirar (JD). // *s. f.* (2) Língua (MM). De OMERA. É da tradição africana a discussão acalorada em qualquer operação de compra e venda.
omindes *pron.* Eu, primeira pessoa do singular (MM). Do umbundo *ndi*, eu.
omolocô *s. m.* Antigo culto de origem banta cuja expansão se verificou principalmente no Rio de Janeiro, na primeira metade do século XX (OC). Provavelmente do quimbundo *muloko*, juramento. Q. v. tb., no suto, **moloko*, genealogia, geração, tribo; e, no quioco, **omboloka*, evadir-se para longe, desaparecer. Na ANGOLA pré-colonial, *nganga-ia-muloko* era o sacerdote encarregado da proteção contra os raios (cf. PARREIRA, 1990 b).
omungá *s. f.* Sal (MM). Do umbundo *omongwa*, sal.

ondaca *s. f.* Var. de INDACA (BH). Q. v. tb. a forma **ondaka*, do bundo, significando VOZ, fala, palavra, processo, questão; recado, assunto, notícia (ALVES, 1951 b).
ondara *s. m.* Fogo (MM). Do umbundo *ondalu*, fogo.
ongá *s. f.* Alavanca (MM). Do umbundo *nga*, lança, azagaia.
ongamba *s. m.* Elefante (JD). Do umbundo *onjamba*, elefante.
ongira *s. m.* Caminho, estrada (MM). Do umbundo *onjila*, caminho. Cp. ENGIRA, GIRA.
ongo *s. f.* Var. de ONJÓ (VF).
ongombe *s. m.* (1) Boi (MM). (2) Animal qualquer (NL). Do umbundo *ongombe*, boi.
ongombe da vava *s. m.* Peixe (NL). De ONGOMBE (2) + VAVA = "animal da água".
ongombe-dondura *s. m.* Automóvel (NL). De ONGOMBE (2) + o umbundo *ndundulu*, explosão = "animal da explosão", "animal que explode" (em alusão ao motor do automóvel que outrora explodia estrepitosamente quando da ignição).
ongombe-dondura-vavúru *s. m.* Caminhão (NL). De ONGOMBE-DONDURA + VAVÚRU, grande = "automóvel grande".
ongoro *s. m.* Var. de ONGORÓ (VF).
ongoró *s. m.* Cavalo (MM). Do umbundo *ongolo*, zebra. Os negros ovimbundos, dos quais os negros de São João da Chapada, MG, onde este termo foi recolhido (MACHADO FILHO, 1985 a) eram talvez descendentes, parece que não conheciam o cavalo.
ongoró-moen *s. f.* Égua (MM). De ONGORÓ + um elemento que feminiza, talvez o quimbundo *mona*, menina = "cavalo menina", no sentido de fêmea.
onguro *s. m.* Porco (MM). Do umbundo *ongulu*, porco.
oninga *s. m.* Mau cheiro (MM). Do umbundo *ninga*, fezes, excremento.
onjequê *s. m.* Milho (MM). Do umbundo *onjeke*, saco, saca (o continente pelo conteúdo).
onjerê *s. m.* Cabelo (MM). Possivelmente do umbundo *ngele*, ratinho louro ou SALALÉ alourado, em alusão ao cabelo de certos brancos.

onjó *s. f.* Casa, rancho, CAFUA (MM). Do umbundo *onjó*, casa.

onjundo *s. m.* Marrão, marreta, martelo (MM). Do umbundo *ondjundo*, marreta.

onumuquacho *s. m.* Parceiro, companheiro de serviço (MM). Do umbundo: *omunu*, pessoa + *ukwavo*, companheiro.

opepa [1] *s. m.* Var. de PEPA (VF).

opepa [2] *s.* Bonito; bom; pessoa loura (CBC). Do umbundo *pepa*, saboroso. Observe-se, na acepção de "pessoa loura", corrente na "língua da tabaca", segundo Comodoro e Cabral (2009 a), a associação positiva do indivíduo branco ao oposto, expresso em CAFUVIRA (q. v.).

opitirá-omenha *loc. verb.* Urinar (JD). Do umbundo: *okitila*, verter + *omenha*, água.

opitirá omenha do omera *loc. verb.* Cuspir (JD). Do umbundo: OPITIRÁ-OMENHA + OMERA = "verter água da boca".

oputá *s. m.* ANGU (MM). Do umbundo *iputa*, angu, pirão de farinha de milho.

oquepá *s. m.* Osso (MM). Do umbundo *ekepa*, osso.

orá *s. f.* Cama (JD). Do umbundo *ula*, cama.

oraca *s. f.* Ave da fam. dos cuculídeos (AN). Nascentes (1966 b) desconhece a origem, possivelmente banta.

oranganje *s. f.* CACHAÇA (JC). Var. de ORONGANJE.

orangê *s.* Cabelo; cabelos (CBC). Cp. ORONGÊ.

orangolo *s. m.* Cavalo (JD). Do umbundo *ongolo*, zebra.

orela *s. f.* Gordura, toucinho (JD). Do umbundo *ulela*.

orelha-de-macaco *s. f.* Renila, animal celenterado (BH). Q. v. MACACO.

orerá *s. f.* Var. de ORELA (MM).

oringá *s. f.* Poeira (MM). Do umbundo *nga*, escória de ferro, faúlha.

oritimbó *s. m.* Ânus (BH). De possível origem banta. Cp. o umbundo *olutimbo*, estado de ereção do pênis.

orobimba *interj.* Até logo, bom dia (VF). Provavelmente do umbundo, numa possível construção *olw* (ato de se) + *mbimbila* (agitar), em alusão ao gesto de acenar, cumprimentando.

orofim *s. m.* (1) MATO, zona rural, designação da região do CAFUNDÓ, SP (VF). (2) Lenha (JD). Do umbundo *olohwi*, lenha.

orofimba *s. f.* Var. de OROFIM (2).

orombongue *s. m.* Dinheiro (VF). Do umbundo *orombongo*, dinheiro.

oronanga *s. f.* Roupa (JD, MM). Do umbundo: *uwalo* = roupa + *onanga*, roupa. Cp. ARUNANGA.

oronganga *s. m.* Soldado (MM). Possivelmente do umbundo *olonganga* (*nganga*), feiticeiro. Observe-se que entre os QUIOCOS dá-se também o nome de *nganga* a toda pessoa ou animal que faça muitas vítimas.

orongange *s. f.* Var. de ORANGANJE (SM).

oronganje *s. f.* CACHAÇA (MM). Do umbundo. Provavelmente de *olongandja*, cabaça de boca larga (o continente pelo conteúdo). Q. v. tb., no umbundo, *olongandji*, defensor, protetor.

orongê *s. f.* Testa (JD). Provavelmente do umbundo. Cp. ONJERÊ.

orongó *s. 2 gên.* Cavalo; égua (CBC). Provavelmente relacionado ao bundo *ongo*, coluna vertebral, cimo: a montaria referida pela parte do corpo onde se senta o cavaleiro.

orongoia \ói\ [1] *s. m.* Diamante (MM). Provavelmente do umbundo *olongoya*, avaro, tenaz; aprisionador dos devedores, credor implacável (em possível alusão aos exploradores das catas diamantíferas), bárbaro, cruel.

orongoia \ói\ [2] *s. f.* PINGUELA de madeira (VF). Provavelmente ligado ao umbundo *olungwi*, lenha.

orongombe *s. m.* Boi (JD). Do umbundo *olongombe*, boi.

orongome *s. m.* Var. de ORONGOMBE (MM).

orongongi *s. m.* Ovo (VF). Possivelmente relacionado ao umbundo *ngondi*, lua, em alusão à forma.

orongonja *s. f.* Var. de ORONGANJE (VF).

oronguenda *s. m.* Passeio (JD). Do umbundo *ongendo*, andadura, caminho percorrido, derivado de *enda*, andar.

oronguipoia \ói\ *s. f.* Lenha (VF). Do umbundo *olungwi*, lenha, mais um possível *poya*, esfolar.

oronha s. Relógio (CBC). Provavelmente relacionado ao bundo *oña* (*koña*), encaracolar, em alusão ao maquinismo do relógio.

oroni s. f. Lenha (MM). Do umbundo *olohwi*, lenha. Cp. OROFIM.

orontanje s. f. CACHAÇA (BH). Do umbundo. Provavelmente relacionado a *tangula*, embriagar, embebedar; *tanguka*, estar muito bêbado; *tangu*, embriaguez extrema. Ou de ORONGANGE, talvez por um erro de grafia, já a partir de Antenor Nascentes (1988 a).

oropungo [1] s. f. Bateia, peneira (MM). Certamente do umbundo *pungo*, oscilação, e da mesma raiz de *pungu*, barco, batel. A bateia trabalha oscilando, balançando. Cp. o português **peneirar*, mover em saracoteio, saracotear (FERREIRA, 1986 a).

oropungo [2] s. m. Cabelo (VF). Provavelmente relacionado ao umbundo *punga*, tufo de pelo.

ororaco-do-ofeca s. m. Tatu (JD). De *ofeca*, terra, mais um elemento não identificado, talvez do umbundo, para estabelecer uma relação com o hábito do tatu de penetrar no seio do chão.

ororeim s. f. Banana (JD). Possivelmente ligado ao umbundo *leha*, cheirar (a banana madura tem cheiro forte e agradável). Ou do umbundo *ema*, fruto comestível (cf. GUENNEC; VALENTE, 1972 b), antecedido do prefixo *olo*, *olu*.

orossanje s. f. Galinha (MM). Do umbundo *osanji*, *olosandji*, galinha.

orossi s. m. Peixe (JD). Do umbundo *olusi*, peixe.

orossimba s. m. Gato (MM). Do umbundo *olusimba*, gato.

orotange s. f. CACHAÇA (SM). V. ORONTANJE.

orovanga s. f. Baeta, tecido felpudo de lã (MM). Provavelmente da raiz do umbundo *vanga*, empacotar, embrulhar, já que a baeta é tradicionalmente um tecido com que se fazem cobertores.

orovungo s. m. O mesmo que orovanga (MM). Do umbundo *vunga*, enrolar, embrulhar. Cp. OROVANGA.

orrori s. m. Peixe (VF). Provavelmente do umbundo *olwi*, rio.

orumbá s. m. CARUMBÉ, vasilha na qual se conduz o cascalho nas catas de diamante (MM). Do umbundo, da raiz de *lumba*, guardar, reservar. Cp. CALUMBÁ.

osito s. f. Carne (VF). Do quimbundo *osito*, carne.

ossange s. 2 gên. Ave (JD). Do umbundo *osanji*, galinha.

ossange-catito s. m. Pinto (JD). Do umbundo: *osangi*, galinha + *okatito*, pequeno.

ossange-ocaia s. f. Galinha (JD). Do umbundo: *osangi*, galinha + *ocaia*, fêmea.

ossange-ocueto s. m. Galo (JD). Do umbundo: *osangi*, galinha + *ocueto*, macho.

ossemá s. m. Var. de OCEMA (MM).

ossenguê s. m. MATO (JD). Do umbundo *usenge*, mato.

ossenhê s. f. Lua (MM). Do umbundo *osāyi*, lua.

ostra-do-mangue s. f. Molusco da família dos ostreídeos (BH). Q. v. em MANGUE.

osumba s. m. Medo (VF). Do umbundo *usumba*, medo.

otaiá s. m. Dia (VF). Do umbundo *utaña*, *utanha*, soalheira, calor do sol, claridade dos raios solares, dia.

otata s. m. Pai (MM). Do quimbundo (ou quicongo) *tata*, pai. O correspondente em umbundo é *tate*.

otatariangue s. m. Feitor, patrão de serviço (MM). De OTATA + o umbundo *otjy-angue*, coisa minha, de minha propriedade: "meu pai".

otatariove s. m. Expressão insultuosa, forma de xingamento (MM). De OTATA + o umbundo *otjy-ove*, coisa sua, de sua propriedade: "teu pai". O insulto corresponde ao brasileiro "é a tua mãe!"

otecame s. f. O mesmo que OTEQUE (JD).

otemu s. f. Enxada (JD). Do umbundo *etemo*, enxada.

oteque s. f. Noite (JD). Do umbundo *uteke*, noite.

otequê s. m. Dia (MM). Do umbundo *eteke*, dia.

otéqui s. f. Var. de OTEQUE (VF).

oterê s. m. Algodão (JD). Do umbundo *utele*, algodão.

otiçá s. f. Cativeiro (MM). Do umbundo *kwatisa*, mandar prender, causar prisão.

otombô *s. f.* Farinha de mandioca (MM). Do umbundo *utombo*, mandioca.

oture *s. f.* Terra (VF). Provavelmente ligado ao umbundo *kuli*, semeador, plantador.

oturo *s. f.* Noite (VF). Certamente relacionado ao quicongo *tulu*, sono profundo, pesado.

ouê *pron.* Você, o senhor (VF). Relacionado ao umbundo *ove*, teu.

ovambo *s. 2 gên.* Nome do grupo étnico a que pertencem os cuanhamas, povo banto do sudoeste africano (LIMA, 1977 b).

overá undaca de unganga *loc. verb.* Rezar (JD). Do umbundo: *omela*, boca + *ondaka*, palavra + *unganga*, padre = "falar palavras de padre".

overá undaca no cachico utura *loc. verb.* Sonhar (JD). Do umbundo: *omela*, boca + *ondaka*, palavra + ? + *otulo*, sono = "falar durante o sono".

overime *s. f.* Terra (JD). Do umbundo: da raiz *lima*, cultivar, cavar, provavelmente através de *ovalima*, ano entre uma e outra sementeira.

oveva *s.* Torto; feio; atrapalhado; machucado (CBC). Provavelmente relacionado ao bundo *veva*, berrar, gritar, bramir.

oviango *s. f.* Foice (MM). Do umbundo: provavelmente de *ovyango*, terrenos não cultivados.

ovicaiá *s. f.* Piçarra (MM). Do umbundo, provavelmente de *kaya*, *kwaya*, raspar, arranhar, cocar.

ovimbundo *s. m.* Indivíduo dos ovimbundos, falantes do umbundo. Q.v. BUNDO.

ovini *s. f.* Mãe (MM). Do umbundo *ovena*, pl. de *ina*, mãe.

ovipacu *s.* Dinheiro (EP). Q.v. VIPACO.

oxidolerá *s.* Carne de boi (EP). Do umbundo: *ositu*, carne + *ulela*, gordura

oxidongome *s.* Carne de porco (EP). Do umbundo: *ositu*, carne + *ongombe*, boi. Cp. OXIDOLERÁ.

oxile *s. f.* Terra (JD). Do umbundo *ochila*, terreiro.

ozimendi *s. m.* Dente (JD). Provavelmente do quimbundo *ozo*, dente, unido a um elemento não identificado.

pacaça *s. m.* Burro (SRO). Q. v. EMPACAÇA.
pacaia *adj. e s. m.* (1) Diz-se de, ou cigarro ou charuto ordinário (BH). // *s. f.* (2) Fumo de má qualidade (HA). De MACAIA.
pacaio *adj. e s. m.* Var. de PACAIA (BH).
pacaso *s. m.* Mamífero da família dos bovídeos, *Bubalus caffer* (AN). Do quimbundo *mpakasa*, búfalo. Cp. EMPACAÇA.
pachochada *s. f.* (1) Escárnio, debique, zombaria. (2) Dito disparado ou obsceno. Abon.: "... pachochada que os orixás dirigem àqueles com quem não simpatizam" (CARNEIRO, 1937 c, p. 64). Provavelmente do quimbundo *xoxa*, ZOMBAR.
pachouchada *s. f.* Var. de PACHOCHADA (AN).
paco *s. m.* Pacote de papéis velhos simulando dinheiro, usado para a aplicação do conto do vigário (BH). Nascentes (1966 b) faz derivar do lunfardo, gíria do submundo de Buenos Aires. Veja-se entretanto, no quicongo, **mpaku*, dinheiro, pagamento, salário.
pacova-de-macaco *s. f.* Árvore da fam. das leguminosas (BH). Q. v. em MACACO.
pafo *s. m.* Peça de tecido franzido, frouxa, em veste geralmente feminina (BH). Nascentes (1966 b) desconhece a origem, possivelmente banta. Q. v. o quicongo **mpafu*, besteira, loucura.
pagará *s. m.* BATUQUE de umbigadas, muito violento (AV). Provavelmente do quicongo *pākala*, qualquer coisa que estale ao vento, ou que faça ruídos no solo, como sapatos ou sandálias durante a marcha.
Pai Benguela *s. m.* Na UMBANDA amazônica, entidade chefe da legião do Povo de Benguela (NF). De BENGUELA.
Pai Cabinda *s. m.* Entidade chefe da legião do Povo da Costa, na UMBANDA amazônica (NF). De CABINDA.
paiá *s. m.* Chocalho de guizos usado pelos MOÇAMBIQUEIROS, atado a um dos tornozelos (EMB, BH). Do umbundo *paya*, pedalar, acionar os pés.
paim *s. f.* Enxada (VF). Cp. FAIM.
paiporô *adj.* Tolo, abobalhado (SAM). De possível origem banta.

pala [1] *s. f.* (1) Peça que guarnece a parte inferior e anterior da barretina ou do quepe dos militares. (2) Anteparo para proteger os olhos contra a claridade (AN, BH). A. G. Cunha (1982_1 b) faz derivar do latim. Convém, entretanto, ver o umbundo **pala*, testa.

pala [2] *s. m.* Poncho de tecido leve e de pontas franjadas (BH). Provavelmente relacionado ao umbundo *pala*, longo.

palangana *s. f.* (1) Espécie de bandeja em que se levam os assados à mesa. (2) Tigela grande. (3) Conteúdo dessas vasilhas (AN, FF). Nascentes (1966 b) atribui origem no espanhol *palangana*, que Corominas (1983 b) diz ser de etimologia duvidosa. Veja-se no quicongo: **palangana*, estar em desordem, espalhado; **mpalangani*, situação de estar-se ocupado com muitas coisas; **mpalanganu*, que obtém muitos bens porque trabalha muito. No Peru, segundo Ricardo Palma (1959 c), *palangana* é a pessoa que fala muito.

palaque *s. m.* Variedade de cincerro, campainha grande que se amarra ao pescoço da rês madrinha do rebanho (BH). Provavelmente da raiz do umbundo *palakata*, fazer ruído como o do galopar.

palendrengue *s. m.* Roupa, fato, fatiota (BH). De PERENDENGUE.

palulé *s. m.* Pé (VF). Provavelmente do umbundo *palula*, descascar, rachar, numa referência autoirônica aos "pés rachados" dos negros rurais.

pamba *adj.* Desconfiado; altivo, arrogante. Abon: "O nego veio é desconfiado. Se ele acismá, acabô tudo. Aí é que num fala nada. Ô nego pamba!" (cf. PEREIRA, 2005 a, p. 368). Q. v. no bundo: **pamba*, duvidar, hesitar; ser afastado, proeminente (ALVES, 1951 b); no quimbundo: **mbamba*, mestre, pessoa insigne. Cp. BAMBA 1 e 2.

pamonha *adj. e s. 2 gên.* Diz-se de, ou pessoa molenga, inerte, desajeitada (AN). Pamonha, na acepção de bolo, é inegavelmente de origem ameríndia. Quanto à acepção aqui verbetizada, queremos crer ter sido pelo menos contaminada pelo quimbundo *mumonha*, mandrião, preguiçoso, derivado de *umonha*, lentidão, preguiça, através de uma possível flexão diminutiva *ka-monha*.

pampa *s. f.* El. usado nas expressões *à pampa* e *às pampas*, i.e., em abundância, muito, em demasia (AN, AT). Provavelmente do quicongo *mpampa*, uma braçada ou grande quantidade de qualquer coisa. Ou red. de PAMPARRA. Houaiss (HOUAISS; VILLAR, 2001 a) faz derivar do quíchua *pampa*, planície.

pamparra *adj. 2 gên.* (1) Excelente, grande. (2) Gostoso, apetitoso, suculento. /// **À pamparra, às pamparras**, à PAMPA, às pampas. Possivelmente de MAMPAR, comer.

pampo *s. m.* Peixe teleósteo da família dos carangídeos (BH). Nascentes (1966 b) prende ao port. *pâmpano*. Q. v. também o quicongo **mpampa*, nome de um peixe.

panco *s. m.* Carro (VF). De provável origem banta.

panda [1] *s. f.* Boia de cortiça dos aparelhos de pesca de arrasto (AN). Do quimbundo *panda*, cortiça.

panda [2] *s. f.* Árvore africana da fam. das leguminosas (BH). Provavelmente do quicongo *mpanda*, floresta não cultivada. Ou talvez do mesmo étimo de PANDA [1]: a corticeira é da fam. das leguminosas.

pandácea *s. f.* Espécime das PANDÁCEAS (BH).

pandáceas *s. f.* Família de plantas dicotiledôneas que inclui o gênero *Panda*, representado apenas pela espécie *Panda oleosa*, de origem africana (BH). De PANDA (q. v. [1] e [2]).

pandáceo *adj.* Relativo às PANDÁCEAS (BH).

pandale *s. f.* Espécime dos PANDALES (BH).

pandales *s. f.* Ordem de plantas que compreende apenas a família das PANDÁCEAS (BH).

pandangone *s. m.* O mesmo que PATANGOMA.

pandoiar *v. intr.* Farrear. Abon.: "Terão lhe botado feitiço? Oi lá! Non vá caí nalgúa. Deixe-se de anda pandoioando" (PAIVA, 1973 a, p. 200). Provavelmente de PANGAIO [2]. Ou de PANGOLAR.

panga *s. f.* Vila (VF). Possivelmente relacionado ao suaíle *panga*, alinhar, colocar em fila (em alusão ao traçado urbanístico).

pangaio [1] *s. m.* Embarcação usada na África Oriental (AN). Segundo Nascentes (1966 b), o étimo é "cafre-tetense", i. e., do nhungue.
pangaio [2] *s. m.* Farrista, boêmio (BH). Provavelmente do nhungue *pango*, tocador de rebeca.
pangaranguenga *s. m.* Enterro (VF). Provavelmente do quicongo, dos vocábulos *mpangala*, praça pública para os negócios de uma aldeia, e *ngenga*, queimar no fogo, pegar fogo.
pango *s. m.* MACONHA (BH). Do quimbundo *pango*, cânhamo.
pangolar *v. intr.* Pandegar, pagodear (HA). Provavelmente de BANGOLAR.
pano *s. m.* Espécie de dermatite que se caracteriza pelo aparecimento de manchas no rosto ou no corpo (BH). Possivelmente do umbundo *panu*, riscos negros e divergentes no rosto. Ou do latim, da mesma origem de pano, tecido.
pantagone *s. m.* Var. de PATANGOMA. Abon.: FONTOURA, 1993 c, p. 57 (glossário).
pantagones *s. m. pl.* Chocalhos usados na dança do MOÇAMBIQUE (ML). De PATANGOMA.
pantana *s. f.* Certo golpe de CAPOEIRA (BH). De possível origem banta, talvez da raiz do nhungue *p'ata*, agarrar, pegar. Ou de *panta*, ser gordo, nutrido.
panzina *s. f.* Gravidez; por extensão, o ventre (SM). Provavelmente do quicongo *mpanzila*, um monte de excrementos, pela ideia de "barriga cheia". Q. v. EMPANZINAR. Cp. PÉ DE PANZINA.
Pânzu *s. m.* INQUICE congo cultuado no CANDOMBLÉ do Bate-Folha, em Salvador, BA (RL). Do quicongo *Mpánzu*, inquice que causa úlceras grandes, corrosivas.
panzuá *s. m.* Indivíduo corpulento, gordalhão (LM). Possivelmente de *Mpánzu*, nome de um clã que reinou durante muito tempo no antigo CONGO. Q. v. MANIPANSO. Nascentes (1966 b) liga ao port. *pança*.
panzuar *v. intr.* Preguiçar, mandriar (HA). Provavelmente de PANZUÁ.
papaia *s. f.* Mamão (AN). Nascentes (1966 b) vê a origem no taino *papaia*. Veja-se, entretanto, no suaíle, **mpapai*, *mpapayu*, mamoeiro, e **papai*, mamão. Portuguesismos?

papaieira *s. f.* Mamoeiro (AN). De PAPAIA.
papaiove *s. m.* Pai (VF). Do nhaneca *papayove*, "teu pai", segundo Vogt e Fry (1996 a).
papangu *s. m.* (1) Certo tipo de mascarado, no carnaval ou nos reisados nordestinos. (2) Indivíduo apalermado, moleirão (BH). De PAPAR, comer + ANGU ("em algumas partes do Brasil dava-se o apelido de papa-angu ao negro cativo, porque se alimentava quase unicamente de angu e de feijão", cf. FRIEIRO, 1982 c, p. 158).
papar, *v. t. e intr.* Comer (AN). Nascentes (1966 b) vê originar-se do latim *pappare*. Veja-se, entretanto, também o quimbundo **kudipapa*, comer.
paparicar *v. t. d.* Mimar, tratar com cuidados excessivos (BH). Provavelmente do quicongo *papidika*, tornar vaidoso, fátuo, "inflado". Nascentes (1988 a) liga a PAPAR, com dúvidas.
papear *v. intr.* Conversar, bater papo (AN). Nascentes (1966 b) diz vir "da base expressiva papp e suf. ear". Convém, entretanto, verificar o umbundo **popya*, falar. Cp. PAPIAMENTO. Q. v. tb. POPIÁ-ONDACA.
papiamento *s. m.* Língua crioula das Antilhas (DH). Q. v. PAPEAR.
papiata *s. f.* Conversa fiada, bravata. Abon.: "Cano longo é luxo, papiata (...); revólver bom de atravesso, mas tiro sem confiança" (PALMÉRIO, 1966 c, p. 266). De PAPEAR.
parongo *s. m.* Carneiro (MM). De origem banta mas de étimo não determinado.
passa-moleque *s. m.* Engano, logro (BH). Q. v. MOLEQUE.
pássaro-de-fandango *s. m.* Uirapuru (AN). Q. v. FANDANGO.
pataluco *s. m.* Planta da fam. das ranunculáceas (AN). Nascentes (1966 b) desconhece a origem; possivelmente banta, pelo aspecto.
patangoma *s. f.* Chocalho de lata (JD). Provavelmente do umbundo *pata (epata)*, família, parentesco + *ngoma*, tambor; "parente do tambor" (seria considerado "da família" por ter a mesma destinação, por ser também um instrumento musical).
patolar *v. t. d.* Agarrar, com intuito de agredir (AN). Provavelmente do umbundo *patola*, es-

pancar, esbofetear. Houaiss (HOUAISS; VILLAR, 2001 a) relaciona ao port. *pata*, de animal.

patota *s. f.* Grupo de pessoas ligadas por hábitos ou interesses comuns (AN). De BATOTA, trapaça? Ou ligado ao umbundo *pato*, associação de dois ou mais indivíduos?

pau-d'angola *s. m.* Planta cujo cerne é utilizado em banhos de purificação. Abon.: PEREIRA, 1979 c, p. 16. Q. v. em ANGOLA.

pau-de-cachimbo *s. m.* Árvore da família das flacurtiáceas (AN). Q. v. em CACHIMBO.

pau-de-cangalha *s. m.* Árvore da família das simplocáceas (AN). Q. v. em CANGALHA.

pau-de-macaco *s. m.* Árvore da família das rubiáceas (AN). Q. v. em MACACO.

pau-de-mochiba *s. m.* Na Bahia antiga, haste vegetal fina, usada, à moda africana, na higiene dos dentes; pau-de-nagô (HV). Possivelmente de MUXIBA (talvez em alusão aos restos de alimentos presos entre os dentes). Ou de *muchinta*, arbusto africano, herbáceo (cf. FIGUEIREDO, 1925 a).

pau-de-quiabo *s. m.* Árvore da família das lauráceas (BH). Q. v. em QUIABO.

pau-maiombé *s. m.* Canga de madeira usada como instrumento de tortura no tempo da escravidão. Abon.: "Durante a noite os braços dos escravos eram atados na cauda da canga de madeira, também chamada o pau maiombé (FREITAS, 1988 c, p. 247). De *Mayombe*, região do CONGO. Observe-se a existência de uma linha ritual afro-cubana denominada *regla de palo mayombe* (cf. CABRERA, 1984 b).

pau-pombo *s. m.* Árvore da família das anacardiáceas (AN). Nascentes (1966 b) remete ao port. *pombo*, ave. Q. v., entretanto, no quicongo: *mpombolo*, bastão, madeira; *mpongo*, que cresce em folhagens frondosas e possantes.

pavão-angola *s. m.* Certa ave brasileira. Abon.: "Da Bahia mandei vir / pena de pavão-angola / para dar a esta menina / que estou namorando agora" (FRANÇA, 1979 c, p. 159). Q. v. ANGOLA.

pé de moleque *s. m.* (1) Espécie de doce à base de açúcar queimado e pedaços de amendoim. (2) Espécie de bolo de mandioca. (3) Calçamento feito com pedras de tamanho irregular (BH). Q. v. MOLEQUE. "O doce é escuro e esparramado" e o calçamento lembra seu aspecto, explica Nascentes (1966 b).

pé de panzina *s. m.* Antigo golpe de CAPOEIRA, pontapé violento no ventre (RP). De PANZINA.

pedra-pemba *s. f.* O mesmo que PEMBA. Abon.: "Pra donde que você me leva (...) / janaína de um só mar / pedra-pemba de um só altar" (LIMA, 1969 c, p. 76). Parece-nos que o poeta confundiu *pemba* com *otá*, pedra sacralizada dos pegis.

Pedro Angaço *s. m.* Entidade dos terreiros de TERECÔ em Codó, Maranhão; uma espécie de Xangô [orixá nagô] (SF). Possivelmente ligado ao quicongo *nkaazu*, obi, noz-de-cola; ou *nkazo*, que gosta de discutir, querelar.

pedro-cafofo *s. m.* Espécie de pomba-rola (PC). Para Pereira da Costa (1937 a) o nome é onomatopeia do canto da ave. Não obstante, q. v. CAFOFO.

peixe-cachimbo *s. m.* Designação comum a peixes teleósteos, da família dos signatídeos (BH). De CACHIMBO, pela forma do corpo.

peixe-congo *s. m.* Certo peixe do mar (BH). Provavelmente de CONGO, cf. Nascentes (1966 b). Buarque de Holanda (FERREIRA, 1986 a) remete ao port. *congro* (do grego *koggros*, enguia).

peixe-macaco *s. m.* Peixe teleósteo da fam. dos eleotrídeos (BH). De MACACO, talvez pela aparência.

pelenga *s. f.* A letra da canção do CATERETÊ ou do FANDANGO (VS). Provavelmente do port. *peleja*, com um eco de LENGALENGA. Cp. PENDENGA.

pemba [1] *s. f.* (1) Na UMBANDA, pedaço de giz usado para riscar no chão os pontos emblemáticos ou sinais cabalísticos de cada entidade (AN). (2) O pó extraído da raspa desse giz, que se asperge ou passa no corpo, como proteção. Do quicongo *mpemba*, giz, correspondente ao quimbundo *pemba*, cal.

pemba [2] *s. f.* CACHAÇA (ML). Do umbundo *pembe*, aguardente. Em um texto teatral de Joaquim Manuel de Macedo, de 1879 (MACEDO, 1989 c), observa-se que o termo, no século passado, parece referir-se a uma bebida caseira, do tipo do "quentão": "A pemba já borbulha!..." (id., ib., p. 29): "Fogo de pemba apagado seja ..." (id., ib., p.30). "Cuco interrompe a sua dança para ir dando pemba, que tira do tacho, a cada um..." (id., ib., p.30).

pembeirar *s. m.* Dança afro-brasileira com intenções descritivas (MA). Do nhungue *pembera*, dançar, pantomimar.

pendanga *s. f.* Luta, disputa, discussão (PC). Silvio Romero, citado por Pinto (1978 a, p. 294), vê como var. de PENDENGA, do port. *pendência*. Para nós o étimo pode ser o quioco *mbandanga*, desentendimento, desacordo, discordância.

pendenga *s. f.* Litígio, rixa, contenda (AN). Provavelmente de PENDANGA, contaminado pelo port. *pendência*.

penengomem *s. f.* PERNENGOME (EMB).

pengó *s. m.* (1) Indivíduo apalermado, malvestido. (2) Capenga (AN). Provavelmente do quicongo *mpéngo taku* (de *penguka*, torto, oblíquo), modo de se vestir em que um ombro e uma coxa ficam nus. Cp. CAPENGA.

pente-de-macaco *s. m.* Cipó da família das bignoniáceas (BH). Q. v. em MACACO. O cipó "tem sementes ásperas, com aspecto de pente", segundo Nascentes (1966 b).

pepa *s. m.* Pão; farinha (VF). Relacionado ao umbundo *pepa*, joeirar.

pépa *s. m.* Pó, terra (NL). Do umbundo *pepa*, joeirar, soprar (o pó é algo que se pode soprar).

perendengue *s. m.* Penduricalho, teteia, brinco, berloque (PC). Provavelmente ligado a DENGUE, faceirice, mas derivado do espanhol *pelendengue*, adorno feminino. Q. v. tb. BERENGUENDÉM < BARANGANDÃ < BALANGANDÃ. Cp. PALENDRENGUE.

pererenga *s. f.* Tambor usado na dança da PUNGA (BH). Provavelmente do umbundo: talvez de *peleka*, ser aguçado, pontiagudo, bicudo, ou de *pelela*, raspar. Cp. PELENGA.

pernanguma *s. f.* PERNENGOME (EMB).

pernegome *s. f.* PERNENGOME (EMB).

pernengome *s. m.* Espécie de GANZÁ com alças, do MOÇAMBIQUE paulista (EMB). Provavelmente ligado a INGOME, por ser instrumento musical. Cp. PATANGOMA.

pernengomem *s. m.* PERNENGOME (EMB).

pernibambo *adj.* Que tem bambas as pernas (BH). Do port. *perna* + BAMBO.

perrengada *s. f.* Reunião de moleirões ou covardes (VS). De PERRENGUE.

perrengue *adj. e s. m. e f.* (1) Diz-se de, ou pessoa fraca, covarde, ou animal imprestável (BH). // *s. m.* (2) Dificuldade, aperto (na locução da gíria carioca "passar um perrengue"). Do espanhol *perrengue*, homem birrento, irascível, segundo Nascentes (1966 b). Para nós, o étimo remoto (ou próximo) parece estar em uma língua banta. Vejam-se: o quioco *peyenga, ser, estar ou tornar-se fraco, indolente, indeciso; no umbundo: *peyenga, fraco, sem força; *pepengwa, ser fraco, ser covarde; e *pekenga, *pengenga, oscilar.

perrenguear *v. intr.* Andar adoentado, mostrar-se PERRENGUE (AN).

perunca *s. f.* Bebedeira (DH). Provavelmente do umbundo *piluka*, mudar-se, transformar-se.

pescada-de-angola *s. f.* Enchova-preta (BH). Q. v. ANGOLA.

pescada-merionga *s. f.* Peixe da família dos gadídeos (AN). Provavelmente de MURIONGO.

peta *s. f.* (1) Mentira. (2) Biscoito leve de polvilho (AN). Provavelmente, do umbundo *peta*, casca, da mesma raiz de *pete*, saquinho, bolsa. Alves (1951 b), estudando, no bundo, a etimologia deste último vocábulo, escreve: "De *otji,e/ peta* = coisa de/ (se) recurvar, encolher (na boca)". A mentira e o biscoito de polvilho, às vezes também chamado "mentirinha", são coisas que "se desmancham ("encolhem") na boca".

peto *adj.* Ligeiramente estrábico (AN). Provavelmente do bundo *peta*, curvar, inclinar, arquear, ser curvo: "*Okupeta ongava*, ter os chifres um para cima, outro para baixo" (ALVES, 1951 b).

piamba *s. m.* Cacete, porrete, BENGALA (MV). Provavelmente do quimbundo, da fusão de *mbi*-

ma + *mbamba* (ambos significando cacete, bengala) através de uma possível forma *mbiamba*.

piambada *s. f.* Cacetada, BENGALADA, golpe de PIAMBA (MV).

picar *v. t.* Ferir ou furar com objeto pontiagudo (BH). Etimologia controversa. A G. Cunha (1982_1 b) vê origem expressiva, remontando, provavelmente, ao latim vulgar. Nascentes (1966 b) vê derivar "de uma base *pik*, presente em várias línguas". Q.v. o quicongo **pika*, fazer entrar qualquer coisa em outra.

pichorra *s. f.* Égua (SAM). De possível origem banta. Cp. PRANCHA.

picota *s. f.* GALINHA-D'ANGOLA (AN). Nascentes (1966 b) liga ao port. *pico*, *picar*, sem certeza. Possível, também, origem banta, pelo aspecto.

picula *s. f.* Espécie de brincadeira infantil. Abon.: "Como era noite de lua, os meninos corriam picula no Ribimba, escondidos na mata de camboatá..." (SALLES, 19-- c, p. 36). Do umbundo: de *pikula*, virar, pôr de pernas para o ar; ou de *putula*, correr atrás de uma fera para fazê-la largar a presa. Nascentes (1966 b) diz ser palavra expressiva.

pidonga *s. f.* CACHAÇA (SM). Var. de PINDONGA.

pigarro *s. m.* Estronca, escora de cabeçalho de carro de boi (SAM). Provavelmente ligado ao ronga *pinga*, pau com que duas ou mais pessoas transportavam a carga. Cp. PINGUELA.

pila *adj.* Indivíduo imprestável (MV). Possivelmente do quicongo *mpiila*, qualquer coisa que se queimou, que se consumiu pelas chamas.

pileca *s. f.* Cavalgadura pequena e muito magra; cavalo ordinário (AN). De possível origem banta.

pilecado *adj.* Bêbado, embriagado, de PILEQUE (AN).

pileque *s. m.* Bebedeira (AN). Nascentes (1966 b) desconhece a origem. Parece banta (cp. MOLEQUE, CHILIQUE). Talvez do umbundo *pila*, ser queimado.

pilongo *s. m.* Casta de uva (DH). Q. v. APILONGADO.

pilota *s. f.* Estafa por ter andado muito (ASN). Provavelmente do umbundo *piloka*, virar-se repetidas vezes (de *pilo*, ida e volta repetida).

pilungo *s. m.* Cavalo velho, imprestável (BH). Da mesma raiz de PILA e talvez ligado ao umbundo *ngu*, silêncio, mudez, quietação. Cp. MATUNGO. Ricardo Palma (1959 c, p. 160) consigna o termo *pilongo*, fraco, extenuado, macilento.

pimba *s. f.* Pênis de menino (HA). Provavelmente de BIMBA, ou do quicongo *fimba*, pênis.

pimenta-de-macaco *s. f.* Planta da família da anonáceas (ASN). Q. v. MACACO.

pimpa *adj.* Belo, elegante, bonito (PC). Provavelmente redução de SUPIMPA.

pimpão [1] *adj.* Elegante, bem-parecido (PC). Aumentativo de PIMPA.

pimpão [2] *s. m.* Nome de um certo peixe (AN). Nascentes (1988 a) não consigna, mas o *Dicionário Etimológico* (NASCENTES, 1966 b) refere. Provavelmente do umbundo *pipa*, pescar, pescador.

pimpar *v. intr.* Fazer-se PIMPÃO (AN).

pinar *v. t. i.* Copular. Referido em Nascentes (1966 b), no verbete PINOIA, como termo de gíria, mas não verbetizado. Provavelmente do umbundo *pina*, forçar, obrigar, constranger.

pinda *s. f.* Falta de dinheiro (AN). Provavelmente do quimbundo *mbinda*, miséria, e não de PINDAÍBA, como quer Nascentes (1966 b).

pindaíba *s. f.* Falta de dinheiro (AN). Nascentes (1966 b) vê a origem do vocábulo, e da expressão "estar na pindaíba", no nome da árvore da família das anonáceas (de origem tupi), que fornece uma vara com que são feitos caniços de pesca. A acepção de falta de dinheiro viria, segundo ele, porque a carência "faz a pessoa estar na dependência de pescar para ter o que comer", o que nos parece forçado. Preferimos buscar a origem no quimbundo: *mbinda*, miséria + *uaíba*, feia > "*mbindaíba*" > pindaíba.

pindonga *s. f.* (1) Mulher que é dada a sair muito, a PINDONGAR (BH). (2) CACHAÇA (SM). De provável origem banta.

pindongar *v. intr.* Andar muito fora de casa, sair com frequência (BH). De PINDONGA.

pindungo *s. m.* Garrote magro, raquítico (ET). Provavelmente de PINDA. Cp. MATUNGO, PILUNGO.

pinga s. m. Indivíduo que anda sempre sem dinheiro (AN). Do umbundo *pinga*, pedir, rogar, suplicar.

pinga-miséria s. m. PINGA. Abon.: Nome de um antigo bloco carnavalesco da Tijuca, RJ. Deverbal de "pingar-miséria", viver muito pobremente (NASCENTES, 1988 a).

pingo s. m. Cavalo bom, corredor, bonito, fogoso (ZN). Provavelmente do radical banto *ping*, presente em várias línguas, ligado à ideia de tronco grosso de árvore (q. v. o quicongo *mpingu*), através do espanhol platino. Cp. PINGUELA.

pinguela s. f. (1) Tronco ou prancha que serve de ponte sobre um rio. (2) Pauzinho com que se armam as arapucas. (3) Gancho com que se armam ratoeiras (BH). Do ronga *pinga*, pau com que duas ou mais pessoas transportam a carga; da mesma raiz do quicongo *mpingu*, acha, toro, madeira grossa; tronco grosso de árvore para lenha.

pinguelo s. m. PINGUELA (AN).

pinguruto s. m. Cume, cimo, pico (DH). Ligado a COCURUTO.

pinicar v. t. PICAR com o bico; beliscar, CUTUCAR (AN). Relacionado ao umbundo *nika*, picar.

pinoia s. f. (1) Mulher elegante mas de vida airada. (2) Coisa reles, sem valor. (3) Mau negócio, engano, logro (BH). (4) CACHAÇA (SR). De provável origem africana, segundo Sílvio Romero (1977 a). Nascentes (1966 b) faz derivar de PINAR, "com um sufixo arbitrário".

piongo adj. CAPIONGO (BH). Abrev. de capiongo, segundo Nascentes (1966 b).

pipa s. f. Barril, tonel (AN). Nascentes (1966 b) e A. G. Cunha (1982_1 b) tentam o lat. *pipa*, flautinha, sem convicção. V. o suaíle *pipa*, *mapipa*; e o quicongo *mpimpa*, barril, tonel, que, entretanto, podem ser portuguesismos.

pipoquê s. m. O mesmo que TIPOQUÊ (VF).

pique [1] s. m. Brincadeira infantil em que uma criança tem que pegar outra antes que ela alcance um ponto determinado (BH). Possivelmente do quicongo *mpiki*, rapidez.

pique [2] s. m. Corrida, correria (DH). Possivelmente do quicongo *mpiki*, rapidez.

piquete s. m. Tronco; esteio em que se amarravam escravos (VF). Provavelmente relacionado ao umbundo *pika*, conjunto de escravos. Cp. EMBUETE.

pirão s. m. Papa grossa, de farinha de mandioca escaldada (BH). Etimologia controversa: Nascentes (1966 b) busca a origem no tupi *midipi'ro*, ensopado. Entretanto, Óscar Ribas (1989_1 b, p. 171-172) assim detalha a origem: "Aportuguesamento do quimbundo *pilá* [= papa de farinha de mandioca] resultante de *kupialuka* (ser sagaz), em alusão à rapidez do preparo."

piribita s. f. CACHAÇA (BH). Alteração de JERIBITA.

pironga s. f. Espécie de fungo da fam. das ploiporáceas (BH). De possível origem banta.

pirunga [1] s. f. Cacete, porrete (ET). De possível origem banta.

pirunga [2] s. f. MORINGA. Provavelmente de PORUNGA.

piruruca s. f. Torresmo de pele de toucinho fresco (MV). De PURURUCA.

pitada s. f. Cada uma das sucções feitas em cigarro, charuto ou CACHIMBO (AN). De PITAR.

pitar v. intr. (1) Fumar cigarro, charuto ou CACHIMBO (AN). (2) Esperar [em alusão ao impulso de se fumar nos momentos de expectativa] (AP). De PITO.

piteira s. f. Tubo no qual se mete cigarro ou cigarrilha para fumar (AN). De PITAR.

pitianga s. f. CACHAÇA (SM). De possível origem banta. Talvez expressivo, com eco de PITADA.

pitimba s. f. Falta de dinheiro (SAM). Possivelmente ligado ao umbundo *timwa*, ser desprezado.

pitimbado adj. Diz-se de indivíduo em más condições físicas ou financeiras. Abon.: Ouvido pelo autor, em 1992, da Profa. Conceição Evaristo, no Rio de Janeiro. De PITIMBA.

pito [1] s. m. CACHIMBO, cigarro (AN). De provável origem africana, segundo Sílvio Romero (1977 a). Nascentes (1966 b) dá como deverbal de PITAR (de origem tupi, segundo ele). Para nós o étimo é o bundo *pito*, tubo de cachimbo, buraco de passagem: "O porto que chamam Lobito e escrevem com o, deverá escrever-se com *u*, visto que deste vocábulo [*pito, olupito, alupito*] tirou seu nome" (ALVES, 1951 b, p. 1120).

pito [2] *s. m.* Repreensão, censura (AN). Nascentes vê como expressivo. Convém, entretanto, analisar o quicongo *npitu* (sic), "atenção", mencionado em Cannecatim (1853 b), o qual, por sua vez, pode ser bantuização do port. *apito.*

pito de pango *s. m.* Cigarro ou CACHIMBO de MACONHA. Abon.: SERVIÇO, 1958 a, p. 185. De PITO [1] + PANGO.

pitoco *s. m.* (1) Objeto ou utensílio a que já falta uma parte essencial. // *adj.* (2) Amputado de uma das falanges digitais (MV). De TOCO.

pitora *s. f.* Fatias fritas de lombo e toucinho (DH). Provavelmente relacionado ao quicongo *matola*, gordo.

pitote *s. m.* Coque, cocó (AN). Provavelmente ligado ao umbundo *toto*, COCURUTO da cabeça.

pitu *s. m.* Pequeno pífaro. Abon.: "Entre a numerosa famulagem da sua casa da Vila do Carmo, tinha Boaventura um preto de São Tomé, vivo e ladino, e Eliezer, exímio tocador de pitu" (FRIEIRO, 1962 c, p. 39). Provavelmente, de PITO [1].

pituca *s. f.* Espécie de penteado feminino; coque alto. Abon.: "Os homens de testa curta e barbados, as mulheres de coque enrolado e alto - pituca" (PALMÉRIO, 1966 c, p. 17). Provavelmente do quicongo *bituka*, rola, rolinha.

pitula *s. f.* Aguardente (JC). Provavelmente do quicongo *pitula*, qualidade daquilo que se vende bem, com ardor, ativamente, rapidamente. Q. v. tb. o umbundo **pitula*, pegar ou levar ao passar.

piúta *s. f.* Var. de PUÍTA (MA).

pixiloca *adj.* Diz-se de indivíduo moleirão (HA). De possível origem banta.

poco *s. m.* Punhal (YP). Do quimbundo *poko*, faca.

poçuca *adj. e s. m. e f.* Diz-se de, ou pessoa que poçuqueia; filante, pedinchão (AN). Provavelmente do umbundo *pusuka*, da mesma raiz de *pusa*, roubo, furto, latrocínio.

poçuquear *v. t.* Filar, pedir emprestado com a intenção de não devolver (AN). De POÇUCA.

Pombagira *s. f.* Entidade da UMBANDA, espécie de porção feminina do Exu nagô (OC). Do quimbundo *pambuanjila* (MATTA, 1893 b), *pambu a njíla* (RIBAS, 1979 b), encruzilhada. Entre os CONGOS de ANGOLA "Os *mfumu* (chefes de aldeia) são sepultados nas encruzilhadas principais dos caminhos das *vatas* (aldeias), isto é, nos *mpambu-a-nzila*." (FONSECA, 1985 b, p. 51). A expressão pode literalmente ser traduzida como "cruzamento (*mpambu*) de caminhos, estradas (*njila*)" e a entidade, cujo domínio principal são as encruzilhadas abertas, se manifesta também de outras maneiras e qualidades, como: Pombagira Cigana, Pombagira Menina, Pombagira Maria Padilha, Pombagira das Almas, Pombagira da Praia, Pombagira Malandra, Pombagira das Encruzilhadas etc. (cf. FIGUEIREDO, 1983 a).

pombeação *s. f.* Ação de pombear, vigiar. Abon.: "O senhor me garantindo uma casa de confiança onde eu fique escondido... Se tiver alguém para me ir ajudando na pombeação..." (PALMÉRIO, 1966 c, p. 299). De POMBEAR

pombear *v. intr.* (1) Pombeirar. (2) Perseguir. (3) Vigiar, espionar (AN, BH). Alter. de POMBEIRAR.

pombeirar *v. intr. e tr.* Trabalhar como POMBEIRO

pombeiro [1] *s. m.* (1) Negociante ou emissário que atravessava os sertões negociando com indígenas (BH). (2) Vendedor ambulante de peixe (HA). Provavelmente do quicongo *Mpúmbu*, nome indígena da região de Leopoldville, no antigo Congo Belga, hoje Zaire, cidade grande com mercado, feira etc. Ir ao Mpúmbu para simplesmente passear ou para comerciar, era, em quicongo, *tá Mpúmbu*. Essa expressão parece ter dado origem ao português *pombeiro*. O "quimbundo" *pumbelu*, registrado por Nascentes (1966 b) e constante do *Dicionário complementar* do Pe. Silva Maia (1964_1 b), já seria uma forma derivada, um aquimbundamento do português. Outra hipótese etimológica está no quimbundo *pombe*, mensageiro. Q. v. POMBEIRO [2].

pombeiro [2] *s. m.* Espião de polícia (BH). Do quimbundo *pombo*, espião. Como o espião é também um mensageiro, pois leva as notícias da espionagem a quem a encomendou, e como o pombeiro africano era, em geral, um espião dos traficantes de escravos, remetemos o leitor para POMBEIRO [1], na possibilidade de um cruzamento de todas essas hipóteses.

pombo [1] *s. m.* Designação do charuto nas antigas MACUMBAS cariocas (OC). Provavelmente do umbundo *pomo*, grossura, espessura. Ou do quicongo *mbombe*, fogo.

pombo [2] *s. m.* Árvore do pau-pombo. Abon.: "O pau era o pombo mais altaneiro de todos" (PALMÉRIO, 1966 c, p. 45). Q. v. em PAU-POMBO.

pomboca *adj. e s. m. e f.* Moleirão, incapaz (AN). Provavelmente do quicongo *mpombo*, tolo, com um eco de BOBOCA.

pomongado *adj.* Lambuzado (GN). De possível origem banta. Q. v. no quicongo: **pomoka*, transbordar, sair fora de; **munga*, pudim de milho.

ponga [1] *s. f.* (1) Dança popular brasileira (WI). (2) Umbigada. Abon.: "Seu Batista dava cada ponga!" (registrado pelo autor em S. Luís do Maranhão, junho, 1988). De PUNGA.

ponga [2] *s. f.* (1) Ato de PONGAR (BH). (2) Jogo de dados que se faz em um quadrilátero dividido por duas diagonais e duas perpendiculares que se cruzam (BH). Do quimbundo *bonga*, apanhar, pegar.

pongar *v. t. d.* Pegar o bonde, ou outro veículo, em movimento (BH). De BONGAR.

pongó *adj. 2 gên.* (1) Tolo (BH). // *s. m.* (2) Cavalo velho, magro e piolhento (JR). Provavelmente do umbundo *pongo*, pessoa sem família, obrigada a servir para viver; pobre, servo.

popiá-ondaca *loc. verb.* Temperar língua, conversar na língua dos pretos (JD). Do umbundo: *popya*, falar + *ondaka*, palavra.

popôs *s. m. pl.* DENGUES, meiguices, encantos. Abon.: "Nhanhá faz um pé de banco / com seus quindins, seus popôs" (BARBOSA, 1980 c, p. 277). Possivelmente do umbundo *popo*, boato, rumor, mexerico.

poronga *s. f.* Lamparina colocada no alto da cabeça, utilizada para clarear a estrada, no corte pela madrugada. Abon.: MAIA, 1966 c, p. 268. Provavelmente de PORUNGA, pela forma.

porongo *s. m.* (1) Cabaceira; trepadeira da família das cucurbitáceas, *Lagenaria vulgaris*, originária da África, que fornece os frutos com os quais o povo do interior faz cuias e cabaças (BH). (2) CACHAÇA (SM). A unanimidade dos lexicógrafos afirma que o étimo de porongo, na acepção de "cântaro de barro de gargalo comprido", é o quíchua *puruncu, poronco*. Mas a planta porongo aqui verbetizada é originária da África; e seu fruto tem, aqui e lá, a mesma destinação do cântaro dos quíchuas: serve de recipiente com múltiplas utilidades. Resta, então, saber: quais os nomes africanos da *Lagenaria vulgaris*? Essa planta deu, realmente, no Brasil, nome aos recipientes que dela se fazem, como tudo faz crer? Ou o nome do recipiente, já na África, deu nome à árvore? Veja-se o quioco **polongo*, cabaça vazia (quer em bom estado quer já fendida); "de polongo [1], ideófono que exprime o som produzido por recipiente vazio" (cf. BARBOSA, 1989 b). Aí pode estar o étimo. E a acepção de "cachaça" é metonímia, do continente pelo conteúdo.

porunga *s. f.* PORONGO, cabaça (BH).

possi *s. m.* Descanso (MM). Redução de ARAPOSSI.

possoca *s. f.* Mentira (AP). Possivelmente ligado a *posa*, urdir, enlaçar, do umbundo (língua cujo léxico registra um verbo *posoka*, significando ser belo, ser formoso, ser asseado). Ou de POTOCA?

potoca *s. f.* Mentira (AN). Possivelmente ligado ao quicongo *mpoto*, que não pode facilmente falar ou explicar qualquer coisa. Nascentes (1966 b) diz ser vocábulo expressivo.

Povo de Benguela *s. m.* Na UMBANDA, falange da Linha Africana cujo guia-chefe é a entidade Pai Benguela (OC). Q. v. em BENGUELA.

Povo do Congo *s. m.* Na UMBANDA, falange da Linha Africana cujo chefe é a entidade denominada REI DO CONGO (OC). Q. v. em CONGO.

prananguma s. f. O mesmo que PERNANGUMA (MA).

prancha s. f. Égua (SAM). De possível origem banta, talvez de uma forma *pilancha*, ligada a PILECA.

prenanguma s. f. PERNANGUMA (EMB).

preto-aça s. m. NEGRO-AÇA (BH).

Preto-velho angola s. m. Entidade integrante do sistema de cultos afro-ameríndios da Amazônia (NF). De ANGOLA.

prexeca s. f. Vulva (BH). De possível origem banta.

Príncipe Suena s. m. Personagem dos CONGOS, filho do Rei CARIONGO (MA). Provavelmente de *Suana Mulopo*, título de nobreza na Lunda. Q. v. tb. o quicongo *suena, fugir; sangrar.

pruca s. f. Banco de madeira, de assento redondo (VS). Para Nascentes (1966 b), a origem é obscura. Para nós a origem é talvez banta, provavelmente de um verbo que traduza a ideia de "cair". Um banco de madeira é presumivelmente instável. Q. v., no quimbundo e no quicongo, estes verbos que transmitem essa ideia: *sakuka, *takuka, *baluka, *lunduka, *binuka, *hubuoka, *lauka etc. E veja-se, finalmente, o quimbundo *biluka, virar.

puíta s. f. Tambor-onça; CUÍCA (AN). Do quimbundo *mpwita*, tambor vibratório ou de fricção (REDINHA, 1984 b, p. 163).

puitoco s. m. Planta de Xangô (orixá nagô), usada nos banhos de purificação das pessoas que lhe são consagradas (OC). Provavelmente de QUITOCO.

pumbo s. 2 gên. Indivíduo de um dos grupos étnicos africanos traficados para o Brasil (LR). De *pombo*, subgrupo dos BACONGOS.

punga [1] s. f. (1) Umbigada da dança de tambor de crioula (DV). (2) Tambor de crioula, dança maranhense (EMB). De TUNGA; ou do suaíle *punga*, mexer-se, agitar-se, balançar-se.

punga [2] s. f. Furto com destreza (AT). Nascentes (1966 b) faz derivar do lunfardo, gíria do submundo de Buenos Aires. Q. v. entretanto: no quicongo, *mpunga, chegar, vir às mãos, e *bonga, roubar; no suaíle *punga, diminuir; no quioco, *punga, reunir ou pôr de lado pequenas quantidades de coisas. Provavelmente de um desses étimos, através do lunfardo.

punga [3] adj. 2 gên. Diz-se de indivíduo ou animal sem préstimo (AN, HA). Provavelmente do suaíle: *bunga*, homem ridicularizado por todos; *punga*, diminuir. Q. v. tb. o nhungue *mpunga, arroz bravo.

pungador s. m. PUNGUISTA (MV).

pungar v. intr. Praticar PUNGA, furtar (AT).

pungo [1] s. m. Milho (NL). Do umbundo *epungu*, milho.

pungo [2] s. m. Chapéu (JD). Red. de TIPUNGO.

pungue s. Milho (CBC). Bundo: *pungu*; umbundo: *epungu* = milho.

pungueadeiro s. m. Local onde habitualmente agem punguistas (AT). De PUNGUEAR.

punguear v. intr. PUNGAR (AT).

pungues s. m. Instrumento musical de som triste (AV). De origem banta.

punguiador s. m. PUNGUISTA (AT).

punguista s. m. e f. Ladrão ou ladra especializado em PUNGA; batedor de carteira (AT).

punheta s. f. Masturbação masculina (SM). Aparentemente, a origem estaria no port. *punho*, mas a masturbação masculina é ato físico mais relacionado com a palma da mão, tanto que o povo criou as expressões "tocar punheta" e "bater punheta". Dentro dessa ideia, então, veja-se o suaíle *punyeto, masturbação, que se liga a *pua*, enxugar o rosto com a palma da mão. Ainda no suaíle, vejam-se: *pua ndizi, descascar uma banana; *pua, o mesmo que *fidua, arregaçar o prepúcio; *puna, o mesmo que *pua*. *Punyeto* é palavra às vezes usada também com o significado de pederastia ou sodomia (cf. LENSELAER, 1983 b, p. 430, verb. *pua*).

pupiá-ondaca loc. verb. POPIÁ-ONDACA (MM).

purunga s. f. PORONGO (BH).

purungo s. m. PORONGO (BH).

pururuca adj. Diz-se da leitoa que, depois de levada ao forno, fica quase torrada, soltando a pele. Abon.: "Leitoa pururuca - Quando estiver dourada, retirar do forno e salpicá-la de óleo bem quente para empipocar a pele, tornando-a pururuca" (CHRISTO, 1979 c, p. 198). Provavelmente do quioco *pulumuka*, sair, soltar-se, descolar-se (longamente e com facilidade. Diz-se de casca).

puta *adj. 2 gên*. El. us. para qualificar algo ou alguém como grande ou excelente: "Um puta homem"; "uma puta casa". Provavelmente do quicongo *mbuta*, um notável, o melhor, a flor. Cp. BUTA [2].

pututo *s. m*. Garana, instrumento de cordas dedilhadas do interior do Brasil e das estepes do Prata (MA). Provavelmente do quicongo *mufututu*, frescor, calma.

quajinguba *s. f.* Arvore da fam. dos moráceas (AN). De possível origem banta. Cp. o quimbundo **jinguba*, **nguba*, amêndoa, amendoim.

quatan *s. m.* Em antigas MACUMBAS capixabas, o ato de bater palmas (MA). Relacionado a LIQUAQUA.

quebra-bumba *s. m.* QUEBRA-BUNDA, dança (EMB).

quebra-bunda *s. m.* (1) Dança popular brasileira (WR). (2) Mal de escancha, RENGO (HA). De BUNDA.

quebra-munheca *s. f.* CACHAÇA (SM). Q. v. em MUNHECA.

queci-queci *s. m.* Quijuba, ave psitaciforme da fam. dos psitacídeos (BH). A Nascentes (1966 b) parece de origem onomatopaica. Q. v. o quicongo **nkesi-nkesi*, clarão, raio de sol; os últimos raios do sol.

quejeme *s. m.* Rancho ou maloca de índio ou caboclo (BH). Provavelmente ligado ao quicongo *ki-ngemba*, solidão, isolamento.

quelelê *s. m.* (1) Mexerico, intriga. (2) Discussão, briga (BH). Do quicongo *kèlelè*, tumulto, confusão.

quembembe *s. m.* (1) Vertente, grotão, QUEMBEMBES (BH). (2) Indivíduo rústico, cafajeste (HA). Provavelmente do quicongo *ki-mbemba*, abandonado. Por extensão do sentido, parece que o indivíduo que mora num quembembe passou a ser também assim nomeado. Q. v. QUIMBEMBE.

quembembes *s. m. pl.* Grotões, quebradas da serra (LM, MV). Q. v. QUEMBEMBE.

quenda \ue\ *interj.* Aviso de atenção, cuidado (VAF). Do quimbundo *kuenda*, andar, com o sentido de "fuja!", "vamos!". Cp. JANINQUENDA.

Quendaiame \ue\ *s. m.* Personagem da CONGADA paulista (AM). Provavelmente do quicongo *unkua-akuenda*, caminhante (soldado de infantaria?) através, talvez, de uma expressão *unkua-akuenda ia mi*, "meu soldado de infantaria".

quenga [1] *s. f.* (1) Vasilha feita da metade de um COCO. (2) O conteúdo dela. (3) Guisado de galinha com QUIABO (BH). Do umbundo *ken-*

ga, ser côncavo; ou do quimbundo *kienga*, tacho. Na acepção de guisado, o continente parece ter nomeado o conteúdo.
quenga [2] *s. f.* Meretriz (BH). Provavelmente do quimbundo *penga*, prostituta.
quengada [1] *s. f.* (1) Grupo de quengas, prostitutas (BH). De QUENGA [2].
quengada [2] *s. f.* (1) Tolice, cabeçada. (2) Trapaça, esperteza, estradeirice (LM). De QUENGO, cabeça; e de QUENGO, indivíduo espertalhão.
quengo *s. m.* (1) Cabeça. (2) Talento, inteligência. (3) Indivíduo espertalhão, astuto (BH). (4) O conteúdo de uma quenga, de uma cuia. (5) Concha para sopa (JR). /// **Passar um quengo**, infligir um logro, enganar (LM). /// **Rachar o quengo**, morrer (SM). De QUENGA [1].
quengueiro *adj.* Homem mulherengo, que vive enrabichado com quengas (ET). De QUENGA [2].
Quenguelê *s. m.* Na UMBANDA, entidade-guia, chefe da falange dos Pretos-velhos, na linha de Xangô [orixá nagô] (OC). Provavelmente do lingala *kengele*, tomar conta, zelar. Em quioco, o vocábulo *kengele* exprime a ideia de "aparecer, mostrar-se; deixar-se ver, mas sem se aproximar".
quenguista *adj.* QUENGUEIRO (SM).
queniano *adj.* De, ou pertencente ou relativo à República do Quênia, na África Oriental (BH). Do topônimo *Kenya*, parece que da língua do povo *kikuyu*.
Quenquelê *s. m.* Na UMBANDA amazônica, nome de uma legião de pretos, da linha do iorubá Xangô (NF). De QUENGUELÊ.
quenquém *s. f.* Inseto himenóptero, da família dos formicídeos (BH). Do quicongo *nkenke*, muito pequeno, minúsculo. Q. v. tb. *nkenge, formigueiro.
quenquém-campeira *s. f.* Espécie de QUENQUÉM (BH).
quenquém-de-árvore *s. f.* Espécie de QUENQUÉM (BH).
quenquém-de-monte *s. f.* QUENQUÉM (BH).
quenquém-mineira *s. f.* Espécie de QUENQUÉM (BH).
quenquém-mineira-de-duas-cores *s. f.* QUENQUÉM-MINEIRA (BH).

quenquém-mirim *s. f.* Espécie de QUENQUÉM (BH).
quenso *adj.* QUENZO (DV).
quenzo *adj.* Franzino, débil, fanado (RN). Provavelmente do quicongo *nkenzo*, miséria, dor, sofrimento; qualquer coisa que desgosta ver, que causa pena.
querembendô *s. m.* O mais querido dos filhos, o que é mimado (DV). Provavelmente de um cruzamento do quimbundo *kilembu*, mimo, com a locução port. *querer bem*.
querendão *adj. e s. m.* (1) Diz-se do animal que se habitua logo a uma nova querência. (2) P. ext., diz-se de quem facilmente se acostuma com outra pessoa. (3) Amoroso, alegre, afetuoso. (4) Namorador, namorado (BH). Provavelmente do quimbundo "*cariando*, namorado, pessoa a quem se dedica afeição langorosa" (De *ku-ri-andala*, querer-se, um ao outro. Cf. RIBAS, 1989_2 b, p.161), através do espanhol platino *querendón*.
Querequerê *s. f.* INQUICE banto correspondente à Nanã jeje-nagô (também grafado Querê--Querê). Abon.: FREITAS, 19-- c. De origem banta.
querê-querê *s. m.* Peixe teleósteo, percomorfo, de cor verde-escura (BH). Provavelmente do quicongo *kele-kele*, uma espécie de folha, pela aparência.
quererê *s. m.* O mesmo que QUIRERÉ (DV).
quéri *s. m.* Revólver, espingarda (VF). Do quicongo *nkele*, arma de fogo.
queriba *s. m.* Alcunha que alguns habitantes do Maranhão dão ao caboclo morador da baixada maranhense (DV). Possivelmente do quicongo: cp. *ki-diba, profundeza d'água; *ki-diba, uma certa pessoa.
quero-mana *s. f.* Bailado popular do sul do Brasil (BH). Provavelmente de *Quilumana*, antiga forma para Quilimane, região da África Oriental (cf. KARASCH, 2000 c). Q. v. tb. o quicongo *kelumuna, fazer ressoar, retinir um tambor; bater um tambor, tamborilar com estrépito. Nascentes (1966 b) deriva do port. *querer* e *mana*, irmã.

querumana *s. f.* Quero-mana (DH).
quesipa *s. f.* Encrenca, rolo, briga, (DV). Provavelmente do umbundo *okusipa*, estar assanhado, encrespar-se.
qui-dandalunda *s. f.* Uma das três partes ou subdivisões do INGOROSSI (EC). De DANDALUNDA, talvez por ser a oração dedicada a ela.
quiabada *s. f.* Prato à base de QUIABOS (BH).
quiabado *adj.* Diz-se de certos refrescos que fermentam demais e ficam com sabor muito picante e desagradável (TC). Provavelmente de QUIABO.
quiabar *v. intr.* (1) Ladear, escapar, escorregar. (2) Faltar com a palavra, fugir ao trato (MV). De QUIABO (pela ideia de "escorregar").
quiabeiro *s. m.* Erva lenhosa da família das malváceas (BH). Q. v. QUIABO.
quiabeiro-cheiroso *s. m.* QUIABO-CHEIROSO (BH).
quiabeiro-chifre-de-veado *s. m.* Variedade do QUIABEIRO comum, cujos frutos são compridos e recurvos (AN).
quiabeiro-de-angola *s. m.* Planta da família das cucurbitáceas (AN). Q. v. QUIABEIRO e ANGOLA.
quiabento *s. m.* Arvoreta da família das cactáceas (BH). De QUIABO, talvez por secretar uma espécie de baba.
quiabo [1] *s.m.* Fruto do QUIABEIRO (*Hibiscus esculentus*). A partir de Batista Caetano, cit. em Nascentes (1966 b), procurou-se, para o vocábulo, uma incerta origem guarani: *ki' ab*, viscoso. O que poderia ser relacionado ao quicongo *kiabatamena*, viscoso (MAIA, 1964_2 b). Ribas (1979 b, p. 223) propõe como étimo o quimbundo *kuwabesa*, tornar bom ("alusão ao sabor culinário"), o que remete ao quimbundo *kiauaba*, saboroso. Observe-se, entretanto, o sinônimo afro-brasileiro QUINGOMBÔ (no espanhol cubano, *quimbombó*; no francês haitiano, *gombó*; no inglês do sul dos Estados Unidos, *gumbo*) do quimbundo *kingombo*. Daí, vemos em Castro (2001 a) a possível cadeia evolutiva: *kingombo > kingambo > kiambo > quiabo*.
Quiabo [2] *s. m.* Herói dos contos folclóricos do Recôncavo baiano, considerado o rei dos vagabundos (SC). Do quimbundo *habu, kihabu*, vagabundo, mandrião (MAIA, 1964_1 b); *kihabu*, superlativo de *habu*, vagabundo, vadio, libertino (MATTA, 1893 b).
quiabo-azedo *s. m.* CARURU-AZEDO (BH). De QUIABO.
quiabo-bravo *s. m.* Carrapichinho (AN). De QUIABO.
quiabo-cheiroso *s. m.* Subarbusto hirsuto da fam. das malváceas (BH). De QUIABO.
quiabo-de-angola *s. m.* CARURU-AZEDO (DL). De QUIABO.
quiabo-róseo *s. m.* QUIABO-ROXO (AN). De QUIABO.
quiabo-roxo *s. m.* QUIABO-AZEDO (AN).
quiaborana *s. f.* Gênero de planta da fam. das malváceas (AN). De QUIABO [1] + o tupi *rana*, semelhante (NASCENTES, 1966 b).
quiaborana-de-espinho *s. f.* Erva ou arbusto da fam. das malváceas (BH). Q. v. QUIABORANA.
quiaborana-lisa *s. f.* Planta malvácea (BH). Q. v. em QUIABORANA.
quiamba *s. f.* Feitiçaria, coisa-feita (ML). Provavelmente do quioco *hamba*, espírito de um morto que se instala num parente ou em outra pessoa; objeto que se crê habitado pelo espírito de um antepassado. Talvez por *ki-hamba*, esse prefixo impondo ao nome um grau aumentativo.
quiapossoca *adj.* Bom, boa (JD). Do umbundo *posoka*, bom, belo, asseado + *chya*, prefixo que às vezes antecede alguns adjetivos.
quiara *s. m.* Rato-d'água (BH). Provavelmente do quicongo *kyala*, um peixe.
quiba [1] *adj.* Forte, robusto (BH). Provavelmente do quicongo *kiba*, parede. Ou de *kimba*, ser valente.
quiba [2] *s. f.* Trouxa; monte de roupas ou objetos (MM). Provavelmente ligado ao quicongo *kiba*, viajante, peregrino (Q. v. o quimbundo **nzeke ia mulele mba kiba*, mala). Ou de QUIBAS.
quibabá *s. m.* Espécie de guisado da cozinha baiana, à base de milho branco. Abon.: JUNQUEIRA, 1977 c, p. 98. Do quimbundo *baba*, guisado, talvez com influência de *kababa*, milho.

quibaca s. f. "Bráctea da inflorescência das palmeiras; pedúnculo e espata do coqueiro que se desprendem da árvore quando secos" (BH); palmito. Segundo Nascentes (1966 b) e A. G. Cunha (1982_1 b), o étimo é o quimbundo *kibaka*, ombreira, que confirmamos mas sobre o qual não entendemos a relação. No quicongo, conhecemos *bàaka*, limpar, esvaziar uma palmeira para extração do vinho de palma; espécie de facão para limpar as palmeiras.
Quibamba s. m. Personagem mitológico afro-brasileiro (SC). Do quimbundo *kimbamba*, ente sobrenatural, fantasma.
quibança s. f. Comida preparada com castanha de caju (FS). Provavelmente de QUIBA, forte, em alusão ao teor nutritivo.
quibanda [1] s. f. O mesmo que QUIMBANDA, linha ritual (MSA).
Quibanda [2] s. m. (1) Personagem folclórico, considerado "o mais fraco dos impotentes". (2) Indivíduo ou animal incapaz de uma reação (SC). Provavelmente, do quicongo *kibanga*, um rato arruivado. Cp. QUIBANGO.
quibandar v. t. d. (1) Agitar grãos no QUIBANDO, para peneirá-los (BH). (2) Limpar ou sengar no quibando (FF).
quibandeiro s. m. QUIMBANDEIRO (MSA).
quibando s. m. Peneira grossa de palha (FF). Do quimbundo *kibandu*, peneira.
Quibango s. m. Personagem folclórico, considerado o "rei dos bobos" (SC). Do quicongo *kimbangu*, habilidade, engenhosidade, esperteza (por ironia), ou var. de QUIBANDA [2].
quibano s. m. QUIBANDO (AN).
quibante s. m. "Cesto de forma oval, tecido com fibras muito duras, no formato de orelha de burro" (ET). Provavelmente do quicongo *kimbandi*, poltrona (talvez pela forma). Ou do quimbundo *kibandu*, cesto.
quibas s. m. pl. Os testículos (BH). Do quimbundo *kiba*, pele, couro (var. *kiba*, pele de animal).
quibe s. m. (1) Guisado gorduroso com jerimum, MAXIXE e verduras. (2) Caldo de carne com esses legumes ralados; "levanta-força, comida de sustança" (RN). Certamente de QUIBA, forte, por ser "comida de sustança" (cp. QUIBANÇA), talvez contaminado pelo port. *quibe*, iguaria de origem árabe, ou por QUIBEBE.
quibebe [1] s. m. (1) Papa de abóbora preparada de várias formas e com acompanhamentos diversos. // adj. (2) Da consistência do quibebe (AN). Do quimbundo *kibebe*, caldo grosso, papa.
quibebe [2] s. m. (1) Prato preparado com grelos de aboboreira (AN). (2) BOBÓ de jerimum, MAXIXE, QUIABO e vinagreira, refogados na banha (DV). (3) Mandioca bem picadinha cozida, refogada com sal, cebola, alho e pimenta, e servida com muito ou pouco caldo (CC). Do quimbundo *kibeba*, guisado, certamente influenciado por QUIBEBE [1].
quibebé s. m. Garapa de rapadura ou açúcar com farinha (LM, grafado com acento agudo, ao contrário de VIOTTI, 1956 a). Do quimbundo *kibebe*, caldo grosso, provavelmente contaminado pela flexão "bebe", do v. port. *beber*.
quibembe s. m. O mesmo que QUIMBEMBE (AG).
quibembé s. m. QUIMBEMBÉ (AG).
quibete s. m. QUIMBETE (NR).
quibolo s. m. Em terreiros alagoanos, amalá servido no mesmo vasilhame das carnes da matança ritual (RL). Provavelmente do quicongo. Talvez de *bolo*, bacia, em alusão ao recipiente onde o amalá é, talvez, servido; ou de *bolo*, festim, repasto.
quibombo [1] s. m. Prato preparado com QUIABO (RL). De QUIBOMBÔ (a ausência do acento circunflexo talvez se deva a erro de grafia).
Quibombo [2] s. m. Personagem folclórico afro-baiano, tido como "o maior dos azarados" (SC). Provavelmente do quicongo *bombo*, (*bombe*, *bombi*), bufão, bobo. Q. v. tb. o quimbundo **mbombo*, fraco.
quibombô s. m. QUIMBOMBÔ (BH).
quibombó s. m. Var. de QUIBOMBÔ (BH).
Quibuco s. m. (1) INQUICE da NAÇÃO ANGOLA, correspondente ao Xangô iorubá (OC, grafado *Kibuko*). (2) Uma das três partes ou subdivisões

do INGOROSSI (EC). Provavelmente do quicongo *Nkiduku*, nome de um inquice. Q. v. tb. o quimbundo *kibuku*, sorte.

Quibuco-Quiassubanga *s. m.* QUIBUCO. Abon.: BASTIDE, 1974 c, p. 103. De origem banta.

quibungo [1] *s. m.* (1) Ente fantástico da tradição afro-brasileira. (2) Lobisomem (BH). Feiticeiro (BH). Do cruzamento de *kimbungu*, lobo, mabeco + *kibungu*, sábio, esperto, inteligente. Do quimbundo.

quibungo [2] *s. m.* Pederasta passivo, súcubo (CC). De *chibungo*, através de um erro de grafia, ao que parece (outrora, em português, o *ch* soava *k*). Q. v. CHIBUNGO.

quibungo [3] *s. m.* Baile de negros (BH). Do quimbundo *kibungu*, latrina, privada, sentina. Cp. CABUNGO.

Quibungo-Alaiberu *s. m.* Personagem mitológico afro-brasileiro (SC). De QUIBUNGO, lobisomem, mais o iorubá *alaiberu*, corajoso, destemido (numa interessante composição híbrida).

quibungue *s. m.* Cacarecos, teréns (TC). Provavelmente do quicongo *kimbundya*, tudo junto, de uma vez só. Cp., em BUNDÁ, o quimbundo *dibunda*, embrulho, trouxa.

quiçaba *s. f.* Pote ou talha de barro; igabaça (DL). O vocábulo nos remete de pronto a *igaçaba*, de origem tupi, de que parece ser uma variante. Entretanto é bom considerar também o quicongo *nsaba*, pequeno caldeirão.

quicaça *s. f.* Feitiçaria, envenenamento. Abon: q. v. em MATIRIMBIMBE. Do quicongo *nkasa*, casca venenosa da árvore *nkasa* que, amassada em água, se dá a beber, numa prova, às pessoas acusadas de feitiçaria.

quiçaça *s. m.* Terreno árido, com mato baixo e espinhento (FF). /// **Derreter na quiçaça**, fugir (BH). Do quimbundo *kisasa*, moita, ramo, arbusto.

quiçamã [1] *s. f.* QUIÇAMBA (MV).

quiçamã [2] *s. m.* Mingau de polvilho ou goma de mandioca (BH). De possível origem banta. Q. v. o quicongo *kinsamba-kimasa*, uma bebida.

quiçamã [3] *s. f.* Variedade de cana-de-açúcar (BH). Possivelmente relacionado ao quicongo *ki-nsamba*, espécie de penteado ou arranjo de cabelos. Ou ligado ao quicongo *samba*, galho, ramo de qualquer coisa. Q. v. *ki-samba*, uma planta.

quiçama *s. f.* Var. de QUIÇAMBA (BH).

quiçamba *s. f.* Espécie de jacá feito de taquara (BH). Do quimbundo *kisambu*, cesto grande (o quimbundo *samba* designa especificamente a saca ou cesta do QUIMBANDA).

quiçango *s. m.* Instrumento de percussão africano (DH). Provavelmente relacionado a QUIÇANJE.

quiçanja *s. f.* QUIÇANJE (DH).

quiçanje *s. m.* Instrumento musical idiofônico, à base de lâminas (BH). Do quimbundo *kisanji*, nome genérico do "piano de mão", um lamelofone com ou sem caixa de ressonância (REDINHA, 1984 b).

quiçassa *s. f.* Terra marinha de vegetação enfezada (CT). Q. v. QUIÇAÇA.

quichaça *s. f.* Teimosia, mania, paixão (BH). De origem banta, certamente. Possivelmente do quicongo *ki-nsaasa*, palavra injuriosa (de *nsaasa*, som violento). Ou alteração de CACHAÇA, no sentido de vício, mania: "Sua cachaça é um jogo de cartas".

quichiligangue *s. m.* Insignificância, ninharia (FF). Possivelmente ligado a CAXIRENGUENGUE.

Quichímbi *s. f.* Sereia da mitologia afro-baiana. (SC). Do quimbundo *kiximbi*, sereia.

Quicimbe *s. f.* Var. de QUISSÍMBI (DH).

quico *s. m.* (1) Chapéu pequeno e ridículo (AN). De possível origem banta.

quicongo *s. m.* A língua dos CONGOS ou BACONGOS (NL). Do vernáculo *kikongo*. K. E. Laman (1964 b) distribui os falares dos bacongos por doze áreas linguísticas, a saber: a) zona central ou média do "Baixo Congo Belga" (hoje Zaire); b) domínio linguístico do sul; c) zona leste; d) territórios mais a leste e a sudeste; e) nordeste; f) norte; g) área do dialeto bembe; h) noroeste; i) área do dialeto vili, na costa oeste

(este dialeto é falado pelos bavili ou cabindas); j) área do dialeto kakongo; l) área do dialeto ndingi ou ndinzi; m) zona oeste. As formas faladas em cada uma dessas áreas ou zonas apresentam diferenças, inclusive lexicais, entre si, diferenças essas que procuramos não levar em conta neste trabalho.

quicuanga [1] *s. f.* Beiju de mandioca, com sal e açúcar (MS). Do quimbundo *kikuanga*, pão de mandioca.

quicuanga [2] *s. f.* Feitiçaria. Abon.: q. v. em MATIRIMBIMBE. Certamente relacionado ao quimbundo *uanga*, feitiço.

quicubi *s. f.* Avestruz fantástica da mitologia afro-baiana (SC). Provavelmente do quicongo *kinkumbi*, engodo, enganação (talvez pelo hábito cultivado pela ave de ocultar a cabeça em certos momentos). Ou de *kikkubi*, mau cheiro.

quicuca [1] *s. f.* Rolo que se faz com o MATO depois da roçagem (BH). Provavelmente do quicongo *kúka*, coberto de terra, que é queimado e depois usado como adubo.

quicuca [2] *s. f.* O mesmo que CUCA [1] (DL).

quicuio *s. m.* Espécie de gramínea nativa da África Oriental (EBG). Do etnônimo *kikuyu*, de um importante grupo étnico do Quênia, o qual se autodenomina *gekoyo*.

quicumbi *s. m.* CUCUMBI (EMB).

quicumbre *s. m.* CUCUMBI (CC).

Quicume *s. m.* Herói zoomorfo, boi da mitologia popular do Recôncavo baiano (SC). Possivelmente do quicongo *kinkuma*, que tem o dom de descobrir, de achar coisas boas.

quidungo *s. m.* Baleia fantástica da mitologia do Recôncavo baiano (SC). Provavelmente do quicongo *kidunga*, indeciso, perplexo, taciturno.

quifumba *s. f.* Designação da cozinha, nas casas de CANDOMBLÉ de NAÇÃO ANGOLA (ENC). Do quicongo *kifumba*, família, provavelmente. Cp., em português, a relação entre lareira e lar.

quifumbera *s. f.* Encarregada da cozinha ritual, na NAÇÃO ANGOLA (ENC). De QUIFUMBA + *era*, corrupção do suf. port. *eira*.

quigila *s. f.* Perturbação neurotrófica dos dedos, talvez proveniente de lepra; gafeira (SP).

De origem banta, ligado a QUIZILA, talvez pela crença de que a doença é resultado da quebra de um tabu.

quigombó *s. m.* QUINGOMBÓ (BH).

quigombô *s. m.* QUINGOMBÔ.

Quigongo *s. m.* Herói dos contos populares, considerado o "mestre dos feiticeiros" (SC). Provavelmente do quicongo *kingongo*, medo, terror. Cp. QUINGONGO.

quijama *s. f.* A lua, na linguagem dos JONGUEIROS (ML). De origem banta mas de difícil elucidação, já que os jongueiros usam linguagem cifrada.

quijaua *s. m.* Na NAÇÃO ANGOLA, banho ritual de folhas maceradas (ENC). Do quimbundo *kuzóua*, banho.

quijila [1] *s. f.* (1) Quizila (BH). (2) Manchas brancas na pele, que eram sinal certo de lepra no africano (AV). Q. v. QUIGILA e QUIZILA.

quijila [2] *s. f.* Ânus, nádegas (SM, MV). Do quicongo *nziila*, assento, traseiro, provavelmente.

quijinguense *adj. e s. 2 gên.* De, ou relativo a, ou natural de Quijingue, Bahia (AG). Q. v. QUIJINGUE, na parte onomástica.

quilaia *s. f.* Árvore da fam. das rosáceas cuja casca é empregada em lavagem de roupas, pois espuma intensamente (BH). De possível origem banta.

Quilangrilo *s. m.* O mesmo que AQUILANGRILO (SC).

quilebres *s. m.* Testículos (GS). Provavelmente do quicongo *kilebe*, figueira, com o sentido estendido, pela aparência, até os frutos: "os figos". Q. v. também o suaíle **kilebe*, almiscareiro, animal que exala forte odor de urina; e observe-se que a palavra "almíscar" vem do árabe *mushk*, testículo.

quilelê *s. m.* Enredo, mexerico, intriga (PC). De QUELELÊ.

quilo *s. m.* Sono, soneca (MS). /// **Fazer o quilo**, fazer a sesta, dormir após o almoço. Etimologia controversa. Segundo Nascentes (1966 b), quilo é a "linfa intestinal, de aspecto leitoso devido a gorduras emulsionadas, a qual resulta da última fase da digestão e se encontra nos vasos linfáticos do mesentério"; e o nome deriva do grego *chylós*, suco. A partir dessa etimologia, estabeleceu-se a controvérsia: Macedo Soares (1955 a) assevera que a expressão "fazer o quilo" é confusão dessa conceituação científica com o africanismo *quilo*, que ele teria visto referido em Capello e Ivens (19-- b) como "quarto de dormir". Depois de Macedo Soares, Pereira da Costa (1937 a, p. 335) afirmava categoricamente: "Quilo (...) é um vocábulo mbundo ou angolês significando sono; ouviram-no primeiramente os nossos avoengos nas senzalas dos engenhos e, na sua indolência congênita, adotaram-no de pronto, como tantas outras palavras africanas." No rastro de Pereira da Costa, localizamos em Maia (1964_1 b, p. 587), nos verbetes *sono* e *sonolência*, o quimbundo *kilu*. E em Laman (1964 b) conhecemos o quicongo *ki-lu*, *ki-lo*, sono, que o autor remete para *lo*, "sono curto (geralmente no meio do dia): momento tranquilo para o sono". Esse mesmo *lo*, "um sono ou período de sono", ocorre no quioco (BARBOSA, 1989 b), sendo usado também nas formas prefixadas *ci-lo* e *yi-lo*; e no umbundo, significando sono, sonolência. A raiz está presente, ainda, no iaca *cuquiloquena*, dormir.

quiloa *adj. 2 gên.* Denominação dada, no Brasil, a certos negros da África Oriental aqui escravizados. Abon.: "Há-os de todas as raças africanas: (...) cafres, quiloas, benguelas, cabindas, monjolos e vatuas" (EDMUNDO, 199- c, p. 17). Do topônimo *Kilwa*, cidade litorânea da Tanzânia.

quilolo *s. m.* Vanguardeiro, guerreiro que avança na frente (AV). Do quioco *ci-lolo*, chefe da aldeia (de origem luena, segundo BARBOSA, 1989 b).

quilombada *s. f.* Grupo de escravos AQUILOMBADOS (DH). De QUILOMBO.

quilombismo *s. m.* Projeto de organização sociopolítica, concebido pelo escritor afro-brasileiro Abdias do Nascimento, com o fundamento ético de assegurar a condição humana das massas afro-brasileiras. Abon.: NASCIMENTO, 1980 c. De QUILOMBO.

quilombo [1] *s. m.* (1) Aldeamento de escravos fugidos. (2) Folguedo popular alagoano, espécie de dança dramática (BH). Do quimbundo *kilombo*, acampamento, arraial, povoação, povoado; capital; união; exército. Segundo Adriano Parreira (1990 c, p.153), "o vocábulo kilombo (nos séculos XV - XVII) tem uma dupla conotação: uma, toponímica e outra, ideológica. Eram assim também designados os arraiais militares mais ou menos permanentes, e também as feiras e mercados de Kasanji, de Mpungo-a-Ndongo, da Matamba e do Kongo". O auto popular alagoano é uma reminiscência do episódio histórico do Quilombo de Palmares.

quilombo [2] *s. m.* Dia (VF). Provavelmente relacionado ao quicongo *nkyelolo*, alvorada. Ou ao quimbundo *okolombolo*, galo.

quilombola *s. 2 gên.* Habitante de quilombo (BH). Segundo Nascentes (1966 b), de QUILOMBO fundido com o tupi *canhembora*. Óscar Ribas (RIBAS, 1989_2 b, p. 166) refere o quimbundo *kuombolola*, surripiar, levar às ocultas. Q. v. tb. o quimbundo **boloka*, fugir.

quilombolismo *s. m.* Ação de QUILOMBOLA. Abon.: "Por isso, o quilombolismo de ontem e as greves dos boias-frias de hoje são questionamentos da mesma estrutura social" (SCISÍNIO, 1988 c, p. 63).

quilombolista *adj.* Próprio de QUILOMBOLA. Abon.: "Fugia-se apenas usando o ócio, buscando a liberdade, sem o espírito quilombolista" (SCISÍNIO, 1988 c, p. 63).

quilongozoé *s. f.* A tartaruga, herói zoomorfo da tradição popular do Recôncavo baiano (SC). Bantuização do fongbé (língua sudanesa, do antigo Daomé) *logozoe*, tartaruga, pela aposição do prefixo *qui* (*ki*).

quilonzoé *s. f.* QUILONGOZOÉ.

quilulo *s. m.* Espírito mau (YP). Do quimbundo *kilulu*, espectro, fantasma (correspondente ao umbundo *ochilulu*).

quimana *s. f.* Iguaria feita de gergelim, farinha e sal (FF). Provavelmente do quicongo *nana*,

gergelim (cf. MAIA, 1964_1 b). Ou de QUIMANGA, vasilha, por metonímia?
quimanga *s. f.* Cabaça ou vasilha em que se guardam objetos e na qual os jangadeiros levam comida para o mar (BH). Do quimbundo *kimanga*, cesto.
quimango *s. m.* Bochechas (MV). Provavelmente do quicongo *kimbanga*, glândula salivar, amígdala, inchação das glândulas auriculares, papeira. Ou de QUIMANGA, cabaça (pela aparência).
quimano *s. m.* (1) QUIMANA (CF). (2) Iguaria de feijão partido e cozinhado em vários temperos (BH). Provavelmente de QUIMANGA, vasilha, por metonímia.
quimbamba *s. m.* Ente fantástico (YP). Segundo Castro (1976 a), provém de um quimbundo *kimbamba*, fantasma, que não confirmamos. Q. v. o umbundo *kumba*, uivar, gemer.
quimbanda *s. f.* (1) Linha ritual da UMBANDA que trabalha principalmente com exus (OC). // *s. m.* (2) Sacerdote de cultos de origem banta (BH). Do quimbundo *kimbanda*, sacerdote e médico ritual correspondente ao quicongo *nganga*. O termo se distingue de outros, como o quimbundo *muloji* e o quicongo *ndoki*, que designam o feiticeiro, agente de práticas que objetivam malefícios. Estranhamente, no Brasil, a quimbanda (primeira acepção) é tida como linha de práticas também maléficas. Terá a palavra, nesta acepção, alguma relação com o quicongo *kimbanda*, víbora?
quimbandeiro *s. e adj. m.* Praticante da QUIMBANDA (OC).
quimbango *s. m.* Feiticeiro (MV). Do quicongo *kimbangu*, habilidade, engenhosidade, precisão nas palavras: *nkwa kimbangu*, pessoa hábil, capaz. Possivelmente influenciado por QUIMBANDA.
quimbas *s. m. pl.* O mesmo que QUIBAS (AN).
quimbembe [1] *s. m.* CABANA, rancho de palha (BH). Do quimbundo *kimbembe*, cabana.
quimbembe [2] *adj.* 2 gên. Pobre, mal-vestido (BH). Provavelmente do quicongo *kimbemba*, abandonado; pessoa desocupada, ociosa. Cp. CAMUMBEMBE.

quimbembé *s. m.* Espécie de ALUÁ feito de milho (BH). Q. v. QUIBEBÉ.
quimbembeques *s. m. pl.* Berloques, penduricalhos que as crianças usam no pescoço (BH). Possivelmente do quicongo *kimbembele*, objetos que estão muito perto um do outro, que se seguem.
quimbembes *s. m.* (1) Cacaréus. (2) Quimbembeques (BH). Red. de QUIMBEMBEQUES.
quimbenge *s. f.* Garrafa (JD). Provavelmente do quicongo *benze*, vaso ou qualquer recipiente rachado.
quimbete *s. m.* Dança popular brasileira (WR). Do quimbundo *kimbete*, espécie de dança, certamente relacionado ao quicongo *kimbete*, galinha de pernas curtas, garnizé (em alusão aos passos, certamente).
quimbibi *s.* Defunto (EP). Q. v. QUIMBIMBE.
quimbimba *s. m.* Defunto (VF). Var. de QUIMBIMBE.
quimbimbe *s. m.* Defunto (VF). Do quimbundo *kimbi*, morto, cadáver. Cp. CANZUÁ DE QUIMBE.
quimboa *s. f.* Nome de duas plantas brasileiras (CF). "Talvez o mesmo que quiboa", arbusto africano, segundo Cândido de Figueiredo (1925 a). Segundo Houaiss (HOUAISS; VILLAR, 2001 a), do quicongo *kimboa*, cauda-de-raposa.
quimbombe *s. f.* CACHAÇA (VF). Do quimbundo *kimbombo*, cerveja.
quimbombo *s. m.* Pai de santo (OC, MS). Provável alteração de QUIMBANGO ou QUIMBANDA.
quimbombô *s. m.* QUIABO (BH). De QUINGOMBÔ.
quimbombó *s. m.* QUIMBOMBÔ (DH).
quimboto *s. m.* (1) Sapo (MM). (2) Nos antigos CUCUMBIS do Rio de Janeiro, personagem que representava o feiticeiro (MMF). (3) Feiticeiro, personagem dos antigos afoxés (AM). Do umbundo *ochimboto*, sapo.
quimbua *s. f.* Cadela fantástica da mitologia do Recôncavo baiano (SC). Do quimbundo *mbua*, cão, cadela (correspondente ao quicongo *mbwa*).

quimbunda *s. f.* Malefício, azar, mau-olhado (MSA). Provável alteração de QUIMBANDA.
quimbundo *s.m.* (1) A língua dos ambundos. (2). O mesmo que ambundo. (3) Preto, negro (JD, MM). (4) Homem (VF). Do vernáculo *kimbundu*. Q.v. BUNDO.
quimoa *s. f.* Recipiente usado para despejo de fezes no mar (FS). De CAMOA.
Quimongo *s. m.* O mesmo que QUIMUNGA (SC). Ver MONGO [2].
quimpracaca *s. m.* Gato (VF). Possivelmente relacionado ao ronga *kumpara*, arranhar; e a *paka*, gato, ocorrente no suaíle e no nianja.
Quimputo *s. m.* Personagem de contos folclóricos baianos, considerado "o mais pobre dos pobres" (SC). Do quicongo *kimputu*, pobreza, miséria.
Quimunga *s. m.* Personagem folclórico, "o maior dos moleirões" (SC). Provavelmente, ligado ao quicongo *munga*, andar balançando a cabeça; vacilar, titubear; estar bêbado. Cp. QUIMONGO e MONGO, bobo.
quinamba *s. f.* Perna; pé (VF). Do quimbundo *kinama*, perna.
quinambo *s. m.* Var. de QUINAMBA.
quinanga *s. f.* Var. de QUIMANGA (DL).
Quindambe Serê *s. m.* O mesmo que CANDOMBE SERÊ (forma ouvida pelo autor nos anos 1940 a 1950 em Irajá, subúrbio carioca).
quindão *s. m.* Quindim feito em fôrma grande (BH). Aum. de QUINDIM.
quindim *s. m.* (1) Doce feito de gema de ovo, COCO e açúcar. (2) Dança popular brasileira (WR). (3) CACHAÇA (SM). Do quicongo *kénde*, grande pudim de mandioca ou milho fresco, através de uma provável forma diminutiva aportuguesada "quendinho". Entre os BACONGOS de ANGOLA, *dikende* é uma "pasta de milho fresco que depois de enrolada em folhas de bananeira é assada ou cozida" (FONSECA, 1985 b, p. 55).
quindingues *s. m. pl.* QUINDINS. Abon.: "Ó minha senhora dona / Deus lhe pague, eu agradeço / Seus quindingues são dos ricos / Eu sou pobre e não mereço!..." (AZEVEDO, 19-- a, p. 109).

quindins *s. m. pl.* DENGUES, meiguices, encantos. Abon.: "Nhanhá cheia de chulices / que tantos quindins afeta (BARBOSA, 1980 c, p. 239). De QUINDIM, em alusão à delicadeza e gostosura da iguaria.
quindomboro *s. m.* Var. de CANDOMBORO (VF).
quindunde *s. m.* Piraúna (BH). Provavelmente do quicongo. Vejam-se: *ndúndu*, nome do peixe *seese*; *kindunda*, parte anterior do maxilar ou da boca (terá o peixe uma boca fora do comum?).
quingando *s. m.* Lagarto mitológico da tradição afro-brasileira (SC). Do quimbundo *ngandu*, jacaré, crocodilo.
quinganjá *s. m.* Peixe grande do fabulário afro-brasileiro (SC). De provável origem banta.
Quinganjé *s. m.* Na mitologia afro-baiana, ente fantástico que se reveste da forma de um pequeno peixe (SC). De possível origem banta.
quingar *v. intr.* Demorar, esperar (MV). Do quimbundo *kinga*, esperar.
quingobó *s. m.* QUIABO (BH). De QUINGOMBÓ.
quingombe *s. m.* Mito zoomorfo da tradição afro-brasileira (SC). Do termo multilinguístico banto *ngombe*, boi.
quingombinga *s. m.* Soldado (JD). De origem banta. Q. v. o umbundo *ochikongombinga*, pelos pubianos de mulher. Aparentemente não há relação. Entretanto, cp. o termo de gíria carioca "pentelho" = pêlo pubiano = indivíduo maçante, cacete.
quingombô *s. m.* QUIABO (BH). Do quimbundo *kingombo*, quiabo.
quingombó *s. m.* QUIABO (JD).
quingombó-de-cheiro *s. m.* O mesmo que ambreta, planta da família das malváceas (DL). Q. v. QUINGOMBÓ.
Quingongo [1] *s. m.* INQUICE CONGO correspondente ao Obaluaiê dos nagôs (OC). Do quicongo *kingongo*, varíola.
Quingongo [2] *s. m.* Cada um dos heróis da mitologia do Recôncavo baiano, que representam os gêmeos mais antigos (SC). Do quimbundo *ngongo*, gêmeo.

quinguana s. m. Dialeto da língua suaíle falado no Zaire. Abon.: LENSELAER, 1983 b. Do vernáculo *kingwana*.

quinguingu [1] s. m. (1) Serviço feito fora das horas normais de trabalho. (2) Pequena cultura agrícola (BH). Provavelmente do quimbundo *kingungu*, zangão, da mesma raiz de *kungunguma*, produzir som cavo e profundo. A primeira acepção parece referir-se ao trabalhador; a segunda, ao resultado do serviço. Outra possibilidade está no quicongo *kingungu*, mentira, fraude (a instituição do quinguingu poderia ser também uma forma de burlar a ordem escravista).

quinguingu [2] s. m. Intriga, mexerico (BH). Do quicongo *kunguna*, intriga; ou do quimbundo *kingungu*. Q. v. QUINGUINGU [1].

Quingundo s. m. Herói dos contos folclóricos, considerado o "rei dos mariolas" (SC). Possivelmente do quicongo *kingundu*, bola, globo, esfera.

quinhama s. m. Pé (JD). Do umbundo *ochinama*, correspondente ao quimbundo *kinama*, perna. Q. v. a var. VINHAMA.

quinhama no ungira loc. verb. Caminhar, correr (JD). De QUINHAMA + o umbundo *onjila*, caminho, estrada ("pé na estrada").

quinhamba s. f. Var. de QUINAMBA (VF).

quinhoca s. f. Víbora fantástica da mitologia afro-baiana (SC). Do quimbundo *nyoka*, *nhoca*, víbora.

quinim s. m. Inhame-bravo (DL). Possivelmente do quicongo. Veja-se **e kini*, é bom, é gostoso.

quinjengue s. m. Tambor de origem africana (BH). Do umbundo *enjengo*, *ohengengo*, espécie de tambor. Provavelmente através da forma verbal *kenjenga*, tocar o tambor pequeno.

quinjila s. m. (1) Pessoa que procura esmeraldas no rejeito dos garimpos. // s. f. (2) O ato de procurar esmeraldas nesses rejeitos. Abon.: (1) "Sentada sobre um monte de cascalho, ela faz parte do exército dos quinjilas." (2) "Joenir, José, Maria e Roberto e muitos outros filhos anônimos do garimpo vivem da quinjila desde os primeiros anos de vida" (MATÉRIA, 1991_2 c). Do quicongo *kingila*, esperar (que também ocorre no umbundo, com a mesma grafia).

quinjilar v. intr. Procurar esmeraldas nos rejeitos dos garimpos. Abon.: "Estou cansada. Eu quinjilei o dia todo." (MATÉRIA, 1991_2 c).

quinteque s. 2 gên. Var. de QUITEQUE (LR).

quinvimba s. m. Morto, defunto (VF). Q. v. QUIMBIMBA

quinzenê s. m. Mito zoomorfo, gato-do-mato, da tradição do Recôncavo baiano (SC). De provável origem banta. Cp. o quicongo **kinzene*, defeito na maturação.

quioco s. m. (1) Indivíduo dos quiocos, grupo étnico de ANGOLA que deu escravos ao Brasil. (2) A língua desse grupo. Do vernáculo *tchokwe* (HOUAISS; VILLAR, 2001 a, p. 2364).

quioiô s. m. Planta usada em rituais da tradição dos orixás. Abon.: BARROS, 1993 c. De provável origem banta.

quipapaense adj. Natural de Quipapá, Pernambuco (AG). Possivelmente do quimbundo *kipapa*, parede, através de *Quipapá*.

quipata s. f. Porção de peixe que os pescadores dão aos companheiros que foram infelizes na pescaria ou não puderam ir ao mar (CC). Provavelmente do quicongo *kimpata*, um peixe.

quipongo s. m. Sapo da mitologia do Recôncavo baiano (SC). Provavelmente do quicongo *kimpòmbo*, mansidão, doçura, humildade, tranquilidade, moderação, sobriedade (talvez característica do herói).

quiponguê s. m. (1) Comida de santo (MV). (2) Prato à base de feijão (YP). Provável corrupção de QUIPOQUÉ.

quipoquê s. m. Feijão verde debulhado e cozinhado com vários temperos (MV). De QUIPOQUÉ.

quipoqué s. m. Iguaria de feijão partido e cozido com temperos (BH). Do umbundo *ochipoke*, feijão.

quipunga s. m. Chapéu (MM). Do quimbundo *kibunga*, chapéu.

quiquesse s. m. Caracol, animal mitológico do Recôncavo baiano (SC). Provavelmente do quicongo *kikesi*, avareza, crueldade. Cp. QUIPONGO.

quireré s. m. Tambor pequeno usado na dança do tambor de crioula (DV). Provavelmente do quicongo *kèlelé*, tumulto, confusão. Cp.QUELELÊ.

quiribum *s. m.* No culto OMOLOCÔ, ponto, sinal específico da entidade (OC, grafado com *k*). Do quimbundo *kirimbu*, sinete, marca. Cp. CARIMBO.

quirica *s. f.* A vulva (NIV). De possível origem banta. Q. v. o quicongo **kidika*, pular, saltar, embaixo de qualquer coisa.

quiruia *s. m.* Assombração (JD). Provável cruzamento do umbundo *ochilulu*, fantasma, espectro, com o quicongo *nkuya*, alma de defunto.

quisibu *s. m.* Espécie de guisado feito com grãos de milho, QUIABOS picados e torresmo, servido com carne de sol assada na brasa. Abon.: JUNQUEIRA, 1977 c, p. 100. Provavelmente do quicongo: q. v. **Kisimbu*, nome de um INQUICE (o guisado terá sido um prato ritual a ele dedicado?).

quissama *s. f.* O mesmo que QUISSAMBA (MM).

quissamba *s. f.* Trouxa, MOCHILA (MM). Alteração de QUIÇAMBA, considerada a cesta como recipiente onde se carregam roupas etc.

Quissambo *s. f.* Divindade dos cultos ANGOLO-congueses (YP). Provavelmente do quicongo *Nsambu*, nome de um INQUICE.

quissanje *s. m.* QUIÇANJE.

Quissímbi *s. f.* Antigo nome da divindade correspondente à Oxum nagô, entre os negros ANGOLO-congueses no Brasil (OC, grafado com *k*). Do quicongo *Simbi*, entidade marinha. Ou do quimbundo *kiximbi*, poderoso, grande senhor, (MATTA, 1893 b).

Quissimbiquia-Meiã *s. f.* INQUICE da NAÇÃO ANGOLA correspondente à Oxum nagô (ENC). Da expressão *kiximbi kia méia*, "grande senhor(a) da água", numa mistura de vocábulos do quimbundo e do quicongo, talvez de criação literária. Cp. MAMETO-INQUICIANE. Q. v. QUISSÍMBI.

quissonde *s. f.* Formiga vermelha (MM). Do quimbundo *kisonde*, formiga.

quissuto *s. m.* Na QUIMBANDA, nome dado ao BODE em situações rituais (OC). Do quimbundo *kisutu*, BODE.

quitaca *s. f.* Denominação do palito de fósforo na antiga gíria dos gatunos em Pernambuco (PC). Provavelmente do quicongo *taka*, espeque, escora; ou ao quimbundo *ditaka*, estaca.

quitanda *s. f.* (1) Loja ou tabuleiro em que se vendem hortaliças, legumes, ovos etc. (2) Produto da pastelaria caseira. (3) Biscoitos, bolos e doces expostos em tabuleiro (AN, BH). Do quimbundo *kitanda*, feira, mercado, por sua vez, derivado de *kitânda*, "estrado de bordão entrelaçado que essencialmente servia de colchão" (cf. VAN-DÚNEM, 1987 c, p. 17).

quitanda das iaôs *s. f.* Na tradição dos orixás, cerimônia ritual que consiste na venda em leilão de objetos que a iaô fabricou durante seu noviciado e cujo produto se destina a compensar, em parte, os gastos feitos com a iniciação (BH, OC). De QUITANDA + *iaô*, termo de origem iorubá (não banto, portanto).

quitandar *v. intr.* Exercer a profissão de QUITANDEIRA[o] (BH).

quitandas *s. f. pl.* Guloseimas (ET). Q. v. em QUITANDA, biscoitos.

quitandê *s. m.* Feijão verde que, descascado, é utilizado na feitura de sopas e outras iguarias (BH). Do quimbundo *kitande*, feijão descascado e cozido.

quitandeira *s. f.* (1) Dona de QUITANDA. (2) Mulher sem educação (AN).

quitangas *s. f. pl.* Quinquilharias, acervo de miudezas várias (JR). Do suaíle *kitanga*, esteira onde se coloca a comida, a farinha para secar e artigos para vender.

quitangue *s. m.* Rede pequena (CC). Provavelmente ligado ao suaíle *kitanga*, esteira; ou ao quicongo *tanga*, vela de barco. A raiz *tang*, no quicongo, está presente em várias palavras que exprimem a ideia de oscilação, balanço.

quitangues *s. m. pl.* (1) Roupa caseira, trastes domésticos, cacaréus. (2) Rede pequena e pensa (JR). Q. v. QUITANGUE.

quiteque *s. 2 gên.* O mesmo que MUTEQUE (LR). Provavelmente flexionado através de um prefixo *ki*.

quiticação *s. f.* Ação de QUITICAR (DL).

quiticar *v. t.* O mesmo que CUTICAR (MV).

quitindim *s. m.* Em terreiros alagoanos, alimento votivo do orixá nagô Odé, feito com amendoim cru, mel e COCO picado (RL). Provavelmente ligado a QUITANDÊ e com eco de QUINDIM.

quitoco *s. m.* Erva aromática usada em banhos rituais (BH). Do quicongo *kitoko*, ornamento, adorno, elegância.

quitonga no ocá do umbunda *loc. verb.* Copular (JD). Expressão construída com base, ao que parece, no umbundo *okutonga*, costurar (talvez comparação entre os movimentos do pênis no coito e de uma agulha em costura).

quituche *s. m.* Eufemismo usado pelos gatunos para designar o crime, o fato delituoso (PC). Do quimbundo *kituxi*, crime, pecado.

quitundense *adj. 2 gên.* De, ou pertence ou relativo a São Luís do Quitunde, Alagoas (BH). Provavelmente do quicongo *ki-ntunde*, colina, montanha, através de *Quitunde*.

quitungo [1] *s. m.* Na mitologia do Recôncavo baiano, a morte, "que assume todas as formas e todas as extensões" (SC). Do quicongo: ou de *kintungu*, qualquer coisa que se realiza, que acontece, que se mostra, que aparece inteira, que tem a propriedade de se desenvolver; ou de *kinkungu*, lençol (a mortalha com que são representados os fantasmas?).

quitungo [2] *s. m.* Espécie de cesto, condessa (BH). Provavelmente, do quicongo *kikhunku*, cesto.

quitungo [3] *s. m.* Choupana, casebre (FF). Do quimbundo *kitungu*, casebre.

quitungo [4] *s. m.* GONGÁ, pássaro do Brasil (BH). De origem banta.

quitungos *s. m. pl.* Conjunto dos aviamentos próprios para fazer farinha de mandioca (DL). Provavelmente de QUITUNGO, cesto, o conteúdo pelo continente.

Quitungueiro *s. m.* Um dos nomes do Exu nagô na NAÇÃO ANGOLA (ENC). Provavelmente de QUITUNGO [1] (Exu assume, também, várias formas).

quitute *s. m.* Iguaria, acepipe (BH). A etimologia tradicional faz derivar do quimbundo *kitutu*, indigestão, o que não nos parece satisfatório. Tentamos o cruzamento desse *kitutu* com o quimbundo *kituxi* ("o pecado - gula - que causa indigestão") e ainda não ficamos satisfeitos. Pensamos no quimbundo *kitutu*, vaso, panela rachada. Chegamos, por fim, ao quicongo *kituuti*, que separa, descasca e pila o grão. Um quitute, então, é "uma iguaria delicada, um prato bem-feito", como define Nascentes (1988 a), talvez por ter passado por todos esses processos, de separação, debulha, moagem no pilão etc.

quituteira *s. f.* Cozinheira especializada na feitura de iguarias finas (BH). De QUITUTE.

quituteiro *adj.* (1) Relativo a QUITUTE (FF). // *s. m.* (2) O que prepara quitutes (AN).

quituto [1] *s. m.* Cuia (MS). Do quimbundo *kitutu*, vaso.

Quituto [2] *s. m.* Divindade da varíola (YP). Do quicongo *kithutu*, varicela, catapora.

quiumba *s. m.* (1) Espírito obsessor (OC). // *adj.* (2) Importuno, paulificante (MV). Do quicongo *kíniumba*, espírito (MATTA, 1893 b).

quiunga *s. f.* Malefício, azar, mau-olhado, inveja (MSA). Provável alteração de QUIUMBA. Ou do quimbundo *kimuanga*, malefício.

quivonda *s. m.* Sacrificador ritual de animais, na NAÇÃO ANGOLA (ENC). Do quicongo *kivonda*, aquele que mata. O quicongo *vonda* tanto corresponde ao port. *assassinar* quanto a *imolar*, sacrificar em ritual.

quixiligangue *s. m.* QUICHILIGANGUE (BH).

Quixímbi *s. m.* Personagem mitológico afro-brasileiro (SC). Q. v. QUICHÍMBI. Cp. QUISSÍMBI.

quixixole *s. m.* Casinha bem ruim, MOCAMBO de palha (RME). De COCHICHOLO.

quixoto *s. m.* Som estrepitoso emitido pelo ventre, que Macedo Soares (1955 a) define em latim: *strepitus ventris*. Do quimbundo *xoto*, peido.

quizamba *s. m.* Elefante mitológico da tradição afro-brasileira (SC). Do quimbundo *nzamba*, elefante.

quizará *s. f.* Denominação da girafa nos contos folclóricos do Recôncavo baiano (SC). De provável origem banta.

quizezé s. f. No folclore do Recôncavo baiano, mosca que mata o gado (SC). Do quimbundo *senze*, mosca. Cp. TSÉ-TSÉ, mosca da doença do sono.

quizibu s. m. O mesmo que QUISIBU.

quizila [1] s. f. (1) Ojeriza, aversão, implicância (BH). (2) Proibição ritual, tabu alimentar ou de outra natureza (OC). Do termo multilinguístico *kijila* (quimbundo) ou *kizila* (quinguana), proibição, castidade, jejum, tabu alimentar etc. "Para assegurar o sucesso na guerra, Temba Ndumba (heroína civilizadora) impôs a kijila, que em kimbundu quer dizer 'proibição' e que consistiu num conjunto de leis positivas, que implicavam certos tabus, como por, exemplo, a abstinência de carnes de porco, de elefante e de serpente" (PARREIRA, 1990 b, p. 153).

quizila [2] s. f. CACHAÇA (SM). Provavelmente de QUIZILA [1], como extensão do sentido de proibição (a cachaça é, de certa forma, algo "proibido").

quizila [3] s. m. Especulador mercantil, negociante ambulante (ET). Possivelmente de QUIZILA [1], sem que vejamos a ligação.

quizilar v. t. Importunar (BH). De QUIZILA, implicância.

quizilento adj. Implicante, que faz QUIZILA (BH).

quizília s. f. QUIZILA (BH).

quizomba s. f. Festa (BH). Do quimbundo *kizomba*, festa, festejo.

quizumba s. f. Confusão, briga (BH). Provavelmente, alteração de QUIZOMBA (aos olhos do racismo, as festas dos negros sempre foram sinônimo de confusão). Q. v. tb. o quimbundo **kuzuma*, resmungar, rugir. Em iaca, *kizumba* significa "adultério"; em quioco e numa das línguas de MOÇAMBIQUE (cf. GALVÃO; SELVAGEM, 1953 b, p. 117), vocábulo de grafia idêntica designa a hiena. A descoberta de uma relação adulterina costuma provocar confusão. E a hiena é animal que costuma revolver tudo, em busca de alimento, assim também provoca confusão. Haverá algum nexo entre essas duas ideias?

quizumbar v. intr. Fazer QUIZUMBA.

quizumbeiro adj. Desordeiro, briguento (BH). De QUIZUMBA.

rabo-de-macaco *s. m.* (1) Crista-de-peru, arbusto ornamental da família das euforbiáceas (BH). (2) Planta da família das gramíneas (AN). Q. v. em MACACO.

Rainha Conga *s. f.* Personagem da CONGADA. Abon.: ROSA, 1970 c. De CONGO.

Rainha Ginga *s. f.* Personagem da CONGADA de Xiririca, São Paulo (AM). Do antropônimo *Nzinga*, nome étnico ou familiar da rainha Nzinga Mbandi, "política e diplomata consumada, comandante hábil, que travou uma luta sem quartel contra os portugueses pela independência de sua gente e pela sobrevivência do seu reino" (GLASGOW, 1982 c, texto de contracapa), e que viveu na atual ANGOLA, de 1582 a 1663. O nome *nzinga*, *jinga* ou *ginga* designa um povo ANGOLANO da região do Libolo. E é o nome dado pelos chefes do Libolo e da Kisama aos *mbangala*.

rala-coco *s. f.* Mija-mija, molusco bivalve (BH). Q. v. em COCO.

ramanhã *s. m.* Gato (VF). De provável origem banta.

rambembe *adj.* Imprestável (MV). Provavelmente de MAMBEMBE.

ranzinza *adj. 2 gên.* (1) Birrento, teimoso. (2) Rabugento, ranheta. // *s. 2 gên.* (3) Pessoa ranzinza (BH). Para Cândido de Figueiredo (1925 a), parece ter relação com REZINGAR. A Nascentes (1966 b) parece expressivo. Para nós parece ter relação com o quicongo *nzinzi*, mosca doméstica (a mosca incomoda pela insistência com que aborda o que lhe interessa: ela, enxotada, volta sempre).

ranzinzar *v. intr.* Ficar ou mostrar-se RANZINZA (BH).

ranzinzice *s. f.* Qualidade, ato ou modos de RANZINZA (BH).

rapa-coco *s. m.* Peça de ferro usada para rapar o coco (BH). Q. v. em COCO.

rato-calunga *s. m.* CAMUNDONGO (BH). Q. v. CALUNGA.

rato-catita *s. m.* CAMUNDONGO (BH). Q. v. em CATITA.

rebingar *v. intr.* Requebrar, rebolar, SARACOTEAR (PC). Possivelmente ligado ao quicongo *bin-*

ga, atear fogo (cp. *botar pra ferver, **botar pra derreter*). Cp. REBINGUDO.

rebingudo *adj.* (1) Valente (ES). (2) Diz-se de sujeito metido a brabo ou com fama de valentão (PC). Provavelmente do quicongo *binga*, vencer, triunfar, superar, através de REBINGAR (o verbo deve ter outra acepção além da registrada por Pereira da Costa).

rebolo *s. 2 gên.* Nome dado a um grupo étnico africano que deu escravos ao Brasil. Abon.: DEBRET, 19-- c, p. 227. Do vernáculo *libolo*, povo do grupo etnolinguístico dos bundos, estabelecido ao sul do curso inferior do rio Cuanza (REDINHA, 1984 b, p. 217).

rebolo-tundá *s. 2 gên.* Nome dado no Brasil a uma "nação" de escravos africanos. Abon.: "Tinha o Conde da Cunha um negro, da nação rebolo-tundá que foi coroado pelos pretos do Rio de Janeiro" (EDMUNDO, 199- c, p. 546). De REBOLO + TUNDÁ (provavelmente porque esses indivíduos tivessem, em geral, nádegas volumosas).

rebombeação *s. f.* (1) Fraqueza, debilidade, fragilidade. (2) Mau estado (BH). De ABOMBAR.

recongo *s. m.* Dança popular brasileira (WR). Contração de REI CONGO.

reguingar *v. intr., t. d. e t. i.* (1) Replicar, responder, objetar. (2) Pechinchar, regatear (BH). De possível origem banta.

reguingueiro *adj. e s. m.* Que ou aquele que reguinga ou é dado a REGUINGAR (BH).

Rei Bamba *s. m.* O mesmo que REI DE BAMBA.

Rei Carijongo *s. m.* Personagem do REI DO CONGO de Duque de Caxias, RJ. Abon.: FRADE, 1979 c, p. 49. De CARIONGO.

Rei Congo *s. m.* (1) Personagem das CONGADAS (AM). (2) Nome popular de dois pássaros brasileiros (BH). De CONGO.

Rei de Bamba *s. m.* Personagem do TICUMBI. Abon.: "O ticumbi é formado pelo violeiro, Rei do Congo e Rei de Bamba, (...) além do guia e contraguia e cinco pares de congos" (NERY, 1982 c, p. 33. De *Mbamba*, nome de um antigo país vizinho ao Reino do CONGO.

Rei do Congo *s. m.* (1) Personagem das CONGADAS (AM). (2) Entidade da UMBANDA, chefe da falange do Povo do Congo (OC). (3) Fórmula racista com que na Marinha se designava qualquer marinheiro negro (GP). (4) Dança popular brasileira (WR). De CONGO.

reisado do calangro *s. m.* Dança popular brasileira (WR). De CALANGO.

rendengo *s. m.* (1) Banha de porco em rama. (2) Trapo, pano velho em tiras. (3) Coisas reles, ordinárias (PC). De provável origem banta. Cp. RENDENGUE [1], MONDONGO.

rendengue [1] *s. m.* Parte do corpo situada entre a cintura e as virilhas (BH). Provavelmente do quicongo *dengenge*, pendente, pendurado. Laman faz alusão ao abdome caído, à barriga crescida (em geral por excessos alimentares), quando anota: "*Dengenge. (Ventre) Pendant.*" Esta alusão nos remete à primeira acepção de RENDENGO.

rendengue [2] *s. m.* Sineta (BH). Do quicongo *ngenge*, sineta.

rengo *adj.* (1) Diz-se de animal ou pessoa que manqueja (ZN). // *s. m.* (2) Moléstia que ataca os quadris dos cavalos (PC). Provavelmente do quicongo *lenga*, inclinar-se de lado como se estivesse num barco (através do espanhol platino). Observe-se o grupo consonantal *ng* presente em vários vocábulos que transmitem a ideia de inclinação, tortuosidade: CAPENGA, BENGALA etc.

rengue *s. m.* Doença do gado, RENGO (PC).

rengueado *adj.* O mesmo que RENGO (ZN).

renguear *v. intr.* Coxear, mancar (BH). De RENGO.

rengueira *s. f.* O defeito de RENGUEAR (BH).

requenguela *adj. 2 gên.* Engelhado, encolhido, tímido. Abon.: "O passista, tanto do sexo masculino quanto do feminino, não pode ser requenguela. Tem que mostrar uma postura, uma vaidade, uma expansão" (PELÉ, 1990 c). Provavelmente relacionado ao quicongo *kingeela*, choro, vontade de chorar. Castro (2001 a) registra as acepções: pretensioso, fingido.

requixilado *adj.* Bem-feito, gostoso, apetitoso (ET). Provavelmente do quioco, da raiz *kixi*, ligada a grandeza, tamanho (e talvez excelência), com influência do port. *requintado*.

rescariango *s. m.* SAMBA, baile popular (GP). Provavelmente de CARIONGO (de uma expressão *reis-cariongo*), personagem das antigas CONGADAS. Cp. REI CARIJONGO.

resmelengar *v. intr.* Mostrar-se RESMELENGO (BH).

resmelengo *adj. e s. m.* O mesmo que RESMELENGUE.

resmelengue *adj. e s. 2 gên.* (1) Resmungão, rabugento. (2) Avarento (BH). Do port. *resmungar*, mas provavelmente influenciado pelo quicongo *lenga*, *lenge*, característica de tudo o que demora muito ou é muito pesado. Cp. LENGA-LENGA, MOLENGA.

retacado *adj.* RETACO (BH).

retaco *adj.* Diz-se do indivíduo ou animal baixo e reforçado (BH). Segundo Houaiss (HOUAISS; VILLAR, 2001 a), do espanhol *pataco*. Possivelmente ligado ao umbundo *taku* (parte posterior do corpo dos animais; fundo de saco ou vasilha) mas entrado no português através do espanhol. Cp. MATACO.

retambana *s. f.* Descompostura (BH). Provavelmente do quicongo *tambana*, começar a conversar em paz (dois contendores) depois de uma grande discussão, ou *tumbana*, segurar firme um ao outro (contendor) para derrubar.

retombo *s. m.* Resto de comida (AP). Provavelmente ligado ao umbundo *tomba*, rejeitar.

retumbão *s. m.* Dança da festa paraense de São Benedito (BH). Provavelmente aumentativo de RITUMBA (aqui, novamente, o tambor emprestando o nome à dança). Buarque de Holanda (FERREIRA, 1986 a) deriva do port. *retumbar*.

rezinga [1] *s. f.* Ato ou efeito de REZINGAR (BH).

rezinga [2] *s. f.* Luta de espada entre dois embaixadores, em CONGADAS de Minas (SAM). Provavelmente de REZINGA [1], com influência de RAINHA GINGA.

rezingão *adj. e s. m.* Que, ou aquele que REZINGA (BH).

rezingar *v. t. d.* (1) Resmungar. (2) Protestar ou provocar continuadamente, por meio de palavras dissimuladas, ditas em voz baixa (AN, BH). Segundo Nascentes (1966 b), é vocábulo onomatopaico "talvez com base em rezar", o que nos parece correto. Interessante, entretanto, é também verificar uma possível relação com o umbundo *lisinga*, jurar, afirmar ou negar com juramento. Cp. RIZUNGAR.

rezingona *adj. f. e s. f.* Fem. de REZINGÃO (BH).

rezingueiro *adj. e s. m.* REZINGÃO (BH).

riamba *s. f.* Var. de LIAMBA (BR). "O r inicial é brando, como se estivesse entre duas vogais" (BEAUREPAIRE-ROHAN, 1956 a).

ricanho *adj. e s. m.* Diz-se de, ou homem rico e avaro (BH). Provavelmente do port. *rico + canho*, relacionado a CANHENGUE.

ricomo *s. f.* Faca (VF). Possivelmente ligado ao quimbundo *dikombo*, lavrador.

ricongo *s. m.* Var. de URUCUNGO (AN).

ridunga *s. m.* Indivíduo baixo, gorducho, roliço (PC). Provavelmente ligado ao quioco *ndunda*, inflar, aumentar de tamanho; da mesma raiz de *ndunde*, que exprime ideia de relevo, saliência.

rio-rio *interj.* Ordem de silêncio: *psiu!* (MM). De origem banta.

riongo *s. m.* Nassa, armadilha de lascas de bambu para pegar peixes (MS). Do quimbundo *diongo*, nassa.

ripanso *s. m.* (1) Pessoa indolente. (2) Indolência, preguiça (BH). Buarque de Holanda (FERREIRA, 1986 a) inclui na mesma entrada de *ripanço*, grafado assim mesmo, com ç. Para nós, pode estar ligado a MANIPANSO, pela tradicional relação entre obesidade e indolência.

ritumba [1] *s. f.* Tambor de origem africana (MA). De *nritumba*, nome de um tambor dos lundas, "usado no acompanhamento de danças" (REDINHA, 1984 b, p. 163). Cp. RETUMBÃO.

ritumba [2] *s. f.* Surra (RME). Provavelmente do quicongo *tumba*, punir, castigar (da mesma origem de TUNDA).

rizungar *v. intr.* MUXOXEAR (MV). Possivelmente ligado ao umbundo *sunga*, enxame de abelhas (talvez pelo ruído que elas fazem). Ou de REZINGAR.

rondunga *s. m.* Var. de RIDUNGA (PC).

rongó *s. f.* Meretriz (BH). De possível origem banta.

rongonja *s. f.* Var. de ORONGANJE (VF).

Rosa-Maxumbembe *s. f.* Em antigas MACUMBAS cariocas, entidade ligada às águas. Abon.: RAMOS, 1934 c, p. 100). De origem banta.

Roxo-Mucumbe *s. m.* Um dos nomes do Ogum nagô na NAÇÃO ANGOLA (OC). Provavelmente de palavras correspondentes a estas, do ronga: *kosi*, rei + *mukombi*, guia. Em quimbundo *mukumbi* significa cantor. E em quioco, *mukhumbi* é uma espécie de cocar usado pelo chefe religioso *samakoko* (cf. AREIA, 1985 b).

ruandense *adj. e s. 2 gên.* De, ou pertencente ou relativo a Ruanda, país africano. Do vernáculo *Rwanda*.

rubago *s. m.* Espécie de peixe de água doce (BH). Possivelmente ligado ao quicongo *lubaku*, falcão (talvez pela aparência).

rubudu *s. m.* Moinho (MM). De origem banta, e possivelmente onomatopeica.

rucumbo *s. m.* BERIMBAU, URUCUNGO (RM). De *nrukumbu*, arco sonoro dos lundas, xínjes e bangalas (REDINHA, 1984 b, p. 104).

rufo de mango *s. m.* Surra de relho (ZN). De MANGO.

rundo *s. m.* Espécie de BATUQUE (BH). Cândido de Figueiredo (1925 a) menciona como termo da África Oriental. Q. v. o nhungue **rungu*, espécie de cerimônia fúnebre. Cp. LUNDU (o *r* é certamente brando).

rundungue *adj.* Qualificativo de um tipo de machado. Abon.: "No seu ofício perpétuo de quebrar COCO, as mulheres usavam poucas ferramentas. Só um machado rundungue (...) de peso suficiente para abrir o coco numa pancada só." (BERNARDES, 1991 c, p. 84). Provavelmente do umbundo *olondungo*, qualquer coisa pontiaguda; ponta aguçada, ponta de faca.

rungo *s. m.* Na linguagem dos antigos JONGUEIROS, navio (ML). Do quimbundo *ulungu*, navio.

ruxoxó *s. m.* Surriada, troça (AN). Do quimbundo *xoxa*, escarnecer. Cp. MUXOXO, XOXAR.

sabaji *s. m.* Quarto sagrado onde ficam os assentamentos do orixá do chefe do terreiro (OC). Possivelmente ligado ao quicongo *saba*, anexo da casa usado em caso de emergência (cf. FONSECA, 1985 b, p. 50). O hauçá, língua não banta, conhece um *sabagi*, potassa, que acreditamos não ter nenhuma relação com o vocábulo aqui verbetizado.

sabangage *s. f.* SARAPATEL (SAM). Provavelmente de SAMBANGO, talvez por ser considerado um alimento que levanta as forças do indivíduo debilitado, através de um possível "sambangagem".

sabão-de-macaco *s. m.* Árvore da fam. das sapindáceas (BH). Q. v. MACACO.

sabiá-gongá *s. m.* Ave passeriforme, da família dos fringilídeos (BH). Q. v. em GONGÁ [2], pássaro.

sabongo *s. m.* Var. de SAMBONGO (CT).

sabucar *v. t. d.* Bajular, adular (BH). Nascentes (1966 b) vê como alteração do port. *sabujar*. Para nós, pode ter relação com o quicongo *savuka*, diminuir, decrescer, valer pouco; ou *savula* (da mesma raiz), fazer pouco caso de alguém ou de alguma coisa.

sabuco *s. m.* Var. de SABUGO. Abon.: "Fogo de sabuco esquenta de vereda ..." (PALMÉRIO, 1966 c, p. 5).

sabugar *v. t. d.* Surrar.(BH). De SABUGO, provavelmente da ideia de debulhar o milho.

sabugo *s. m.* Espiga de milho sem grãos (BH). Nascentes (1966 b) e A. G. Cunha (1982_1 b) veem derivar do latim *sabucu*, sabugueiro. Macedo Soares (1955 a) liga ao quimbundo *sabuka*, brotar. Para nós, vem do quicongo *sabuku*, rolha, cavilha, tarugo, tampa com que se fecham os tonéis. E não é portuguesismo, pois deriva de *sabika*, fechar, tampar. Em abono, veja-se a principal utilização que é dada ao sabugo de milho nas zonas rurais, notadamente no interior de Minas Gerais, região de forte influência banta: é quase sempre usado como rolha.

saca *s. f.* Exorcismo com folhas (YP). Do quicongo *saka*, sacudir, agitar (este ritual tem também o nome de "sacudimento"), bater as ervas com uma vara.

saca-mene *interj.* Expressão usada durante exorcismos (YP). Do quicongo *saka*, sacudir + *mene*, eu: "Eu sacudo!"

sacaanga *s. m.* Na UMBANDA, cada um dos espíritos que trabalham na Linha das Almas, destruindo magia negra, ajudando espíritos atrasados e incorporando sem falar (OC). Provavelmente do quicongo *saka*, sacudir, agitar (para expulsar, exorcizar) + o quimbundo *uanga*, feitiço.

sacaca *s. f.* Bruxedo (BS). De SACA.

sacamalo *s. m.* Planta da fam. das escrofulariáceas. (AN) Provavelmente ligado ao quioco *sakambela*, ser ou tornar-se eriçado, hirsuto, encrespado, rugoso. Figueiredo (1925 a) define como "planta escrofularínea"; e escrófula é a palavra (doença) ligada a tumefação etc. O caule da planta deve ter aspecto embolotado, encaroçado.

sacambu *s. m.* Árvore da fam. das leguminosas (DH). Provavelmente do quicongo: *sakambwa*, planta ornamental; *sakamba*, planta de uso medicinal.

sacana *adj.* 2 gên. (1) Diz-se de pessoa sem-vergonha, libertina. (2) Diz-se de pessoa trocista, zombeteira. (3) Canalha, patife (BH). Nascentes (1966 b) vai buscar como étimo um árabe "açaccá, aguadeiro", no que não vemos sentido. Para nós o étimo está no quicongo *sàkana*, brincar, divertir-se; brincadeiras recíprocas; jogo, divertimento. Da mesma raiz, veja-se *sakanesa*, acariciar (MAIA, 1964_1 b). Q. v. tb. o quimbundo **disokana*, copular.

sacanagem *s. f.* (1) Ato, procedimento ou dito de sacana. (2) Salgadinho feito com pedaços de salsicha, queijo, pimentão etc. espetados num palito (BH). De SACANA (o salgadinho, com todos os ingredientes muito unidos, sugeriria libidinagem).

sacanear *v. t. d.* (1) Irritar, aborrecer, chatear (BH). (2) Escarnecer, ludibriar. De SACANA.

saçanga *s. f.* (1) Alteração, barulho, assuada, desordem (BH). (2) Atropelo, dificuldade (PC). Do quicongo: ou de *sanga*, dançar, pular, gritar de alegria; ou de *sanga*, misturar, confundir; ou da combinação dessas duas ideias. Q. v. tb. **sasangana*, dispersar-se, e o quicongo **nzanga*, barulho.

saçangar *v. t.* Sondar o rio ou o mar (LM). De SAÇANGA, provavelmente: no ato de sondar, para determinar a profundidade, o agente revolve as águas.

sacanice *s. f.* SACANAGEM (BH).

saçaricar *v. intr.* (1) Saracotear. (2) Divertir-se à larga (BH). Provavelmente do quicongo *sasidika*, colocar em desordem, causar desarranjo, confusão. Q. v. tb. o quinguana **kukurika*, agitar-se, inquietar-se. Cp. SARIRICAR.

saçarico *s. m.* (1) Ato de SAÇARICAR. (2) Pessoa em companhia de quem alguém saçarica (BH).

sacarraia *s. f.* Idiofone de raspamento que às vezes substitui a matraca nos ritos da quaresma (AM). De provável origem banta. Redinha (1984 b) relaciona, entre os idiofones angolanos, os seguintes: *nsaka*, chocalho dos quibalas; *kasaka*, chocalho dos balubas; *bisaka*, paus de percussão dos balubas; *sakayu*, chocalho dos muxiluandas.

saco-saco *s. m.* Planta medicinal usada em chás e banhos. Abon.: FLORA, 1985 c, p. 46. Do quicongo *ntsaku-ntsaku*, erva usada em exorcismos (SORET, 1959 c, p. 103).

sacuê *s. f.* GALINHA-D'ANGOLA (YP). Viotti (1956 a) grafa *sacué*. De origem banta, segundo Yeda P. de Castro (1976 a), não integrado em Castro (2001 a). O termo foi registrado pelo autor em um cântico ritual de limpeza espiritual, realizado com aves: "Sacuê, sacueripembe!". Ver SACURUPEMBAR.

sacurê *s. m.* Certa doença que ataca a mandioca (BH). Para Nascentes (1966 b), a origem é obscura. A. G. Cunha (1982_1 b) não menciona. Pode ser banto o étimo. Q. v., no umbundo: **sakula*, curar; **sakuluka*, desligar-se, desprender-se; **sakuluka*, desligar, desprender, curar.

sacuru *s. m.* Exorcismo com folhas (YP). Do termo multilinguístico *sakula*, curar. Ou ligado a SACA.

sacurupembar *v. intr.* Realizar um ritual com PEMBA (YP). De SACURU + PEMBA.

safári *s. m.* (1) Expedição de caça, especialmente em selvas africanas (AN). (2) Vestimenta esportiva originariamente usada pelos participantes dessas expedições. Do suaíle *safari*, viagem, através do inglês.

safira *s. f.* Masturbação masculina (BH). Provavelmente ligado ao quioco *sapha*, estar em contínuo movimento, através da forma *saphila*, que transmite a ideia de inquietude.

salalé *s. f.* Espécie de térmite ou cupim (AN). Do quimbundo *sualala*, formiga branca.

salaqua *s. f.* Bofetada (GP). Provavelmente ligado ao quimbundo *lukuaku*, mão. Cp. CALIQUAQUA, LIQUAQUA.

salati *s. m.* Cerca dentro do roncó, onde se dá banho nas iniciandas do CANDOMBLÉ (OC). Provavelmente ligado ao quicongo *saalata*, cobrir o teto com folhas (em alusão, talvez, à forma original do local).

salu *s. m.* Dança popular brasileira (WR), modalidade do FANDANGO (BH). Possivelmente do quicongo: *sàlu*, ratoeira, alçapão; *sálu*, trabalho, fadiga, esforço; *sálu*, multidão, turba. Ou do espanhol *salud* (a dança é gaúcha)?

samanco *s. m.* Guarda-civil (FS). Var. de SAMANGO.

samangão *s. m.* SAMANGO (MV).

samangar *v. intr.* Estar ocioso (BH). De SAMANGO.

samango *s. m.* (1) Preguiçoso, indolente. (2) Maltrapilho. (3) Policial, tira (BH). (4) Idiota (YP). Possivelmente ligado ao quioco *samana*, estar ou pôr-se de bruços, deitado; ou de SAMBANGO. Cp. SAMONGA.

samangolé *adj.* Preguiçoso (FS). De SAMANGO.

samanguice *s. f.* Ação de SAMANGO (AN).

samba [1] s.m. Nome genérico de várias danças populares brasileiras; p. ext. a música que acompanha cada uma dessas danças; modernamente, expressão musical que constitui a espinha dorsal e a corrente principal da música popular brasileira. Teodoro Sampaio (1987 b), sábio afro-baiano, dá como origem do termo, a partir de Batista Caetano, o tupi *çama* ou *çamba*, "cadeia feita de mãos dadas por pessoas em folguedo: a dança de roda". No entanto, a roda das danças do tipo samba não comporta mãos dadas, e, sim, mãos batendo palmas, sendo sua característica essencial a umbigada ou a simulação dela. Observe-se que o léxico da língua *cokwe* ou *tchokwe*, do povo quioco, de ANGOLA, registra um verbo *samba*, com a acepção de "cabriolar, brincar, divertir-se como cabrito" (cf. BARBOSA, 1989 b). No quicongo, vocábulo de igual feição designa uma espécie de dança em que um dançarino bate contra o peito de outro (cf. LAMAN, 1964 b). E essas duas formas originam-se da raiz multilinguística *semba*, rejeitar, separar" (q. v. ALVES, 1951 b), remetendo ao movimento físico produzido na umbigada, que é a característica principal das danças dos povos bantos, na África e na Diáspora. Q.v. também o bundo **samba*, ferver, estar em ebulição; e o quimbundo **samba*, rezar.

samba [2] *s. m.* Saquinho de pano ou cestinho de bambu que se coloca à boca dos bezerros ou cabritos para desmamá-los (MM). Do quimbundo *samba*, cesta.

samba [3] *s. f.* (1) Em antigos terreiros bantos, sacerdotisa com as mesmas funções da equéde dos terreiros nagôs. (2) Em terreiros bantos atuais, filha de santo, iaô. (3) Em alguns terreiros de UMBANDA, auxiliar de mãe de santo ou da mãe-pequena (OC). Do quimbundo *samba*, pessoa que vive na intimidade de alguém ou faz parte de sua família; cortesã, dama da corte.

samba-amarrado *s. m.* Uma das formas do SAMBA do Recôncavo baiano.

samba-batido *s. m.* Denominação baiana do antigo BATUQUE. Q. V. SAMBA.

samba-canção *s. m.* SAMBA de andamento lento, de melodia romântica e letra sentimental (BH).

samba-choro *s. m.* SAMBA de andamento médio, que se caracteriza como um choro com letra, para ser cantado. Q. V. CHORO.

samba-chulado *s. m.* Espécie de SAMBA baiano de melodia mais complexa e extensa que o

SAMBA DE RODA comum, no qual se entremeiam versos da tradição popular.

samba-corrido *s. m.* O mesmo que SAMBA DE PRIMEIRA.

samba de breque *s. m.* SAMBA de caráter humorístico, sincopado, com paradas repentinas, nas quais o cantor introduz comentários falados (BH). Do port. *breque*, parada, freio.

samba de caboclo *s. m.* Cântico ritual dos CANDOMBLÉS DE CABOCLO (WR).

samba de chave *s. m.* Variação coreográfica do SAMBA baiano no qual os dançarinos solistas simulam procurar uma chave perdida.

samba de chula *s. m.* SAMBA-CHULADO.

samba de embolada *s. m.* SAMBA cantado de improviso, na forma de embolada.

samba de matuto *s. m.* Forma de SAMBA originada do MARACATU, dançada e cantada nos sertões nordestinos (WR).

samba de partido alto *s. m.* (1) Antiga modalidade de SAMBA instrumental. (2) Espécie de samba cantado em forma de desafio por dois ou mais solistas e que se compõe de um refrão e de partes soladas.

samba de primeira *s. m.* Antigo SAMBA, sem segunda parte, cronologicamente intermediário entre o primitivo samba rural e o moderno samba urbano.

samba de roda *s. m.* Protótipo do SAMBA rural e, em especial, do samba baiano.

samba-duro *s. m.* Uma das denominações da BATUCADA ou pernada carioca.

samba em Berlim *s. m.* Bebida preparada com CACHAÇA e Coca-Cola (BH). A bebida, inventada por ocasião da Segunda Guerra Mundial, celebra a vitória das tropas aliadas (simbolizadas pela cachaça brasileira - o SAMBA - e a Coca-Cola norte-americana) na Alemanha (BH).

samba-enredo *s. m.* Modalidade de SAMBA que consiste em letra e melodia criadas a partir do resumo do tema que for escolhido como enredo de uma ESCOLA DE SAMBA.

samba-exaltação *s. m.* SAMBA de caráter grandioso, com letra patriótico-ufanista e arranjo orquestral pomposo.

samba-lenço *s. m.* Forma de SAMBA dançado em filas, no qual homens e mulheres, de lenço na mão, acenam para os pares com quem desejam sambar (BH).

samba-roda *s. m.* Modalidade de FANDANGO (BH). De SAMBA.

samba-trançado *s. m.* Antiga forma de SAMBA, dançada em Pernambuco (EBM).

sambacaçote *s. m.* (1) Pequeno peixe de rio (GE). (2) Girino. De CAÇOTE, precedido de um SAMBA talvez ligado ao umbundo *samba*, ser pobre, mendigo, necessitado. Cp. SAMBALACAÇOTE, do qual pode também ser redução.

sambacu *s. m.* Caldo em banho de rio, cangapé (DV). Possivelmente ligado a SAMBA [1]. Ou de origem ameríndia?

sambado *adj.* (1) Gasto pelo uso. (2) Desgastado fisicamente (BH). De SAMBAR (através de uma ideia de despender esforço físico, "gastar-se").

sambador *adj. e s. m.* SAMBISTA (BH).

sambalacaçote *adj.* Mal-arranjado; exótico, ridículo (PC, grafado *samba-lá-caçote*). De SAMBACAÇOTE. Cp. BANGALAFUMENGA.

Sambalelê *s. m.* Cantiga de roda (AN). De SAMBA.

sambamba *s. f.* Charque (BH). Provavelmente do umbundo *samba*, cortar em pedaços, com reduplicação.

sambanga *adj. 2 gên. e s. 2 gên.* (1) Tolo (BH). (2) Indivíduo que comparece a uma festa sem convite (MV). De origem banta. Provavelmente de SAMBANGO.

sambango *s. m.* (1) Indivíduo fraco, sem forças (BH). (2) Pederasta passivo (YP). Provavelmente do umbundo *samba*, pobre, carente, mendigo + *ngo*, ordinário, vulgar.

sambangó *s. m.* Atoleimado, cretino, lerdo (MV). De SAMBANGO.

sambangola *s. m.* Nos CANDOMBLÉS DE CABOCLO e na UMBANDA, toque (ritmo e dança) do Caboclo Boiadeiro. Abon.: "O toque de sambangola / Boiadeiro veio animar". "Seu Boiadeiro na Nação / gosta muito de sambangola" (CANTIGAS, 19--_1 a). Contração de SAMBA de ANGOLA, provavelmente.

sambar *v. intr.* Dançar o SAMBA (BH).
sambaricar *v. intr.* Andar muito de um lado para outro (MA). Provavelmente ligado ao quicongo *sambukila*, andar de um lado para outro.
sambear *v. intr.* SAMBAR.
sambeiro *adj. e s. m.* (1) Que ou aquele que dança ou canta SAMBA (AN). (2) Mau SAMBISTA.
sambista *s. 2 gên.* Cantor, compositor ou dançarino de SAMBA (AN).
sambocar *v. t. d.* Tirar, sacar, extrair (BH). Provavelmente ligado ao quioco *sambo*, parto.
sambódromo *s. m.* Pista onde se exibem agremiações de SAMBA (BH).
sambongo *s. m.* Doce feito de COCO ralado, ou mamão verde, e melado (BH). Provavelmente da mesma origem de SAMBANGO, talvez por ser considerado um doce "plebeu". Schneider (1991 a) liga ao umbundo *lumbungu*, cana-de--açúcar (por causa do melado).
sambudo *adj.* De barriga inchada, volumosa (PC). Possivelmente ligado ao umbundo *sambo*, SOBA grande, chefe principal (os chefes africanos são tidos como corpulentos, gordos: cp. MANIPANSO, MANICONGO). Ou do umbundo *Sambulu*, espírito que propaga as doenças (o inchaço da barriga tem causas patológicas).
sambuio *s. m.* Var. de SAMBULHO (BH).
sambulho *s. m.* Canhanha, peixe percomorfo dos mares do Brasil (BH). Provavelmente do quicongo *sambuiu*, pequena bigorna (pela forma).
samolo *s. m.* Morrião, planta usada para anular trabalhos de magia negra (OC). Do umbundo *samolola*, desarmar, destruir, desmanchar, desfazer (através de atos repetidos), ou *samola*, aspergir repetidas vezes.
samonga *adj.* Lerdo, pateta, imbecil (SP). Provável var. de SAMANGO. Observe-se, entretanto, o elemento *mong* presente em MONGO, bobo, débil mental (q. v.) e SONGAMONGA.
samongo *s. m.* Um dos toques de BERIMBAU no jogo da CAPOEIRA. (WR) Talvez de SAMANGO, policial, como uma senha para anunciar a chegada das autoridades repressoras.
samouco *s. m.* (1) Árvore dos Açores e da Madeira. (2) Crosta que a pedra traz ao vir da pedreira (BH). Possivelmente ligado ao quicongo *samuku*, rolha, tampa, batoque feito de folhas.
sampar *v. t. d. e i.* (1) Arremessar, atirar. (2) Aplicar, pespegar (BH). Provavelmente do quicongo *sampa*, dar o golpe de misericórdia, consumar, matar, através do espanhol platino *zampar*, do qual Corominas (1983 b) não tem a origem certa.
Samuenda *s. m.* Vocábulo mencionado em Nascentes (1966 b), sem outra referência senão a de sua origem desconhecida. Parece tratar-se de entidade espiritual dos QUIOCOS.
sanamunda *s. f.* Planta da família das rosáceas (AN). De provável origem banta. Figueiredo (1925 a) consigna como sendo "o mesmo que erva-benta".
sandaba *s. f.* Peça de uma rede de pesca usada na Bahia (BH). De possível origem banta. Em quicongo ocorre um *sandaba*, vermelho-claro. Mas não alcançamos a relação.
sanga [1] *s. f.* Escavação profunda num terreno, produzida por chuva ou por correntes de água subterrâneas. (2) Pequeno regato que seca facilmente (BH). Do quicongo *sanga*, tanque, lago, lagoa, correspondente ao quimbundo *dizanga*. Segundo Nascentes (1966 b), viria do espanhol *zanga*.
sanga [2] *s. f.* (1) Boca afunilada de qualquer armadilha de caça ou pesca (BH). (2) A porta d'água dos viveiros de peixe (PC). Do quicongo *nsánga*, antecâmara da entrada de uma armadilha para peixes.
sanga [3] *s. f.* Planta medicinal usada em práticas rituais dos CANDOMBLÉS bantos (OC). Provavelmente do quicongo *nsánga*, cabaça com poções medicinais e mágicas (o conteúdo pelo continente).
sanga [4] *s. f.* Arroz quebrado que se vende por baixo preço (AN); quirera (GN). Alteração de SENGA.
sangado [1] *adj.* Preso em SANGA, armadilha (AN).
sangado [2] *adj.* Enfezado, raquítico (BH). Provável var. de ZANGADO. Buarque de Holanda (FERREIRA, 1986 a) registra com a mesma origem de SANGADO [1].

sangagu *s. m.* SANGANGU. Abon.: AZEVEDO, 1987 c, p. 574.

sangangu *s. m.* (1) Desordem, conflito. (2) Mexerico, intriga (BH). Certamente ligado ao quimbundo *nzanga, nzangu,* barulho, e ao quicongo *nsangu,* ruído de tambores, de cânticos, e influenciado por ANGU. Schneider (1991 a) liga ao ganguela *sangu'numa,* provocar desordem. Q. v. tb. o quicongo **sangangungu,* aranha (MAIA, 1964_1 b): teria alguma relação, talvez pelo sentido de emaranhamento (da teia)?

sangão *s. m.* (1) Sanga funda (CT). (2) Córrego fundo (AN). Aum. de SANGA [1].

sangavira *s. f.* Tambor de JONGO (BH). Possivelmente, do topônimo *Sanga Vila,* nome de uma localidade do nordeste da República Popular do CONGO (SORET, 1959 c, p. 60). Ou do quicongo *nsangu,* ruído de tambores ou cânticos.

Sangneossanha *s. f.* SANGUIOSSANHE.

sangolovô *s. m.* Cana-de-MACACO, erva usada ritualisticamente em cerimônias da tradição dos orixás. Abon.: BARROS, 1993 c, p. 146. Do quicongo *nsanga-lavu,* cana-da-índia, empregada como remédio (LAMAN, 1964 b).

sangonho *adj.* Atilado, sabido (MV). Provavelmente ligado ao quicongo *sangu,* eficácia.

sangororô *s. m.* Espécie de chocalho usado nas antigas MACUMBAS cariocas (MC). Provavelmente ligado aos vocábulos *nsángwa,* grãos, sementes e *lolo,* fruto da árvore *lolo* (do quicongo), através de um possível *nsangwa-lolo.* Ou do quioco *sangu,* espécie de chocalho feito com um fruto tornado oco e depois recheado de sementes. Q. v. tb. o umbundo **sangula,* chocalhar.

sangueiro *s. m.* Fabricante de quirera ou SANGA [4] (BH).

sanguinhar *v. intr.* Patinar na lama; pisotear (BH). De SANGA [1].

Sanguiossanhe *s. f.* No culto OMOLOCÔ, entidade correspondente ao Ossanhe (Ossâim) dos nagôs. Abon.: PERNAMBUCO, 1989 c, p. 60. De *Ossanhe* (de origem iorubá) precedido do quicongo *sángi,* bosque, floresta, plantação de árvores (Ossanhe é o orixá das folhas, das plantas medicinais e usadas ritualisticamente). O vocábulo parece ser de formação literária. Tb. SANGNEOSSANHA.

sanja *s. f.* (1) Abertura ou dreno para escoar águas. (2) Valeta, rego (BH). Provavelmente do quicongo *nsánza,* entrada de armadilha para peixes, através do espanhol platino *zanja.* Cp. SANGA.

sanjar *v. t. d. e intr.* Fazer ou abrir SANJA (BH).

sanje *s. f.* Ave (VF). Do quimbundo *sanji,* galinha.

sanjei *s. f.* Pomba; o Espírito Santo católico (VF). Q. v. SANJE.

sanjo *s. 2 gên.* Frango, galinha (VF). Q. v. SANJE.

sanjuê *s. m.* Barulho, briga (MM). Provavelmente do quicongo *nsánzu,* pilhagem, saque. Ou da mesma raiz de SANGANGU. Cp. FUZUÊ.

sanquitar *v. t. d.* Voltear a massa da broa com farinha para ligá-la bem (BH). Possivelmente relacionado ao quioco *sangika,* fazer bem-feito, com esmero.

sansa *s. m.* Instrumento musical de origem africana (BH); o mesmo que QUISSANJE. De *sanza,* nome do quissanje entre os congueses (cf. REDINHA, 1984 b, p. 129). Buarque de Holanda (FERREIRA, 1986 a) apresenta como um "instrumento de cordas", o que é um equívoco, pois se trata de um instrumento de lâminas ou palhetas metálicas que são percutidas durante a execução.

santelo *s. m.* Rede para pesca de peixe miúdo (AN). Possivelmente ligado ao umbundo *tela,* armadilha, laço, esparrela.

sanzala *s. f.* SENZALA (BH).

São Salavá *s. m.* Espírito do mato, entidade do folclore ameríndio (BH). Possivelmente de origem banta. Q. v. no quicongo: **sansala,* estar bêbado; **salaba,* saia, saiote de folhas.

sapanzoba *s. m.* Pássaro da fam. dos emberizídeos (AN). Provavelmente do quicongo *zoba,* bico; e possivelmente de *saba,* muito cheio, tb. do quicongo (os pássaros da espécie, fringilídeos, têm bico curto e grosso, segundo FERREIRA, 1986 a).

sapeca *adj. f. e s. f.* Diz-se de, ou moça muito assanhada e namoradeira (BH). Houaiss

(HOUAISS; VILLAR, 2001 a) liga ao port. *sapecar*, chamuscar. Q. v. porém o nhungue **sapeka*, descontente, insatisfeito.
sapecar *v. t. d.* (1) Atirar, arremessar: "Sapequei a bola em cima dele" (AN). (2) Plantar, bater, vibrar (JR): "Sapequei-lhe um beijo e ela me sapecou um tapa". Étimo controverso: Nascentes (1966 b) e A. G. Cunha (1982_1 b) veem como tupi, mas Jacques Raymundo (1936 a) vê a origem no umbundo *sopeka*, semear, plantar.
sapequice *s. f.* Qualidade ou ato de SAPECA (AN).
sapo-lenguê *s. m.* Espécie de sapo com interessantes desenhos no dorso. Abon.: SANTOS, 1981 a. Provavelmente do quicongo *nlenge*, lagarta comestível, talvez pelos desenhos no dorso.
sapo-sunga *s. m.* Ente fantástico da mitologia nordestina. Abon.: "Cego, eu creio que tu és / da raça do sapo-sunga / cego não adora Deus / o Deus do cego é calunga..." (de um desafio de violeiros citado em FALCÃO, 1973 c, p. 12). Do quicongo *sunga*, gulodice, voracidade. Ou de SUNGAR.
sarabagué *s. m.* SARABAQUÊ (CC).
sarabanda *s. f.* (1) Antiga dança de origem espanhola. (2) Agitação, tumulto, admoestação, reprimenda, repreensão (AN). Provavelmente do quicongo, da junção dos termos *sala*, espécie de dança em que se movem rapidamente as ancas, e *mbanda*, dança ao redor do tambor *mbandu*. Ou de *nsala-banda*, espécie de fazenda larga (das saias das dançarinas?). A acepção de reprimenda parece vir da agitação que talvez caracterizasse a dança. Ou do umbundo *sala*, malhar, espancar, surrar, da mesma raiz do quicongo *nsaala*, bofetada. Veja-se também que, entre os congos cubanos, *Sarabanda* é uma entidade correspondente ao Ogum nagô. O vocábulo parece ter chegado ao Brasil através do espanhol.
sarabandeador *adj. e s. m.* Que ou aquele que sarabandeia (AN). De SARABANDEAR.
sarabandear *v. intr.* Dançar a SARABANDA (AN).
sarabaquê *s. m.* Dança da santa cruz, na aldeia paulista de Carapicuíba (CC). Provavelmente ligado a SARAMBA e ao quicongo *nke*, pequeno: "chocalho pequeno". Também, provável alteração de SARAMBEQUE. Houaiss (HOUAISS; VILLAR, 2001 a) atribui origem indígena.
sarabaqué *s. m.* Var. de SARABAQUÊ (CC).
Saracanga *s. m.* Entidade da UMBANDA, criada com as forças do terreiro para proteger uma cerimônia, sendo dissolvida ao final da mesma. Abon.: "A desinformação nos próprios terreiros e entre a população acabou confundindo o Sr. Saracanga e os quiumbas com Exu" (CANDOMBLÉ, 1981 c, p. 14). Certamente da raiz do quicongo *salakana*, feito, moldado; e do quioco *salakana*, ficar em vez ou no lugar de outrem: substituir, suceder.
saracote *s. m.* (1) Movimento buliçoso. (2) Inquietação de quem anda de um lado para outro. (3) Bamboleio do corpo (AN). Certamente ligado aos vocábulos do quicongo: *sala*, espécie de dança em que se movem rapidamente os quadris, e *koti*, espécie de chicote.
saracoteado *s. m.* SARACOTEIO (AN).
saracoteador *adj. e s. m.* Que ou aquele que saracoteia (AN). De SARACOTEAR.
saracotear *v. t.* (1) Agitar com meneios airosos. // *v. intr.* (2) Não parar num lugar, andar de um lado para outro. // *v. pron.* (3) Fazer saracotes (AN). De SARACOTE.
saracoteio *s. m.* Ato de SARACOTEAR ou saracotear-se (AN).
saramba *s. f.* Espécie de FANDANGO batido; SARAMBEQUE (BH). Do nhungue *ntsaramba*, guizo, chocalho. Ou red. de *sarambeque*. Segundo Schneider (1991 a), pode vir do ajaua *salamba*, nome de uma dança e de um tambor.
sarambão *s. m. e adj.* Pelintra. Abon.: CEARENSE, 1946 c. De SARANDA, através de uma forma aumentativa "sarandão".
sarambé *s. m. e adj.* Indivíduo tolo (SCH). Da mesma formação de SARAMBÃO.
sarambela *s. f.* Dito ou ato de tolo, de SARAMBÉ (SCH).
sarambeque *s. m.* (1) Dança popular brasileira (AN). (2) Vagina, vulva, clitóris. Abon.: "Mas na mão que lhe corria / junto já do sarambeque

/ me agarrou ela, e me disse / tá, que estou porca doente" (MATOS, 1990 c, v. II, p. 1159). Provavelmente do nhungue *ntsaramba*, guizo, chocalho. Cp. SARABAQUÊ. Ou do quicongo *sala*, espécie de dança + *mbeka*, movimento de dança (nesta hipótese, as duas acepções teriam étimos diferentes).

sarambu *s. m.* Dança popular brasileira (AN). Da mesma raiz de SARAMBA.

saramicujo *adj.* Lampeiro. Abon.: "Vinha vindo já todo inventado, saramicujo, fazendo muita serenância" (ROSA, 1970 c, p. 150). De possível origem banta.

saramoco *s. m.* Produção má ou escassa de uma lavoura (BH). Provavelmente relacionado ao quioco *mokomoko*, inútil, sem préstimo; e talvez a *sala*, ficar, permanecer (também do quioco).

saranda *adj. e s. m.* Vadio, vagabundo (BH). Provavelmente do quicongo. Q. v. *nsala, *tsala, negligência; *nzala, fome, carência.

sarandagem *s. f.* Vagabundagem (AN). De SARANDA.

sarandalhas *s. f. pl.* Gente ordinária, a ralé (AN). De SARANDAGEM.

sarandalhos *s. m. pl.* SARANDALHAS (AN).

sarandear *v. intr.* (1) SARACOTEAR, menear-se (na dança). (2) Corcovear (o cavalo) (AN). De SARAMBA, através de uma possível forma "saranda". Ou do port. *ciranda*, de origem controversa.

sarandeio *s. m.* Ato de SARANDEAR (AN).

saranga [1] *s. f.* Espécie de cantochão (AM). Alter. de SERENGA.

saranga [2] *s. m. e adj.* (1) Toleirão, simplório. (2) Vadio (CT). Var. de SARANDA.

sarango *s. m. e adj.* O mesmo que SARANGA (YP).

sarangravaia *s. f.* MATO espinhoso (AN). Provavelmente do quicongo. Q. v. *nsala, copa de árvore; e *nga-yaya, picante como pimenta.

sarapango *s. m.* Dança entremeada de cânticos (MV). De origem banta, relacionado ao umbundo *panga*, saltar, oscilar, agitar-se. *Ochilyapanga* é o nome de uma dança dos ovimbundos (cf. GUENNEC; VALENTE, 1972 b, verb. "dança").

sarapantado *adj.* Espantado, atordoado, atrapalhado (AN). De SARAPANTAR.

sarapantão *adj.* SARAPINTADO (AN).

sarapantar *v. t.* Espantar, atordoar, atrapalhar (AN). Jacques Raymundo (1936 a) vê como bantuização do port. *espantar*, através de "deturpação por enxerto": e(s)pantar > sapantar > sarapantar. Convém examinar também o quioco *sala*, ficar, permanecer, conservar-se, que pode ter influenciado a formação do vocábulo; bem como o umbundo *salakata*, assustar-se, espantar-se.

sarapatel *s. m.* (1) Guisado feito com sangue e miúdos de certos animais, especialmente do porco. (2) Confusão, mixórdia (AN). De possível origem banta. Q. v. o quicongo *sala mpatu*, inhame comestível. Q. v. tb. *sivala, miúdo.

sarapintado *adj.* Pintado com sardas ou manchas (AN). De SARAPINTAR.

sarapintar *v. t.* Fazer pintas variadas em; mesclar de vários matizes (AN). Provavelmente do port. *pintar*, com a interferência do quioco *sala*, ficar, permanecer, também ocorrente no umbundo. Cp. SARAPANTAR.

sarará [1] *adj.* (1) Alourado, arruivado (mulato). // *s. m. e f.* (2) Pessoa mulata, sarará. // *s. f.* (3) Formiga, o mesmo que sassará (AN). O étimo tradicionalmente aceito é o tupi *sara'ra*, mariposa de cor fulva. Convém, entretanto, verificar o quimbundo *sualala*, formiga branca, cupim.

sarará [2] *s. m.* Falador (CT). Provavelmente, do quimbundo *zuelela*, falar. Ou de SARARÁ [1] (no mesmo sentido da expressão "mulato pernóstico")?

sarava *s. m.* Baile (JD). De origem banta, certamente da raiz *sara*, presente em SARABANDA, SARAMBEQUE etc. Cp. SARAVÁ, SARAVAR.

saravá *interj.* Saudação dos UMBANDISTAS, significando "salve!" (OC). Bantuização do português *salvar*, saudar.

saravar *v. t. d.* (1) Saudar. // *v. intr.* (2) Dançar na roda dos orixás festejando-os. Abon.: "Mamãe

Sinda chegou, tá no reino; Mamãe Sinda, vamos saravar." (De uma corimba do repertório da cantora Clementina de Jesus). Bantuização do port. *salvar*, como em SARAVÁ; ou de SARAVA.

sarga-bunda *s. m.* Chinelo de couro, de enfiar o dedo (NIV). De BUNDA. O nome parece ter sido aplicado primeiro ao biquíni chamado "fio dental", daí o "sarga", do port. *salgar*.

sariricar *v. intr.* Rebolar os quadris (DV). Provavelmente ligado ao quicongo *sadika*, trabalhar, agir; e ao umbundo *salika*, suar. Ou do quicongo *sadidika*, mostrar, tornar visível. Cp. SAÇARICAR.

sarro-de-pito *s. m.* Espécie de molusco (AN). De PITO. "O nome vem do líquido que o animal ejeta, semelhante ao sarro de um CACHIMBO" (NASCENTES, 1966 b).

sebaça *s. f.* Saque, roubo com depredação (ET). Provavelmente, ligado ao quicongo *séba*, cortar em pedaços, retalhar.

seculo *s. m.* Cada um dos anciãos que, nas aldeias angolanas, constituem o estado-maior do SOBA (CF). Do quimbundo *sekulu*, ancião. Hesitamos na redação deste verbete, por acharmos que o termo não circulou no Brasil. Nascentes o inclui na nomenclatura de seu *Dicionário etimológico* (1966 b), embora não o consigne no *Dicionário da língua portuguesa* (1988 a). Entretanto, pelas características deste trabalho, optamos pela inclusão, do mesmo modo que registramos SOBA.

sema *s. f.* Farinha (VF). Do quimbundo *sema*, farinha.

semá *s. m.* Cabelo (VF). Possivelmente relacionado ao umbundo *sema*, limalha de ferro, numa alusão ao cabelo "duro" dos negros.

semba [1] *s. m.* Espécie de dança (MM). Do quimbundo *semba*, umbigada. Cp. SAMBA.

semba [2] *s. f.* Mulher pertencente à hierarquia sacerdotal na UMBANDA (BH). De SAMBA [3], talvez por erro de grafia.

sembal, *s. m.* Sertão, roça (DV). Provavelmente do quicongo *senda*, matagal, silvado, brenha, através de uma forma "sendal".

sendengo *s. m.* SENDENGUE (YP).

sendengue *s. m.* Homossexual masculino (YP). De *sendenque*, elemento presente em INDUMBA-SENDENQUE (q. v.), de que é redução. Q. v. tb. DENGO [2].

senga *s. f.* (1) Fragmentos, sobras, farelos. (2) Cascas de ostras e mariscos (AN). De SENGAR.

sengar *v. t. d.* (1) Peneirar. (2) Separar, desunir (MV). Do quicongo *senga*, peneirar, da mesma raiz do quimbundo *senga*, repudiar.

senge *s. m.* MATO (JD). Talvez seja preferível a forma SENGUÊ.

sengo *s. m.* Var. de SENGUÊ (VF).

senguê *s. m.* MATO (JD, MM). Do umbundo *usenge*, mato.

sengue *s. m.* Var. de SENGUÊ (VF).

senhê *s. f.* Var. de OSSENHÊ (MM).

sensar *v. t. d.* SESSAR (YP).

senzala [1] *s. f.* Conjunto de alojamentos que, nas antigas fazendas ou casas senhoriais, se destinavam aos escravos (BH). Do quimbundo *sanzala*, lugar de habitação dos indivíduos de uma família (MAIA, 1964_1 b, p. 397).

senzala [2] *s. f.* Espécie de bracelete, de palha da costa e enfeitado com búzios, que as iaôs usam após a iniciação (OC). Provavelmente do quicongo *senzala*, juramento. Ou, com menor probabilidade, de *sansala*, bêbado, trôpego, titubeante, hesitante (em alusão ao estado da iaô recém-iniciada).

senzalismo *s. m.* Procedimento inconveniente, baixo (CT). De SENZALA [1].

serelepe *s. m.* (1) CAXINGUELÊ. //*adj. 2 gên.* (2) Vivo, buliçoso. (3) Astucioso, esperto. (4) Faceiro, gracioso, provocante (AN, BH). Certamente ligado ao quicongo *sele*, uma espécie de rato.

serenar *v. intr.* Dançar com lentidão e languidez; requebrar-se (BH). Do umbundo *syelena*, escorregar, deslizar.

serenga [1] *s. f.* Canto de procissão de canoeiros do interior paulista (AM, EMB). Provavelmente do mesmo étimo de SERENAR. Cp. o quicongo **sele*, tronco de árvore sob uma canoa quando é retirado para fazê-la entrar no rio, por deslizamento.

serenga [2] *s. f.* Faca, facão. Abon.: "Então, Pê-boi suspendeu o Ivo no ar, vencilhado, seguro pelo cós, e tirou da bainha a serenga, e refou nele uma sova, a pano de facão, por sobra de obra" (ROSA, 1978 c, p. 70). Do quimbundo *selenge*, faca. Cp. CACERENGA.

sereroca *s. f.* Vagina. Abon.: MATOS, 1990 c, v. II, p. 841. De origem banta, muito provavelmente. Cp. SIRIRICA.

seriguedê *s. f.* Panela de quatro pés (VF). Possivelmente relacionado ao quimbundo *selenge*, faca.

seringa *s. 2 gên.* Maçador, importuno, impertinente (GO). Provavelmente do quicongo *selingo*, espécie de formiga.

seringação *s. f.* Ato ou efeito de SERINGAR (AN).

seringada *s. f.* SERINGAÇÃO (AN).

seringador *adj. e s. m.* Aquele que é SERINGA (AN).

seringar *v. t.* Importunar, maçar (AN). De SERINGA.

sessação *s. f.* Ato de SESSAR (SCH).

sessamento *s. m.* SESSAÇÃO (SCH).

sessar *v. t. d.* Peneirar (AN). Do quicongo e quimbundo *sesa*, peneirar, joeirar.

sete-ganza *s. m.* Na UMBANDA, cada um dos espíritos de mortos ainda sem esclarecimento de sua condição (OC). Provavelmente do quicongo *nganzi*, sofrimento, irritação, cólera.

Seu Cauiza *s. m.* Entidade da Linha da Jurema, integrante do sistema de cultos amazônicos (NF). Q. v. em CAUIZA.

siá *s. f.* SINHÁ (BH).

sibilo *s. m.* Fim, término (YP). Do quicongo *simbila*, voltar, regressar, levantar-se.

simoco *s. m.* Rapé (MV). Provavelmente relacionado ao umbundo *moko*, faca, em possível alusão à ação de cortar o fumo, para fazer o rapé.

singa *s. f.* Vara grande para acionar embarcação fluvial (MV). Do quicongo *sinda*, ir ao fundo d'água, provavelmente com influência do umbundo *sinda*, empurrar, impelir (ou vice-versa).

sinha *s. f.* Na Bahia antiga, empregada doméstica de certa idade (HV). Provavelmente do quicongo *syá*, parente.

sinhá *s. f.* Tratamento empregado por negros escravos em relação às suas senhoras (AN). Feminização de *sinhô*, com contaminação de IAIÁ. Q. v. IOIÓ e NHÔ.

Sinhá Renga *s. f.* Entidade das antigas MACUMBAS cariocas. Abon.: RIO, 1951 a, p. 26. De SINHÁ + o quicongo *lènga*, permanecer (talvez com o sentido de lentidão). Cp. LEMBARENGANGA.

Sinhá Samba *s. f.* Nas antigas MACUMBAS cariocas, entidade sincretizada com N. Sra. das Dores. Abon.: RIO, 1951 a, p. 26. De SINHÁ + o quicongo *samba*, inclinar, curvar, através da expressão *samba nsi*, os velhos, os homens idosos que viveram outrora, ancestrais.

sinuca *s. f.* (1) Espécie de bilhar de muitas bolas. (2) Nesse jogo, impossibilidade de atingir diretamente a bola que se pretende. (3) Situação difícil (AN). Provavelmente do quicongo *simuka*, estar impedido, desistir. Ou de *sinuka*, cair no fundo, através do inglês *snooker*.

siri-gonguê *s.* Nome de significado impreciso, talvez referente a uma árvore, ou a uma espécie de crustáceo. Abon.: "Arribá, siri-gonguê / cajuero e cajuá / debaxo do liro verde / quero vê minha Iaiá" (ANDRADE, 1984 c, p. 95). De origem banta. Cp. GONGUÊ.

siririca *adj.* (1) Sem modos, doidivanas (DH). // *s. f.* (2) Masturbação feminina. Provavelmente ligado ao quicongo *sididika*, posição do corpo em que se ergue o peito, a qual, se assumida por uma mulher, é considerada imprópria e de mau procedimento. Ou de SARIRICAR.

soba *s. m.* Chefe de aldeia africana (AN). Do quimbundo *soba*, governante, chefe.

sobado *s. m.* Território governado por um SOBA.

sobeta *s. m.* SOBA de pequeno domínio (AN).

soca *s. f.* Cultura de arroz ou de cana roçada para uma produção subsequente (SAM). De origem banta? Ou do port. *socar*?

soco *adj. 2 gên.* Forma de registro do povo *suco*, subgrupo dos BACONGOS, nos livros do tráfico brasileiro de escravos (LR).

socotoco *s. m.* Jogo a dinheiro, espécie de buraca ou gude (GP). Do quicongo *sòko-sòko*, pontaria.

solar *v. t. d.* Namorar, flertar (SCH). Do quicongo *soola*, preferir, amar alguém mais que outrem.

soló *s. m.* Caldo de feijão engrossado com farinha sessada, e temperado com pimenta (PC). Provavelmente do quicongo (dialeto vili) *sololo*, insosso.

soma *s. m.* O mesmo que SOBA (SCH). Alteração de *soba*. Ou do quicongo *soma*, voracidade, gulodice (talvez aqui consideradas como características dos sobas: cp. MANIPANSO).

songa *s. m. e f.* Red. de SONGAMONGA (AN).

songamonga *s. 2 gên.* Pessoa dissimulada, SONSA (BH). Nascentes (1966 b) vê como hispano-americano, e A. G. Cunha (1982_1 b) faz longa explanação sobre essa origem. Veja-se entretanto, no quicongo, *songa ouonga, mostrar receio (MAIA, 1964_1 b); *songa, mostrar, demonstrar; e *mmonga, tristeza (*songa* + *mmonga* = demonstrar tristeza). Q. v. ainda, no quicongo, *nsungamani, dom de observação, perspicácia, derivado de *sungamana*, compreender, ouvir atentamente. Observe-se que a maior característica do songamonga é o olhar atento, demonstrando tristeza e receio. Para nós, então, embora a entrada do vocábulo no Brasil possa ter ocorrido através do espanhol, o étimo remoto é provavelmente banto, do quicongo.

songo *adj. 2 gên.* Indivíduo dos *songo*, da nação *bembe*, segundo os registros brasileiros do tráfico (LR).

songuinha *s. 2 gên.* SONGAMONGA (AN). Dim. de SONGA.

sonsarrão *adj. e s. m.* Que ou aquele que é muito SONSO (AN).

sonsice *s. f.* Qualidade ou ato de SONSO (AN).

sonso *adj.* (1) Que esconde sua malícia ou esperteza sob aparência de tolo ou ingênuo. (2) Disfarçado, dissimulado. // *s. m.* (3) Pessoa sonsa (AN). Possivelmente do quicongo *nsónso*, pl. de *lusònso*, estacas pontudas escondidas no caminho para surpreender os inimigos. Q. v. tb. *sonso, uma das formas pelas quais se denomina o subgrupo étnico *sosso*, dos BACONGOS de ANGOLA.

sopapear *v. t. d.* Dar sopapos em (AN). De SOPAPO [1].

sopapo [1] Murro, soco; bofetão, tapa. /// **Casa de sopapo**, habitação cujas paredes são feitas de barro que se atira com a mão (BH). Nascentes (1966 b) faz derivar do port. *papo* ("era pancada que se dava debaixo do queixo") com o que não concordamos, pelas razões seguintes. Tomemos el ronga *xipapa*, palma da mão (o próprio Nascentes, 1988 a, já define o sopapo como "pancada no rosto com a mão aberta"). A partir dele, e da raiz *pap*, vamos ao bundo *papu*, bofetada, de *papula*, esbofetear (cf. ALVES, 1951 b). Então chegamos ao quimbundo *kipapa*, bofetada e parede. Essas duas acepções (parede < bofetada) fazem com que a origem banta se afigure como a mais provável. Cp. SUPAPO.

sopapo [2] *s. m.* Grande tambor, popularizado no Rio Grande do Sul, nos anos 1970, pelo músico negro Gilberto Amaro do Nascimento, o Giba-Giba. Possivelmente de *yakupapa*, tambor dos ganguelas (REDINHA, 1984 b), da mesma raiz de SOPAPO [1].

sora *s. f.* Lua (VF). Do umbundo *sola*, época, tempo.

sorococo *s. m.* Arbusto da família das moráceas (DH). Provavelmente do quicongo *solokoto*, erva daninha.

soronga *s. 2 gên.* Pessoa estonteada, indecisa, mole (SP). Provavelmente relacionado ao quicongo *solonga*, gotejar, escorrer, derramar (sangue).

sorongo *s. m.* (1) Dança semelhante ao BATUQUE, de origem africana (AN). (2) Arrasta-pé, baile de baixa condição (ZN). Provavelmente de *sorongo*, subgrupo étnico BACONGO.

soruma *s. f.* MACONHA (BH). Buarque de Holanda (FERREIRA, 1986 a) afirma ser termo originário da África Oriental.

sorungo *s. m.* SORONGO, arrasta-pé (ZN).

sotaque *s. m.* (1) Indireta, debique, ironia velada (AP). (2) Cantigas de escárnio e zombaria que, nos CANDOMBLÉS DE CABOCLO, as entidades dirigem àqueles com quem não simpatizam. Abon.: "Outro cântico, também para Pedra Preta, mostra o que se chama sotaque, nos candomblés de caboclo". (CARNEIRO, 1937 c, p. 64). Possivelmente relacionado ao quicongo *suta*, tripudiar.

sova [1] *s. m.* Ato de SOVAR (AN).

sova [2] *s. m.* O mesmo que SOBA. Abon.: "Houve que Luís Fernandes / foi entonces aclamado / por rei dos jeribiteiros / e por sova dos borrachos." (MATOS, 1990 c, v. II, p. 1181-1182).

sovaca *s. f.* O fundo de couro cru que serve de coberta à carga (SC). De provável origem banta. Cp. BRUACA. Q. v. o quicongo *suvakana*, estar cheio.

sovador *adj. e s. m.* Que, ou aquele que sova (AN). De SOVAR.

sovadura *s. f.* Ato ou efeito de SOVAR (AN).

sovar *v. t. d.* Dar pancadas com a mão ou com qualquer instrumento (AN). Provavelmente do umbundo *sova*, espancar, derrear. Alves (1951 b) explica a etimologia no próprio bundo, não se tratando, pois, de portuguesismo.

sovaramba *s. f.* MACONHA. Abon.: MONTEIRO, 1966 a, p. 298. De provável origem banta.

suazi *adj.* (1) Relativo aos *suazis*, povo banto da África Meridional. // (2) *s. m. e f.* Indivíduo desse povo. // *s. m.* (3) Língua banta falada pelos suazis (AN).

subangado *adj.* Fodido, lascado (NIV). Da raiz do quicongo *sumbangana*, ferir, chocar, bater, maltratar. Cp. SUMBANGA.

subisar *v. t. d.* Receber, procurar, escolher (YP). Do quicongo *sumbisa*, comprar.

sucanar *v. t.* Casar (VF). Do quimbundo *sokana*, casar.

sucanga *s. m.* Indivíduo sovina (GS). Provavelmente da raiz do quicongo *suka*, avidez, voracidade, gula.

suçu *s. f.* Ave mitológica ligada ao ciclo do terror infantil. Abon.: "Suçu, suçu sossega / vai trepar no poleiro / Deixa a menina quieta / Dormir no travesseiro" (RAYMUNDO, 1936 a, p. 46). Romero (1977 a) registra com o significado de "galinha" e grafa *cuco*. Do quicongo *nsusu*, galinha, certamente com influência também de *susu*, qualquer coisa que mete medo, visão aterrorizante.

sucutu *s. m.* Galo (VF). Provavelmente relacionado ao umbundo *kutu*, gargalhada, risada, em alusão ao cantar estridente.

sudengue *s. m.* Cacetada, paulada (DV). De provável origem banta. Q. v. o quicongo *suda*, ser sacudido por uma corrente elétrica.

sueca *s. m.* Um dos títulos pelos quais era conhecido o ZUMBI dos Palmares, protomártir da libertação dos negros brasileiros. Abon.: "Há muitos fatos intrigantes na vida de Zumbi dos Palmares. Um deles é o seu apelido: sueca. Que quereria dizer?" (SANTOS, 1992 c). Do quicongo *Swèka*, INQUICE que pode tornar uma pessoa invisível durante a guerra (LAMAN, 1964 b). Q. v. o quimbundo *sueka*, esconder.

sula *s. f.* Ação de operar um pilão (BR). Deverbal de SULAR.

sulamba *adj. e s. m.* Diz-se de, ou indivíduo desmazelado e preguiçoso (BR). Certamente relacionado ao quicongo *sulama*, estar deitado, estar caído.

sulancar *v. intr.* Trabalhar com afinco, penosamente (MV). Segundo Raymundo (1936 a), trata-se de SULAR + o port. *espancar*.

sulaque *s. m.* Gaveta das máquinas de vapor (AN). Provavelmente relacionado ao quicongo *sula*, fundir, forjar.

sular *v. t. d.* Triturar no graal (BH). Do quimbundo *sula*, pilar, socar. Cp. CAÇULA [2].

suluas *s. f.* Falsidade (MV). Provavelmente do quicongo. Q. v. *sulwa*, refugo, rejeito; *sulwa*, aquele em cujos olhos se esfrega pimenta, como punição.

sumaca *s. f.* Charque (AN). Provavelmente do quicongo *sumata*, degustar, comer aos pouquinhos, saborear, da raiz de *suma*, saboroso.

sumbanga *s. f.* Pessoa insignificante, joão-ninguém (MM). Da mesma raiz do quicongo *sumbangana*, ser vendido ou comprado. Escravo?

sumbecar *v. t. d.* Esconder (ET). De provável origem banta.

Sumbo *s. m.* INQUICE ANGOLO-CONGUÊS correspondente ao Ogum nagô (YP). Do quicongo *Nsúmbu* (*Súmbu*), nome de um INQUICE.

sundar *v. intr.* Pescar de fundo e com anzol, tendo o barco apoitado (SAM). De provável origem banta.

sundeque *s. m.* Pancada, cascudo, SOPAPO (MV). Provavelmente de SUDENGUE.

sundo *s. m.* (1) Ânus (YP). (2) Vagina, vulva (BH). Provavelmente do quicongo *nsundu*, lugar secreto, fim, ponto extremo (de uma floresta, de um bosque).

sundunga *s. f.* Casacão de fazenda barata (MV). Provavelmente do quicongo *sundunga*, tamanho, volume (em alusão ao comprimento e à largura do casaco).

sunga *s. f.* (1) Calção curto para banho de mar. (2) Suporte para a genitália masculina, usado sob o calção (AN). De SUNGAR.

sunga de cima *s. f.* Sutiã, corpete, fita dos peitos (GS). De SUNGA.

sunga-munga *s. m.* Idiota (CT). Provável alteração de SONGAMONGA, com deturpação do sentido. Q. v. tb. o quicongo **songa*, tolo.

sunga-neném *s. m.* (1) Animal mitológico, do ciclo do terror infantil. Abon.: DUARTE, 1974 c, p.70. (2) Dança maranhense muito voluptuosa (DV). De SUNGAR, puxar: o animal, porque puxa para sequestrar e comer; a dança talvez porque "puxe", no sentido de fazer abortar, pela volúpia dos passos.

sungado *adj.* Que se sungou (AN). Diz-se de roupa encolhida, curta, menor que o corpo que veste: "A blusa era curtíssima, sungada; os punhos lhe apareciam inteiramente" (BARRETO, 19-- c, p. 104). De SUNGAR.

sungar [1] *v. t. d.* (1) Puxar para cima (AN). (2) Elevar um objeto, erguer (ZN). (3) Suspender o cós de calça ou saia (AN-BH). Do quimbundo *sunga*, puxar.

sungar [2] *v. intr.* Montar (CT). Provavelmente da mesma origem de SUNGAR [1].

sungar [3] *v. intr.* Assoar o nariz (SCH). Deturpação de FUNGAR, talvez por erro de grafia.

supapada *s. f.* Furto, apropriação indébita, peculato (PC). De SUPAPO.

supapo *s. f.* SUPAPADA (PC). Var. de SOPAPO, mais próxima do ronga *xipapa*, palma da mão.

supimpa *adj.* Muito bom, excelente, superior (AN). De provável origem banta, talvez relacionado ao umbundo *supa*, sobrar, ser demais.

sureca *v. t.* Furtar (JD). Certamente relacionado ao ronga *suleka*, de *sula*, limpar, enxugar.

surica *adj.* Diz-se da roupa curta por encolhimento. Provavelmente do quioco *sulika*, desleixado, desmazelado.

suro *adj.* Diz-se do animal sem rabo, cotó (AN). Possivelmente do nhungue *suro*, coelho: a cauda desse animal é mínima.

surrubangar *v. intr.* Tocar viola (PC). De SURRUBANGO.

surrubango *s. m.* Prostituta envelhecida (MV). De provável origem banta, talvez relacionado ao quicongo *sulu*, mendigo. Terá sido originariamente o nome de um instrumento musical? (cp. SURRUBANGAR). A atual acepção talvez decorra da ideia de que a viola passa de mão em mão ou é um instrumento vulgar ("todo mundo toca"). Cp. SURUPANGO.

surucar [1] *v. intr.* Desabar, ruir, afundar (CT). Certamente relacionado ao quicongo *suluka*, aborto. Em quimbundo, os verbos que encerram sentido de desfazimento, desmanchamento, dissolução etc. quase sempre terminam em *uka*.

surucar [2] *v. intr.* Caminhar por maus caminhos; sofrer cansaço em longas marchas a pé (MV). Do quicongo *suluka*, ficar cansado.

suruco *adj.* Suro, sem rabo (SAM). Provavelmente de SURO, ou *suru*, de origem ameríndia, contaminado por NABUCO (q. v.). Cp. SURUCAR [1].

surufá *s. m.* Nariz (VF). Certamente relacionado ao quicongo *nsulu*, bisbilhotice, atitude de "meter o nariz" onde não se foi chamado.

suruje *s. m.* Montículo de terra construído pelos cupins (BH). De provável origem banta. Q. v. o quicongo **suludya edinga*, escrófulas.

surumbaia *s. f.* Sífilis (MV). Provavelmente ligado ao quicongo *sulumuna*, diluir, dissolver, com influência de *baaya*, reaparecer, da mesma raiz do umbundo *mbaya*, reincidente.

surumbaita *s. f.* Gonorreia (SC). De SURUMBAIA.

surumbamba *s. m.* Grande barulho e desordem; motim (CT). Var. de TURUMBAMBA.

surunga *s. f.* El. usado na expressão "camisa de surunga", de uma cantiga de JONGUEIROS (ML). Provavelmente de SUNGAR: "de surunga" = SUNGADO(a).

surunganga *adj.* e *s. m.* (1) Que ou aquele que é valente, corajoso (AN). (2) Bonito e faceiro (CT). De GANGA, precedido de um elemento não identificado.

surungo *s. m.* Arrasta-pé, baile ordinário (AN). Alter. de SORONGO.

surupango *s. m.* (1) Jogo de crianças que dançam em roda e cantam (AN, CF). (2) Uma das partes do pagode (MA). Provável alter. de SARAPANGO.

surupembada *adj.* Diz-se da mulher assanhada (MV). De provável origem banta. Q. v. o quicongo *nsulu, torrente. Cp. PEMBA, CACHAÇA e SACURUPEMBAR.

sussu *s.* Var. SUÇU (q.v.)

suta *s. f.* Mutirão (AN). Do quicongo *sùuta*, reunir, juntar.

suto *s. m.* Língua falada pelo povo *sotho* ou *ba--suto*, do Reino de Lesoto, África meridional.

tabaco de caco *s. m.* Pó a que se reduz o fumo quando moído em um caco de louça (AN). De CACO.

tabanagira *s. f.* MACONHA (BH). De provável origem banta, talvez ligado ao suaíle *tabana*, fazer feitiçaria.

tabo *s. m.* Espécie de embarcação de um mastro e vela latina (BH). Provavelmente relacionado ao quicongo *tabu-tabu*, frágil, delicado, fácil de romper-se.

taboa *s. f.* Var. de TABUA (BH).

tabu [1] *s. m.* Açúcar mascavado (FF). De possível origem banta. Q. v. o suaíle *tabu, palavra que encerra ideia de "pedaço", "porção".

tabu [2] *s. m.* Var. de TABUA.

tabua *s. f.* Grande erva da fam. das tifáceas, de cujas folhas se fazem esteiras e cestos (BH). Provavelmente ligado ao quicongo *tabu-tabu*, fino, delgado.

tabual *s. m.* Quantidade de tabuas dispostas proximamente entre si (BH). De TABUA.

taca *s. f.* (1) Relho, chicote de couro (BH). (2) Fasquia de madeira usada como chicote (AN). Nascentes (1966 b) vê como possivelmente expressivo. Q. v., entretanto, o quicongo *ntaka, que é pouco espesso, laminado, delgado, fino.

tacada *s. f.* (1) Pancada com taco. (2) Golpe imprevisto (BH). De TACO.

tacaniça *s. f.* Viga que, nos telhados de quatro águas, vai da cumeeira ao ângulo formado pela parede da fachada com a lateral (BH). Provavelmente do quicongo *takanisa*, colocar em ordem, arrumar segundo tamanho, comprimento etc. Q. v. tb. *takanana, estar rígido, duro, imóvel.

tacar *v. t. d.* Dar TACADA em bola de bilhar, golpe etc. (BH) De TACO.

tacho *s. m.* Vaso de pouca fundura (BH). O umbundo *tasu* e o quicongo *tazu, taazu*, correspondem ao português *tacho*, podendo ser considerados lusitanismos entrados naquelas línguas africanas. Entretanto, o quioco conhece o verbo *taza*, abrir espalmando ou distendendo, espalmar, distender. Então, o étimo, que Nascentes (1966 b) não esclarece, nos parece banto.

taco *s. m.* (1) Pau com que se toca a bola no jogo do bilhar, no golfe etc. (2) Pedaço de madeira de soalho (BH). De origem controversa: ou do quimbundo *taku*, pedaço de madeira; ou, como o quioco *taka* (pau ou poste de demarcação), ligado ao português *estaca*, de étimo gótico.

tafiá *s. m.* CACHAÇA (SM). Segundo Nascentes (1966 b), o vocábulo vem "do crioulo antilhano, através do francês". Sabemos, entretanto, que, no Haiti, *tafia* é aguardente fabricada com bagaço de cana-de-açúcar. Então, não podemos deixar de procurar o étimo remoto na raiz banta *taf*, que encerra a ideia de triturar, mastigar (transformando em bagaço), presente no quicongo *rafa*, comer; no quioco *tafwinya*, mastigação; e no nhungue *tafuna*, mastigar. Cp. TAFONA.

tafona *s. f.* Var. de ATAFONA (ZN).

tafoneiro *adj.* (1) Diz-se do boi que trabalha na atafona. (2) Diz-se do cavalo que só se deixa levar para um lado. // *s. m.* (3) ATAFONEIRO (BH). De ATAFONA.

tafula *adj. fem.* Dengosa, sestrosa. Abon.: "Eu sou mulata vaidosa / Linda, faceira, mimosa / (...) / Eu sou mulata tafula / No samba, rompendo a chula / jamais ninguém me venceu" (MORAES FILHO, 1981 c, p. 82). Provavelmente do umbundo *tifula*, erguer (o traseiro); esticar os beiços, fazer beicinho; ligado a *tafula*, fazer saltar de repente.

tafulão *s. m.* Sedutor de mulheres, conquistador (BH). De TAFULO.

tafuleira *s. f.* Moça TAFULA (BH).

tafulo *s. m.* Namorado, amante (BH). De TAFULA.

tafulona *s. f.* TAFULEIRA.

tagarela *adj. 2 gên.* Que fala muito e à toa (BH). Nascentes (1966 b) tem dúvidas quanto à origem, talvez expressiva. Para nós, vem provavelmente do quimbundo *tangela* (ou *zuelela*), falar, através de um possível *tangelela*.

tagarelar *v. intr.* (1) Falar muito e à toa. (2) Ser indiscreto, divulgar segredos (BH). De TAGARELA.

tagarelice *s. f.* Costume ou modos de TAGARELA.

taita *adj.* Guapo, destemido, valentão (MV). Provavelmente do termo multilinguístico banto *tata*, pai, através do espanhol platino. Em Cuba, *taita* é tratamento que se dá aos anciãos negros (PICHARDO, 1985 b), correspondente aos brasileiros *pai* ("Pai João") e *tio*. Taita é, também, nome de uma língua banta do Quênia. Será, igualmente, nome de um povo? Em caso positivo, cp. CUTUBA: a relação pode ser a mesma.

tamanco *s. m.* Calçado aberto de madeira. Nascentes (1966 b) e A.G. Cunha (1982_1 b) desconhecem a origem. Provavelmente ligado ao nhungue *tamanga* ou ao nianja *thamanga*, ambos significando "correr", através do espanhol platino *tamango*, primitivo calçado de negros escravos (cf. CARAMBULA, 19-- c).

Tambacê *s. m.* Nome dado ao Ogum nagô em determinados terreiros (OC). Provavelmente ligado ao quicongo *ntamba*, força, energia, astúcia.

tambica *s. f.* Chumbo de rede de pesca (BH). Certamente ligado ao quicongo *tamba*, pescar, e ao umbundo *tambi*, pescador.

tambo *s. m.* Mesa baixa no refeitório em que, por castigo, os frades comiam (BH). Provavelmente do umbundo *tambo*, oratório; e não do port. *tálamo* como vê Nascentes (1966 b).

tambona *s. f.* Espécie de cafeteira de metal usada por trabalhadores (FF, ZN). Alteração de CAMBONA.

tamina *s. f.* (1) Ração diária de alimentos distribuída aos escravos. (2) Fornecimento periódico de roupa a esses escravos (JR). (3) Vaso com que se media a ração dos mesmos. (4) Porção de água outrora permitida a cada pessoa retirar das fontes públicas (BH). (5) Recipiente usado nos terreiros para oferecer alimentos e bebidas aos orixás (OC). Do quicongo *tamina*, medida, correspondente ao quimbundo *ditamina*, medida para secos, tigela, escudela.

tana *s. f.* Termo insultuoso (MV). De possível origem banta.

tanço *adj. e s. m.* Var. de TANSO (MV).

Tandá s. m. Espírito de mestre que comanda uma das sete cidades da Jurema, em cultos paraibanos (MSA). Provavelmente do quicongo *tanda*, que é grande; ou "homem português".
tanga s. f. (1) Peça de vestuário. (2) Franja de rede (BH). Do quimbundo *tanga*, roupa, pano, capa.
tangado adj. Coberto com TANGA (AN).
tangagem s. f. Bamboleio, balanço de embarcação (MV). Do quicongo *tánnga*, caminhar vacilante. Ou de TANGO: o termo é de gíria da primeira metade do século XX.
tanganicano adj. Relativo a *Tanganica*, atual Tanzânia, país da África centro-oriental (AN). De provável origem banta.
tangar [1] v. t. d. Cobrir com TANGA (BH).
tangar [2] v. intr. Dançar o TANGO (FF).
tanglomanglo s. m. TANGOLOMANGO (AN).
tango s. m. Dança argentina popularizada no Brasil (BH). Provavelmente do quimbundo *tangu*, pernada, através do espanhol *tango*, bailado de negros ao som de tambor e outros instrumentos (PICHARDO, 1985 b). Outros autores fornecem como étimo o ibibio (língua sudanesa) *tamgu*, uma dança com tambores.
tangô adj. Vermelho-alaranjado. Abon.:" É agora a flor do azeite, o DENDÊ, na sua linda cor tangô, como se diz hoje, cor de urucu ou açafrão carregado" (PEIXOTO, 1980 c, p. 81). Possivelmente ligado ao quicongo *ntangu*, sol.
tango brasileiro s. m. MAXIXE, dança (EMB). Q. v. TANGO.
tangófilo adj. e s. m. Diz-se de, ou aquele que aprecia muito o TANGO (BH).
tangolomango s. m. (1) Doença atribuída a feitiçaria; bruxedo (BH). (2) Caiporismo, azar, infelicidade (ZN). Provavelmente ligado ao quicongo *màngu*, prodígio, coisa surpreendente e incompreensível, visão. Q. v. tb. *tangulu*, cólera, e *mangù-mangù*, vertigem.
tango-mango s. m. TANGOLOMANGO (MA).
tangomania s. f. Gosto excessivo, doentio, pelo TANGO (BH).
tangomau s. m. POMBEIRO; traficante de escravos (DH). Provavelmente do quicongo: *tonga-ma*, gordo corpulento; *tangama*, caminhar seriamente, solenemente.
tango-maxixe s. m. O mesmo que TANGO BRASILEIRO (EMB).
tângoro-mângoro s. m. TANGOLOMANGO (CF).
tango-surumango s. m. TANGOLOMANGO (MA). Q. v. o quicongo *sulamanga*, agarrar-se a alguém com fins libidinosos.
tanguara s. f. CACHAÇA (SM). De ANGUARA.
tangue-mangue s. m. TANGOLOMANGO (MA).
tanguinho s. m. TANGO-MAXIXE (EMB). Dim. de TANGO.
tanguista s. 2 gên. Dançarino de TANGO.
tanso adj. e s. m. (1) Tolo, palerma. (2) Vagaroso, moleirão (BH). De provável origem banta. Cp. RIPANSO, indolência, mandriice. Q. v. tb. o quicongo *tonza*, sono.
tantanguê s. m. Brincadeira de esconder (FF). Provavelmente de TATANGUÊ, sem que estabeleçamos a relação.
taqueador s. m. TAQUEIRO (BH).
taqueamento s. m. Ação ou efeito de TAQUEAR (BH).
taquear v. t. d. Revestir o piso de tacos (BH). De TACO.
taqueira s. f. Utensílio em que se guardam os tacos de bilhar (BH) De TACO.
taqueiro s. m. Operário especializado no ofício de TAQUEAR (BH).
taramba s. m. Olho doente (VF). Provavelmente do umbundo: *tala*, olhar, ver + *yamba*, prepúcio (na ideia de "tapado", "coberto por pele") ou *yamba*, má sorte, infortúnio.
tarambola s. f. Gênero de aves pernaltas (FF). Provavelmente ligado ao quimbundo *tala*, olhar, que entra na composição de várias palavras com a ideia de "olhar do alto". Cp. TARAMESSO, TARAMPABO.
taramelar v. intr. TAGARELAR (AN). De provável origem banta, com base no umbundo *omela*, falar.
taramesso s. m. Mesa sobre a qual é realizado o jogo da adivinhação através de búzios ou de outro processo (OC). Do quimbundo: *mutala*, mesa + *mesu*, olhos = "mesa de olhar"; ou *tala*,

ver + *mesu* = "ver com os olhos", contaminado pelo port. *mesa*.

tarampabo *s. m.* Espécie de palmeira (FF). Provavelmente do quicongo: *tala*, ver, mirar + *mpavu*, o tamanho de uma casa. Cp. o quimbundo **mutalamenha*, árvore alta que "mira a água" (RIBAS, 1979 b).

taramuzeco *s. f.* Cama (MSA). Do quicongo *tala*, leito + *zeka*, dormir.

tareco *s. m.* Biscoitinho ou bolinho arredondado feito de farinha de trigo, ovos e açúcar (BH, PC). Provavelmente do umbundo *teleka*, coisa para cozinhar ou já cozida; da mesma raiz do quicongo *teleka*, pôr no fogo, e do quioco *teleko*, panela.

tarelar *v. intr.* Tagarelar (BH). De TAGARELAR, com síncope.

tarelo *s. m.* TAGARELAR (BH). Forma masculina e sincopada de TAGARELA.

Tariazazi *s. m.* Entidade banta correspondente ao Xangô nagô (YP). Do quicongo (ou do quimbundo), de um provável *tata dia nzazi*, pai do raio. Ou, mais provavelmente, de *tari-ya-Nzazi*, pedras semipreciosas que, na ANGOLA seiscentista, se encontravam na Região da Xela (PARREIRA, 1990 b, p. 103), certamente consagradas ao deus do trovão. Cp. ZAZE.

tarimba *s. f.* (1) Cama rude, desconfortável. (2) Prática, experiência (BH). O étimo consagrado é o árabe *taríma*. Entretanto, a partir do quicongo *tala*, leito (cp. TARAMUZECO), fomos ao quimbundo *talimba*, estrado de madeira que serve de cama a soldados (sinônimo de *ditala* e *mutala*), o qual, não obstante, parece ser portuguesismo. Mas terá havido algum cruzamento?

tarrafa *s. f.* Pequena rede de pesca (BH). A origem consagrada é árabe. Entretanto, o Pe. Silva Maia (1951 b) consigna o umbundo *talafa*, rede de pesca, que faz derivar de *talahala*, fazer renda, bordar.

tata *s. m.* (1) Nos cultos de origem banta, grande sacerdote, chefe de terreiro (OC). (2) Na linguagem familiar gaúcha, o mesmo que papai, papá (ZN). Do termo multilinguístico (quimbundo, quicongo etc.) *tata*, pai.

tatá [1] *s. m.* (1) Homem (NL). (2) Em antigas MACUMBAS, espécie de arcanjo (AN). (3) Espírito protetor (BH). Do multilinguístico *tata*, pai.

tatá [2] *s. f.* Mãe (VF). Relacionado ao quimbundo *tata*, pai.

tata-anquiciane *s. m.* pai de santo (ENC). Da locução *tata nkisi ia mi* ("meu pai de santo"), composta de termos do quimbundo, mas de formação literária.

tata-cambono *s. m.* Em terreiros bantos, ogã encarregado de dirigir a orquestra e puxar os cânticos (ENC). Q. v. TATA e CAMBONO.

tata de inquice *s. m.* Tata, pai de santo (BH). Q. v. TATA e INQUICE.

tatadinquice *s. m.* Grau máximo da hierarquia da Casa de Fanti-Axanti, no Maranhão (OC). Forma contracta de TATA DE INQUICE. Interessante observar, no vocabulário de um terreiro de tradição *akan* (área cultural não banta, da Região de Gana), a presença de uma expressão de origem banta. Essa expressão certamente foi cunhada no Brasil.

tatafaca *s. m.* Sacrificador ritual, axogum, em terreiros paraibanos (MSA). De TATA + o port. *faca*, significando "pai ou dono da faca".

tata-inquiciane *s. m.* O mesmo que TATA-ANQUICIANE (ENC).

tataiova *s. m.* Var. de TATAIOVE (VF).

tataiove *s. m.* Pai (VF). Do umbundo *otata* + *iove*, teu pai. Cp. OTATARIOVE.

tata-macura-nani-nhoto *s. m.* Homem magro (NL). Expressão formada provavelmente dos seguintes termos de origem banta: TATA, pai + BACURO, velho + *nani*, nada, pouco + *nkoto*, carne = "Pai velho com pouca carne".

tata-macura-vavuru-nhoto *s. m.* Homem gordo (NL). Da mesma formação de TATA-MACURA-NANI-NHOTO, com substituição de *nani*, pouco, por *vavuru* (do umbundo *vulu*), muito. Q. v. TATA-MACURA-NANI-NHOTO.

tata-massambi *s. m.* Cada um dos espíritos de velhos negros antigos sacerdotes, que hoje descem nos terreiros do culto guiné (OC). Certamente de TATA + um vocábulo relacionado ao quicongo *samba*, *sambila*, rezar, orar.

tatamba *s. 2 gên.* (1) Toleirão, pateta (BH). (2) Tatibitate (FF). Provavelmente do quioco *tatama*, balbuciar. Q. v. tb. no umbundo: *tatama, ser ou estar enredado, embaraçado, complicado; ou *tatama, hesitar, duvidar, da mesma raiz de *tatambula*, hesitar falando. Houaiss (HOUAISS; VILLAR, 2001 a) liga ao port. *táταro*, gago.

tatambear *v. intr.* Agir como TATAMBA (AN).

tatâmbico *adj.* De ou relativo a TATAMBA (AN).

Tatamuílo *s. m.* Deus Supremo (YP). Do quimbundo: TATA + *mwelu* (variação dialetal de *maúlu*, céu) = "Papai do Céu".

tata-né *s. m.* No culto OMOLOCÔ, o mestre de cerimônia dos grandes rituais. Abon.: PERNAMBUCO, 1989 c, p. 70). De TATA, mais um elemento não identificado.

tatanguê *s. m.* Nome de um pássaro (RM). Provavelmente do umbundo *etata ange*, meu pai. A propósito, cp., principalmente no Macunaíma, de Mário de Andrade (1977 c), a tendência do índio e do caboclo a tratarem os animais como parentes.

tata-quinsaba *s. m.* Em CANDOMBLÉS bantos, homem encarregado da coleta das folhas rituais (ENC). De TATA + INSABA = "pai das folhas".

tata-quivonda *s. m.* Sacrificador ritual, em terreiros de tradição ANGOLO-CONGUESA (ENC). De TATA + QUIVONDA.

tatarnê *s. m.* Bicho-de-pé (MM). De possível origem banta. Cp. TATANGUÊ.

tata-zambura *s. m.* Nos CANDOMBLÉS de NAÇÃO ANGOLA, sacerdote que consulta os búzios (OC). De TATA + o quimbundo *zambula*, adivinhar. Cp. ZAMBURAR.

tatazingue *s. m.* Filho de santo com mais de sessenta anos (MSA). De TATA + o quicongo *zinga*, longevidade.

tate *interj.* Cautela! Veja lá! (FF). Do umbundo *tate*, cuidado, esmero.

Tates Corongo *s. f.* Sociedade secreta revolucionária e antiescravista do Brasil colonial. Abon.: "As coisas já não são tão claras como nos velhos tempos do escravismo colonial, quando existiram organizações como (...) a Tates Corongo, que teria ensaiado uma rebelião prontamente reprimida pelo enfatiotado Duque de Caxias (RISÉRIO, 1981 c, p. 73). Do quinguana: *tate*, avô + *kolongo*, MACACO ruço, menor que o cinocéfalo. Cp. as sociedades de homens-leopardos, homens-leões etc. existentes na África. Alguns autores grafam *Tates-corongos*.

tateto *s. m.* Chefe de culto (YP). Do quimbundo *tata etu* > *tat'etu*, nosso pai. Cp. MAMETO.

tateto de inquice *s. m.* O mesmo que TATADINQUICE (ENC). Q. v. TATETO e INQUICE.

tchapo *adj.* Esfarrapado; maltrapilho, roto, estragado, inutilizado etc.; sem dinheiro, pobre (CBC). Provavelmente relacionado ao bundo *sapo*, gula, sofreguidão no comer; ou, da mesma origem, *tjyapa*, beber fazendo ruído, como um cão (ALVES, 1951 b).

tec *s. f.* Noite (NL). Do umbundo *uteke*, noite.

tecó *s. m.* (1) Cacoete, sestro. (2) Hábito (BH). Segundo Nascentes (1966 b), o étimo é o tupi *te'kô*, costume. Não obstante, veja-se o quicongo *nteko, mania.

tefilim *s. m.* Colar de contas que simboliza os casamentos modernamente realizados em algumas casas de culto afro-brasileiro e cuja ruptura, antes do tempo ritual, acarreta o rompimento da união (OC). Provavelmente relacionado ao quicongo *tafi*, jugo, canga.

Temba *s. m.* Diabo (BH). Do quicongo *tema*, *ntema*, pessoa perversa, malvada. Cp. CARIAPEMBA.

Tempo *s. m.* Divindade ANGOLO-CONGUESA, correspondente ao Iroco jeje-nagô (OC). Do quicongo *Témbo* (*Tembwa*), nome de um INQUICE; derivado de *témbo*, vento violento. A forma *Tempo* é encontrada no quioco, no nome da heroína civilizadora *Ndumba Tempo* ou *Ndumba wa Tembwé*.

Tempo-Diambanganga *s. m.* INQUICE da NAÇÃO ANGOLA (ENC). De TEMPO.

Tempo-Quiamuilo *s. m.* Divindade de uma árvore sagrada (YP, grafado *Tempu Kyamwilu*). De TEMPO + o elemento *muílo*, do quimbundo *mwelu*, céu. *Kia*, em quimbundo, é o correspondente à preposição "de". Cp. TATAMUÍLO.

tengo-tengo *adv.* Sem grande esforço, devagarinho (BH). Provavelmente do quicongo *tèngo-tèngo*, estado daquilo que é sinuoso, tortuoso, principalmente um caminho (tem que se percorrer pouco a pouco).

tenhora *s. f.* Enxada (VF). De provável origem banta.

téqui *s. f.* Noite (VF). Q. v. OTÉQUI.

terecô *s. m.* No interior do Maranhão, notadamente em Codó, denominação do tambor de mina (SF). De provável origem banta. Q. v. o bundo **teleko*, aliciamento, engodo, instigação; e o quioco **teleko*, panela.

terecozeira *s. f.* Frequentadora de TERECÔ (DV).

tereterê *s. m.* Lodaçal, terreno pantanoso (BH). Para Yeda P. Castro (1976 a), a origem é banta.

terno de congada *s. m.* Grupo de instrumentistas, cantores e dançarinos da congada. Abon.: "O terno de congada de Joãozão Crioulo, o mais completo e animado de Santana do Boqueirão" (PALMÉRIO, 1966 c, p. 233). Q. v. em CONGADA.

terno de zabumba *s. m.* Conjunto instrumental constante de pífaros, caixa e zabumba (BH). Q. V. ZABUMBA.

terrena *interj.* Até amanhã! (JD). Do port. *até* + o umbundo *hêla*, amanhã.

Terrenacalunga *s. f.* Divindade das águas (YP). De CALUNGA, mar. Cp. TERRENA (provavelmente de uma saudação).

tiaborera *s. f.* Tristeza (JD). De origem banta. Cp. o umbundo **mbolela*, estrume, esterco, e o prefixo **tjya*.

tiadambe *s. m.* Dia santo (MM). Do quimbundo *Kizua Kia Nzambi*, dia santo.

tiamba *v. t. d.* Tirar, roubar (JD). Provavelmente do umbundo *otjyamba*, gaiola para levar ou guardar aves, em possível alusão ao furto de galinhas, ocorrente no meio rural. Cp. MUAMBA, cesto > carga > contrabando.

tiambera *s. m.* Órgão sexual masculino (NL). Do umbundo, certamente. Talvez relacionado ao umbundo *ombela*, estar recolhido, sossegado. Q. v. tb. o umbundo **tjya*, luxúria, lascívia, incontinência.

tiambo *s. m.* Variedade de cana-de-açúcar (AN). Provavelmente relacionado ao quicongo *tyamba*, grandeza, tamanho.

tiapoá *adj.* Ruim (JD). Certamente ligado ao umbundo *pwa*, ser privado ou isento de, carecer.

tiapossoca *s. f.* Coisa boa (MM). Do umbundo *posoka*, ser bonito, belo, formoso, limpo.

tibaca *s. f.* Var. de QUIBACA (BH).

tibanga *adj.* Bobo, idiota, imbecil, otário, inepto, simplório, ingênuo, boçal, parvo etc (CBC). Talvez relacionado ao bundo *mbanga*, começar, estar receoso, oscilar.

tibanguara *adj.* O mesmo que TIBANGA (CBC). Provavelmente acrescido de termo relacionado ao quicongo *nguala*, aguardente: o indivíduo seria imbecilizado pelo abuso de álcool. Q.v. ANGOARA.

tibi *adj. 2 gên.* Cheio, apinhado (BH). Do quicongo *tibi*, gordo, próspero, derivado de *tibama*, estar cheio até a borda.

tibufu *s. 2 gên.* Negro (MV). De provável origem banta. Q. v. em TRIBUFU.

ticaca *s. f.* Coisa sem importância (BH). Possivelmente relacionado ao quicongo *tika*, pedaço, parte. Cp. XICACA.

tico *s. m.* Pedacinho de qualquer coisa (BH). Provavelmente da mesma raiz de TICACA.

ticuanga *s. f.* Var. de QUICUANGA (BH).

ticuca *s. f.* O mesmo que QUICUCA (BH).

ticumbi *s. m.* Dança dramática de origem africana, com um cortejo real ao qual se segue uma embaixada de guerra com episódios de combates (GN). De CUCUMBI.

tifa *s. f.* CAFUNDÓ (BH). Possivelmente relacionado ao quicongo *tifi*, pastagem rica, lixo, esterco.

tiguara *s. f.* CACHAÇA (SM). Da mesma raiz de ANGUARA, talvez com interferência do prefixo *otji*, do umbundo.

tijolo *s. m.* Namoro (VS). Provavelmente do quimbundo *kizola*, amor, correspondente ao quicongo *luzolu*.

tilangue *s. m.* TILANGUES.

tilangues *s. m. pl.* Roupa velha (VS). Provavelmente do quicongo *nlanzi*, farrapo, trapo. Cp. MOLAMBO.

timba s. f. (1) O pênis (BH). (2) Barriga, estômago (PC). Do quicongo: *fimba*, pênis, ou *timba*, estar duro, rígido. Segundo Laman (1964 b), esta palavra se presta a vários significados, principalmente obscenos.

timbas s. f. pl. Fundo de campo, de difícil acesso (ZN). Provavelmente do quicongo *ntima*, o interior, o que está bem lá dentro.

timbe s. f. Cama (JD). Provavelmente relacionado ao umbundo *etimba*, corpo.

Timbiri s. m. Um dos muitos nomes do Exu nagô (OC). Provavelmente do quicongo *timbila*, ser insubmisso, desafiar, insurgir-se.

timbo s. m. Revólver, pistola (MV). Provavelmente do umbundo *timbo*, estado de ereção do pênis (em alusão ao cano). Ou do quicongo *thimbu*, mandioca, aipim (pela forma que às vezes a raiz apresenta).

timbó-macaquinho s. m. Cipó da família das leguminosas (BH). De MACACO.

timbuar v. intr. Ter o doente uma recaída, piorar (BH). Do quicongo *timbula*, adoecer.

timbuca s. f. CACHAÇA (termo de gíria muito usado no Rio de Janeiro, nos anos 1950). Provavelmente do quicongo *timbuka*, doentio, achacado; da mesma raiz do umbundo *timbuka*, ser quebrado, esgotar-se, acabar. Ou do umbundo *tinduka*, mudar de direção, desviar-se. Ou, ainda, do quicongo *timuka*, *timbuka*, voar e pular (como o gafanhoto).

tindola s. f. Aguardente (VS). Provavelmente, do quicongo *ndola*, castigo, punição (por ironia).

tinga s. m. Pobretão, joão-ninguém (MV). Provavelmente do quicongo *tinga*, ignorância, estupidez.

Tingongo s. m. Var. de QUINGONGO (ENC).

tinhame s. Coxa; coxa feminina. P. ext.: perna (CBC). Do umbundo *ochinama*, coxa de galo crescido (GUENNEC; VALENTE, 1972 b).

tiparo s. m. Olho (CBC). Do bundo *otji-pala*, testa, cara, rosto, face, semblante (ALVES, 1951 b, 1044), ou a ele relacionado.

tipoia \ó\ s. f. (1) Palanquim de rede. (2) Rede pequena. (3) Carruagem reles ou velha. (4) Carro de aluguel. (5) Barraca feita com folhagem (BH). De origem controversa. A. G. Cunha (1982_2 b) advoga a origem tupi. Nascentes (1966 b), fazendo eco a Aulete, admite origem africana. Para nós, vem do quimbundo *kipoia*, *tipoia*, padiola, rede para transportar pessoas, correspondente ao quicongo *tipóoyu*. A *tipoia* de origem ameríndia seria a tira de pano que sustenta o braço ou mão doente: "Tipoia - É entre os indígenas uma peça de algodão cru ou de palha, com um trançado caprichoso e resistente (...) para carregar uma criança, geralmente, ou para descansar um braço partido ou uma mão ferida" (PEREIRA, 1975 c, p.170).

tipoque s. m. Feijão (VF). Do umbundo *ochipoke*, feijão.

tipoquê s. m. Var. de TIPOQUE.

tiporê s. Fruta (CBC). Q. v. o bundo *pole, laranja brava. Cp. MAPORÉ.

tiprequé s. Elemento presente na expressão "rastar tiprequé", dormir (CBC). Q. v. o umbundo *pekela, deitar.

tipungo s. m. Chapéu (JD). Provavelmente do quimbundo *kibunga*, chapéu.

tipungue s. m. Var. de TIPUNGO (VF).

tipunque s. f. Arma, revólver (VF). Possivelmente relacionado ao maiaca *txipo*, cinto de couro.

tipurar v. Olhar, observar, ver etc. (CBC). Q. v. o umbundo *pula, perguntar, e o bundo *pula, investigar, perguntar, interrogar.

tiquera s. f. Vagina (VF). Possivelmente relacionado ao ronga *tjhikela*, pôr ovos [a galinha], fundear um barco, lançar a âncora. Ou, ainda, na mesma língua, *a tjhekela*, visitar a noiva.

tiquinho s. m. Pedacinho, bocadinho (BH). Dim. de TICO.

titica s. f. (1) Excremento de aves. (2) Caça (BH). Nascentes (1966 b) diz ser de origem africana. O étimo é provavelmente banto. Cp. o umbundo *otjitika, pacote, embrulho, fardo, trouxa.

titilar v. intr. Ter estremecimentos, palpitar (BH). Buarque de Holanda (FERREIRA, 1986 a) reúne na mesma entrada esta acepção e outras, ligadas às ideias de "prurido" e "cócegas", o que não nos parece correto. Por isso fomos buscar o quimbundo *titila*, pulsar, e o quicongo *tiitila*, tremer de frio, como hipótese etimológica, ressalvando, entretanto, que também pode se tratar de lusitanismo. A ser considerado, lembrem-se os termos relacionados: titilação, titilamento, titilante e titiloso.

tiuvira *s. m.* Café (JD). De provável origem banta.

toca *s. f.* Covil, furna (BH). Segundo Nascentes (1966 b) e A. G. Cunha (1982_2 b), a origem é, talvez, pré-romana. Entretanto, o Pe. Alves (1951 b) consigna, no bundo, *toko*, significando "toca, lura" e derivado de *tokola* (*tjyokola*), picar, furar.

tocaia *s. f.* Emboscada (BH). A origem consagrada é tupi, mas Nascentes (1966 b) e A. G. Cunha (1982_2 b) divergem quanto ao étimo. Veja-se, então, no quimbundo, *kukaia, espreitar (cf. VIEIRA, 1989 c); e no umbundo, *toko, cilada.

toco [1] *s. m.* (1) Parte de um tronco que fica na terra quando se corta uma árvore. (2) Pau curto. (3) Pedaço de vela ou de tocha (BH). Para Nascentes (1966 b), a origem é incerta. Houaiss (HOUAISS; VILLAR, 2001 a) aventa a possibilidade de origem céltica. Q. v. o quimbundo *mutoko, metade, pedaço. Cp. COTOCO.

toco [2] *adj.* Bonito, elegante. Abon.: "É um bicho toco! E gabei-lhe o porte - sempre aprumado, bem vestido, imponente na sua roupa de brim branco, de gravata, mesmo em casa!" (ALBUQUERQUE, 1974 c, p. 143). Do quimbundo *kitoko*, ornamento, elegância. Cp. QUITOCO.

tolo *adj.* Que diz ou pratica tolices (BH). Para Nascentes (1966 b), a origem é obscura. Raymundo (1933 a) liga a um quimbundo *uatolo*, idiota, que não confirmamos. Com Obenga (1985 b, p. 234), conhecemos *tolo*, nas línguas teke e quicongo, significando "dormir", o que pode configurar alguma relação.

tomba *s. f.* Planta de caule trepador, da família das cucurbitáceas, de propriedades medicinais (BH). De provável origem banta. Q. v. no quioco, *toma e *tomatoma, espécies de árvores de ANGOLA.

Tombalassi *s.* Orixá cultuado na Casa de Nagô, em São Luiz do Maranhão (OC). Apesar de o terreiro ser nagô, a palavra tem aspecto banto. Cp. TAMBACÊ. E veja-se o quicongo *tombalala, manter-se no alto.

tombolo *s. m.* Língua de areia que, nas marés baixas, liga o continente a uma ilha (MC). Provavelmente do quicongo *mtombokolo*, lugar de passagem de um rio, vau.

tonda *s. f.* Dança semelhante à do LUNDU (MA). Provavelmente do quioco e umbundo *ronda*, desprezar, rejeitar, talvez em alusão à coreografia, presente em muitas danças populares, em que o dançarino rejeita um par para escolher outro. Q. v. tb. o quicongo *tonda, estar contente; louvar.

tonga *s. f.* Força, poder (YP). Do quicongo *tonga* ou *thonga*, corpulência, do qual deriva o adj. *tonga*, grande, forte, sólido, robusto.

tongamento *s. m.* Desarranjo, desordem, descuido (PC). Possivelmente do quicongo *tonga*, vomitar. Ou de TUNGAR, surrar.

tongo *s. m.* Tolo (BH). De provável origem banta. Cp. MONGO.

tontolo *s. m.* Criança de até dois anos mas fraca, raquítica (SC). Do quicongo *tòntolo*, que é enfermo, fraco.

tontonguê *s. m.* Var. de TANTANGUÊ (BH).

tora *s. f.* Cochilo (BH). Provavelmente relacionado ao quicongo *tolo*, sono curto.

torunguenga *adj. 2 gên.* (1) Diz-se de pessoa valente, destemida. (2) Diz-se de pessoa destra no manejo de uma arma ou de um instrumento musical. // *s. 2 gên.* (3) Pessoa torunguenga (BH, ZN). Provavelmente do quicongo: *tutu*, de repente, de surpresa + *ngenga*, pegar fogo. Q. v. tb. *ngenga escorpião.

tota *s. f.* Pequeno impulso que os jogadores de castanhas dão às mesmas (BH). Do quicongo *tota*, picotar, bater.

tramanzola *s. 2 gên.* Pessoa jovem, alta, corpulenta e moleirona (BH). Possivelmente ligado a MAZANZA e com interferência do radical *tala*, presente, no quimbundo, em *ditala*, *kitala*, *mutala*, todos vocábulos que significam "altura".

trambicagem s. f. TRAMBIQUE.
trambicar v. t. d. e intr. Praticar TRAMBIQUE (BH).
trambique s. m. (1) Negócio fraudulento. (2) Logro, burla, vigarice (BH). O termo não é mencionado por Nascentes (1966 b; 1988 a) nem A. G. Cunha (1982_1 b). Acreditamos ter relação com o quicongo *mbiki* (quimbundo *mubiki*), adivinho; e com o quimbundo *tala*, ver, olhar, presente em TARAMESSO, mesa de adivinhação. Os adivinhos são comumente vistos como vigaristas e trambiqueiros.
trambiqueiro adj. e s. m. Diz de, ou indivíduo dado a trambiques (BH). De TRAMBIQUE.
trampa s. f. Excremento, fezes (BH). Provavelmente do quicongo *tampa*, estar ou ser podre, mole, pegajoso; ou *tampa*, exalar um cheiro forte.
tramposo adj. Nojento, imundo, porcalhão (BH). De TRAMPA.
traquitana s. f. Var. de TRAQUITANDA (BH).
traquitanar v. intr. Dirigir uma TRAQUITANA (BH).
traquitanda s. f. (1) Carruagem. (2) Almanjarra (BH). (3) Veículo desconjuntado (FF). Provavelmente do quimbundo: de *kitala*, alto + *kitanda*, estrado, através de um possível *tala kitanda*, estrado alto.
trepa-moleque s. m. (1) Armário antigo, de dois corpos. (2) Antigo e enorme pente de tartaruga. (3) Antigo penteado alto. (4) Artefato pirotécnico que, uma vez aceso, salta, dando vários estalos sucessivos (BH). Q. v. em MOLEQUE. A primeira acepção deu origem às outras: o artefato tem, parece, a forma do penteado.
tribufu adj. 2 gên. (1) Maltrapilho. // s. m. (2) Pessoa feia (BH). Provavelmente relacionado ao quicongo *búufu*, mudo, silencioso, embotado; ou a *buufu*, cinza.
truaca s. f. (1) Bebedeira (SM). (2) CACHAÇA. De possível origem banta, pelo aspecto. Nascentes (1966 b) dá como vocábulo expressivo.
trubofe s. m. "Negro muito beiçudo" (MV). Certamente relacionado a TRUBUFA.
trubufa adj. Malvestido (MV). De TRUBUFU.
trubufu adj. 2 gên. Var. de TRIBUFU (BH).
tsé-tsé s. f. Mosca africana causadora da doença do sono (BH). O nome quimbundo da mosca do sono é *evekua* ou *dibanga*. Porém veja-se *senze*, em QUIZEZÉ.
tu adj. Diz-se do negro tido como bruto, boçal, grosseiro, em oposição ao negro "sim, senhor". Abon.: "Este samba / é misto de maracatu / é samba de preto velho / é samba de negro tu", de uma canção de Jorge Benjor, cantor-compositor carioca (BEN, 1963 c). Redução de *bantu* (banto).
tubança s. f. Bebida preparada com sumo de caju, farinha de castanha e açúcar (BH, MV). Provavelmente do quicongo *tuba*, encher até a borda.
tubi s. m. (1) O ânus. (2) O pênis (BH). Buarque de Holanda (FERREIRA, 1986 a) junta estas duas acepções à de "abelha silvestre", na mesma entrada, atribuindo como étimo o tupi *tu'bi*, abelha-mestra. Para nós, mais plausível, para as acepções deste verbete, é o quicongo *ntubi*, espécie de passarinho conirrostro, vermelho e preto, também chamado tiziu ou alfaiate.
túbia s. m. Fogo, luz, claridade (YP). Do quimbundo *tubia*, fogo. Cp. TUIA.
tuco s. m. Trabalhador de ferrovia, cujo mister é a remoção da terra (BH-FF). Provavelmente ligado ao quimbundo *tukula*, arrancar, e ao quioco *tuku*, vocábulo que exprime a ideia de arrancar do chão (uma planta, p. ex.).
tué s. Cabeça; crânio; cérebro; inteligência etc. (CBC). Do umbundo *utwe*, cabeça. Cp. CAMUTUÊ.
tufa adj. (1) Forte, valoroso (YP). (2) Valentão (BH). Do quicongo *tufa*, abater, esmagar.
tufo s. f. Dejeção, fezes (VF). Relacionado ao quicongo *tuvi*, fezes.
tuia s. f. Pólvora (BH); fogo (SRO). Do quicongo *tuia*, pl. de *tia*, pólvora.
tuim s. m. Soldado (VF). De provável origem banta.
tumba [1] s. 2 gên. Pessoa infeliz ou azarada (BH). De provável origem banta, talvez ligado ao umbundo *tumbi*, escravidão, subserviência. Ou de TUMBA-TUMBA, por extensão do sentido.

tumba [2] *s. f.* No jogo do quino, ato de fazer as três quinas (BH). Possivelmente do quicongo *tumba*, juntar, aumentar, acumular.

tumba [3] *s. m.* TUMBA-TUMBA (MV).

tumba [4] *s. f.* Espécie de atabaque (DH). Provavelmente de *mutumba*, espécie de tambor em uma lingua centro-africana (cf. ORTIZ, 1901 b), através do espanhol cubano.

tumbança *s. f.* TUBANÇA (BH).

tumba-tumba *s. m.* Mirão, espectador de jogo carteado, também chamado sapo-boi (MV). Provavelmente do quicongo *tumba*, estátua, busto, figura de porcelana (a pessoa que "sapeia" o jogo dos outros fica geralmente parada, quase imóvel e em silêncio).

tumbeiro *adj. e s. m.* (1) No Sul do Brasil, diz-se de indivíduo parasita, que vagabundeia de estância em estância (2N). (2) Navio negreiro (BH). Provavelmente ligado ao quioco *thumba*, pedaço grande de carne ou de pirão, através do espanhol platino *tumba*, carne de má qualidade: o tumbeiro vagaria em busca de comida. O sentido teria se estendido ao navio que transportava escravos.

tumbice *s. f.* Azar, caiporismo (BH). De TUMBA [1].

tunco *s. m.* MUXOXO (BH). De possível origem banta. Nascentes (1966 b) dá como palavra expressiva.

tunda *s. f.* (1) Surra. (2) Crítica severa (BH). Provavelmente do quicongo *tunda*, pelar, descascar, que corresponde ao umbundo *tuna*, malhar, contundir. Nascentes (1966 b) vê como possível base etimológica o latim *tundere*, golpear.

tundá *s. m.* (1) Vestido muito armado, que forma roda. (2) Nádegas, traseiro. (3) Inchação nas costas. (4) CALOMBO, excrescência, tumor (BH). Do quicongo *tunda*, gordura, monte, colina, da mesma raiz do quimbundo *tunda*, ultrapassar, exceder.

tunda-cumbé *s. m.* Cada um dos integrantes de um grupamento de supostos facínoras que participou da Guerra dos Mascates. Abon.: "Os Tunda-cumbés, como aquele grupo foi chamado por causa de seu comandante, pilharam as casas dos senhores em tudo quanto representasse valor..." (BOXER, 1969 c, p. 142). Q. v. em TUNDA e em CUMBÉ. O termo vem da alcunha do chefe do grupo.

tundar *v. t. d.* Surrar (BH). De TUNDA.

tunga *s. f.* Bicho-de-pé (FF). Para Nascentes (1966 b), o étimo é o tupi *tug*, o que come. Q. v., entretanto, o quicongo **ntunga*, larva de mosca, sanguessuga, bicho-de-pé, matacanha. Cp. TUNGAR [2].

tungada *s. f.* (1) Choque, pancada (BH). (2) Umbigada (MA). De TUNGAR [1].

tungado *adj.* Embriagado, cheio (SM). De TUNGAR [2].

tungador *adj. e s. m.* Que ou aquele que TUNGA (BH). De TUNGAR [1].

tungão [1] *adj.* Teimoso (CT). De TUNGAR, teimar.

tungão [2] *adj.* (1) Lerdo (CT). //*s. m.* (2) Homenzarrão (PC). Provavelmente do quicongo *ntúngani*, homem estúpido, tolo, que não pode fazer ou consumir nada.

tungar [1] *v. intr.* (1) Teimar, resistir. // *v. t. d.* (2) Surrar, sovar (BH). Do nhungue *tunga*, SARABANDA, surra, da mesma raiz do quimbundo *tungu*, madeira. Carlos Teschauer (1928 a) aponta uma origem tupi-guarani.

tungar [2] *v. intr.* (1) Ingerir álcool (JC). // *v. t. d.* (2) Mergulhar o pedaço de pão no café que se está tomando, para amolecê-lo (ZN). Do quicongo *sunga*, chupar, sugar.

tunguear *v. intr.* Descansar, repousar (BH). Provavelmente relacionado ao quioco *tungiwa*, ser ou tornar-se acolhedor, convidativo, próprio para aí se viver, de *tunga*, instalar-se definitivamente num lugar.

tuntum *s. m.* Espécie de turbante (SAM). De possível origem banta.

ture *s. f.* Var. de OTURE (VF).

túria *s. 2 gên.* Gente ruim (MM). De origem banta.

turica *s. f.* Síncope (BH). Certamente do nhungue *sulika*, ter vertigens; ou do umbundo *etuliko*, derreamento. Cp. CHILIQUE.

turimba s. f. Var. de CORIMBA (MSA).
turimbamba s. m. O mesmo que TURUMBAMBA (MS).
turisco s. Pedra, seixo, cascalho, rocha (CBC). Talvez relacionado ao umbundo *etuliko*, derreamento (GUENNEC; VALENTE, 1972 b), em alusão ao corpo derreado, curvado, caído ao peso de uma pedra carregada, talvez, na cabeça.
turumbamba s. m. Desordem, balbúrdia, confusão (BH). Provavelmente relacionado ao quicongo *tumba*, fazer um grande barulho, juntar, amontoar. Ou de um possível *tulu* + *mbamba*: a raiz *tulu* (> *turu*) encerra um sentido de excesso, transbordamento. Veja-se tb. **tumbama*, cheio até a borda.
turundu s. m. Dança popular brasileira (BH). Buarque de Holanda (FERREIRA, 1986 a) define como dança dramática de fundo católico. Mas é possível que o nome seja anterior a essa forma. E aí, vemos como possível a origem no quicongo *tulundu*, formiga alada, cupim, já que muitas danças afro-brasileiras vão buscar seus nomes no reino animal.
tuta e meia s. f. (1) Ninharia. (2) Quase nada, preço vil, pouco dinheiro (BH). Da expressão MACUTA E MEIA, de MACUTA, moeda de pouco valor.
tutameia \é\ s. f. TUTA E MEIA. Abon.: ROSA, 1967 c.
tuto s. m. Armadilha para caçar preás, constante de uma vara com um laço na ponta (MC). Provavelmente do quicongo *e tutu*, cana, caniço.
tutu [1] s. m. (1) Bicho-papão. (2) Maioral, mandachuva (BH). (3) Indivíduo valente, brigão (CC). Do quimbundo *tutu*, *kitutu*, bicho, bicho-papão. Veja-se tb., no quimbundo, **tutu*, severo.
tutu [2] s. m. Feijão cozido e refogado ao qual, com a adição de farinha, se dá a consistência de pirão (BH). O étimo consagrado é o quimbundo *kitutu*, indigestão. J. Raymundo (1936 a), entretanto, vê possibilidades no iorubá, língua sudanesa, o que não é descartável.
tutu [3] Dinheiro (BH). Q. v. o umbundo **tutu*, presente para subornar o juiz. A origem, entretanto, pode ser onomatopeica.

Tutu-Babá s. m. Personagem mitológico afro-brasileiro (SC). De TUTU [1] + o quicongo *babá*, mudo, provavelmente.
Tutu-Cambê s. m. Ente fantástico do ciclo da angústia infantil (HV). De TUTU [1]. Sobre o *cambê*, ouçamos antes Câmara Cascudo (1976_1 c, p.16): "O Tutu-Zambê (Cambê ou Zambeta) parece provir do quimbundo *nzumbi*, espectro, duende, fantasma, com intercorrência de zambeta, cambaio, toro, que tem a perna torta ou aleijada. Ou virá de aca-apê, cabeça cortada, o degolado, o sem cabeça, num hibridismo tupi-áfrico tão comum". Para nós, é corrupção de TUTU-GOMBÊ.
Tutu-Cambeta s. m. TUTU-CAMBÊ (CC).
Tutu-Congo s. m. Ser fantástico (YP). De TUTU [1] + CONGO.
Tutu-Gombê s. m. TUTU, bicho-papão (SC). Do termo multilinguístico *ngombe*, boi.
Tutu-Marabá s. m. TUTU-MARAMBÁ.
Tutu-Marambá s. m. TUTU, bicho-papão. De TUTU [1] + MALEMBA..
Tutu-Marambaia s. m. Bicho-papão (CC). De TUTU [1].
Tutu-Moringa s. m. Ente fantástico (SC). De TUTU [1] + MORINGA, pela suposta forma do corpo, talvez.
Tutu-Mumbuca s. m. Mandachuva (BH). De TUTU [1] + MUMUCA.
tutuncué s. m. Var. de TUTUNQUÉ (RG).
tutunene s. m. Mandachuva (PC). Do quimbundo *tutu inene*, bicho grande.
tutunené s. m. Var. de TUTUNENE (CT).
tutunqué s. m. Senhor poderoso e insolente (BH). Provavelmente de TUTU + o quicongo *nke*, pequeno.
Tutu-Quiba s. m. Ente fantástico (SC). De TUTU [1] + QUIBA.
Tutu-Zambeta s. m. TUTU-ZEMBÊ (CC).
Tutu-Zembê s. m. TUTU-CAMBÊ (CC).
Tutu-Zerê s. m. Bicho-papão (CC). De TUTU [1] + ZERÊ.
tuzina s. f. Sova, TUNDA (MV). Provavelmente ligado ao umbundo *tusula*, dar pontapés, marradas, surra.

uacueto *s. m.* Var. de VACUETO.
uainjar *v. t.* Cozinhar (VF). Provavelmente relacionado ao umbundo *onjo*, fogo (residência de uma família, cf. GUENNEC; VALENTE, 1972 b), dentro na mesma relação que, em português, têm os vocábulos "lareira" e "lar".
uandá *s. f.* Rede (MM). Do umbundo *owanda* ou de seu correspondente quimbundo *uanda*, rede.
uanga *s. m.* Feitiço (MM). Do umbundo *owanga* ou de seu correspondente quimbundo *uanga*, feitiço.
uango *s. m.* Os ouvidos (JD). Provavelmente relacionado ao bundo *vangu*, "tecla de som baixo como o da fala" (ALVES, 1951 b), da mesma raiz de *vangula*, falar, e *vango*, conversa.
uanja *s. m.* Dia (JD). Provavelmente relacionado ao umbundo *vandja*, estar com os olhos abertos.
uanjiro *s. m.* Terreiro (VF). Provavelmente do umbundo *ochila*, *otjila*, lugar da dança.
uantuafuno *s. m.* Cada um dos personagens das antigas festas de coroação dos "reis" negros, que representavam escravos e vassalos (MMF). Do quimbundo *atafunu*, pl. de *mutafunu*, escravo, moço companheiro.
uaporé *s. f.* Laranja (JD). Do umbundo *ovapōle*, *apōle*, laranja brava.
uarangara *s. f.* Morte (VF). Do umbundo *langala*, estar deitado, estendido.
uasso *s. m.* Nariz (JD). Do umbundo *k'ovaso*, frente, face (cf. GUENNEC; VALENTE, 1972 b). Cp. ZIVASSO.
uca *s. f.* Aguardente (BH). Nascentes (1966 b) vê como palavra expressiva. De possível origem banta. Q. v. o quicongo *wuka, curar, dar um remédio; abençoar. Cp. TIMBUCA.
ucueto *s. m.* Companheiro (MM). Do umbundo *ukwetu*, companheiro.
ucumbe *s. m.* Sol (VF). Var. de CUMBE.
ué *interj.* Uê (BH).
uê *interj.* Indica espanto, admiração, estranheza (AN). Do quimbundo *aiué*, interjeição que exprime dor.

uenda-congembo *loc. verb.* Morrer (JD). Do umbundo *onjembo*, sepultura, precedido de *okuenda*, ir, morrer: "ir para a sepultura". Q. v. CONGEMBO.

uendar *v. intr.* Andar (VF). Do quimbundo *kuenda*, andar.

uende-odira *loc. verb.* Caminhar (JD). Do umbundo *okuenda* + *onjila* = ir pelo caminho, andar pela estrada.

ugandense *adj.* (1) De, ou pertence ou relativo a Uganda, país da África banta. // *s. 2 gên.* Natural ou habitante de Uganda (BH).

Uganga *s. m.* Deus (JD). Do termo multilinguístico banto *nganga*, que muitas vezes ultrapassa o sentido de "sacerdote" ou "feiticeiro" para designar alguém muito poderoso e competente (cf. OBENGA, 1988 b, p. 153).

uíque *s. m.* (1) Açúcar. (2) Coisa doce (JD). Do umbundo *owiki*, mel.

ujica *s. f.* Espécie de quitute (CT). Provavelmente var. de UNGICA.

ulo *s. m.* Gemido, lamentação (BH). Nascentes (1966 b) vê como onomatopeico. Cp. ULULAR.

ulular *v. intr.* Ganir, uivar (BH). A origem consagrada é o latim *ululare*. Q. v., entretanto, o nhaneca *ulula*, clamar, uivar; e o umbundo *ulula*, clamar, aclamar; bramar, roncar, grunhir, uivar, urrar, que o Pe. Alves (1951 b) vê originar-se no próprio bundo e não no português; além da variante *vula*, mugir, grunhir, zunir; todos ligados a *ulu*, interj. expressiva de clamor e aclamação. Veja-se tb. o ganguela *ulula*, gritar, falar alto. A ser considerada a hipótese, que se observem, também: ululação, ululador, ululante, ululo.

umbanda s.f. Religião brasileira de base africana (BH), resultante da assimilação de diversos elementos, a partir do ancestrismo banto e do culto aos orixás jeje-iorubanos. O vocábulo *umbanda* ocorre no umbundo e no quimbundo significando arte de curandeiro, magia, ciência médica, medicina, em derivação talvez vinda do quimbundo *banda*, desvendar. Em bundo, o termo que designa o curandeiro, o médico tradicional, é *mbanda*; e seu plural (uma das formas) é *imbanda*. Em quimbundo, o singular é *kimbanda*, e seu plural *imbanda*, também.

umbanda-jira *interj.* Pedido de licença, em certos terreiros de tradição ANGOLO-CONGUESA (ENC). De UMBANDA e do quimbundo *njila*, caminho.

umbandismo *s. m.* A sistematização das várias tendências da UMBANDA (BH).

umbandista *adj. 2 gên.* (1) Pertencente ou relativo à UMBANDA. (2) Seguidor da umbanda. // *s. 2 gên.* (3) Seguidor dela (BH).

umbandização *s. f.* Ato ou efeito de dar a um culto forma semelhante à da UMBANDA. Abon.: "Nos grupos mais tradicionais, são comuns acusações de não cumprimento da ortodoxia, ou de tentativas de umbandização..." (FERRETTI, 1988 c, p. 48).

umbandomblé *s. m.* Termo pejorativo usado para designar os terreiros pouco ortodoxos da tradição dos orixás. Abon.: "O primeiro, que pode ser ilustrado pelo terreiro da Rua Ibiapina, consiste em uma mistura, 'umbandomblé'" (LAPLANTINE, 1988 c, p. 52). De UMBANDA + CANDOMBLÉ.

umbanga *s. f.* Viola (JD). Provavelmente do quimbundo *mbanza*, viola. Cp. BANJO.

umbara *s. f.* Cidade (VF). Do umbundo *ombala*, cidade.

umbera *s. f.* Chuva (JD). Do umbundo *ombela*, chuva. Cp. o português *umbela*, guarda-chuva, de origem latina.

umbiá *s. m.* CACHIMBO (JD). Do umbundo *ombya*, pote, panela.

umbundo *s. m.* A língua dos ovimbundos. Q.v. BUNDO.

umburu *s. m.* MACONHA (SNES). Provavelmente do bundo *ombulu* (*vulu*), capim alto e grosso dos campos velhos, cuja fumaça se usa para sustar as hemorragias do nariz (ALVES, 1951 b).

Umpanzo *s. m.* O mesmo que IMPANZO (DL).

uncoco *s. m.* Rio (SRO). Do quicongo *nkoko*, água, riacho, córrego.

undaca *s. f.* Língua (JD). Do umbundo *ondaka*, palavra, fala. Cp. INDACA, ONDACA.

undaro *s.m.* Fogo (JD); fósforo, isqueiro (CBC). Do umbundo *ondalu*, fogo.

undaru *s. m.* Var. de UNDARO (JD).

undió de curiá *loc. s. f.* Vasilha, panela, prato (JD). De UNDIÓ + CURIÁ = "vasilha de comer".

undió de opitirá-omenha *loc. s. f.* Órgão sexual masculino ou feminino (JD). De UNDIÓ + OPITIRÁ-OMENHA = "vasilha...", "recipiente de urina".

undió de uganga *loc. s. f.* Céu (JD). De UNDIÓ + UGANGA = "casa de Deus".

undió *s. f.* (1) Casa. (2) Vasilha (JD). Do umbundo *onjó*, casa. A casa é uma "vasilha", um "recipiente"; e a vasilha é uma "casa".

undumba *s. f.* Prostituta (JD). Do quimbundo *ndumbu*, prostituta.

Unganga *s. m.* Var. de UGANGA (JD).

unganga-muchiche *s. m.* Bispo (JD). De UNGANGA + o quicongo *mukixe*, feiticeiro, provavelmente através de *gunga-muquixe*, com extensão do sentido de "maioral", "chefe", i. e., "superior ao padre".

unganja *s. f.* CACHAÇA (JD). Do umbundo *ongandja*, cabaça de boca larga (numa metonímia).

unganjo *s. m.* O mesmo que UNGANJA (SM).

ungica *s. f.* Carne desfiada com farinha (DV). Provavelmente do quicongo *ngika*, qualquer coisa que se entalhe e se junte a outra; ou simplesmente de *diika*, alimento.

ungui \ui\ *s. m.* Var. pros. de UNGUI (BH).

ungui *s. m.* Tutu de feijão (BH). Do quimbundo *ungui*, feijão guisado com azeite e farinha de mandioca (MAIA, 1964_1 b).

ungundo *s. m.* Pó; rolão, a parte mais grossa da farinha de trigo (MM). Do umbundo *ngundo*, remédio em pó, veneno em pó; funcho ou fiolho de que se extrai pó medicinal.

ungura *s. m.* Dinheiro (JD). Do umbundo *ngula*, cobre, moeda de cobre.

unhama *s. m.* Cabelo (JD). De origem banta. Observe-se que a palavra lembra o multilinguístico *nyama*, carne. Terá havido erro de transcrição?

unquento *s. f.* Mulher (SRO). Var. de INQUENTO.

Unvanguiapungo *s. m* Deus, forma modificada de ZAMBIAPUNGO (EP).

uoneme *adj.* Grande (MM). Do umbundo *nene*, grande.

Upemba *s. m.* Diabo (JD). Relacionado a CARIAPEMBA.

upungu *s. m.* Milho (JD). Do umbundo *pungu*, milho.

uquepa do omera *s. m.* Dentes (JD). Do umbundo *kepa*, osso + OMERA = "ossos da boca".

urá *s. f.* Cama (JD). Do umbundo *ula*, cama.

uricungo *s. m.* URUCUNGO (BH).

urifunha *s. f.* Lenha (JD). Do umbundo *olohwi*, como OROFIM.

urubamba *s. f.* Asa, rabo, barbatana (VF). Provavelmente, do umbundo *olo + mbamba*, coisa que oscila, que treme; ou, na mesma língua, de *olo + pamba*, coisa saliente, proeminente.

urubu-cangueiro *adj.* Indivíduo preguiçoso, que vive na ociosidade. Abon.: BASTOS, 1990 c, p. 96). Q. v. em CANGUEIRO.

urucaca *s. f.* (1) Bruxa (BH). (2) Mulher feia (CT). De provável origem banta. Cp. o quicongo *lukaka, defeito, enfermidade que impede de falar, e o umbundo *kaka, ser arrogante, zangar-se. Q. v. tb. a possibilidade de ser palavra expressiva com base em MACACA.

urucai *s. f.* Oração, prece, reza, invocação (OC). De possível origem banta. Q. v. o quicongo *wuluka, engolir.

urucango *s. m.* URUCUNGO (MA).

urucongo *s. m.* URUCUNGO.

urucungo *s. m.* (1) BERIMBAU DE BARRIGA. (2) Cavalo ruim (BH). Do nome africano do arco sonoro: *lukungu*, entre os bangalas, lundos e QUIOCOS; *nrukumbu*, entre os lundas (cf. REDINHA, 1984 b, p. 104). O cavalo provavelmente recebe essa denominação quando, por velhice, tem a coluna vertebral arqueada, como o pau do berimbau.

urudungo *s. f.* Pimenta (MM). Do umbundo *olundungu*, pimenta.

uruma *s.* Carro; veículo. P. ext., máquina (CBC). Provavelmente relacionado ao bundo *ulumula*, apressar, fazer correr (ALVES, 1951 b).Ver URUNGO.

urunanga *s. f.* Calça (JD); roupa (CBC). Do umbundo *olonanga*, pano, veste. Cp. ARUNANGA, ORONANGA.

urungo *s. m.* Carro (JD). Provavelmente do umbundo *ulungundju*, ronco, rumor possante, urro (em alusão ao ruído do motor).

uruxi *s. m.* Peixe (JD). Do umbundo *olusi*, peixe.

utá *s. f.* Espingarda (JD). Do umbundo *uta*, espingarda.

utema *s. m.* Machado (JD). Do umbundo: talvez de *tema*, zangar-se, enfurecer-se; ou de *temba*, meter-se no meio.

utima *s. m.* Coração (JD). Do umbundo *utima*, coração.

utué *s. f.* Cabeça, testa (JD). Do umbundo *utwe*, cabeça. Cp. CAMUTUÊ.

utura *s. m.* Sono (JD). Do umbundo *otulo*, sono; derivado de *tula*, descansar, sossegar.

vacueto *s. m.* Companheiro (MM). Do umbundo *vakwetu*, pl. (aumentativo) de *ukwetu*, companheiro. Cp. UCUETO.

vacuruandame *s. m.* Velho (ML). Ver CURIANDAMBA.

valica *s.* Instrumento musical de origem africana (MA). Provavelmente do umbundo *vilika*, produzir ruído.

vapora *s. f.* Discussão (VF). Provavelmente ligado ao umbundo *pola*, vencer, ser superior.

varandá *s. m.* Trigo (VF). Provavelmente relacionado ao umbundo *landa*, comprar, vender, trocar.

variá *v. t.* (1) Comer. // *s. f.* (2) Sopa (VF). Do umbundo *lya*, comer.

vatema [1] *adv.* Muito (NL); altura, alto (VF). Certamente relacionado ao umbundo *tembata* (pela raiz *temb*), estender-se, alastrar-se, ser extenso, ramificar-se.

vatema [2] *adj.* Amargo (VF). Provavelmente ligado ao umbundo *tema*, enfurecer-se. Cp. ZANGAR.

vatu *interj.* Vamos! (VF). Provavelmente do umbundo *vatula*, pôr a pé, levantar.

vatua *adj.* Indivíduo dos vatuas, africanos escravizados no Brasil. Abon.: "Há-os de todas as raças africanas: gente de Moçambique e da Guiné, da Angola e da Costa da Mina, cafres, quiloas, benguelas, cabindas, monjolos e vatuas" (EDMUNDO, 199- c, p. 17). De *watwa*, pl. de *twa*, povo pigmoide da região dos grandes lagos, na África Central.

vatumarado *adj.* Parado (VF). Do umbundo *tumala*, demorar, estar assentado, permanecer, ficar.

vava *s. f.* Água (VF). Do umbundo *ovava*, água.

vavá [1] *s. f.* Var. de VAVA (NL).

vavá [2] *v. intr.* Em alguns terreiros de tradição banta, falar (OC). Do quicongo *vova*.

vavavá *s. m.* (1) Barulho de vozes, algazarra. (2) Agitação, azáfama, alvoroço (BH). Provavelmente de VAVÁ.

vavavu *s. m.* VAVAVÁ (PC).

vavúru *adj.* (1) Palavra que qualifica outra positivamente: bonito, grande, gostoso. // *adv.* (2)

Sim. (3) Bastante, muito (VF). Do umbundo *vulu*, grande quantidade; da mesma raiz do quimbundo *kiavulu*, grande. Var. AVURO.

veado-mangue *s. m.* Cariacu, espécie de cervo (BH). Q. v. MANGUE.

vespa-de-uganda *s. m.* Inseto himenóptero introduzido no Brasil para combate à broca-do-café (BH). Do topônimo *Uganda*, país da África banta.

vevuia *s. f.* Pulmão ou fígado de porco (AN). Nascentes (1966 b) liga ao port. *borbulha*. Para nós, tem relação com o quicongo *wuya*, esponja do mar.

vianga *s.* Capim (EP). Cp. VIANGO.

viango *s. f.* Cana (VF). Do umbundo *angu*, erva, feno, palha, colmo, capim, correspondente ao quimbundo *dianga*, cana.

viangô *s. m.* Capim (JD). Do umbundo: de *owangu*, capim; ou de *ovyango*, terrenos não cultivados, mato.

vicanda *s. f.* Pena de escrever, caneta (VF). Relacionado ao umbundo *ovi-kanda*, cartas, livros.

vicongo *s. m.* Torresmo (MM). Do umbundo *ovikangwa*, torresmo.

vicora *s. m.* Rei (JD). Do umbundo *kola*, ser forte, importante, poderoso. Da raiz deste vocábulo se originou *Ngola*, nome do primeiro rei ANGOLANO. Cp. ANGOLA.

viegas *s. m.* Ânus (BH). Possivelmente do quicongo *mfyèla*, olhinho.

vienguê *s. f.* Cana-de-açúcar (JD). Do umbundo *owenge*, cana-de-açúcar.

vimbunde *s. m.* Escravo (BH). Alter. de VIMBUNDO.

vimbundo *adj. e s. m.* Preto (VF). De OVIMBUNDO.

vinderi *adj. e s. m.* O mesmo que VINDERO (JD).

vindero *adj. e s. m.* Branco (JD). Do umbundo *ovindele*, pl. de *ochindele*, branco.

vinganga *s. m.* Arroz (MM). Provavelmente ligado ao umbundo *nganga*, arbusto de raiz amarga.

vinhama *s. m. pl.* Pés, pernas (JD). Do umbundo *ovinama*, pernas.

vinho de dendê *s. m.* Bebida servida como acompanhamento do abará, do acarajé e outros quitutes (RL). Q. v. em DENDÊ.

vinho-dendê *s. m.* Álcool de dendê (MV). Q. v. em DENDÊ.

vinquim *s. f.* Lenha (VF). Possivelmente ligado ao umbundo *nikimbwa*, pedaço, bocado.

viola de angola *s. f.* Espécie de lira de quatro cordas observada por Debret entre os negros benguelas no Brasil. Abon.: DEBRET, 19-- c, p. 306, vol. l. Do topônimo ANGOLA.

vionga *s. f.* Concha empregada na confecção de pulseiras e colares rituais (OC). Provavelmente do quicongo *vyonga*, ser feito cuidadosamente; ser belo, brilhante, reluzente.

vipaco *s. m.* Ouro (JD). Do umbundo *ovipako*, haveres, bens, riqueza.

vipaque *s. m.* Dinheiro (VF). Q. v. VIPACO.

vipeque *s. m.* Osso (VF). Possivelmente relacionado ao umbundo *pekengo*, fraqueza, debilidade.

viputa *s. m.* ANGU (JD). Do umbundo *oviputa*, pl. de *iputa*, angu.

vipúti *s. m.* Osso (VF). Do umbundo *puta*, estar magro.

viquimbana *s. f.* Caixa (VF). Provavelmente relacionado a QUIMANGA.

viriango *s. m.* Soldado, policial, MEGANHA (CBC). Bundo: *lyangu* (pl. *ovi-lyangu*), catana, facão, cimitarra; *lyanga* (pl. *ovi-lyanga*), bala, projétil. Q.v., também, no bundo, as diversas acepções depreciativas de **lyangui* (pl. *ovi-lyangu*), como feiticeiro, vagabundo, comilão, vigarista (ALVES, 1951 b).

visó *s. m.* Olho (VF). Do umbundo *oviso*, olho.

vissapa *s. f.* Couve (JD). Do umbundo *ovisapa*, pl. de *sapa*, planta nova.

vissepa *s. f.* Palha (MM). Do umbundo *sepa*, estar sem nada, estar reduzido à miséria. Cp. *ovasepo*, pl. de *sepo*, pobreza, miséria, nudez.

vissongue *s.* Dinheiro (CBC); menos usado que INGURA (q.v.). Possivelmente do bundo *songe*, sal moído. Cp., no latim, a etimologia de **salário* (de *sale*, sal).

vissuá *s. m.* Olho (NL). Do umbundo *oviso*, olhos, talvez influenciado pelo port. *visual*.

vissunga *s.* Festa (CBC), provável significado. Q.v. VISSUNGO.

vissungo *s. m.* Canto de trabalho dos negros benguelas de Minas Gerais (MA). Aires da Mata Machado Filho (1985 a) e João Dornas Filho (1943 a) consignam nos vocabulários que elaboraram (exatamente de negros benguelas de Minas), definindo apenas como "cantiga", "cantigas", "canto". Do umbundo *ovisungu*, pl. de *ochisungu*, cantiga, cântico.

vitá *s. m.* CACHIMBO (VF). Possivelmente da mesma origem de PITAR.

viti *s. f.* Madeira (JD). Do umbundo *uti*, madeira, através do um possível plural *oviuti*.

Vovó Cambinda *s. f.* Entidade da UMBANDA. De CAMBINDA.

Vovó Conga *s. f.* Entidade integrante do sistema de cultos afro-ameríndios da Amazônia (NF), de forte presença também na UMBANDA carioca. De CONGO.

Vovó Maria Conga *s. f.* Entidade guia, chefe de legião na UMBANDA (OC); o mesmo que Vovó CONGA.

Vovó Maria Redondo *s. f.* Entidade da UMBANDA carioca. O nome é provavelmente uma evocação de Rei do Dongo, outeiro e porto próximo ao Libolo, na ANGOLA pré-colonial (cf. PARREIRA, 1990 b). Cp. os nomes de outras "vovós" da UMBANDA: VOVÓ MARIA CONGA, VOVÓ CAMBINDA etc. nos quais os locativos estão presentes.

vu *s. m.* PUÍTA (BH). Castro (2001 a, p. 350) informa como étimo o quicongo/quimbundo *kivu*, "pequeno barril usado como instrumento musical". Considerar o quicongo *vuuvu*, ruído, rumor.

vula *s. f.* Chuva (SRO). Do quimbundo *nvula*.

vumbe *s. m.* O mesmo que VÚMBI (OC).

vúmbi *s. m.* Nos cultos de origem banta, termo que designa o morto e principalmente o chefe de terreiro falecido (OC). /// **Tirar a mão de vúmbi**, realizar rituais para libertar uma pessoa ou terreiro da tutela espiritual de um pai ou mãe de santo falecidos. Do quicongo *evumbi*, morto.

vume *s. m.* Alter. de VUMBE (OC).

Vunge *adj. 2 gên.* Var. de VUNJE (MV).

Vúngi *s. m.* Em terreiros bantos, cada uma das divindades que se situam no mesmo plano dos Ibejis nagôs (RL). Q. v. em VUNJE.

vungo-vungo *s. m.* Certo brinquedo infantil feito com um pedaço de madeira ou de cuia enfiado num cordel (MM). Do umbundo *vungo* ou *ndjuvungo*, rumor grave, som baixo (que é o produzido pela vibração do cordel).

Vunje *adj. 2 gên.* (1) Muito sabido, atilado, esperto. // *s. m.* (2) Em determinados CANDOMBLÉS, espírito traquinas, brincalhão. De origem banta. Provavelmente do quimbundo. Q. v. **nvungi*, pessoa simples; **Vúnji*, divindade da justiça (RIBAS, 1985 b, p. 221); **mvunji*, criança nascida de gravidez em que a menstruação não cessou (MATTA, 1893 b); **jinvunji*, hidropisia: feitiço que faz encher a barriga de água. Em um dos dois últimos termos, que encerram ideias ligadas a infância, logro ou brincadeira, parece estar o étimo. Cp. VUNZAR.

vunvunar *v. t.* Achar, encontrar. Abon.: Manuel Viotti (1956 a) consigna *vunvunado*, achado, encontrado; e Gumercindo Saraiva (1988 a) verbetiza *vunvunando*. Provavelmente relacionado ao quimbundo *vungumuna*, encontrar.

vunzar *v. t. d.* Remexer, desarrumar, como se faz em gavetas, malas etc. (BH). Do quicongo *vunza*, confusão.

vuvu *s. m.* Briga, confusão, conflito (BH). Provavelmente do quicongo *vuuvu*, ruído, rumor.

xaboque *s. m.* (1) Pedaço de qualquer coisa, arrancado a dente (AN). // *s. f.* (2) Coisa malfeita, grosseira (GS). Provavelmente do quicongo *boki*, talho, golpe profundo, marca dos dentes de uma serra numa tábua: *sa 'nti boki*, cortar profundamente um tronco de árvore; *ta boki*, dar um talho.

xaboqueiro *adj.* Tosco, grosseiro, malfeito (AN). De XABOQUE.

xabouqueiro *adj.* XABOQUEIRO (BH).

xabumba *s. f.* O mesmo que ZABUMBA (MA). Segundo Raymundo (1936 a, p. 35), do macúa *xabumba*, festejo acompanhado com cânticos e BATUCADA.

xacoco [1] *adj.* O mesmo que ENXACOCO (AN).

xacoco [2] *adj.* Ordinário, sem graça, desenxabido, mal-ajeitado (AN). Possivelmente do quicongo *sa koko*, pedido de perdão dirigido a um chefe ou mais velho (a pessoa que é obrigada a pedir desculpas ou perdão está em geral constrangida). Esta hipótese, entretanto, não elimina a etimologia proposta na entrada ENXACOCO.

xambá [1] *s. m.* Culto nordestino, mesclado de elementos bantos e ameríndios (MSA). De possível origem banta. Q. v. o quioco *amba, denominação de um culto tradicional; e o nhungue *tsamba, folhas.

xambá [2] *s. m.* Espécie de pássaro (MM). Provavelmente relacionado ao umbundo *otjyamba*, gaiola para guardar ou transportar aves.

xambouqueiro *adj.* XABOUQUEIRO (BH).

xandanga *s. f.* A vulva (BH). De XANDANGAS, por extensão, certamente.

xandangas *s. f. pl.* Ancas, quadris, nádegas (SM). Provavelmente do quicongo: q. v. *nzanda, exuberância; *ndanga, agradável ao gosto; *sananana, ser largo, amplo, grande.

xará [1] *s. 2 gên.* Pessoa que tem o mesmo nome que outra (AN). O étimo consagrado é o tupi *xe'rera*, meu nome, o quicongo e o quimbundo *xala* podendo ser considerados americanismos. Entretanto, o *Dicionário ronga-português* de Rodrigo de Sá Nogueira (1960 b) consigna *xará*, homônimo, sem atribuir, como em inúmeros outros casos, origem no português. Q. v., também, as variantes *xarapa e *xarapim, as quais não parecem se originar do tupi xe'rera consagrado pelos mestres.

xará [2] *adj. 2 gên.* Diz-se do equídeo de pelo crespo (BH). Provavelmente relacionado ao quicongo *mu-nsàala*, um porco arruivado. Cp. SARARÁ.

xebê *adj.* De pouca valia (HV). De CHEBÊ; ou de XEMBENGUE.

xembengue *adj. 2 gên.* Alter. de XENDENGUE (MV).

xendengue *adj. 2 gên.* (1) Magro, seco, franzino. (2) Ordinário, imprestável (BH). Do quimbundo *jindenge*, pl. de *ndenge*, criança.

xengo *s. m.* Boa-sorte, felicidade (AN), fortuna (MV). De XENGUE.

xengue *s. m.* Antiga moeda de cobre (MV). De possível origem banta.

xenxém *s. m.* (1) Coisa desprezível, moeda de pouco valor (BH). (2) Moeda de cobre que, na primeira metade do século XIX, circulou pelo país (AN). De XENGUE.

xepa *s. f.* (1) As últimas mercadorias vendidas nas feiras livres, mais baratas e de qualidade inferior. (2) Sobras de verduras e outros alimentos perecíveis que são catados nas feiras e mercados. (3) Sobra de comida. (4) Comida de quartel. (5) Papel usado, recolhido para venda e reciclagem (BH). Do nhungue *chepa*, ser inferior; da mesma raiz de *chepsa*, diminuir, fazer pouco; e relacionado ao ronga *txipa*, ser barato.

xepeiro *s. m.* (1) Pessoa que compra ou cata xepa. (2) Soldado arranchado, que come no quartel (BH). De XEPA.

xereca *s. f.* Genitália feminina (DH). Possivelmente do quicongo *sèleleka*, mostrar algo que se tinha escondido ou guardado em segredo.

xerém *s. m.* (1) Milho pilado grosso, que não passa na peneira (BH). (2) Dança de roda ao som da sanfona (FF). Provavelmente relacionado ao quicongo *nsele*, mandioca que se faz cozinhar e macerar durante três dias. A segunda acepção se liga possivelmente à letra de uma canção do repertório do músico pernambucano Luiz Gonzaga que diz: "Oi, pisa angu / peneira o xerém / Eu não vou criar galinha / pra dar pinto pra ninguém." A canção pode ter originado a dança, ou vice-versa.

xerenga *s. f.* XERENGUE (ZN).

xerengue *s. m.* Faca velha, imprestável (BH). Do quimbundo *selenge*, faca. Cp. CAXERENGUENGUE.

xetetê *s. m.* Bebida feita da cana-de-açúcar ou do seu bagaço (MSA). De provável origem banta. Cp. BATETÊ; MATETÊ.

xexéu-do-mangue *s. m.* Xexéu (AN). Q. v. em MANGUE.

xiba [1] *s. f.* Órgão sexual feminino (SM). De provável origem banta. Cp. CHIBAÇÃO.

xiba [2] *s. f.* (1) Dança popular brasileira. (2) Órgão sexual feminino (SM). A dança, Nascentes (1966 b) faz derivar do port. *chiba*, cabra nova. Para nós, entretanto, a origem pode estar relacionada ao quicongo *ntimba*, lascívia, disposição sexual (cp. CHIBÁ; CHIBAÇÃO; CHIMBA), nas duas acepções. Q. v. tb. o quimbundo *xiba, beijar.

xiba [3] *s. f.* MACONHA (GS). Red. de XIBABA, provavelmente. Ou do quimbundo *xiba*, chupar, aspirar. Cp. CACHIMBO.

xibaba *s. f.* MACONHA (GS). Possivelmente ligado ao quicongo *baba*, estar ansioso por alguma coisa, estar louco para fazer algo. Q. v. o ronga *xibaba, armadilha para apanhar animais.

xibaro *s. m.* O mesmo que CHIBARRO (BH).

xibimba *s. 2 gên.* Pessoa gorda (BH). De possível origem banta. Q. v. o iaca *bimbe, desagradável, feio, sujo.

xibio *s. m.* (1) Diamante pequeno (FF). (2) A vulva. Provavelmente de XIBA [1].

xibiu *adj.* Magro, fraco, mirrado. Abon.: "O Tônico é hominho xibiu, magricelo (...) e o braço dele, esticado, não gasta nem dois palmos do meu" (PALMÉRIO, 1966 c, p.270).

xibungo *s. m.* Homossexual masculino passivo (DH). Segundo Castro (2001 a, p. 353), de "*tsimbungo*, ente fantástico, lobo que come crianças por um buraco que tem nas costas", ocorrente nos léxicos do quicongo e do quimbundo. Ver o ronga *xibungu, verme, bicho, lagarta (NOGUEIRA, 1960 b, p. 548). A forma "chibungo" (com "ch") contraria a norma vigente para a grafia de africanismos. Ver QUIBUNGO [1], [2].

xibungue s. m. XIBUNGO (SAM).

xicaca s. f. (1) Balaio com tampa (AN). (2) Caixão onde se carregam utensílios da cozinha sertaneja (MV). (3) CHICACA (DV, PC). Do quimbundo *xikaku*, pequenos cestos onde eram acondicionadas as *mabanga*, conchas com que se fabricava a cal (cf. PARREIRA, 1990 b).

xicamã interj. Ordem para sentar, em alguns terreiros de tradição ANGOLO-conguesa (ENC). Do quimbundo *xikama*, sentar.

xicarangomo s. m. Título da hierarquia de CANDOMBLÉ banto, correspondente ao ogã nagô (ENC). José Rodrigues da Costa (1989 c) consigna *kissicaran gombe*. Do quicongo: *nsika*, tocador + *dia*, de + *ngoma*, tambor (do ogã alabê, músico ritual, a denominação se estendeu aos ogãs em geral).

xila s. f. Imundície (FF). Do quimbundo *kuxila*, imundície.

xilado adj. Ébrio (BH). Talvez de XILA.

xilindró s. m. Prisão, cadeia. Possivelmente relacionado ao quimbundo *xinda*, confinar.

xilota adj. Vadio (MV). Possivelmente relacionado a XILINDRÓ.

ximango s. m. O mesmo que SAMANGO. Abon.:"... Todo canto que chega, / tá sempre cabreiro, / tá sempre assustado / com pinta de entendido / chinfra de ximango / emblema de cavalo" (de um SAMBA do repertório do cantor Moreira da Silva, nos anos 1950).

ximão adj. Aquele que xima (LM). De XIMAR.

ximar v. t. d. Olhar insistentemente alguém que está a comer (LM). Provavelmente do quicongo *tima*, vontade, inveja.

ximba s. f. Punição imposta pelo orixá através de uma surra de vara que os ogãs aplicam no iniciado em transe. Abon.: MOURA, 1981 c, p. 150. De MUXINGA, provavelmente. Ou do quimbundo *ximba*, irritar. Ou ainda do quicongo *simba*, frear, fazer parar.

ximbelo s. m. (1) Espécie de jangada. (2) Jangada velha (BH). De possível origem banta, talvez relacionado ao quicongo *ximbika*, remar.

ximbica [1] s. m. Jogo de cartas (BH). Possivelmente ligado ao suaíle *shimbika*, preparar um anzol para a pesca, amarrá-lo à linha de pescar.

ximbica [2] s. f. A vulva (BH). Provavelmente ligado a *ximbicar*, remar com vara, espetando-a no fundo da água (termo de ANGOLA, cit. em RIBAS, 1989_2 b; aport. do quimbundo *ximbika*), numa alusão ao ato sexual.

ximbo s. m. O mesmo que CHIMBO (BH). Do quicongo *zimbwa, zimbala*, perder-se, extraviar-se.

ximbute s. m. Indivíduo baixo e barrigudo (BH). Da raiz *mbut*, presente no quicongo *mbuta*, pigmeu, e no quimbundo *kambuta*, pessoa baixa e gorda, talvez através de uma forma *jimbuti*.

ximpar v. intr. Beber, tomar um gole (JC). Provavelmente do quicongo *nsimpa*, pequena cabaça usada para fumar DIAMBA.

xincada s. f. Pilhéria, desaforo (RME). Provavelmente do quicongo *sinka*, rosnar, ronronar, roncar.

xingação s. f. Ato ou efeito de XINGAR (BH).

xingadela s. f. XINGAÇÃO (BH).

xingador adj. Que xinga (AN). De XINGAR.

xingamento s. m. O mesmo que XINGAÇÃO (AN).

xingar v. t. Dirigir insultos ou palavras afrontosas (AN). Do quimbundo *xinga*, insultar, ofender, proferir obscenidades, blasfemar.

xingaraviz s. m. Aquele ou aquilo que se intromete para atrapalhar, complicar (BH). De possível origem banta. Cp. o quicongo *singalakana*, transportar com dificuldade.

xingaria s. f. Sucessão de XINGAMENTOS (BH).

xingatório adj. Insultuoso (BH). De XINGAR.

xingo s. m. XINGAMENTO (BH).

xinguengue s. m. Papagaio (JD). Provavelmente do quicongo *nngénge*, campainha, sineta.

xinguilamento s. m. Sessão de passes, feita por um médium em transe (CC). Do quimbundo *xingila*, dar passes (cf. RIBAS, 1989_2 b).

xipoca *s. f.* Modalidade de brinquedo infantil para arremessar projéteis através de um tubo de taquara (AM, BH). Possivelmente do umbundo *ochipoke*, feijão (em alusão ao projétil).

xipoque *s. m.* Feijão (NL). Do umbundo *ochipoke*, feijão.

xipucu *s. m.* Nádegas (NL). Relacionado ao umbundo *pukuka*, menear-se, requebrar, rebolar (derivado de *puku*, onda, vaga).

xiri *s. m.* A vulva (BH). De provável origem banta. Q. v. o quimbundo **njinhi*, vulva. Cp. XIBA, XIBIO, XIMBICA.

xirimbamba *s. f.* Var. de JERIMBAMBA.

xiringa *s. f.* Pequeno cercado de bambus em semicírculo, existente no local de partida das raias de corrida de cavalo (AM). Provavelmente do quimbundo *kijingu*, cercado, cercadura.

xixi *s. m.* Urina. /// **Fazer xixi**, urinar. Nascentes (1966 b) vê como onomatopeia do ruído da chuva. Q. v., entretanto, o quinguana **chichi*, extremidade do pênis, e o quimbundo **ixixi*, fezes.

xixica *s. f.* Gorjeta (BH). De possível origem banta. Q. v. o umbundo **sisi*, migalha, fragmento.

xixilado *adj.* Sem-vergonha, descarado, desavergonhado (BH). Provavelmente de XILA.

xixo *s. m.* Macaquinho (GS). De possível origem banta.

xolo *s. m.* Reunião musical de escravos nas fazendas (JR). Segundo Jacques Raymundo (1936 a), do "cafre" *xolo*, *txolo*.

xota *s. f.* Red. de XOXOTA.

xoxar *v. t. i.* Na gíria dos CANDOMBLÉS bantos, escarnecer, debochar. Do quimbundo *xoxa*, escarnecer, zombaria, chacota.

xoxo *s. m.* Beijo sonoro, com estalido (BH). Da mesma raiz de MUXOXO.

xoxota *s. f.* A vulva (BH). Do quicongo *sota*, clitóris.

xucumbis *s. m. pl.* Var. de CUCUMBI (BH).

xungosa *adj. fem.* Mulher dengosa, atraente, faceira (MV). Possivelmente ligado ao quicongo *sunga*, malícia, inteligência.

xurumar *v. intr.* Verter salmoura (RME). Possivelmente ligado ao quicongo *sulumuna*, desmanchar, dissolver.

xurumbambo *s. m.* Traste velho, sem importância (BH). Provavelmente relacionado ao quicongo *sulu*, mendigo, e com interferência da raiz *bamb*, presente em BAMBO.

xurumbambos *s. m. pl.* Badulaques, trastes velhos (BH). Q. v. em XURUMBAMBO.

zabaneira *s. f.* (1) Mulher desavergonhada. (2) Meretriz (BH). De possível origem banta. Q. v. no quicongo: **zaba*, poder de ganhar mais que os outros, geralmente por feitiço; **zebama*, ser ou estar relaxado, solto; **zamba*, lugar onde se fazem dejeções.

zabaneiro *adj.* Devasso, desavergonhado (BH). Da mesma origem de ZABANEIRA.

zabelê *s. 2 gên.* Jaó, espécie de ave (BH). Nascentes (1966 b), a partir de Theodoro Sampaio, acha que não é de origem tupi. Q. v. o quicongo **zèbele-zèbele*, que caminha lentamente, com indolência; e a var. **zembelè-zembelè*, expressão injuriosa dirigida a uma pessoa velha que caminha lentamente.

zabiapunga *s. m.* ZAMBIAPUNGA (MA).

zabumba *s. f.* (1) Pancada. (2) Tambor grande, bombo. (3) Conjunto instrumental à base de zabumba. // *s. m.* (4) Zabumbeiro. Para Jacques Raymundo (1936 a), vem de XABUMBA. Para Nascentes (1966 b), a origem é onomatopeica ou do "CONGUÊS". Q. v. no quicongo e no umbundo **mbumba*, bater. A acepção de "pancada" está em Caldas Barbosa (1980 c, p. 216), e parece ser a inicial.

zabumbada *s. f.* Ato ou efeito de ZABUMBAR (FF).

zabumbar *v. intr.* (1) Tocar zabumba. // *v. t.* (2) Dar pancada. (3) Atordoar. (4) Apregoar novidades (FF). De ZABUMBA.

zabumbeiro *adj.* (1) Tocador de zabumba (BH). (2) Bisbilhoteiro, indiscreto, apregoador de novidades (CT). De ZABUMBA.

Zacaí *s. m.* INQUICE CONGO cultuado no CANDOMBLÉ do Bate-Folha em Salvador (RL). Provavelmente ligado ao quicongo *nzáka*, grandeza, tamanho, importância.

zafimeiro *adj.* Esperto, astuto, velhaco (BH). Possivelmente relacionado ao quicongo *nsafi*, chave; ou a *sefi*, ZOMBAR, escarnecer.

zãibo *adj.* Torto, CAMBAIO (FF). Q. v. em ZAMBRO.

zãibro *adj.* Forma paralela de ZÂIMBO (BH).

zâimbo *adj.* Forma paralela de ZAMBO (BH).

zairense *adj.* De, ou pertencente ou relativo ao Zaire, país da África banta, ex-Congo Belga. Do topônimo *Zaire*, derivado do nome vernáculo do rio CONGO, *Nzadi*, do quicongo *nzadi*, grande rio.

zala *s. f.* Fome (GS). Do quimbundo *nzala*, fome. O termo é corrente, também, na forma *izala*, no jargão dos CANDOMBLÉS bantos.

Zamafurama *s. m.* Divindade dos cultos ANGOLO-congueses correspondente ao Oxaguiã nagô (YP). Provavelmente do quicongo, de uma locução de que participam os vocábulos *Nzambi*, Deus, e *fulama*, sentar no colo, ou de cima para baixo, talvez no sentido de "aquele que está no colo ou abaixo de Nzambi" (Oxaguiã é uma manifestação jovem de Oxalá, o qual, para alguns, corresponde a Jesus Cristo).

zambaiar *v. t. i.* Forma paralela de ZOMBAR (GS).

zambê *s. m.* (1) Instrumento de percussão de origem africana, considerado "o menor dos INGONOS". (2) Festa popular, baile (MA). Provavelmente do quicongo *nsómbe*, jovem, pequeno, recém-nascido: é o menor dos tambores; e seu nome deu origem ao baile.

Zambe-o-pombo *s. m.* ZAMBIAPONGO (BH). Com interferência talvez do port. *pombo*, ave que personifica o Espírito Santo, na Santíssima Trindade católica.

zambe-zambe *adj.* Desorientado, ZONZO. Abon.:"... a criação aliviada levanta. Sai por ali zambe-zambe" (BERNARDES, 1991 c, p. 94). De ZAMBO.

zambembe *adj.* Ordinário, de ínfima qualidade (MV). Var. de MAMBEMBE e RAMBEMBE.

zambeta *adj.* 2 gên. Cambaio, zambo (BH). Dim. de ZAMBO, CAMBAIO.

zambi *s. m.* Chefe de quilombo (AN). De ZUMBI pelo nome do líder maior de Palmares.

Zâmbi *s. m.* Divindade suprema dos cultos de origem ANGOLO-conguesa e da UMBANDA, correspondente ao nagô Olorum e ao Deus católico. Do termo multilinguístico banto *Nzambi*, o Ser Supremo.

Zambiampongo *s. m.* ZAMBIAMPUNGO (BH).

Zambiampungo *s. m.* ZAMBIAMPÚNGU (BH).

Zambiampúngu *s. m.* Um dos nomes de ZÂMBI, principalmente na tradição CONGUESA. Do quicongo *Nzambi-ampungu*, o Grande Nzambi, para o qual se exclama: "Deus é grande!"

Zambiano *adj.* De, ou pertencente ou relativo a Zâmbia, país da África banta (BH). Do topônimo *Zâmbia*.

Zambiapongo *s. m.* Forma paralela de ZAMBIAMPONGO (BH).

zambiapunga *s. f.* Dança de negros no sul da Bahia (FF). Provavelmente dos elementos ZAMBÊ e PUNGA, com influência de ZAMBIAPÚNGU.

Zambiapungo *s. m.* Var. de ZAMBIAMPÚNGU (BH).

zambo *s. m.* (1) Espécie de MACACO americano, disforme e muito selvagem (CF). (2) Mestiço de negro e índia ou vice-versa. // *adj.* (3) Desnorteado, desorientado, tonto, atoleimado (FF). Do quicongo *nzambu*, macaco que vive nas árvores, pulando de uma galho a outro; provavelmente através do espanhol. Segundo Ortiz (1985 b), a designação étnica provém da aparência do mono.

zamboa *s. f.* Pessoa estúpida, idiota (BH). De ZAMBO.

zamboado *adj.* Estúpido, enraivecido, aparvalhado, desnorteado, ZAMBO (MV).

zamboque *s. m.* Variedade de abelha (BH). De provável origem banta. Q. v. o quimbundo *nhoki, abelha. Cp. XABOQUE: alguma ligação com a ferroada da abelha?

zambro *adj.* Que tem as pernas tortas, CAMBAIO (FF). Possivelmente de ZAMBO. Ou de origem latina, como supõe A. G. Cunha (1982_1 b), entre outros.

Zambuipombo *s. m.* ZAMBIAPONGO (BH).

zambumba *s. f.* ZABUMBA (BH).

zamburar *v. intr.* Praticar a adivinhação, através do jogo de búzios (OC). (2) Consultar oráculo. Do quimbundo *zambula*, adivinhar; correspondente ao quicongo *zambula*, "falar Nzambi para confirmar a verdade de qualquer coisa" (LAMAN, 1964 b).

zampar *v. t. d.* O mesmo que ENZAMPAR (FF).

Zamuripongo *s. m.* ZAMBIAPONGO (BH).

Zamuripunga *s. m.* ZAMBIAPUNGA (BH).

zandu *s. m.* Antiga dança praticada na zona rural carioca (MC). Provavelmente do quicongo

nzandu, altercação, briga pouco grave, discussão de feira ou mercado.
zanga [1] *s. f.* Aborrecimento, irritação, ira (AN). (2) Antipatia, aversão, QUIZILA, birra. (3) Importunação. (4) Enguiço, desavença (FF). Deverbal de ZANGAR.
zanga [2] *s. f.* Espécie de voltarete entre dois parceiros (FF). Provavelmente do quimbundo *nzanga*, barulho.
zanga [3] *s. f.* Var. de ZUNGA (BH).
zanga [4] *adj. f.* Alucinada, estonteada (MV). De ZENGA.
zanga-tempo *s. m.* Planta da família das aráceas, empregada contra caspa e queda de cabelo (CT). De ZANGAR, desarranjar.
zangaburrinha *s. f.* GANGORRA (BH). De ZANGAR + o port. *burrinha*, talvez. Nascentes (1966 b) não vê a relação, mas nos parece que o brinquedo, outrora, teria a forma de uma burrinha que o movimento das crianças balançava. Entretanto, o nome do brinquedo em quimbundo é *bulanganga*, o que nos leva a pensar também numa possível forma *gangaburrinha*.
zangadiço *adj.* ZANGADO.
zangado *adj.* Aborrecido, irritado, irado (BH). De ZANGAR.
zangador *adj.* Que ou aquele que zanga (BH). De ZANGAR.
zangalete *s. m.* Tecido resistente, de algodão ou de seda (BH). Possivelmente relacionado a ZANGAR.
zangalhão *s. m.* ZANGARALHÃO (BH).
zangalho *s. m.* ZANGALHÃO (BH).
zangalhona *s. f.* Forma fem. de ZANGALHÃO.
zangão *s. m.* (1) O macho da abelha. (2) Parasita, explorador. (3) Preposto de despachante (AN). Provavelmente de *nzanga*, barulho (em alusão ao zumbido do inseto). A segunda acepção decorre da função passiva do macho na colmeia. E a terceira é uma extensão desta.
zangar [1] *v. t. d.* (1) Causar zanga ou mau humor a. // *v. pron.* (2) Enfadar-se, irritar-se (FF). De origem banta. Talvez do quicongo *isanga*, lágrimas, sing. de *kinsanga*. Ou relacionado ao quimbundo *zangalala*, rebelde (cf. CANNECATIM, 1873 b), que se liga a *ondzanga*, bravura,

coragem, combatividade, do *mbochi*, língua falada na bacia do rio CONGO (cf. OBENGA, 1988 b, p. 153).
zangar [2] *v. t. e intr.* Desarranjar, estragar (CT). Do quimbundo *zanga*, estragar.
zangaralhão *s. m.* Homem alto e malfeito de corpo (FF). Possivelmente relacionado ao quimbundo *zangalala*, rebelde; ou ao quicongo *zangata*, crescer rapidamente, aumentar de tamanho.
zangonagem *s. f.* Ofício de ZANGÃO (3) (DH).
zangonar *v. intr.* Exercer ZANGONAGEM (DH).
zangorro *adj.* SONSO, dissimulado (AC). De provável origem banta.
zanguizarra *s. f.* Algazarra (BH). Provavelmente vocábulo expressivo com base em ZANGAR, irritar: "algazarra que irrita".
zanguizarrear *v. intr.* Produzir ZANGUIZARRA (BH).
zanguizarreio *s. m.* Ação ou efeito de ZANGUIZARREAR (BH).
zanho *adj.* Hipócrita, dissimulado (BH). Possivelmente, do quicongo *zani*, *zanya*, afiado, muito cortante, "como a erva *lukengizi*" (LAMAN, 1964 b). A associação pode vir da ideia de que a erva talvez corte sem que se perceba.
Zaniapombo *s. m.* ZAMBIAMPONGO (DH).
zanzador *s. m. e adj.* Aquele que vive a ZANZAR (CT).
zanzar *v. intr.* Vaguear, andar à toa (FF). Do quimbundo *nzanza*, andar de ramo para ramo.
zanzo [1] *adj.* Desorientado (MV). Da mesma raiz de ZANZAR.
zanzo [2] *s. m.* Erva ruderal da família das malváceas (BH). Provavelmente do quicongo *sannzu*, *zanzu*, galhos pequenos, raminhos, lenha para fazer fogueira.
zanzolar *v. intr.* ZANZAR (BH).
zaranga *s. f.* Perturbação mental (GS). De SARANGA.
zaranza *adj. e s. 2 gên.* Diz-se da pessoa atabalhoada, desorientada, doidivanas (FF). Provavelmente ligado a ZANZAR.
zaranzar *v. intr.* (1) ZANZAR. (2) Atrapalhar-se no andar ou nos movimentos (FF). De ZARAN-

zar. Manoel Viotti (1956 a) consigna um gerúndio *zazarando*. Será uma forma errônea de *zaranzando*?

zaratempô *interj.* Saudação ao INQUICE TEMPO (BH). De origem banta.

zarê *adj.* O mesmo que ZERÊ (SC).

zaronga *adj.* Zarolho (MV). Do port. *zarolho*, provavelmente com influência de SORONGA.

Zaze *s. m.* Divindade banta correspondente ao Xangô nagô (OC). Do quicongo *Nzazi*, INQUICE que provoca o raio.

zaze-mambembe *s. m.* Raio especial da Iansã nagô (OC). Do quicongo *nzazi*, raio + MAMBEMBE, onomat. de um choque violento.

zaze-zaze *s. m.* Raio do orixá nagô Xangô, muito forte (OC). Do quicongo *nzazi*, raio, com reduplicação: "o raio dos raios".

Zé Capiongo *s. m.* Ente fantástico da mitologia do Vale do São Francisco (HV). De CAPIONGO ou CAPIANGO.

zé-molambo *s. m.* Indivíduo desclassificado (GP). Q. v. em MOLAMBO.

zeguedégue *s. m.* Pênis (PC). Provavelmente vocábulo expressivo com base no quicongo *nzebi-nzebi*, faca ou cutelo flexível.

zelador de inquice *s. m.* Pai de santo em CANDOMBLÉS bantos (OC). Q. v. em INQUICE.

zenga *adj.* 2 gên. Amalucado, desnorteado. Abon.: registrado no Rio de Janeiro, pelo autor, em fevereiro de 1990. Do quicongo *zénga*, louco, imbecil.

zerê *adj.* O mesmo que zarolho ou vesgo (CT). Souza Carneiro (1937 a) fornece como étimo o nhungue *azere*, "cego do olho esquerdo".

zeribanda *s. f.* O mesmo que SARABANDA (MA).

zerimbanda *s. f.* Var. de ZERIBANDA (MA).

ziguizira *s. f.* Alter, de ZIQUIZIRA (BH).

zimba [1] *s. f.* O mesmo que CARIMBO. Abon.: "A denominação 'zimba' é também utilizada como sinônimo de carimbo (SALLES; SALLES, 1969 a, p. 263). Provavelmente do quicongo *zima*, bater, bater com.

zimba [2] *s. m.* Pênis (GS). De provável origem banta. Cp. BIMBA.

zimbabuano *adj.* De, ou pertencente ou relativo ao Zimbábue, país africano. // *s. m.* O natural ou habitante do Zimbábue (BH). Do topônimo *Zimbábue*, do xona *Dzimba Dzemaue*, significando "as casas de pedra", denominação de edificações monumentais erigidas na região por volta do século IX.

zimbo *s. m.* Concha utilizada como moeda (AN). Do quimbundo *njimbu*, búzio. Cp. JIMBO.

zimbro [1] *s. m.* (1) Orvalho. (2) Chuva miúda e resistente (FF). Possivelmente relacionado a CACIMBO.

zimbro [2] *s. m.* Dinheiro (MV). De ZIMBO.

zimimbúndi *s. m.* Designação genérica do povo negro na CONGADA de Caraguatatuba. Abon.: "Alegra, alegra, zimimbúndi que o Embaxadô já está soltado..." (LIMA, 1981 a, p. 94). Do quimbundo *mumbundu*, negro.

zinga [1] *s. f.* Vara comprida que os canoeiros usam para vencer a força da corrente (FF). Q. v. em GINGA [2]. Cp. ZINGA [2].

zinga [2] *s. f.* Vulva, vagina (GS). De origem banta. Possivelmente ligado ao quicongo *zinnga*, lago, bacia, profundeza. Q. v. em ZINGA [1] e XIMBICA a convergência de duas ideias aparentemente estranhas entre si: vulva e vara de remar. Cp. o suaíle **mzinga*, objeto de forma cilíndrica.

zingador *s. m.* Aquele que zinga (BH). De ZINGA.

zingar *v. intr.* Manejar a ZINGA, vara de canoeiro (BH).

zingola *s. f.* Cartucho de couro para cobrir os chifres das reses nas touradas (MV). De possível origem banta.

zingoma *s. m.* ENGOMA.

zingrim *s. m.* Dente (VF). Possivelmente, relacionado ao umbundo *lingo*, mancha, nódoa, sujidade.

zinir *s. m.* Ruído de serra em atividade (MV). De ZUNIR.

zipaque *s. m.* Var. de VIPAQUE (VF).

ziquitatu *s.* Tatu (EP). Considere-se o quicongo **di-siki*, nome carinhoso com que se chama a esposa (LAMAN, 1964 b), antecedendo *tatu* (de propalada origem tupi) como hipótese.

ziquizira *s. f.* Qualquer doença que não se quer ou não se pode nomear (BH). Provavelmente de QUIZILA.

ziribanda *s. f.* ZERIBANDA (MA).

zivasso *s. m.* Olhos (JD). Do umbundo *ovaso*, os olhos. Cp. UASSO.

zoeira *s. f.* Algazarra, vozerio, falatório (BH). Do port. *zoar*, palavra onomatopeica, com eco do nhungue *tsuera*, palavras vazias, arrazoado inútil; relacionado a *zuela*, falar; e a *dinzuela*, guizos, do quimbundo.

zomba *s. f.* Ideia maluca, sem razão de ser (SC, MV). Muito provavelmente, de uma forma plural *izomba*, do quimbundo *kizomba*, brincadeira. Ex: *kimbanda*, pl. *imbanda*.

zombador *adj.* Aquele que zomba (BH). De ZOMBAR.

zombar *v. t. i.* (1) Escarnecer, mofar, não fazer caso. // *v. intr.* (2) Gracejar (FF). Provavelmente do quimbundo *kizomba*, brincadeira. Cp. ZOMBA. Veja-se tb. o quioco *somba, provocar, desafiar.

zombaria *s. f.* Mofa (BH). De ZOMBAR.

zombeirão *adj.* ZOMBADOR (BH).

zombetear *v. t. i.* ZOMBAR (BH).

zombeteiro *adj.* ZOMBEIRÃO (BH).

zonzar *v. intr.* Ficar ZONZO (BH).

zonzear *v. intr.* ZONZAR (BH).

zonzeira *s. f.* Tonteira, atordoamento (BH). De ZONZO.

zonzo *adj.* Tonto, estonteado; aturdido (FF). Provavelmente do quicongo. Q. v. *nzunzu, pesado, incômodo.

zoró *adj.* Fora do comum, excessivo (MV). De provável origem banta. Cp. o quicongo *zoola, um sexto dedo.

zorô *s. m.* Iguaria feita com camarão e QUIABO (CT), a qual se come com ANGU de arroz, FUBÁ ou grão (JR). Segundo Jacques Raymundo (1936 a), o nome se deve ao angu de arroz, que lhe serve de conduto frequente e indispensável. Do macua *soro*, arroz.

zoronga *adj.* O mesmo que ZARONGA (MV).

zorongo *s. m.* Variante de SORONGO (BH).

Zubararanda *s.* INQUICE dos CANDOMBLÉS bantos. Certamente da raiz *nzumb* referida em ZUMBI [1].

zuelar *v.* Cantar, falar, rezar (YP). Do quimbundo *zuela*, falar. Ver: AZUELA; ZOEIRA.

zulo *adj.* (1) Da Zululândia ou relativo a ela. // *s. m.* (2) Natural ou habitante da Zululândia. (3) Língua falada nessa região da África austral (BH). Do etnônimo *zulu*, o qual, na língua nativa, significa "o povo do céu". Q. v. o quicongo *zulu, céu.

zulu *adj. e s. 2 gên.* ZULO (FF).

zumba *interj.* Voz imitativa de pancada, queda ou estrondo (BH). Onomatopeia com provável eco do quicongo *zuba*, bater, fustigar.

zumbar *v. intr.* (1) Fazer grande ruído. (2) Zumbir (BH). De ZUMBA.

zumbi [1] *s. m.* (1) Ente imaginário que, segundo a crença popular, vagueia a horas mortas (FF). (2) Designação dada ao fantasma, à suposta aparição de certos animais mortos (CC). Do quimbundo *nzumbi*, espírito; espírito perturbado, perseguido, atormentado. Em quimbundo, a raiz *nzumb* se liga à ideia de imortalidade; e a essa ideia parece estar ligado o nome do herói de Palmares.

zumbi [2] *s. m.* Lugar ermo, tristonho, sem meio de comunicação (CC). Certamente do quicongo *nzumbi*, lugar onde se espera que a caça apareça.

zumbificação *s. f.* Ato ou efeito de ZUMBIFICAR. Abon.: "Davis estuda os elementos componentes da fórmula da droga utilizada pelos feiticeiros do Haiti no processo de zumbificação" (FERRETTI, 1988 c, p. 50).

zumbificar *v. t. d.* Transformar em ZUMBI.

zumbo *s. m.* Antigo folguedo afro-brasileiro. Abon.: "Reis e rainhas, príncipes e princesas, duques, marqueses, generais e pajens - coroas, espadas, sedas, colares e guizos, cabeleiras de trança, penachos coloridos... O Moçambique, O Zumbo!" (PALMÉRIO, 1966 c, p. 220). Provavelmente do quicongo *zumbu*, multidão.

zunga [1] *s. f.* Hospedaria de ladrões (CT); alcoice (MV). Do quicongo *zunga*, cercado, tapume, recinto fechado. Ou alteração de ZUNGU.

zunga [2] *s. f.* Bicho-de-pé (CT). De provável origem banta: cp. TUNGA.

zunga [3] *s. f.* Mulher de má vida (CT). Provavelmente do quicongo *zumba*, prostituição.

zungu *s. m.* (1) Cortiço, CALOJI. (2) Desordem, barulho (FF). (3) Baile reles. (4) Habitante de cortiço (CT). Do quimbundo *nzangu*, barulho, confusão conflito. Q. v. tb. o quicongo **nzungu*, panela, caldeirão.

zuninga *s. f.* CACHAÇA (SM). De provável origem banta. Q. v. o quicongo **ninga*, palavra que traz sempre a ideia de diminuição, de pequenez. Q. v. tb. o umbundo **ninga*, amor filial, ternura, afeição.

zunir *v. intr.* (1) Produzir (o vento) som agudo e sibilante (BH). (2) Desaparecer (GP). Provavelmente do quimbundo *zuna*, a grande velocidade (cf. PEPETELA, 1985 c). Q. v. tb. o quicongo **zununa*, correr rápido, competir em rapidez.

zunzo *s.* Planta medicinal; (PC). Provavelmente ligado ao quicongo *nsunzu menga*, uma árvore; ou a *nzunzu*, ardor (talvez por tratar-se de uma planta com folhas que provocam ardência).

zunzum *s. m.* (1) Confusão, barulho. (2) Boato, mexerico (AN). Onomatopeia, talvez de base banta, do quicongo *zunzu*, grande ruído.

zunzunar *v. intr.* Zumbir. Abon.: "Um casal de mamangaba, já zunzunando ao derredor do defuntinho dele." (PALMÉRIO, 1966 c, p. 252). De ZUNZUM, com influência de GUNGUNAR.

zurrada *s. f.* Ato de ZURRAR (AN).

zurrar *v. intr.* (1) Emitir ZURRO (AN). (2) Emitir um ruído como um zurro. Segundo Schneider (1991 a), do xona *'zu a*, jactar-se, fazer alarde.

zurro *s. m.* A voz do burro (AN). De ZURRAR.

zurundum *s. m.* Vozearia, algazarra, motim (MV). Provavelmente relacionado a SURUMBAMBA.

zuruó *adj. 2 gên.* (1) Amalucado, estonteado (FF). (2) Bêbado (SM). De possível origem banta. Talvez ligado ao nhungue *zoro*, cabeça.

zuzá *s. m.* Chocalhos de frutos de pequi que, em certos terreiros, se atam aos tornozelos dos dançantes (OC). De possível origem banta. Veja-se no quimbundo, **nginza*, guizo; **dikanza*, chocalho. Cp. GANZÁ. Nas três palavras, observe-se a terminação *za*.

PARTE ONOMÁSTICA

ABRILONGO. *Top.* Ref. Nelson de Senna (1938 a).

ACAIENE. *Antrop.* Nome de um dos filhos de Zumbi dos Palmares. Provavelmente composto do quicongo *yaka*, um grande homem, e talvez reforçado pelo adj. *inene*, grande, do quimbundo.

ACAIUBA. *Antrop.* Dirigente palmarino aprisionado no quilombo Amaro em 1677. O nome está, provavelmente ligado ao quicongo *yuba*, derrubar, lançar por terra, acrescido do mesmo el. *yaka*, de Acaiene. Então, teríamos como possível significado "grande homem demolidor". Veja-se que, em quioco, o v. *haka* (da mesma raiz do quicongo *yaka*) significa "desenvolver-se, crescer, tornar-se grande". Na Angola colonial, *Iuba* era o nome de um soba da região de Mbata.

ACOTIRENE. *Top., antrop.* Quilombo situado a 30 quilometros do de Zumbi. Observe-se que os quilombos, assim como os sobados da Angola colonial, em geral recebiam o nome de seus líderes. E a história angolana registra a existência, ainda nos anos de 1950, no antigo conselho de Kambo, região onde floresceu a corte da legendária rainha Jinga (q. v. Rainha Ginga, na parte geral), de um sobado com o nome de *Coxe Nene*. A origem do antropônimo pode estar no quicongo *nkosi*, leão, adjetivado por *nene*, grande.

AFUÁ. *Top.* Ref. Nelson de Senna (1938 a).

ÁGUA DO MACACO. *Top.* Rio, Paraná. V. em macaco.

ALTO GUANDU. *Top.* Ref. Nelson de Senna (1938 a). V. Guandu.

AMBACA. *Top.* Ref. Nelson de Senna (1938 a). Do quimbundo *mbaka*, cidade.

AMBUELA. *Top.* Ref. Nelson de Senna (1938 a). Do topônimo afr. de mesmo nome.

ANDACA. *Top.* Antiga localidade na freguesia de Jacarepaguá, RJ (cf. SANTOS, 1900 c). Provavelmente, do quimbundo *Mbaka* (Ambaca), região do Dongo, na atual Angola. Q.v. andaca, na parte geral.

ANDALAQUITUXE. *Antrop., top.* Líder palmarino, morto por Fernão Carrilho na investida contra o quilombo de Garanhuns. O nome deriva, possivelmente, do quicongo *Ndala*, nome de um espírito ligado à ideia de sumiço, desaparecimento (como em Sueca) mais *kitusi*, monstro, centauro. Na hipótese de Andalaquituxe ter sido, ao contrário do habitual, a cidadela que deu nome ao seu comandante, veja-se que *Ndala* é, em quimbundo, elemento que antecede vários nomes de acidentes geográficos, como *Ndala-a-Ngombe*, *Ndala-a-Kayto* etc. Veja-se, também, que *Andala* foi o nome de um grande centro de metalurgia no Dongo, na antiga Angola, enquanto *Kituxi* foi uma povoação da região do Libolo.

ANDARICO. *Top.* Lugarejo, MT. Possivelmente banto, pelo aspecto. Ou do port. *andareco*, cavalo ruim.

ANDONGO. *Top.* Ref. Nelson de Senna (1938 a). Provavelmente de *Ndongo*, antigo reino banto.

ANDU. *Top.* Ref. Nelson de Senna (1938 a). Q. v. pte. geral.

ANGICAL. *Top.* Vários acidentes geográficos em diversos estados. De angico.

ANGICÃO. *Top.* Vários acidentes geográficos em diversos estados. Aum. de angico.

ANGICOS. *Top.* Vários acidentes geográficos em diversos estados. Pl. de angico.

ANGOLA. *Top.* Ref. Nelson de Senna (1938 a). Do topônimo africano. Q. v. pte. geral.

ANGOLA-JANGA. *Top.* Nome pelo qual a confederação de Palmares era supostamente referida por seus habitantes, com o significado de "minha Angola". Sendo assim, o possessivo teria origem no xironga, língua de Moçambique, na forma *dj'anga*, meu, minha. A nosso ver, entretanto, essa possibilidade é mais viável como criação literária, partida, talvez, de antigos escritores que se ocuparam do assunto.

ANGOLINHA. *Top.* Ref. Nelson de Senna (1938 a). Q. v. pte. geral.

AQUALTUNE. *Top., antrop.* Nome de um QUILOMBO e de um personagem da história de Palmares, talvez a mãe de GANGA-ZUMBA. Em quicongo, *akwa* é preposição indicativa de lugar de origem. Ex.: *nkento akwa Nsundi*, mulher de Nsundi. Entretanto, podemos buscar também a origem numa possível expressão *nkwa ntumi*, comandante (o elemento *nkwa* é usado anteposto a um substantivo para designar uma profissão, um modo de ser, uma qualidade).

AROTIRENE. *Top.* Ref. Nelson de Senna (1938 a). Provável corrupção de ACOTIRENE.

ASSUNGA. *Top.* Ref. Nelson de Senna (1938 a). Q. v. ASSUNGAR, pte. geral.

ATAFONA. *Top.* Pov. RJ, SC; Lug., Córr. MT. Q. v. pte. geral

ATOMBENSI. *Top.* Denominação do terreiro liderado sacerdotisa Maria Neném, raiz de todas as casas do complexo ANGOLA-CONGO na Bahia, e onde se teriam iniciado os TATAS Ciríaco do Tumba-Junçara e Bernardino do Bate-Folha. É também referido como Tumbensi. Considerar, no quicongo: *ntóme*, agradável, delicioso + *nsi*, país, terra, reino; *ntombisi*, caçador; *ntómbi*, aquele que procura. E também *Ntumba*, nome de um clã dos BACONGOS + *nsi*; "terra dos Ntumba"; ou ainda: *tumba*, iniciar nos mistérios + *nsi* : "lugar de iniciação".

AZANGADO. *Top.* Córr. RJ. De AZANGAR.

B

BAIACO. *Antrop.* Alcunha do SAMBISTA carioca Osvaldo Vasques (1913-1935), autor do célebre SAMBA "Arrasta a sandália". De possível origem banta.

BAILIQUE. *Top.* Pov., PA; Vila, Ilha, Bco. AP. Segundo Houaiss (HOUAISS; VILLAR, 2001 a), o vocábulo tem a acepção da "cela de prisão". Q. v. o umbundo *lika*, isolamento, apartamento.

BAIXO GUANDU. *Top.* Cid. ES. V. em GUANDU.

BAMBA. *Top.* Cit. Raymundo (1933 a). Provavelmente de *Mbamba*, uma das províncias do Reino do CONGO.

BAMBÁ. *Top.* Ref. Nelson de Senna (1938 a). Q. v. pte. geral.

BAMBAIA. *Antrop.* Personagem feminino da antiga comunidade baiana do Rio de Janeiro, celebrada num refrão de SAMBA citado por Jota Efegê: "Ô, eu vi Bambaia / sambando, ó, na Ponta da Areia". Q. v. pte. geral.

BAMBÃO. *Top.* Ref. Nelson de Senna (1938 a). Q. v. pte. geral.

BAMBUÊ. *Top.* Ref. Nelson de Senna (1938 a).

BAMBURA. *Top.* Pov. PE. Q. v. o quicongo *mbula*, árvore alta da floresta.

BAMBURRAL, do. *Top.* Rch. PI. Q. v. BAMBURRAR, pte. geral.

BAMBURRO, do. *Top.* Córr., RO. Q. v. BAMBURRAR, pte. geral.

BANDAGUAIME. *Antrop.* Nome iniciático ou sacerdotal de Antônio José da Silva, pai de santo nascido em Salvador, Bahia, em 1901 e falecido na mesma cidade em 1966. Foi iniciado no MANSU-BANDUNQUENQUE (q.v.), onde, mais tarde, se tornou sucessor de Bernardino do Bate-Folha. Do quicongo: *banda*, sagrado, consagrado + *ngwa ami*, minha mãe.

BANGA. *Top.* MG. Cit. Machado Filho (1985 a).

BANGO. *Top.* MG. Cit. Machado Filho (1985 a).

BANGOLO. *Top.* Rua na área metropolitana da cidade do Rio de Janeiro, RJ. Q. v. o quicongo *ba-ngolo*, uma espécie de peixe.

BANGU. *Top.* Bairro na antiga zona rural da cidade do Rio de Janeiro, RJ. Teodoro Sampaio (1987 b) consigna, como origem, o tupi "*ubang-ú*, o anteparo escuro, a barreira negra", atribuído em alusão a "um serro" (talvez a Serra do Quitungo, ou a Serra do Bangu) que domina o panorama da região. Entretanto, o quicongo *mbángu*, "cesto achatado, trançado", comparado a uma das acepções do vocábulo QUITUNGO, espécie de cesto (q.v. parte geral), leva-nos a vislumbrar esta outra possibilidade etimológica. Veja-se também, no quicongo, *Mbángu*, nome de uma montanha; *mbángu*, grande árvore de

casca amarga e adstringente (a árvore possivelmente deu nome à montanha, o que pode ter também ocorrido em território brasileiro).
BANGU, Serra de. *Top.* RJ. Provavelmente do quicongo *mbangu*, cesto (pela forma da serra, na hipótese de ela ter dado nome à localidade).
BANGUAIS. *Top.* Arr. RS. Q. v. BANGO [2], pte. geral
BANGUÊ. *Top.* Rib., GO. Q. v. pte. geral.
BANGUÊ. *Top.* Cit. Raymundo (1933 a). Q. v. pte. geral.
BANTA. *Top.* Ref. Nelson de Senna (1938 a). Q. v. pte. geral.
BANZAÊ. *Top.* Pov., BA. Do quimbundo *mbanza*, aldeia.
BANZÃO. *Top.* Pov., BA. Do quimbundo *mbanza*, aldeia.
BANZO. *Top.* Rua na região metropolitana da cidade do Rio de Janeiro. Q. v. pte. geral.
BATUQUE. *Top.* Lug. BA. Q. v. pte. geral.
BAZUA, da. *Top.* Rch. BA. Q. v. o quicongo *mbazu*, fogo, grande calor.
BENGALA. *Top.* Ref. Nelson de Senna (1938 a). Q. v. pte. geral.
BENGALAS. *Top.* Vila, PE. Q. v. BENGALA, pte. geral.
BENGO. *Top.* Ref. Nelson de Senna (1938 a). Q. v. pte. geral.
BENGUELA. *Top.* Cit. Raymundo (1933 a). Q. v. pte. geral.
BERLENGAS. *Top.* Rio, PI. Q. v. EMBELENGAR, parte geral.
BIMBARRA. *Top.* Ilha, BA. Seg. A. G. Cunha (1982_1 b), de BIMBA (q. v. pte. geral).
BINGA. *Top.* Lug., AM. Q. v. pte. geral.
BIRIMBAU, do. *Top.* Cach., PA. Q. v. BERIMBAU, pte. geral.
BIRIRICAS. *Top.* Pov., ES. Q. v. o umbundo *vilika*, cruzar, atravessar.
BITU. *Top.* Serra, RN. Q. v. pte. geral.
BIZONGA. *Antrop.* SAMBISTA carioca. Em 1926, em parceria com Nestor Brandão, foi autor de um SAMBA de grande sucesso na festa da Penha (RJ). Em quicongo, a raiz *zonga* se liga à ideia de medida, comprimento.
BOCO. *Antrop.* Apelido de um antigo SAMBISTA da Mangueira (RJ), fundador do Bloco dos Arengueiros, célula matriz da ESCOLA DE SAMBA Estação Primeira. Q. v. o quicongo *Mboko*, nome próprio.
BODE. *Top.* Lug., MT. Q. v. pte. geral.
BODE, do. *Top.* Rch., PE. Q. v. pte. geral.
BODÓ. *Top.* Vila, RN. Q. v. pte. geral.
BODOCÓ. *Top.* Cid., PE. Provavelmente relacionado ao quicongo *mbodoko*, coleira, golilha de prisioneiro.
BODOCONGÓ. *Top.* Vila, PB. Q. v., no quicongo, *mbodoko*, cadeia, jugo, prisão; *ngò*, comprido.
BOLAMA. *Top.* Ref. Nelson de Senna (1938 a).
BOMBAÇA. *Top.* Ref. Nelson de Senna (1938 a).
BOMBU. *Top.* Ref. Nelson de Senna (1938 a).
BONGA. *Top.* Cit. Raymundo (1933 a). *Mbonga*, em quicongo, é antropônimo.
BONGUE. *Top.* Cit. Raymundo (1933 a). Do quimbundo *mbonge*, fortaleza (ou dique).
BOTO. *Top.* Rib., GO; Ig., AM. Q. v. pte. geral.
BOTO, do. *Top.* Ig., AM. Q. v. pte. geral.
BRAÇO DO CAFUNDÓ. *Top.* Pov. SC. Q. v. CAFUNDÓ, pte. geral.
BROCOCÓ. *Top.* Pov., PE. Q. v. o quicongo *mboloko*, galho de árvore que serve como assento.
BROCOS. *Top.* Pov., MA. Q. v. BROCO, pte. geral.
BRUCUTU. *Top.* Ref. Nelson de Senna (1938 a). Q. v. pte. geral.
BUGIGANGA. *Top.* Ref. Nelson de Senna (1938 a). Q. v. pte. geral.
BUÍQUE. *Top.* Cid., PE. Q. v. o umbundo *mbwiki*, parotidite.
BUMBAÇA. *Top.* Ref. Nelson de Senna (1938 a).
BURICA. *Top.* Rio, RS. Q. v. BÚRICA, pte. geral.
BURUNDI. *Top.* Rua na região metropolitana da cidade do Rio de Janeiro, RJ. Do nome do país africano.
BUTA. *Top.* Ref. Nelson de Senna (1938 a). Q. v. pte. geral.
BUZINFA. *Antrop.* Hipocorístico do SAMBISTA D'Ortang Alves Campos, antigo dirigente das

ESCOLAS DE SAMBA cariocas Unidos da Capela e Unidos de Lucas (RJ). Nome de aspecto banto. Cp. no quicongo: *bu-zomfi, um cogumelo comestível; *bu-zimbwa, ignorância.

BUZUNGA. *Antrop.* SAMBISTA carioca do morro do Salgueiro (RJ), marido de Tia Neném do Buzunga, famosa integrante da ala das baianas da ESCOLA DE SAMBA Acadêmicos do Salgueiro.

C

CABAÇOS, dos. *Top.* Riacho, PB. De CABAÇO, virgindade (q. v. pte. geral) ou *cabaço, var. de *cabaça (origem ameríndia?).

CABANGA. *Antrop.* Líder do QUILOMBO Una, objeto de uma investida de Luís Silveira Pimentel, em 1694. O nome é provavelmente originário do quicongo *banga*, jovem senhor, acrescido do prefixo diminutivo *ka*, originando algo como um afro-negrismo "sinhozinho".

CABENGA. *Top.* Rio, Queimados, RJ. Rua, Nova Iguaçu, RJ. Q. v. o quimbundo *benga, precipício, abismo.

CABINGA. *Top.* Ref. Nelson de Senna (1938 a). Provavelmente do quimbundo *mbinga*, chifre, com aposição do prefixo diminutivo *ka*.

CABORGE. *Antrop.* Nome de família, cit. Machado Filho (1985 a). Q. v. CABORJE (pte. geral)

CABU SALA. *Top.* Rib., MT. Em quicongo, os vocábulos *kabu* e *sala* têm diversas acepções.

CABULA. *Top.* Bairro em Salvador, BA. Q. v. pte. geral.

CABULÉ. *Top.* Cit. Raymundo (1933 a). Do quimbundo *kabure*, pequeno laço ou nó (seg. o autor citado).

CABUNGUI, do. *Top.* Caminho e morro em Vargem Grande, Rio de Janeiro, RJ. Q. v. o quicongo *bungi, brumoso, nevoento.

CABURU. *Top.* Vila, MT. Q. v. CABURO, pte. geral.

CAÇAMBA. *Top.* Pov., AL. Q. v. pte. geral.

CAÇAMBE, do. *Top.* Estrada em Jacarepaguá, no município do Rio de Janeiro, RJ. Quicongo: *Ka-sámbi*, nome próprio. Q.v. CACHAMBI.

CAÇANJE. *Top.* Pov. MG; Rio, MT. Q. v. pte. geral.

CACETE. *Top.* Lug., MA. Q. v. pte. geral.

CACHAMBI. *Top.* Bairro e rua no município do Rio de Janeiro, RJ. Provavelmente do quicongo *kasambi*, mandioca.

CACHANGA. *Top.* Estrada em Guaratiba, Rio de Janeiro, RJ. Q. v. CAXANGA, pte. geral.

CACHIMBA. *Top.* Pov., PR. Q. v. CACIMBA, pte. geral.

CACHIMBAU, do. *Top.* Estrada na região metropolitana da cidade do Rio de Janeiro, RJ. Houaiss (HOUAISS; VILLAR, 2001 a) consigna como uma espécie de peixe. De CACHIMBO.

CACHIMBO, do. *Top.* Vár., div. Q. v. pte. geral.

CACHIMBO. *Top.* Vár., div. Q. v. pte. geral.

CACHOEIRA DOS MACACOS. *Top.* Cid., MG. Q. v. MACACO, pte. geral.

CACIMBA. *Top.* Vár., div. Q. v. pte. geral.

CACIMBA, da. *Top.* Riacho, PE. Q. v. pte. geral.

CACIMBA DE AREIA. *Top.* Vila, PB. Q. v. CACIMBA, pte. geral.

CACIMBA DE BAIXO. *Top.* Pov., BA. Q. v. CACIMBA, pte. geral.

CACIMBA DE CIMA. *Top.* Povoado, PE. Q. v. CACIMBA, pte. geral.

CACIMBA DE DENTRO. *Top.* Cidade, PB. Q. v. CACIMBA, pte. geral.

CACIMBA DE PEDRA. *Top.* Lugarejo, BA. Q. v. CACIMBA, pte. geral.

CACIMBAS. *Top.* Vár., div. Q. v. CACIMBA, pte. geral.

CACIMBAS, das. *Top.* Várzea, MT; Riacho, CE. Q. v. CACIMBA, pte. geral.

CACIMBINHAS. *Top.* Lugarejo, MT; Cidade, AL. Q. v. CACIMBA, pte. geral.

CAÇOCA. *Top.* Pov., CE. Q. v. pte. geral.

CACOMANGO. *Top.* Ref. Nelson de Senna (1938 a).

CACONDE. *Top.* Rch., CE; Cid., SP. Q. v. pte. geral.

CACONDE, do. *Top.* La., RS. Q. v. pte. geral.

CACUIA, da. *Top.* Estrada e morro na Ilha do Governador, Rio de Janeiro, RJ. Provável bantuização do tupinismo "cuia", pela aposição do

prefixo diminutivo *ka*: "pequena cuia". Q. v. tb. CUCUIA, pte. geral.
CAÇULA, do. *Top.* Ilha, MG. Q. v. pte. geral.
CAÇULÊ. *Top.* Travessa, Salvador, BA. Q. v. CAÇULA e CAÇULÊ, pte. geral.
CACULÉ. *Top.* Cid., BA. Do quimbundo *kakole*, diminutivo de *rikole*, um pássaro (seg. RAYMUNDO, 1936 a, p. 172).
CAÇULO. *Top.* Pov., BA. Q. v. pte. geral.
CACUMBA. *Top.* Ref. Nelson de Senna (1938 a).
CAÇUMBA. *Top.* Ilha, BA. Do quicongo *ki-sumba*, feixe de madeira (seg. RAYMUNDO, 1936 a, p. 172).
CACUMBANGUE. *Top.* Ref. Nelson de Senna (1938 a).
CACUMBU. *Top.* Ref. Nelson de Senna (1938 a). Q. v. pte. geral.
CACUNDA. *Antrop.* Sobrenome dos bandeirantes Bartolomeu e Pedro Bueno Cacunda. Q. v. pte. geral.
CACUNDA. *Top.* Cit. Raymundo (1933 a). Q. v. pte. geral.
CACUNDA DE IAIÁ. *Top.* Terreiro jeje fundado em Salvador, BA, em 1920 e, mais tarde, transferido para uma localidade próxima a Santo Amaro da Purificação, no Recôncavo. Embora sendo o terreiro de nação jeje, veja-se, na parte geral, em JANÔ, as interligações entre esse universo e o dos bantos, na Bahia. A partir daí, vejam-se, ainda na parte geral, CACUNDA e IAIÁ (quicongo *yaya*, mãe), tomando-se o primeiro elemento na acepção de "espinha dorsal", como *mungongo* em TATA LUNDIAMUNGONGO (q.v.).
CACUNDINHA. *Top.* Ref. Nelson de Senna (1938 a). Q. v. CACUNDA, pte. geral.
CADUNGA. *Top.* Caminho, Nova Iguaçu, RJ. Q. v. o quicongo **nkadunga*, fumo bom.
CAFODENGO. *Top.* Vila, SP. Q. v. pte. geral: CAFUNDÓ + DENGO [3].
CAFU. *Antrop.* Red. de CAFURINGA. É alcunha de um jogador de futebol integrante da seleção brasileira em 2002.
CAFUA. *Top.* Cit. Raymundo (1933 a). Favela na região metropolitana do Rio de Janeiro, RJ. Q. v. pte. geral.

CAFUANGO. *Top.* Ref. Nelson de Senna (1938 a).
CAFUBÁ. *Top.* Ref. Nelson de Senna (1938 a).
CAFUFÁ. *Top.* Lug., BA. Q. v. ENCAFUAR, pte. geral.
CAFUNDÁ, do. *Top.* Estrada e caminho em Jacarepaguá, Rio de Janeiro, RJ. Var. CAFUNDÓ.
CAFUNDANGO. *Top.* Ref. Nelson de Senna (1938 a).
CAFUNDÉ, Cremilda. *Antrop.* Personagem ligada à história dos blocos afro de Salvador, BA, citada por A. Risério (1981 c).
CAFUNDÉ. *Top.* Rio, SC. Var. CAFUNDÓ.
CAFUNDÓ. *Top.* Vár., div. Q. v. pte. geral.
CAFUNDÓ, do. *Top.* Serra, MG, GO. Q. v. pte. geral.
CAFUNGO. *Top.* Pov., BA. Q. v. pte. geral.
CAFUNGO, do. *Top.* Serra, BA. Q. v. pte. geral.
CAFUNGÓ, do. *Top.* Serra, BA. Var. CAFUNGO.
CAFURINGA. *Antrop.* Alcunha de um conhecido jogador de futebol carioca, do Fluminense F.C. nos anos de 1970. Q. v. CAFURINGA [1] na pte. geral.
CAFUTI. *Top.* Rua, Salvador, BA. Q. v. CAFUTE, pte. geral. Cp. CAFUXI.
CAFUXI, do. *Top.* Serra localizada a 180 quilômetros a nordeste da capital de Alagoas, onde se erguia a cidadela de ANDALAQUITUXE. Na ANGOLA antiga, *Kafuxi* era uma região ao sul do rio Cuanza, governada por um SOBA de igual nome.
CAIAMBOLA. *Top.* MG. Cit. Machado Filho (1985 a).
CAIMOAMBO. *Top.* Pov., BA. Q. v., no quicongo **nkayi*, avô (também antropônimo); **mbwambu*, bexiga.
CAJANGO. *Top.* Ref. Nelson de Senna (1938 a).
CALABUCO. *Top.* Ref. Nelson de Senna (1938 a).
CALAMBAU. *Top.* Ref. Nelson de Senna (1938 a).
CALANGO. *Top.* Ilha no rio Negro, AM. Q. v. pte. geral.
CALANGRO. *Top.* Cit. Raymundo (1933 a). Var. CALANGO. Q. v. pte. geral.

CALEMBÁ, do. *Top.* Caminho na região metropolitana da cidade do Rio de Janeiro, RJ. Provavelmente do quimbundo *kalemba*, tempestade, arrebentação.

CALENGUÊ, do. *Top.* Estrada na região metropolitana da cidade do Rio de Janeiro, RJ. Provavelmente do quimbundo *ka-nlenge*, pequena lagarta.

CALIANGO. *Top.* Ilha, PA. Q. v. CARIANGO, pte. geral.

CALOJI. *Top.* Rio, Vila, ES. Q. v. pte. geral.

CALOJI, do. *Top.* Serra, CE. Q. v. pte. geral.

CALOMBE. *Top.* Avenida na região metropolitana da cidade do Rio de Janeiro, RJ. Q. v. o quicongo **lombe*, escuridão.

CALOMBO. *Top.* Ref. Nelson de Senna (1938 a). Q. v. pte. geral.

CALU. *Antrop.* Hipocorístico resultante de bantuização do nome Carolina.

CALUGI. *Top.* Ref. Nelson de Senna (1938 a). Q. v. CALOJI, pte. geral.

CALUMBI. *Top.* Vár., div. Seg. Figueiredo (1925 a), *calumbi* é "planta rosácea de Angola".

CALUNDU, do. *Top.* Estrada em Nova Iguaçu, RJ. Q. v. pte. geral.

CAMBAMBE. *Top.* Cit. Raymundo (1933 a). Var. CAMBÂMBI.

CAMBÂMBI. *Top.* Ref. Nelson de Senna (1938 a). Q. v. CAMBÂMBIS.

CAMBÂMBIS. *Top.* Ilhas na baía de Guanabara (RJ), tb. conhecidas como Cabras. Do quimbundo *ka-mbambi*, pequena gazela, também empregado para nomear a cabrita (seg. RAYMUNDO, 1936 a, p. 173).

CAMBEMBE. *Top.* Ilha na baía de Guanabara, RJ. Q. v. na pte. geral.

CAMBIÁ. *Top.* Rua em Jacarepaguá, zona oeste carioca (RJ). Q. v. pte. geral.

CAMBINDA. *Antrop.* Nome de família, cit. Machado Filho (1985 a).

CAMBIRA. *Top.* Rib., Cid., PR. Provavelmente do nhungue *ka-bira*, pequena ovelha.

CAMBONGO, do. *Top.* Estrada em Nova Iguaçu, RJ. Q. v. o quicongo **mbongo*, colheita, semente.

CAMOENGO. *Top.* Rua na região metropolitana da cidade do Rio de Janeiro, RJ. Q. v. o quicongo **mwenge*, ramo de flores.

CAMOLENGUE. *Top.* Lug., BA. Q. v. o quicongo **mulengi*, cabelos.

CAMUANGA. *Antrop.* Nome de um dos últimos líderes palmarinos, sucessor de ZUMBI. Entre os guerreiros jagas, de ANGOLA e CONGO, chamava-se *kamuanga* a uma prova em que o acusado de um delito era obrigado a ingerir uma bebida tóxica, sendo ou não considerado culpado em virtude do efeito da ingestão. Esse era o nome, também, de um SOBADO (e naturalmente de um SOBA) em Icolo e Bengo, na Angola colonial.

CAMUNDÁ. *Top.* MG. Cit. Machado Filho (1985 a). Q. v. pte. geral.

CAMUNGUELO. *Antrop.* Apelido do músico e sambista carioca Cláudio Lopes dos Santos (1945-2007). Possivelmente ligado ao quicongo *ngelo*, frágil. Q.v. BRUGUELO.

CANDA. *Top.* Rib., GO. Possivelmente ligado ao quicongo *kanda*, grupo familiar, clã.

CANDANDA. *Antrop.* Sobrenome de Gilson Candanda, puxador da ESCOLA DE SAMBA carioca Tradição, nos anos 1980-1990. Do quimbundo *kandanda*, espécie de feijão.

CANDIBA. *Top.* Vila e cidade, BA. Provavelmente de CANDIMBA [3] (pte. geral).

CANDIMBA. *Antrop.* Hipocorístico de sambista carioca, diretor de harmonia da ESCOLA DE SAMBA Unidos da Tijuca (RJ), nos anos de 1990. Q. v. pte. geral.

CANDOMBA. *Top.* Vila, PR. Q. v. o quicongo **ndomba*, escuridão.

CANDONGA. *Antrop.* Nome pelo qual foi conhecido José Geraldo de Jesus (1921-1997), personagem do SAMBA carioca nascido em Santo Estêvão, Bahia, e falecido no RJ. No desfile principal das ESCOLAS DE SAMBA cariocas foi, durante muitos anos, o responsável pelo posicionamento das baterias na área de recuo do sambódromo.

CANDONGA, da. *Top.* Serra, MG. Q. v. pte. geral.

CANDU. *Antrop.* Compositor carioca, autoproclamado autor de um dos SAMBAS supostamente plagiados por J. B. da Silva, o célebre Sinhô. Q. v. o quicongo *nkàndu, pequeno tambor.
CANDUMBA. *Top.* Pov., MT. Provavelmente do quicongo *ka-ndumba*, mocinha.
CANGALHA. *Top.* Vár., div. Q. v. pte. geral.
CANGALHAS, das. *Top.* Serra, PI, ES. Q. v. CANGALHA.
CANGAS. *Top.* Vila, MT. Q. v. CANGA, pte. geral.
CANGICO. *Top.* Ref. Nelson de Senna (1938 a).
CANGOTE. *Top.* Pov., MA. Q. v. pte. geral.
CANGUINHA. *Top.* Córr., MT. Q. v. pte. geral.
CANGUINHO. *Top.* Lug., MT. Q. v. pte. geral.
CANGULO. *Top.* Cit. Raymundo (1933 a). Q. v. pte. geral.
CANHANGA, do. *Top.* Estrada e caminho em Santa Cruz, RJ. Nome provavelmente relacionado ao radical banto *nyanga*, ligado à ideia de agilidade. Q. v. no quicongo: *nhanga, dinhanga*, caçador; *ka-nhanga, pequeno caçador.
CANHONGO. *Antrop.* Nome do rebelde palmarino degolado por liderar uma rebelião contra o chefe GANGA-ZONA. O nome parece vir do quicongo *ki-oyongo*, pequena imagem, estatueta, o que nos leva a imaginar tratar-se de uma alcunha, talvez em razão da baixa estatura do personagem.
CANJICA. *Top.* Pov., MA; MG. Q. v. pte. geral.
CANJICA, da. *Top.* Serra, Rib., MG. Q. v. pte. geral.
CANJIRA. *Top.* Localidade em Salvador, BA, no bairro do Rio Vermelho. Do quimbundo *kanjila*, viela.
CANZÉ. *Top.* Cit. Raymundo (1933 a). Do quimbundo *kanze*, barbilhão (seg. o autor citado).
CAPACAÇA, Pedro. *Antrop.* Nome de um dos líderes palmarinos e de seu QUILOMBO. Esse líder pode ser o mesmo PACAÇA (q. v.), uma vez que *capacaça* nos parece forma diminutiva de *pacaça*, pela adição do prefixo *ka*.
CAPENHA. *Top.* Estrada em Jacarepaguá, Rio de Janeiro, RJ. Provavelmente do port. *penha*, com adição do prefixo dimunitivo *ka*.
CAPONGA. *Top.* Vila, CE. Q. v. pte. geral.

CAPONGA FUNDA, da. *Top.* Rio, CE. Q. v. CAPONGA pte. geral.
CAPUMBA. *Top.* Pov., PI. Q. v. o quicongo *mpuma*, que lança água; e o umbundo *pumba*, fazer ruído.
CAQUENDE. *Top.* Pov., MG. Do quimbundo *kakende*, diminutivo de *rikende*, lagartixa (seg. RAYMUNDO, 1933 a).
CARAMBA, da. *Top.* Serra, SE. Q. v. pte. geral.
CARANGOLA. *Top.* Cidade, MG. Provavelmente do quimbundo *karia ngola* (seg. RAYMUNDO, 1936 a, p. 173). Cp., na pte. geral, CARIAPEMBA e ANGOLA.
CARCUNDA. *Top.* Ref. Nelson de Senna (1938 a). Q. v. pte. geral.
CARIMBAMDA [sic]. *Antrop.* Nome de família, cit. Machado Filho (1985 a). Q. v. CARIMBAMBA (pte. geral).
CARIMBO. *Top.* MG. Cit. Machado Filho (1985 a).
CARUMBÉ. *Top.* Vár., div. Q. v. pte. geral.
CASSANJE. *Top.* Rio afluente do Cuiabá, MT; lagoa, RN. Q. V. CAÇANJE, pte. geral.
CASSARANGONGO. *Top.* Engenho, BA. Q. v. pte. geral.
CASSINGE. *Top.* MG. Cit. Machado Filho (1985 a).
CATANA. *Top.* Est., rio, BA. Q. v. CATANDA, pte. geral.
CATANGA. *Top.* Ref. Nelson de Senna (1938 a). Q. v. pte. geral.
CATENDE. *Top.* Cidade, PE. Do quimbundo *katende*, lagartixa.
CATERIANGONGO. *Top.* Pov., MG. Q. v., quicongo, *nkaanti, grande quantidade; *ia, de, com; *ngongo*, espécie de árvore, feijão.
CATIMBAU. *Top.* Pov. PE. Q. v. pte. geral.
CATIMBÓ, do. *Top.* Serra, PB. Q. v. pte. geral.
CATINGA. *Top.* Rib., pov., rio, MG. Q. v. pte. geral.
CATINGUEIRO. *Top.* Pov., rib., SP; Córr., GO, MT; Rib., GO. Certamente, de CATINGA, pte. geral.
CATITA. *Top.* Pov., est. MG; Vila, BA. Q. v. pte. geral.

CATONHO. *Top.* Antiga localidade na freguesia de Jacarepaguá, RJ (cf. SANTOS, 1900 c). Provavelmente bantuização de "Tonho" (Antônio), com adição do prefixo diminutivo, como em CAZUZA (q.v.).
CATUJI. *Top.* Vila, MG. Q. v. o quicongo *ntunji, comandante, chefe.
CATUMBELA. *Top.* Bairro na cid. Russas, CE. Do topônimo ANGOLANO que nomeia região próxima a Benguela.
CATUMBI. *Top.* Pov., BA; bairro na cid. Rio de Janeiro, RJ. Q. v. pte. geral.
CATUMBI, do. *Top.* La., BA. Q. v. pte. geral.
CATUNGUBA. *Top.* Rch., PE. Q. v., no quicongo, *nkaati, grande quantidade; *nguba, amendoim.
CATUNI. *Top.* Vila, córr., MG, pov., BA. Q. v. o umbundo *tuni, tocador de tambor.
CATUNI, do. *Top.* Pov., serra, BA e MG. Q. v. CATUNI.
CAVOCANGO. *Top.* Provavelmente do quimbundo *kafua ka-ngo*, cova da onça (seg. RAYMUNDO, 1936 a, p. 173).
CAVUNGE. *Top.* Vila, BA. Provavelmente, forma diminutiva de VUNGE, pte. geral.
CAXAMANGO, do. *Top.* Serra, BA. Q. v., no quicongo, *nkaati, grande quantidade; *ia, de; *mmangu, mamoeiro.
CAXAMBI. *Top.* Q. v. CACHAMBI.
CAXAMBU. *Top.* Vár., div. Q. v., no quicongo, *nkaati, grande quantidade; *ia, de; *mbu, mosca.
CAXANGÁ. *Top.* Ref. Nelson de Senna (1938 a). Q. v. pte. geral.
CAXEXA, do. *Top.* Serra, PB. Q. v. pte. geral.
CAXIMBA. *Top.* Córr., pov., SP. Q. v. CACIMBA, pte. geral.
CAXINGA. *Top.* Pov., PI. Q. v. pte. geral.
CAXINGÓ. *Top.* Pov., PI, RJ, MA; lug., BA. Do quimbundo *kaxingu*, dim. de *xingu*, pescoço (seg. RAYMUNDO, 1936 a, p. 173).
CAXITO. *Top.* Loc. próx. Rio Bonito, RJ. Do quimbundo *ka-xitu*, pequeno animal, bichinho. Q. v. pte. geral.
CAZUZA. *Antrop.* Apelido carinhoso, resultado de bantuização do nome *José* para *Zuza* e aposição do prefixo diminutivo *ka*. Q. v. pte. geral.
CHAMBA. *Top.* Cit. Raymundo (1936 a, p. 174). Do macua *xamba*, horta, plantação.
CHAMBÁ. *Top.* Ref. Nelson de Senna (1938 a). Q. v. CHAMBA.
CHIBA. *Top.* Vila, RS. Q. v. XIBA, pte. geral.
CHIBARRO. *Top.* Lug., PR; Rib., SP. Q. v. pte. geral.
CHIBATA, da. *Top.* Serra, MG. Q. v. pte. geral.
CHICO. *Antrop.* Apelido, resultado de bantuização do nome *Francisco*.
COCO. *Top.* Vár., div. Q. v. pte. geral.
COCURUTO. *Top.* Pov., Saco, RN. Q. v. pte.
COFÓ. *Top.* Ref. Nelson de Senna (1938 a). Q. v. COFO, pte. geral.
COLOCO. *Top.* Rio, BA. Q. v. o quicongo *nkoloko*, pedaço ruim de raiz, que se corta.
COLUBANDÊ. *Top.* Localidade, São Gonçalo, RJ. Provavelmente ligado ao elemento *nkulu* que entra na composição de inúmeras expressões em quicongo, como em *nkulu mbala*, pessoa elegante, e *nkulu nkumbi*, ancião, patriarca. Observe-se que *Mbanda* é nome de um clã entre os BACONGOS. Então, uma possibilidade é que o nome venha de um *Nkulu Mbanda*, "Senhor Mbanda", acrescido de um elemento *ê*, como em *Benguelê* (canção de Pixinguinha e Gastão Viana, popularizada por Clementina de Jesus), que parece ser uma referência à região ANGOLANA de Benguela, num tipo de exclamação muito comum nesse contexto, e que pode ser traduzido como "Ê, Benguela!". Outra possibilidade está no bundo *kulumbandi*, caminho já antigo, muito percorrido.
COMOCOXICO. *Top.* Pov., MG. Q. v., no quicongo *nkomo*, folhas maceradas; *kosika, amassar.
CONGA. *Top.* Ref. Nelson de Senna (1938 a). Q. v. pte. geral.
CONGAS, das. *Top.* Córr., MT. Q. v. CONGA na pte. geral.
CONGO. *Top.* Córr., GO; cid., PB. Q. v. pte. geral.
CONGU, do. *Top.* Caminho na região metropolitana da cidade do Rio de Janeiro, RJ. Q. v. CONGURUTI, pte. geral.

CONGUÊ. *Top.* Ref. Nelson de Senna (1938 a).
CONGUEIRO, do. *Top.* Ilha, MT. Q. v. pte. geral.
COROA DE MATAMBA. *Top.* Antiga localidade na freguesia de Jacarepaguá, Rio de Janeiro, RJ (cf. SANTOS, 1900 c). Q.v. MATAMBA.
CORUMBA. *Top.* Ref. Nelson de Senna (1938 a). Q. v. pte. geral.
COVOCA. *Top.* Ref. Nelson de Senna (1938 a).
COXIXOLA. *Top.* Vila, PB. Q. v. COCHICHOLO, pte. geral.
CRIOLI DA SINHÁ. *Top.* Pov., MA. Q. v. SINHÁ, pte. geral.
CUANGO. *Antrop.* Nome de família, cit. Machado Filho (1985 a). Cuango (*Kwangu*) é o nome de um importante rio de ANGOLA.
CUBANGO. *Top.* Córrego, MG; localidade, Niterói, RJ. De *Kubangu*, nome de um rio em ANGOLA.
CUBAS. *Top.* Córr., pov., vila, MG. Q. v. CUBA, pte. geral.
CUBAS, dos. *Top.* Serra, MG. Q. v. CUBA, pte. geral.
CUBATÃO. *Top.* Vár., div. Aum. de CUBATA (q. v. pte. geral).
CUBATÃOZINHO. *Top.* Rio, PR. Q. v. CUBATÃO.
CUMBA. *Antrop.* Nome de família, cit. Machado Filho (1985 a). Q. v. pte. geral.
CUMBE. *Top.* Vár., div. Q. v. CUMBE, pte. geral.
CUMBE, do. *Top.* Rch., PI. Q. v. CUMBE [2], pte. geral.
CUMBUCO. *Top.* Rch., AL. Provavelmente ligado ao quicongo *mbuku*, animal sem cauda. Q. v. NABUCO, pte. geral.
CURANGOBA. *Top.* Morro na região metropolitana da cidade do Rio de Janeiro, RJ. Vocábulo de aspecto banto. Não é consignado em *Denominações indígenas na toponímia carioca* (SILVA, 1966 c) nem em *O tupi na geografia nacional* (SAMPAIO, 1987 c). Ver GOBA, na parte geral.
CURIANGO. *Top.* Rua em Campo Grande, na zona oeste carioca (RJ). Q. v. pte. geral.
CURUDUNDUM. *Top.* Pov., BA. Q. v., no quicongo, *nkulu, quantidade, abundância; *ndundu, homem branco. Cp. COLUBANDÊ.

CURUMBA. *Top.* Ref. Nelson de Senna (1938 a). Var. CORUMBA, pte. geral.
CURUZU. *Top.* Bairro em Salvador, BA. Q. v. pte. geral.

D

DAMBRABANGA. *Top.* QUILOMBO palmarino situado no atual município alagoano de Viçosa. O nome deriva, provavelmente, do quicongo *Ndambi*, elemento que antecede a vários topônimos do contexto jaga (como *Ndambi-a-Embo* e *Ndambi-a-Kitula*), numa forma como *Ndambi-a-Mbanga*. *Mbanga* é, em quicongo, o nome de uma planta trepadeira. Outra possibilidade é a ligação com o topônimo *Ndamba*, nome de uma região do CONGO.
DANDE. *Top.* Ref. Nelson de Senna (1938 a).
DATA. *Top.* Pov., BA. Possivelmente ligado ao quicongo *ndata*, ratoeira.
DATAS. *Top.* Vila, cid., MG. Q. v. DATA.
DENDÊ. *Top.* Rch., lug., pov., BA. Q. v. pte. geral.
DENDÊ, do. *Top.* Ilha, AM; morro na Ilha do Governador, Rio de Janeiro, RJ. Q. v. pte. geral.
DENDEZEIRO. *Top.* Pov., BA. De DENDÊ. Q. v. pte. geral.
DENGO. *Antrop.* Hipocorístico de um sambista carioca, integrante da famosa bateria da ESCOLA DE SAMBA Mocidade Independente (RJ). Q. v. pte. geral.
DOMBE. *Top.* Ref. Nelson de Senna (1938 a). Q. v. DOMBI.
DOMBI, Matias. *Antrop.* Guerreiro palmarino aprisionado e solto pelas autoridades coloniais, em 1683, para transmitir a GANGA-ZUMBA um ultimato do governador. *Ndombe* é antropônimo quicongo, significando "alguém de pele muito escura". É da mesma raiz do quimbundo *kiandombe* (q. v. CANDOMBE [2] na pte. geral).
DONGA. *Antrop.* Apelido de Ernesto dos Santos, músico pioneiro do SAMBA carioca. Provavelmente do umbundo *ndonga*, velho.
DUMBÁ. *Top.* QUILOMBO em MG. O nome remete ao do líder da comunidade. Provavelmen-

te relacionado ao quicongo *ndúuma*, espécie de serpente negra.

DUMBAZINHO. *Top.* Ref. Nelson de Senna (1938 a). Q. v. Dumbá.

DUNDA. *Top.* Cit. Raymundo (1936 a, p. 174). Provavelmente ligado ao quicongo *ndunda*, ponta, pico.

DUNGA. *Antrop.* pseud. de Waldemar de Abreu (1907-1992), pianista e compositor da música popular brasileira, autor do samba-canção *Conceição*, entre outras obras. Q. v. pte. geral.

DUNGA. *Top.* Ref. Nelson de Senna (1938 a). Q. v. pte. geral.

ENGAMBELADA. *Top.* Ref. Nelson de Senna (1938 a). Q. v. engambelo, pte. geral.

ENGANA-COLOMIM. *Top.* Quilombo da confederação de Palmares. *Ngana* é termo multilinguístico banto correspondente ao português "senhor" (q. v. angana na pte. geral). E *nkulumbi* é vocábulo do quicongo que significa "pessoa mais velha", "pessoa sábia". Então, o nome do quilombo se deve, certamente, ao de seu líder, talvez um *sekulu*, um "mais velho".

FARIMBA. *Top.* Ref. Nelson de Senna (1938 a).
FUÁ. *Top.* Ref. Nelson de Senna (1938 a). Q. v. pte. geral.
FUBÁ. *Top.* Ref. Nelson de Senna (1938 a). Q. v. pte. geral.
FULA. *Top.* Pov., PR. Q. v. pte. geral.

GALANGA. *Antrop.* Suposto nome africano de Chico Rei (1709 – 1781), personagem da história de Minas Gerais, tido como nascido no Congo.

GAMBÁ. *Top.* Ref. Nelson de Senna (1938 a). Q. v. pte. geral.

GAMBOA. *Top.* Vila, rch., BA. Bairro, Rio de Janeiro, RJ. Q. v. pte. geral.

GANDU. *Top.* Cid., RJ e BA. Q. v. pte. geral.

GANDU DO LAJE. *Top.* Pov., BA. Q. v. gandu, pte. geral.

GANGA-MUÍÇA. *Antrop.* Comandante em chefe das forças palmarinas em 1677, considerado pelos historiadores coloniais como "um corsário muito soberbo". Na Angola antiga, os *nganga* eram classificados por especialidades, como *nganga-ia-ita*, ritualista encarregado de propiciar o sucesso na guerra; *nganga-ia-nvula*, responsável pela invocação das chuvas etc. Em Palmares, o título parece ter uma aplicação ao mesmo tempo ritualística e militar. E Ganga-Muíça pode estar, como nome de guerra, ligado ao quicongo *mwinza*, flecha, garra de escorpião. Q. v. ganga [1], na parte geral.

GANGANA. *Top.* Ref. Nelson de Senna (1938 a). Q. v. pte. geral.

GANGA-ZONA. *Antrop.* Ex-líder palmarino que, a mando do governador D. Pedro de Souza Castro, propôs rendição a Zumbi, sem conseguir convencê-lo. Suas ligações com Souza Castro eram tão fortes que foi batizado por ele, recebendo o mesmo nome cristão. Seu nome banto parece estar relacionado ao verbo quicongo *zona*, ser prudente, moderado, calmo.

GANGA-ZUMBA. *Antrop.* Principal dirigente de Palmares, antes de Zumbi. O verbo quicongo *zumba* significa "partir para o estrangeiro sob a fé de um engajamento". Entretanto, o termo nos faculta outras hipóteses. Ainda em quicongo, ele tem o sentido de eventualidade, provisoriedade. Seria, então, Ganga-Zumba, um chefe (v. ganga, na parte geral) eventual, um líder provisório?

GANGO. *Top.* Ref. Nelson de Senna (1938 a). Q. v. pte. geral.

GANGORRA. *Top.* Rch., CE; pov. MG. Q. v. pte. geral.

GANGORRA, da. *Top.* Rch., BA. Q. v. pte. geral.

GANGORRAS, das. *Top.* Rib., MG. Q. v. GANGORRA, pte. geral.
GANGU. *Top.* Rio, Pov., BA. Possivelmente ligado ao quicongo *ngángu*, esperteza, astúcia, inteligência.
GARANGANJA. *Top.* Ref. Nelson de Senna (1938 a).
GARAPA. *Top.* Ref. Nelson de Senna (1938 a). Q. v. pte. geral.
GIMBO. *Antrop.* Cognome do músico carioca Jorge Braz Lopes (1926 - 1989), trombonista e chefe de orquestra atuante nas gafieiras Estudantina e Elite (Rio de Janeiro, RJ), até os anos de 1980, irmão do autor. Q. v. JIMBO, pte. geral.
GINGA. *Top.* Ref. Nelson de Senna (1938 a). Q. v. pte. geral.
GOLANGA. *Top.* Ref. Nelson de Senna (1938 a). Cp. GALANGA.
GOMBÊ. *Antrop.* Nome de família, cit. Machado Filho (1985 a). Q. v. TUTU-GOMBÊ (pte. geral).
GOMBÔ. *Top.* Cit. Machado Filho (1985 a).
GONDONGUE, Walter. *Antrop.* Nome de um detetive da polícia carioca (RJ), mencionado em reportagem do jornal *O Dia*, nos anos de 1980. De provável origem banta.
GONE. *Antrop.* Dirigente palmarino, morto na segunda investida contra o reduto de Amaro. *Ngone*, em quicongo, é o nome que designa um rato grande, ao passo que *ngonde* é o correspondente ao português "lua". Inclinamo-nos pela primeira hipótese.
GONGO. *Top.* MG. Cit. Machado Filho (1985 a).
GONGÔ. *Top.* MG. Cit. Machado Filho (1985 a).
GONGOGI. Q. v. GONGOJI.
GONGOJI. *Top.* Vila, RJ e BA. Q. v. o quicongo *gongodi*, mergulhão, espécie de inseto.
GONGORO. *Top.* Denominação de um QUILOMBO da confederação de Palmares e, provavelmente, de um chefe. O termo multilinguístico *ngongolo* (q. v. GONGOLO, pte. geral) é, em quicongo, também um antropônimo masculino.
GONGO-SOCO. *Top.* Jazida aurífera em MG à época colonial. Do quicongo: *ngongo*, montanha inacessível + *nsoko*, cume, ponto mais alto.
GONGUÊ. *Top.* Ref. Nelson de Senna (1938 a). Q. v. pte. geral.
GONGUJI. *Top.* Ref. Nelson de Senna (1938 a).
GREGÓRIO MAQUENDE \ue\. *Antrop.* Célebre pai de santo de NAÇÃO CONGO, tido como o fundador de sua linhagem na Bahia. Teve o auge de sua trajetória provavelmente na década de 1930 e faleceu antes de 1948. De *Má-nkewndè*, um grande INQUICE CONGO (LAMAN, 1964 b).
GUANAZUMBÉ. *Top.*, Córrego, MT. Provavelmente, de GANANZAMBI (Q. v. pte. geral).
GUANDU. *Top.* Rio de Janeiro, RJ. Q. v. pte. geral.
GUERENGUÊ, do. *Top.* Estrada em Jacarepaguá, na zona oeste carioca (RJ). Em Cuba, Pichardo (1985 b) registra *grengué* como planta originária da Guiné, que se come em substituição ao QUIMBOMBÓ. Parece que no Brasil o nome designou o bredo, através da forma *ngelenge* que nomina plantas comestíveis diversas, em línguas como o quicongo e o umbundo.
GUINDÁ. *Top.* Ref. Nelson de Senna (1938 a).
GUNDA. *Top.* Vila, Est. MG. Q. v. o umbundo *ngunda*, campo novo, de terreno duro.
GUNGA. *Top.* Ref. Nelson de Senna (1938 a). Q. v. pte. geral.

HONGA. *Top.* Ref. Nelson de Senna (1938 a).

IAIÁ. *Top.* Ref. Nelson de Senna (1938 a). Q. v. pte. geral.
INHAMBANE. *Top.* Ref. Nelson de Senna (1938 a). O nome se deve a uma região de Moçambique.

JANGA. *Top.* Pov., PE. Q. v. o quicongo **ndyanga*,espécie de árvore.
JILÓ. *Top.* Cit. Raymundo (1936 a, p. 174) e Nelson de Senna (1938 a). Q. v. JILÓ, pte. geral.
JINGA. *Top.* Ref. Nelson de Senna (1938 a). Q. v. pte. geral.
JOÃO CONGO. *Top.* Cit. Raymundo (1936 a, p. 174). Q. v. pte. geral
JOMBÔ. *Top.* MG. Cit. Machado Filho (1985 a).
JUCA. *Antrop.* Apelido resultado de bantuização dos nomes *José* ou *João*. Possivelmente contaminado pelo antropônimo fem. *Juka*, corrente em Angola.

LABASSA. *Top.* Ref. Nelson de Senna (1938 a). Q. v. LABAÇA, pte. geral.
LAGOA DO MOCAMBO. *Top.* Lug., PI. Q. v. MOCAMBO, pte. geral.
LANDIM. *Antrop.* Nome de família, cit. Machado Filho (1985 a). *Landim* ou *Landi* é um dos nomes pelo qual é conhecido o povo *ba--ronga* de MOÇAMBIQUE. Entretanto o nome "landi" designa, em português, também uma árvore, o que pode eliminar a hipótese.
LESSENGUE. João. *Antrop.* Nome pelo qual fez-se conhecido João Correia de Mello, pai de santo baiano, líder do Bate-Folha carioca, terreiro que fundou em 1938 no subúrbio de Anchieta (Rio de Janeiro, RJ), próximo a Nilópolis, na Baixada Fluminense. O nome *Lessengue* parece remeter ao quicongo. Q. v. **nlese*, bom, bem; **ngi*, cheio: "cheio de bondade"?
LICONDE. *Top.* Rio, MA. Q. v. **liconde*, árvore angolana, baobá (cf. FIGUEIREDO, 1925 a).
LIQUEGÊ. *Top.* Ref. Nelson de Senna (1938 a).
LOANGA. *Antrop.* Nome de família, cit. Machado Filho (1985 a).
LOANGO. *Top.* Ref. Nelson de Senna (1938 a). Q. v. pte. geral.
LUANDA. *Top.* Vila, PE; cid. PR; lug. MG. Q. v. pte. geral.
LUNDA. *Top.* Ref. Nelson de Senna (1938 a). Q. v. pte. geral.
LUNGA. *Top.* Rch., AL. Em quicongo, o vocábulo grafado *lunga* tem inúmeros significados, vários ligados à ideia de luz, fogo.

MACACÃO. *Top.* Córr. GO; serra RR. Q. v. pte. geral.
MACACO. *Top.* Vár., div. Q. v. pte. geral.
MACACO, do. *Top.* Lo. PA; cach., MA. Q. v. pte. geral.
MACACO BRANCO. *Top.* Rio, SC. Q. v. MACACO, pte. geral.
MACACO FUGIDO. *Top.* Córr., RO. Q. v. MACACO, pte. geral.
MACACOS. *Top.* Vár., div. Q. v. MACACO, pte. geral.
MACACOS, dos. *Top.* Vár., div. Q. v. MACACO, pte. geral.
MAÇAGANO. *Top.* Cit. Raymundo (1936 a, p. 174). Var. de MAÇANGANA.
MACAIA. *Top.* Vila, MG. Q. v. pte. geral.
MACAMBA. *Top.* Arr., RS. Q. v. pte. geral.
MAÇAMBARÁ. *Top.* Vila, RS. Q. v. pte. geral.
MAÇAMBIQUE. *Antrop.* Nome de família, cit. Machado Filho (1985 a). Do top. MOÇAMBIQUE.
MAÇANGANA. *Top.* Rio, RN; Estrada, RN; ilha, BA. Do quimbundo *masanganu*, lugar onde dois rios se encontram. Q. v. pte. geral.
MAÇARONGO. *Top.* Cit. Raymundo (1936 a, p. 175). Do quimbundo *mu-solongo*, deserto (seg. o autor citado).
MACOTA. *Top.* Ref. Nelson de Senna (1938 a). Q. v. pte. geral.
MACUA. *Top.* Ref. Nelson de Senna (1938 a). Q. v. pte. geral.
MACULA. *Antrop.* Alcunha do sambista Elso Gomes, ligado à ESCOLA DE SAMBA Acadêmicos do Salgueiro (Rio de Janeiro, RJ) e "rei

momo" do carnaval carioca, nos anos de 1960. Q. v. *ma-kula, subgrupo étnico BACONGO.
MACUMBÁ. *Top.* MG. Cit. Machado Filho (1985 a).
MAIOLO. *Antrop.* Nome de um dos líderes palmarinos. Provavelmente relacionado com um dos seguintes vocábulos, do quicongo: *mayòyi*, amendoins secos; *mayóyi*, ruido, barulho, confusão; *mayóyo*, pequenos guizos.
MAIQUINIQUE. *Top.* Vila, RJ e BA. Q. v., no quicongo, *kiniki, coisa; *kínika, tocha de galho de árvore.
MALANGE. *Top.* Ref. Nelson de Senna (1938 a). Q. v. pte. geral.
MAMONA. *Top.* Córr., GO; lug., MG. Q. v. pte. geral.
MAMONAS. *Top.* Córr., MG; pov., BA; lug., PI. Q. v. MAMONA na pte. geral.
MAMONAS, das. *Top.* Rch. PI. Q. v. MAMONA na pte. geral.
MAMONEIRA, da. *Top.* Córr., MG. Q. v. pte. geral.
MAMONINHA. *Top.* Pov., MG. Q. v. MAMONA na pte. geral.
MANDEMBO. *Top.* De MANDEMBE. Q. v. pte. geral.
MANGALÔ. *Top.* Localidade, MG. Q. v. pte. geral.
MANGANGA. *Top.* Rib., MG. Provavelmente do quicongo *ma-nganga*, pl. de *bu-nganga*, presente dado ao curandeiro, ritualista (*nganga*); ou presente, em geral.
MANGUE. *Top.* Vár., div. Q. v. pte. geral.
MANGUE, do. *Top.* Vár., div. Q. v. pte. geral.
MANGUEIRO. *Top.* Est., SP. Q. v. pte. geral.
MANGUES, dos. *Top.* Rio, GO. Q. v. MANGUE na pte. geral.
MANGUE SECO. *Top.* Vila, BA. Q. v. MANGUE na pte. geral.
MANGUINHO. *Top.* Vár., div. Dim. de MANGUE, pte. geral.
MANGUINHOS. *Top.* Vár, div. Dim. de MANGUE, pte. geral.
MANGUNÇA. *Top.* Farol; ilha; pov., MA. Q. v. o quicongo *mangunza, folhas de mandioca.

MANICA. *Top.* Vila, BA. De um topônimo da África Oriental, provavelmente.
MANJACA. *Top.* Possivelmente do nome de uma vila em Moçambique (ZENÓGLIO, 2011 c), que talvez fosse referência ao povo manjaco, de Guiné-Bissau (de língua não banta), que deu nome a um corpo do exército colonial português.
MANJONGUE. *Top.* Ref. Nelson de Senna (1938 a).
MANSU-BANDUNQUENQUE. *Top.* Nome CONGO do terreiro do Bate-Folha, de NAÇÃO ANGOLA, muxicongo ou congo-angola, fundado em 1916, em Salvador (BA), por Manuel Bernardino da Paixão, o "Bernardino do Bate-Folha". No Rio de Janeiro (RJ), o Bate-Folha mantém uma sucursal no bairro de Anchieta, fundada por João LESSENGUE (q. v.) em 1938. Do quicongo: *nzo*, casa + *mbandu*, raça, geração (idade) + *nkenke*, pequeno.
MAQUEMBA. *Top.* Cit. Machado Filho (1985 a).
MAQUENDE, Gregório. *Antrop.* Babalorixá baiano referido por Edison Carneiro em CANDOMBLÉS da Bahia. Do quicongo: *ma-kende*, dor viva; *ma-kende*, espécie de tecido; *Ma-kènda*, nome próprio.
MARACATU. *Top.* Ref. Nelson de Senna (1938 a). Q. v. pte. geral.
MARIA-ANGU, de. *Top.* Antiga praia na baía da Guanabara, RJ. Q. v. pte. geral.
MARIBONDO, do. *Top.* Serra, MG. Q. v. MARIMBONDO, pte. geral.
MARIMBA. *Top.* Rch., PI. Q. v. pte. geral.
MARIMBAS. *Top.* Lug., PI. Q. v. MARIMBA na pte. geral.
MARIMBAS, das. *Top.* Rch., PB. Q. v. MARIMBA na pte. geral.
MARIMBEIRO. *Top.* Q. v. pte. geral. Q. v. MARIMBA na pte. geral.
MARIMBINHO. *Top.* Ref. Nelson de Senna (1938 a). Q. v. MARIMBO.
MARIMBO, do. *Top.* Cach., MG. Provável alteração de MARIMBU. Q. v. pte. geral.
MARIMBONDO. *Top.* Vár., div. Q. v. pte. geral.

MARIMBU SANTA HELENA. *Top.* Rch., BA. Q. v. MARIMBU, pte. geral.
MARUMBO. *Top.* Est., PR. Q. v. o quicongo *malumbu*, barreira, muralha, paliçada.
MASSAMBAIA. *Top.* Ref. Nelson de Senna (1938 a).
MASSARONGO. *Top.* Ref. Nelson de Senna (1938 a). Provavelmente de *mu-sorongo*, subgrupo étnico dos BACONGOS.
MATAMBA. *Top.* Antiga localidade na freguesia de Jacarepaguá, Rio de Janeiro, RJ (cf. SANTOS, 1900 c). Certamente, de *Matamba*, região de ANGOLA, ao norte do rio Lucala, dominada pela Rainha Jinga, no século XVII.
MATOMBO. *Top.* Ref. Nelson de Senna (1938 a). Q. v. pte. geral.
MATUTA. *Top.* Córr., MT. Q. v. MATUTO, pte. geral.
MAXAMBOMBA. *Top.* Antigo nome do atual município de Nova Iguaçu, RJ. Q. v. pte. geral.
MAXIMBO. *Top.* Ref. Nelson de Senna (1938 a).
MAXIXE, do. *Top.* Serra, MG. Q. v. pte. geral.
MAZOMBA, da. *Top.* Estrada em Itaguaí, RJ. Fem. de MAZOMBO.
MINGU. *Top.* Ref. Nelson de Senna (1938 a).
MINJUÁ. *Top.* Ref. Nelson de Senna (1938 a). Provável alter. de MUNZUÁ. Q. v. pte. geral.
MISSANGA. *Top.* Ref. Nelson de Senna (1938 a). Q. v. MIÇANGA, pte. geral.
MIZANGUÊ. *Top.* Ref. Nelson de Senna (1938 a).
MOAMBA. *Top.* Ref. Nelson de Senna (1938 a). Q. v. MUAMBA, pte. geral.
MOANGE. *Antrop.* Nome de família em MG, cit. Machado Filho (1985 a).
MOCAMBÃO. *Top.* Cid., PA. Aum. de MOCAMBO, pte. geral.
MOCAMBEIRO. *Top.* Vila, MG. Q. v. pte. geral.
MOCAMBINHO. *Top.* Vár., div. Dim. de MOCAMBO.
MOÇAMBIQUE. *Top.* Do topônimo africano. Q. v. pte. geral.
MOCAMBO. *Top.* Vár., div. Q. v. pte. geral.

MOCAMBO, do. *Top.* Vár. div. Q. v. pte. geral.
MOCHAFONGO. *Top.* Ref. Nelson de Senna (1938 a).
MOCOTÓ, do. *Top.* Largo na região metropolitana da cidade do Rio de Janeiro, RJ. Q. v. pte. geral.
MOLEQUE. *Top.* Rib. e pov., GO. Q. v. pte. geral.
MOLEQUE, do. *Top.* Serra, PB; Mo., SC. Q. v. pte. geral.
MOLEQUES. *Top.* Ilha, SC; Córr., MT. Q. v. MOLEQUE na pte. geral.
MOLEQUES, dos. *Top.* Ste., CE. Q. v. MOLEQUE na pte. geral.
MOLONGÓ. *Top.* Ref. Nelson de Senna (1938 a). Q. v. pte. geral.
MOLUMBO. *Top.* Lug., CE. Q. v. pte. geral.
MOMBAÇA. *Top.* Vár., div. De *Mombasa*, cidade da África Oriental.
MONGOZÔ. *Top.* Antiga localidade na freguesia de Jacarepaguá, Rio de Janeiro, RJ (cf. SANTOS, 1900 c). Possivelmente relacionado ao quicongo *mu-ngozi*, "que ronca" (LAMAN, 1964 b).
MONJOLADA. *Top.* Pov., SP. De MONJOLO. Q. v. pte. geral.
MONJOLINHO. *Top.* Vár., div. Dim. de MONJOLO. Q. v. pte. geral.
MONJOLO. *Top.* Vár., div. Q. v. pte. geral.
MONJOLO. *Top.* Rib. GO; Arr., RS. Q. v. pte. geral.
MONJOLOS. *Top.* Pov., vila, cid., MG. Q. v. MONJOLO pte. geral.
MONLONGÓ. *Top.* Ref. Nelson de Senna (1938 a). Q. v. MOLONGÓ, pte. geral.
MONO, do. *Top.* Serra, SP. Q. v. pte. geral.
MONOS, dos. *Top.* Ig. RO. Q. v. MONO, pte. geral.
MONSORONGO. *Top.* Ref. Nelson de Senna (1938 a). Q. v. MOSSORONGO.
MOSSORONGO. *Top.* Cit. Machado Filho (1985 a). Certamente, de *mu-sorongo*, subgrupo étnico dos BACONGOS.
MOTOMBO. *Top.* Ref. Nelson de Senna (1938 a). Q. v. MOTOMBAR, pte. geral.

MOTUMBAL. *Top.* Cit. Nelson de Senna (1938 a). Q. v. em MOTUMBO.

MOTUMBO. *Top.* Cit. Raymundo (1936 a, p. 175). Alteração de MATUMBO (q.v. pte. geral).

MOZONDÓ. *Top.* Pov. BA. Q. v. o quicongo *nzondo*, vala, rego.

MUAMBAL. *Top.* Ref. Nelson de Senna (1938 a). De MUAMBA, pte. geral.

MUCAMBIRA. *Top.* Ref. Nelson de Senna (1938 a). Q. v. MACAMBIRA, pte. geral.

MUCAMBO, do. *Top.* Estrada, Nova Iguaçu, RJ. Q. v. MOCAMBO.

MUCUGÊ. *Top.*. Rua na região metropolitana da cidade do Rio de Janeiro, RJ. Q. v. MUCUJÊ, pte. geral.

MUGANGA. *Top.* Ref. Nelson de Senna (1938 a). Q. v. MOGANGA, pte. geral

MUGANGO, de. *Top.* Estrada, Nova Iguaçu, RJ. Provavelmente de MOGANGO (pte. geral)

MUGUENGUE. *Top.* Ref. Nelson de Senna (1938 a).

MUGUINGUI. *Top.* Cit. Raymundo (1936 a, p. 175). Do quimbundo *mugingi* (*ngingi*), bagre.

MULACO, do. *Top.* Lagoa, RJ. Do quicongo *mu-laku*, chama (seg. RAYMUNDO, 1936 a, p. 175).

MULAMBO, do. *Top.* Ladeira, Salvador, BA.

MUMBECA. *Top.* Ref. Nelson de Senna (1938 a).

MUMBICA. *Top.* Rua, Salvador, BA. Q. v. pte. geral.

MUMBUCA. *Top.* Rua, Salvador, BA. Provavelmente de MUMUCA, pte. geral.

MUNGANGO, do. *Top.* Estrada, Nova Iguaçu, RJ. Q. v. MUGANGO.

MUNGUBA. *Top.* Vila, AL. Provavelmente do quimbundo *nguba*, amendoim.

MUNGUENGUÊ. *Top.* Travessa na região metropolitana da cidade do Rio de Janeiro, RJ. Do quimbundo *mungenge*, cajazeiro.

MUNZUÁ. *Top.* Avenida, Salvador, BA. Q. v. pte. geral.

MUQUIÇO, do. *Top.* Favela na cidade do Rio de Janeiro, RJ. Q. v. pte. geral.

MUQUILÃO. *Top.* Povoado e rio, PR. Provável aumentativo de MUQUILA (2). Q. v. pte. geral.

MURUNDU. *Top.* Vár., div. Q. v. pte. geral.

MUSSURUNGA. *Top.* Antigo engenho baiano. Q. v., no quicongo, *nsulu*, torrente, braço de rio; *lunga*, mangusto, mamífero que habita às margens de rios.

MUTAMBA. *Top.* Povoado, BA. Q. v. pte. geral.

MUTAMBEIRA. *Top.* Rua na região metropolitana do Rio de Janeiro, RJ. De MUTAMBA, pte geral.

MUTAMBEIRAS. *Top.* Vila,CE. De MUTAMBA, pte geral .

MUTAMBO. *Top.* Cit. Raymundo (1936 a, p. 175). Provavel alteração de MUTAMBA, ou do xinhungue *mutambo*, nuvem.

MUTONDO. *Top.* Rio e localidade em São Gonçalo, RJ. Do quioco *mu-tondo*, árvore, pau, madeira.

MUTUÁ. *Top.* Localidade em São Gonçalo, RJ. Em quicongo, o vocábulo grafado *mu-twa* tem várias acepções, inclusive a de "transbordamento de água".

MUXIMBA. *Antrop.* Hipocorístico de Frederico de Mendonça, jornalista contemporâneo do sambista carioca João Machado Guedes, o João da Baiana (1887-1974), que inclusive lhe deve esse nome, com que passou à posteridade. Q. v. pte. geral.

MUXINGUEIRO. *Top.* Ref. Nelson de Senna (1938 a). Q. v. pte. geral.

MUXOCO. *Top.* Ref. Nelson de Senna (1938 a).

MUZAMBINHO. *Top.* Cidade, rio, MG. Q. v. MUZAMBINHENSE, pte. geral.

MUZAMBINHO, do. *Top.* Serra, SP. Cp. o quimbundo *muzambuídi*, adivinho, feiticeiro. Q. v. MUZAMBINHENSE, pte. geral.

MUZAMBO. *Top.* Rio, MG. Do quimbundo *muzambu*, adivinhação.

MUZEMA, da. *Top.* Morro na região metropolitana da cidade do Rio de Janeiro, RJ. Q. v. *muzemba*, grande árvore africana (cf. FIGUEIREDO, 1925 a).

MUZUMBA. *Top.* Rio, PE. Do nome de uma pequena árvora leguminosa de ANGOLA (cf. FIGUEIREDO, 1925 a).

N

NAQUE. *Top.* Vila, MG. Provavelmente, do quioco e umbundo *naka*, terreno cultivado à beira de um rio; ou do quioco *nake*, oito, oitavo.
NATIVIDADE DO CARANGOLA. *Top.* Cid. RJ. Q. v. CARANGOLA.
NOCO. *Antrop.* Um dos apelidos de infância do carioca Dayr Braz Lopes (1918 - 2003), irmão do autor desta obra. Provavelmente do bundo *noko*, rato (ALVES, 1951 b) ou do quicongo *noko*, orvalho, chuvisco, ambos dentro de ideia de pequenez ou pouca quantidade, comum nos apelidos carinhosos atribuídos a crianças.

O

OSENGA. *Top.* Um dos QUILOMBOS de Palmares. Provavelmente do quicongo *zenga*, caminho por onde se chega mais rápido, atalho.

P

PACAÇA. *Antrop.* Dirigente palmarino, morto juntamente com TOCULO (q.v.). *Mpakasa*, em quimbundo, é o búfalo, e aí parece estar a origem do antropônimo.
PAMBARÁ. *Top.* MG. Cit. Machado Filho (1985 a).
PANGA. *Top.* Rib., MG. Possivelmente, do quicongo *mpanga*, tremor, agitação.
PANGO. *Top.* Ref. Nelson de Senna (1938 a). Possívelmente do quicongo *mpangu*, uma árvore de madeira muito dura.
PEMBA. *Top.* Ref. Nelson de Senna (1938 a). Provavelmente, do quicongo *mpemba*, cemitério. Entre os BACONGOS, *Mpemba* é também topônimo e antropônimo.
PENDANGA. *Top.* Lug. MA; Vila, ES. Q. v. pte. geral.
PENDENGA. *Top.* Córr., SP. Q. v. pte. geral.
PENDENGO. *Antrop.* Personagem da antiga comunidade baiana do Rio de Janeiro (RJ), contemporânea de DONGA e, como este, integrante dos primeiros ranchos carnavalescos da cidade. Referido também como "Tem-Dengo". Provavelmente relacionado ao quicongo *ndèngo*, lubricidade. Castro (2001 a, p. 220) consigna "mendenga" e "mendengue", como acepções de "faceirice". Ver CANDENGO, na parte geral.
PENHA DO COCO. *Top.* Povoado, MG. Q. v. COCO, pte. geral.
PINDONGA. *Antrop.* Alcunha de Carivaldo da Motta, legendário sambista do Morro do Salgueiro (Rio de Janeiro, RJ). Q. v. pte. geral.
PINGUELA. *Top.* Vár., div. Q. v. pte. geral.
PINGUELA, da. *Top.* Rio MA, Rib. RO. Q. v. pte. geral.
PINGUELA DE ÍNDIO. *Top.* Cach. PA. Q. v. PINGUELA, pte. geral.
PINGUELO. *Top.* Córr. GO. Q. v. pte. geral.
PITO, do. *Top.* Córr. MG. Q. v. PITO, pte. geral.
PITO ACESO. *Top.* Pov. SP. Q. v. PITO, pte. geral.
PITOCO, do. *Top.* Estrada na região metropolitana da cidade do Rio de Janeiro, RJ. Q. v. pte. geral.
PIXINGUINHA. *Antrop.* Nome artístico de Alfredo da Rocha Vianna Jr., célebre músico brasileiro. O nome é alteração de *Pizindim*, apelido imposto pela avó do instrumentista, que certamente vem do xironga *psi-di*, comilão, consoante um episódio de glutonaria, ocorrido na infância do focalizado, narrado em um depoimento ao Museu da Imagem e do Som carioca. Em xironga, o prefixo *psi* entra na composição de certas palavras para designar, aumentativamente, pessoas que executam com superioridade a ação verbal.
PORONGOS. *Top.* Pov. RS. Q. v. PORONGO, pte. geral.
PORUNGOS, dos. *Top.* Serra, PR. De PORONGO, pte. geral.

Q

QUAFÁ, do. *Top.* Estrada em Bangu, Rio de Janeiro, RJ. Possivelmente de um quimbundo *mkwa fwa*, pessoa morta, cadáver.

QUEBEMBE. *Top.* Rua, Salvador, BA. Var. de QUIBEMBE, pte. geral.
QUEBRA-BUNDA, Beco do. *Top.* Nome tradicional de um logradouro no centro histórico de São Luís, MA. Q. v. BUNDA, pte. geral.
QUEBRA-CANGALHA. *Top.* Serra, SP. Q. v. CANGALHA, pte. geral.
QUEBRA-COCO. *Top.* Cach. GO. Q. v. COCO, pte. geral.
QUEBRA-COCOS, do. *Top.* Serra, RJ. Q. v. COCO, pte. geral.
QUEBRANGULO. *Top.* Cid. AL. Provavelmente do quicongo *nkémbi*, guizo ou sineta para chamar cães e porcos, através de uma possível expressão *nkémbi a ngulu*, "guizo de porco".
QUEIJINGUE. *Top.* Ref. Nelson de Senna (1938 a). Q. v. QUIJINGUE.
QUELÉ. *Antrop.* Apelido resultante de bantuização dos nomes Clementino ou Clementina: Clementino > Quelementino > Quelé.
QUELEMBES. *Top.* Cit. Raymundo (1936 a, p. 175). Do umbundo *kilembe*, barriga grande (seg. o autor citado).
QUENDÁ. *Top.* Ref. Nelson de Senna (1938 a). Provavelmente do multilinguístico *kwenda*, andar. Q. v. pte. geral.
QUENGUENGUE. *Top.* Cit. Raymundo (1936 a, p. 176). Do quimbundo *kingenge*, prisão.
QUERO-CANGO. *Top.* Cit. Raymundo (1936 a, p. 176). Possivelmente de um quimbundo *kilea kia-iangu*, "prisão de palha" (seg. o autor citado).
QUIABOS. *Top.* Ref. Nelson de Senna (1938 a). Q. v. QUIABO, pte. geral.
QUIBA. *Top.* Cit. Raymundo (1936 a, p. 176). Q. v. pte. geral.
QUIBUNGO. *Top.* Ref. Nelson de Senna (1938 a). Q. v. pte. geral.
QUIÇAMÃ. *Top.* Rio, AM; Vila, RJ. O nome, que designa, também, um QUILOMBO da confederação de Palmares, corresponde ao quimbundo *Kisama*, região que na antiga ANGOLA era formada por jurisdições sob a autoridade de diversos líderes, todos com o título de *kafuxi* (cp. CAFUXI).

QUIÇANGA. *Top.* Cit. Raymundo (1936 a, p. 176). Do quimbundo *kisanga*, ilha.
QUIÇASSA. *Top.* Ref. Nelson de Senna (1938 a). Q. v. pte. geral.
QUICONGO. *Top.* Ref. Nelson de Senna (1938 a). Q. v. pte. geral.
QUIÇONGO. *Top.* Cit. Raymundo (1936 a, p. 176). Do quimbundo *kisongo*, cancro; do umbundo *kisongo*, espinho grande; ou de outras possibilidades levantadas por Raymundo.
QUICUMBI. *Top.* Ref. Nelson de Senna (1938 a). Q. v. pte. geral.
QUIJINGUE. *Top.* Vila, rio, BA. Do quimbundo *kanjiji*, riacho, arroio. Cp. o quicongo *kidingi, que gorgoleja.
QUILENGO. *Top.* Ref. Nelson de Senna (1938 a).
QUILENGUE. *Top.* Cit. Raymundo (1936 a, p. 176). De *Kilenge*, etnônimo ANGOLANO.
QUILINGUE, do. *Top.* Serra, BA. Q. v. o quicongo *kilingwa, MATO, silvado, sarça.
QUILOANGE. *Top.* Nome de um dos aldeamentos palmarinos e, seguramente, de um de seus chefes. *Ngola-a-Kilwangi* era um importante título nobiliárquico e guerreiro na ANGOLA pré-colonial. "O título, que podia ser conquistado, atribuído ou reivindicado por qualquer linhagem ou indivíduo, era a principal posição política do (reino de) Ndongo, à qual estavam associados outros títulos hierarquicamente subordinados" (PARREIRA, 1990 b, p. 175). Em quicongo, *kilwadi* é nome próprio, significando "o que fere". Na Angola colonial, *Quiluange* era o nome aportuguesado de um SOBA do concelho de Cazengo.
QUILOMBINHO. *Top.* Ref. Nelson de Senna (1938 a). Dim. de QUILOMBO, pte. geral
QUILOMBO. *Top.* Vár., div. Q. v. pte. geral.
QUIMBIRA, do. *Top.* Rio, RJ. Provavelmente do quicongo *kimbila*, bando de pássaros em revoada.
QUINCAS. *Antrop.* Hipocorístico derivado do nome *Joaquim*. Possivelmente influenciado pelo quicongo *ki-nka*, sarro de CACHIMBO.
QUINCUNÇÁ, do. *Top.* Serra, CE. Q. v. o quicongo *nkunza, mandioca.

QUINDÁ. *Top.* Ref. Nelson de Senna (1938 a). Em Portugal circula o vocábulo "quinda", do quimbundo *nkinda*, espécie de cesto sem tampa.

QUINDONGO. *Top.* Ref. Nelson de Senna (1938 a). Provavelmente do quicongo *ki-ndongo*, espécie de carneiro.

QUINDUMBA. *Top.* Ref. Nelson de Senna (1938 a). Possivelmente ligado ao quicongo *ndumba*, mocinha. Ou de *kindumbu*, uma espécie de árvore.

QUINFONGO. *Top.* Ref. Nelson de Senna (1938 a). Possivelmente ligado ao ao quicongo *ki-mfwa*, espécie de inseto.

QUINGUIDÁ. *Top.* Cit. Raymundo (1936 a, p. 176). Do quimbundo *kikinda*, cesto grande (seg. o autor citado).

QUINHAMBINDA. *Top.* Cit. Raymundo (1936 a, p. 176). Provavelmente ligado ao quimbundo *mbinda*, cabaça.

QUINQUELERÊ, do. *Top.* Serra, CE. Provavelmente ligado ao quicongo *nkelele*, cogumelo.

QUINZOTE. *Top.* Ref. Nelson de Senna (1938 a).

QUIPAPA. *Top.* Rua, Recife, PE. Q. v. o quimbundo *kipapa, parede.

QUISSASSA. *Top.* Q. v. QUIÇASSA.

QUISSENGUE. *Top.* Antigo engenho do Recôncavo Baiano. Provavelmente ligado ao quicongo *ki-sengi*, pessoa curiosa.

QUISSONGO. *Top.* Ref. Nelson de Senna (1938 a). Q. v. QUIÇONGO.

QUITANDA, da. *Top.* Serra, MT; rua, RJ. Q. v. pte. geral.

QUITANDÊ. *Top.* Ref. Nelson de Senna (1938 a). Q. v. pte. geral.

QUITANDINHA. *Top.* Cid., PR; bairro, Petrópolis, RJ. Dim. de QUITANDA, pte. geral.

QUITEMBU. *Top.* Rua na região metropolitana do Rio de Janeiro, RJ. Possivelmente, do quicongo *Ki-tembo*, antropônimo; ou ligado a *tembo*, tempestade; ou, ainda, de *ki-ntémo-ntémo*, vagalume.

QUITIMBU. *Top.* Pov., PE. Q. v. o quicongo *thimbu, mandioca.

QUITINGUE, do. *Top.* Serra, BA. Possivelmente, do quimbundo *ki-xingi*, pedaço.

QUITITE. *Top.* Cit. Raymundo (1936 a, p. 176). Do quicongo *kititi*, pequena estaca (seg. o autor citado).

QUITUMBA. *Top.* Cit. Raymundo (1936 a, p. 176). Do quimbundo *kitumba*, mato, campina (seg. o autor citado).

QUITUNDE, São Luís do. *Top.* Localidade, AL. Q. v. em QUITUNDENSE, pte. geral.

QUITUNGO. *Top.* Povoado, BA. Q. v. pte. geral.

QUITUNGO, do. *Top.* Estrada, Rio, RJ. Do quimbundo *kitungu*, lugar escuro e imundo; casebre.

QUITUTE. *Top.* Ref. Nelson de Senna (1938 a). Q. v. pte. geral.

QUITUXE. *Top.* Q. v. QUITUCHE, pte. geral. Q. v. tb. ANDALAQUITUXE.

QUIZANGA. *Top.* Localidade em Cachoeira de Macacu, RJ. Provavelmente ligado ao quicongo *nzannga*, denominação de uma árvore de grande porte. Ou da mesma raiz de SANGA [1] (pte. geral).

QUIZONGO. *Top.* Cit. Raymundo (1936 a, p. 176). Do quicongo *kizongo*, balança (seg. o autor citado).

QUIZUMBO. *Top.* Ref. Nelson de Senna (1938 a). Possivelmente do quicongo *ki-nsumbu*, varíola branda.

QUIZUNGO. *Top.* Ref. Nelson de Senna (1938 a). Provavelmente do quicongo *ki-nsungu*, pequena árvore de nome científico *Oxyanthus speciosus*.

R

RECENDENGO. *Top.* Ref. Nelson de Senna (1938 a).

REZINGA. *Top.* Ref. Nelson de Senna (1938 a). Q. v. pte. geral.

RIAMBA. *Top.* Ref. Nelson de Senna (1938 a). Q. v. pte. geral.

RIO ZANGÃO. *Top.* Pov. SC. Q. v. ZANGÃO, pte. geral.

RIO ZIMBO. *Top.* Ref. Nelson de Senna (1938 a). Q. v. ZIMBO, pte. geral.
RIZAMBA. *Top.* Ref. Nelson de Senna (1938 a). Possivelmente ligado ao quicongo *zamba*, lugar onde se fazem dejeções ("rio Zamba"?).
RULA. *Top.* Ref. Nelson de Senna (1938 a).

S

SALABANGÁ. *Top.* Serra no estado de Alagoas, próxima do QUILOMBO DAMBRABANGA (q. v.). A palavra tem aspecto banto. Cp. o quicongo **nsala banganga*, espécie de penacho usado por ritualistas.
SAMBA. *Top.* Ref. Nelson de Senna (1938 a). Q. v. pte. geral.
SAMBA DIAMONGO. *Antrop.* Nome iniciático de Edith Apolinária de Santana, mãe de santo baiana, falecida em 1979. Feita aos 20 anos de idade por Bernardino do Bate-Folha, foi um dos baluartes da NAÇÃO ANGOLA na Bahia. Q. v. SAMBA [3], pte. geral.
SAMBALANGÁ. *Top.* Ref. Nelson de Senna (1938 a). Parece confusão com SALABANGÁ.
SAMBÊ, do. *Top.* Serra em Rio Bonito, RJ. Do umbundo *nsambe*, batata doce (JR); bundo *sambe*, cará, batata doce (cf. ALVES, 1951 b). Teodoro Sampaio (1987 b) apontou o tupi *çaimbé*, o cume.
SANGA BONITO. *Top.* Córr., MT. Q. v. SANGA, pte. geral.
SANGA DO ENGENHO. *Top.* Pov., SC. Q. v. SANGA, pte. geral.
SANGA DO VEADO. *Top.* Pov., SC. Q. v. SANGA, pte. geral.
SANGÃO. *Top.* Vár., div. Aum. SANGA, pte. geral.
SANTÉ. *Top.* Ref. Nelson de Senna (1938 a).
SÃO LUÍS DO QUITUNDE. *Top.* Q. v. QUITUNDE, São Luís DO.
SENDENGUE. *Top.* Cit. Raymundo (1936 a, p. 176). Do quimbundo *jindenge*, pl. de *ndenge*, criança. Ou de *nsende-nge*, espinho duro (seg. o autor citado).

SENGÓ. *Top.* Ref. Nelson de Senna (1938 a). Em quicongo, o vocábulo que se grafa *sengo* tem várias acepções, sendo uma delas "monte de vênus".
SIOCA. *Antrop.* Um dos apelidos de infância do carioca Dayr Braz Lopes (1918 – 2003), irmão do autor desta obra. Muito provavelmente, do bundo *syoka*, "estar muito cansado" (*syoha*, ser preguiçoso), segundo Alves (1951 b, p. 1309). Q. v. NOCO.
SOFALA. *Top.* Do nome de uma cidade da Africa Oriental.
SOTANGA. *Top.* Ref. Nelson de Senna (1938 a).
SUBUPIRA. *Top.* Denominação da praça de guerra dos QUILOMBOS palmarinos. Possivelmente relacionado a *zubu* ou *nzubu*, vocábulos do quicongo ligados à ideia de "borbulhar"e "pingar". Na ANGOLA colonial, *Pupira* era um SOBADO no concelho de Benguela.
SUMBUCA. *Top.* Em quicongo, *sumbuka* é vocábulo com várias acepções, sendo inclusive um antropônimo.

T

TAMBA. *Top.* Ref. Nelson de Senna (1938 a). *Tamba* é, em quicongo, vocábulo com várias acepções, algumas ligadas à ação de andar, dar um passo.
TAMBANGA. *Top.* Ref. Nelson de Senna (1938 a).
TAMBO. *Top.* Ref. Nelson de Senna (1938 a). Q. v. pte. geral.
TAMBU. *Top.* Ref. Nelson de Senna (1938 a).
TANGANICA. *Top.* Rua na região metropolitana da cidade do Rio de Janeiro, RJ. Do antigo nome da Rep. da Tanzânia.
TANGORO. *Top.* Ref. Nelson de Senna (1938 a). Cp. TÂNGORO-MÂNGORO, pte. geral.
TAPA-CACIMBAS. *Top.* Ref. Nelson de Senna (1938 a). Q. v. CACIMBA, pte. geral.
TATA FUMUTINHO. *Antrop.* Nome pelo qual se fez conhecido Antônio Pinto, famoso pai de santo de NAÇÃO CONGO no Rio de Janeiro (RJ),

falecido em 1966. Sobre seu nome iniciático, embora o elemento "fomutinho" seja de alegada origem jeje, significando, num grupo de iniciados, o quarto a sair da reclusão, em face das aproximações dos antigos jejes com os congos, a partir da Bahia; e diante da história sacerdotal do personagem, bem como do intercâmbio entre jejes e bantos na Bahia, mencionado no verbete JANÔ, na parte geral, trazemos à discussão a hipótese de o nome ser um abrasileiramento de uma possível expressão *tata* (pai) *mfumu* (chefe, senhor) *ntinu* (rei), do quicongo.
TATA LUNDIAMUNGONGO. *Antrop.* Nome iniciático ou sacerdotal de Manuel Ciríaco de Jesus, pai de santo baiano, falecido em 1965, líder do terreiro TUMBA-JUNÇARA (q.v.). Quicongo: *tata*, pai + *nludi*, teto, firmamento + *ia*, e + *mungongo*, espinha dorsal. Provavelmente, "o pai que é a autoridade máxima e a espinha dorsal".
TEMBA. *Top.* Ref. Nelson de Senna (1938 a). Q. v. pte. geral.
TENGO-TENGO. *Top.* Ref. Nelson de Senna (1938 a). Q. v. pte. geral.
TIAMBA. *Top.* Ref. Nelson de Senna (1938 a). Q. v. pte. geral.
TIMBU. *Top.* Ref. Nelson de Senna (1938 a). Provavelmente do quicongo *thimbu*, mandioca.
TOCA. *Top.* Ref. Nelson de Senna (1938 a). Q. v. pte. geral.
TOCO. *Top.* Ref. Nelson de Senna (1938 a). Q. v. pte. geral.
TOCULO. *Antrop.* Nome do filho de GANGA-ZUMBA, tido como "grande corsário", morto pela coluna liderada por Estêvão Gonçalves e Manuel da Silveira Cardoso em 1677. O nome remete de pronto ao quicongo *thukulu*, escravo, o que nos parece um pouco óbvio. Então, considere-se, também no quicongo, o verbo *tokula*, enfeitar, tornar elegante.
TOMBA. *Top.* Ref. Nelson de Senna (1938 a). Q. v. pte. geral.
TOMBADOR DA QUITANDA. *Top.* Serra, MT. Q. v. QUITANDA, pte. geral.
TOMBO. *Top.* Pov., BA. Possivelmente do quicongo: *tómbo*, um pássaro; *thómbo*, forte luz do sol; *thómbo*, chuva.

TOMBOS. *Top.* Ref. Nelson de Senna (1938 a). Q. v. TOMBO.
TONGA. *Antrop.* Hipocorístico do servidor público aposentado Sebastião Braz Lopes, irmão do autor deste trabalho, nascido em 1932. Q. v. pte. geral.
TUMBA-JUNÇARA. *Top.* Célebre terreiro de NAÇÃO CONGO-ANGOLA em Salvador (BA) e no Rio de Janeiro (RJ). Castro (2001 a) propõe como origem etimológica: *Tumba nzo nsala*, "a casa de consagração da herança e da iniciação nos mistérios do culto". No quicongo: *tumba*, colina; marco; alicerce; fundação + *nzo*, casa + *nsala*, vida.
TUMBENSI. Ver ATOMBENSI.
TUNDA-CUMBÉ. *Antrop.* Chefe de um suposto grupo de facínoras que participou da Guerra dos Mascates. Q. v. pte. geral.
TUNDA. *Top.* Ref. Nelson de Senna (1938 a). Provavelmente do quicongo *túnda*, grande panela, caldeirão. Q. v. tb. pte. geral.

U

UANGO. *Top.* Ref. Nelson de Senna (1938 a).
UBANGO. *Top.* Ref. Nelson de Senna (1938 a).
UGANDA. *Top.* Ref. Nelson de Senna (1938 a). Do nome do país africano.
UMBANDA. *Top.* Ref. Nelson de Senna (1938 a). Q. v. pte. geral.
UMBUCO. *Top.* Ref. Nelson de Senna (1938 a). Q. v. NABUCO, pte. geral.
UNGUÊ. *Top.* Ref. Nelson de Senna (1938 a).
URICUNGO. *Top.* Ref. Nelson de Senna (1938 a). Q. v. pte. geral.
URUMBAMBA. *Top.* Ref. Nelson de Senna (1938 a).

V

VATUNGO. *Top.* Ref. Nelson de Senna (1938 a).

VISSUNGO. *Top.* Ref. Nelson de Senna (1938 a). Q. v. pte. geral.
VOVÓ CAMBINA. *Top.* Rua, Nova Iguaçu, RJ. Q. v. Vovó Cambinda, pte. geral.

X

XABÁ. *Top.* Ref. Nelson de Senna (1938 a). Q. v. insaba, pte. geral.
XIBUCA. *Antrop.* Personagem do samba carioca à época da "Pequena África" da Praça Onze (Rio de Janeiro, RJ). Provavelmente relacionado a timbuca (q. v. pte. geral).
XIBUNGO. *Top.* Ref. Nelson de Senna (1938 a). Q. v. pte. geral.
XICACA. *Top.* Ref. Nelson de Senna (1938 a). Q. v. pte. geral.
XICANGA. *Top.* Ref. Nelson de Senna (1938 a).
XIMBUTE. *Top.* Ref. Nelson de Senna (1938 a). Q. v. pte. geral.
XOXÓ. *Top.* Ref. Nelson de Senna (1938 a).
XUMBUTE. *Top.* Ref. Nelson de Senna (1938 a). Q. v. Ximbute.

Y

YANGA. *Top.* Ref. Nelson de Senna (1938 a).
YAYÁ. *Top.* Ref. Nelson de Senna (1938 a). Q. v. iaiá, pte. geral. Em quicongo, os vocábulos grafados *yaya* e *yaaya* têm várias acepções, algumas ligadas a relação de parentesco, como irmã mais velha etc.
YUBANGO. *Top.* Ref. Nelson de Senna (1938 a).
YUMBA. *Top.* Ref. Nelson de Senna (1938 a). Do quicongo *yumba*, espécie de habitação do povo bankimba.
YUNGA. *Top.* Ref. Nelson de Senna (1938 a). Do quicongo *yunga*, lugar pequeno, pobre, aldeola. O vocábulo dá nome a uma cidade no Congo e a uma região da Bolívia (Yungas) de forte presença negro-africana.

Z

ZABA. *Top.* Ref. Nelson de Senna (1938 a). Provavelmente, do quicongo *zaba*, lugar lodoso, lamacento.
ZACIMBA GABA. *Antrop.* Líder quilombola de São Mateus, ES. Africana da região de Cabinda e tida como princesa em sua terra natal, envenenou o senhor que a oprimia, liderou uma fuga de escravos e formou o primeiro quilombo do Vale do Cricaré. Em 1710, no auge de sua luta contra a escravidão, foi emboscada e morta.
ZALABANGA. *Top.* Ref. Nelson de Senna (1938 a). Q. v. Salabangá.
ZALOQUE. *Top.* Ref. Nelson de Senna (1938 a).
ZAMBA. *Top.* Ref. Nelson de Senna (1938 a). Q. v. zambo, pte. geral.
ZAMBÉ. *Top.* Ref. Nelson de Senna (1938 a). Provavelmente do quicongo *nsambi*, caminho largo, estrada principal.
ZAMBEMBE. *Top.* Ref. Nelson de Senna (1938 a).
ZAMBEQUE. *Top.* Ref. Nelson de Senna (1938 a). Possivelmente, ligado a sarambeque, pte. geral.
ZAMBEZE. *Top.* Rua na região metropolitana da cidade do Rio de Janeiro, RJ. Do nome do rio africano.
ZAMBI. *Top.* Ref. Nelson de Senna (1938 a). Q. v. zambe.
ZANGUI. *Antrop.* Líder do quilombo Catingas, a 180 km de Macaco, capital da confederação palmarina. Em quicongo, *zàngi* é vocábulo correspondente ao português "amendoim"; e *zàngi* é o nome que designa todo animal de chifres longos. A segunda hipótese etimológica é a mais plausível, principalmente pelas referências a animais em nomes de guerra até recentemente usados por combatentes angolanos, como o contemporâneo Hoji-ia-Henda, o "leão sem compaixão".
ZANZO. *Top.* Ref. Nelson de Senna (1938 a). Q. v. zanzo [2] pte. geral.

ZATU. *Top.* Ref. Nelson de Senna (1938 a). Possívelmente, do quicongo *nsàtu*, casulo; ou de *nsátu*, fome.

ZECA. *Antrop.* Hipocorístico resultado do nome *José*. Provavelmente influenciado pelo quimbundo *mukua-zeka*, dorminhoco.

ZENGA. *Top.* Ref. Nelson de Senna (1938 a). Q. v. pte. geral.

ZIBANGO. *Top.* Ref. Nelson de Senna (1938 a).

ZIMBO. *Top.* Cit. Raymundo (1936 a, p. 177). Do quimbundo *njimbu*, concha, búzio.

ZIMBRO, do. *Top.* Pta., SC. Q. v. pte. geral.

ZIMBROS. *Top.* Pov. SC. Q. v. ZIMBRO na pte. geral.

ZINGA. *Top.* Ref. Nelson de Senna (1938 a). Q. v. pte. geral.

ZOLULO. *Top.* Ref. Nelson de Senna (1938 a). Possivelmente ligado ao quicongo *zuulu*, lugar de repouso, parada de descanso à beira da estrada; ou de *zulu-zulu*, uma espécie de banana.

ZOMBO. *Top.* Ref. Nelson de Senna (1938 a). Talvez do quicongo *zombo*, nome de um peixe.

ZONGO. *Top.* Ref. Nelson de Senna (1938 a). Talvez do quicongo *zòngo*, tiro de fuzil.

ZONGUÊ. *Top.* Ref. Nelson de Senna (1938 a). Certamente do quicongo *zongi*, qualquer coisa elevada, torre.

ZOONGO. *Top.* Ref. Nelson de Senna (1938 a).

ZUMA. *Top.* Ref. Nelson de Senna (1938 a). Possivelmente do quicongo *zuma*, aglomeração.

ZUMBA. *Top.* Ref. Nelson de Senna (1938 a). Possivelmente do quicongo *zumba*, prostituição.

ZUMBI [1]. *Antrop.* Nome pelo qual passou à História o líder maior da confederação de Palmares, morto a 20 de novembro de 1695, data em que hoje se comemora o "Dia Nacional da Consciência Negra". Q. v. ZUMBI [1], na pte. geral.

ZUMBI [2]. *Top.* Vár., div. Q. v. ZUMBI [2] na pte. geral.

ZUMBO. *Top.* Ref. Nelson de Senna (1938 a). Q. v. pte. geral.

ZUMBU. *Top.* Ref. Nelson de Senna (1938 a). Q. v. ZUMBO.

ZUNDU. *Top.* Ref. Nelson de Senna (1938 a). Do quicongo *zundu*, espécie de rã gigante, comestível. Zundu foi também o nome de um dos implicados na grande Revolta dos Malês, ocorrida na Bahia, em 1835.

ZUNGO. *Top.* Ref. Nelson de Senna (1938 a). Provavelmente do quicongo *nzungu*, limite de um campo cultivado.

ZUNGU. *Top.* Ref. Nelson de Senna (1938 a). Q. v. pte. geral.

ZUZA. *Antrop.* Apelido resultado de bantuização do nome *José* (Zuzé > Zuza). Abon: "Zuza Homem de Melo", radialista radicado em São Paulo, um dos organizadores da *Enciclopédia da música brasileira* (ENCICLOPÉDIA, 1977 a).

NOTA

A aposição de hipocorísticos em crianças, principalmente recém-nascidas, nos parece — a partir de uma experiência pessoal — resultar de um processo psíquico não identificado, segundo o qual vêm à fala, na manifestação do carinho, formas vocabulares e expressões sem significado aparente. Algumas dessas expressões, acreditamos, podem fazer parte de alguma memória "subterrânea" e emergem, como em outras situações, sem que se possa controlar, como formas expressivas. No caso dos hipocorísticos de forma e sabor nitidamente bantos vivenciados em seu núcleo familiar (q. v. GIMBO, NOCO, SIOCA e TONGA), o autor esclarece que essa família foi constituída em 1916 e se radicou logo depois na freguesia de Irajá, no então "sertão" carioca, onde o recenseamento de 1920 ainda encontrou alguns africanos.

REFERÊNCIAS BIBLIOGRÁFICAS

A bibliografia consultada, que é muito extensa, está organizada em três listas: as referências usadas para a constituição do *corpus* do dicionário, as usadas para estabelecimento dos étimos e outras referências que, em edições anteriores, estavam citadas no corpo dos verbetes. Para facilitar a consulta, essas listas são identificadas por letras, respectivamente *A*, *B* e *C*. Essas letras aparecem (minúsculas) após a citação de cada referência, no texto, para indicar a qual das listas ela pertence, facilitando assim a busca. Por exemplo:

ALMEIDA, 1979 a — deve ser procurada na Lista A.
COURTOIS, 1889 b — deve ser procurada na Lista B.
PEPETELA, 1985 c — deve ser procurada na Lista C.

Para evitar confusões com essa codificação alfabética, obras distintas referenciadas pelo mesmo sobrenome, com o mesmo ano de edição e situadas na mesma lista, foram diferenciadas usando-se os dígitos 1, 2 etc., postos logo após o ano, e dele separados por uma sublinha. Por exemplo:

MAIOR, 1980_1 a
MAIOR, 1980_2 a

São dois livros distintos de MAIOR, publicados em 1980, ambos localizados na lista A.

Lista A:
Bibliografia para constituição do corpus

ALMEIDA, Horácio de. **Dicionário popular paraibano**. João Pessoa: UFPB, 1979.

ALMEIDA, José Américo de. **A bagaceira**. 13. ed. Rio de Janeiro: José Olympio, 1974.

ALVES FILHO, Ivan. **Memorial dos Palmares**. Rio de Janeiro: Xenon, 1988.

AMARAL, Amadeu. **O dialeto caipira**. São Paulo: Anhembi, 1955. Vocabulário.

ANDRADE, Mário de. **Danças dramáticas do Brasil**. São Paulo: Martins, 1959. 4v.

ANDRADE, Mário de. **Dicionário musical brasileiro**. Belo Horizonte: Itatiaia; Brasília: MinC; São Paulo: EDUSP, 1989.

ANDRADE, Mário de. **Música de feitiçaria no Brasil**. São Paulo: Martins, 1963.

ÂNGELO, Victor; LIBI, Fred. **Aurélia, a dicionária da língua afiada**. Disponível em <www.lookread.comment.multiply.com.reviews>. Acesso em 8 de fev. 2011.

ANGENOT, Jean Pierre et al. **Repertoire des vocables brésiliens d'origine africaine**. Lubumbashi, Zaire: CELTA, 1974. (Collection Travaux et Documents)

ARAGÃO, Maria do Socorro Silva de et al. **Linguagem religiosa afro-indígena na grande João Pessoa**. João Pessoa: Fundação Casa de José Américo, 1987.

ARAÚJO, Alceu Maynard de. **Folclore nacional**. São Paulo: Melhoramentos, 1967. 3 v.

ARAÚJO, Alceu Maynard de. Jongo. **Revista do Arquivo Municipal**, São Paulo, n. 128, p. 45-54, 1949. (Separata)

AUTUORI, Luiz; GOMES, Oswaldo Proença. **Nos garimpos da linguagem**. 4. ed. Rio de Janeiro: São José, 1959.

AZEVEDO, Aluísio. **O mulato**. Rio de Janeiro: Ediouro, 19--.

AZEVEDO, Téo. **Abecedário matuto**. São Paulo: Global, 1982.

BALBACH, Alfons. **A flora medicinal na medicina doméstica**. v. II. 17. ed. São Paulo: A Edificação do Lar, 19--. 3 v.

BEAUREPAIRE-ROHAN, Visconde de. **Dicionário de vocábulos brasileiros**. 2. ed. Salvador: Progresso, 1956.

BRANDÃO, Adelino. Contribuição afro-negra ao léxico popular brasileiro. **Revista Brasileira de Folclore**, Rio de Janeiro, v. 8, n. 21, p. 119—128, 1968.

BRANDÃO, Carlos Rodrigues. **A festa do santo de preto**. Rio de Janeiro: Funarte, Inst. Nac. Folclore; Goiânia: UFGO, 1985.

BRANDÃO, Carlos Rodrigues. **Peões, pretos e congos**: trabalho e identidade étnica em Goiás. Goiânia: Univ. Brasília, 1977.

CABRAL, Tomé. **Novo dicionário de termos e expressões populares**. 2. ed. Fortaleza: Univ. Federal do Ceará, 1982.

CACCIATORE, Olga Gudolle. **Dicionário de cultos afro-brasileiros**. 3. ed. rev. Rio de Janeiro: Forense-Universitária, 1988.

CALAZANS, José. **Cachaça, moça branca**. Salvador: Secret. Educ. e Cultura, 1951. Vocabulário.

CANTIGAS de boiadeiro. 2. ed. Rio de Janeiro: Pallas, 19--_1.

CANTIGAS de caboclos. 3. ed. Rio de Janeiro: Pallas, 19--_2.

CANTIGAS de exu. 3. ed. Rio de Janeiro: Pallas, 19--_3.

CANTIGAS de orixás. 3. ed. Rio de Janeiro: Pallas, 19--_4.

CANTIGAS de pretos velhos. 3. ed. Rio de Janeiro: Pallas, 19--_5.

CARNEIRO, A. J. Souza. **Furundungo**. Rio de Janeiro: Andersen, 1935.

CARNEIRO, A. J. Souza. **Os mitos africanos no Brasil**. São Paulo: Cia. Editora Nacional, 1937.

CARNEIRO, Edison. **Candomblés da Bahia**. Rio de Janeiro: Ediouro, 19--.

CASCUDO, Luís da Câmara (org.). **Antologia da alimentação no Brasil**. Rio de Janeiro: Livros Técnicos e Cientificos, 1977.

CASCUDO, Luís da Câmara. **Dicionário do folclore brasileiro**. 5. ed. rev. e aum. São Paulo: Melhoramentos, 1980.

CASTRO, Yeda Pessoa de. **De l' integration des apports africains dans les parlers de Bahia, au Brasil**. Tome I, Partie II. Lubumbashi, Zaire: Faculté des Lettres, 1976.

CASTRO, Yeda Pessoa de. **Falares africanos na Bahia**. Rio de Janeiro: ABL;Topbooks, 2001.

COMODORO, I. R. Couto; CABRAL, Benício. **Dicionário da língua da Tabatinga**. Disponível em: <www.bomdespachomg.com.br/tabatinga2.php/>. Acesso em: 21 jul. 2009.

CORRÊA, Magalhães. O sertão carioca. **Revista do Instituto Histórico e Geográfico Brasileiro**, Rio de Janeiro, n. 167, p. 1-283, 1936. (Separata)

COSTA, Agenor. **Dicionário de sinônimos e locuções da língua portuguesa**. Rio de Janeiro: [s.n.], 1952. (Suplemento)

COSTA, Francisco Augusto Pereira da. Vocabulário pernambucano. **Revista do Inst. Archeológico Histórico e Geográfico Pernambucano**, Recife, v. XX-XIV, 1937. (Separata)

DONATO, Hernâni. **Dicionário das mitologias americanas**. São Paulo: Cultrix; Brasília: MEC, 1973.

DORNAS FILHO, João. **A influência social do negro brasileiro**. Curitiba: Guairá, 1943.

DUARTE, Abelardo. **Folclore negro das Alagoas**. Maceió: Departamento de Assuntos Culturais, 1974.

ENCICLOPÉDIA da música brasileira: erudita, folclórica, popular. São Paulo: Art, 1977. 2 v.

ENCICLOPÉDIA Delta Larousse. Rio de Janeiro: Delta, 1970. 12 v.

ENCONTRO de nações de candomblé. Salvador: Ianamá/CEAO/UFBA,1984.

FERNANDES, Francisco. **Dicionário brasileiro Globo**. 10. ed. Porto Alegre: Globo, 1983. 3 v.

FERREIRA, Aurélio Buarque de Holanda. **Novo dicionário Aurélio da língua portuguesa**. 2. ed. rev. e aum. Rio de Janeiro: Nova Fronteira, 1986.

FERREIRA, Euclides Menezes. **O candomblé no Maranhão**. São Luís: ed. part., 1984.

FERRETTI, Sérgio Figueiredo. **Querebentan de Zomadonu**: etnografia da Casa das Minas. São Luís: UFMA, 1986. Glossário.

FIGUEIREDO, Cândido de. **Novo dicionário da língua portuguesa**. 4. ed. Lisboa, Portugal: Brasil-Portugal, 1925. 2 v.

FIGUEIREDO, Napoleão. **Banhos de cheiro, ariachés & amacis**. Rio de Janeiro: Funarte/Inst. Nac. Folclore, 1983. (Cadernos de Folclore, n. 33)

FLORA medicinal. Rio de Janeiro: J. Monteiro da Silva, 1985.

GARCIA, Rodolpho. **Dicionário de brasileirismos**: peculiaridades pernambucanas. Rio de Janeiro: Imprensa Nacional, 1915.

GUIA Postal Brasileiro. 8. ed. Rio de Janeiro: Empresa Brasileira de Correios e Telégrafos, 1992.

HOUAISS, Antônio; VILLAR, Mauro de Salles. **Dicionário Houaiss da língua portuguesa**. Rio de Janeiro: Objetiva, 2001.

INSTITUTO BRASILEIRO DE GEOGRAFIA E ESTATÍSTICA. **Índice de topônimos da carta do Brasil ao milionésimo**. Rio de Janeiro: IBGE, 1971.

JARDIM, Mara Públio de Souza Veiga. **Congada**. [s.l.]: Xerox do Brasil, 1976.

LARIÚ, Nivaldo. **Dicionário de baianês**. 2. ed. Salvador: [s.n.], 1992.

LAROUSSE cultural. São Paulo: Universo, 1988.

LIMA, Rossini Tavares de et al. **O folclore do litoral norte de São Paulo**. Brasília: MEC; São Paulo: Univ. Taubaté, 1981.

LODY, Raul. **Santo também come**: estudo sócio-cultural da alimentação cerimonial em terreiros afro-brasileiros. Brasília: MEC-IJNPS; Recife: Artenova, 1979.

LOPES, Nei. **Bantos, malês e identidade negra**. Belo Horizonte: Autêntica, 2006.

MACHADO FILHO, Aires da Mata. **O negro e o garimpo em Minas Gerais**. Belo Horizonte: Itatiaia; São Paulo: EDUSP, 1985.

MAGALHÃES, Basílio. **O folk-lore brasileiro**. Rio de Janeiro: Quaresma, 1928.

MAGNE, Augusto. **Dicionário da língua portuguesa**: especialmente dos períodos medieval e clássico. Rio de Janeiro: MEC-INL, 1950-1954. 2 v.

MAIOR, Mário Souto. **Alimentação e folclore**. Rio de Janeiro: Instituto Nacional de Folclore, 1988.

MAIOR, Mário Souto. **Dicionário do palavrão e termos afins**. Recife: Guararapes, 1980_1.

MAIOR, Mário Souto. **Dicionário folclórico da cachaça**. 2. ed. Recife: Fundação Joaquim Nabuco; Massangana, 1980_2.

MARTINS, Saul. **Folclore em Minas Gerais**. 2. ed. rev. e ampl. Belo Horízonte: UFMG, 1991.

MARTINS, Saul. **Os barranqueiros**. Belo Horízonte: UFMG, Centro de Estudos Mineiros, 1969.

MELO, M. Rodrigues de. **Cavalo de pau**. Rio de Janeiro: Pongetti, 1953. (Vocabulário)

MENDONÇA, Renato. **A influência africana no português do Brasil**. 3. ed. Porto, Portugal: Figueirínhas, 1948.

MIRANDA, Vicente Chermont de. **Glossário paraense**: coleção de vocábulos peculiares à Amazônia e especialmente à Ilha de Marajó. Belém: Universidade Federal do Pará, 1968.

MONTEIRO, Mário Ypiranga. Folclore da maconha. **Revista Brasileira de Folclore**, Rio de Janeiro, v. 6, n. 16, p. 285-300, set.-dez. 1966.

MORAES FILHO, Mello. **Festas e tradições populares do Brasil**. 3. ed. Rio de Janeiro: F. Bríguiet, 1946.

MOTTA, Leonardo. **Cantadores**. 5. ed. Rio de Janeiro: Cátedra, 1978.

MOTTA, Leonardo. **Sertão alegre**. 4. ed. Rio de Janeiro: Cátedra, 1976.

MOTTA, Leonardo. **Violeiros do norte**. 5. ed. Rio de Janeiro: Cátedra, 1982.

NASCENTES, Antenor. **Dicionário da língua portuguesa da Academia Brasileira de Letras**. Rio de Janeiro: Bloch, 1988.

NEVES, Guilherme Santos. **Bandas de congos**. Rio de Janeiro: Instituto Nacional do Folclore, 1980. (Cadernos de Folclore, n. 30)

NONATO, Raimundo. **Calepino potiguar**: gíria rio-grandense. Mossoró: Fundação Guimarães Duque, 1980. (Coleção Mossorense, v. CXIX).

NUNES, Zeno Cardoso; NUNES, Rui Cardoso. **Dicionário de regionalismos do Rio Grande do Sul**. Porto Alegre: Martins, 1982.

ORTIZ, Renato. **A morte branca do feiticeiro negro**. Petrópolis: Vozes, 1978.

PAIVA, Manuel de Oliveira. **Dona Guidinha do poço**. São Paulo: Três, 1973. (coleção Obras imortais da literatura brasileira, n. 20)

PASSOS, Alexandre. **A gíria baiana**. Riode Janeiro: São José, 1973.

PAULO, Fernando São. **Linguagem médica popular do Brasil**. Salvador: Itapuã, 1970. 2 v. (coleção Baiana)

PEDERNEIRAS, Raul. **Geringonça carioca**: verbetes para um dicionário da gíria. Rio de Janeiro: Jornal do Brasil, 1922.

PEIXE, César Guerra. **Maracatus do Recife**. 2. ed. Recife: Irmãos Vitale; Fund. Cultura da Cidade do Recife, 1981.

PEIXOTO, Afrânio. **Miçangas**. Rio de Janeiro; São Paulo; Porto Alegre: W. M. Jackson, 1944.

PENALVA, Gastão. **Gíria maruja**. Rio de Janeiro: Serviço de Documentação Geral da Marinha, 1982 (coleção Jaceguay, v. 13)

PERDIGÃO, Edmylson. **O linguajar da malandragem**. Rio de Janeiro: [s.n.], 1940.

PEREIRA, Edmilson de Almeida. **Os tambores estão frios**: herança cultural e sincretismo religioso no ritual do candombe. Juiz de Fora: Funalfa; Belo Horizonte: Mazza, 2005.

PINTO, Edith Pimentel (org.). **O português do Brasil**: textos críticos e teóricos. 2 v. Rio de Janeiro: Livros Técnicos e Científicos; São Paulo: EDUSP, 1978.

QUEIRÓS, Sonia. **Pé preto em barro branco**: a língua dos negros da Tabatinga. Belo Horizonte: UFMG, 1998.

RAMOS, Arthur. Linha de umbanda. In: CARNEIRO, Edison (org.). **Antologia do negro brasileiro**. Rio de Janeiro: Ediouro, 19--.

RAMOS, Arthur. **O folclore negro do Brasil**: demopsicologia e psicanálise. 2. ed. il. e rev. Rio de Janeiro: Casa do Estudante do Brasil, 1954.

RAMOS, Arthur. **O negro na civilização brasileira**. Rio de Janeiro: Casa do Estudante do Brasil, 1956.

RAPOSO, Luciano. **Marcas de escravos**: lista de escravos emancipados vindos a bordo de navios negreiros (1839— 1841). Rio de Janeiro: Arquivo Nacional/ CNPq, 1990. (Texto analítico)

RAYMUNDO, Jacques. **O elemento afro-negro na língua portuguesa**. Rio de Janeiro: Renascença, 1933.

RAYMUNDO, Jacques. **O negro brasileiro e outros escritos**. Rio de Janeiro: Record, 1936.

REGO, Waldeloir. **Capoeira angola**: ensaio sócio-etnográfico. Salvador: Itapuã, 1968. (coleção Baiana)

RIBEIRO, João. **O elemento negro**. Rio de Janeiro: Record, 19--.

RIBEIRO, Maria de Lourdes Borges. Influência angolense no Vale do Paraíba. **Revista Brasileira de Folclore**, Rio de Janeiro, v. 8, n. 21, p. 155-72, mai.-ago. 1968.

RIBEIRO, Maria de Lourdes Borges. **Moçambique**. Rio de Janeiro: Instituto Nacional do Folclore, 1981. (Cadernos de Folclore, n. 32)

RIBEIRO, Maria de Lourdes Borges. **O jongo**. Rio de Janeiro: FUNARTE/ Instituto Nacional do Folclore, 1984. (Cadernos de Folclore, n. 34)

RIO, João do. **As religiões no Rio**. Rio de Janeiro: Simões, 1951.

RODRIGUES, Raimundo Nina. **Os africanos no Brasil**. 5. ed. São Paulo: Cia. Editora Nacional, 1977.

RODRIGUES, Wilson W. **Folclore coreográfico do Brasil**. [s.l.]: Publicitan, 19--.

ROMERO, Sílvio. **Estudos sobre a poesia popular do Brasil**. 2. ed. Petrópolis: Vozes. 1977.

ROSSATO, José Carlos. Vocabulário do viciado. In: FERNANDES, Aparício (org.). **Escritores do Brasil**. Rio de Janeiro: Cia. Bras. de Artes Gráficas, 1986. (p. 237-242)

SALLES, Vicente; SALLES, Marina Isdebeki. Carimbó: trabalho e lazer do caboclo. **Revista Brasileira de Folclore**, Rio de Janeiro, v. 2, n. 25, p. 257-282, set.—dez. 1969.

SANTOS, Eurico. **Anfíbios e répteis do Brasil**: vida e costumes. 3. ed. rev. e aum. Belo Horizonte: Itatiaia, 1981.

SANTOS, Eurico. **Nossos peixes marinhos**. Belo Horizonte: Itatiaia, 1982.

SARAIVA, Gumercindo. **A gíria brasileira**: dos marginais às classes de elite. Belo Horizonte: Itatiaia, 1988.

SCHNEIDER, John T. **Dictionary of african borrowings in brazilian portuguese**. Hamburgo, Alemanha: Helmut Buske, 1991.

SENNA, Nelson de. **Africanos no Brasil**: estudos sobre os negros africanos e influências afro-negras sobre a linguagem e costumes do povo brasileiro. Belo Horizonte: Queiroz, 1938.

SERAINE, Florival. **Dicionário de termos populares (registrados no Ceará)**. 2. ed. Fortaleza: Stylus Comunicações, 1991.

SERVIÇO NACIONAL DE EDUCAÇÃO SANITÁRIA. **Maconha**. 2. ed. Rio de Janeiro: Ministério da Saúde, 1958. (Coletânea de trabalhos brasileiros)

SILVA, Ornato José da. **Culto omoloko**: os filhos do terreiro. Rio de Janeiro: Rabaço, 19--.

SILVEIRA, Valdomiro. **Leréias**: histórias contadas por eles mesmos. 2. ed. Rio de Janeiro: Civilização Brasileira; Brasília: INL, 1975_1. (coleção Vera Cruz, v. 201)

SILVEIRA, Valdomiro. **Mixuangos**. 2. ed. Rio de Janeiro: Civilização Brasileira; Brasília: INL, 1975_2. (coleção Vera Cruz, v. 200)

SILVEIRA, Valdomiro. **O mundo caboclo de Valdomiro Silveira**. Rio de Janeiro: José Olympio; São Paulo: SCET; Brasília: INL, 1974. (coletânea de contos com estudos de Bernardo Elis e Ruth Guimarães)

SILVEIRA, Valdomiro. **Os caboclos**. 2. ed. São Paulo: Cia. Editora Nacional, 1928.

SOARES, Antonio Joaquim de Macedo. **Dicionário brasileiro da língua portuguesa**. v. 1. Rio de Janeiro: MEC/ Instituto Nacional do Livro, 1954. 2 v.

SOARES, Antonio Joaquim de Macedo. **Dicionário brasileiro da língua portuguesa.** v. 2. Rio de Janeiro: MEC/ Instituto Nacional do Livro, 1955. 2 v.

SOARES, Antonio Joaquim de Macedo. **Estudos lexicográficos do dialeto brasileiro.** Rio de Janeiro: Imprensa Nacional, 1943.

SOUZA, Bernardino José de. **Dicionário da terra e da gente do Brasil.** 4. ed. São Paulo: Cia. Editora Nacional, 1939.

SUZUKI, Carlos Rikio. **Guia de peixes do litoral brasileiro.** 3. ed. Rio de Janeiro: Marítima, 19--.

TACLA, Ariel. **Dicionário dos marginais.** 2. ed. Rio de Janeiro: Forense-Universitária, 1981.

TESCHAUER, Carlos. S. J. **Novo dicionário nacional.** 2. ed. aum. Porto Alegre: Globo, 1928.

TRIGUEIROS, Edilberto. **A língua e o folclore da bacia do São Francisco.** Rio de Janeiro: Campanha de Defesa do Folclore Brasileiro, 1977.

VALENTE, Waldemar. **Sincretismo religioso afro-brasileiro.** 3. ed. São Paulo: Cia. Editora Nacional, 1977.

VASCONCELOS, Agripa. **Chico Rei**: romance do ciclo da escravidão nas Gerais. Belo Horizonte: Itatiaia, 1966.

VIANNA, Hildegardes. **A Bahia já foi assim.** 2. ed. Rio de Janeiro: GRD/INL, 1979.

VIEIRA FILHO, Domingos. **A linguagem popular no Maranhão.** 3. ed. ampl. Rio de Janeiro: Olímpica, 1979.

VIOTTI, Manuel. **Novo dicionário da gíria brasileira.** São Paulo: Bentivegna, 1956.

VOGT, Carlos; FRY, Peter. **Cafundó: a Africa no Brasil**; linguagem e sociedade. São Paulo: Companhia das Letras, 1996.

Lista B:
Bibliografia para estabelecimento dos étimos

ABRANCHES, Henrique. **A konkhava de Feti.** 2. ed. v. 1. Luanda, Angola: União dos Escritores Angolanos, 1985. (Glossário Cuanhama, p. 269-291)

AKOWUAH, Thomas A. **Lingala-english; english-lingala** (Hippocrene dictionary and phrasebook). New York, EUA: Hippocrene, 1996.

ALVES, Pe. Albino. **Dicionário etimológico bundo-português.** Lisboa, Portugal: Tipografia Silvas Ltda., 1951. 2 v.

AMARAL, Manuel Gama. **O povo yao**: subsídios para o estudo de um povo do noroeste de Moçambique. Lisboa, Portugal: Inst. de Investigação Científica e Tropical, 1990. (Vocabulário, p. 451-493)

AREIA, M. L. Rodrigues de. **Les symboles divinatoires**: analyse socio-culturelle d'une technique de divination des cokwe de l'Angola. Coimbra, Portugal: Universidade de Coimbra, Instituto de Antropologia, 1985. (Léxico quioco)

ASSIS JR., Antonio de. **O segredo da morta**. 3. ed. Luanda, Angola: União dos Escritores Angolanos, 1985.

BAIÃO, Domingos Vieira. **Dicionário ganguela-português**. Lisboa, Portugal: Centro de Estudos Filológicos, 1940.

BARBOSA, Adriano. **Dicionário cokwe-português**. Coimbra, Portugal: Universidade de Coimbra, Instituto de Antropologia, 1989.

BAUMANN, H.; WESTERMANN, D. **Les peuples et les civilisations de l'Afrique**. Paris, France: Payot, 1948.

BENTLEY, Rev. W. Holman. **Dictionary and grammar of kongo language**. London, UK: The Baptist Missionary Society and Tuner & Co., 1887.

BERNAL, Sergio Valdés. **Las lenguas del África subsahara y el español de Cuba**. La Habana, Cuba: Editorial Academia, 1987.

CABRERA, Lydia. **Vocabulário congo**: el bantu que se habla em Cuba. Miami, USA: Universal, 1984.

CANNECATIM, Fr. Bernardo Maria de. **Coleção de observações gramaticais sobre a língua bunda ou angolense**; e dicionário abreviado da língua congueza. Lisboa, Portugal: Imprensa Nacional, 1873.

CAPELLO, H.; IVENS, R. **De Angola à Contracosta**. Lisboa, Portugal: Imprensa Nacional, 1886. 2 v.

CASCUDO, Luís da Câmara. **Made in África**. Rio de Janeiro: Civilização Brasileira, 1965.

CASTRO, Yeda Pessoa de. **Falares africanos na Bahia**. Rio de Janeiro: ABL/Topbooks, 2001.

COROMINAS, Joan. **Breve dicionário etímológico de la lengua castellana**. 3. ed. rev. Madrid, España: Gredos, 1983.

COURTOIS, Victor José. **Diccionário cafre-tetense-portuguez**. Coimbra, Portugal: Imprensa da Universidade, 1900.

COURTOIS, Victor José. **Dicionário portuguez-cafre-tetense**. Coimbra, Portugal: Imprensa da Universidade, 1889.

CUNHA, Antônio Geraldo da. **Dicionário etimológico Nova Fronteira da língua portuguesa**. Rio de Janeiro: Nova Fronteira, 1982_1.

CUNHA, Antônio Geraldo da. **Dicionário histórico das palavras portuguesas de origem tupi**. 2. ed. São Paulo: Melhoramentos, 1982_2.

ENGLISH-sotho, sotho-english pocket dictionary. Morija, Lesotho: Morija Sesuto Book Depot, 1989.

FONSECA, Antônio. **Sobre os kikongos de Angola**. Luanda, Angola: União dos Escritores Angolanos,1985.

GALVÃO, Henrique; SELVAGEM, Carlos. **Império ultramarino português**; monografia do Império. v. I: Introdução, Cabo Verde, Guiné. Lisboa, Portugal: Empresa Nacional de Publicidade, 1950. 4 v.

GALVÃO, Henrique; SELVAGEM, Carlos. **Império ultramarino português**; monografia do Império. v. II: Guiné (cont.), São Tomé e Príncipe. Lisboa, Portugal: Empresa Nacional de Publicidade, 1951. 4 v.

GALVÃO, Henrique; SELVAGEM, Carlos. **Império ultramarino português**; monografia do Império. v. III: Angola. Lisboa, Portugal: Empresa Nacional de Publicidade, 1952. 4 v.

GALVÃO, Henrique; SELVAGEM, Carlos. **Império ultramarino português**; monografia do Império. v. IV: Moçambique, Índia, Macau, Timor. Lisboa, Portugal: Empresa Nacional de Publicidade, 1953. 4 v.

GUENNEC, Grégoire Le; VALENTE, José Francisco. **Dicionário português-umbundu**. Luanda, Angola: Instituto de Investigação Científica de Angola, 1972.

HOCH, Rev. E. **Bemba-english; english-bemba** (Hippocrene concise dictionary). New York, USA: Hippocrene, 1998.

KWENZI-MIKALA, J.; SOUINDOULA, S. Le monde bantu, la réalité linguístique. In: OBENGA, Théophile; SOUINDOULA, S. (org.). **Racines bantu**; bantu roots. Libreville, Gabon: CICIBA, 1991.

LAMAN, K. E. **Dictíonnaire kikongo-français**. New Jersey, USA: Gregg Press, 1964. (reimpressão da 1. ed. Bruxelas, Bélgica: Institut Royal Colonial Belge, 1936)

LENSELAER, Alphonse. **Dictionnaire swahili-français**. Paris, France: Karthala, 1983.

LIMA, Maria Helena Figueiredo. **Nação ovambo**. Lisboa, Portugal: Aster, 1977. Glossário.

MACHADO, José Pedro. **Dicionário etimológico da língua portuguesa**. 4. ed. Lisboa, Portugal: Livros Horizonte, 1987. 5 v.

MAIA, Pe. Antonio da Silva. **Dicionário complementar português-kimbundu-kikongo**. Cucujães, Portugal: Missões, 1964_1.

MAIA, Pe. Antonio da Silva. **Dicionário rudimentar português-kimbundu**. Cucujães, Portugal: Missões, 1964_2.

MAIA, Pe. Antonio da Silva. **Lições de gramática de quimbundo**: dialeto omumbuim. 2. ed. Cucujães, Portugal: Missões, 1964_3.

MATOS, Pe. Alexandre Valente de. **Dicionário português-macua**. Lisboa, Portugal: Junta de Investigações Científicas do Ultramar, 1974.

MATTA, J. D. Cordeiro da. **Ensaio de diccionário kimbundu-portuguez**. Lisboa, Portugal: Antonio Maria Pereira, 1893.

MILHEIROS, Mário. **Anatomia social dos maiacas**. Luanda, Angola: O Apostolado, 1956. (Vocabulário iaca — português, português — iaca, p. 391-502)

MILHEIROS, Mário. Influências sinonímicas angolano-brasílicas na língua portuguesa. Revista Ocidente, Lisboa, n. 82, 1972. (Separata)

MISSIONÁRIOS DA COMPANHIA DE JESUS. **Dicionário português-cinyanja**. Lisboa, Portugal: Junta de Investigações do Ultramar, 1964.

MURONI, Jean-Marc. **Petit dictionaire bantu do Gabon**: français, ndjabi-français. Paris, France: L'Hannattan, 1989.

NASCENTES, Antenor. **Dicionário etimológico resumido**. Rio de Janeiro: MEC/ Inst. Nacional do Livro, 1966.

NOGUEIRA, Rodrigo de Sá. **Dicionário ronga-português**. Lisboa, Portugal: Junta de Investigações do Ultramar, 1960.

OBENGA, Théophile. **La cuenca congolesa**: hombres y estructuras. La Habana, Cuba: Ed. de Ciências Sociales, 1988. (Glossário mbochi, p. 147-156)

OBENGA, Théophile. **Les bantu**: langues, peuples, civilisations. Paris, França: Presence Africaine, 1985.

ORTIZ, Fernando. **Glosario de afronegrismos**. La Habana, Cuba: Ed. de Ciencias Sociales, 1901.

ORTIZ, Fernando. **Nuevo catauro de cubanismos**. La Habana, Cuba: Ed. de Ciências Sociales. 1985.

PARREIRA, Adriano. **Dicionário glossográfico e toponímico da documentação sobre Angola**: séculos XV-XVII. Lisboa, Portugal: Estampa, 1990.

PERROT, D. W. **Swahili dictionary**. NewYork, USA: David Mckay Inc. 1984.

PICHARDO, Esteban. **Diccionario provincial casi razonado de vozes y frases cubanas**. La Habana, Cuba: Ed. de Ciências Sociales, 1985.

PINTO, Serpa. **Como atravessei a África**. v. I. Lisboa, Portugal: Public. Europa- -América, 1---.

REDINHA, José. **Instrumentos musicais de Angola**. Coimbra, Portugal: Universidade de Coimbra, Instituto de Antropologia, 1984.

RIBAS, Óscar. **Alimentação regional angolana**. 6. ed. Luanda, Angola: Centro de Informação e Turismo de Angola, 1989_1.

RIBAS, Óscar. **Misoso**: literatura tradicional angolana. v. 1. 3. ed. Luanda, Angola: Tipografia Angolana, 1979. 3 v.

RIBAS, Óscar. **Sunguilando**: contos tradicionais angolanos. 2. ed. Luanda, Angola: União dos Escritores Angolanos, 1989_2.

RIBAS, Óscar. **Tudo isso aconteceu**: romance autobiográfico. [s.l.]: ed. partic., 1975. (Elucidário)

RIBAS, Óscar. **Uanga**: feitiço. 4. ed. Luanda, Angola: União dos Escritores Angolanos, 1985.

SAMPAIO, Mario Arnaud. **Vocabulário guarani-português**. Porto Alegre: L & PM, 1986.

SAMPAIO, Teodoro. **O tupi na geografia nacional**. São Paulo: Cia. Editora Nacional, 1987.

SILVA, Pe. Antonio Joaquim da. **Provérbios em nyaneka**. Huíla, Angola: Congregação do Espírito Santo, 1989.

SITOE, Bento. **Dicionário changana-português**. Maputo, Moçambique: Inst. Nac. de Desenvolv. da Educação, 1996.

SLENES, Robert W. Eu venho de muito longe... In: LARA, S. H.; PACHECO, G. (org.). **Memória do jongo**. Rio de Janeiro: Folha Seca; Campinas: CECULT, 2007. (p. 109-156)

TALJAARD, P. C. **English, zulu, afrikaans**: the concise trilingual pocket dictionary. Jeppestown, South Africa: Ad Donker, 1999.

TRONI, Alfredo. **Nga Maturi**. Luanda, Angola: União dos Escritores Angolanos, 1985.

WADE-LOUIS, Margaret. The status of semantic items from african languages in American English. **The Black Scholar**, New York, v. 23, n. 2, p. 26-36, Winter/Spring 1993.

XITU, Uanhenga. **Manana**. 3. ed. Luanda, Angola: União dos Escritores Angolanos, 1985_1.

XITU, Uanhenga. **Mestre Tamoda e outros contos**. 3. ed. Luanda, Angola: União dos Escritores Angolanos, 1985_2.

Lista C:
Outras Referências

AFRICAN Encyclopaedia. Oxford, UK: Oxford University Press, 1974.

ALBUQUERQUE, Ulysses Lins de. **Chico Dandim**. Rio de Janeiro: Cátedra, 1974.

ALMEIDA, Plínio de. Pequena história do maculelê. **Revista Brasileira de Folclore**, Rio de Janeiro, v. 6, n. 16, p. 257-276, set./dez. 1966.

AMADO, Jorge. **Tereza Batista cansada de guerra**. São Paulo: Martins, 1972.

AMARAL, Braz do. **Fatos da vida do Brasil**. Salvador: Tipografia Naval, 1941.

AMARAL, Raul Joviano do. **Os Pretos do Rosário de São Paulo**: subsídios históricos. 2. ed. São Paulo: João Scortecci, 1991.

ANDRADE, Carlos Drummond de (org.). **Brasil, terra e alma**: Minas Gerais. Rio de Janeiro: Do Autor, 1967.

ANDRADE, Mário de. Os congos. In: CARNEIRO, Edison (org.). **Antologia do negro brasileiro**. Rio de Janeiro: Ediouro, 19--.

ANDRADE, Mário de. **Macunaíma**. São Paulo: Martins, 1977.

ANDRADE, Mário de. **Os cocos**. São Paulo: Duas Cidades; Brasília: INL/Fundação Pró-Memória, 1984.

ÂNGELO, Sotero. **Papangu**: símbolo do flagelado nordestino. Curitiba: Requião, 1960.

ARAÚJO, Emanuel (org.). **A mão afro-brasileira**. São Paulo: Tenenge, 1988.

AZEVEDO, Artur. **Teatro de Artur Azevedo**. Tomo IV. Rio de Janeiro: MEC-INACEM, 1987.

BALANDIER, Georges et al. **Dictionnaire des civilisations africaines**. Paris: Ferdinand Hazan, 1968.

BARBOSA, Domingos Caldas. **Viola de Lereno**. Rio de Janeiro, Brasília: Civilização Brasileira/INL, 1980.

BARNET, Miguel. **Memórias de um cimarron**. São Paulo: Marco Zero, 1986.

BARRETO, Lima. **Triste fim de Policarpo Quaresma**. Rio de Janeiro: Edições de Ouro, 19--.

BARROS, José Flávio Pessoa de. **O segredo das folhas**. Rio de Janeiro: Pallas, 1993.

BASTIDE, Roger. **As Américas negras**. São Paulo: Difel, 1974.

BASTIDE, Roger. **Estudos afro-brasileiros**. São Paulo: Perspectiva, 1973.

BASTOS, Waldemar. Marimbondo. Intérprete: Waldemar Bastos. In: BASTOS, W. **Estamos juntos**. [S. l.]: Emi-Odeon Brasil, 1983. 1 CD. Faixa 1.

BASTOS, Wilson de Lima. **Fauna na linguagem popular**. Juiz de Fora: Paraibuna, 1990.

BEN, Jorge. Mas que nada. Intérprete: Jorge Ben. In: BEN, Jorge. **Samba esquema novo**. [S. l.]: Philips, 1963. 1 CD. Faixa 1. (nome atual do autor-intérprete: Jorge Benjor)

BERNARDES, Carmo. **Nunila**. Rio de Janeiro: Record, 1984.

BERNARDES, Carmo. **Perpetinha**. Goiânia: UFGO, 1991.

BERNARDINO, Bertrando. **Minidicionário de pernambuquês**. 2. ed. Recife: Bagaço, 1996.

BOXER, C. **A idade do ouro no Brasil**. 2. ed. rev. São Paulo: Companhia Editora Nacional, 1969.

BRAGA, Rubem. Crônica. In: **Jornal do Brasil**, Rio de Janeiro, Caderno Cidade, p. 6, 21 dez. 1990.

BRANDÃO, Ambrosio Fernandes. **Diálogo das grandezas do Brasil**. São Paulo: Companhia Editora Nacional, 1944.

BUENO, Silveira. Comentários. In: CAMÕES, Luís de. **Os lusíadas**. Rio de Janeiro: Edições de Ouro, 1965.

CABRERA, Lydia. **Anagó, vocabulário lucumi**: el yoruba que se habla en Cuba. 2. ed. Miami, USA: Universal, 1986.

CAMPOS, J. J. Pompeu. **Guia do candomblé da Bahia**. Rio de Janeiro: Pallas, 1989.

CANDOMBLÉ e umbanda. **Revista Planeta**, São Paulo, Três, n. 114-a, 1981.

CARAMBULA, Rubén. **Negro y tambor**. Montevidéu, Uruguai: Ed. do Autor, 19--.

CARNEIRO, Edison. **A sabedoria popular**. Rio de Janeiro: MEC/INL, 1957.

CARNEIRO, Edison. **Ladinos e crioulos**: estudo sobre os negros no Brasil. Rio de Janeiro: Civilização Brasileira, 1964.

CARNEIRO, Edison. **Negros bantos**. Rio de Janeiro: Civilização Brasileira, 1937.

CARNEIRO, Edison. Vocabulários negros da Bahia. **Revista do Arquivo Municipal**, São Paulo, n. 99, 1944.

CARVALHO, Ruy Duarte de. **Como se o mundo não tivesse leste**. Luanda, Angola: União dos Escritores Angolanos, 1985. (Glossário)

CASCUDO, Luís da Câmara. **Geografia dos mitos brasileiros**. 2. ed. ed. Rio de Janeiro: José Olímpio, 1976_1.

CASCUDO, Luís da Câmara. **História dos nossos gestos**. São Paulo: Melhoramentos,1976_2.

CASCUDO, Luiz da Câmara. **Mitos brasileiros**. Rio de Janeiro: Campanha de Defesa do Folclore Brasileiro, 1976_3.

CASCUDO, Luiz da Câmara. **Sociologia do açúcar**. [s.l.]: Ministério da Indústria e Comércio — Instituto do Açúcar e do Álcool, 1971. (Coleção Canavieira, n. 5)

CASTRO, Yeda P. de. Réplicas populares. **Revista Brasileira de Folclore**, Rio de Janeiro, v. 7, n. 18, p. 117-138, mai.-ago. 1967.

CEARENSE, Catullo da Paixão. **Sertão em flor**. Rio de Janeiro: Bedeschi, 1946.

CHRISTO, Maria Stella Libânio. **Fogão de lenha**. 3. ed. Petrópolis: Vozes, 1979.

COARACY, Vivaldo. **O Rio de Janeiro no século XVII**. Rio de Janeiro: José Olympio, 1965.

COQUERY-VIDROVITCH, Catherine. **A descoberta de África**. Lisboa, Portugal: Ed. 70, 1981.

COSTA, José Rodrigues da. **Candomblé de angola, nação kassanje**. Rio de Janeiro: Pallas, 1989.

CUPÓPIA no cafundó. In: **Isto É**, São Paulo, n. 1409, p. 89, 2 out. 1996.

DEBRET, Jean Baptiste. **Viagem pitoresca e histórica ao Brasil**. v. 1. São Paulo: Círculo do Livro, 19--. 2 v.

DIALLO, Siradiou. **Le Zaire aujourd' hui**. Paris, France: Jeune Afrique, 1984.

DIAS, Margot. **Instrumentos musicais de Moçambique**. Lisboa : Instituto de Investigação Científica Tropical, 1986.

DICTIONNAIRE des civilisations africaines. Paris, France: Fernand Hazan,1968.
DUARTE, José Afrânio Moreira. [Texto]. In: ANDRADE, Carlos Drummond de (org.). **Brasil, terra e alma**: Minas Gerais. Rio de Janeiro: Do Autor, 1967.
EDMUNDO, Luiz. **O Rio de Janeiro no tempo dos vice-reis**. 2. ed. Rio de Janeiro: Athena, 199-.
EFEGÊ, Jota. **Maxixe, a dança excomungada**. Rio de Janeiro: Conquista, 1974.
ENCICLOPÉDIA Brasileira Globo. 21. ed. Porto Alegre: Globo, 1984. 12 v.
FALCÃO, Rubens. Literatura de cordel. **Revista Brasileira de Folclore**, Rio de Janeiro, n. 36, p. 11-20, 1973.
FEIJÓO, Samuel. **El negro en la literatura folklorica cubana**. La Habana, Cuba: Letras Cubanas, 1987.
FERREIRA, Jerusa Pires. Negros e brancos: a magia em latim. **Revista Exu**, Salvador, Fundação Casa Jorge Amado, n. 10, p. 8-9, jul./ago. 1989.
FERRETTI, Sérgio F. Bruxaria, oráculos, magia e feitiçaria no Tambor de Mina do Maranhão. **Comunicações do ISER**, Rio de Janeiro, n. 30, p. 44-51, 1988.
FLORA medicinal. Rio de Janeiro: J. Monteiro da Silva, 1985.
FOME e morte marcam pior seca em Pernambuco. **Jornal do Brasil**, Rio de Janeiro, Primeiro Caderno, p. 8, 12 dez. 1990.
FONTES, Amando. **Os corumbas**. Rio de Janeiro: José Olympio, 1979.
FONTOURA, Maria Sônia et al. Moçambiques e congos. **Cadernos de Folclore**, Uberaba, ano l, n. 2, maio 1993.
FRADE, Cascia. **Folclore brasileiro**. Rio de Janeiro: Campanha de Defesa do Folclore Brasileiro, 1979.
FRANÇA, Basileu Toledo. **Romanceiro & trovas populares**. Goiânia: UFGO, 1979.
FREITAS, Byron Torres de. **O jogo dos búzios**. Rio de Janeiro: Eco, 19--.
FREITAS, Mário Martins de. **Reino negro de Palmares**. Rio de Janeiro: Bibliex, 1988.
FREYRE, Gilberto. **Casa grande & senzala**. Rio de Janeiro: José Olympio, 1975.
FRIEIRO, Eduardo. **Feijão, angu e couve**. Belo Horizonte: Itatiaia, 1982.
FRIEIRO, Eduardo. **O mameluco Boaventura**. São Paulo: Saraiva, 1962.
GAMA, Luiz. Há bodes de toda espécie. In: CARNEIRO, Edison (org.). **Antologia do negro brasileiro**. Rio de Janeiro: Ediouro, 19--. (poema de *Primeiras trovas burlescas*)
GLASGOW, Roy. **Nzinga**. São Paulo: Perspectiva, 1982.
GROMIKO, A. A. (org.). **As religiões da África, tradicionais e sincréticas**. Moscou: Progresso, 1987.
JUNQUEIRA, Lígia. **Receitas tradicionais da cozinha baiana**. Rio de Janeiro: Tecnoprint, 1977.

KARASCH, Mary C. **A vida dos escravos no Rio de Janeiro**. São Paulo: Companhia das Letras, 2000.
KARASCH, Mary C. **Slave life in Rio de Janeiro**: 1808 — 1850, New Jersey, USA: Princeton University, 1987.
KI-ZERBO, Joseph. **História da África negra**. v. II. Lisboa, Portugal: Publicações Europa-América, 19--. 2 v.
KOSTER, Henry. **Viagens ao Nordeste do Brasil**. São Paulo: Cia. Editora Nacional, 1942.
LAPLANTINE, François. Os sistemas de representação da doença e da saúde na umbanda em Fortaleza. **Comunicações do ISER**, Rio de Janeiro, n. 30, p. 52-60, 1988.
LAYTANO, Dante de. **A Igreja e os orixás**. Porto Alegre: Comissão Gaúcha de Folclore, 1967.
LAYTANO, Dante de. Os africanismos no dialeto gaúcho. **Revista do IHGRS**, Porto Alegre, ano XVI, II trimestre, p.167-226, 1936.
LEMOINE, Carmen N. de. **Tradições da cidade do Rio de Janeiro**. Rio de Janeiro: Pongetti, 1965.
LESSA, Clado Ribeiro de. **Viagem de África em o Reino de Dahomé**. São Paulo: Cia. Editora Nacional, 1957.
LIMA, Jorge de. **Antologia poética**. Rio de Janeiro: Sabiá, 1969.
LIMA, Jorge de. **Novos poemas; poemas escolhidos; poemas negros**. Riode Janeiro: Lacerda, 1997.
LODY, Raul. **Pencas e balangandãs da Bahia**. Rio de Janeiro: Funarte/Instituto Nacional do Folclore, 1988.
LOPES, Nei. **O negro no Rio de Janeiro e sua tradição musical**. Rio de Janeiro: Pallas, 1992
MACEDO, Joaquim Manuel de. Pai Cuco, o feiticeiro. **Revista de Teatro** (SBAT), Rio de Janeiro, n. 471, jul. — set. 1989.
MAIA, Álvaro. **Defumadores e porongas**. Manaus: Governo do Estado do Amazonas, 1966.
MATÉRIA. **Folha de São Paulo**, São Paulo, Especial B, p. 1, 3 out. 1993.
MATÉRIA. **Jornal do Brasil**, Rio de Janeiro, 2 mai. 1989.
MATÉRIA. **Jornal do Brasil**, Rio de Janeiro, Caderno Ideias, p. 7, 19 mai. 1991_1.
MATÉRIA. **Jornal do Brasil**, Rio de Janeiro, Primeiro caderno, p. 15, 9 jun. 1991_2.
MATÉRIA. **O Dia**, Rio de Janeiro, Segundo Caderno, pág.1, 18 mai. 1995_1.
MATÉRIA sobre a atriz Letícia Spiller. **O Globo**, Rio de Janeiro, 19 jun. 1995_2.
MATOS, Gregório de. **Obra poética**. 2. ed. Rio de Janeiro: Record, 1990. 2 v.
MATTOSO, Kátia M. de Queirós. **Bahia, século XIX: uma província no império**. Rio de Janeiro: Nova Fronteira, 1992.

MATTOSO, Kátia M. de Queirós. **Ser escravo no Brasil**. São Paulo: Brasiliense, 1988.

MOOG, Vianna. **Bandeirantes e pioneiros**. 2. ed. Porto Alegre: Globo, 1961.

MORAES FILHO, Mello. **Cantares brasileiros**. Rio de Janeiro: SEEC/IEL, 1981.

MORTOS no Rio sete travestis em julho. **O Dia**, Rio de Janeiro, Primeiro Caderno, p. 24, 5 ago. 1990. (Boxe na reportagem)

MOURA, Carlos Eugênio Marcondes de (org.). **Olóòrisà**: escritos sobre a religião dos orixás. São Paulo: Ágora, 1981.

NASCIMENTO, Abdias do. **O quilombismo**: documentos de uma militância pan--africanista. Petrópolis: Vozes, 1980.

NERY, Joaquim. A resistência cultural do folclore capixaba. **Revista ES**, Vitória, n. 9, p. 33, 1982.

NEVES, Guilherme Santos. **Folclore brasileiro**: Espírito Santo. Rio de Janeiro: Campanha de Defesa do Folclore Brasileiro, 1978.

OLIVEIRA, Manoel Nazareth de. Terno Nossa Senhora do Rosário (Moçambique). **Cadernos de Folclore**, Arquivo Público de Uberaba, ano l, n. 2, p. 47-50, mai. 1993. (entrevista a Antônio Carlos Marques)

OLIVEIRA, Mário Antônio Fernandes de. Línguas de Angola: o quimbundo. **Revista Ocidente**, Lisboa, v. LXXXIV, 1973. (Separata)

ONSELEN, Charles Van. **Chibaro**. London, UK: Pluto Press, 1976.

PACAVIRA, Manuel Pedro. **Nzinga Mbandi**. Luanda, Angola: União dos Escritores Angolanos, 1985.

PALMA, Ricardo. **Tradiciones peruanas**. Buenos Aires, Argentina: Troquei, 1959.

PALMÉRIO, Mário. **Chapadão do bugre**. 3. ed. Rio de Janeiro: José Olympio, 1966.

PALMÉRIO, Mário. **Vila dos Confins**. Rio de Janeiro: José Olympio, 1981.

PARÉS, Luís Nicolau. **A formação do candomblé**: história e ritual da nação jeje na Bahia. Campinas: Unicamp, 2006.

PARREIRA, Adriano. **Economia e sociedade em Angola na época da rainha Jinga**. Lisboa, Portugal: Estampa, 1990.

PEIXOTO, Afrânio. **Breviário da Bahia**. Brasília: Ministério da Educação e Cultura, Conselho Federal de Cultura, 1980.

PEIXOTO, Luiz. **Poesia de Luiz Peixoto**. Rio de Janeiro: Brasil-América, 1964.

PELÉ, Nega. Declaração. **O Dia**, Rio de Janeiro, p. 20, 16 dez. 1990.

PEPETELA. **O cão e os caluandas**. Lisboa, Portugal: Dom Quixote, 1985. (Glossário)

PEREIRA, Nunes. **A Casa das Minas**. Petrópolis: Vozes, 1979.

PEREIRA, Nunes. **Moronguetá, um decameron indígena**. v. 1. Rio de Janeiro: Civilização Brasileira, 1967. 2 v.

PEREIRA, Nunes. **Moronguetá, um decameron indígena**. v. 2. Rio de Janeiro: Civilização Brasileira, 1975. 2 v.
PERNAMBUCO, Adalberto Ojuobá. **Omolokô: origem, ritual**. Rio de Janeiro: Câmara Diretora Nacional, Secretaria de Comunicação Social, 1989.
POMBO, Rocha. **História do Brasil**. São Paulo: W. M. Jackson, 1958. 5 v.
QUERINO, Manuel. Dos alimentos puramente africanos. In: CARNEIRO, Edison (org.). **Antologia do negro brasileiro**. Rio de Janeiro: Ediouro, 19--.
QUERINO, Manuel. **A raça africana no Brasil e os seus costumes**. Salvador: Progresso, 1955.
RABAÇA, Carlos A.; BARBOSA, Gustavo. **Dicionário de Comunicação**. Rio de Janeiro: Codecri, 1978.
RAMOS, Arthur. **O negro brasileiro**. Civilização Brasileira, 1934.
REGO, José Lins do. **Banguê**. Rio de Janeiro: José Olympio, 1947.
RENAULT, Delso. **O dia-a-dia no Rio de Janeiro segundo os jornais**. Rio de Janeiro: Civilização Brasileira, 1982.
RIBEIRO, João. Brasileirismos. **Revista da Língua Portuguesa**, Rio de Janeiro, n. 7, p. 43-48, 1920.
RIBEIRO, João Ubaldo. Espaço dominical. **O Globo**, Rio de Janeiro, Primeiro Caderno, p. 3, 18 jun. 1995.
RIBEIRO, João Ubaldo. **Sargento Getúlio**. Rio de Janeiro: Nova Fronteira, 1982.
RIBEIRO, João Ubaldo. **Viva o povo brasileiro**. Rio de Janeiro: Objetiva, 2009.
RIBEIRO, René. **Cultos afro-brasileiros do Recife**: um estudo de ajustamento social. Recife: Instituto Joaquim Nabuco, 1978.
RISÉRIO, Antônio. **Carnaval ijexá**. Salvador: Corrupio, 1981.
ROSA, Guimarães. **Manuelzão e Miguilim**. 4. ed., Rio de Janeiro: José Olympio, 1970.
ROSA, Guimarães. **No Urubuquaquá, no Pinhém**. 6. ed. Rio de Janeiro: José Olympio, 1978.
ROSA, Guimarães. **Tutameia**. Rio de Janeiro: José Olympio, 1967.
SALLES, Herberto. **Cascalho**. Rio de Janeiro: Ediouro, 19--.
SAMPAIO, Teodoro. **O tupi na geografia nacional**. 5. ed. São Paulo: Companhia Editora Nacional, 1987.
SANTOS, Eduardo dos. **Movimentos proféticos e mágicos em Angola**. Lisboa, Portugal: Imprensa Nacional, 1972.
SANTOS, João Felício dos. **Ganga Zumba**. Rio de Janeiro: Ediouro, 19--. (Glossário)
SANTOS, Joel Rufino dos. **Crônica de indomáveis delírios**. Rio de Janeiro: Rocco, 1991.
SANTOS, Joel Rufino dos. **Zumbi**. São Paulo: Moderna, 1992.
SANTOS, Noronha. **As freguesias do Rio de Janeiro**. Rio de Janeiro: Imprensa Nacional, 1900.

SCISÍNIO, Alaor Eduardo. **Escravidão & a saga de Manoel Congo**. Rio de Janeiro: Achiamé, 1988.

SERRANO, Carlos Moreira Henrique. **Angola, os símbolos do poder na sociedade tradicional**. Coimbra, Portugal: Universidade de Coimbra, Instituto de Antropologia, 1983.

SILVA, J. Romão da. **Denominações indígenas na toponímia carioca**. Rio de Janeiro: Brasiliana, 1966.

SOARES, Cecília M. Resistência negra e religião: a repressão ao candomblé de Paramerin, 1853. **Estudos Afro-Asiáticos**, Rio de Janeiro, n. 23, p. 133-142, dez. 1992.

SORET, Mareei. **Les kongo nord-occidentaux**. Paris, France: Presses Universitaires de France, 1959.

SOUZA, Oswaldo de. **Música folclórica do médio São Francisco**. Rio de Janeiro: Conselho Federal de Cultura, 1980. 2 v.

STANLEY, Henry M. **The Congo and the founding of its free state**. v. 1. London, UK: 1886.

STARLING, Nair. **Nossas lendas**. Rio de Janeiro: Francisco Alves, 1946.

TEIXEIRA, Múcio. **O negro da Quinta imperial**. Rio de Janeiro: Jornal do Brasil, 1927.

TINHORÃO, José Ramos. **Os negros em Portugal**: uma presença silenciosa. Lisboa, Portugal: Caminho, 1988.

VAN-DÚNEM, Domingos. **Sobre o vocábulo kitandeira**. Luanda, Angola: União dos Escritores Angolanos, 1987.

VERGER, Pierre. **Fluxo e refluxo do tráfico de escravos entre o golfo de Benin e a Bahia de Todos os Santos**. Salvador: Corrupio, 1987.

VIANNA, Hildegardes. Do entrudo ao carnaval da Bahia. **Revista Brasileira de Folclore**, Rio de Janeiro, p. 284, n. 5, 1965.

VIDAL, Adhemar. A estranha medicina dos excretos. In: CARNEIRO, Edison (org.). **Antologia do negro brasileiro**. Rio de Janeiro: Ediouro, 19--. (p. 117 —119)

VIEIRA, Hamilton. Nas ladeiras do Pelô. **A Tarde**, Salvador, Caderno 2, p. 1, 13 jul. 1987.

VIEIRA, Luandino. **Luanda**. 9. ed. Lisboa, Portugal: Edições 70, 1989. (Glossário)

ZENÓGLIO, A. **Circunscrição da Manjaca da Costa**: transformação de um lameiro em jardim experimental. Lisboa, Portugal: Instituto de Investigação Científica Tropical/Arquivo Histórico Ultramarino. Disponível em <http://actd.iict.pt/collection/actd:AHUC645>. Acesso em 30 mar. 2011. (coleção de 6 fotografias)

Este livro foi impresso em agosto de 2020, na Gráfica Assahí, em São Paulo.
O papel de miolo é o offset 75g/m² e o de capa é o cartão 250g/m².
A fonte usada no miolo é a Minion Pro.